Ó Eterno, meu pastor! Não preciso de nada. Tu me acomodaste em exuberantes campinas; encontraste lagos tranquilos, e deles posso beber. Orientado por tua palavra, pude recuperar o alento e seguir na direção certa.

Mesmo que a estrada atravesse o vale da Morte, Não vou sentir medo de nada, porque caminhas do meu lado. Teu cajado fiel me transmite segurança.

Tu me serves um jantar completo na cara dos meus inimigos. Tu me renovas, e meu desânimo desaparece; minha taça transborda de bênçãos.

Tua bondade e teu amor correm atrás de mim todos os dias da minha vida. Assim, vou me sentir em casa no templo de Deus por todo o tempo em que eu viver.

Salmos 23:1-6

INTRODUÇÃO À CONTABILIDADE

Teoria e mais de 200 Questões

Coordenação: **Alexandre Meirelles**

Respeite o direito autoral

Justino Oliveira

INTRODUÇÃO À CONTABILIDADE

Teoria e mais de 200 Questões

5ª edição, revista e atualizada

Coordenação: **Alexandre Meirelles**

Niterói, RJ
2018

 © 2018, Editora Impetus Ltda.

Editora Impetus Ltda.
Rua Alexandre Moura, 51 – Gragoatá – Niterói – RJ
CEP: 24210-200 – Telefax: (21) 2621-7007

Conselho Editorial:
Ana Paula Caldeira • Benjamin Cesar de Azevedo Costa
Ed Luiz Ferrari • Eugênio Rosa de Araújo
Fábio Zambitte Ibrahim • Fernanda Pontes Pimentel
Izequias Estevam dos Santos • Marcelo Leonardo Tavares
Renato Monteiro de Aquino • Rogério Greco
Vitor Marcelo Aranha Afonso Rodrigues • William Douglas

Projeto Gráfico: Editora Impetus Ltda.
Editoração Eletrônica: Editora Impetus Ltda.
Capa: Luiz Felipe
Revisão de Português: Carmem Becker
Impressão e encadernação: Gráfica e Editora Vozes.

O43i

    Oliveira, Justino

    Introdução à contabilidade: teoria e questões / Justino Oliveira; coordenação: Alexandre Meirelles. – 5. ed. – Niterói, RJ: Impetus, 2018.

    500 p.; 17x24cm.

    ISBN 978-85-7626-992-2

    1. Serviço público – Brasil – Concursos. 2. Contabilidade. 3. Contabilidade – Problemas, questões, exercícios. I. Título.

    CDD- 351.81076

O autor é seu professor; respeite-o: não faça cópia ilegal.
TODOS OS DIREITOS RESERVADOS – É proibida a reprodução, salvo pequenos trechos, mencionando-se a fonte. A violação dos direitos autorais (Lei nº 9.610/98) é crime (art. 184 do Código Penal). Depósito legal na Biblioteca Nacional, conforme Decreto nº 1.825, de 20/12/1907.

A **Editora Impetus** informa que se responsabiliza pelos defeitos gráficos da obra. Quaisquer vícios do produto concernentes aos conceitos doutrinários, às concepções ideológicas, às referências, à originalidade e à atualização da obra são de total responsabilidade do autor/atualizador.

www.impetus.com.br

Agradecimentos

A DEUS, em primeiro lugar.

À minha esposa Adriana, que comigo caminha por anos, sendo minha fonte de inspiração em tudo o que realizo.

Aos meus pais Justino (*in memoriam*) e Elvira, pelo amor e pela educação que a mim dedicaram.

Aos meus familiares pelo amor, carinho e incessante apoio que sempre me deram.

Aos integrantes do Curso Gabarito, por confiarem em meu trabalho, lançando-me no mercado de ensino, na área contábil.

Aos professores Antonio Cesar, João Imbassahy e Libânio Madeira, por tornarem a tarefa de aprender os ensinamentos contábeis mais fácil para mim.

Aos integrantes de Cursos Preparatórios para Concursos Públicos em que leciono no País, por abrirem as portas de seus respectivos estabelecimentos de ensino, proporcionando-me excelentes oportunidades de lecionar, atingindo os mais distintos e seletos públicos, motivo de grande orgulho e prazer para mim.

A todos os integrantes da Editora Impetus, pelo magnífico trabalho desenvolvido para que esta obra tomasse a forma que ora apresenta.

A todos os meus alunos, pelo incentivo que sempre me proporcionaram e pela alegria que sinto em tê-los comigo em sala de aula, ensinando e, também, aprendendo com cada um em especial.

Ao leitor, que ora lê estes agradecimentos, pela confiança em mim depositada ao adquirir esta obra.

Justino Oliveira

Agradecimentos

O Autor

- Auditor Fiscal da Receita Federal do Brasil.
- Formado em Engenharia de Fortificação e Construção pelo Instituto Militar de Engenharia (IME).
- Mestre em Engenharia Civil pela COPPE/UFRJ.
- Professor de Introdução à Contabilidade, Contabilidade Geral, Contabilidade Avançada, Contabilidade de Custos, Análise das Demonstrações Financeiras e Auditoria de diversos cursos preparatórios do país.
- Foi Professor do Instituto Militar de Engenharia (IME).
- Servidor Público Federal há 29 anos.

Autor dos livros:

- *Introdução à Contabilidade*, pela Editora Impetus.
- *Contabilidade Geral*, pela Editora Impetus.

www.facebook.com/justino.oliveira.71   Justino Oliveira

Palavras do Coordenador

Conheci o Justino no Curso de Formação de Auditor-Fiscal da Receita Federal, em 2005. Logo de cara se mostrou uma pessoa compromissada e competente, além de possuir um ótimo caráter.

Ele comentou que queria se tornar professor de Contabilidade, e eu disse que ele era louco, pois essa disciplina requer uma dedicação muito grande, devido à complexidade do assunto e à dificuldade dos alunos para entendê-la. Mas não duvidei, porque ele tinha cara mesmo de quem iria levar isso a sério.

Logo em seguida fui morar em São Paulo, ele no Rio, mas mantivemos algum contato, pois ele começou a dar aulas da mais temida disciplina dos concursos fiscais, a Contabilidade, e toda hora eu ouvia falar bem sobre essa sua mais nova ocupação.

Confesso que não me surpreendeu, pois eu já sabia da seriedade com que ele levava tudo em sua vida. Bem, pelo currículo dele dá para perceber isso, pois não é qualquer um que se forma no IME e ainda por cima vira professor dessa nobre instituição, que é sem dúvida nenhuma uma das mais bem faladas e difíceis do país há décadas.

Até que um dia vejo seu livro de Introdução à Contabilidade vendendo nas livrarias. Peguei um, folheei e na mesma hora recomendei aos amigos mais próximos que estavam começando nesta vida louca de concurseiro. Recebi só elogios novamente pelo seu trabalho, dessa vez como autor, não me deixando nenhuma dúvida de que é o melhor livro para quem nunca viu Contabilidade antes.

Só que faltava dar prosseguimento ao livro introdutório, pois a matéria é imensa e sempre cobrada profundamente nos concursos. Aqui ressalto que se engana quem espera encontrar em um livro só todo o conteúdo de Contabilidade que cai nos concursos mais concorridos, pois este tal livro milagroso necessitaria ter umas duas mil páginas. Então veio este segundo livro, que ainda renderá um terceiro, com a parte mais avançada da matéria.

Bem, eu avisei: esta disciplina tornou-se gigantesca, então, para se sair bem nos concursos que a cobram, vai ser necessário um longo estudo, mas, seguindo os três livros do Justino, com certeza sua boa nota estará garantida.

Tive o prazer de ser chamado para coordenar o segundo livro, este que você tem em suas mãos, que possui um conteúdo de altíssimo nível, com centenas de questões resolvidas, totalmente atualizado de acordo com as novas normas contábeis.

Tenho a plena convicção de que este é um livro daqueles que vieram para fazer sucesso no mundo dos concursos e que contribuirá bastante para a aprovação de muitas pessoas.

É mais um daqueles livros que me fizeram pensar: "Por que eu não tinha um livro destes quando eu estudava?"

Desejo a você uma ótima leitura e sucesso em seus concursos.

Alexandre Meirelles

Autor dos livros "Como Estudar para Concursos" e "Concursos Fiscais", da Editora Método/GEN.

Aprovado em cinco concursos da área fiscal.

Palestrante sobre técnicas de estudo para concursos.

Apresentação do Autor

Olá, nobre leitor!

É com muito orgulho que estamos aqui para apresentar esta obra! Nosso primeiro livro de Contabilidade!

Introdução à Contabilidade é um livro voltado para todos os que precisam obter os primeiros ensinamentos em matéria contábil. Por meio de uma linguagem direta e objetiva, destina-se a todos aqueles que necessitam adquirir sólidos conhecimentos em Contabilidade, tratando daquilo que o leitor deve obrigatoriamente saber ao começar a estudar esta ciência. Não estamos aqui preocupados com o aprofundamento de conceitos e com a massificação de informações àquele que passeia conosco por este livro introdutório. Queremos, sim, que as noções de débito e crédito sejam muitíssimo bem absorvidas e aplicadas com objetividade e clareza por todos. Podemos aqui ressaltar que, à medida que nos aprofundamos nos estudos contábeis, podemos, sim, nos apaixonar por esta bela ciência!

Utilizamos moderna metodologia de ensino, que permite ao leitor ter a apresentação dos assuntos de maneira coordenada e inter-relacionada, encerrando cada capítulo, sempre que possível, com a apresentação e a resolução de questões destinadas à maturação do aprendizado.

O leitor poderá observar que apresentamos conceitos ligados à Escola Italiana de Contabilidade, tida como mais teórica, e outros ligados à Escola Norte-Americana de Contabilidade, manifestamente mais pragmática.

Convém destacar que a Contabilidade, no Brasil, vem passando por um processo de transformação, com a finalidade maior de torná-la um eficaz instrumento de administração, de acordo com as atuais condições econômicas apresentadas no mundo moderno. Este livro já se encontra atualizado em relação aos novos rumos contábeis adotados.

Procuramos enfocar casos práticos sempre que possível, pois acreditamos que quanto mais exemplos de aplicações, ricos em detalhes, melhor será para a absorção do conhecimento.

Ressaltamos aqui que, sempre que necessário for, iremos ao Direito (Constitucional, Tributário, Civil, Empresarial etc.) e à legislação devidamente comentada e, é claro, atualizada, a fim de trazermos ao leitor aquilo que ele precisa saber (ou seja, o *essencial*) sobre determinado tópico. Acreditamos que, com isso, o estudo fluirá melhor, e a prática contábil será absorvida de maneira muito mais suave, isto é, sem traumas!

Esperamos que todos possam fazer excelente proveito dos conhecimentos ora adquiridos!

Muito boa sorte a todos!

Sumário

Capítulo 1	Breves Noções Históricas 1	
	1.1. Breves Noções Históricas 1	
	1.2. A Contabilidade no Brasil 3	
	1.3. O Símbolo da Contabilidade 4	
Capítulo 2	Conceitos Iniciais 5	
	2.1. A Definição de Contabilidade 5	
	2.2. As entidades econômico-administrativas 6	
	2.3. O Objeto da Contabilidade 7	
	2.4. Os Objetivos da Contabilidade 7	
	2.5. A Finalidade da Contabilidade 7	
	2.6. O Campo de Aplicação da Contabilidade 8	
	2.7. Os Grupos de Pessoas que Necessitam da Informação Contábil 9	
	2.8. As Divisões da Contabilidade 11	
	2.9. As Limitações da Contabilidade 11	
	2.10. O titular de um patrimônio 12	
Capítulo 3	O Balanço Patrimonial – Estudo Introdutório 23	
	3.1. O Balanço Patrimonial – Conceitos Iniciais 23	
	3.2. A Representação Gráfica do Patrimônio de Uma Entidade Econômico-Administrativa 24	
		3.2.1. Os aspectos qualitativo e quantitativo do patrimônio 24

3.3.	O Ativo	26
	3.3.1. Bens	26
	3.3.2. Direitos	29
3.4.	O Passivo ou Passivo Exigível	30
3.5.	O Patrimônio Líquido	31
3.6.	A Equação Fundamental do Patrimônio	32
3.7.	As Origens de Recursos: o Capital Próprio e o Capital de Terceiros	34
3.8.	As Aplicações de Recursos: O Ativo	37
3.9.	Os Diferentes Estados Patrimoniais e suas Representações Gráficas	40
3.10.	A Aplicação de Balanços Patrimoniais Sucessivos para o Estudo de uma Evolução Patrimonial (um Estudo de Caso Mostrando a Prática Contábil)	44

CAPÍTULO 4	**AS CONTAS CONTÁBEIS**		**69**
	4.1.	As Contas – Conceito e Função	69
	4.2.	A Representação Gráfica das Contas	70
	4.3.	O Funcionamento das Contas – o Mecanismo de Débito e Crédito	72
		4.3.1. Contas do ativo	74
		4.3.2. Contas do passivo exigível	75
		4.3.3. Contas do patrimônio líquido	76
		4.3.4. As contas retificadoras	77
		4.3.5. Informações adicionais sobre o mecanismo de débito e crédito	79
		4.3.6. Resumo dos mecanismos de débito e crédito das contas do balanço patrimonial	80
	4.4.	A Interpretação de um Razonete	81
	4.5.	As Classificações das Contas	82
		4.5.1. Natureza do saldo	82
		4.5.2. Variação da natureza do saldo	82
		4.5.3. Classificação das contas quanto à necessidade de desdobramento ou divisão	83

	4.5.4.	Classificação das contas quanto aos elementos que registram 83
	4.5.5.	Classificação das contas quanto às movimentações 83
4.6.	O Plano de Contas 84	
	4.6.1.	O elenco de contas 86
	4.6.2.	O manual de contas 90
	4.6.3.	Registros de operações especiais 91
	4.6.4.	A apresentação de um plano de contas 91
	4.6.5.	A codificação das contas 92

Capítulo 5 — As Técnicas Contábeis 109

- 5.1. As Técnicas Contábeis 109
- 5.2. Escrituração Contábil 110
- 5.3. A Elaboração das Demonstrações Financeiras 110
  - 5.3.1. O período contábil 111
  - 5.3.2. O exercício social 111
- 5.4. A Análise das Demonstrações Financeiras 112
- 5.5. A Auditoria 113
- 5.6. A Apresentação da Sequência de Adoção das Técnicas Contábeis 114

Capítulo 6 — A Escrituração Contábil 119

- 6.1. A Escrituração Contábil 119
- 6.2. Os Processos (ou Sistemas) de Escrituração Contábil 120
- 6.3. Os Métodos de Escrituração 121
  - 6.3.1. O método das partidas simples 122
  - 6.3.2. O método das partidas mistas 124
  - 6.3.3. O método das partidas dobradas 124
- 6.4. Os Livros de Escrituração 128
  - 6.4.1. A descentralização contábil 130
  - 6.4.2. A utilização de códigos e abreviaturas 131

	6.4.3.	A escrituração por meio de processamento eletrônico de dados..131
	6.4.4.	O Sistema Público de Escrituração Digital (SPED) 132
	6.4.5.	As principais classificações dos livros de escrituração..132
	6.4.6.	As formalidades a serem observadas na escrituração dos livros......................................134
	6.4.7.	A autenticação dos instrumentos de escrituração..135
	6.4.8.	O Livro Diário..136
	6.4.9.	O Livro Razão..139
	6.4.10.	Os livros de controle de leis fiscais.................140
	6.4.11.	Os livros sociais..141
	6.4.12.	Os livros de controle de leis trabalhistas...........142

Capítulo 7   O Lançamento Contábil 151

- 7.1. O Lançamento Contábil..151
- 7.2. Os Elementos Essenciais de um Lançamento 151
- 7.3. As Fórmulas de Lançamento...154
- 7.4. As Diversas Formas de Apresentação de um Lançamento ... 155
- 7.5. A Elaboração de um Lançamento em Etapas..................157
  - 7.5.1. Relacionamento existente entre o Livro Diário e o Livro Razão..................................163
- 7.6. O Funcionamento das Contas de Acordo com o Método das Partidas Dobradas..163
- 7.7. Resumo dos Registros Obtidos no Estudo de Caso..........229
- 7.8. O Balancete de Verificação..234
  - 7.8.1. Os tipos de balancete de verificação 238
- 7.9. Os Erros de Escrituração e suas Correções.....................238

Capítulo 8   As Contas de Resultado..261

- 8.1. As Contas de Resultado – As Receitas e as Despesas........261

	8.1.1.	Gastos 261
	8.1.2.	Desembolso 261
	8.1.3.	Investimentos 262
	8.1.4.	Custos 262
	8.1.5.	Despesas 262
	8.1.6.	Perdas 263
8.2.	As Contas Patrimoniais e as Contas de Resultado............ 263
8.3.	As Receitas..265
	8.3.1.	As receitas segundo o CPC 271
8.4.	As Despesas 272
	8.4.1.	As despesas segundo o CPC 283
8.5.	As Superveniências e as Insubsistências 285
8.6.	As Contas de Natureza Transitória e as Contas de Natureza Permanente... 287
8.7.	O Resultado (ou Rédito) do Período 288
	8.7.1.	A Apuração do Resultado do Exercício – Primeiras Noções 288
8.8.	Os Regimes Contábeis Utilizados para a Apuração do Resultado... 292
	8.8.1.	O Regime de Caixa 293
	8.8.2.	O Regime de Competência 293
	8.8.3.	O Regime Misto 295
8.9.	As Despesas pagas Antecipadamente............................... 295
8.10.	As Receitas Recebidas Antecipadamente 297
8.11.	As Origens e as Aplicações de Recursos 297
8.12.	O Quadro-Resumo do Mecanismo de Débito e Crédito 301

Capítulo 9	As Teorias das Contas 349
	9.1. Introdução 349
	9.2. As Teorias das Contas 350

Capítulo 10	Atos Administrativos Relevantes e Fatos Contábeis 363
	10.1. Os Atos Administrativos Relevantes e os Fatos Contábeis.... 363

	10.2.	As Contas de Compensação 364
	10.3.	Fatos Contábeis x Fatos Administrativos 365
	10.4.	A Classificação dos Fatos Administrativos 366

Capítulo 11 — O Capital Social 391

11.1. O Patrimônio Líquido 391

11.2. O Capital Social 391

Capítulo 12 — Um Modelo de Plano de Contas 411

12.1. A Apresentação de um Modelo de Plano de Contas 411

Apêndice 1 — Pessoas Físicas e Pessoas Jurídicas 421

1.1. Pessoas Físicas e Pessoas Jurídicas 421

1.2. O Empresário, a Empresa, a Sociedade empresária e o Estabelecimento empresarial 428

1.3. Principais Formas das Sociedades Empresárias 429

    1.3.1. Sociedades não personificadas 429

        1.3.1.1. Sociedades em comum 429

        1.3.1.2. Sociedades em conta de participação 430

    1.3.2. Sociedades personificadas 431

        1.3.2.1. Sociedade em nome coletivo 431

        1.3.2.2. Sociedade em comandita simples 431

        1.3.2.3. Sociedade em comandita por ações... 432

        1.3.2.4. Sociedade de capital e indústria 432

        1.3.2.5. Sociedade limitada 432

        1.3.2.6. Sociedade anônima 434

Apêndice 2 — Documentos Importantes para a Contabilidade 437

2.1. Os Títulos de Crédito e Outros Documentos Necessários ao Estudo da Contabilidade 437

    2.1.1. Principais espécies de títulos de crédito 440

        2.1.1.1. A letra de câmbio 440

		2.1.1.2.	A nota promissória 441
		2.1.1.3.	O cheque 442
		2.1.1.4.	A duplicata 442
	2.1.2.	Outros documentos importantes 453	
		2.1.2.1.	O Recibo de Pagamento a Autônomo (RPA) 453
		2.1.2.2.	O Documento de Arrecadação de Receitas Federais (DARF) 454

APÊNDICE 3   **FORMALIDADES LIGADAS À ESCRITURAÇÃO DOS LIVROS CONTÁBEIS 455**

3.1. As Formalidades a serem Observadas na Escrituração dos Livros 455

APÊNDICE 4   **LEGISLAÇÃO REFERENTE À ESCRITURAÇÃO 471**

4.1. Legislação Referente à Escrituração de Livros Mercantis 471

BIBLIOGRAFIA 475

CAPÍTULO 1

Breves Noções Históricas

1.1. BREVES NOÇÕES HISTÓRICAS

O que faria o homem criar e desenvolver a **Contabilidade**?!

Pode-se afirmar que a Contabilidade talvez seja tão antiga quanto o comércio.

O homem antigo possuía a preocupação de acompanhar a evolução de seu **patrimônio**.

Em um primeiro momento, as técnicas adotadas para controle de patrimônio utilizadas pelas sociedades mais antigas foram técnicas muito rudimentares (consideradas primitivas ou precárias). Não havia materiais adequados para efetuar os registros, o que dificultava muito a implantação de técnicas de controle patrimonial. Arqueólogos encontraram inscrições feitas em cavernas, assim como outros vestígios de registros patrimoniais efetuados por volta de 8.000 a.C. Os homens desenhavam em cavernas informações referentes aos seus estoques agrícolas e de animais, assim como sobre as dívidas por eles assumidas. Para este fim, utilizavam também as chamadas fichas de barro. Também podem ser mencionados controles efetuados nas tábuas de Uruk, verdadeiros "livros de contabilidade" utilizados para o controle de estoques de cereais, pão e cerveja. Trata-se de um período de empirismo e conhecimento superficial. Sabe-se, também, que cerca de 2.000 anos a.C. os chineses já utilizavam sistemas de registros contábeis.

Grandes civilizações antigas, tais como a egípcia, a suméria, a grega e a romana, desenvolveram rebuscados sistemas de controle patrimonial. Documentos elaborados por essas civilizações comprovam que as raízes históricas da Contabilidade são muito antigas, equiparando-se às raízes históricas da Matemática e da Astronomia. Convém ressaltar que não havia uniformidade nos registros patrimoniais realizados.

Pode-se afirmar, sem preocupação com a possibilidade de erro, que o que mais impulsionou a Contabilidade foi a evolução ocorrida no comércio entre os povos. O intercâmbio entre os povos tornava-se cada vez mais complexo, o que exigia formas de registro cada vez mais sofisticadas. Foi na Idade Média que o intercâmbio considerado sistemático, ensejado pelas Cruzadas, assumiu forma mais consistente.

Em 1202, Leonardo Fibonacci publicou a obra *Leibi Abaci*, que proporcionou o início do período de sistematização de registros patrimoniais.

Em 1494, o **Frei Luca Bartolomes Paccioli**, contemporâneo de Leonardo da Vinci, promoveu um dos maiores avanços na área contábil: escreveu um livro intitulado *Summa de arithmetica, geometria, proportioni e proportionalità* ("Tudo sobre Aritmética, geometria e proporção"). Tal obra foi concebida em cinco tópicos, sendo um deles referente à Contabilidade. O tópico, cujo título era *"Tratatus Particularis de Computis et Scripturis"* ("Tratado Particular sobre Registro e Escrituração"), foi dividido em 36 capítulos.

A título de curiosidade, o Frei Luca Paccioli era italiano e nasceu em 1445. Erudito, conhecia inúmeras disciplinas (ciência militar, matemática, medicina, arte, negócios, religião, direito, música e línguas). Esse frei franciscano compilou e aprimorou a técnica que até hoje mais se utiliza no mundo contábil: o denominado **Método das Partidas Dobradas ("para cada débito deve haver,** *pelo menos,* **um crédito de idêntico valor")**. A partir do Método das Partidas Dobradas, cada registro deveria ser composto a partir de dois lançamentos: um deles indicativo da origem do valor em tela e o outro referente ao seu destino ("A soma das origens de valores deve ser igual à soma dos respectivos destinos"). O sistema das partidas dobradas permitia o registro de eventos financeiros ocorridos e de outros eventos financeiros a ocorrer na empresa por meio das partidas dobradas. O Método das Partidas Dobradas surgiu como uma verdadeira resposta aos complexos problemas enfrentados pelos homens de negócios a partir dos séculos XII e XIII. Deve-se ressaltar que, segundo consta, foi um funcionário público italiano quem criou o famoso Método entre 1330 e 1340. Este Método foi muito difundido e bem aceito na Europa, tendo sido adotado como uma técnica de escrituração comercial.

A Contabilidade na época do Frei Luca Paccioli possuía como evidências mais fortes: a ênfase no fornecimento de informações ao proprietário do patrimônio, não havendo a necessidade de entrega de relatórios a este (apenas as informações solicitadas deveriam ser entregues); havia confusão de informações a respeito de bens e direitos, e de obrigações, informações estas muitas vezes misturadas; nessa época, não havia a noção de período contábil ou de continuidade de uma empresa, pois esta possuía prazo de vida útil limitado; não havia um padrão monetário e, com isso, tornava-se difícil a aplicação do Método das Partidas Dobradas.

O surgimento da Contabilidade como **ciência** é algo que se pode dizer recente. A partir do século XVIII, a Contabilidade deixou de ser tratada como uma "arte" ou "simples instrumento de registros patrimoniais", para ser tratada como uma *ciência*. É nesse período (século XVIII até os dias atuais) que surgem diversas doutrinas próprias da Contabilidade (Doutrinas Contista, Controladora, Personalista, Aziendalista, Patrimonialista, Neopatrimonialista).

Convém frisar que é no século XIX que o italiano Francesco Villa passa a enxergar a Contabilidade como um **instrumento de gestão de empresas**, e não apenas como responsável pelas atividades de registros patrimoniais. Este passa a ser definido, então, como o período da *Contabilidade Científica*.

A Escola Norte-Americana desenvolveu um notório sistema contábil a partir de 1929. Para essa Escola, a Contabilidade passa a ter maior valor quando o usuário das informações contábeis compreende os demonstrativos elaborados. Os americanos possuíram enorme preocupação com a padronização das demonstrações contábeis, criando normas gerais para serem observadas quando da realização da prática contábil.

É claro que o surgimento dos computadores em muito auxiliou o emprego atual da contabilidade, porém resta claro que a maior contribuição dada até o presente momento foi a proporcionada pelo citado funcionário público italiano, aliado ao Frei Franciscano Luca Paccioli: *o Método das Partidas Dobradas até hoje supre as necessidades de informações aos administradores no âmbito contábil.*

1.2. A CONTABILIDADE NO BRASIL

A Contabilidade teve início no Brasil com o advento do Primeiro Código Comercial, de 1850. Esse código disciplinava o uso do Livro Diário para o registro dos eventos financeiros, assim como a apuração anual do balanço geral.

O renomado Professor Sérgio de Iudícibus, em seu excelente livro *Teoria da Contabilidade*, informa que o Brasil foi, inicialmente, influenciado pela Escola Italiana. Hoje, a parte contábil referida na Lei nº 6.404/1976 (Lei das Sociedades por Ações) é totalmente inspirada na Escola Norte-Americana.

Data de 1902 o surgimento das primeiras escolas especializadas no ensino de Contabilidade no país. Em 1946, a Universidade de São Paulo fundou a Faculdade de Ciências Contábeis e Atuariais.

A profissão de Contabilista no Brasil foi regulamentada pelo Decreto-Lei nº 9.295, de 27 de maio de 1946. Foram instituídas pelo citado Decreto-Lei as categorias de Contador (Bacharel em Ciências Contábeis) e de Técnico em Contabilidade (formação de nível médio), além de ter sido regulamentada a profissão de Perito-contador.

1.3. O Símbolo da Contabilidade

O **CADUCEU** é o símbolo da Contabilidade. É formado por um bastão no sentido vertical, com duas serpentes pequenas entrelaçadas, tendo na parte superior duas asas e um elmo alado.

O bastão simboliza o poder de quem detém o conhecimento das ciências contábeis. Trata-se da espinha dorsal do Curso de Ciências Contábeis, em que há a aplicação das matérias de formação profissional.

As serpentes simbolizam a sabedoria. Estão entrelaçadas para enfatizar o elo existente entre os atributos de natureza humana, social e profissional. Simbolizam a integração das matérias e as atividades de formação profissional básica, específica e complementar.

As asas saem do elmo, simbolizando a velocidade do deus Mercúrio (deus protetor do comércio, símbolo de paz e prosperidade). No Caduceu, estão inseridas no capacete.

O elmo representa uma peça de armadura antiga que cobria a cabeça, a fim de protegê-la. O elmo simboliza a ética geral e profissional.

CAPÍTULO 2

Conceitos Iniciais

2.1. A DEFINIÇÃO DE CONTABILIDADE

Mas, afinal, como poderemos definir **CONTABILIDADE**?!

Várias são as definições de Contabilidade atualmente existentes. A seguir, apresentamos algumas delas, elaboradas por alguns renomados escritores da área contábil:

> "**Contabilidade** é a ciência que estuda e pratica as funções de orientação, de controle e de registro relativas à administração econômica" (conceito oficial formulado no Primeiro Congresso Brasileiro de Contabilidade, realizado no Rio de Janeiro, de 16 a 24 de agosto de 1924).
>
> "**Contabilidade** é uma ciência que permite, através de suas técnicas, manter um controle permanente do Patrimônio da empresa" (Osni Moura Ribeiro, *Contabilidade básica fácil*, 25. ed., 2. tir., São Paulo: Saraiva, 2006).
>
> "**Contabilidade** é a ciência que estuda os fenômenos ocorridos no patrimônio das entidades, mediante o registro, a classificação, a demonstração expositiva, a análise e a interpretação desses fatos, com o fim de oferecer informações e orientação – necessárias à tomada de decisões – sobre a composição do patrimônio, suas variações e o resultado econômico decorrente da gestão da riqueza patrimonial" (Hilário Franco, *Contabilidade geral*, 23 ed., São Paulo: Atlas, 2006).
>
> "**Contabilidade** é a ciência econômico-administrativa que utiliza metodologia própria para registrar, analisar e controlar os aspectos relativos ao patrimônio das entidades, com o objetivo de fornecer informações aos agentes interessados para subsidiar a tomada de decisões" (Francisco Velter e Luiz Roberto Missagia, *Manual de contabilidade*, 5. ed., Rio de Janeiro: Campus/Elsevier, 2007).

Ciência (conceito amplo):

É uma forma de conhecimento produzida pelo Homem com o intuito de entender e explicar de forma racional a natureza, assim como os fenômenos que nela ocorrem.

Ciência (sentido estrito):

Conjunto organizado e aprofundado de conhecimentos sobre um determinado assunto.

Patrimônio (sentido amplo)

Conjunto de todos os insumos necessários à existência de uma entidade (bens móveis, bens imóveis, valores a receber, valores a pagar etc.).

2.2. AS ENTIDADES ECONÔMICO-ADMINISTRATIVAS

É interessante notar que sempre que encontrarmos um patrimônio sendo administrado pelo homem, tendo outros homens trabalhando sobre os elementos que o formam (aumentando-o, diminuindo-o ou simplesmente modificando-o), estaremos diante de uma **entidade econômico-administrativa**. O patrimônio individual, devidamente administrado e sofrendo constantes modificações, também caracteriza a existência de uma entidade econômico-administrativa.

Podemos definir **entidades econômico-administrativas** como *organizações* que reúnem os seguintes elementos:

– um patrimônio;
– o titular do patrimônio (seja ele pessoa física ou jurídica);
– pessoas que trabalham e modificam elementos constituintes do patrimônio;
– capital empregado (recursos financeiros e bens aplicados na produção de outros bens);
– gestão administrativa; e
– finalidade determinada.

Trabalhar significa praticar ato consciente, visando a determinado objetivo. Trata-se de um esforço necessário para alcançar um determinado resultado.

Administrar significa comandar e coordenar os esforços humanos no sentido de alcançar um fim específico. A administração deve comandar e coordenar os trabalhos efetuados sobre elementos patrimoniais, gerindo os bens que o compõem.

É muito importante frisar que **as entidades econômico-administrativas possuem existência jurídica e infraestrutura econômica totalmente diferentes e independentes daquelas das pessoas que as formam**.

A Contabilidade existe a partir da necessidade precípua de conhecimento e controle de elementos patrimoniais, assim como de suas respectivas variações. Trata-se, em uma simples análise, da visão global do que ocorre com o patrimônio, que nada mais é do que a riqueza individual ou coletiva necessária e suficiente à satisfação das necessidades humanas e, também, à vida em sociedade.

Torna-se extremamente importante ressaltar a relevância de certas entidades (denominadas grandes empresas) para a sociedade como um todo. Tais entidades são peça fundamental para o desenvolvimento econômico e social das nações, sendo inúmeras as pessoas delas dependentes (empregados, investidores, financiadores, fornecedores etc.). O poder público se utiliza da arrecadação de tributos proporcionada por essas entidades para a manutenção da sobrevivência, do desenvolvimento e da soberania da nação em que se insere.

2.3. O Objeto da Contabilidade

A Contabilidade é uma ciência e como tal possui foco em algum assunto, pois toda ciência possui um campo de aplicação. *O enfoque ou campo de aplicação da Contabilidade é o estudo do PATRIMÔNIO das entidades econômico--administrativas.* É por meio da Contabilidade que uma pessoa física ou jurídica pode ter o controle e a exata dimensão de seu patrimônio.

2.4. Os Objetivos da Contabilidade

O **objetivo** maior da Contabilidade é *permitir o estudo e o controle do patrimônio das entidades econômico-administrativas*. A partir da avaliação da situação econômica e financeira da entidade poderão ser projetadas suas tendências futuras. Se necessário for, poderão ser corrigidos os rumos da entidade por meio de gestões administrativas visando a tal fim, com a finalidade de melhorar os resultados por ela alcançados.

Trata-se de um sistema de informação e avaliação com a finalidade de prover seus usuários com diversas demonstrações e análises de cunho econômico, financeiro, físico e de produtividade referentes a um determinado patrimônio.

Usuário para a Contabilidade é toda pessoa física ou jurídica que possua algum tipo de interesse nas informações referentes a um determinado patrimônio, seja ele individual ou coletivo.

2.5. A Finalidade da Contabilidade

A finalidade da Contabilidade é controlar todos os eventos ocorridos no patrimônio das entidades econômico-administrativas. Esse controle deverá ser efetuado por meio de registros, análises e interpretações dos eventos ocorridos no patrimônio, tendo o objetivo de fornecer informações e orientações necessárias e suficientes à tomada de decisão por parte de seus administradores. As orientações e informações ora citadas promovem maior eficiência na **gestão econômica e financeira da entidade**, assim como no controle dos bens patrimoniais (**gestão patrimonial**).

O **aspecto econômico** da entidade diz respeito à apuração de resultado (*lucro* ou *prejuízo*); já o **aspecto financeiro** da entidade foca o *fluxo de caixa*, ou seja, a entrada e saída de dinheiro.

Convém ressaltar que a finalidade maior da Contabilidade é fornecer informações e orientações a respeito de um patrimônio para todas as pessoas nele interessadas, fazendo com que possam tomar suas respectivas decisões.

A Contabilidade deve atender aos anseios da administração da entidade, assim como aos anseios de seus demais usuários.

2.6. O Campo de Aplicação da Contabilidade

As entidades econômico-administrativas ou aziendas constituem o campo de aplicação da Contabilidade, sejam elas pessoas físicas ou jurídicas, de direito público ou privado, com ou sem fins lucrativos.

Verifica-se que a Contabilidade possui **campo de aplicação muito amplo**. *Atualmente, o método contábil pode ser indistintamente aplicado a qualquer pessoa física ou jurídica que necessite exercer alguma atividade econômica para alcançar suas finalidades.*

O enfoque principal desta obra será o estudo do patrimônio das entidades econômico-administrativas de natureza jurídica que visem ao lucro. Os exemplos e os estudos de casos apresentados, assim como as questões propostas, serão geralmente voltados para tais entidades.

Mas afinal, qual a definição de azienda?

Segundo o *Novo dicionário Aurélio da língua portuguesa*, 4. ed., **azienda** é um "complexo de obrigações, bens materiais e direitos que constituem um patrimônio, representados em valores ou que podem ser objeto de apreciação econômica, considerado juntamente com a pessoa natural ou jurídica que tem sobre ele poderes de administração e disponibilidade; fazenda".

Azienda, portanto, é o patrimônio considerado juntamente com a pessoa que tem sobre ele poderes de administração e disponibilidade. O conceito de azienda reúne o patrimônio da entidade econômico-administrativa e a pessoa que o administra.

2.7. Os Grupos de Pessoas que Necessitam da Informação Contábil

Conforme já anteriormente abordado, **usuário** é toda pessoa física ou jurídica que possui algum tipo de interesse nas informações referentes a um determinado patrimônio, seja tal patrimônio individual ou coletivo.

Os usuários da Contabilidade de uma entidade econômico-financeira podem ser classificados como internos ou externos. Os **usuários internos** são aqueles que possuem ligação direta com as atividades desenvolvidas pela entidade, e suas decisões afetam os resultados pela referida entidade auferidos (por exemplo, diretores e gerentes de vendas). Já os **usuários externos** são aqueles que não possuem ligação direta com as atividades desenvolvidas pela entidade, porém observam tudo o que ocorre nela pelos mais diversos motivos, conforme o que é a seguir exposto (por exemplo: bancos, financiadores de capital, fornecedores de bens, governo, entidades concorrentes etc.).

Há vários grupos de pessoas interessadas nas informações de natureza econômica e financeira pertencentes a um determinado patrimônio. Deve ser ressaltado que cada grupo possui seus próprios interesses nas informações contábeis, isto é, nem sempre esses interesses são coincidentes.

São os seguintes os principais grupos de pessoas interessadas nas informações contábeis referentes a um definido patrimônio:

- **Administradores e Diretores Diversos** – Estes possuem o maior interesse nas informações contábeis a eles repassadas. Quanto maior o grau de detalhamento e de aprofundamento das informações, mais fácil será para eles a tomada de decisões a respeito dos rumos da entidade. Quanto mais ricas, claras e objetivas as informações, melhores serão as condições de planejar, gerir, controlar e tomar decisões.
- **Bancos e Demais Financiadores de Capital (os Credores em Geral)** – Para estes, é fundamental o retorno daquilo que foi aplicado na entidade (na forma de empréstimos, financiamentos etc.). Se uma entidade econômico- -administrativa está trabalhando bem, ou seja, auferindo os maiores e melhores resultados, interessante será permitir a aplicação de recursos na própria entidade; por outro lado, se os resultados não são satisfatórios, então muito provavelmente esses financiadores não permitirão o emprego de seus recursos ou o farão em condições muito menos satisfatórias para a entidade em tela, cobrando taxas de juros mais elevadas. Para os financiadores, as informações principais e mais interessantes são as que tratam dos *fluxos financeiros* (entrada e saída de dinheiro).

- **Fornecedores em Geral** – Por meio dos relatórios elaborados pelas entidades, analisam a capacidade de pagamento que estas possuem, para que possam efetuar vendas a prazo para elas (isto é, para as entidades).
- **Sócios, Proprietários de Cotas Societárias e Acionistas** – Tais grupos possuem a intenção de aplicar recursos na entidade econômico-administrativa visando ao ganho em relação a tal aplicação. Quanto mais sólido e seguro o negócio, ou melhor, quanto maiores são as perspectivas de rentabilidade segura dos recursos aplicados, maiores as chances de aplicação no negócio em si. Explicando melhor: uma pessoa física ou jurídica somente investirá em uma entidade se esta apresentar características tais que demonstrem a possibilidade de excelentes retornos financeiros e, é claro, de modo seguro. Essas pessoas irão verificar no Mercado se essa é realmente a melhor ou uma das melhores oportunidades de aplicação e somente farão tal aplicação se enxergarem a possibilidade de excelente retorno financeiro em segurança.
- **Sindicatos** – Costumam utilizar os relatórios elaborados pelas entidades com o objetivo de determinar o crescimento da produtividade dos setores econômicos envolvidos, visando a conquistar reajustes salariais por meio desses estudos, entre outros argumentos.
- **Governo e Economistas** – O maior interesse dos órgãos de arrecadação dos diversos níveis de governo (federal, estaduais e municipais) é poder quantificar a renda tributável das entidades econômico-administrativas. Surge daí o fato de haver regulamentação e padronização contábeis tão fortes, no sentido de impor, inclusive, a manutenção dos registros contábeis pelo tempo necessário para uma possível vista do Fisco. Tais padronização e regulamentação contábeis acabam (indiretamente) auxiliando todos os demais grupos (anteriormente citados) interessados nas informações contábeis.

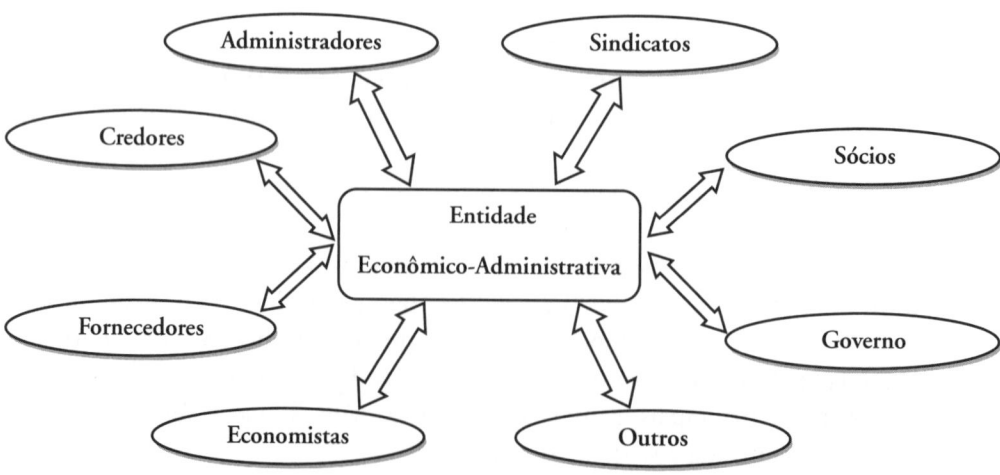

2.8. As Divisões da Contabilidade

Quando se estuda o Direito, verifica-se que este constitui um todo, ou seja, algo único. É dividido, **para fins didáticos**, em Direito Constitucional, Direito Administrativo, Direito Tributário, Direito Ambiental, Direito Civil, Direito Empresarial etc.

Com a Contabilidade acontece algo semelhante. A Contabilidade é dividida em **ramos** ou **áreas**, todas dirigidas a obter dados, trabalhá-los e repassar as informações então obtidas a respeito de partes de um mesmo objeto: *o patrimônio das entidades econômico-administrativas*. Todos os ramos da Contabilidade podem ser estudados de forma separada, porém correspondem às partes cujas informações fornecem algo único: a visão global do patrimônio das entidades. A Contabilidade é comumente dividida em Contabilidade Geral, Contabilidade Avançada, Auditoria, Análise das Demonstrações Financeiras, Contabilidade de Instituições Financeiras, Contabilidade de Custos, Contabilidade Industrial, Contabilidade Hospitalar, Contabilidade Agropecuária, Contabilidade Securitária etc.

2.9. As Limitações da Contabilidade

Com algumas poucas palavras procuraremos mostrar algumas limitações que ocorrem quando da aplicação da Contabilidade.

A Contabilidade possui o firme propósito de reproduzir o patrimônio de uma entidade de maneira exata, com fidelidade e certeza. Porém, isso não é plenamente possível, tendo em vista que trabalha com dados e informações muitas vezes avaliados (*aproximados*) e, devido a tais mensurações, possui limitações. Os dados e as informações devem ser obtidos dentro de um contexto de razoável custo-benefício, devendo ser aplicados de forma prática e objetiva para o fim a que se destinam.

Convém ressaltar que é impossível quantificar em moeda todos os eventos econômicos ocorridos em uma entidade. Nesse contexto, cumpre dizer que ainda há o problema referente à flutuação de preços, o que agrava a análise daquilo que se refere ao valor do Patrimônio Líquido (*veja definição de Patrimônio Líquido em capítulo posterior*).

Não se deve medir o sucesso de uma entidade apenas pela apuração de seu resultado (o lucro porventura alcançado). Algumas informações não monetárias e de mensuração subjetiva devem ser levadas em consideração (satisfação dos clientes, qualidade dos produtos oferecidos, custo de oportunidade, capacitação de funcionários, poder de inovação tecnológica, controle, e investimentos social e ambiental).

O resultado obtido por uma entidade é calculado e fornecido de tempos em tempos. Porém, o resultado exato da variação do patrimônio investido pelos sócios, acionistas ou proprietários de frações ou cotas em uma entidade econômico-administrativa somente pode ser apurado no final de sua vida.

2.10. O TITULAR DE UM PATRIMÔNIO

Um patrimônio poderá ter como titular uma pessoa física ou jurídica.

A **pessoa física** é o indivíduo, isto é, o ser humano. O Direito tem por base o corpo humano e a vida humana para reconhecer a existência de uma pessoa física. A personalidade de um indivíduo tem início com o seu nascimento com vida e desaparece com a sua morte.

A pessoa humana que nasce com vida pode ser titular de relações jurídicas. Toda pessoa física pode ser titular de direitos: compra, empresta, vende, contrai matrimônio, efetua testamento etc. Logo, pode adquirir e possuir bens e direitos, assim como pode contrair obrigações, constituindo um patrimônio, ou seja, sendo titular de um patrimônio.

Ao nascer com vida, o indivíduo adquire personalidade. Esta, por sua vez, cessa com sua morte, seja ela natural ou presumida. No caso em tela, ou seja, com a morte do indivíduo, o seu patrimônio é transferido a seus sucessores (herdeiros ou legatários) de maneira definitiva.

Sílvio de Salvo Venosa nos ensina com maestria a idealização das pessoas jurídicas. Vejamos o que ele nos apresenta:

> "O homem, ser humano, é dotado de capacidade jurídica. No entanto, é pequeno demais para a realização de grandes empreendimentos. Desde cedo percebeu a necessidade de conjugar esforços, de unir-se a outros homens, para realizar determinados empreendimentos, conseguindo, por meio dessa união, uma polarização de atividades em torno do grupo reunido.
>
> Daí decorre a atribuição de capacidade jurídica aos entes abstratos assim constituídos, gerados pela vontade e necessidade do homem. Surgem, portanto, as pessoas jurídicas, ora como conjunto de pessoas, ora como destinação patrimonial, aptidão para adquirir direitos e contrair obrigações".
>
> "A pessoa jurídica apresenta muitas das peculiaridades da pessoa natural: nascimento, registro, personalidade, capacidade, domicílio, previsão de seu final, sua morte, e até mesmo um direito sucessório".

Denominam-se **pessoas jurídicas** ou **pessoas morais** ou **pessoas coletivas** os seres que se distinguem das pessoas que os compõem, que atuam na vida jurídica ao lado dos seres humanos e aos quais a Lei atribui personalidade (característica esta de serem titulares de direitos e contraírem obrigações).

Podemos dizer, também, que são **pessoas jurídicas** ou **pessoas morais** ou **pessoas coletivas** as entidades abstratas às quais a Lei empresta personalidade, que podem ser titulares de direitos, assim como contrair obrigações. *São seres que atuam na vida jurídica, com personalidade diversa das pessoas humanas que as compõem.*

Convém observar que a pessoa jurídica é um sujeito de direitos que possui, sob o ponto de vista jurídico, todos os atributos inerentes à pessoa física, exceto aqueles inerentes à natureza específica desta última.

O Apêndice 1, apresentado na parte final deste volume, trata de uma forma mais aprofundada das pessoas físicas e jurídicas, trazendo conceitos relevantes do Direito, tais como os de empresário, empresa, sociedade empresária e estabelecimento empresarial. Ainda no Apêndice 1, inserimos os principais tipos societários (sociedades por ações, sociedades limitadas etc.), com suas principais características. Remetemos o leitor a esse apêndice, para que melhor entenda os tópicos ora elencados.

Exercícios resolvidos para a fixação de conteúdo

01 (Técnico de Contabilidade – Agência Nacional de Petróleo – ANP – CESGRANRIO) Considerando que a contabilidade registra os fenômenos que afetam a situação patrimonial, econômica e financeira dos entes, pode-se afirmar que seu campo de atuação é:
   a) restrito.
   b) pouco extenso.
   c) muito amplo.
   d) limitado.
   e) considerável.

Resolução e Comentários: O Campo de Aplicação da Contabilidade abrange todas as entidades econômico-administrativas. Não há exceções quanto à abrangência!

02 (Técnico do Tesouro Nacional – ESAF/1994) "... o patrimônio, que a Contabilidade estuda e controla, registrando todas as ocorrências nele verificadas."
"... estudar e controlar o patrimônio, para fornecer informações sobre sua composição e variações, bem como sobre o resultado econômico decorrente da gestão da riqueza patrimonial."
As proposições indicam, respectivamente:
   a) o objeto e a finalidade da Contabilidade.
   b) a finalidade e o conceito da Contabilidade.
   c) o campo de aplicação e o objeto da Contabilidade.
   d) o campo de aplicação e o conceito de Contabilidade.
   e) a finalidade e as técnicas contábeis de Contabilidade.

Resolução e Comentários: "**Contabilidade é a ciência** que estuda e pratica as funções de orientação, de controle e de registro relativas à administração econômica" (Conceito oficial formulado no Primeiro Congresso Brasileiro de Contabilidade, realizado no Rio de Janeiro, de 16 a 24 de agosto de 1924).

O objeto da Contabilidade é o **patrimônio** das sociedades econômico-administrativas.

A Contabilidade é uma ciência e como tal possui foco em algum assunto, pois toda ciência possui um campo de aplicação. *O enfoque ou campo de aplicação da Contabilidade é o estudo do patrimônio das entidades econômico-administrativas*. É por meio da Contabilidade que uma pessoa física ou jurídica pode ter o controle e a exata dimensão de seu patrimônio.

O objetivo maior da Contabilidade é *permitir o estudo e o controle do patrimônio das entidades econômico-administrativas*. A partir da avaliação da situação econômica e financeira da entidade, poderão ser projetadas suas tendências futuras. Se necessário for, poderão ser corrigidos os rumos da entidade por meio de gestões administrativas para tal fim, com a finalidade de melhorar os resultados por ela alcançados.

Trata-se de um sistema de informação e avaliação com a finalidade de prover seus usuários com diversas demonstrações e análises de cunho econômico, financeiro, físico e de produtividade, referentes a um determinado patrimônio.

Usuário é toda pessoa física ou jurídica que possua algum tipo de interesse nas informações referentes a um determinado patrimônio, seja tal patrimônio individual ou coletivo.

A finalidade da Contabilidade é controlar todos os eventos ocorridos no patrimônio das entidades econômico-administrativas. Esse controle deverá ser efetuado por meio de registros, análises e interpretações dos eventos ocorridos no patrimônio, tendo o objetivo de fornecer informações e orientações necessárias e suficientes à tomada de decisão por parte de seus administradores. As orientações e informações ora citadas promovem maior eficiência na **gestão econômica e financeira da entidade**, assim como no controle dos bens patrimoniais (**gestão patrimonial**).

O **aspecto econômico** da entidade anteriormente citado diz respeito à apuração de resultado (*lucro* ou *prejuízo*) pela referida entidade; já o **aspecto financeiro** da entidade foca o *fluxo de caixa*, ou seja, a entrada e saída de dinheiro.

Convém ressaltar que a finalidade maior da Contabilidade é fornecer informações e orientações a respeito de um patrimônio para todas as pessoas nele interessadas, fazendo que tais pessoas possam tomar suas respectivas decisões.

A Contabilidade deve atender aos anseios da administração da entidade, assim como aos anseios de seus demais usuários.

As entidades econômico-administrativas ou aziendas constituem o campo de aplicação da Contabilidade, sejam elas pessoas físicas ou jurídicas, de direito público ou privado, com ou sem fins lucrativos.

Verifica-se que a Contabilidade possui **campo de aplicação muito amplo**. *Atualmente, o método contábil pode ser indistintamente aplicado a qualquer pessoa física ou jurídica que necessite exercer alguma atividade econômica para alcançar suas finalidades.*

03 (Técnico do Tesouro Nacional – ESAF/1992) A palavra Azienda é comumente usada em Contabilidade como sinônimo de fazenda, na acepção de:
   a) conjunto de bens e direitos.
   b) mercadorias.
   c) finanças públicas.
   d) grande propriedade rural.
   e) patrimônio, considerado juntamente com a pessoa que tem sobre ele poderes de administração e disponibilidade.

Resolução e Comentários: Segundo o *Novo dicionário Aurélio da língua portuguesa*, 4. ed., **azienda** é um "complexo de obrigações, bens materiais e direitos que constituem um patrimônio, representados em valores ou que podem ser objeto de apreciação econômica, considerado juntamente com a pessoa natural ou jurídica que tem sobre ele poderes de administração e disponibilidade; fazenda".

Azienda é, portanto, o patrimônio considerado juntamente com a pessoa que tem sobre ele poderes de administração e disponibilidade. O conceito de azienda reúne o patrimônio da entidade econômico-administrativa e a pessoa que o administra.

04 (Técnico de Contabilidade – CEDAE – FESP/RJ) Permitir aos usuários internos e externos a obtenção de informações de natureza econômica e financeira acerca da entidade representa:
   a) a finalidade da Contabilidade.
   b) o conceito de Contabilidade.
   c) o objeto da Contabilidade.
   d) o campo de aplicação da Contabilidade.

Resolução e Comentários: **A finalidade da Contabilidade é controlar todos os eventos ocorridos no patrimônio das entidades econômico-administrativas.** Esse controle deverá ser efetuado por meio de registros, análises e interpretações dos eventos ocorridos no patrimônio, tendo o objetivo de fornecer informações e orientações necessárias e suficientes à tomada de decisão por parte de seus administradores. As orientações e informações ora citadas promovem maior eficiência na **gestão econômica e financeira da entidade**, assim como no controle dos bens patrimoniais (**gestão patrimonial**).

05 (Técnico do Tesouro Nacional – ESAF/1992) É função econômica da Contabilidade:
   a) apurar lucro ou prejuízo.
   b) controlar o patrimônio.
   c) evitar erros ou fraudes.
   d) efetuar o registro dos fatos contábeis.
   e) verificar a autenticidade das operações.

Resolução e Comentários: **A finalidade da Contabilidade é controlar todos os eventos ocorridos no patrimônio das entidades econômico-administrativas.** Esse controle deverá ser efetuado por meio de registros, análises e interpretações dos eventos ocorridos no patrimônio, tendo o objetivo de fornecer informações e orientações necessárias e suficientes à tomada de decisão por parte de seus administradores. As orientações e informações ora citadas promovem maior eficiência na **gestão econômica e financeira da entidade**, assim como no controle dos bens patrimoniais (**gestão patrimonial**).

O **aspecto econômico** da entidade anteriormente citado diz respeito à apuração de resultado (*lucro* ou *prejuízo*) pela referida entidade; já o **aspecto financeiro** da entidade foca o *fluxo de caixa*, ou seja, a entrada e saída de dinheiro.

06 **(Agente Fiscal de Tributos Municipais – Teresina – PI – CESPE/UnB – Adaptada) Com relação à contabilidade e à legislação aplicável, julgue o item a seguir.**

"A despeito das mudanças substanciais nos tipos de usuários e nas modalidades de informação que estes têm procurado, a função fundamental da contabilidade continua atrelada à finalidade de prover esses usuários das demonstrações contábeis com informações que os ajudem a tomar decisões de natureza econômico-financeira."

Resolução e Comentários: A finalidade maior da Contabilidade é fornecer informações e orientações a respeito de um patrimônio para todas as pessoas nele interessadas, fazendo com que tais pessoas possam tomar suas respectivas decisões.

A Contabilidade deve atender aos anseios da administração da entidade, assim como aos anseios de seus demais usuários.

07 **(Técnico do Tesouro Nacional – ESAF) O Primeiro Congresso Brasileiro de Contabilidade, realizado na Cidade do Rio de Janeiro, de 16 a 24 de agosto de 1924, formulou um conceito oficial para CONTABILIDADE. Assinale a opção que indica esse conceito oficial.**
a) Contabilidade é a ciência que estuda o patrimônio do ponto de vista econômico e financeiro, observando seus aspectos quantitativo e específico e as variações por ele sofridas.
b) Contabilidade é a ciência que estuda e pratica as funções de orientação, de controle e de registro relativas à Administração Econômica.
c) Contabilidade é a metodologia especial concebida para captar, registrar, reunir e interpretar os fenômenos que afetam as situações patrimoniais, financeiras e econômicas de qualquer ente.
d) Contabilidade é a arte de registrar todas as transações de uma companhia que possam ser expressas em termos monetários e de informar os reflexos dessas transações na situação econômico-financeira dessa companhia.
e) Contabilidade é a ciência que estuda e controla o patrimônio das entidades, mediante registro, demonstração expositiva, confirmação, análise e interpretação dos fatos nele ocorridos.

Resolução e Comentários: "**Contabilidade** é a **ciência** que estuda e pratica as funções de orientação, de controle e de registro relativas à administração econômica" (Conceito oficial formulado no Primeiro Congresso Brasileiro de Contabilidade, realizado no Rio de Janeiro, de 16 a 24 de agosto de 1924).

08 **(PETROBRAS – CESGRANRIO) As duas finalidades básicas para o uso das informações contábeis são:**
a) controle e planejamento.
b) controle e acompanhamento.
c) acompanhamento e planejamento.
d) análise e planejamento.
e) análise e controle.

Resolução e Comentários: ***A finalidade da Contabilidade é controlar todos os eventos ocorridos no patrimônio das entidades econômico-administrativas.*** Esse controle deverá ser efetuado por meio de registros, análises e interpretações dos eventos ocorridos no patrimônio, tendo o objetivo de fornecer informações e ***orientações necessárias e suficientes à tomada de decisão*** por parte de seus administradores. As orientações e informações ora citadas promovem maior eficiência na **gestão econômica e financeira da entidade**, assim como no controle dos bens patrimoniais (**gestão patrimonial**).

09 **(BRASPETRO – CESGRANRIO) Pode-se definir Contabilidade como sendo um(a):**
a) sistema de informações que registra as ocorrências que afetam o patrimônio de uma entidade, visando à obtenção de um resultado mensurável economicamente.
b) conjunto de princípios, normas e procedimentos que têm por finalidade ordenar os fatores de produção e controlar a sua produtividade e eficiência, visando obter determinado resultado.

c) técnica que consiste na decomposição, comparação, análise e interpretação dos demonstrativos do estado patrimonial e do resultado econômico da entidade.
d) ciência que organiza, orienta e analisa os fenômenos relativos à produção, à acumulação, à distribuição e ao consumo dos bens materiais.
e) ciência que estuda o patrimônio, utilizando metodologia específica para coletar, registrar, acumular, resumir e analisar todos os fatos que afetam a situação patrimonial de uma entidade.

Resolução e Comentários: A Contabilidade pode ser definida como a ciência que estuda o patrimônio, utilizando metodologia específica para coletar, registrar, acumular, resumir e analisar todos os fatos que afetam a situação patrimonial de uma entidade.

10 (PETROBRAS – CESGRANRIO) **A capacidade de a Contabilidade captar e registrar, normalmente, eventos mensuráveis em moeda determina:**
a) os objetivos da contabilidade.
b) o entendimento da contabilidade como um fim em si mesma.
c) as limitações da contabilidade.
d) a capacidade técnica dos lançamentos contábeis.
e) a adequabilidade das informações contábeis.

Resolução e Comentários: A Contabilidade possui o firme propósito de reproduzir o patrimônio de uma entidade de maneira exata, com fidelidade e certeza. Porém, isso não é plenamente possível, tendo em vista que trabalha com dados e informações muitas vezes avaliados (*aproximados*) e, devido a tais mensurações, possui limitações. Os dados e as informações devem ser obtidos dentro de um contexto de razoável custo-benefício, devendo ser aplicados de forma prática e objetiva ao fim a que se destinam.

Convém ressaltar que **é impossível quantificar em moeda todos os eventos econômicos ocorridos em uma entidade**. Nesse contexto, cumpre dizer que ainda há o problema referente à flutuação de preços, o que agrava a análise daquilo que se refere ao valor do Patrimônio Líquido.

11 (Técnico de Finanças e Controle – ESAF/1992) **As aziendas são entidades econômico-administrativas, cuja existência é reconhecida a partir da união de três elementos essenciais, os quais são:**
a) a contabilidade, a administração e o patrimônio.
b) os órgãos volitivos, diretivos e executivos.
c) o planejamento, a coordenação e o controle.
d) a escrituração, a auditoria e o balanço.
e) o patrimônio, a administração e o trabalho.

Resolução e Comentários: Segundo o *Novo dicionário Aurélio da língua portuguesa*, 4. ed., **azienda** é um "complexo de obrigações, bens materiais e direitos que constituem um patrimônio, representados em valores ou que podem ser objeto de apreciação econômica, considerado juntamente com a pessoa natural ou jurídica que tem sobre ele poderes de administração e disponibilidade; fazenda".

Azienda, portanto, é o patrimônio considerado juntamente com a pessoa que tem sobre ele poderes de administração e disponibilidade. O conceito de azienda reúne o patrimônio da entidade econômico-administrativa e a pessoa que o administra.

12 (Agente Executivo – SUSEP – ESAF) **O campo de atuação da Contabilidade são as entidades econômico-administrativas, cuja classificação, quanto aos fins a que se destinam, faz-se, corretamente, dividindo-as em:**
a) pessoas físicas e pessoas jurídicas;
b) entidades abertas e entidades fechadas;
c) entidades públicas e entidades privadas;
d) entidades civis e entidades comerciais;
e) entidades sociais, econômicas e econômico-sociais.

Resolução e Comentários: As entidades são divididas, quanto aos fins a que se destinam, em *entidades sociais, entidades econômicas* e *entidades econômico-sociais*.

13 (FURNAS – CESGRANRIO) Relativamente à entidade objeto da contabilização, a Contabilidade é um sistema de informação:
   a) destinado a prover seus usuários de demonstrações e análises de natureza econômica e financeira.
   b) destinado a prover seus usuários com demonstrações e análises de natureza econômica, financeira e física.
   c) e de avaliação, destinado a prover seus usuários de demonstrações e análises de natureza econômica e financeira.
   d) e de avaliação, destinado a prover seus usuários de demonstrações e análises de natureza econômica, financeira e física.
   e) e de avaliação, destinado a prover seus usuários de demonstrações e análises de natureza econômica, financeira, física e de produtividade.

Resolução e Comentários: "**Contabilidade** é a ciência que estuda os fenômenos ocorridos no patrimônio das entidades, mediante o registro, a classificação, a demonstração expositiva, a análise e a interpretação desses fatos, com o fim de oferecer informações e orientação – necessárias à tomada de decisões – sobre a composição do patrimônio, suas variações e o resultado econômico decorrente da gestão da riqueza patrimonial" (Hilário Franco, *Contabilidade geral*, 23 ed., São Paulo: Atlas, 2006).

Podemos, também, afirmar que a Contabilidade constitui um sistema de informação e de avaliação, destinado a prover seus usuários de demonstrações e análises de natureza econômica, financeira, física e de produtividade.

14 (Exame de Suficiência – Conselho Federal de Contabilidade) Quanto ao usuário Fornecedores, pode-se afirmar que:
   a) preocupam-se com a informação contábil do ponto de vista social.
   b) preocupam-se com a informação contábil no sentido de garantir o recebimento de seus créditos.
   c) preocupam-se com a informação contábil no sentido de avaliar o risco de seus investimentos.
   d) preocupam-se com a informação contábil para estabelecer políticas públicas.

Resolução e Comentários: **Fornecedores em Geral** – Por meio dos relatórios elaborados pelas entidades, analisam a capacidade de pagamento que estas possuem, para que possam efetuar vendas a prazo para elas (isto é, para as entidades).

15 (Contador Júnior – PETROBRAS – CESGRANRIO) A informação contábil é utilizada, principalmente, para as finalidades:
   a) fiscais e jurídicas.
   b) orçamentárias, financeiras e patrimoniais.
   c) de controle e planejamento.
   d) de análise, conclusão e decisão.
   e) de escrituração, avaliação e organização.

Resolução e Comentários: As informações contábeis visam ao controle e ao planejamento referentes ao patrimônio de uma entidade econômico-administrativa.

16 (Contador Júnior – PETROBRAS – CESGRANRIO) Os dois grandes ramos da contabilidade através dos quais ela pode desempenhar seu papel informativo são denominados de Contabilidade:
   a) Fiscal e Societária.
   b) Privada e Pública.
   c) Fabril e de Serviços.
   d) Rural e Estatal.
   e) Financeira e Gerencial.

Resolução e Comentários: A título informativo, os dois grandes ramos da contabilidade por meio dos quais ela pode desempenhar seu papel informativo são denominados de Contabilidade Financeira e Contabilidade Gerencial.

17 (Analista Judiciário – Contabilidade – TSE – CONSULPLAN/2012) A Contabilidade foi definida no I Congresso Brasileiro de Contabilidade como: "a ciência que estuda e pratica as funções de orientação, controle e registro relativo aos atos e fatos da administração econômica." São objetivos da Contabilidade, EXCETO:
   a) fornecer informações sobre a posição patrimonial e financeira, o desempenho e as mudanças na posição financeira da entidade;
   b) auxiliar o maior número de usuários em suas avaliações e tomadas de decisão financeira;
   c) apresentar os resultados da atuação da administração na gestão da entidade quanto aos recursos que lhe foram confiados;
   d) auxiliar os acionistas a avaliar a produtividade de cada funcionário da empresa e o desempenho dos gerentes.

Resolução e Comentários: Não constitui objetivo da Contabilidade auxiliar os acionistas a avaliar a produtividade de cada funcionário da empresa e o desempenho dos gerentes.

18 (Analista – SERCOMTEL S/A Telecomunicações – AOCP/2016) Assinale alternativa que apresenta o objetivo da Contabilidade.
   a) É uma ciência social que tem como propósito estudar o patrimônio de uma empresa com a finalidade de conhecer os seus bens, direitos e obrigações.
   b) Com a finalidade de emitir relatórios contábeis, a Contabilidade tem a função de analisar todo o trabalho desenvolvido no processo de escrituração contábil.
   c) A Contabilidade tem o intuito de analisar as demonstrações contábeis que são os resultados do processo de escrituração contábil que vêm refletir o patrimônio das empresas.
   d) Fornecer informações de natureza econômica, financeira e patrimonial para o controle das operações e para o planejamento das empresas.
   e) Com o propósito de analisar as informações geradas através dos relatórios contábeis, a Contabilidade tem a meta de obter conhecimentos sobre as contas que pertencem ao Patrimônio Líquido.

Resolução e Comentários: O objetivo maior da Contabilidade é permitir o estudo e o controle do patrimônio das entidades econômico-administrativas. A partir da avaliação da situação econômica e financeira da entidade poderão ser projetadas suas tendências futuras. Se necessário for, poderão ser corrigidos os rumos da entidade por meio de gestões administrativas visando a tal fim, com a finalidade de melhorar os resultados por ela alcançados.

Trata-se de um sistema de informação e avaliação com a finalidade de prover seus usuários com diversas demonstrações e análises de cunho econômico, financeiro, físico e de produtividade referentes a um determinado patrimônio.

Usuário para a Contabilidade é toda pessoa física ou jurídica que possua algum tipo de interesse nas *informações* referentes a um determinado patrimônio, seja ele individual ou coletivo.

Dentre as alternativas apresentadas, constitui objetivo da Contabilidade fornecer informações de natureza econômica, financeira e patrimonial para o controle das operações e para o planejamento das empresas.

19 (Técnico Administrativo I – MSGás – IESES/2015) A Contabilidade é um instrumento que auxilia seus usuários a tomar decisões. Ela coleta todos os dados econômicos, mensurando-os monetariamente, registrando-os e sumarizando-os em forma de relatórios ou comunicados. Dessa forma, pode-se afirmar que o processo decisório decorre de informações geradas pela Contabilidade. De acordo com o objetivo de cada usuário existe uma demanda diferenciada de informações contábeis. Analise as sentenças abaixo e assinale a alternativa correta.
   I. Fornecedores de bens e serviços a crédito: usam os relatórios contábeis para analisar a capacidade de pagamento da empresa compradora.
   II. Bancos: usam as informações geradas pela contabilidade para aprovar empréstimos, financiamentos e limite de crédito.
   III. Governo: não usam os relatórios contábeis só com a finalidade de arrecadação de impostos, mas também para dados estatísticos, no sentido de melhor redimensionar a economia.
   IV. Empregados: utilizam as informações geradas pela contabilidade para verificar a capacidade de pagamento dos salários, perspectivas de crescimento da empresa, e participação nos lucros.

Assinale a alternativa correta.
a) Apenas as sentenças I e II estão corretas.
b) Todas as sentenças estão corretas.
c) Apenas as sentenças I, II e III estão corretas.
d) Apenas as sentenças I, II e IV estão corretas.

Resolução e Comentários: Analisando as alternativas:
I. Fornecedores de bens e serviços a crédito: usam os relatórios contábeis para analisar a capacidade de pagamento da empresa compradora.
Correta!
II. Bancos: usam as informações geradas pela Contabilidade para aprovar empréstimos, financiamentos e limite de crédito.
Correta!
III. Governo: não usam os relatórios contábeis só com a finalidade de arrecadação de impostos, mas também para dados estatísticos, no sentido de melhor redimensionar a economia.
Correta!
IV. Empregados: utilizam as informações geradas pela Contabilidade para verificar a capacidade de pagamento dos salários, perspectivas de crescimento da empresa, e participação nos lucros.
Correta!

20 (Professor de Contabilidade – IF/SP – FUNDEP/2014) O processo de contabilização dá condições de elaboração das demonstrações financeiras, dentre elas, o balanço patrimonial. A evidenciação do resultado das empresas é vital para sua continuidade.
Assinale a alternativa que apresenta uma definição CORRETA para a Contabilidade.
a) É uma ciência que permite, por meio de suas técnicas, manter um controle permanente do patrimônio da empresa.
b) É o campo da aplicabilidade da ciência que estuda o controle das vendas das organizações.
c) É um campo das finanças que tem como meta avaliar a liquidez e o endividamento das empresas.
d) É uma ciência que é composta de trabalho e capital para o desenvolvimento da atividade financeira empresarial.

Resolução e Comentários: "Contabilidade é uma ciência que permite, através de suas técnicas, manter um controle permanente do Patrimônio da empresa" (Osni Moura Ribeiro, *Contabilidade básica fácil*, 25. ed., 2. tir., São Paulo: Saraiva, 2006).

21 (Professor de Contabilidade – IF/SP – FUNDEP/2014) As empresas são entidades econômico-administrativas que têm finalidade econômica, isto é, visam ao lucro. Desenvolvem-se nos mais variados ramos de atividades, como comércio, indústria, agricultura, pecuária, transportes, telecomunicações, turismo, prestação de serviços, entre outros.
"A principal finalidade da Contabilidade é fornecer _____ sobre o _____, informações essas de ordem econômica e _____, que facilitam, assim, as tomadas de _____, tanto por parte dos administradores ou _____, como também por parte daqueles que pretendem _____ na empresa."
Assinale a alternativa que completa RESPECTIVAMENTE a afirmação acima.
a) informações, patrimônio, financeira, decisões, proprietários e investir.
b) dados, campo, endividamento, posições, fornecedores e vender.
c) demonstração, balanço, estrutural, contas, dirigentes e movimentar.
d) patrimônio, passivo, endividamento, posição, devedores e executar.

Resolução e Comentários: A principal finalidade da Contabilidade é fornecer **informações** sobre o **patrimônio**, informações essas de ordem econômica e **financeira**, que facilitam assim as tomadas de **decisões**, tanto por parte dos administradores ou **proprietários**, como também por parte daqueles que pretendem **investir** na empresa.

GABARITO

1 – C	2 – A
3 – E	4 – A
5 – A	6 – Certo.
7 – B	8 – A
9 – E	10 – C
11 – E	12 – E
13 – E	14 – B
15 – C	16 – E
17 – D	18 – D
19 – B	20 – A
21 – A	

CAPÍTULO 3

O Balanço Patrimonial – Estudo Introdutório

3.1. O Balanço Patrimonial – Conceitos Iniciais

Primitivamente, o patrimônio de uma pessoa física ou jurídica era formado a partir da acumulação de bens. Hoje, entretanto, essa visão já se encontra completamente ultrapassada. Atualmente, a palavra patrimônio define algo muito mais complexo e é esta a definição utilizada em Contabilidade hoje em dia:

> **Patrimônio** é o conjunto de **bens**, **direitos** e **obrigações** vinculados a uma pessoa, física ou jurídica, que possam ser avaliados em moeda.

Em Contabilidade, o objeto é sempre o **patrimônio** de uma entidade, definido como um conjunto de bens, direitos e de obrigações para com terceiros, pertencente a uma pessoa física, a um conjunto de pessoas, como ocorre nas sociedades informais, ou a uma sociedade ou instituição de qualquer natureza, independentemente da sua finalidade, que pode, ou não, incluir o lucro. O essencial é que o patrimônio disponha de autonomia em relação aos demais patrimônios existentes, o que significa que a entidade dele pode dispor livremente, claro que nos limites estabelecidos pela ordem jurídica e, sob certo aspecto, da racionalidade econômica e administrativa.

Contabilmente, representa-se, a qualquer tempo, o patrimônio de toda e qualquer entidade por meio de uma Demonstração Financeira denominada **Balanço Patrimonial**, conforme a seguir veremos.

A maior característica de um patrimônio é o seu valor econômico. **O patrimônio é avaliável em moeda, tanto em relação aos bens e direitos, quanto em relação às obrigações.** Não fazem parte do patrimônio os direitos e as obrigações naturais, nem os direitos e as obrigações de natureza jurídica não pecuniária (por exemplo: aqueles que são relativos às relações em família).

> O patrimônio é composto por uma parte positiva, em que se situam os bens e os direitos; existe, também, a parte negativa, em que se situam as obrigações.

Os bens, a entidade os possui de fato; por outro lado, quanto aos direitos, a entidade possui o direito de recebê-los em moeda. Por isso, **os bens e os direitos compreendem aquilo que de positivo a entidade possui**. Em contrapartida, o lado direito é chamado de parte negativa, tendo em vista as obrigações financeiras que a entidade possui junto a terceiros.

Os bens e os direitos constituem a parte positiva do patrimônio, a que chamamos de **Ativo** da entidade. Já as obrigações constituem a parte negativa do patrimônio, que denominamos de **Passivo** da entidade.

$$\text{Ativo} = \text{Bens} + \text{Direitos}$$

$$\text{Passivo Exigível} = \text{Obrigações}$$

3.2. A Representação Gráfica do Patrimônio de Uma Entidade Econômico-Administrativa

O **patrimônio** de uma entidade pode ser representado, a qualquer tempo, **por convenção contábil**, por um **gráfico em forma de "T"**. Esse gráfico recebe o nome de **Balanço Patrimonial** e consiste em um meio de apresentar de maneira detalhada, e ao mesmo tempo objetiva, o patrimônio de uma entidade.

Patrimônio – O Balanço patrimonial	
PARTE POSITIVA	PARTE NEGATIVA
ATIVO	PASSIVO
BENS E DIREITOS	OBRIGAÇÕES

3.2.1. Os aspectos qualitativo e quantitativo do patrimônio

O patrimônio de uma entidade é composto por bens, direitos e obrigações, e deve ser apresentado sob os **aspectos qualitativo** e **quantitativo**.

Quanto ao **aspecto qualitativo do patrimônio**, os elementos que o compõem são analisados de acordo com a natureza de cada um deles. **Cada elemento patrimonial recebe uma denominação**, de tal forma que se consiga distinguir, dentro de um determinado patrimônio, cada elemento particular e característico.

Essa denominação deve ser de tal maneira aplicada, que se consiga o completo entendimento de cada item componente do patrimônio, especificando-o a contento.

Exemplo

São apresentados a seguir os componentes patrimoniais de acordo com o **aspecto qualitativo do patrimônio**:

- Bens:
    - Imóveis
    - Veículos
    - Dinheiro
    - Obras de arte
    - Computadores
    - Móveis e utensílios
- Direitos:
    - Notas promissórias a receber
    - ICMS a recuperar
    - Aluguéis a receber
    - IPI a recuperar
    - Duplicatas a receber
- Obrigações:
    - Contas a pagar
    - Fornecedores ou fornecedores a pagar
    - Impostos a recolher
    - Salários a pagar
    - Seguros a pagar

Quanto ao **aspecto quantitativo do patrimônio**, diz respeito à expressão de cada item patrimonial em valor monetário, isto é, tal aspecto faz menção ao valor com o qual cada componente patrimonial pode ser expresso em moeda.

Exemplo

São apresentados a seguir componentes patrimoniais de acordo com os **aspectos quantitativo e qualitativo do patrimônio**:

- Imóveis – R$ 150.000,00
- Veículos – R$ 32.000,00
- Computadores – R$ 7.820,00

- Notas Promissórias a Receber – R$ 21.000,00
- Fornecedores ou Fornecedores a Pagar – R$ 1.300,00
- Duplicatas a Receber – R$ 13.000,00
- Contas a Pagar – R$ 1.800,00
- Aluguéis a Receber – R$ 10.350,00

A seguir, faremos um breve detalhamento dos componentes do Ativo.

3.3. O Ativo

O **Ativo** é composto pelos **bens e direitos** da entidade econômico-administrativa **que possam ser expressos em moeda**. Exemplos de alguns bens e direitos que possam pertencer a uma entidade são: móveis, veículos, valores a receber, computadores, imóveis, dinheiro em caixa, dinheiro depositado em bancos, mercadorias em estoque etc.

O Ativo compreende o conjunto de recursos aplicados na entidade, recursos estes a partir dos quais se espera a geração de benefícios econômicos futuros para a entidade, ou seja, a partir dos quais se espera a apuração de resultados favoráveis à entidade fruto da aplicação desses bens e direitos nessa mesma entidade ao longo de seu tempo de vida útil econômica.

3.3.1. Bens

Coisa:

Aquilo que existe por si só na natureza, independentemente da vontade e/ou da intervenção do homem (por exemplo: o ar, as árvores, a terra, o mar etc.)

Bem:

A fim de satisfazer suas necessidades, o homem se utiliza das coisas, convertendo-as em bens.

Do ponto de vista econômico, **bem** é tudo aquilo que é capaz de satisfazer as necessidades do homem, sendo suscetível de avaliação em moeda.

Aquilo que é corpóreo (perceptível) transforma-se em um bem quando recebe destinação capaz de satisfazer as necessidades do homem (por exemplo: o rio é transformado em um bem quando o homem o utiliza para a navegação ou para outros fins; o sol, por outro lado, apesar de ser indispensável para o homem, não pode ser considerado um bem, já que não pode sofrer apropriação). Se for possível a apropriação de algo, então bem poderá se tornar.

Quais os principais atributos de um bem? São a possibilidade de apropriação e a utilidade para o homem.

Transmissão de bens móveis:

A aquisição de propriedade de bens móveis somente se concretiza com a **tradição**, ou seja, **quando o transmitente entrega o bem móvel ao adquirente**.

Transmissão de bens imóveis:

De acordo com o novo Código Civil, a aquisição de propriedade de bens imóveis se dá por meio do registro do imóvel no competente Registro de Imóveis.

Os bens podem ser classificados:

a) Quanto à existência física:

Bens corpóreos (ou **tangíveis** ou **materiais**) são aqueles que possuem existência física, podendo ser observados e percebidos pelos sentidos humanos (por exemplo: automóveis, joias, roupas, imóveis etc.)

Bens incorpóreos (ou **intangíveis** ou **imateriais**) são aqueles que somente podem ser percebidos pela inteligência (por exemplo: marcas, invenções, obras literárias, programas de computador etc.)

b) Quanto à mobilidade:

Bens móveis são os bens corpóreos que podem ser deslocados de um lado para o outro (por exemplo: automóveis, joias etc.)

Bens imóveis são aqueles que possuem situação fixa, ou seja, não podem ser deslocados de um lado para o outro (por exemplo: terrenos, edificações, plantações etc.)

c) Quanto à possibilidade de substituição:

Bens fungíveis são os bens móveis que podem ser substituídos por outros de mesma espécie, qualidade e quantidade (por exemplo: dinheiro, gêneros alimentícios, carvão, bebidas em geral etc.).

Bens infungíveis são os bens móveis que não podem ser substituídos por outros (por exemplo: obras de arte geralmente são personalizadas; logo, não há como substituir uma obra de arte por outra).

d) Quanto aos proprietários:

Bens públicos são os que pertencem às pessoas jurídicas de direito público interno (União, Estados, Municípios).

Bens privados ou **particulares** são os que pertencem aos particulares, ou seja, que não pertencem aos entes públicos.

Do ponto de vista contábil, **bens** são tudo aquilo que uma entidade possui ou possa possuir em seu patrimônio, seja com a finalidade de uso, de troca ou de consumo, e que possa ser avaliado em moeda.

Os bens (materiais e imateriais) de uma entidade podem ser utilizados para uso, troca ou consumo próprio. Em uma padaria, por exemplo, as prateleiras em que são expostos os diferentes tipos de mercadorias à venda são consideradas bens de uso. Já as mercadorias expostas à venda são consideradas bens de troca. Por sua vez, os sacos utilizados para embalagem dos pães são considerados bens de consumo.

Há inúmeras classificações para os bens. Do ponto de vista contábil, certamente a mais importante é aquela que divide os bens em **corpóreos** (ou **materiais** ou **tangíveis**) e **incorpóreos** (ou **imateriais** ou **intangíveis**).

São considerados **bens corpóreos** aqueles que você percebe pelos sentidos físicos, pois possuem existência física (dinheiro, máquinas, equipamentos, imóveis, veículos, computadores etc.). Por outro lado, são considerados **bens incorpóreos** aqueles que você não percebe pelos sentidos físicos, pois não existem no mundo físico para tal fim (marcas, patentes, ponto comercial, programas de computador, propriedade científica etc.).

Os bens corpóreos são divididos em **bens móveis** (por exemplo: veículos) e **bens imóveis** (por exemplo: edificações em geral).

Marca:

A **marca** é um sinal que distingue determinado produto, mercadoria ou serviço. Trata-se da principal ferramenta de identificação e valorização utilizada no mercado.

Segundo o Instituto Nacional da Propriedade Industrial (INPI), "nos termos da lei brasileira, **marca** é todo sinal distintivo, visualmente perceptível, que identifica e distingue produtos e serviços de outros análogos, de procedência diversa, bem como certifica a conformidade dos mesmos com determinadas normas ou especificações técnicas".

Patente:

De acordo com o Instituto Nacional da Propriedade Industrial (INPI), "a **patente** é um título de propriedade temporário outorgado pelo Estado, por força de lei, ao inventor ou pessoas cujos direitos derivem do mesmo, para excluir terceiros, sem sua prévia autorização, de atos relativos à matéria protegida, tais como fabricação, comercialização, importação, uso, venda etc. Em função das diferenças existentes entre as patentes, elas poderão se enquadrar como patentes de invenção ou como patentes de modelo de utilidade".

3.3.2. Direitos

Direitos (contabilmente falando) representam **créditos**, ou seja, valores que a entidade tem a receber, oriundos de transações com terceiros, ou a recuperar, como consequência dessas transações. Entenda como **terceiro** todo aquele que de alguma forma se relacione com a entidade (por exemplo, clientes que compram mercadorias da entidade a prazo são considerados terceiros; dos clientes, a entidade possui o direito de recebimento dos valores por eles transacionados quando a compra e venda é realizada a prazo).

O **crédito** constitui a confiança que uma pessoa inspira a outra no sentido de, no futuro, cumprir uma obrigação atualmente assumida (Fran Martins).

Em regra, quando a entidade registra em sua contabilidade um direito, ela o faz associando o nome do título ou do documento que representa o direito acompanhado da expressão "**a Receber**". Conforme veremos, a expressão "**a Recuperar**" também poderá ser utilizada para designar um direito.

Exemplo

São exemplos de direitos registrados na contabilidade de uma entidade:
- Duplicatas a receber
- Aluguéis a receber
- Notas promissórias a receber
- Juros ativos a receber
- Serviços a receber

Exemplo

A empresa JOliveira Comercial Ltda. possui em seu patrimônio os seguintes bens e direitos:
- Veículos – R$ 100.000,00
- Dinheiro em caixa – R$ 20.000,00
- Dinheiro depositado no Banco ABC S/A – R$ 130.000,00
- Notas Promissórias a Receber de Maria Felina – R$ 1.000,00
- Imóveis – R$ 240.000,00
- Valores a Receber de J. J. Oliver – R$ 25.000,00
- Computadores – R$ 10.000,00

Podemos afirmar, então, que a empresa JOliveira Comercial Ltda. possui bens em valor total igual a:

- Veículos – R$ 100.000,00
- Dinheiro em caixa – R$ 20.000,00
- Dinheiro depositado no Banco ABC S/A – R$ 130.000,00
- Imóveis – R$ 240.000,00
- Computadores – R$ 10.000,00

Total em bens = R$ 500.000,00

Podemos afirmar que a empresa JOliveira Comercial Ltda. possui direitos em valor total igual a:

- Notas Promissórias a Receber de Maria Felina – R$ 1.000,00
- Valores a Receber de J. J. Oliver – R$ 25.000,00

Total em direitos = R$ 26.000,00

O Apêndice 2, no final deste volume, apresenta um breve estudo dos títulos de crédito (Notas Promissórias, Duplicatas a Receber etc.), assim como de outros importantes documentos mencionados em nossos estudos contábeis ao longo desta obra. Remetemos o leitor a esse apêndice, a fim de que possa melhor compreender a existência de cada um deles, sendo-lhe, para isso, fornecidas suas principais características. Isso ajudará o leitor a entender como efetuar os *registros contábeis* quando for mencionado um desses documentos.

Antes de passarmos à apresentação do Passivo, reapresentaremos o gráfico em forma de "T" (Balanço Patrimonial), que apresenta o patrimônio de uma entidade a qualquer momento, a fim de que o leitor com ele se familiarize.

PATRIMÔNIO – O BALANÇO PATRIMONIAL	
PARTE POSITIVA	PARTE NEGATIVA
ATIVO	PASSIVO
"BENS E DIREITOS"	"OBRIGAÇÕES"

Em seguida, faremos um breve detalhamento dos componentes do Passivo.

3.4. O Passivo ou Passivo Exigível

O **Passivo** ou **Passivo Exigível** é a parte do Balanço Patrimonial que compreende as obrigações financeiras de uma entidade com relação a terceiros. Nessa área do Balanço Patrimonial deverão ser apresentadas todas as obrigações que, uma vez vencidas, serão cobradas por seus respectivos credores junto à entidade, ou seja, nessa parte do gráfico em forma de "T" (lado direito do gráfico) serão lançadas todas as dívidas contraídas pela entidade em relação a terceiros.

A entidade, para realizar suas mais diversas operações, poderá se utilizar de parcelas do patrimônio de terceiros, gerando, então, obrigações da própria entidade junto a estes (por exemplo: quando uma empresa adquire mercadorias a prazo, uma parcela do patrimônio de um terceiro – as mercadorias da transação – é entregue à entidade para a prática de suas operações; em consequência disso, surge a obrigação de a entidade pagar por essas mercadorias na data do vencimento da fatura respectiva, obrigação esta que é registrada, conforme adiante será mostrado, na parte do Passivo Exigível).

Conforme mencionamos, o Passivo ou Passivo Exigível consiste basicamente nas dívidas da entidade econômico-administrativa com terceiros. É no Passivo que costumam ser registradas as **obrigações de pagar** a terceiros pela entidade, isto é, as dívidas da entidade para com terceiros. Também são registradas no Passivo as **obrigações de fazer** (conforme será posteriormente mostrado) pela entidade.

O Passivo Exigível representa as fontes ou origens de recursos provenientes de terceiros para a entidade. Podemos dizer que é o capital fornecido por terceiros à entidade. Representa, então, o **Capital de Terceiros** utilizado pela entidade em suas operações.

Os elementos do Passivo constam do lado direito do Balanço Patrimonial.

Exemplo

São exemplos de possíveis elementos do Passivo Exigível de uma entidade:
- Impostos a recolher;
- Financiamentos a pagar;
- Aluguéis a pagar;
- Salários a pagar;
- Fornecedores ou fornecedores a pagar;
- Notas promissórias a pagar;
- Contas a pagar etc.

3.5. O Patrimônio Líquido

Define-se **Situação Líquida** como a diferença existente entre o Ativo e o Passivo Exigível de uma entidade em um determinado momento. Caso seja encontrado um **valor positivo** para essa diferença, então a situação líquida receberá o nome de **Patrimônio Líquido**.

Se for encontrada diferença entre o Ativo Total e o Passivo Exigível, tal diferença, quando positiva (Patrimônio Líquido), será representada do mesmo lado do Passivo Exigível (lado direito do Balanço Patrimonial).

Repare que o gráfico em forma de "T" *sofrerá* um **pequeno corte** do lado direito, a fim de promover a separação entre as parcelas do Passivo Exigível e do Patrimônio Líquido.

```
                    BALANÇO PATRIMONIAL

                              |  PASSIVO EXIGÍVEL
                              |
            ATIVO             |_____
                              |
                              |  PATRIMÔNIO LÍQUIDO
                              |
```

3.6. A Equação Fundamental do Patrimônio

Por convenção contábil, o lado direito do gráfico em forma de "T" (Balanço Patrimonial) representa as FONTES OU ORIGENS DE RECURSOS de uma entidade (ou seja, de que maneira surgiram os recursos a serem utilizados pela entidade); já o lado esquerdo do gráfico representa as APLICAÇÕES DE RECURSOS na entidade (isto é, em que foram aplicados os recursos obtidos pela entidade).

> **Convém ressaltar que não existe a menor possibilidade de algo ter sido aplicado no Ativo de uma entidade sem que tenha havido uma fonte ou origem de recursos para tal fim** (por exemplo: se um veículo é adquirido por uma empresa à vista, significa que, por algum meio, a empresa obteve recursos tais que lhe proporcionaram a aquisição do veículo à vista; de outra forma, se a empresa adquire um veículo a prazo, utiliza-se do capital de um terceiro para esse fim, contraindo obrigação com este – terceiro – em seu Passivo Exigível).

O nome Balanço Patrimonial tem sua razão de ser. **Em um patrimônio, como não pode haver aplicação de recursos sem que haja uma origem correspondente para os mesmos, então o total de aplicações de recursos será SEMPRE igual ao total de origens de recursos! Balanço**, nesse caso, significa posição de equilíbrio, tal qual uma **balança de pratos** (aplicações e origens de recursos SEMPRE em equilíbrio, ou seja, sempre se equivalendo!).

Como o total das origens SEMPRE será igual ao total das aplicações, surge, então, a **equação fundamental do patrimônio**:

> Ativo = Passivo Exigível + Patrimônio Líquido

O Ativo, que representa as aplicações de recursos, será SEMPRE igual à soma "Passivo Exigível + Patrimônio Líquido", que representa as fontes ou origens de recursos de uma entidade, **pois não há aplicação de recursos em uma entidade sem que haja uma fonte ou origem de recursos correspondente à aplicação!**

Devemos mencionar que **a equação fundamental do patrimônio apresenta a situação líquida positiva, ou seja, Ativo maior que o Passivo Exigível!**

> O **Ativo** também é conhecido como **Patrimônio Bruto** ou **Capital Aplicado** ou **Recursos Aplicados**!

Observando a equação fundamental do patrimônio, podemos chegar à seguinte conclusão:

> Sendo o Ativo maior que o Passivo Exigível (situação mais comum), se do patrimônio bruto (Ativo) forem diminuídas as obrigações para com terceiros (Passivo Exigível), então teremos o patrimônio líquido dessas obrigações (Patrimônio Líquido)!

Exemplo

Considere a Empresa Germânia Comercial Ltda., que possui Ativo igual a R$ 102.000,00 e Passivo Exigível igual a R$ 31.000,00. Nesse caso, o Patrimônio Líquido da empresa nesse momento é igual a:

Patrimônio Líquido = Ativo − Passivo Exigível
R$ 102.000,00 − R$ 31.000,00 = R$ 71.000,00
→ **Patrimônio Líquido = R$ 71.000,00**

BALANÇO PATRIMONIAL

ATIVO = 102.000	PASSIVO EXIGÍVEL = 31.000
	PATRIMÔNIO LÍQUIDO = 71.000

3.7. As Origens de Recursos: o Capital Próprio e o Capital de Terceiros

Conforme apresentamos anteriormente, por convenção contábil, o lado direito do gráfico em forma de "T" (Balanço Patrimonial) representa as **FONTES OU ORIGENS DE RECURSOS** de uma entidade (ou seja, de que maneira surgiram os recursos a serem utilizados pela entidade); já o lado esquerdo deste gráfico representa as **APLICAÇÕES DE RECURSOS** na entidade (isto é, em que foram aplicados os recursos obtidos pela entidade).

Para que o Ativo seja formado, existe a necessidade de origens ou fontes de financiamento para ele! Essas origens ou fontes de financiamento do Ativo encontram-se do lado direito do Balanço Patrimonial.

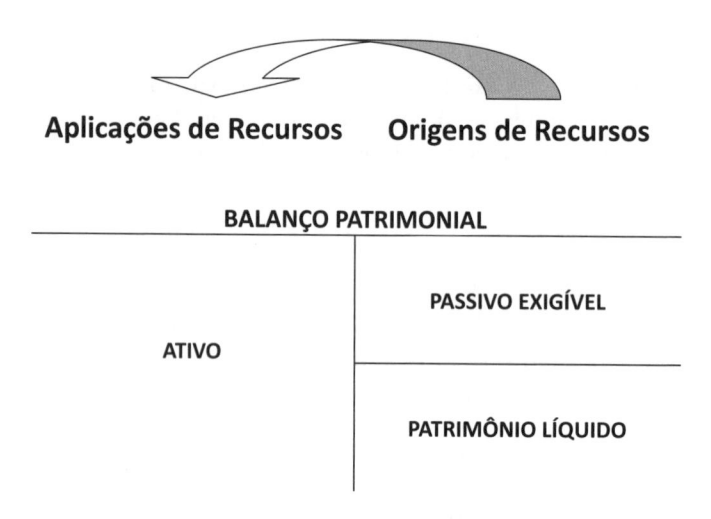

Aplicações de Recursos **Origens de Recursos**

BALANÇO PATRIMONIAL	
ATIVO	PASSIVO EXIGÍVEL
	PATRIMÔNIO LÍQUIDO

Toda e qualquer sociedade inicia as suas atividades mediante a entrega de recursos por seus sócios para que ela tenha vida própria, ou seja, para que a pessoa jurídica que ora nasce dê início à formação de seu próprio patrimônio. São os recursos próprios dos sócios que dão origem ao **Capital** ou **Capital Social** inicial da entidade. Os sócios investem na entidade mediante uma espécie de troca de seus respectivos recursos por ações, quotas ou outros tipos de participações na referida entidade, trocas estas devidamente formalizadas por meio de documentos denominados Estatuto Social, Contrato Social ou aquele a que corresponder a participação. Deve-se frisar que, a qualquer momento, os sócios poderão decidir entregar novos recursos à entidade para as suas operações, constituindo aumentos do Capital Social, assim como poderão decidir ter de volta os recursos que investiram, constituindo reduções do Capital Social.

A partir do momento em que a entidade inicia as suas operações, inúmeros eventos nela ocorrem. Fruto de transações efetuadas pela entidade com terceiros, surgem os chamados resultados positivos (lucros, receitas e ganhos), que, em essência, também pertencem aos sócios. São recursos que foram originados da própria atividade empresarial.

Como **principais fontes ou origens de recursos próprios dos sócios**, temos, resumidamente:

- **os recursos próprios dos sócios, proprietários ou acionistas** – correspondem aos valores investidos pelos sócios, proprietários ou acionistas na entidade, ou seja, constituem a parcela do capital da entidade que foi investida por eles. Os recursos em comento não foram gerados pela entidade e, sim, por seus sócios, que resolveram entregá-los à entidade para a formação de seu patrimônio como forma de investimento;
- **os recursos obtidos fruto das mais diversas operações da entidade** – lucros obtidos em transações de vendas de produtos ou mercadorias; lucros obtidos na prestação de serviços; aluguéis de bens próprios, tais como imóveis; rendimentos oriundos de aplicações financeiras etc. Como dissemos, são recursos originados das operações da entidade, isto é, gerados pela própria entidade.

O **Capital Próprio** corresponde ao Patrimônio Líquido. **No Patrimônio Líquido permanecerá tudo o que efetivamente pertence aos sócios.** Levando em consideração que os sócios não costumam reivindicar aquilo que a eles pertence na sociedade, pois almejam obter ao menos uma parcela dos resultados por ela obtidos, costuma-se identificar o Patrimônio Líquido como **Passivo Não Exigível**. É nessa área do Balanço Patrimonial que estão situadas as **obrigações (não exigíveis)** da sociedade junto aos seus sócios.

> **Patrimônio Líquido** = Capital Próprio = Recursos Próprios = Passivo Não Exigível = Recursos Internos

A sociedade poderá necessitar da utilização de recursos de terceiros para a consecução de suas operações. Esses recursos poderão ser obtidos a partir das operações normais da entidade, dando origem aos chamados **Débitos de Funcionamento**, por meio da compra de matérias-primas e/ou mercadorias a prazo, aquisição de bens a prazo, obtenção da prestação de serviços por terceiros a prazo etc. De outra forma, os recursos poderão ser obtidos a partir de empréstimos e financiamentos diversos, estranhos às atividades principais da empresa, constituindo os **Débitos de Financiamento**. Observe que a palavra débito, nesses casos, possui o significado de dívida.

Como **principais fontes ou origens de recursos de terceiros**, temos, resumidamente:

- **os recursos obtidos a partir das operações normais da empresa** – constituindo obrigações junto a terceiros, tais como as que são contraídas junto aos fornecedores da entidade;
- **os recursos obtidos a partir de operações estranhas àquilo que a empresa se predispõe a realizar** – também gerando obrigações junto a terceiros, tais como as oriundas de empréstimos e financiamentos junto às instituições financeiras.

O **Capital de Terceiros** corresponde ao Passivo Exigível. Compreende os recursos de terceiros que são utilizados pela entidade para os mais diversos fins, constituindo, como consequência, obrigações financeiras da entidade junto a esses terceiros. No Passivo Exigível estão, portanto, os recursos de terceiros investidos na sociedade!

Passivo Exigível = Capital de Terceiros = Recursos de Terceiros = Capital Alheio = Recursos Alheios = Recursos Externos

Denomina-se **Capital Total** ou **Capital Total à Disposição** de uma entidade a soma do Capital Próprio com o Capital de Terceiros. *Trata-se do capital total de que a entidade dispõe para investimentos (aplicações) em seu Ativo!*

Capital Total = Capital Total à Disposição da Entidade = Capital Próprio + Capital de Terceiros

Observe que:

Capital de Terceiros + Capital Próprio = Passivo Exigível + Patrimônio Líquido = Passivo Total

A soma "Passivo Exigível + Patrimônio Líquido" é denominada **Passivo** ou **Passivo Total**.

Capital de Terceiros + Capital Próprio = Passivo Exigível + Patrimônio Líquido

Como o Ativo é igual ao Passivo Total, tem-se:

Capital Total = Capital Total à Disposição da Entidade = Ativo

Como o total de recursos aplicados na entidade (representado pelo Ativo) deve ser igual ao total de recursos obtidos para aplicação nela própria, a equação anterior está corretamente elaborada.

3.8. As Aplicações de Recursos: O Ativo

As aplicações de recursos na entidade econômico-administrativa são representadas pelos itens patrimoniais constantes do Ativo.

Em resumo, a entidade obtém recursos a partir dos próprios sócios e/ou de terceiros (Capital Próprio e Capital de Terceiros) e os aplica na entidade (Ativo).

O Professor Libânio Madeira, em nossa sincera opinião um dos melhores professores de Contabilidade de nosso país, foi muitíssimo feliz ao criar um quadro-resumo contendo as principais denominações das áreas componentes do Balanço Patrimonial e da Apuração do Resultado do Exercício, que respeitosamente aqui reproduzimos.

APLICAÇÕES DE RECURSOS	Balanço Patrimonial		ORIGENS DE RECURSOS
	Ativo	Passivo Exigível	
	Bens e Direitos Bens Tangíveis + Bens Intangíveis + Direitos Capital Aplicado Patrimônio Bruto	Capital de Terceiros ou Capital Alheio Dívidas ou Ônus Reais Passivo Exigível Dívidas com Financiamentos Fontes Externas de Recursos	
		Patrimônio Líquido	
		Capital Próprio Recursos Próprios Situação Líquida Fontes Internas de Recursos Riquezas Próprias Recursos dos Proprietários Passivo Não Exigível	
	Apuração do Resultado do Exercício		
	Despesas	Receitas	
	Custos Dispêndios Gastos Perdas	Ganhos Rendas Rendimentos Auferimentos	

Fonte: Notas de Aula do Professor Libânio Madeira

Posteriormente, mencionaremos novamente este quadro-resumo, a fim de citar os comentários referentes à apuração do resultado do exercício (parte inferior do quadro).

Apresentaremos, em seguida, os primeiros exemplos que tratam da apresentação de Balanços Patrimoniais.

Exemplo

Olga Regina e Roberta Maioral resolvem montar uma sociedade do tipo comercial. Acordaram investir na sociedade um total de R$ 30.000,00. Com essa quantia, resolveram aplicar no que a seguir descrevemos:

- R$ 15.000,00 ficarão depositados em conta-corrente aberta para a empresa ora criada;
- R$ 2.500,00 ficarão com as sócias para a quitação de pequenas despesas (logo, costumamos dizer que ficarão em Caixa);
- R$ 1.500,00 serão investidos na aquisição de máquinas necessárias ao trabalho a ser por elas realizado;
- R$ 20.000,00 serão investidos na aquisição de um veículo para a empresa.

Como o total a ser aplicado na empresa ultrapassou os R$ 30.000,00 por elas inicialmente planejados, as sócias resolvem contrair um empréstimo bancário no valor de R$ 9.000,00.

Observe:

- Caixa, Bancos, Máquinas e Veículos representam bens; logo, pertencem ao Ativo.
- Empréstimos Bancários representam obrigação junto a terceiros; portanto, pertencem ao Passivo Exigível.
- Capital Social, por sua vez, pertence ao Patrimônio Líquido, por representar recursos investidos pelas sócias na entidade.

Eis o Balanço Patrimonial para a situação em tela.

Balanço Patrimonial

Caixa	2.500	9.000	Empréstimos Bancários
Bancos	15.000		
Máquinas	1.500		
Veículos	20.000		
		30.000	Capital Social
Total	**39.000**	**39.000**	**Total**

Faremos, agora, a apresentação de um exemplo em que trabalharemos com itens patrimoniais diversos.

Exemplo

Observe a situação patrimonial da Empresa Alpha (em um primeiro momento):

- Mercadorias .... R$ 1.500,00
- Veículos .... R$ 12.000,00
- Duplicatas a Pagar .... R$ 1.300,00
- Capital Social .... R$ 20.000,00
- Caixa .... R$ 5.100,00
- Impostos a Recolher .... R$ 2.100,00
- Bancos .... R$???

Desejamos obter o valor do saldo depositado em conta-corrente bancária.

Mercadorias, Veículos, Caixa e Bancos são itens patrimoniais do Ativo; Duplicatas a Pagar e Impostos a Recolher são itens do Passivo Exigível; já o Capital Social é item do Patrimônio Líquido. Logo:

Balanço Patrimonial

Caixa	5.100	1.300	Duplicatas a Pagar
Bancos	???	2.100	Impostos a Recolher
Mercadorias	1.500		
Veículos	12.000		
		20.000	Capital Social
Total	18.600 + Bancos	23.400	Total

Aplicando-se a equação fundamental do patrimônio, tem-se:

Ativo = Passivo Exigível + Patrimônio Líquido

→ 18.600 + Bancos = 23.400 → Bancos = R$ 4.800,00

Observe, agora, a situação patrimonial da Empresa Alpha (em um segundo momento):

- Mercadorias .... R$ 2.500,00
- Veículos .... R$ 12.000,00
- Duplicatas a Pagar .... R$ 2.300,00
- Capital Social .... R$ 20.000,00
- Caixa .... R$ 5.100,00
- Bancos .... R$ 2.700,00

Quais as operações realizadas pela empresa do primeiro para o segundo momento?

Ativo			Passivo
Caixa	5.100	2.300	Duplicatas a Pagar
Bancos	2.700		
Mercadorias	2.500		
Veículos	12.000		
		20.000	Capital Social
Total	22.300	22.300	Total

Vamos analisar a movimentação de saldo ocorrida em cada item patrimonial:

- Caixa: não alterou o seu valor;
- Bancos: reduziu seu saldo de R$ 4.800,00 para R$ 2.700,00 (representando uma saída de dinheiro da conta-corrente no valor de R$ 2.100,00);
- Mercadorias: teve seu saldo aumentado de R$ 1.500,00 para R$ 2.500,00 (aumento de R$ 1.000,00 neste item, devido à aquisição de mercadorias);
- Veículos: permaneceu com o mesmo saldo;
- Duplicatas a Pagar: aumentou o saldo de R$ 1.300,00 para R$ 2.300,00 (houve um aumento das obrigações com fornecedores no valor de R$ 1.000,00, devido a uma aquisição feita a prazo);
- Impostos a Recolher: teve seu saldo encerrado, desaparecendo do Balanço Patrimonial (logo, ocorreu a extinção da obrigação constante do Passivo Exigível no valor de R$ 2.100,00);
- Capital Social: permaneceu com o mesmo saldo.

Logo: quais as operações realizadas pela empresa do primeiro para o segundo momento?

1) Pagou impostos no valor de R$ 2.100,00 utilizando recursos da conta-corrente bancária; e
2) Comprou mercadorias a prazo no valor de R$ 1.000,00.

3.9. Os Diferentes Estados Patrimoniais e suas Representações Gráficas

Os componentes do Ativo somente poderão ter valor nulo ou positivo. Em consequência, o Ativo somente poderá ter valor nulo ou positivo.

$$\text{Ativo (A)} \geq 0$$

Os componentes do Passivo Exigível somente poderão ter valor nulo ou positivo. Em consequência, o Passivo Exigível somente poderá ter valor nulo ou positivo.

$$\text{Passivo Exigível (PE)} \geq 0$$

Já a Situação Líquida (SL), que representa a diferença entre o Ativo e o Passivo Exigível, poderá possuir valor nulo, positivo ou negativo. As situações líquidas possíveis são a seguir apresentadas:

a) **Ativo = Passivo Exigível**

Denomina-se **situação líquida nula** (ou **inexistente**).

Poderá ser apresentada das seguintes maneiras:

- A = PE
- SL = 0
- A > 0, PE > 0, SL = 0
- Situação líquida nula
- Situação líquida inexistente
- Situação líquida compensada
- Situação líquida equilibrada
- Situação líquida de aparente equilíbrio

Exemplo

Balanço Patrimonial

Bens	1.500	2.000	Obrigações
Direitos	500		
		0	Situação Líquida
Total	2.000	2.000	Total

Assim poderemos representar graficamente esta situação:

Ativo (A)	Passivo Exigível (PE)

b) **Ativo > Passivo Exigível**

Denomina-se **situação líquida positiva** (ou **ativa**, ou **superavitária**), também denominada **Patrimônio Líquido**.

Poderá ser apresentada das seguintes maneiras:

- A = PE + SL
- SL = A – PE
- PE = A – SL
- A > 0, PE > 0, SL > 0
- Situação líquida positiva
- **Patrimônio Líquido**
- Situação líquida ativa
- Situação líquida favorável
- Situação líquida superavitária

Exemplo:

Balanço Patrimonial			
Bens	1.500	1.400	Obrigações
Direitos	500		
		600	Situação Líquida
Total	2.000	2.000	Total

Assim poderemos representar graficamente esta situação:

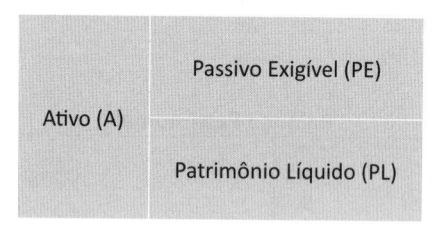

Ativo (A)	Passivo Exigível (PE)
	Patrimônio Líquido (PL)

c) **Ativo < Passivo Exigível**

Denomina-se **situação líquida negativa** (ou **passiva**, ou **deficitária**), também denominada **Passivo a Descoberto**.

Pode ser apresentada das seguintes maneiras:

- A + SL = PE
- SL = PE – A
- A = PE – SL
- A > 0, PE > 0, SL < 0
- Situação líquida negativa
- Situação líquida passiva

- Situação líquida desfavorável
- Situação líquida deficitária
- **Passivo a Descoberto**

Exemplo

	Balanço Patrimonial		
Bens	1.500	2.700	Obrigações
Direitos	500		
		(700)	Situação Líquida
Total	2.000	2.000	Total

Assim poderemos representar graficamente esta situação:

Ativo (A)	
	Passivo Exigível (PE)
Situação Líquida (SL)	

d) **A = SL**

Denomina-se **situação líquida plena** (ou **propriedade total dos ativos**). Pode ser apresentada das seguintes maneiras:

- A = SL
- A > 0, PE = 0, SL > 0
- Situação líquida plena
- Inexistência de Passivo Exigível
- Propriedade total dos ativos

Exemplo

	Balanço Patrimonial		
Bens	1.500	0	Obrigações
Direitos	500		
		2.000	Situação Líquida
Total	2.000	2.000	Total

Assim poderemos representar graficamente esta situação:

Ativo (A)	Situação Líquida (SL)

e) **PE = SL**

Denomina-se **inexistência de ativos**. Trata-se de um **caso particular e extremo de Passivo a Descoberto**.

Pode ser apresentada das seguintes maneiras:

- PE = SL
- A = 0, PE > 0, SL < 0
- Inexistência de ativos
- **Passivo a Descoberto**

Exemplo

Balanço Patrimonial

Bens	0	2.000	Obrigações
Direitos	0		
		(2.000)	Situação Líquida
Total	0	0	**Total**

Assim poderemos representar graficamente esta situação:

Situação Líquida (SL)	Passivo Exigível (PE)

De todo o anteriormente exposto neste tópico, convém ressaltar que:

- a Situação Líquida somente poderá ser igual ou menor que o Ativo, pois o máximo valor que a Situação Líquida poderá ter será o do próprio Ativo (SL ≤ A);
- o Passivo Exigível poderá ser menor, igual ou maior que a Situação Líquida; e
- o Passivo Exigível poderá ser menor que o Ativo (SL positiva), igual ao Ativo (SL nula) ou maior que o Ativo (Passivo a Descoberto).

3.10. A Aplicação de Balanços Patrimoniais Sucessivos para o Estudo de uma Evolução Patrimonial (um Estudo de Caso Mostrando a Prática Contábil)

A partir de agora, iremos apresentar a constituição de uma empresa e diversas movimentações que poderão vir a ocorrer com os itens patrimoniais pertencentes a ela. Serão apresentados eventos comuns às empresas em geral, a fim de que o leitor possa se familiarizar com a linguagem contábil e com as movimentações ocorridas com os diversos itens patrimoniais.

Sempre daremos ênfase ao que segue:

> **Não há a menor possibilidade de termos uma aplicação de recursos sem que esta tenha uma correspondente origem, ou seja, pelo menos dois itens patrimoniais e/ou de resultado serão movimentados** *por evento ocorrido no patrimônio da entidade*!

Eis o Estudo de Caso apresentado...

Duas distintas senhoras chamadas Deise Classy e Virgínia Blasth resolveram criar uma sociedade voltada para o comércio de calçados. Em comum acordo, fundaram a Empresa Calçados Brilhantes Comercial Ltda.

A seguir são apresentados os eventos ocorridos quando da criação e operação da empresa em tela em ordem cronológica.

I – Constituição da Empresa Calçados Brilhantes Comercial Ltda.

As duas senhoras resolveram criar a empresa elaborando um Contrato Social, que foi enviado ao órgão competente para registro. Decidiram assumir o compromisso de investir, ***de imediato***, na empresa, R$ 129.000,00, entregando, para a formação inicial de seu patrimônio: R$ 100.000,00 em dinheiro; dois computadores no valor de R$ 2.000,00 cada um; e um veículo no valor de R$ 25.000,00.

Observamos, então, que o Capital Social inicial da empresa teve valor total igual a R$ 129.000,00. O Capital Social representa o compromisso assumido pelos sócios junto à empresa; logo, o item patrimonial Capital Social é parcela pertencente aos sócios, constando do Patrimônio Líquido. Por outro lado, os recursos foram investidos na empresa na forma de dinheiro e bens, como se segue: em dinheiro (R$ 100.000,00), entregando dois computadores (total de R$ 4.000,00) e um veículo (R$ 25.000,00), fazendo *surgir*, no Ativo, três componentes patrimoniais, qualitativa e quantitativamente apresentados. Portanto:

Balanço Patrimonial

Caixa	100.000		
Computadores	4.000		
Veículos	25.000		
		129.000	Capital Social
Total	129.000	129.000	Total

II – Aquisição de Móveis e Utensílios para a Empresa

Resolveram adquirir móveis e utensílios para a empresa ora criada, pagando à vista e em dinheiro R$ 6.000,00.

Nesse caso, como já possuem R$ 100.000,00 em dinheiro (Caixa), utilizaram uma parcela desses recursos (R$ 6.000,00) para a aquisição dos móveis e utensílios, fazendo *surgir* mais um componente patrimonial no Ativo. Em consequência disso, o item patrimonial Caixa passará a ter saldo de R$ 94.000,00, já que foram utilizados R$ 6.000,00 para a aquisição ora comentada.

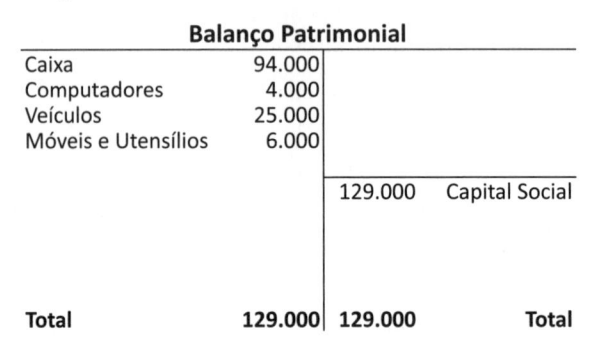

Balanço Patrimonial

Caixa	94.000		
Computadores	4.000		
Veículos	25.000		
Móveis e Utensílios	6.000		
		129.000	Capital Social
Total	**129.000**	**129.000**	**Total**

III – Transferência de Recursos para Uma Conta-corrente Bancária

As sócias decidiram diminuir a quantia que possuíam *em mãos (ou seja, em suas posses)* e resolveram abrir uma conta-corrente bancária em nome da empresa criada, depositando nela R$ 50.000,00.

Fruto desse evento, o item patrimonial Caixa deverá possuir saldo de R$ 44.000,00 e *surgirá* no Ativo outro componente patrimonial (Bancos), com saldo de R$ 50.000,00.

Balanço Patrimonial

Caixa	44.000		
Computadores	4.000		
Veículos	25.000		
Móveis e Utensílios	6.000		
Bancos	50.000		
		129.000	Capital Social
Total	**129.000**	**129.000**	**Total**

IV – Aquisição de Mercadorias para Revenda, Parte à Vista e Parte a Prazo

Para que a empresa possa funcionar de acordo com a sua proposta de funcionamento, constante do Contrato Social, foram adquiridas mercadorias para revenda no valor de R$ 15.000,00 (à vista e em dinheiro), de R$ 20.000,00 (à vista e em cheque) e de R$ 32.000,00 a prazo.

Foram, então, adquiridas mercadorias por um valor total de R$ 67.000,00. Para essa aquisição, foram utilizados recursos do item patrimonial Caixa (R$ 15.000,00), que passou a ter saldo de R$ 29.000,00, e do item patrimonial Bancos (R$ 20.000,00), que passou a ter saldo de R$ 30.000,00. As sócias optaram pela aquisição a prazo de R$ 32.000,00 em mercadorias, o que fez *surgir* no Passivo Exigível do Balanço Patrimonial uma obrigação de pagar aos fornecedores esse valor. Note-se que o patrimônio bruto (Ativo) da empresa aumenta, porém aumentam, no mesmo valor, as obrigações da empresa junto a terceiros (Fornecedores).

Balanço Patrimonial

Caixa	29.000	32.000	Fornecedores
Computadores	4.000		
Veículos	25.000		
Móveis e Utensílios	6.000		
Bancos	30.000		
Mercadorias	67.000	129.000	Capital Social
Total	161.000	161.000	Total

V – Aquisição de Novo Veículo por Meio de Financiamento

As sócias deliberaram no sentido de adquirir outro veículo, a fim de facilitar as operações da empresa, com entregas em domicílio. O veículo foi comprado por R$ 15.000,00 por meio de financiamento bancário.

Note-se que outro veículo fará parte do Ativo da empresa, com o valor de R$ 15.000,00; com isso, o saldo do item patrimonial Veículos passará para o total de R$ 40.000,00. Contudo, nova obrigação com terceiros (Financiamento Bancário) *surge* no Passivo Exigível.

Balanço Patrimonial

Caixa	29.000	32.000	Fornecedores
Computadores	4.000	15.000	Financiamentos Bancários
Veículos	40.000		
Móveis e Utensílios	6.000		
Bancos	30.000		
Mercadorias	67.000	129.000	Capital Social
Total	176.000	176.000	Total

VI – Pagamento Parcial aos Fornecedores

Uma parcela da obrigação junto ao fornecedor de mercadorias, no valor de R$ 12.000,00, venceu e foi paga à vista e em dinheiro.

Foi parcialmente extinta a obrigação junto ao fornecedor de mercadorias pagando à vista e em dinheiro R$ 12.000,00. Portanto, o item patrimonial Caixa terá redução de saldo, passando ao valor total de R$ 17.000,00. Por outro lado, o item patrimonial Fornecedores passa a ter saldo igual a R$ 20.000,00.

Balanço Patrimonial

Caixa	17.000	20.000	Fornecedores
Computadores	4.000	15.000	Financiamentos Bancários
Veículos	40.000		
Móveis e Utensílios	6.000		
Bancos	30.000		
Mercadorias	67.000	129.000	Capital Social
Total	**164.000**	**164.000**	**Total**

VII – Aquisição de Um Imóvel

As sócias resolveram adquirir um imóvel no valor de R$ 120.000,00, pagando à vista e em cheque o valor de R$ 20.000,00. O valor restante foi obtido via financiamento imobiliário.

Fruto desse evento, observe-se que as sócias estão procurando investir cada vez mais na empresa; porém também estão se endividando cada vez mais!

Haverá o surgimento de outro item patrimonial na empresa (Imóveis), representando um ou mais imóveis adquiridos no valor de R$ 120.000,00. Para que isso seja possível, uma parcela dos recursos encontra-se em Bancos (R$ 20.000,00), que passa a possuir saldo total de R$ 10.000,00. O saldo restante foi obtido via financiamento imobiliário, fazendo nascer no Passivo Exigível nova obrigação.

Balanço Patrimonial

Caixa	17.000	20.000	Fornecedores
Computadores	4.000	15.000	Financiamentos Bancários
Veículos	40.000	100.000	Financiamentos Imobiliários
Móveis e Utensílios	6.000		
Bancos	10.000		
Mercadorias	67.000	129.000	Capital Social
Imóveis	120.000		
Total	**264.000**	**264.000**	**Total**

VIII – Aplicação Financeira

As sócias resolveram aplicar em uma poupança bancária o valor de R$ 4.000,00.

O item patrimonial Bancos passa a ter saldo igual a R$ 6.000,00; por outro lado, *surge* no Ativo novo item patrimonial (Poupança Bancária) no valor de R$ 4.000,00.

Balanço Patrimonial

Caixa	17.000	20.000	Fornecedores
Computadores	4.000	15.000	Financiamentos Bancários
Veículos	40.000	100.000	Financiamentos Imobiliários
Móveis e Utensílios	6.000		
Bancos	6.000		
Mercadorias	67.000	129.000	Capital Social
Imóveis	120.000		
Poupança Bancária	4.000		
Total	**264.000**	**264.000**	**Total**

IX – Pagamento da Primeira Parcela do Financiamento Bancário

Venceu a primeira parcela do financiamento bancário, no valor de R$ 1.000,00. As sócias resolveram pagá-la em dinheiro.

Nesse caso, haverá diminuição no saldo do item patrimonial Caixa, que passa a ser de R$ 16.000,00. No Passivo Exigível ocorrerá redução do item patrimonial Financiamentos Bancários devido à quitação parcial da obrigação assumida junto ao banco, sendo que passará a ter saldo de R$ 14.000,00.

Balanço Patrimonial

Caixa	16.000	20.000	Fornecedores
Computadores	4.000	14.000	Financiamentos Bancários
Veículos	40.000	100.000	Financiamentos Imobiliários
Móveis e Utensílios	6.000		
Bancos	6.000		
Mercadorias	67.000	129.000	Capital Social
Imóveis	120.000		
Poupança Bancária	4.000		
Total	**263.000**	**263.000**	**Total**

X – Aquisição de Novas Mercadorias a Prazo

As sócias decidiram adquirir mais mercadorias para o estoque da empresa, realizando transação a prazo no valor de R$ 45.000,00.

Com esse evento, o item patrimonial Mercadorias passa a ter saldo de R$ 112.000,00. No Passivo Exigível ocorrerá aumento das obrigações para com terceiros, passando o item patrimonial Fornecedores a ter saldo de R$ 65.000,00.

Balanço Patrimonial

Caixa	16.000	65.000	Fornecedores
Computadores	4.000	14.000	Financiamentos Bancários
Veículos	40.000	100.000	Financiamentos Imobiliários
Móveis e Utensílios	6.000		
Bancos	6.000		
Mercadorias	112.000	129.000	Capital Social
Imóveis	120.000		
Poupança Bancária	4.000		
Total	**308.000**	**308.000**	**Total**

XI – Aumento do Capital Social

As sócias decidiram entregar novos recursos à sociedade, depositando R$ 121.000,00 na conta-corrente bancária da empresa.

De acordo com esse evento, foi efetuada uma alteração contratual, fazendo com que o Capital Social passe a valer R$ 250.000,00. No Ativo, o item patrimonial Bancos aumenta o seu saldo, passando a R$ 127.000,00.

Balanço Patrimonial

Caixa	16.000	65.000	Fornecedores
Computadores	4.000	14.000	Financiamentos Bancários
Veículos	40.000	100.000	Financiamentos Imobiliários
Móveis e Utensílios	6.000		
Bancos	127.000		
Mercadorias	112.000	250.000	Capital Social
Imóveis	120.000		
Poupança Bancária	4.000		
Total	**429.000**	**429.000**	**Total**

Fizemos, então, a apresentação de um caso prático envolvendo onze operações comuns às empresas em geral.

Observe que no presente estudo de caso prático não trabalhamos com vendas de mercadorias, tendo em vista ainda não termos explicado os conceitos de receitas e despesas.

Outra observação se faz necessária:

> O total do Ativo SEMPRE será igual ao total do Passivo Total, devido ao fato de cada aplicação possuir sua respectiva origem! Repare que, evento após evento, os valores totais do Ativo e do Passivo Total poderão sofrer alteração, porém serão SEMPRE iguais!
>
> (Valor Total do Ativo = Valor Total do Passivo Total)

Se o leitor entendeu os eventos no passo a passo que fornecemos, aqui cabe um comentário: já apresentamos neste tópico, de uma maneira disfarçada, o Método das Partidas Dobradas, cuja apresentação formal faremos posteriormente.

Exercícios resolvidos para a fixação de conteúdo

01 (Auditor-Fiscal Tributário Municipal – São Paulo – ISS – FCC/2007 – Adaptada) A Cia. Beta possui bens e direitos no valor total de R$ 1.750.000,00, em 31.12.2005. Sabendo-se que, nessa mesma data, o Passivo Exigível da companhia representa 2/5 (dois quintos) do valor do Patrimônio Líquido, este último corresponde a, em R$:
   a) 1.373.000,00.
   b) 1.250.000,00.
   c) 1.050.000,00.
   d) 750.000,00.
   e) 500.000,00.

Resolução e Comentários:

Ativo = Passivo + Patrimônio Líquido

Patrimônio Líquido = PL

Ativo = 1.750.000,00

Ativo = Passivo Exigível + Patrimônio Líquido → Ativo = 1.750.000 = (2/5) x PL + PL

→   1.750.000 = (2/5) x PL + (5/5) x PL = (7/5) x PL

Logo: PL = 1.250.000,00

02 (Técnico(a) de Contabilidade I – PETROBRAS Transporte S/A – TRANSPETRO – CESGRANRIO/2006) Numa empresa, os bens montam a R$ 20.000,00, os direitos, a R$ 15.000,00 e as obrigações, a R$ 33.000,00. Assim, a situação líquida da empresa, em reais, é:
   a) 18.000,00.
   b) 12.000,00.
   c) 6.000,00.
   d) 4.000,00.
   e) 2.000,00.

Resolução e Comentários:

Ativo = Passivo Exigível + Patrimônio Líquido → Bens + Direitos = PE + PL

→   20.000 + 15.000 = 33.000 + PL → PL = 2.000

03 (Técnico de Contabilidade – Agência Nacional de Petróleo – ANP – CESGRANRIO/2008) Em contabilidade, patrimônio é definido de forma técnica como o conjunto de bens, direitos e obrigações. Nesta acepção contábil, entende-se por bens o conjunto de coisas úteis que
   a) pertençam à empresa e possuam forma física.
   b) pertençam à empresa e possuam forma material ou imaterial.
   c) pertençam ou não à empresa e possuam forma física.
   d) satisfaçam as empresas e possuam forma material.
   e) sejam capazes de satisfazer as necessidades das pessoas e das empresas.

Resolução e Comentários:

Bens

Do ponto de vista econômico, bens são coisas que servem para satisfazer as necessidades humanas.

Do ponto de vista jurídico, bens são tudo aquilo que pode ser objeto de direito e é suscetível de ser utilizado e apropriado.

Um bem patrimonial é algo útil, que pode ser avaliado em moeda e que pertence a alguém, ou seja, é de propriedade de uma pessoa.

Os bens podem ser materiais ou imateriais.

04 **(Agente Fiscal de Tributos Estaduais – Piauí – ICMS – ESAF/2001)** No último dia do exercício social, a empresa Red Green Ltda. demonstrou um patrimônio com bens no valor de R$ 13.000,00, direitos no valor de R$ 7.000,00, dívidas no valor de R$ 9.000,00 e capital social no valor de R$ 10.000,00, devidamente registrado na Junta Comercial. Com base nessas informações pode-se afirmar que, do ponto de vista contábil, o patrimônio referido apresenta:
a) Situação Líquida Nula ou Compensada.
b) Passivo a Descoberto no valor de R$ 1.000,00.
c) Prejuízos Acumulados no valor de R$ 1.000,00.
d) Patrimônio Líquido no valor de R$ 1.000,00.
e) Patrimônio Líquido no valor de R$ 11.000,00.

Resolução e Comentários:

Ativo		Passivo Exigível	
Bens	13.000,00	Dívidas	9.000,00
Direitos	7.000,00		
		Patrimônio Líquido	
		Capital Social	10.000,00
			X
	20.000,00		20.000,00

A soma dos bens e dos direitos (Ativo) deve ser igual à soma das obrigações (Passivo Total).

Presume-se que todos os bens e os direitos, assim como todas as obrigações do Passivo Exigível foram registrados. Por isso, a diferença deve estar no Patrimônio Líquido.

$20.000 = 9.000 + 10.000 + X \rightarrow X = 1.000$

Logo, o Patrimônio Líquido é igual a 10.000 + 1.000 = 11.000. Podem ser reservas de lucros, reservas de capital e/ou lucros acumulados, ou seja, podem ser quaisquer elementos patrimoniais constantes do Patrimônio Líquido.

05 **(Agente Fiscal de Tributos Municipais – Teresina – PI – ESAF)** Assinale a opção que contém a afirmativa correta.
a) Conceitua-se Contabilidade como a metodologia que permite às entidades econômicas o desenvolvimento de suas atividades e a consecução dos fins que lhes são propostos.
b) O ativo indica a aplicação dos capitais na atividade empresarial, por isso aí se encontra o chamado capital próprio.
c) Denomina-se empresa o organismo resultante de elementos materiais e humanos reunidos com o objetivo de obter, transformar, movimentar e consumir bens.
d) Conceitua-se Contabilidade como a ciência que estuda e pratica as funções de escrituração, demonstração financeira, auditoria e análise de balanços.
e) Um patrimônio bem determinado, uma pessoa que o possui e o administra, praticando sobre ele atos e fatos de natureza econômica, tudo isso pressupõe a existência de um ser distinto de seu dono, conhecido como entidade ou azienda.

Resolução e Comentários: Analisando as alternativas:

a) Conceitua-se Contabilidade como a metodologia que permite às entidades econômicas o desenvolvimento de suas atividades e a consecução dos fins que lhes são propostos.

Errado! A Contabilidade é uma **ciência**!

b) O ativo indica a aplicação dos capitais na atividade empresarial, por isso aí se encontra o chamado capital próprio.

Errado! Capital Próprio = Patrimônio Líquido!

c) Denomina-se empresa o organismo resultante de elementos materiais e humanos reunidos com o objetivo de obter, transformar, movimentar e consumir bens.

Errado! Organismo resultante?!

Empresa – é a **atividade economicamente organizada**, exercida pelo empresário (pessoa física ou jurídica), que reúne capital, trabalho, tecnologia e insumos para a produção e a circulação de bens ou prestação de serviços, visando ao lucro (Conceito de Direito Empresarial).

d) Conceitua-se Contabilidade como a ciência que estuda e pratica as funções de escrituração, demonstração financeira, auditoria e análise de balanços.

Errado! A Contabilidade estuda o patrimônio de qualquer entidade.

Escrituração, demonstração financeira, auditoria e análise de balanços são técnicas contábeis, conforme apresentaremos adiante.

e) Um patrimônio bem determinado, uma pessoa que o possui e o administra, praticando sobre ele atos e fatos de natureza econômica, tudo isso pressupõe a existência de um ser distinto de seu dono, conhecido como entidade ou azienda.

Certo!

Azienda – em Contabilidade é o patrimônio considerado juntamente com a pessoa que tem sobre ele poderes de administração e disponibilidade. Representa o sistema organizado que visa a atingir um fim qualquer sob gestão do homem.

06 **(Analista de Recursos Financeiros – SERPRO – ESAF) Apresentamos abaixo cinco igualdades literais que, se expressas com avaliação em moeda nacional, podem demonstrar a equação fundamental do patrimônio e a representação gráfica de seus estados, em dado momento.**

01. ATIVO menos SITUAÇÃO LÍQUIDA é igual a ZERO
02. ATIVO menos PASSIVO é igual a ZERO
03. ATIVO menos PASSIVO menos SITUAÇÃO LÍQUIDA é igual a ZERO
04. ATIVO menos PASSIVO mais SITUAÇÃO LÍQUIDA é igual a ZERO
05. ATIVO mais PASSIVO menos SITUAÇÃO LÍQUIDA é igual a ZERO

Observando as igualdades acima, podemos afirmar que a hipótese de número:

a) 01 é impossível de ocorrer na prática.
b) 02 representa o melhor estado patrimonial.
c) 03 representa o pior estado patrimonial.
d) 04 representa estado patrimonial pré-falimentar.
e) 05 ocorre quando da criação e registro da empresa.

Resolução e Comentários:

01. A – SL = 0. Logo: A = SL. Esta situação ocorre na prática quando, por Exemplo, a empresa é constituída. Não há Passivo Exigível!

02. A – PE = 0. Logo: A = PE. Temos situação líquida nula!

03. A – PE – SL = 0. Logo: A = PE + PL. Nesse caso, temos situação líquida positiva ou superavitária! Trata-se do melhor estado patrimonial!

04. A – PE + SL = 0. Logo: SL + A = PE ou A = PE – SL ou SL = PE – A. **Trata-se do estado patrimonial pré-falimentar ou Passivo a Descoberto!**

05. A + PE – SL = 0. Esta situação é impossível ocorrer na prática!

07 **(Analista de Finanças e Controle – CGU – ESAF) Em relação ao patrimônio de uma empresa e às diversas situações patrimoniais que pode assumir de acordo com a equação fundamental do patrimônio, indique a opção** *incorreta*.

a) A empresa tem passivo a descoberto quando o Ativo é igual ao Passivo menos a Situação Líquida.
b) A Situação Líquida negativa acontece quando o total do Ativo é menor que o passivo exigível.

c) Na constituição da empresa, o Ativo menos o Passivo Exigível é igual a zero.

d) A situação em que o Passivo mais o Ativo menos a Situação Líquida é igual a zero é impossível de acontecer.

e) A Situação Líquida é positiva quando o Ativo é maior que o Passivo Exigível.

Resolução e Comentários:

a) A empresa tem passivo a descoberto quando o Ativo é igual ao Passivo menos a Situação Líquida.

Correto! SL + A = PE ou A = PE – SL ou SL = PE – A. Trata-se do estado patrimonial pré-falimentar ou Passivo a Descoberto!

b) A Situação Líquida negativa acontece quando o total do Ativo é menor que o passivo exigível.

Correto! SL negativa: Ativo Total < Passivo Exigível.

c) Na constituição da empresa, o Ativo menos o Passivo Exigível é igual a zero.

Errado! A – SL = 0. Logo: A = SL. Esta situação ocorre na prática quando, por Exemplo, a empresa é constituída. Não há Passivo Exigível!

d) A situação em que o Passivo mais o Ativo menos a Situação Líquida é igual a zero é impossível de acontecer.

Correto! "A + PE – SL = 0" Esta situação é impossível ocorrer na prática!

e) A Situação Líquida é positiva quando o Ativo é maior que o Passivo Exigível.

Correto! SL positiva: Ativo Total > Passivo Exigível.

08 **(Auditor-Fiscal da Receita Federal – ESAF/2003) Assinale abaixo a opção que contém a asserção verdadeira.**

a) A Nota Promissória é um título de crédito autônomo, próprio para operações mercantis de compra e venda entre pessoas físicas.

b) O sacado na Nota Promissória é o credor, enquanto na Duplicata o sacado é o devedor.

c) A Duplicata é um título de crédito próprio para transações financeiras, que só é emitido por pessoas jurídicas.

d) A Nota Promissória e a Duplicata são títulos de crédito, sendo que na primeira o emitente é também chamado sacado; e na segunda, o emitente é também chamado sacador.

e) A Triplicata é um título de crédito de emissão obrigatória, mas apenas quando houver o extravio da segunda Duplicata.

Resolução e Comentários:

a) A Nota Promissória é um título de crédito autônomo, próprio para operações mercantis de compra e venda entre pessoas físicas.

Errado! A Nota Promissória é um título de crédito autônomo, ou seja, independente do motivo que a originou. É utilizada para operações de natureza financeira.

b) O sacado na Nota Promissória é o credor, enquanto na Duplicata o sacado é o devedor.

Errado! A Nota Promissória é emitida pelo devedor (sacado). A Duplicata é emitida pelo credor (sacador).

c) A Duplicata é um título de crédito próprio para transações financeiras, que só é emitido por pessoas jurídicas.

Errado! A Duplicata é um título de crédito próprio para operações de compra e venda e prestações de serviços.

d) A Nota Promissória e a Duplicata são títulos de crédito, sendo que na primeira o emitente é também chamado de sacado e na segunda o emitente é também chamado de sacador.

Certo! A Nota Promissória é emitida pelo devedor (sacado). A Duplicata é emitida pelo credor (sacador).

e) A Triplicata é um título de crédito de emissão obrigatória, mas apenas quando houver o extravio da segunda Duplicata.

Errado! A Duplicata é um título de crédito de emissão facultativa. Logo, a Triplicata, que é uma cópia da Duplicata, emitida em caso de extravio desta, também é de emissão facultativa. Somente será obrigatória a emissão da triplicata se houver extravio da duplicata.

09 **(Questão do Autor)** Dois sócios resolveram criar uma empresa comercial em 25.02.2010. Registraram o ato constitutivo no órgão competente e entregaram à sociedade, de imediato, R$ 100.000,00 em dinheiro, na forma de constituição do capital social.

Em seguida, ocorreu o que segue:
a) compraram móveis e utensílios por R$ 5.000,00;
b) compraram equipamentos no valor de R$ 7.000,00;
c) adquiriram mercadorias para revenda, parte a prazo, no valor de R$ 15.000,00, e parte à vista, por R$ 10.000,00;
d) adquiriram um imóvel por R$ 75.000,00, entregando R$ 5.000,00 em dinheiro e financiando os R$ 70.000,00 restantes;
e) aumentaram o capital social da empresa em R$ 100.000,00, por meio de cheque depositado na conta-corrente da empresa; e
f) pagaram a primeira parcela devida ao fornecedor de mercadorias, no valor de R$ 7.000,00, em dinheiro.

Mostre, através de balanços sucessivos, o que ocorreu com o patrimônio da empresa.

Resolução e Comentários: Inicialmente, entregaram recursos à empresa, em dinheiro, constituindo o seu capital social inicial.

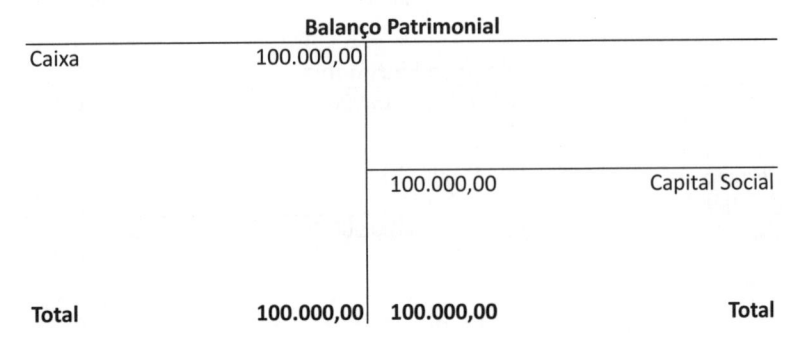

Balanço Patrimonial

Caixa	100.000,00		
		100.000,00	Capital Social
Total	100.000,00	100.000,00	Total

Em seguida, ocorreu o que segue:

a) compraram móveis e utensílios por R$ 5.000,00;

Os recursos necessários para a aquisição dos móveis e utensílios saíram do item patrimonial Caixa, que teve seu saldo reduzido para R$ 95.000,00. Surgiu, no Ativo, novo item patrimonial, com saldo de R$ 5.000,00.

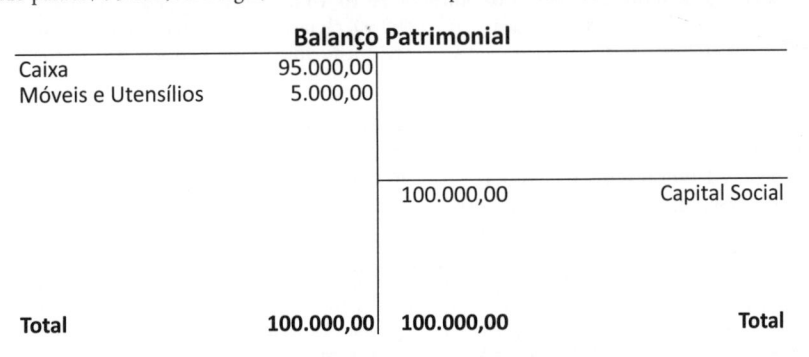

Balanço Patrimonial

Caixa	95.000,00		
Móveis e Utensílios	5.000,00		
		100.000,00	Capital Social
Total	100.000,00	100.000,00	Total

b) compraram equipamentos no valor de R$ 7.000,00;

Os recursos necessários para a aquisição dos equipamentos também saíram do item patrimonial Caixa, que teve seu saldo reduzido para R$ 88.000,00. Surgiu, no Ativo, novo item patrimonial, com saldo de R$ 7.000,00.

Balanço Patrimonial

Caixa	88.000,00		
Móveis e Utensílios	5.000,00		
Equipamentos	7.000,00		
		100.000,00	Capital Social
Total	**100.000,00**	**100.000,00**	**Total**

c) adquiriram mercadorias para revenda, parte a prazo, no valor de R$ 15.000,00, e parte à vista, por R$ 10.000,00;

Mercadorias foram adquiridas por valor igual a R$ 25.000,00, aumentando o valor do Ativo. Parte dos recursos saiu do item patrimonial Caixa, que teve seu saldo reduzido para R$ 78.000,00, reduzindo, também, o valor do Ativo; e uma obrigação foi constituída junto a um fornecedor no valor de R$ 15.000,00, aumentando o valor do Passivo Exigível.

Balanço Patrimonial

Caixa	78.000,00	15.000,00	Fornecedores
Móveis e Utensílios	5.000,00		
Equipamentos	7.000,00		
Mercadorias	25.000,00		
		100.000,00	Capital Social
Total	**115.000,00**	**115.000,00**	**Total**

d) adquiriram um imóvel por R$ 75.000,00, entregando R$ 5.000,00 em dinheiro e financiando os R$ 70.000,00 restantes;

Ocorreu a entrada de novo elemento patrimonial no Ativo, com valor igual a R$ 75.000,00, aumentando o valor deste. O imóvel foi adquirido com entrada de R$ 5.000,00, o que reduz o saldo do item patrimonial Caixa para R$ 73.000,00. Uma nova obrigação surgiu, devido ao financiamento imobiliário efetuado, no valor de R$ 70.000,00, o que aumentou o valor do Passivo Exigível.

Balanço Patrimonial

Caixa	73.000,00	15.000,00	Fornecedores
Móveis e Utensílios	5.000,00	70.000,00	Financiamentos Imobiliários
Equipamentos	7.000,00		
Mercadorias	25.000,00		
Imóveis	75.000,00		
		100.000,00	Capital Social
Total	**185.000,00**	**185.000,00**	**Total**

e) aumentaram o capital social da empresa em R$ 100.000,00, por meio de cheque depositado na conta-corrente da empresa;

Surgiu, no Ativo, novo item patrimonial, com saldo inicial igual a R$ 100.000,00; por sua vez, o Capital Social foi aumentado para R$ 200.000,00.

Balanço Patrimonial

Caixa	73.000,00	15.000,00	Fornecedores
Móveis e Utensílios	5.000,00	70.000,00	Financiamentos Imobiliários
Equipamentos	7.000,00		
Mercadorias	25.000,00		
Imóveis	75.000,00		
Bancos Conta Movimento	100.000,00	200.000,00	Capital Social
Total	**285.000,00**	**285.000,00**	**Total**

f) pagaram a primeira parcela devida ao fornecedor de mercadorias, no valor de R$ 7.000,00, em dinheiro.

Ocorreu a extinção parcial da obrigação junto ao fornecedor, reduzindo o saldo do item patrimonial Fornecedores para R$ 8.000,00; por sua vez, o item patrimonial Caixa teve seu saldo reduzido para R$ 66.000,00.

Eis o Balanço Patrimonial após os eventos ocorridos:

Balanço Patrimonial

Caixa	66.000,00	8.000,00	Fornecedores
Móveis e Utensílios	5.000,00	70.000,00	Financiamentos Imobiliários
Equipamentos	7.000,00		
Mercadorias	25.000,00		
Imóveis	75.000,00		
Bancos Conta Movimento	100.000,00	200.000,00	Capital Social
Total	**278.000,00**	**278.000,00**	**Total**

10 **(Questão do Autor)** Os bens e direitos que uma entidade possui são representados por itens patrimoniais constantes do:
   a) Passivo Total.
   b) Passivo Exigível.
   c) Patrimônio Líquido.
   d) Ativo.
   e) Capital Social.

Resolução e Comentários: Os bens e os direitos constam do Ativo da entidade; as obrigações constam do Passivo Total.

11 **(Questão do Autor)** Uma entidade possui passivo a descoberto quando:
   a) Ativo > Patrimônio Líquido.
   b) Ativo = Passivo Exigível.
   c) Ativo = Passivo Total.
   d) Ativo = Passivo Exigível + Patrimônio Líquido.
   e) Ativo < Passivo Exigível.

Resolução e Comentários: A situação denominada passivo a descoberto ocorre quando o Ativo Total não é suficiente para honrar as obrigações do Passivo Exigível.

12 **(Questão do Autor)** Quando os sócios depositam recursos na conta-corrente bancária aberta para a empresa, constituindo o capital social desta, as seguintes alterações ocorrem no Balanço Patrimonial:
   a) Diminuição do Ativo e diminuição do Patrimônio Líquido.
   b) Diminuição do Passivo Exigível e aumento do Patrimônio Líquido.
   c) Aumento do Ativo e aumento do Patrimônio Líquido.
   d) Aumento do Ativo e aumento do Passivo Exigível.
   e) Aumento do Passivo Exigível e diminuição do Ativo.

Resolução e Comentários: Se recursos são depositados, o item patrimonial Bancos tem o seu saldo aumentado, aumentando, em consequência, o valor do Ativo; por outro lado, como estão entregando recursos para a formação do capital social, o item patrimonial Capital Social tem o seu saldo aumentado, aumentando também o valor do Patrimônio Líquido.

13 **(Questão do Autor) Quando um equipamento é adquirido para a empresa, parte à vista e em dinheiro e parte a prazo, ocorrem as seguintes modificações no Balanço Patrimonial desta:**
   a) Aumento do Ativo, diminuição do Ativo e aumento do Passivo Exigível.
   b) Diminuição do Ativo, aumento do Ativo e aumento do Patrimônio Líquido.
   c) Aumento do Ativo e aumento do Patrimônio Líquido.
   d) Aumento do Ativo e aumento do Passivo Exigível, apenas.
   e) Aumento do Passivo Exigível e diminuição do Ativo, apenas.

Resolução e Comentários: Se um equipamento é adquirido para a empresa, o seu Ativo aumenta de valor devido ao ingresso do equipamento àquele (o Ativo). Como parte do pagamento é efetuada à vista e em dinheiro, ocorre uma diminuição do saldo do item patrimonial Caixa; por outro lado, parte do pagamento será efetuada posteriormente, gerando, então, obrigação da empresa junto ao vendedor do equipamento, aumentando, com isso, o valor do Passivo Exigível.

14 **(Técnico do Tesouro Nacional – ESAF – Adaptada) Diz-se que a situação líquida é negativa quando o Ativo Total é:**
   a) maior que o Passivo Total.
   b) maior que o Passivo Exigível.
   c) igual à soma do Passivo Exigível com o Patrimônio Líquido.
   d) igual ao passivo Exigível.
   e) menor que o Passivo Exigível.

Resolução e Comentários: A situação denominada passivo a descoberto ocorre quando o Ativo Total não é suficiente para honrar as obrigações do Passivo Exigível.

15 **(Fiscal de Tributos Estaduais – MG – Adaptada) A Empresa Cascata comprou uma máquina por R$ 350.000,00 em cinco prestações iguais, sendo uma entrada no ato da compra e quatro pagamentos mensais. Após os registros da operação, o patrimônio da empresa sofreu a seguinte alteração:**
   a) diminuiu o Ativo em R$ 70.000,00 e aumentou o Passivo em R$ 280.000,00.
   b) aumentou o Ativo em R$ 280.000,00 e aumentou o Passivo em R$ 280.000,00.
   c) aumentou o Ativo em R$ 280.000,00 e aumentou o Passivo em R$ 350.000,00.
   d) aumentou o Ativo em R$ 350.000,00 e aumentou o Passivo em R$ 280.000,00.
   e) aumentou o Ativo em R$ 350.000,00 e aumentou o Passivo em R$ 350.000,00.

Resolução e Comentários: Se um equipamento é adquirido para a empresa, o seu Ativo aumenta de valor devido ao ingresso do equipamento àquele (o Ativo). Como parte do pagamento é efetuada à vista e em dinheiro, ocorre uma diminuição do saldo do item patrimonial Caixa; por outro lado, parte do pagamento será efetuada posteriormente, gerando, então, obrigação da empresa junto ao vendedor do equipamento, aumentando, com isso, o valor do Passivo Exigível.

   Ativo: Equipamento – R$ 350.000,00 (↑)
       Caixa ou Bancos – R$ 70.000,00 (↓)
   Passivo Exigível: Obrigação – R$ 280.000,00 (↑)

16 **(Analista de Finanças e Controle – ESAF – Adaptada) A situação patrimonial em que os resultados aplicados no Ativo são originários, parte de riqueza própria e parte de capital de terceiros, é representada pela equação:**
   a) $A = PL \therefore PE = 0$.
   b) $A = PE \therefore PL = 0$.
   c) $A > PE \therefore PL > 0$.
   d) $A < PE \therefore PL < 0$.
   e) $PE = PL \therefore A = 0$.

Resolução e Comentários: Se parte dos recursos é de origem própria e parte oriunda de terceiros, o Ativo é maior que o Passivo Exigível e, em consequência, o Patrimônio Líquido é maior que zero.

17 (Técnico do Tesouro Nacional – ESAF – Adaptada) Eis os componentes patrimoniais da Empresa Semínola Ltda.:
- Dinheiro em caixa – R$ 10.000,00
- Bens para revender – R$ 90.000,00
- Impostos a Recolher – R$ 15.000,00
- Títulos a pagar – R$ 55.000,00
- Capital Social – R$ 95.000,00
- Veículos de uso – R$ 40.000,00
- Dívidas com Fornecedores – R$ 35.000,00
- Títulos a Receber – R$ 60.000,00

Com os dados acima, pode-se afirmar que o Capital Próprio e o Capital Alheio neste patrimônio são, respectivamente, em reais:
a) 95.000,00 e 105.000,00.
b) 135.000,00 e 90.000,00.
c) 135.000,00 e 105.000,00.
d) 240.000,00 e 105.000,00.
e) 240.000,00 e 200.000,00.

Resolução e Comentários:

Capital Próprio:

Capital Social – R$ 95.000,00

Total: R$ 95.000,00

Capital de Terceiros:

Impostos a Recolher – R$ 15.000,00

Títulos a pagar – R$ 55.000,00

Dívidas com Fornecedores – R$ 35.000,00

Total: R$ 105.000,00

18 (Técnico de Finanças e Controle – ESAF/1996) Em relação ao patrimônio bruto e ao patrimônio líquido de uma entidade, todas as afirmações abaixo são verdadeiras, *exceto*:
a) o patrimônio bruto nunca pode ser inferior ao patrimônio líquido.
b) o patrimônio bruto e o patrimônio líquido não podem ter valor negativo.
c) o patrimônio bruto e o patrimônio líquido podem ter valor inferior ao das obrigações da entidade.
d) a soma dos bens e direitos a receber de uma entidade constitui o seu patrimônio bruto, enquanto o patrimônio líquido é constituído desses mesmos bens e direitos, menos as obrigações.
e) o patrimônio bruto pode ter valor igual ao patrimônio líquido.

Resolução e Comentários: O Patrimônio Bruto (Ativo) somente poderá ter valor nulo ou positivo. A Situação Líquida poderá ter valor positivo, nulo ou negativo. Observe que o Patrimônio Líquido está sendo citado como se Situação Líquida fosse, o que atualmente está correto, tendo em vista que esses conceitos acabaram convergindo.

19 (Técnico de Finanças e Controle – ESAF/1996) Na composição do patrimônio de uma empresa
a) se o ativo for maior do que o passivo exigível, a situação líquida também o será.
b) se o passivo exigível for maior do que a situação líquida, caracteriza-se o chamado passivo descoberto.
c) se ativo e passivo exigível tiverem valores iguais, a situação líquida terá valor negativo.
d) se o ativo tiver valor igual a zero, a situação líquida também o terá.
e) se a ordem decrescente de valores for ativo, passivo exigível e situação líquida, a situação líquida será positiva.

Resolução e Comentários: Analisando as alternativas:

a) se o ativo for maior do que o passivo exigível, a situação líquida também o será.

Errado! Ativo maior que Passivo Exigível não obriga Situação Líquida maior que Passivo Exigível.
Exemplo

Ativo = 500

Passivo Exigível = 400

Situação Líquida = 100

Neste caso: A > PE e SL < PE.

b) se o passivo exigível for maior do que a situação líquida, caracteriza-se o chamado passivo descoberto.

Errado! No Exemplo constante da letra "a)", a Situação Líquida é positiva, porém menor que o Passivo Exigível.

c) se ativo e passivo exigível tiverem valores iguais, a situação líquida terá valor negativo.

Errado! A = PE → Situação Líquida nula

d) se o ativo tiver valor igual a zero, a situação líquida também o terá.

Errado! Pode ocorrer: PE = SL.

e) se a ordem decrescente de valores for ativo, passivo exigível e situação líquida, a situação líquida será positiva.

Certo! Se A>PE>SL → Situação Líquida positiva, pois A>PE.

20 (Técnico de Finanças e Controle – ESAF/1996) Entre as situações patrimoniais abaixo relacionadas, marque a opção que indica maior percentual de riqueza própria.

a) P = SL e SL < A
b) A > SL e SL > P
c) A = SL e SL > P
d) SL < P e P < A
e) A = P e P > SL

Legendas:
A = Ativo
P = Passivo Exigível
SL = Situação Líquida

Resolução e Comentários: Se A = SL, com SL > P, significa dizer que não há obrigações com terceiros. Nesse caso, toda a riqueza é própria.

21 (Auditor de Tributos Municipais – Prefeitura de Fortaleza – ESAF) Na representação gráfica do estado patrimonial de uma entidade coloca-se normalmente o ativo do lado esquerdo e o passivo exigível e o patrimônio líquido do lado direito. Às vezes, entretanto, o patrimônio líquido aparece do lado esquerdo. Isso ocorre quando

a) não há passivo exigível.
b) o passivo exigível é maior do que o patrimônio líquido.
c) o ativo é maior do que o patrimônio líquido.
d) o passivo exigível é maior do que o ativo.
e) o ativo é maior do que o passivo exigível.

Resolução e Comentários: A situação denominada passivo a descoberto ocorre quando o Ativo Total não é suficiente para honrar as obrigações do Passivo Exigível. Nesse caso, a Situação Líquida poderá ser graficamente representada do lado esquerdo do Balanço Patrimonial.

22 (Auditor – Tribunal de Contas dos Municípios do Estado do Ceará – ESAF/2006) A situação patrimonial denominada "Passivo a Descoberto" ocorre quando o valor

a) do Passivo Circulante é superior ao do Ativo Circulante.
b) do Ativo é maior que o do Passivo.
c) das obrigações da sociedade com terceiros for inferior ao valor dos seus bens e direitos.
d) do Patrimônio Líquido for menor que o do Passivo Exigível.
e) do Passivo Exigível for superior ao valor total dos ativos da sociedade.

Resolução e Comentários: A situação denominada passivo a descoberto ocorre quando o Ativo Total não é suficiente para honrar as obrigações do Passivo Exigível. Nesse caso, a Situação Líquida poderá ser graficamente representada do lado esquerdo do Balanço Patrimonial.

23 **(Técnico do Tesouro Nacional – ESAF) Na maioria das empresas comerciais, o Ativo suplanta o Passivo (Obrigações). Assim, a representação mais comum do patrimônio de uma empresa comercial assume a forma:**
   a) Ativo = Passivo + Patrimônio Líquido
   b) Ativo + Patrimônio Líquido = Passivo
   c) Passivo + Ativo = Patrimônio Líquido
   d) Ativo Permanente + Ativo Circulante = Passivo
   e) Ativo + Situação Líquida = Passivo

Resolução e Comentários: A situação mais comum é: A = PE + PL.

24 **(Técnico do Tesouro Nacional – ESAF) Considerando: CP = Capital Próprio; CTe = Capital de Terceiros; CN = Capital Nominal; CTo = Capital Total à disposição da empresa; PL = Patrimônio Líquido; SLp = Situação Líquida positiva; e A = Ativo, pode-se afirmar que CTo é igual a:**
   a) CP + CTe – SLp
   b) PL + CTe
   c) CP + CTe + SLp
   d) A – SLp
   e) CP + CTe + CN

Resolução e Comentários: Denomina-se **Capital Total** ou **Capital Total à Disposição** de uma entidade a soma do Capital Próprio com o Capital de Terceiros. *Trata-se de capital total de que a entidade dispõe para investimentos em seu Ativo!*

→ CTo = PL + CTe

Capital Nominal = Capital Social

25 **(Técnico do Tesouro Nacional – ESAF) Se o Passivo Exigível de uma empresa é de R$ 19.650,00 e o Patrimônio Líquido de R$ 9.850,00, o valor do seu Capital Próprio será de:**
   a) R$ 29.500,00
   b) ZERO
   c) R$ 9.800,00
   d) R$ 9.850,00
   e) R$ 19.650,00

Resolução e Comentários:
Patrimônio Líquido = Capital Próprio = R$ 9.850,00.

26 **(Auditor-Fiscal do Tesouro Nacional – ESAF) Assinale a alternativa que indica situação patrimonial inconcebível:**
   a) Situação Líquida igual ao Ativo.
   b) Situação Líquida maior que o Ativo.
   c) Situação Líquida menor do que o Ativo.
   d) Situação Líquida maior do que o Passivo Exigível.
   e) Situação Líquida menor do que o Passivo Exigível.

Resolução e Comentários: A Situação Líquida somente poderá ser menor ou igual ao Ativo.

27 (Técnico de Finanças e Controle – ESAF) Se o Patrimônio Líquido (PL) é a diferença algébrica entre o Ativo (A) e o Passivo (P), os elementos patrimoniais poderão assumir somente os seguintes valores:
   a) $A \geq 0$; $P \geq 0$; $PL \geq 0$ ou $PL < 0$.
   b) $A > 0$; $P > 0$; $PL > 0$.
   c) $A \geq 0$; $P > 0$; $PL > 0$.
   d) $A > 0$; $P \geq 0$; $PL \geq 0$ ou $PL < 0$.
   e) $A \geq 0$; $P \geq 0$; $PL \geq 0$.

Resolução e Comentários: Conforme vimos na parte teórica, somente pode ocorrer:
- $A \geq 0$
- $P \geq 0$
- $PL \geq 0$ ou $PL < 0$

28 (Técnico do Tesouro Nacional – ESAF – Adaptada)

Ativo	Ano X0	Ano X1	Passivo	Ano X0	Ano X1
Caixa	700,00	7.400,00	Fornecedores	1.600,00	600,00
Bancos	1.600,00	1.600,00	**Patrimônio Líquido**		
Duplicatas a Receber	4.400,00	2.000,00	Capital Social	10.000,00	10.000,00
Veículos	5.300,00	0,00	Reservas de Capital	400,00	400,00
Total	**12.000,00**	**11.000,00**	**Total**	**12.000,00**	**11.000,00**

Considerando os dados acima, pode-se afirmar que a totalidade das operações realizadas no período compreenderam:
   a) Recebimento de Duplicatas a Receber no montante de R$ 1.000,00 e pagamento de Duplicatas a Pagar no valor de R$ 2.400,00.
   b) Venda de veículo por R$ 5.300,00 e recebimento de duplicatas no valor de R$ 2.400,00.
   c) Recebimento de Duplicatas a Receber no valor de R$ 2.400,00, pagamento a Fornecedores no valor de R$ 1.000,00 e venda de veículo por R$ 6.000,00.
   d) Venda de veículo por R$ 5.300,00, pagamento a Fornecedores no valor de R$ 1.000,00 e recebimento de Duplicatas a Receber no valor de R$ 2.400,00.
   e) Venda de veículo por R$ 6.000,00, pagamento de Duplicatas a Receber no valor de R$ 1.000,00 e recebimento de Fornecedores no valor de R$ 2.400,00.

Resolução e Comentários: Analisando os itens patrimoniais, chegaremos às seguintes conclusões:
- Caixa – aumentou o saldo de R$ 700,00 para R$ 7.400,00.
- Bancos – permaneceu com o mesmo saldo do ano X0 para o ano X1;
- Duplicatas a Receber – diminuiu seu saldo de R$ 4.400,00 para R$ 2.000,00. Logo, ocorreu a extinção parcial de um direito de recebimento no valor de R$ 2.400,00. Provavelmente, alguém pagou a(s) duplicata(s) que devia;
- Veículos – teve seu saldo encerrado, passando de R$ 5.300,00 para zero. A venda de um ou mais veículos pelo valor de R$ 5.300,00 provavelmente ocorreu;
- Fornecedores – diminuiu seu saldo de R$ 1.600,00 para R$ 600,00. Ocorreu a extinção parcial de uma obrigação junto a fornecedores no valor de R$ 1.000,00;
- Capital Social – item patrimonial do Patrimônio Líquido, que não teve o seu saldo alterado do ano X0 para o ano X1; e
- Reservas de Capital – item patrimonial do Patrimônio Líquido, que não teve o seu saldo alterado do ano X0 para o ano X1.

Logo, os eventos que ocorreram foram os seguintes: venda de veículo por R$ 5.300,00, pagamento a Fornecedores no valor de R$ 1.000,00 e recebimento de Duplicatas a Receber no valor de R$ 2.400,00.

29 (Agente Fiscal de Rendas – São Paulo – VUNESP/2002) Considere as proposições a seguir relacionadas com o conceito, conteúdo, características e usuários da informação contábil.
   I. A Contabilidade busca a geração de informações qualitativas e quantitativas sobre a entidade particularizada, expressas tanto em termos físicos quanto monetários.

II. A informação contábil qualitativa refere-se à expressão dos componentes patrimoniais em valores.

III. A informação contábil quantitativa refere-se à natureza dos componentes patrimoniais, como dinheiro, máquinas, estoques etc.

IV. As informações contábeis devem propiciar aos usuários a compreensão do estado em que se encontra a entidade, seu desempenho, sua evolução, riscos e oportunidades que oferece.

V. A informação contábil deve ser veraz e equitativa, de forma a satisfazer as necessidades comuns a um grande número de usuários, cujos interesses nem sempre são coincidentes.

Estão corretas somente as proposições:
a) I e II.
b) I, II e III.
c) I e IV.
d) I, IV e V.
e) IV e V.

Resolução e Comentários: A informação contábil **quantitativa** refere-se à expressão dos componentes patrimoniais em valores.

A informação contábil **qualitativa** refere-se à natureza dos componentes patrimoniais, como dinheiro, máquinas, estoques etc.

Por isso, as proposições II e III estão erradas!

30 (Contador – Agência de Desenvolvimento Paulista – Desenvolve SP – Vunesp/2014)

De acordo com a equação fundamental do patrimônio, uma entidade ao ter o aumento da situação líquida positiva, ou a diminuição da situação líquida negativa, tal entidade terá:
a) diminuição da riqueza do titular do patrimônio.
b) um equilíbrio patrimonial.
c) necessidade de recursos.
d) um aumento na utilização de recursos financeiros da entidade.
e) aumento da riqueza do titular do patrimônio.

Resolução e Comentários

Ativo = Passivo + Situação Líquida

Se ocorreu aumento da situação líquida positiva ou diminuição da situação líquida negativa, então houve aumento da riqueza do titular do patrimônio.

31 (Técnico em Contabilidade – IF/SP – FUNDEP/2014) Analise as afirmativas abaixo e assinale com V as verdadeiras e com F as falsas.

( ) O conjunto de bens, direitos e obrigações é chamado de Patrimônio.
( ) O conjunto de bens, direitos menos as obrigações com terceiros, é chamado de Patrimônio Líquido.
( ) A diferença entre bens tangíveis e bens intangíveis está relacionada com o valor de aquisição.
( ) As obrigações com terceiros são registradas no Patrimônio Líquido, e as obrigações com os sócios são registradas no Passivo Exigível.

Assinale a alternativa que apresente a sequência CORRETA.
a) V V F F.
b) V F V F.
c) V V F V.
d) V F V V.

Resolução e Comentários: Analisando as afirmativas:

( ) O conjunto de bens, direitos e obrigações é chamado de Patrimônio.
Verdadeira!

( ) O conjunto de bens, direitos menos as obrigações com terceiros, é chamado de Patrimônio Líquido.
Verdadeira!

( ) A diferença entre bens tangíveis e bens intangíveis está relacionada com o valor de aquisição.
Falsa! Bem tangível é o bem que pode ser tocado. Já o intangível não possui existência física.

( ) As obrigações com terceiros são registradas no Patrimônio Líquido, e as obrigações com os sócios são registradas no Passivo Exigível.
Falsa! As obrigações com terceiros são registradas no Passivo Exigível; já as obrigações com os sócios são registradas no Patrimônio Líquido.

32 (Analista Administrativo – Contabilidade – UFGD – Instituto AOCP/2014) A Cia. Mega Cereais, em 31.12.2013, apresenta os seguintes saldos nas suas contas contábeis:

Caixa	20.000
Duplicatas a receber	6.000
Empréstimos a pagar	35.000
Fornecedores	25.000
Máquinas	14.000
Mercadorias	20.000
Móveis e utensílios	10.000
Salários a Pagar	5.500
Títulos a pagar	30.000

A situação da empresa apresenta:
a) A>P: Situação Líquida Positiva;
b) A<P: Situação Líquida Negativa;
c) A=P: Situação Líquida Nula;
d) A=PL: Situação Líquida Nula;
e) A+P=PL: Situação Líquida Negativa.

Resolução e Comentários:
Ativo:
Caixa – 20.000
Duplicatas a Receber – 6.000
Máquinas – 14.000
Mercadorias – 20.000
Móveis e Utensílios – 10.000
Total do Ativo: 70.000

Passivo:
Empréstimos a Pagar – 35.000
Fornecedores – 25.000
Salários a Pagar – 5.500
Títulos a Pagar – 30.000
Total do Passivo: 95.500

Ativo = 70.000
Passivo = 95.500

33 (Contador – Nossa Caixa Desenvolvimento – FCC/2011) O contador observou, ao analisar a equação patrimonial da Cia. Raio de Luz, que o valor total do Ativo correspondia ao dobro do valor do Patrimônio Líquido.
Nesse caso:
a) o total do Patrimônio Líquido é igual ao total do Passivo;
b) o total do Passivo é igual ao dobro do Ativo;
c) existe Passivo a Descoberto nessa companhia;
d) o total do Ativo equivale a três vezes o total do Passivo;
e) o total do Passivo equivale à metade do total do Patrimônio Líquido.

Resolução e Comentários:
A = Ativo
PE = Passivo Exigível
PL = Patrimônio Líquido

A – PE = PL

A = 2 x PL → 2x PL – PE = PL → 2 x PL – PL = PE → PE = PL

34 (Analista Judiciário – Contabilidade – TRT 21ª Região – CESPE/UnB / 2010) Acerca das noções básicas de Contabilidade, julgue o item seguinte.

Muitas são as condições em que a equação patrimonial de uma entidade pode apresentar-se, mas em nenhuma hipótese a situação líquida pode ser maior do que o ativo total.

Resolução e Comentários: Situações possíveis:
Situação Líquida Positiva: Ativo > Passivo Exigível
Situação Líquida Nula: Ativo = Passivo Exigível
Situação Líquida Negativa: Ativo < Passivo Exigível

A Situação Líquida poderá ser, no máximo, igual ao Ativo; jamais poderá ser maior que o Ativo.

35 (Contabilidade – IPHAN – Fundação Universa/2009) Considere o quadro a seguir onde os valores são dados em reais.

Empresa	Ativo	Passivo exigível
A	1.000,00	400,00
B	800,00	600,00
C	500,00	600,00

De acordo com a Teoria das Equações do Patrimônio, assinale a alternativa correta.
a) A empresa **A** revela Situação Líquida negativa.
b) A empresa **B** revela Situação Líquida negativa de R$ 200,00.
c) A empresa **C** revela Situação Líquida negativa de R$ 100,00.
d) A empresa **C** revela Situação Líquida positiva de R$ 200,00.
e) A empresa **A** revela Situação Líquida positiva igual a R$ 400,00.

Resolução e Comentários:
Empresa A: A – PE = 1.000,00 – 400,00 = 600,00 → SL > 0
Empresa B: A – PE = 800,00 – 600,00 = 200,00 → SL > 0
Empresa C: A – PE = 500,00 – 600,00 = -100,00 → SL < 0

A Companhia SOBE Ltda. possui máquinas e equipamentos no valor de R$ 30, um contas a receber na importância de R$ 20, e ainda consta em seu caixa, recursos em espécie no montante de R$ 10. Já a Companhia DESCE Ltda. possui mercadorias para venda na ordem de R$ 70, um veículo para transportar mercadorias no valor de R$ 90, possui também as seguintes dívidas: salários a pagar de R$ 40 e financiamento bancário no valor de R$ 45.

Com base apenas nessas informações e considerando a equação do patrimônio, responda às questões de números 36 a 38.

36 (Perito Criminal – PC/SP – VUNESP/2014) O valor do Ativo da Companhia SOBE está representado pela importância de:
a) R$ 40;
b) R$ 60;
c) R$ 30;
d) R$ 20;
e) R$ 10.

Resolução e Comentários:
Companhia SOBE:

Ativo:
Máquinas e Equipamentos: R$ 30
Contas a Receber: R$ 20
Caixa: R$ 10
Total = R$ 60

Passivo:
Total = R$ 0

37 **(Perito Criminal – PC/SP – VUNESP/2014) O valor do Passivo da Companhia DESCE está representado pela importância de:**
   a) R$ 40;
   b) R$ 45;
   c) R$ 70;
   d) R$ 85;
   e) R$ 75.

Resolução e Comentários:
Companhia DESCE:

Ativo:
Mercadorias: R$ 70
Veículos: R$ 90
Total = R$ 160

Passivo:
Salários a Pagar: R$ 40
Financiamentos Bancários: R$ 45
Total = 85

38 **(Perito Criminal – PC/SP – VUNESP/2014) O valor do Patrimônio Líquido de SOBE e DESCE são, respectivamente:**
   a) R$ 60 e R$ 160;
   b) R$ 60 e R$ 85;
   c) R$ 50 e R$ 85;
   d) R$ 30 e R$ 40;
   e) R$ 60 e R$ 75.

Resolução e Comentários:
Companhia SOBE:

Ativo:
Máquinas e Equipamentos: R$ 30
Contas a Receber: R$ 20
Caixa: R$ 10
Total = R$ 60

Passivo:
Total = R$ 0

PL = A – PE = R$ 60 – R$ 0 = R$ 60

Companhia DESCE:

Ativo:
Mercadorias: R$ 70
Veículos: R$ 90
Total = R$ 160

Passivo:
Salários a Pagar: R$ 40
Financiamentos Bancários: R$ 45
Total = R$ 85

PL = A – PE = R$ 160 – R$ 85 = R$ 75

GABARITO

1 – B	2 – E	3 – E	4 – E
5 – E	6 – D	7 – C	8 – D
9 – *	10 – D	11 – E	12 – C
13 – A	14 – E	15 – B	16 – C
17 – A	18 – B	19 – E	20 – C
21 – D	22 – E	23 – A	24 – B
25 – D	26 – B	27 – A	28 – D
29 – D	30 – E	31 – A	32 – B
33 – A	34 – Certo	35 – C	36 – B
37 – D	38 – E		

*sem alternativa

Capítulo 4

As Contas Contábeis

4.1. As Contas – Conceito e Função

Em Contabilidade, **conta** é o nome ou título que um item patrimonial ou de resultado recebe para representá-lo dentro do contexto do patrimônio de uma entidade econômico-administrativa.

As contas têm por *função* representar itens patrimoniais (bens, direitos, obrigações ou itens do capital próprio) ou de resultado (receitas ou despesas). Os conceitos de receitas e de despesas serão apresentados posteriormente, em capítulo próprio.

Para traduzir contabilmente eventos que modifiquem ou possam vir a modificar o patrimônio, serão utilizadas as CONTAS. O registro e o controle patrimoniais são efetuados utilizando contas que mostrem cada evento ocorrido de maneira transparente, *fiel à realidade*.

Exemplo

Estamos apresentando alguns poucos Exemplos de contas, somente para fins ilustrativos. Em momento oportuno, ao longo desta obra, faremos breve detalhamento das contas que consideramos importantes para aplicações diversas, como, por exemplo, em Concursos Públicos.

São Exemplos de contas:

- **Caixa** – regra geral, representa a movimentação do dinheiro que a entidade detém "em sua posse", ou seja, "em tesouraria", *entre outros*. Seu saldo representa o valor que a entidade possui em moeda em seu caixa. Os valores dos cheques recebidos pela entidade e ainda não depositados em conta-corrente também fazem parte do saldo desta conta. Esta conta possui este nome porque, ao se referir à pessoa que é responsável pelo dinheiro da entidade, costuma-se chamá-la de "*O Caixa*": "Vá ao Caixa e pague R$ 100,00!" ou "Vá ao Caixa e receba seu troco no valor de R$ 20,00" (conta do Ativo).

- **Bancos** ou **Bancos Conta Movimento** ou **Bancos C/ Movimento** – representa a movimentação existente em uma ou mais contas-correntes bancárias da entidade, por meio da entrada e saída de recursos. Seu saldo representa o valor que a entidade possui depositado em uma ou mais contas-correntes bancárias de livre movimentação (conta do Ativo).

- **Móveis e Utensílios** – representa o conjunto formado por mesas, cadeiras, calculadoras, máquinas de escrever etc. (conta do Ativo).

- **Duplicatas a Receber** – fruto de transações comerciais a prazo, representa o *direito de recebimento* de valores originados a partir dessas transações (conta do Ativo).

- **Fornecedores** ou **Fornecedores a Pagar** – fruto de transações comerciais a prazo, representa o *dever de a entidade honrar obrigações junto a seus diversos fornecedores* (conta do Passivo Exigível).

- **Capital Social** – é a soma representativa das contribuições de todos os sócios, realizadas (entregues) ou a serem realizadas (a serem entregues), para a finalidade específica de formação da sociedade. O capital social poderá ser constituído em dinheiro ou em bens. Deve-se ressaltar que a legislação brasileira regula a entrega de bens para a formação do capital social somente nas sociedades anônimas, quando ocorrerá a avaliação de tais bens por peritos (pessoas físicas) ou por empresa especializada, sendo elaborado laudo de avaliação desses bens, para deliberação em assembleia (seja tal assembleia voltada para a constituição da sociedade ou para o aumento do capital social). Nas sociedades de pessoas, a incorporação de bens à sociedade dependerá de acordo entre os sócios (conta do Patrimônio Líquido).

4.2. A Representação Gráfica das Contas

Existem alguns elementos que são considerados mínimos ou essenciais para a representação de uma conta. Em seguida, apresentaremos um *modelo* para representação gráfica de uma conta qualquer.

Nome (ou Título) da Conta: Código da Conta:

Data	Histórico (das Operações)	Número da Folha do Livro Diário	Débito	Crédito	Saldo	
					R$	D/C

São considerados elementos mínimos ou essenciais para a apresentação de uma conta:

- Nome (ou Título) da conta;
- Data do evento (ou operação);
- Histórico do evento (ou operação);
- Valor do débito (quando houver);
- Valor do crédito (quando houver); e
- Saldo (valor em Reais, informando se este é devedor ou credor: "D/C").

A forma de preenchimento do modelo para representação gráfica das contas será posteriormente apresentada.

Costumamos, para fins práticos, numerar ou codificar as contas, utilizando números ou códigos racionalmente elaborados, visando à sua organização. Isso facilita, inclusive, o emprego da informática, auxiliando o desenvolvimento contábil.

Exemplo

Código	Nome (ou Título)
1.	Ativo
1.1.	Ativo Circulante
1.1.01.	Disponibilidades
1.1.01.001	Caixa
1.1.01.002	Bancos Conta Movimento
1.1.01.002.001	Banco do Brasil
1.1.01.002.002	Banco Real
1.1.01.002.003	Caixa Econômica Federal
1.1.01.003	Aplicações Financeiras de Liquidez Imediata

"Ativo", "Ativo Circulante" e "Disponibilidades" **não são contas**, apesar de receberem seus respectivos códigos.

A representação gráfica mais simples que existe para as contas é denominada **Razonete** ou **Conta em "T"** ou **Razonete em "T"**. Esta é a representação gráfica que será por nós utilizada para as explicações a serem efetuadas, para a resolução dos Exemplos e das questões propostas etc.

Eis a forma de representação gráfica resumida (*simplificada*) das contas:

Título (ou Nome) da Conta	
Lado dos "Débitos"	Lado dos "Créditos"
Saldo Devedor	Saldo Credor

São considerados elementos mínimos ou essenciais para a apresentação resumida de uma conta:

- Nome (ou Título) da conta;
- Valor do débito (quando houver);
- Valor do crédito (quando houver); e
- Saldo (valor em Reais).

4.3. O Funcionamento das Contas – o Mecanismo de Débito e Crédito

A partir deste momento **estaremos diante da EXPLICAÇÃO que acreditamos ser a mais simples até hoje encontrada PARA O FUNCIONAMENTO DAS CONTAS**. Tal explicação nos é repassada pela Escola Norte-Americana de Contabilidade. Observe o "T" referente a uma conta qualquer devidamente preenchido:

Se perguntarmos ao leitor: "Qual o seu nome?", sua resposta será: "Meu nome é _____.". O meu nome é Justino Oliveira. Por que motivo meu nome é este? Este foi o nome que eu recebi!

Título (ou Nome) da Conta	
Lado dos "Débitos"	Lado dos "Créditos"
Saldo Devedor	Saldo Credor

Da mesma forma que ocorre com os nossos respectivos nomes, o lado esquerdo de um razonete recebeu o nome **LADO DOS DÉBITOS**; já o lado direito recebeu o nome **LADO DOS CRÉDITOS**. *São os nomes designados para os lados esquerdo e direito de um razonete!* E é só!

> Aqui cabe um importante comentário:
>
> As palavras débito e crédito ora empregadas nada têm a ver com os seus significados conhecidos (débito = dívida e crédito = direito de recebimento de valor ou outro semelhante)!
>
> Preste atenção ao que estamos dizendo neste momento: por tentarem entender as palavras débito e crédito com os seus significados comuns, QUE, DE ACORDO COM AS EXPLICAÇÕES ORA APRESENTADAS, NÃO EXISTEM, algumas pessoas sentem imensa dificuldade em entender Contabilidade e, com isso, muitas vezes abandonam o estudo de uma disciplina que não apresenta, neste momento, grau de dificuldade tão elevado quanto imaginam, fruto de associação errada de significados de palavras!
>
> Mais uma vez afirmamos: trata-se de pura e simples convenção contábil, tal qual o nome que cada um de nós recebe!!!
>
> Portanto, assimile SIMPLESMENTE que o lado esquerdo do razonete é o "LADO DOS DÉBITOS" e o lado direito do razonete é o "LADO DOS CRÉDITOS".

As operações acarretam aumentos ou diminuições de saldos nas contas constantes do Ativo, do Passivo Exigível e do Patrimônio Líquido. Observe que cada conta graficamente representada possui dois lados: o lado esquerdo (*lado dos débitos*) e o lado direito (*lado dos créditos*). Dessa forma, um dos lados poderá representar aumentos no saldo da conta, assim como o outro lado poderá representar diminuições no seu saldo. É claro que neste momento teremos uma pergunta a fazer:

COMO DETERMINAR O LADO DA CONTA ("LADO DOS DÉBITOS" OU "LADO DOS CRÉDITOS") QUE RECEBERÁ OS AUMENTOS DE VALOR E VICE-VERSA?

VEJA COMO É SIMPLES!!!

Posicione o razonete correspondente à conta em análise "sobre" a estrutura gráfica representativa do Balanço Patrimonial, desta forma:

Título (ou Nome) da Conta	
Lado dos "Débitos"	Lado dos "Créditos"

BALANÇO PATRIMONIAL	
BENS	OBRIGAÇÕES
DIREITOS	PATRIMÔNIO LÍQUIDO

Observe que há uma "**linha divisória central (vertical)**" partindo do razonete e "seguindo" pelo Balanço Patrimonial.

DE ACORDO COM A POSIÇÃO DA CONTA NO BALANÇO PATRIMONIAL, VOCÊ TERÁ O LADO DO RAZONETE QUE RECEBERÁ OS AUMENTOS DE VALOR NA CITADA CONTA! EM CONSEQUÊNCIA DISTO, O OUTRO LADO DA CONTA, OBRIGATORIAMENTE, RECEBERÁ VALORES QUE ACARRETARÃO DIMINUIÇÕES EM SEU SALDO!

Vejamos, então, como utilizar essa simples estrutura gráfica para determinar o funcionamento de cada conta.

4.3.1. Contas do ativo

O Ativo é representado pelos bens e direitos da entidade. Em nosso primeiro exemplo, utilizaremos a conta Caixa, pertencente ao Ativo, para ilustrar a movimentação das contas nele (no Ativo) ocorridas. Posicionaremos o razonete da conta Caixa "sobre" a representação gráfica do Balanço Patrimonial.

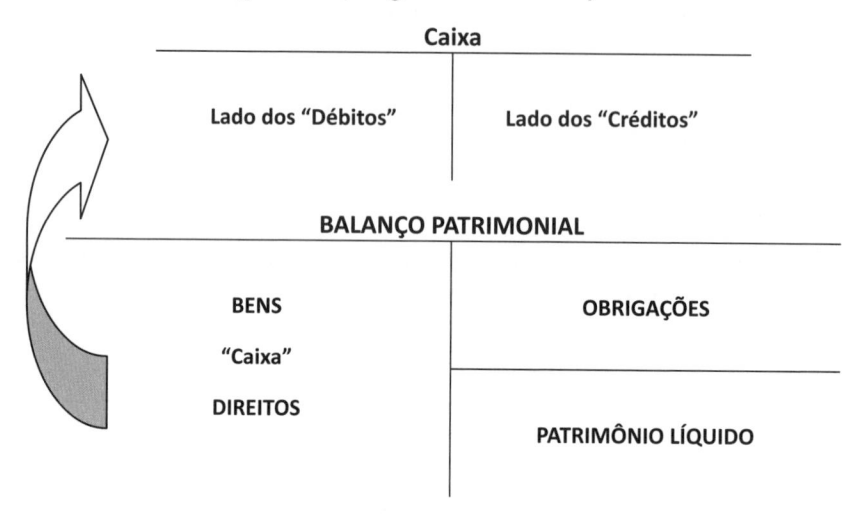

```
                     Caixa
     _____
    |                |                |
    | Lado dos       | Lado dos       |
    | "Débitos"      | "Créditos"     |

           BALANÇO PATRIMONIAL
     _____
    |                |                |
    |    BENS        |   OBRIGAÇÕES   |
    |   "Caixa"      |                |
    |                |_____|
    |                |                |
    |   DIREITOS     | PATRIMÔNIO     |
    |                | LÍQUIDO        |
```

Em relação à "linha divisória central (vertical)", a conta Caixa **se encontra localizada à esquerda do Balanço Patrimonial**. Logo, OS AUMENTOS DE VALOR EM SEU RAZONETE OCORRERÃO SEMPRE PELO *LADO ESQUERDO*, isto é, PELO *LADO DOS DÉBITOS*; em consequência, AS DIMINUIÇÕES DE SALDO NESTA CONTA OCORRERÃO SEMPRE PELO *LADO DIREITO*, ou seja, PELO *LADO DOS CRÉDITOS*!

É FÁCIL OU NÃO É?!

Exemplo

Verificaremos, agora, a conta Caixa com valores exemplificativos nela registrados:

Caixa (Valores em R$)	
Saldo Inicial – 1.000,0	600,00
800,00	
1.200,00 (saldo devedor)	

Analisando o razonete apresentado e considerando o saldo inicial de R$ 1.000,00, verificaremos que houve dois registros efetuados na conta Caixa: um deles relativo ao aumento de valor nessa conta de R$ 800,00, correspondente ao recebimento em dinheiro desse valor (**aumento registrado no lado dos débitos**, ou seja, **aumento a débito**); e outro relativo a uma diminuição no saldo da referida conta em valor igual a R$ 600,00, correspondente ao pagamento desse valor a um fornecedor (**diminuição registrada no lado dos créditos**, ou seja, **diminuição a crédito**).

4.3.2. Contas do passivo exigível

O Passivo Exigível é representado pelas obrigações da entidade junto a terceiros. Utilizaremos a conta Fornecedores, pertencente ao Passivo Exigível, para ilustrar a movimentação das contas dessa área do Balanço Patrimonial. Posicionaremos o razonete da conta Fornecedores "sobre" a representação gráfica do Balanço Patrimonial.

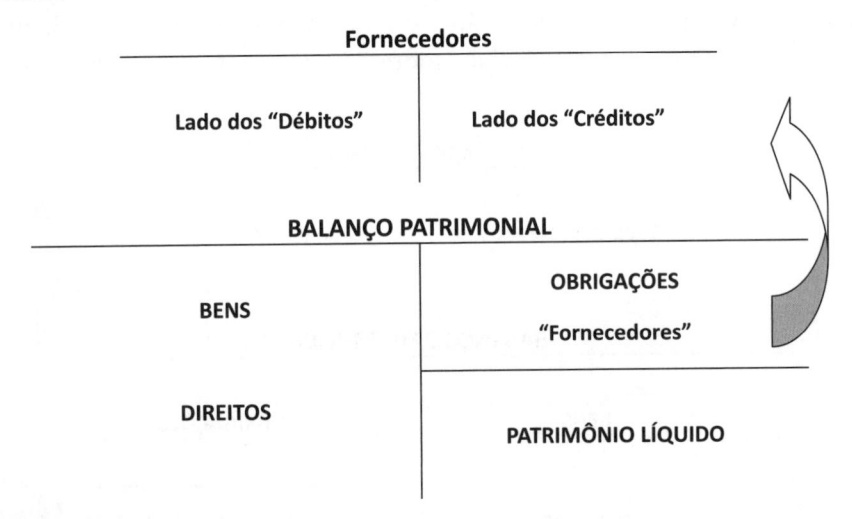

```
                    Fornecedores
        ─────────────────────────────────
        Lado dos "Débitos"  │  Lado dos "Créditos"
                            │
        ─────────────────────────────────
              BALANÇO PATRIMONIAL
                            │   OBRIGAÇÕES
              BENS          │   "Fornecedores"
                            │
        ─────────────────────────────────
              DIREITOS      │   PATRIMÔNIO LÍQUIDO
                            │
```

Em relação à "linha divisória central (vertical)", a conta Fornecedores **se encontra localizada à direita do Balanço Patrimonial**. Logo, OS AUMENTOS DE VALOR EM SEU RAZONETE OCORRERÃO SEMPRE PELO LADO DIREITO, isto é, PELO LADO DOS CRÉDITOS; em consequência, AS DIMINUIÇÕES DE SALDO DESSA CONTA OCORRERÃO SEMPRE PELO LADO ESQUERDO, ou seja, PELO LADO DOS DÉBITOS.

Exemplo

Verificaremos, agora, a conta Fornecedores com valores exemplificativos nela registrados:

```
        Fornecedores (Valores em R$)
                     │ Saldo Inicial – R$ 3.000,00
            1.600,00 │ 2.500,00
        ─────────────┼─────────────────────────
                     │ 3.900,00 (saldo credor)
```

Analisando o razonete acima e considerando o saldo inicial de R$ 3.000,00, verificaremos que houve dois registros efetuados na conta Fornecedores: um deles correspondente ao aumento de R$ 2.500,00 no valor dessa conta, em virtude de nova obrigação contraída (**aumento registrado no lado dos créditos**, ou seja, **aumento a crédito**); e outro equivalente a uma diminuição de R$ 1.600,00 no saldo da referida conta, correspondente à extinção de uma obrigação por este valor (**diminuição registrada no lado dos débitos**, ou seja, **diminuição a débito**).

4.3.3. Contas do patrimônio líquido

O Patrimônio Líquido é representado pelas *obrigações não exigíveis* da entidade. Utilizaremos a conta Capital Social, pertencente ao Patrimônio Líquido, para ilustrar a movimentação das contas dessa área do Balanço Patrimonial. Posicionaremos o razonete da conta Capital Social "sobre" a representação gráfica do Balanço Patrimonial.

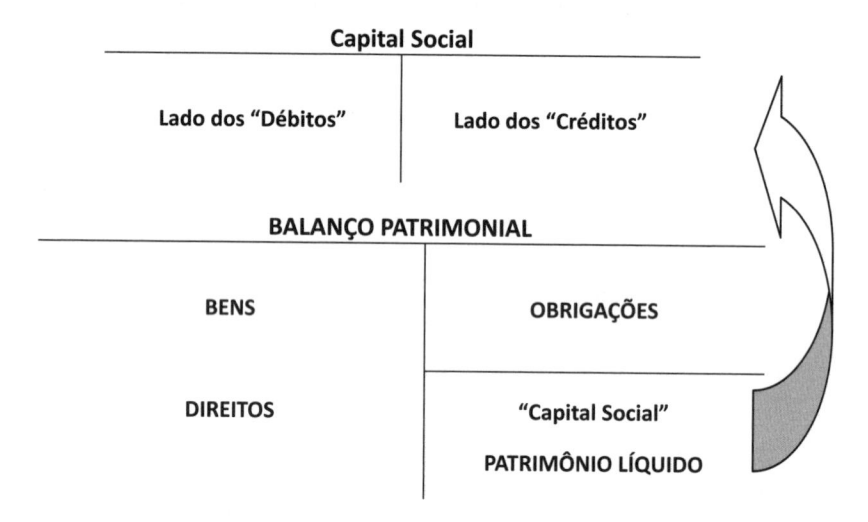

```
                    Capital Social
         ─────────────────────────────────
         Lado dos "Débitos" │ Lado dos "Créditos"

              BALANÇO PATRIMONIAL
         ─────────────────────────────────
              BENS          │   OBRIGAÇÕES
                            │
              DIREITOS      │   "Capital Social"
                            │   PATRIMÔNIO LÍQUIDO
```

Em relação à "linha divisória central (vertical)", a conta Capital Social **se encontra localizada à direita do Balanço Patrimonial**. Logo, OS AUMENTOS DE VALOR DA CONTA OCORRERÃO SEMPRE PELO LADO DIREITO, isto é, PELO LADO DOS CRÉDITOS; **em consequência,** AS DIMINUIÇÕES DE SALDO DESTA CONTA OCORRERÃO SEMPRE PELO LADO ESQUERDO, ou seja, PELO LADO DOS DÉBITOS.

Exemplo

Verificaremos, agora, a conta Capital Social com valores exemplificativos nela registrados:

```
              Capital Social (Valores em R$)
                          │ Saldo Inicial – R$ 20.000,00
               10.000,00  │ 30.000,00
              ────────────┼──────────────────
                          │ 40.000,00 (saldo credor)
```

Analisando o razonete acima e considerando o saldo inicial de R$ 20.000,00, verificaremos que houve dois registros efetuados na conta Capital Social: um deles correspondente ao aumento de R$ 30.000,00 no valor dessa conta, em virtude da decisão dos sócios da entidade de aumentar seu capital social (**aumento registrado no lado dos créditos**, ou seja, **aumento a crédito**); e outro equivalente a uma diminuição de R$ 10.000,00 no saldo da referida conta , correspondente à retirada de um dos sócios da entidade, com a consequente redução do capital social (**diminuição registrada no lado dos débitos**, ou seja, **diminuição a débito**).

4.3.4. As contas retificadoras

As contas que comumente aparecem no Balanço Patrimonial são denominadas **contas principais**. Contudo, existem outras contas que têm por função corrigir (*retificar*) os saldos das contas principais; tais contas são conhecidas como **contas retificadoras** ou **contas acessórias** ou **contas secundárias** ou **contas redutoras** ou **contas negativas** ou **contas diminutivas**.

Existem contas retificadoras do Ativo, do Passivo Exigível e do Patrimônio Líquido. À medida que tais contas forem surgindo ao longo de nosso estudo, iremos apresentando cada uma delas, com as suas principais características.

> **As contas retificadoras são apresentadas no Balanço Patrimonial acompanhando as suas respectivas contas principais, porém corrigindo os seus valores (retificando os seus valores).** Daí surge a troca de sinais, ou seja, uma conta retificadora tem SEMPRE sinal negativo, pois corrige o valor de uma conta principal, que possui sempre sinal positivo.

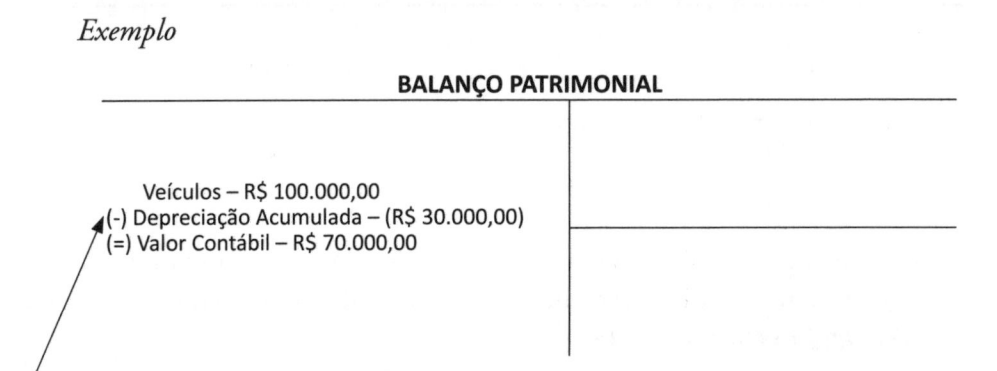

Exemplo

BALANÇO PATRIMONIAL

Veículos – R$ 100.000,00
(-) Depreciação Acumulada – (R$ 30.000,00)
(=) Valor Contábil – R$ 70.000,00

No Exemplo ora apresentado, a conta Veículos é uma conta principal do Ativo; já a conta Depreciação Acumulada retifica o valor da conta Veículos, tendo, por isso, sinal contrário ao da conta principal. Dizemos, nesse caso, que o valor contábil da conta Veículos é igual a R$ 70.000,00 (= R$ 100.000,00 – R$ 30.000,00).

Não se preocupe com o fato de ainda não ter aprendido os conceitos de *depreciação acumulada* e de *valor contábil*: no momento certo, ocorrerá a apresentação de cada um deles. Agora, nossa intenção é simplesmente mostrar os mecanismos de débito e crédito para todas as contas que possam constar de um Balanço Patrimonial.

Mas, quanto ao mecanismo de débito e crédito das contas retificadoras, como funciona?

> As contas retificadoras possuirão SEMPRE movimentação contrária à das contas principais cujos valores elas retificam!

Logo:

- Se a conta principal for conta do Ativo, a conta retificadora do Ativo aumentará por crédito e diminuirá por débito, e *seu saldo será credor ou nulo*;

"Conta Retificadora do Ativo"	
Lado dos "Débitos"	Lado dos "Créditos"
Diminuições na conta retificadora do Ativo	Aumentos na conta retificadora do Ativo
	Saldo Credor

- Se a conta principal for conta do Passivo Exigível, a conta retificadora do Passivo Exigível aumentará por débito e diminuirá por crédito, e *seu saldo será devedor ou nulo*;

"Conta Retificadora do Passivo Exigível"	
Lado dos "Débitos"	Lado dos "Créditos"
Aumentos na conta retificadora do Passivo Exigível	Diminuições na conta retificadora do Passivo Exigível
Saldo Devedor	

- Se a conta principal for conta do Patrimônio Líquido, a conta retificadora do Patrimônio Líquido aumentará por débito e diminuirá por crédito, e *seu saldo será devedor ou nulo*.

"Conta Retificadora do Patrimônio Líquido"	
Lado dos "Débitos"	Lado dos "Créditos"
Aumentos na conta retificadora do Patrimônio Líquido	Diminuições na conta retificadora do Patrimônio Líquido
Saldo Devedor	

4.3.5. Informações adicionais sobre o mecanismo de débito e crédito

O funcionamento das contas é desenvolvido a partir do mecanismo de débito e crédito, ou seja, por meio dos débitos e dos créditos nelas registrados (*lançados*).

Por convenção contábil:

– **CREDITAR** uma conta significa lançar valores no lado direito do razonete.

– **DEBITAR** uma conta significa lançar valores no lado esquerdo do razonete; e

Vimos, no Capítulo 3 – Item 3.6, que **não há aplicação de recursos na entidade sem que haja uma origem a ela correspondente**.

Ao se registrar um evento contábil, devem ser observados dois aspectos:

A aplicação de recursos na entidade, *por convenção contábil*, é denominada **DÉBITO**.

A origem dos recursos aplicados na entidade, *por convenção contábil*, é denominada **CRÉDITO**.

Conforme apresentamos anteriormente, *por convenção contábil*, o lado direito do gráfico em forma de "T" (Balanço Patrimonial) representa as FONTES OU ORIGENS DE RECURSOS de uma entidade (ou seja, de que maneira surgiram os recursos a serem utilizados pela entidade); já o lado esquerdo do gráfico representa as APLICAÇÕES DE RECURSOS na entidade (isto é, em que foram aplicados os recursos obtidos pela entidade).

Para que o Ativo seja formado, há a necessidade de origens ou fontes de financiamento para ele! Tais origens ou fontes de financiamento do Ativo encontram-se do lado direito do Balanço Patrimonial.

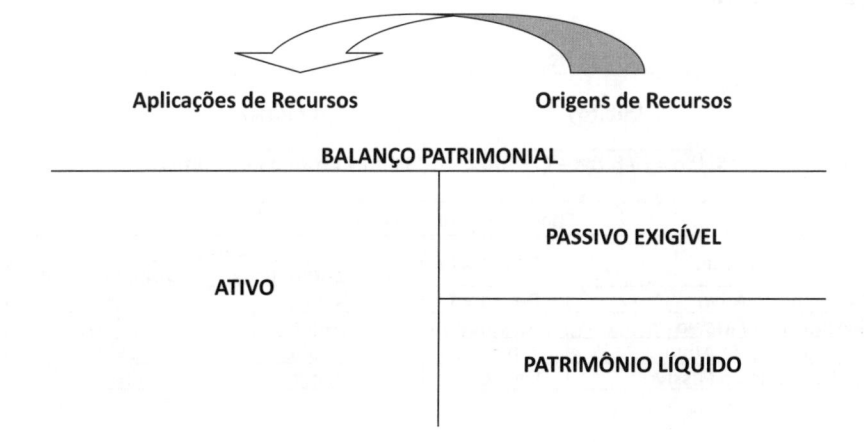

Aplicações de Recursos	Origens de Recursos
BALANÇO PATRIMONIAL	
ATIVO	PASSIVO EXIGÍVEL
	PATRIMÔNIO LÍQUIDO

Costumamos dizer que:

> AS APLICAÇÕES DEVEM SUA EXISTÊNCIA ÀS SUAS ORIGENS!

Em consequência:

> As APLICAÇÕES de recursos possuem NATUREZA DEVEDORA!

(e)

> As ORIGENS de recursos possuem NATUREZA CREDORA!

Diante do que foi anteriormente exposto, podemos afirmar que:

> As contas principais do ATIVO possuem NATUREZA DEVEDORA.

> As contas principais do PASSIVO EXIGÍVEL possuem NATUREZA CREDORA.

> As contas principais do PATRIMÔNIO LÍQUIDO possuem NATUREZA CREDORA.

As contas principais do Ativo, por terem natureza devedora, são aumentadas de valor por débito e diminuídas por crédito. Já as contas principais do Passivo Exigível e do Patrimônio Líquido, por terem natureza credora, são aumentadas por crédito e diminuídas por débito.

4.3.6. Resumo dos mecanismos de débito e crédito das contas do balanço patrimonial

Nome (ou Título) da Conta	
Débitos	Créditos

"Saldo = Débitos – Créditos" ou "Saldo = Créditos – Débitos"

Funcionamento das Contas			
Contas	Natureza	Saldos	
		Aumentam por	Diminuem por
Principais do Ativo	Devedora	Débito	Crédito
Principais do Passivo	Credora	Crédito	Débito
Retificadoras do Ativo	Credora	Crédito	Débito
Retificadoras do Passivo	Devedora	Débito	Crédito

4.4. A Interpretação de um Razonete

Título (ou Nome) da Conta	
Lado dos "Débitos"	Lado dos "Créditos"
Saldo Devedor	Saldo Credor

Observando-se o razonete ora mostrado, temos as seguintes partes que o compõem:

- **Título (ou Nome) da Conta** – denominação da conta observada (por Exemplo: Caixa; Fornecedores a Pagar; Capital Social etc.);
- **Lado dos "Débitos"** – lado do razonete em que serão registrados (lançados) todos os valores correspondentes a débito na conta, conforme explicado. Um registro feito no lado dos débitos é dito "**lançamento a débito**" ou "**débito na conta _____**" ou, simplesmente, "**débito**". **Dizemos que estamos *debitando* uma conta.** Trata-se do lado esquerdo do razonete;
- **Lado dos "Créditos"** – lado do razonete em que serão registrados (lançados) todos os valores correspondentes a crédito na conta, conforme explicado. Um registro feito no lado dos créditos é dito "**lançamento a crédito**" ou "**crédito na conta _____**" ou, simplesmente, "**crédito**". **Dizemos que estamos *creditando* uma conta.** Trata-se do lado direito do razonete;
- **Saldo Devedor** – se o total de débitos lançados na conta for maior que o total de créditos lançados nela, costumamos dizer que teremos *saldo devedor* na conta em tela;
- **Saldo Credor** – se o total de créditos lançados na conta for maior que o total de débitos nela lançados, costumamos dizer que teremos *saldo credor* na conta em tela;
- **Saldo Nulo** – se o total de débitos lançados na conta for igual ao total de créditos nela lançados, costumamos dizer que teremos *saldo nulo* na conta em tela.

Exemplo

Caixa	
2.000	1.100
1.300	600
680	
3.980 (soma do lado dos débitos)	1.700 (soma do lado dos créditos)
2.280 (= 3.980 – 1.700) → **saldo devedor**	

Exemplo

Fornecedores	
1.100	2.300
1.200	3.400
	600
	300
2.300 (soma do lado dos débitos)	6.600 (soma do lado dos créditos)
	4.300 (= 6.600 − 2.300) → **saldo credor**

4.5. As Classificações das Contas

Apresentaremos agora as principais classificações das contas.

4.5.1. Natureza do saldo

Quanto à natureza do saldo, as contas são assim classificadas:

- **Contas Devedoras** (**contas de natureza devedora**) – são as contas principais do Ativo, contas de despesas, contas retificadoras do Passivo Exigível e contas retificadoras do Patrimônio Líquido;
- **Contas Credoras** (**contas de natureza credora**) – são as contas principais do Passivo Exigível, contas principais do Patrimônio Líquido, contas de receitas, contas retificadoras do Ativo.

4.5.2. Variação da natureza do saldo

Quanto à variação na natureza do saldo, as contas são classificadas como:

- **Estáveis** – o saldo *somente* pode ser devedor ou credor.

Exemplo

Caixa	
1.000	600
300	
1.300	*600*
700 (= 1.300 − 600)	

- **Instáveis** – o saldo ora é devedor, ora é credor.

Exemplo

Apuração do Resultado do Exercício (Resultados Anuais)	
1.000	
	400
600	
	100

4.5.3. Classificação das contas quanto à necessidade de desdobramento ou divisão

Quanto à necessidade de desdobramento ou divisão, as contas são assim classificadas:

- **Sintéticas** – resumem (representam) uma série de contas de mesma natureza, não sendo divididas em subcontas. Agrupam o saldo de várias subcontas de natureza semelhante (por Exemplo: a conta *Bancos* ou *Bancos Conta Movimento* representa o saldo de várias subcontas, referentes às instituições financeiras em que a entidade mantenha conta-corrente).
- **Analíticas** – são as contas que representam os elementos patrimoniais e/ou de resultado em seu maior grau de detalhamento – geralmente as *subcontas* (por Exemplo: Banco do Brasil S/A, Banco Bradesco S/A, Caixa Econômica Federal etc.).

As **contas analíticas**, quando são utilizadas, são aquelas que recebem os lançamentos efetuados, fruto dos eventos administrativos ocorridos. As **contas sintéticas**, nesse caso, possuem saldo igual ao somatório dos saldos das contas analíticas utilizadas, ou seja, nessa situação, as contas sintéticas não recebem lançamentos.

4.5.4. Classificação das contas quanto aos elementos que registram

Quanto aos elementos que registram, as contas são assim denominadas:

- **Contas Patrimoniais** – registram bens, direitos, obrigações e a situação líquida da entidade (por Exemplo: Caixa, Duplicatas a Receber, Fornecedores, Capital Social etc.);
- **Contas de Resultado** – registram as receitas e as despesas (por Exemplo: Receitas de Vendas, Despesas de Salários etc.);
- **Contas de Compensação** – registram os **atos administrativos**. As contas de compensação constituem sistema próprio e devem conter o registro de **atos *administrativos* relevantes**, cujos efeitos possam traduzir-se em modificações no patrimônio da entidade. Explicaremos a utilização dessas contas em capítulo posterior.

4.5.5. Classificação das contas quanto às movimentações

Quanto às movimentações que sofrem, as contas são classificadas como:

- **Unilaterais** – regra geral, são movimentadas *apenas* a débito ou a crédito.

Exemplo

Capital Social – geralmente esta conta é creditada.

Edificações – geralmente esta conta é debitada.

- **Bilaterais** – recebem regularmente registros a débito e a crédito.

Exemplo
Caixa
Bancos
Duplicatas a Receber
Fornecedores
Salários a Pagar
Impostos a Recolher

4.6. O Plano de Contas

Neste tópico, apresentaremos a estrutura organizacional das contas utilizadas por uma entidade para o registro de todos os eventos nela ocorridos, com o objetivo de assegurar a uniformidade em sua utilização.

Um **plano de contas** representa uma relação organizada e padronizada das contas previstas para serem utilizadas no registro de todos os atos administrativos relevantes, assim como de todos os fatos contábeis, referentes a um determinado patrimônio. Cada conta é informada com sua função, seu modo de funcionamento e, também, com a natureza de seu saldo.

Os contabilistas se utilizam de um plano de contas para registrar contabilmente todos os eventos ocorridos. Se seguirem uma estrutura organizada e padronizada, seus registros, por consequência, restarão uniformes, e ocorrerá padronização dos procedimentos contábeis.

A finalidade maior do plano de contas é estabelecer as normas de conduta para o registro organizado e coerente de todos os eventos ocorridos em uma entidade.

O plano de contas constitui importantíssima ferramenta para a organização contábil, destinando-se a orientar a escrituração dos eventos ocorridos, uniformizando as contas utilizadas em cada registro contábil. Com isso, visa a facilitar a elaboração e a compreensão das demonstrações contábeis.

Ao montar um plano de contas, algumas premissas deverão ser respeitadas:

- O respeito aos Pronunciamentos Técnicos emitidos pelo Comitê de Pronunciamentos Contábeis, assim como à norma legal que disciplina a elaboração de todas as demonstrações contábeis (no caso, a Lei nº 6.404/1976 – Lei das Sociedades por Ações);

- O atendimento às necessidades de informação dos usuários internos (principalmente os administradores) e externos (entre eles os fornecedores, as instituições financeiras, o Fisco) da entidade; e
- O respeito à legislação correlata aos ramos de atividade exercidos pela entidade.

> Quando um plano de contas é elaborado, todas as contas possuem suas respectivas razões para existir, assim como seus códigos correspondentes. Como consequência disso, todas as transações de mesma natureza serão sempre registradas nas mesmas contas.

Cada entidade elabora o seu próprio plano de contas. Para esse fim, são levados em consideração o seu porte, as atividades por ela desempenhadas e, ainda, o grau de exigência dos usuários das informações contábeis, em função do maior ou menor grau de complexidade das operações praticadas pela entidade. Resulta daí a maior ou menor quantidade de informações a serem disponibilizadas pela entidade por meio do plano de contas.

Um plano de contas deve ser *flexível*, possibilitando (se necessário for) o acréscimo e/ou a exclusão de algumas contas, assim como o desdobramento de outras, ao longo do tempo, em função das atividades realizadas pela entidade à qual o plano de contas pertença. Isto se deve aos aperfeiçoamentos das legislações comercial e fiscal, assim como das normas e métodos que regulam a atividade empresarial. Os registros contábeis devem acompanhar a evolução dos eventos, permitindo a constante atualização das informações prestadas por meio da Contabilidade.

Hilário Franco apresenta um conjunto de princípios a serem seguidos pelas entidades quando elaborarem seus respectivos planos de contas:

- O plano de contas deve ser completo e atender às necessidades específicas de cada empresa;
- A classificação deve partir dos grupos mais gerais para os mais particulares (por Exemplo: começando pelo Ativo e sendo subdividido);
- As contas devem ser identificadas por um nome ou título e por um código;
- Deve haver margem para alterações no plano de contas, para que possam se adequar às necessidades futuras; e
- Sempre que possível for, as contas devem ser classificadas na mesma ordem e nos mesmos grupos em que elas devem aparecer nas demonstrações contábeis.

Um plano de contas é, basicamente, constituído por três itens, a seguir elencados:

- O Elenco de Contas;
- O Manual de Contas; e
- Registros explicativos/exemplificativos para a escrituração de operações especiais.

Em seguida, apresentaremos as principais características de cada um dos componentes de um plano de contas, com o objetivo de facilitar o seu entendimento.

4.6.1. O elenco de contas

O **elenco de contas** constitui a relação de todas as contas a serem utilizadas para o registro de todos os atos administrativos relevantes, assim como de todos os fatos contábeis, decorrentes das atividades desempenhadas por uma entidade econômico-administrativa.

De uma maneira alternativa, podemos afirmar que o elenco de contas constitui a relação de todas as contas a serem movimentadas para o registro de tudo o que modifica ou pode vir a modificar um determinado patrimônio.

Um elenco de contas apresenta, basicamente, o nome (ou título) da conta e o seu código identificador.

O art. 178 da Lei nº 6.404/1976 (Lei das Sociedades por Ações) disciplina a ordem em que as contas devem estar dispostas no Balanço Patrimonial. Assim, teremos:

Ativo
    Ativo Circulante
    Ativo Não Circulante
        Ativo Realizável a Longo Prazo
        Investimentos
        Imobilizado
        Intangível

Passivo
    Passivo Circulante
    Passivo Não Circulante
    Patrimônio Líquido

Neste momento, não temos o propósito de aprofundar este assunto, identificando cada grupo e subgrupo constante do Balanço Patrimonial. Desejamos apenas *informar* que existe uma estrutura bem definida para a apresentação do Balanço Patrimonial, que é a anteriormente apresentada.

Para as entidades sujeitas ao controle governamental, tais como órgãos públicos, instituições financeiras etc., os planos de contas costumam ser padronizados pelos seus respectivos órgãos de fiscalização.

Segue, *a título exemplificativo*, um modelo de elenco de contas para uma determinada empresa mercantil. No último capítulo deste volume, apresentaremos um plano de contas bastante detalhado, para melhores esclarecimentos.

Elenco de Contas – Empresa Sigma Plus (S/A)	
1	**ATIVO**
1.1	**Ativo Circulante**
1.1.01	*Disponível*
1.1.01.001	Caixa
1.1.01.002	Bancos Conta Movimento
1.1.01.004	Aplicações Financeiras de Liquidez Imediata
1.1.01.004.001	Poupança Bancária
1.1.01.004.002	Certificados de Depósito Bancário
1.1.02	*Clientes*
1.1.02.001	Duplicatas a Receber
1.1.02.001.001	Duplicatas a Receber de Clientes
1.1.02.002	Perdas Estimadas para Créditos de Liquidação Duvidosa (retificadora - conta credora)
1.1.02.003	Faturamento para Entrega Futura (retificadora - conta credora)
1.1.02.004	Ajuste a Valor Presente (retificadora - conta credora)
1.1.03	*Outros Créditos*
1.1.03.001	Títulos a Receber
1.1.03.002	Cheques em Cobrança
1.1.03.003	Tributos a Compensar e a Recuperar
1.1.05	*Estoques*
1.1.05.001	Mercadorias para Revenda
1.1.05.012	Perdas Estimadas para Redução ao Valor Recuperável (retificadora - conta credora)
1.1.05.013	Ajuste a Valor Presente (retificadora - conta credora)
1.1.06	*Despesas do Exercício Seguinte Pagas Antecipadamente*
1.1.06.001	Prêmios de Seguros a Apropriar
1.1.06.002	Encargos Financeiros a Apropriar
1.1.06.003	Assinaturas e Anuidades a Apropriar
1.1.06.004	Comissões e Prêmios Pagos Antecipadamente
1.1.06.005	Aluguéis Pagos Antecipadamente
1.1.06.006	Outros Custos e Despesas Pagos Antecipadamente
1.2	**Ativo Realizável a Longo Prazo**
1.2.01	*Créditos e Valores*
1.2.01.001	Clientes
1.2.01.002	Aplicações Financeiras
1.2.01.003	Ajuste a Valor Presente (retificadora - conta credora)
1.2.02	*Investimentos Temporários a Longo Prazo*
1.2.03	*Despesas Pagas Antecipadamente*
1.3	**Investimentos**
1.3.01	*Participações Permanentes em Outras Sociedades*
1.3.01.001	Avaliadas pelo Método da Equivalência Patrimonial
1.3.01.002	Avaliadas pelo Valor Justo
1.3.01.003	Avaliadas pelo Custo
1.3.02	*Outros Investimentos Permanentes*
1.3.02.001	Obras de Arte
1.3.02.002	Terrenos e Imóveis Adquiridos para Futura Utilização
1.3.02.003	Imóveis Não de Uso (*para renda*)
1.3.02.004	Perdas Estimadas (retificadora - conta credora)
1.4	**Imobilizado**
1.4.01	*Bens em Operação - Custo*
1.4.01.001	Terrenos
1.4.01.002	Máquinas, Equipamentos e Aparelhos
1.4.01.003	Equipamentos de Processamento Eletrônico de Dados
1.4.01.004	Móveis e Utensílios
1.4.01.005	Veículos
1.4.01.006	Ferramentas
1.4.02	*Depreciação Acumulada (retificadora - conta credora)*
1.4.02.001	Máquinas, Aparelhos e Equipamentos - Depreciação
1.4.02.002	Equipamentos de Processamento Eletrônico de Dados - Depreciação
1.4.02.003	Móveis e Utensílios - Depreciação
1.4.02.004	Veículos - Depreciação
1.4.02.005	Ferramentas - Depreciação
1.5	**Intangível**
1.5.01	*Custo (por Conta)*

1.5.01.001	Marcas
1.5.01.002	Patentes
1.5.02	**Amortização Acumulada (retificadora - conta credora)**
1.5.02.001	Amortização Acumulada (retificadora - conta credora)

2	**PASSIVO**
2.1	**Passivo Circulante**
2.1.01	**Empréstimos e Financiamentos**
2.1.01.001	Parcela a Curto Prazo dos Empréstimos e Financiamentos
2.1.01.002	Financiamentos Bancários a Curto Prazo
2.1.01.003	Financiamento por Arrendamento Financeiro
2.1.01.004	Títulos a Pagar
2.1.01.005	Duplicatas Descontadas
2.1.01.006	Encargos Financeiros a Transcorrer (retificadora - conta devedora)
2.1.01.007	Juros a Pagar de Empréstimo e Financiamento
2.1.02	**Debêntures**
2.1.03	**Fornecedores**
2.1.04	**Obrigações Fiscais**
2.1.05	**Outras Obrigações**
2.1.05.001	Adiantamentos de Clientes
2.1.05.002	Faturamentos para Entrega Futura
2.1.05.003	Contas a Pagar
2.1.05.004	Arrendamento Operacional a Pagar
2.1.05.005	Salários e Ordenados a Pagar
2.1.05.006	Encargos Sociais a Pagar
2.1.05.007	FGTS a Recolher
2.1.05.008	Honorários da Administração a Pagar
2.2	**Passivo Não Circulante**
2.2.01	**Empréstimos e Financiamentos**
2.2.01.001	Empréstimos e Financiamentos a Longo Prazo
2.2.01.002	Financiamento por Arrendamento Financeiro
2.2.01.003	Juros a Pagar de Empréstimos e Financiamentos
2.2.02	**Debêntures**
2.2.03	**Retenções Contratuais**
2.2.04	**IR e CS Diferidos**
2.2.05	**Resgate de Partes Beneficiárias**
2.2.06	**Provisões**
2.2.06.001	Provisões Fiscais
2.2.06.002	Provisões Previdenciárias
2.2.06.003	Provisões Trabalhistas
2.2.06.004	Provisões Cíveis
2.2.06.005	Provisões para Benefícios a Empregados (aposentadorias e pensões)
2.2.07	**REFIS**
2.2.08	**Receitas Diferidas**
2.2.08.001	Receitas de Exercícios Futuros
2.2.08.002	Custos e Despesas Correspondentes às Receitas de Exercícios Futuros (retificadora - conta devedora)
2.3	**Acionistas Não Controladores**
2.3.01	**Acionistas Não Controladores (consolidado)**
2.4	**Patrimônio Líquido**
2.4.01	**Capital Social**
2.4.01.001	Capital Autorizado
2.4.01.002	Capital a Subscrever (retificadora - conta devedora)
2.4.01.003	Capital Subscrito
2.4.01.004	Capital a Integralizar (retificadora - conta devedora)
2.4.02	**Reservas de Capital**
2.4.03	**Despesas na Emissão de Ações (retificadora - conta devedora)**
2.4.04	**Ajustes de Avaliação Patrimonial**
2.4.04.001	Ajustes de Avaliação Patrimonial - Elementos do Ativo
2.4.04.002	Ajustes de Avaliação Patrimonial - Elementos do Passivo
2.4.05	**Reservas de Lucros**
2.4.06	**Lucros ou Prejuízos Acumulados**
2.4.06.001	Lucros Acumulados
2.4.06.002	Prejuízos Acumulados (retificadora - conta devedora)
2.4.07	**Ações em Tesouraria (retificadora da conta que originou o pagamento das ações - conta devedora)**

3	**CONTAS DE RESULTADO – DESPESAS E CUSTOS**
3.1	**Despesas Operacionais**
3.1.01	**Despesas de Vendas**
3.1.01.001	Despesas com Pessoal
3.1.01.001.001	Salários e Ordenados
3.1.01.001.002	Gratificações
3.1.01.001.003	Férias
3.1.01.001.004	Décimo Terceiro Salário
3.1.01.001.005	INSS
3.1.01.001.006	FGTS
3.1.01.001.007	Indenizações
3.1.01.001.008	Assistência Médica e Social
3.1.01.001.009	Seguro de Vida em Grupo

3.1.01.001.010	Seguro de Acidentes do Trabalho
3.1.01.001.011	Outros Encargos
3.1.01.002	Comissões de Vendas
3.1.01.003	Ocupação
3.1.01.003.001	Aluguéis e Condomínios
3.1.01.003.002	Depreciações e Amortizações
3.1.01.003.003	Manutenção e Reparos
3.1.01.004	Utilidades e Serviços
3.1.01.004.001	Energia Elétrica (luz e força)
3.1.01.004.002	Água e Esgoto
3.1.01.004.003	Telefone, Internet, Fax
3.1.01.004.004	Correios e Malotes
3.1.01.004.005	Reprodução
3.1.01.004.006	Seguros
3.1.01.004.007	Transporte de Pessoal
3.1.01.005	Propaganda e Publicidade
3.1.01.005.001	Propaganda
3.1.01.005.002	Publicidade
3.1.01.006	Despesas Gerais
3.1.01.006.001	Viagens e Representações
3.1.01.006.002	Material de Escritório
3.1.01.006.003	Materiais Auxiliares e de Consumo
3.1.01.006.004	Higiene e Limpeza
3.1.01.006.005	Copa, Cozinha e Refeitório
3.1.01.006.006	Conduções e Lanches
3.1.01.006.007	Revistas e Publicações
3.1.01.006.008	Donativos e Contribuições
3.1.01.006.009	Despesas Gerais Legais e Judiciais
3.1.01.006.010	Serviços Profissionais Contratados
3.1.01.007	Tributos e Contribuições
3.1.01.008	Despesas com Perdas Estimadas para Créditos de Liquidação Duvidosa
3.1.02	*Despesas Operacionais Administrativas*
3.1.02.001	Despesas com Pessoal
3.1.02.002	Ocupação
3.1.02.003	Utilidades e Serviços
3.1.02.004	Honorários
3.1.02.004.001	Diretoria
3.1.02.004.002	Conselho de Administração
3.1.02.004.003	Conselho Fiscal
3.1.02.005	Despesas Gerais
3.1.02.006	Tributos e Contribuições
3.1.02.006.001	ITR
3.1.02.006.002	IPTU
3.1.02.006.003	IPVA
3.1.02.007	Despesas com Provisões
3.1.03	*Resultado Financeiro Líquido*
3.1.03.001	Despesas Financeiras
3.1.03.002	Receitas Financeiras
3.1.03.003	Resultado Financeiro Comercial
3.1.03.004	Variações Monetárias de Obrigações e Créditos
3.1.04	*Outras Despesas Operacionais*
3.1.04.001	Prejuízos de Participações em Outras Sociedades
3.1.04.002	Participação nos Resultados de Coligadas e Controladas pelo Método da Equivalência Patrimonial
3.1.04.003	Amortização de Ágio de Investimentos
3.2	**Perdas em Itens Monetários**
3.3	**Outras Despesas**
3.3.01	*Perdas de Capital nos Investimentos*
3.3.02	*Perdas de Capital no Imobilizado*
3.3.03	*Perdas de Capital no Ativo Diferido*
3.3.04	*Outras Perdas*
3.4	**Imposto de Renda e Contribuição Social**
3.5	**Participações e Contribuições**

4	**CONTAS DE RESULTADO – RECEITAS**
4.1	Receita Bruta de Vendas de Produtos e Serviços
4.1.01	*Vendas de Produtos*
4.1.01.001	Mercado Nacional
4.2	**Deduções da Receita Bruta**
4.2.01	*Vendas Canceladas e Devoluções de Vendas*
4.2.01.001	Vendas Canceladas
4.2.01.002	Devoluções de Vendas
4.2.02	*Descontos Incondicionais Concedidos*
4.2.02.001	Descontos Incondicionais Concedidos
4.2.03	*Impostos Incidentes Sobre Vendas*
4.2.03.001	IPI (pela legislação fiscal, **não** deve integrar a receita bruta)
4.2.03.002	ICMS
4.2.03.003	ISS
4.2.03.004	PIS ou PASEP (sobre a receita bruta)
4.2.03.005	Cofins (sobre a receita bruta)
4.2.04	*Abatimentos*
4.2.04.001	Abatimentos Concedidos sobre Vendas
4.3	**Resultado Financeiro Líquido**
4.3.01	*Receitas Financeiras*

4.3.01.001	Receitas Financeiras		4.6.02	Ganhos de Capital no Imobilizado
4.3.01.002	Descontos Obtidos			
4.3.01.003	Juros Recebidos ou Auferidos		4.6.02.001	Ganhos na Alienação ou Baixa de Imobilizado
4.3.02	***Resultado Financeiro Comercial***			
4.3.02.001	Receita Financeira Comercial		4.6.02.002	Valor Líquido de Bens Baixados
4.4	**Outras Receitas Operacionais**		4.6.03	***Ganhos de Capital no Ativo Diferido***
4.4.01	***Lucros de Participações em Outras Sociedades***			
4.4.01.001	Participação nos Resultados de Coligadas e Controladas pelo Método da Equivalência Patrimonial		*4.6.04*	***Outros Ganhos***

5	**APURAÇÃO DO RESULTADO DO EXERCÍCIO**
5.1	**Custo dos Produtos Vendidos e dos Serviços Prestados**
5.1.01	***Custo dos Produtos Vendidos***
5.1.01.001	Custo dos Produtos Vendidos
5.1.02	***Custo dos Serviços Prestados***
5.1.02.001	Custo dos serviços Prestados
5.1.03	***Custo das Mercadorias Vendidas***
5.1.03.001	Custo das Mercadorias Vendidas
5.1.04	***Apuração do Resultado do Exercício***
5.1.04.001	Apuração do Resultado do Exercício

4.4.01.002	Dividendos e Rendimentos de Outros Investimentos
4.4.01.003	Vendas Diversas
4.4.01.004	Vendas de Sucatas (líquidas de ICMS)
4.4.01.005	Amortização de Deságio em Investimentos
4.5	**Ganhos em Itens Monetários**
4.6	**Outras Receitas**
4.6.01	***Ganhos de Capital nos Investimentos***
4.6.01.001	Ganhos na Alienação de Investimentos
4.6.01.002	Resultados Não Operacionais em Investimentos pela Equivalência Patrimonial

4.6.2. O manual de contas

Conforme já vimos, as contas têm por *função* representar itens *patrimoniais* (bens, direitos, obrigações, itens do capital próprio) ou *de resultado* (receitas e despesas), conforme adiante exposto.

O *funcionamento* das contas diz respeito à própria movimentação das contas, de acordo com o mecanismo de débito e crédito. É por meio do funcionamento delas que sabemos quando determinada conta deverá ser debitada ou creditada.

Informamos que, para representar conjuntos de itens patrimoniais, utilizamos contas específicas.

O **manual de contas** consiste em um guia para os contabilistas, apresentando as principais características de cada conta em particular (*função, funcionamento e natureza do saldo de cada uma delas*). O uso deste manual traz, como consequência, a uniformização de registros contábeis para a entidade.

O manual de contas pode conter, para cada conta, comentários e indicações gerais sobre sua aplicação e utilização.

Consta do artigo 176 da Lei nº 6.404/1976 (Lei das Sociedades por Ações) a proibição do uso de denominações genéricas para os nomes das contas, tais como *Diversas Contas* ou *Contas-Correntes*:

"Nas demonstrações, as contas semelhantes poderão ser agrupadas; os pequenos saldos poderão ser agregados, desde que indicada a sua natureza e não ultrapassem 0,1 (um décimo) do valor do respectivo grupo de contas; *mas é vedada a utilização de designações genéricas, como "diversas contas" ou "contas-correntes"*".

O motivo desta proibição é simples: podem estar sendo agrupados vários itens que deveriam estar sendo apresentados em separado, para melhor compreensão.

Exemplo

Conta: Caixa

Função: registrar e controlar as entradas e saídas de bens numerários em poder da empresa, basicamente por meio de dinheiro e/ou cheques.

Funcionamento: debitada pelas entradas em dinheiro e/ou cheques na empresa, e creditada pelas saídas em dinheiro e/ou cheques da empresa.

Natureza do Saldo: devedora

4.6.3. Registros de operações especiais

Caso haja contas que representem itens específicos para um determinado ramo de atividade, como é o caso das indústrias químicas, poderá ser necessário apresentar modelos de registros contábeis, efetuados de acordo com o método das partidas dobradas, a fim de melhor esclarecer o comportamento de cada conta em especial.

4.6.4. A apresentação de um plano de contas

No Capítulo 12 deste Livro apresentaremos um modelo de plano de contas bastante detalhado.

> Convém ressaltar aqui que não há necessidade de o leitor decorar as contas e suas respectivas posições dentro de um plano de contas, pois os planos de contas são flexíveis e, de acordo com as atividades desempenhadas pela empresa, poderá haver modificação do nome de uma determinada conta, assim como de seu posicionamento no plano de contas.
>
> Sugerimos ao leitor que entenda a *função* e o *funcionamento* de cada conta de acordo com sua denominação, facilitando a classificação dela dentro do plano de contas, pois é isto que as bancas examinadoras exploram.

(Exemplo: Salários a Pagar → "a Pagar" → Obrigação → Classificação no Passivo Exigível → Aumenta por crédito e diminui por débito)

Por outro lado, resta claro que o leitor não entenderá *de imediato* como funciona cada conta em particular, pois isso é uma questão de tempo. À medida que os assuntos forem sendo apresentados e o leitor realizar o treinamento necessário em relação a cada um deles, verificará que o conhecimento estará sendo por ele absorvido. Costumamos, de uma maneira descontraída, dizer que, em Contabilidade, *o conhecimento entra pelos dedos*, ou seja, deve haver **muita prática** (resolução de exercícios e de questões de prova) para que seja assimilado o conhecimento necessário e suficiente para a sua aprovação, o que constitui o nosso maior propósito.

Enxergamos cada aluno como um diamante que está sendo lapidado à medida que estuda. Entendendo e compreendendo cada assunto, além de muito praticá-lo, ele adquire as condições necessárias e suficientes a sua vitória! Se estudar com determinação e dentro de um planejamento bem concebido, aumentará muito suas chances de êxito!

4.6.5. A codificação das contas

Os códigos das contas são representados por algarismos, com o objetivo de identificar cada conta em separado, além de facilitar os registros contábeis, principalmente com o auxílio da informática.

Quanto maior o nível de detalhamento solicitado, maior o número de dígitos a serem utilizados para a representação das contas.

Não existe uniformização de códigos para as empresas. Os contabilistas responsáveis pelos registros contábeis de cada uma delas definem os critérios a adotar para a criação da codificação, de acordo com o porte da empresa e, também, com o grau de detalhamento a transmitir aos diversos usuários.

No plano de contas constante de nosso Exemplo, utilizamos o algarismo "1" para representar itens pertencentes ao *Ativo*; "2" para representar itens constantes do *Passivo*; "3" para representar contas de *despesas*; "4" para representar contas de *receitas*; "5" para representar contas utilizadas para a *apuração do resultado do exercício*; e "6" e "7" para as contas *de compensação*.

Exemplo

Código	Nome (ou Título)
1.	Ativo
1.1.	Ativo Circulante
1.1.01.	Disponibilidades
1.1.01.001	Caixa
1.1.01.002	Bancos Conta Movimento
1.1.01.002.001	Banco do Brasil
1.1.01.002.002	Banco Real
1.1.01.002.003	Caixa Econômica Federal
1.1.01.003	Aplicações Financeiras de Liquidez Imediata
1.1.01.004	Numerários em Trânsito

Neste Exemplo, temos:

- 1. Ativo – uma das subdivisões do Balanço Patrimonial (Ativo e Passivo)
- 1.1. Ativo Circulante – um dos grupos de contas em que se divide o Ativo
- 1.1.01. Disponibilidades – um dos subgrupos de contas em que se divide o Ativo Circulante
- 1.1.01.002. Bancos Conta Movimento – conta principal ou conta propriamente dita (conta sintética)
- 1.1.01.002.001 Banco do Brasil – subconta (conta analítica)

Exercícios resolvidos para a fixação de conteúdo

01 (Técnico de Contabilidade – Agência Nacional de Petróleo – ANP – CESGRANRIO/2008) Entende-se por plano de contas de uma empresa o
   a) conjunto de todas as contas utilizadas por empresas do mesmo ramo de negócios.
   b) elenco das contas que possam vir a ser utilizadas ou não pelas empresas do mesmo ramo e porte.
   c) elenco das contas que serão movimentadas pela contabilidade em virtude das operações realizadas pela empresa.
   d) modo de uniformizar o nome das contas a serem utilizadas pela contabilidade em virtude das operações realizadas pela empresa.
   e) número dos grupos e das contas utilizados pela empresa para facilitar a contabilidade a fazer os seus registros eletrônicos.

Resolução e Comentários: O Plano Geral de Contas:

– representa um elenco de contas devidamente codificadas e classificadas, que serão utilizadas para o registro das operações pelos contabilistas;

– estabelece a relação de contas a serem adotadas nos registros contábeis das operações da empresa, indicando a função e o funcionamento de cada uma delas;

– deve ser flexível, isto é, deve permitir o ingresso ou a retirada de novas contas, desde que ainda não tenha o título apropriado para representar aquela natureza (inclusão) ou de acordo com a dinâmica própria da atividade empresarial (retirada).

02 (Técnico de Contabilidade – Agência Nacional de Petróleo – ANP – CESGRANRIO/2008) Na Conta "T", utilizada nas explicações e solução de problemas, os débitos são feitos no lado esquerdo da linha vertical e os créditos, no lado direito. A determinação do lado do razonete ou conta "T" a ser utilizado para aumentos ou para diminuições decorre da(o)
   a) espécie da conta.
   b) função da conta.
   c) natureza da conta.
   d) funcionamento da conta.
   e) tipo da conta.

Resolução e Comentários: O funcionamento das contas dá-se por intermédio do mecanismo de débito e crédito, que indica o aumento ou a diminuição do saldo.

Ao se registrar um fato contábil, devem ser observados dois aspectos:
- a aplicação de recursos da entidade, por convenção contábil denominada DÉBITO;
- a origem dos recursos aplicados, por convenção contábil denominada CRÉDITO.

Exemplo

Compra de mercadorias à vista:
- O débito ocorrerá na conta Mercadorias, onde estão sendo aplicados os recursos da entidade.
- O crédito ocorrerá na conta Caixa ou Bancos Conta Movimento, de onde foram originados os recursos.

Logo, tem-se que:
- Debitar uma conta significa lançar valores no lado esquerdo do razonete.
- Creditar uma conta significa lançar valores no lado direito do razonete.

03 (Técnico de Contabilidade – Agência Nacional de Petróleo – ANP – CESGRANRIO/2008) Com o desenvolvimento da Escola Contábil Americana, o conceito de débito e crédito passou a ser considerado simplesmente como convenção contábil.

Assim, débito é a forma como se chama o(a)
a) aumento de saldo de uma conta patrimonial.
b) lado direito de uma conta.
c) lado esquerdo de uma conta.
d) liquidação do saldo de uma conta de resultado.
e) redução de saldo de uma conta ativa.

Resolução e Comentários: Para a solução de problemas ou de questões de prova utilizamos os chamados RAZONETES, que são um modelo de conta resumida ou simplificada, conforme a seguir apresentado:

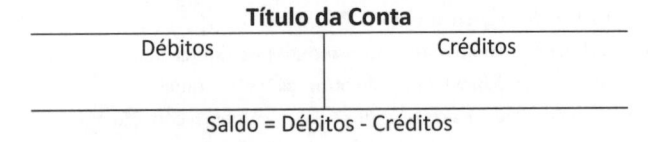

Título da Conta	
Débitos	Créditos

Saldo = Débitos - Créditos

04 (Técnico de Contabilidade – PETROBRAS – CESGRANRIO) Qual é a situação em que uma conta de natureza devedora pode apresentar saldo credor?
a) Quando o total de lançamentos a crédito é superior ao total de lançamentos a débito.
b) Quando as contas do Ativo Imobilizado passam a apresentar natureza credora em virtude da situação conhecida como "Passivo a Descoberto".
c) Quando, somente no início das operações, o valor existente na conta Caixa é transferido para a conta Bancos Conta Movimento.
d) Na rara situação em que, num mesmo lançamento, a conta é debitada e creditada, sendo o valor do crédito superior ao valor do débito.
e) Em condições normais, sob nenhuma hipótese isto pode ocorrer.

Resolução e Comentários: Em condições normais, uma conta de natureza devedora deverá apresentar saldo devedor.

05 (Auditor do Tesouro Municipal – Prefeitura de Fortaleza – CE – ESAF/2003) Um Plano de Contas possui variações técnicas, que indicam o tipo de código que deva ser utilizado, ou seja, existem quatro grandes grupos de contas; logo, recebem, normalmente os códigos 1, 2, 3 e 4. Na lista, abaixo descrita, assinale a opção que informa a representação do código 1.1.11.10 – rubrica "Contas a Receber"

CÓDIGO	RUBRICAS
1	Ativo
1.1	Ativo Circulante
1.1.10	Disponibilidades
1.1.11	Direitos Realizáveis
1.1.11.10	Contas a receber
1.1.11.20	Estoques

a) Conta
b) Elemento Descritivo
c) Elemento Informativo
d) Grande Conta
e) Super Conta

Resolução e Comentários:

1	Ativo (divisão do Balanço Patrimonial)
1.1	Ativo Circulante – Grupo
1.1.10	Disponibilidades – Subgrupo

1.1.11   Direitos Realizáveis – Subgrupo
1.1.11.10   Contas a receber – Conta
1.1.11.20   Estoques – Conta

06 (Técnico do Tesouro Nacional – ESAF) Quanto ao seu mecanismo de débito e crédito, é certo afirmar que as contas:
a) do passivo são debitadas quando obrigações assumidas são liquidadas.
b) do patrimônio líquido são debitadas quando se lhes incorpora a correção monetária do exercício.
c) de despesa são debitadas em contrapartida com conta específica, para apuração do resultado do exercício.
d) do ativo são debitadas quando há saída de bens ou direitos no patrimônio.
e) de receita são debitadas, porque concorrem para o aumento do patrimônio líquido.

Resolução e Comentários: Analisando as alternativas:
a)   do passivo são debitadas quando obrigações assumidas são liquidadas;
Certo! As contas do Passivo são debitadas quando obrigações são extintas.
b)   do patrimônio líquido são debitadas quando se lhes incorpora a correção monetária do exercício.
Errado! Quando ocorre aumento em alguma conta principal do Patrimônio Líquido, ela deve ser creditada.
c)   de despesa são debitadas em contrapartida com conta específica, para apuração do resultado do exercício.
Errado! As contas de despesas serão creditadas, quando seus saldos forem encerrados, conforme posteriormente apresentado.
d)   do ativo são debitadas quando há saída de bens ou direitos no patrimônio.
Errado! As contas do Ativo devem ser debitadas quando ocorrer aumento de seus saldos.
e)   de receita são debitadas, porque concorrem para o aumento do patrimônio líquido.
Errado! Por gerarem aumentos no valor do Patrimônio Líquido, as contas de receitas são creditadas.

07 (Questão do Autor) Classifique as contas a seguir listadas em devedoras (D) ou credoras (C).
( ) Caixa
( ) Depreciação Acumulada
( ) Fornecedores
( ) Capital Social
( ) Clientes
( ) Amortização Acumulada
( ) Imóveis
( ) Empréstimos Bancários
( ) Financiamentos Imobiliários
( ) Exaustão Acumulada
( ) Lucros Acumulados
( ) Reserva Legal
( ) Mercadorias
( ) Salários a Pagar
( ) Reservas de Capital
( ) Veículos

Resolução e Comentários:
(D) Caixa – Ativo
(C) Depreciação Acumulada – Retificadora do Ativo
(C) Fornecedores – Passivo Exigível
(C) Capital Social – Patrimônio Líquido
(D) Clientes – Ativo
(C) Amortização Acumulada – Retificadora do Ativo
(D) Imóveis – Ativo

(C) Empréstimos Bancários – Passivo Exigível
(C) Financiamentos Imobiliários – Passivo Exigível
(C) Exaustão Acumulada – Retificadora do Ativo
(C) Lucros Acumulados – Patrimônio Líquido
(C) Reserva Legal – Patrimônio Líquido
(D) Mercadorias – Ativo
(C) Salários a Pagar – Passivo Exigível
(C) Reservas de Capital – Patrimônio Líquido
(D) Veículos – Ativo

08 **(Questão do Autor) Um registro efetuado a débito na conta Veículos evidencia:**
a) Aumento do Patrimônio Líquido.
b) Diminuição do Passivo Exigível.
c) Aumento do Ativo.
d) Diminuição do Ativo.
e) Aumento do Passivo Exigível.
f) Diminuição do Patrimônio Líquido.

Resolução e Comentários: Se foi efetuado um débito na conta Veículos, esta conta teve o seu saldo aumentado e, em consequência, ocorreu aumento do valor do Ativo.

09 **(Questão do Autor) Um registro efetuado a débito na conta Fornecedores evidencia:**
a) Aumento do Patrimônio Líquido.
b) Diminuição do Passivo Exigível.
c) Aumento do Ativo.
d) Diminuição do Ativo.
e) Aumento do Passivo Exigível.
f) Diminuição do Patrimônio Líquido.

Resolução e Comentários: Se foi efetuado um débito na conta Fornecedores, o saldo da conta diminuiu e, em consequência, ocorreu diminuição do valor do Passivo Exigível.

10 **(Questão do Autor) Um registro efetuado a crédito na conta Depreciação Acumulada evidencia:**
a) Aumento do Patrimônio Líquido.
b) Diminuição do Passivo Exigível.
c) Aumento do Ativo.
d) Diminuição do Ativo.
e) Aumento do Passivo Exigível.
f) Diminuição do Patrimônio Líquido.

Resolução e Comentários: Se foi efetuado um crédito na conta Depreciação Acumulada, esta conta teve o seu saldo aumentado por se tratar de conta retificadora do Ativo. Em consequência, ocorreu diminuição do valor do Ativo.

11 **(Questão do Autor) Um registro efetuado a crédito na conta Salários a Pagar evidencia:**
a) Aumento do Patrimônio Líquido.
b) Diminuição do Passivo Exigível.
c) Aumento do Ativo.
d) Diminuição do Ativo.
e) Aumento do Passivo Exigível.
f) Diminuição do Patrimônio Líquido.

Resolução e Comentários: Se foi efetuado um crédito na conta Salários a Pagar, esta conta teve seu saldo aumentado e, em consequência, ocorreu aumento do valor do Passivo Exigível.

12 (Técnico do Tesouro Nacional – ESAF)
1 – Adiantamentos de Clientes;
2 – Bancos;
3 – Caixa;
4 – Duplicatas a Pagar;
5 – Edifícios de Uso;
6 – Fornecedores;
7 – Máquinas Fabris;
8 – Mercadorias;
9 – Notas Promissórias a Pagar;
10 – Receitas de Vendas;
11 – Salários a Pagar;
12 – Terrenos.
Levando-se em conta os dados fornecidos, assinale a opção que indica, pelos números de ordem, exclusivamente contas que se classificam no Ativo.
a) 1, 4, 7, 10
b) 2, 5, 8, 12
c) 3, 6, 9, 12
d) 4, 7, 10, 12
e) 5, 8, 11, 12

Resolução e Comentários: Analisando as contas, deveremos posicioná-las no Balanço Patrimonial:
1 – Adiantamentos de Clientes – Passivo Exigível
2 – Bancos – Ativo
3 – Caixa – Ativo
4 – Duplicatas a Pagar – Passivo Exigível
5 – Edifícios de Uso – Ativo
6 – Fornecedores – Passivo Exigível
7 – Máquinas Fabris – Ativo
8 – Mercadorias – Ativo
9 – Notas Promissórias a Pagar – Passivo Exigível
10 – Receitas de Vendas – Receitas (conta de Resultado)
11 – Salários a Pagar – Passivo Exigível
12 – Terrenos – Ativo

13 (Técnico da Receita Federal – ESAF/2002) O patrimônio da Empresa Alvas Flores, em 31.12.2001, era composto pelas seguintes contas e respectivos saldos, em valores simbólicos:
Caixa – R$ 100,00
Capital Social – R$ 350,00
Empréstimos Obtidos LP – R$ 150,00
Bancos C/ Movimento – R$ 200,00
Lucros Acumulados – R$ 200,00
Fornecedores – R$ 100,00
Contas a Receber – R$ 100,00
Empréstimos Concedidos LP – R$ 100,00
Dividendos a Pagar – R$ 150,00
Duplicatas Emitidas – R$ 800,00
Notas Promissórias Emitidas – R$ 500,00
Adiantamento de Clientes – R$ 200,00
Impostos a Pagar – R$ 50,00
Equipamentos – R$ 100,00
Clientes – R$ 450,00
Reserva Legal – R$ 100,00

Mercadorias – R$ 500,00

Notas Promissórias Aceitas – R$ 250,00

Duplicatas Aceitas – R$ 1.000,00

Patentes – R$ 200,00

A representação gráfica do patrimônio que acima se compõe evidenciará um ativo total no valor de:
a) R$ 2.400,00.
b) R$ 2.600,00.
c) R$ 2.800,00.
d) R$ 2.850,00.
e) R$ 3.050,00.

Resolução e Comentários: Analisando as contas, deveremos posicioná-las no Balanço Patrimonial:

Caixa – Ativo

Capital Social – Patrimônio Líquido

Empréstimos Obtidos LP – Passivo Exigível

Bancos C/ Movimento – Ativo

Lucros Acumulados – Patrimônio Líquido

Fornecedores – Passivo Exigível

Contas a Receber – Ativo

Empréstimos Concedidos LP – Ativo (se um empréstimo foi concedido, existe o direito de seu recebimento)

Dividendos a Pagar – Passivo Exigível

Duplicatas Emitidas – Ativo (quem emite as duplicatas é o credor)

Notas Promissórias Emitidas – Passivo Exigível (quem emite Notas Promissórias é o devedor)

Adiantamento de Clientes – Passivo Exigível (se um cliente adianta um recurso, constitui obrigação para a entidade)

Impostos a Pagar – Passivo Exigível

Equipamentos – Ativo

Clientes – Ativo

Reserva Legal – Patrimônio Líquido

Mercadorias – Ativo

Notas Promissórias Aceitas – Ativo (se foram aceitas, a entidade é credora)

Duplicatas Aceitas – Passivo Exigível (se foram aceitas, a entidade é devedora)

Patentes – Ativo

São contas do Ativo:

Caixa – R$ 100,00

Bancos C/ Movimento – R$ 200,00

Contas a Receber – R$ 100,00

Empréstimos Concedidos LP – R$ 100,00

Duplicatas Emitidas – R$ 800,00

Equipamentos – R$ 100,00

Clientes – R$ 450,00

Mercadorias – R$ 500,00

Notas Promissórias Aceitas – R$ 250,00

Patentes – R$ 200,00

Total do Ativo = R$ 2.800,00

14 (Técnico de Finanças e Controle – ESAF – Adaptada) A conta Caixa apresentava um saldo de R$ 250.000,00. A empresa realizou apenas uma operação e, após o registro, o saldo do Caixa passou a ser de R$ 130.000,00. Nesse caso, pode-se afirmar com certeza que houve:
a) o pagamento de uma dívida.
b) o pagamento de uma despesa.
c) o recebimento de um crédito.
d) um débito na conta Caixa.
e) um crédito na conta Caixa.

Resolução e Comentários: Se a conta Caixa teve diminuição em seu saldo (de R$ 250.000,00 para R$ 130.000,00), somente poderemos afirmar, com certeza, que ocorreu crédito na conta Caixa.

15 (Técnico de Finanças e Controle – ESAF – Adaptada) Aumentam os saldos das contas do Patrimônio Líquido, Ativo e Passivo os registros nelas efetuados que representem, pela ordem:
a) crédito, débito, crédito.
b) débito, débito, crédito.
c) crédito, crédito, débito.
d) débito, crédito, débito.
e) crédito, crédito, crédito.

Resolução e Comentários:

As contas do Patrimônio Líquido aumentam de saldo por **crédito**.

As contas do Ativo aumentam de saldo por **débito**.

As contas do Passivo aumentam de saldo por **crédito**.

16 (Técnico da Receita Federal – ESAF) Assinale a alternativa que contém a assertiva correta.
a) "Salários a Pagar" é conta de despesa, pois representa a parte dos salários que ainda não foi paga.
b) "Fornecedores" tem saldo credor, porque representa um débito da empresa e um crédito de terceiros.
c) "Clientes" tem saldo devedor, porque representa um débito da empresa.
d) "Fornecedores" representa uma dívida da empresa, por isso é uma conta de saldo devedor.
e) "Clientes" representa um direito da empresa, por isso é uma conta de saldo credor.

Resolução e Comentários: Analisando as alternativas:

a) "Salários a Pagar" é conta de despesa, pois representa a parte dos salários que ainda não foi paga.

Errado! Salários a Pagar é conta do Passivo Exigível, representando a obrigação de pagar salários.

b) "Fornecedores" tem saldo credor, porque representa um débito da empresa e um crédito de terceiros.

Certo! Débito, neste caso, tem sentido de dívida.

c) "Clientes" tem saldo devedor, porque representa um débito da empresa.

Errado! Trata-se de uma conta do Ativo, representando aplicação de recursos; daí a natureza devedora.

d) "Fornecedores" representa uma dívida da empresa, por isso é uma conta de saldo devedor.

Errado! Fornecedores é conta do Passivo Exigível; logo, possui saldo credor.

e) "Clientes" representa um direito da empresa, por isso é uma conta de saldo credor.

Errado! Clientes é conta do Ativo e, por isso, apresenta saldo devedor.

17 (Contador – Ouro Preto – FUMARC) Numa empresa comercial, o montante do saldo devedor das contas patrimoniais foi de R$ 229.530,00. Ao iniciar os procedimentos para o levantamento do Balanço Patrimonial, o contador verificou existirem contas retificadoras do ativo no valor de R$ 38.430,00 e contas retificadoras do patrimônio líquido no valor de R$ 14.890,00.

Com base nessas informações, podemos afirmar que o total do ativo será de:
a) R$ 214.640,00
b) R$ 229.530,00

c) R$ 191.100,00
d) R$ 176.210,00
e) R$ 244.420,00

Resolução e Comentários: São contas de saldo devedor:
- Contas do Ativo
- Contas Retificadoras do Passivo Exigível
- Contas Retificadoras do Patrimônio Líquido

Como foram citadas apenas contas retificadoras do Patrimônio Líquido e o que se pede é o valor do Ativo, presume-se que não haja contas retificadoras do Passivo Exigível. Portanto:

Contas do Ativo + Contas Retificadoras do Patrimônio Líquido = R$ 229.530,00

→ Contas do Ativo + R$ 14.890,00 = R$ 229.530,00 → Contas do Ativo = R$ 214.640,00

Valor do Ativo: R$ 214.640,00 − R$ 38.430,00 = R$ 176.210,00

18 **(Técnico da Receita Federal – ESAF) Assinale a alternativa que contém contas cujos saldos no Balanço Patrimonial são devedores:**
a) Fornecedores e Honorários a Pagar.
b) Capital Social Subscrito e ICMS a Recolher.
c) Lucros Acumulados e Contas a Pagar.
d) Duplicatas a Receber e Móveis e Utensílios.
e) Duplicatas a Pagar e Aluguéis a Pagar.

Resolução e Comentários: Analisando as alternativas:

a) Fornecedores e Honorários a Pagar.

  Fornecedores – Passivo Exigível – saldo credor

  Honorários a Pagar – Passivo Exigível – saldo credor

b) Capital Social Subscrito e ICMS a Recolher.

  Capital Social Subscrito = Capital Social – Patrimônio Líquido – saldo credor

  ICMS a Recolher – Passivo Exigível – saldo credor

c) Lucros Acumulados e Contas a Pagar.

  Lucros Acumulados – Patrimônio Líquido – saldo credor

  Contas a Pagar – Passivo Exigível – saldo credor

d) Duplicatas a Receber e Móveis e Utensílios.

  Duplicatas a Receber – Ativo – saldo devedor

  Móveis e Utensílios – Ativo – saldo devedor

e) Duplicatas a Pagar e Aluguéis a Pagar.

  Duplicatas a Pagar – Passivo Exigível – saldo credor

  Aluguéis a Pagar – Passivo Exigível – saldo credor

19 **(Técnico de Contabilidade – CEDAE – FESP/RJ) O objetivo principal do Plano de Contas é:**
a) mostrar as variações patrimoniais da sociedade.
b) apresentar as demonstrações contábeis de forma ordenada.
c) levantar o resultado do exercício da sociedade.
d) possibilitar o registro ordenado e consistente das transações da sociedade.

Resolução e Comentários: Um **plano de contas** representa uma relação organizada e padronizada das contas previstas para serem utilizadas no registro de todos os atos administrativos relevantes, assim como de todos os fatos contábeis referentes a um determinado patrimônio. Cada conta é informada com sua função, seu modo de funcionamento e, também, com a natureza de seu saldo.

Os contabilistas se utilizam de um plano de contas para registrar contabilmente todos os eventos ocorridos. Se seguirem uma estrutura organizada e padronizada, em consequência seus registros restarão uniformes e ocorrerá padronização dos procedimentos contábeis.

A finalidade maior do plano de contas é estabelecer as normas de conduta para o registro organizado e coerente de todos os eventos ocorridos em uma entidade.

20 **(Técnico da Receita Federal – ESAF) O saldo credor da conta Caixa:**
   a) é inadmissível numa escrituração regular e correta.
   b) pode ocorrer nos casos de fornecimento de vales a empregados.
   c) pode ocorrer nos casos de omissão de escrituração de compras à vista.
   d) pode ocorrer nos casos de lançamento em duplicidade de vendas à vista.
   e) pode ocorrer nos casos de desfalques de dinheiro sofridos pela empresa.

Resolução e Comentários: Em uma escrituração regular e correta, o saldo da conta Caixa **deve ser devedor**.

21 **(Técnico do Tesouro Nacional – ESAF)**
   Itens:

Título	Estorno
Ativo	Data da Operação
Saldo	Situação Líquida
Valor do Débito	Valor do Crédito
Local	

   Os elementos essenciais da conta constantes dos itens relacionados são em número de
   a) Quatro
   b) Cinco
   c) Seis
   d) Sete
   e) Oito

Resolução e Comentários: São considerados elementos mínimos ou essenciais para a apresentação de uma conta:
   - Nome (ou Título) da conta;
   - Data do evento (ou operação);
   - Histórico do evento (ou operação);
   - Valor do débito (quando houver);
   - Valor do crédito (quando houver); e
   - Saldo (valor em Reais, informando se este é devedor ou credor: "D/C").

   Itens:

Título	Estorno
Ativo	**Data da Operação**
Saldo	Situação Líquida
Valor do Débito	**Valor do Crédito**
Local	

22 **(Controladoria Geral do Município – RJ – Fundação João Goulart) Observe as contas abaixo:**
   - Marcas e Patentes
   - Contas a Pagar
   - Capital Social
   - Ações em Tesouraria
   - Depreciação Acumulada

- Financiamentos a Longo Prazo
- Receitas Antecipadas
- Duplicatas a Receber

Quantas são as contas de natureza devedora?

a) 1
b) 2
c) 3
d) 4
e) 5

Resolução e Comentários:

- Marcas e Patentes – conta principal do Ativo – **natureza devedora**
- Contas a Pagar – conta principal do Passivo Exigível – natureza credora
- Capital Social – conta principal do Patrimônio Líquido – natureza credora
- Ações em Tesouraria – conta retificadora do Patrimônio Líquido – **natureza devedora**
- Depreciação Acumulada – conta retificadora do Ativo – natureza credora
- Financiamentos a Longo Prazo – conta principal do Passivo Exigível – natureza credora
- Receitas Antecipadas = Receitas Recebidas Antecipadamente – criam obrigação junto a terceiros – conta principal do Passivo Exigível – natureza credora
- Duplicatas a Receber – conta principal do Ativo – **natureza devedora**

23 (Contador – Agência de Desenvolvimento Paulista – Desenvolve SP – Vunesp/2014)

É a estrutura básica da escrituração contábil, formada por um conjunto de contas previamente estabelecido, que permite obter as informações necessárias à elaboração de relatórios gerenciais e demonstrações contábeis conforme as características gerais da entidade, possibilitando a padronização de procedimentos contábeis. O texto trata

a) da escrituração contábil.
b) do balanço patrimonial.
c) do plano de contas contábil aplicado ao setor publico.
d) do razão contábil.
e) dos razões auxiliares e extracontábeis.

Resolução e Comentários

A definição apresentada no texto da questão expressa a definição de um plano de contas.

24 (Técnico em Contabilidade – IF TO – IF TO/2015) Com relação ao patrimônio da empresa, identifique entre os exemplos abaixo qual é considerado um direito.

a) Contas a receber.
b) Estoque de mercadorias tributadas.
c) Salários a pagar.
d) Móveis e utensílios.
e) Banco conta-corrente.

Resolução e Comentários: Analisando as alternativas:

Contas a Receber – direito
Estoque de mercadorias tributadas – bem
Salários a pagar – passivo
Móveis e utensílios – bem
Banco conta-corrente – bem

25 (Analista Organizacional – Ciências Contábeis – PRODEST ES – VUNESP/2014) Os lançamentos contábeis são formalizados por débitos e créditos, respeitando, ainda, a régua de partidas dobradas. Nesse sentido, os lançamentos a Débito significam, considerando a estrutura conceitual da equação patrimonial:
   a) diminuição do Ativo, aumento do Passivo e aumento do Patrimônio Líquido;
   b) aumento do Ativo, aumento do Passivo e diminuição do Patrimônio Líquido;
   c) aumento do Ativo, diminuição do Passivo e diminuição do Patrimônio Líquido;
   d) aumento do Ativo, diminuição do Passivo e manutenção do Patrimônio Líquido;
   e) aumento da Receita, aumento do Ativo e diminuição do Patrimônio Líquido.

Resolução e Comentários:
Contas do Ativo: aumentam por débito e diminuem por crédito
Contas do Passivo: aumentam por crédito e diminuem por débito
Contas do Patrimônio Líquido: aumentam por crédito e diminuem por débito

26 Analista Organizacional – Ciências Contábeis – PRODEST ES – VUNESP/2014) A expressão qualitativa e quantitativa de fatos de mesma natureza, evidenciando a composição, variação e estado do patrimônio, bem como de bens, direitos, obrigações e situações nele não compreendidas, mas que, direta ou indiretamente, possam vir a afetá-lo, é denominada:
   a) Partida dobrada;
   b) Escrituração contábil;
   c) Razão contábil;
   d) Conta contábil;
   e) Balancete de verificação.

Resolução e Comentários: Em Contabilidade, conta é o nome ou título que um item patrimonial ou de resultado recebe para representá-lo dentro do contexto do patrimônio de uma entidade econômico-administrativa.

As contas têm por função representar itens patrimoniais (bens, direitos, obrigações ou itens do capital próprio) ou de resultado (receitas ou despesas).

Para traduzir contabilmente eventos que modifiquem ou possam vir a modificar o patrimônio, serão utilizadas as CONTAS. O registro e o controle patrimoniais são efetuados utilizando contas que mostrem cada evento ocorrido de maneira transparente, fiel à realidade.

A conta contábil também pode ser definida como a expressão qualitativa e quantitativa de fatos de mesma natureza, evidenciando a composição, variação e estado do patrimônio, bem como de bens, direitos, obrigações e situações nele não compreendidas, mas que, direta ou indiretamente, possam vir a afetá-lo.

27 (Professor – Contabilidade – IF SP – FUNDEP/2014) De acordo com Marion e Ludícibus (2007), em geral, as operações ocasionam aumentos e diminuições no ativo, no passivo e no patrimônio líquido. Esses aumentos e diminuições são registrados em contas. Considerando-se o uso de razonetes para o registro contábil, analise as afirmativas, assinalando com V as verdadeiras e com F as falsas.
   ( ) O lado esquerdo de uma conta é chamado lado do crédito; e o lado direito é chamado lado do débito.
   ( ) O lançamento no lado esquerdo de uma conta é denominado lançamento a débito ou débito (debitar).
   ( ) O lançamento no lado direito de uma conta é chamado lançamento a crédito ou simplesmente crédito (creditar).
   ( ) Se o valor dos débitos for superior ao valor dos créditos, a conta terá um saldo devedor.

Assinale a alternativa que apresenta a sequência CORRETA.
   a) F V V V.
   b) V F F F.
   c) F V V F.
   d) V F F V.

Resolução e Comentários: Analisando as afirmativas:

( ) O lado esquerdo de uma conta é chamado lado do crédito; e o lado direito é chamado lado do débito.

Falsa! O lado esquerdo de uma conta é chamado lado do débito, e o lado direito é chamado lado do crédito.

( ) O lançamento no lado esquerdo de uma conta é denominado lançamento a débito ou débito (debitar).

Verdadeira!

( ) O lançamento no lado direito de uma conta é chamado lançamento a crédito ou simplesmente crédito (creditar).

Verdadeira!

( ) Se o valor dos débitos for superior ao valor dos créditos, a conta terá um saldo devedor.

Verdadeira!

28 **(Analista Judiciário – Contabilidade – TRE RJ – CESPE/UnB/2012) Com relação aos tipos, às funções e à estrutura das contas contábeis, julgue os itens a seguir.**

As contas devem ser classificadas como estáveis ou instáveis, quando avaliadas pelo critério de variação na natureza do seu saldo.

Resolução e Comentários: Quanto à variação na natureza do saldo, as contas são classificadas como:
- Estáveis – o saldo somente pode ser devedor ou credor.
- Instáveis – o saldo ora é devedor, ora é credor.

29 **(Analista Judiciário – Contabilidade – TRE RJ – CESPE/UnB/2012) Com relação aos tipos, às funções e à estrutura das contas contábeis, julgue os itens a seguir.**

Entre os exemplos de contas que devem ser classificadas no ativo, encontram-se: as contas de bancos conta movimento, adiantamentos a fornecedores e credores por duplicatas.

Resolução e Comentários:

conta Bancos Conta Movimento – Ativo

conta Adiantamentos a Fornecedores – Ativo (trata-se de um direito)

conta Credores por Duplicatas – Passivo (equivalente à conta Duplicatas a Pagar)

30 **(Analista Legislativo – Contador – UFG/CS – 2015) As contas exercem um papel de importância no processo contábil e por meio delas a Contabilidade controla a movimentação de todos os componentes patrimoniais. São exemplos de contas patrimoniais de natureza credora:**
a) ICMS a recolher; adiantamento de férias e credores por financiamento;
b) salários a pagar; depreciação acumulada e perdas para crédito de liquidação duvidosa;
c) fornecedores; contas a receber e fundo de garantia a recolher;
d) amortização acumulada; prejuízos acumulados e duplicatas a pagar.

Resolução e Comentários: Analisando as alternativas:

a) ICMS a recolher; adiantamento de férias e credores por financiamento.

ICMS a Recolher – Passivo Circulante – Credora

Adiantamento de Férias – Ativo Circulante – Devedora

Credores por Financiamento – Passivo Circulante – Credora

b) salários a pagar; depreciação acumulada e perdas para crédito de liquidação duvidosa.

Salários a Pagar – Passivo Circulante – Credora

Depreciação Acumulada – Retificadora do Ativo Não Circulante – Credora

Perdas para Crédito de Liquidação Duvidosa – "Provisão para Perdas" – Retificadora do Ativo Circulante – Credora

c) fornecedores; contas a receber e fundo de garantia a recolher.

Fornecedores – Passivo Circulante – Credora

Contas a Receber – Ativo Circulante – Devedora

Fundo de Garantia a Recolher – Passivo Circulante – Credora

d) amortização acumulada; prejuízos acumulados e duplicatas a pagar.

Amortização Acumulada – Retificadora do Ativo Não Circulante – Credora

Prejuízos Acumulados – Retificadora do Patrimônio Líquido – Devedora

Duplicatas a Pagar – Passivo Circulante – Credora

31 (Técnico de Contabilidade – TJ ES – CESPE/UnB/2011) De acordo com a técnica de registro de fatos contábeis, a natureza da conta determina o lado em que devem ser descritos, no balanço, os aumentos e as diminuições dos saldos de contas contábeis. A esse respeito, julgue o item seguinte.

Do lado esquerdo do balanço, registram-se as contas de natureza credora, que representam os bens e direitos.

Resolução e Comentários: Do lado esquerdo do Balanço Patrimonial, registram-se as contas de natureza devedora, que representam os bens e direitos; já do lado direito, registram-se as contas de natureza credora, que representam o Passivo Exigível e o Patrimônio Líquido.

32 (Técnico de Contabilidade – TJ ES – CESPE/UnB/2011) De acordo com a técnica de registro de fatos contábeis, a natureza da conta determina o lado em que devem ser descritos, no balanço, os aumentos e as diminuições dos saldos de contas contábeis. A esse respeito, julgue os itens seguintes.

As contas de passivo reduzem seus saldos quando se registra movimento a débito.

Resolução e Comentários:

As contas do Passivo aumentam por crédito e diminuem por débito.

33 (Exame de Suficiência – Técnico em Contabilidade – CFC – CFC/2011) Os adiantamentos de clientes são registrados como:
   a) crédito em conta de Receitas;
   b) crédito em conta de Passivo;
   c) débito em conta de Ativo;
   d) débito em conta de Passivo.

Resolução e Comentários:

A conta Adiantamentos de Clientes representa obrigação da entidade junto aos clientes, que lhe adiantaram certa quantia. Estamos, portanto, diante de uma obrigação, que deve ser reconhecida como crédito em conta de Passivo.

34 (Analista Trainee – Economia – Metrô SP – FCC/2010) Na escrituração contábil, as contas de Passivo:
   a) aumentam de valor quando são debitadas;
   b) são representativas de bens e direitos de propriedade da entidade;
   c) diminuem de valor quando são creditadas;
   d) são representativas das obrigações da entidade para com os seus proprietários;
   e) têm seu valor total dado pela diferença entre o total do Ativo e do Patrimônio Líquido.

Resolução e Comentários: As contas do Passivo:
   * aumentam de valor quando são creditadas;
   * são representativas de obrigações da entidade;
   * aumentam por crédito e diminuem por débito;
   * são representativas das obrigações da entidade para com terceiros; e
   * têm seu valor total dado pela diferença entre o total do Ativo e do Patrimônio Líquido.

35 (Analista Judiciário – Contabilidade – TRT 10ª Região – CESPE/UnB/2013) Em relação às contas e à escrituração contábil, julgue os itens seguintes.

A estrutura básica de uma rubrica contábil ou conta contempla o nome da conta, o período a que ela se refere, seu saldo em valor monetário e seu movimento em determinado período.

Resolução e Comentários: São considerados elementos mínimos ou essenciais para a apresentação resumida de uma conta:
- Nome (ou Título) da conta;
- Valor do débito (quando houver);
- Valor do crédito (quando houver); e
- Saldo (valor em Reais).

36 (Contador – DPU – CESPE/UnB/2016) Com relação ao plano de contas e às teorias relacionadas às contas patrimoniais e às contas de resultado, julgue o item que se segue.

Um dos objetivos do plano de contas é estabelecer normas de conduta para o registro das operações da entidade, por meio do atendimento às necessidades de informação da administração da empresa, da observação do formato compatível com as normas de Contabilidade, e da adaptação, tanto quanto possível, às exigências dos agentes externos.

Resolução e Comentários: Um **plano de contas** representa uma relação organizada e padronizada das contas previstas para serem utilizadas no registro de todos os atos administrativos relevantes, assim como de todos os fatos contábeis, referentes a um determinado patrimônio. Cada conta é informada com sua função, seu modo de funcionamento e, também, com a natureza de seu saldo.

Os contabilistas se utilizam de um plano de contas para registrar contabilmente todos os eventos ocorridos. Se seguirem uma estrutura organizada e padronizada, seus registros, por consequência, restarão uniformes, e ocorrerá padronização dos procedimentos contábeis.

A finalidade maior do plano de contas é estabelecer as normas de conduta para o registro organizado e coerente de todos os eventos ocorridos em uma entidade.

O plano de contas constitui importantíssima ferramenta para a organização contábil, destinando-se a orientar a escrituração dos eventos ocorridos, uniformizando as contas utilizadas em cada registro contábil. Com isso, visa a facilitar a elaboração e a compreensão das demonstrações contábeis.

Ao montar um plano de contas, algumas premissas deverão ser respeitadas:
- O respeito aos Pronunciamentos Técnicos emitidos pelo Comitê de Pronunciamentos Contábeis, assim como à norma legal que disciplina a elaboração de todas as demonstrações contábeis (no caso, a Lei nº 6.404/1976 – Lei das Sociedades por Ações);
- O atendimento às necessidades de informação dos usuários internos (principalmente os administradores) e externos (entre eles os fornecedores, as instituições financeiras, o Fisco) da entidade; e
- O respeito à legislação correlata aos ramos de atividade exercidos pela entidade.

37 (Técnico Judiciário – Contabilidade – TRE BA – CESPE/UnB/2010) Com relação às contas contábeis e ao plano de contas, julgue o próximo item.

São partes de um plano de contas: descrição do funcionamento das contas, elenco de contas e método de encerramento de contas, entre outras.

Resolução e Comentários: Um plano de contas é, basicamente, constituído por três itens, a seguir elencados:
- O Elenco de Contas;
- O Manual de Contas; e
- Registros explicativos/exemplificativos para a escrituração de operações especiais.

GABARITO

1 – C	2 – C
3 – C	4 – E
5 – A	6 – A
7 – *	8 – C
9 – B	10 – D

11 – E	12 – B
13 – C	14 – E
15 – A	16 – B
17 – D	18 – D
19 – D	20 – A
21 – B	22 – C
23 – C	24 – A
25 – C	26 – D
27 – A	28 – Certo
29 – Errado	30 – B
31 – Errado	32 – Certo
33 – B	34 – E
35 – Certo	36 – Certo
37 – Certo	

* *sem alternativa*

CAPÍTULO 5

As Técnicas Contábeis

5.1. AS TÉCNICAS CONTÁBEIS

As **técnicas contábeis** constituem um conjunto de processos, organizados de maneira sistemática, adotados na Contabilidade com o objetivo de levantar e/ou registrar os eventos patrimoniais ocorridos.

Utilizando as técnicas contábeis, o contabilista consegue realizar toda e qualquer atividade relacionada à Contabilidade, respeitando os Pronunciamentos Técnicos emitidos pelo Comitê de Pronunciamentos Contábeis, assim como todas as normas a elas correlacionadas.

É por meio da utilização das técnicas contábeis que conseguimos fornecer as informações necessárias a todos aqueles que têm interesse na **situação patrimonial** (ou seja, no conjunto de bens, direitos e obrigações), **econômica** (isto é, no resultado alcançado pela entidade, na forma de lucro ou prejuízo) e **financeira** (diretamente relacionada à entrada e à saída de dinheiro) de uma entidade.

As quatro técnicas contábeis utilizadas pela Contabilidade são:

- **Escrituração Contábil;**
- **Elaboração das Demonstrações Financeiras** ou **Elaboração das Demonstrações Contábeis;**
- **Análise das Demonstrações Financeiras** ou **Análise das Demonstrações Contábeis** ou **Análise de Balanços;** e
- **Auditoria.**

A seguir, iremos conceituar e apresentar as características principais de cada uma das técnicas de contabilidade comumente utilizadas.

5.2. Escrituração Contábil

Escrituração contábil é a técnica contábil por meio da qual são registrados os *atos administrativos relevantes* e os *fatos contábeis*. Tudo aquilo que venha ou possa vir a alterar qualitativa e/ou quantitativamente o patrimônio das entidades econômico-administrativas deve ser registrado utilizando a técnica contábil da escrituração.

A escrituração é posta em prática por meio dos **lançamentos contábeis**, realizados em livros contábeis apropriados a registrar todo e qualquer evento que venha a afetar o patrimônio de uma entidade. São utilizados livros contábeis tais como o Livro Diário, o Livro Razão, o Livro de Registro de Duplicatas etc.

No caso das sociedades por ações, a escrituração da companhia será mantida em registros permanentes, com obediência aos preceitos da legislação comercial e da Lei nº 6.404/1976 (Lei das Sociedades por Ações) e aos princípios de contabilidade geralmente aceitos, devendo observar métodos ou critérios contábeis uniformes no tempo e registrar as mutações patrimoniais segundo o regime de competência.

Com a *revogação* da Resolução CFC nº 750/1993, que tratava dos princípios de contabilidade geralmente aceitos, *a partir de 1º de janeiro de 2017*, a escrituração da companhia terá obediência aos preceitos da legislação comercial e da Lei das Sociedades por Ações, assim como à legislação contábil em vigor.

No Capítulo 6 aprofundaremos o estudo dessa importantíssima técnica contábil.

5.3. A Elaboração das Demonstrações Financeiras

A técnica contábil denominada **elaboração das demonstrações financeiras**, também conhecida como **elaboração das demonstrações contábeis**, consiste em evidenciar as situações patrimonial, econômica e financeira de uma entidade por meio do uso de relatórios contábeis resumidos, que visam a consolidar todas as informações escrituradas nos livros contábeis em um determinado período.

Os **relatórios contábeis** (ou **demonstrações contábeis** ou **demonstrações financeiras**) constituem uma consolidação resumida e ordenada de todos os principais eventos registrados em determinado período.

O artigo 176 da Lei nº 6.404/1976 (Lei das Sociedades por Ações) elenca as demonstrações financeiras a serem **obrigatoriamente elaboradas ao final de cada *exercício social***, com base na escrituração mercantil da companhia. Tais demonstrações financeiras **deverão exprimir com clareza a situação do patrimônio da companhia e as mutações ocorridas no exercício**. São elas:

- **Balanço Patrimonial (BP);**
- **Demonstração do Resultado do Exercício (DRE);**
- **Demonstração dos Lucros ou Prejuízos Acumulados (DLPA);**

- Demonstração dos Fluxos de Caixa (DFC);
- *se companhia aberta*, Demonstração do Valor Adicionado (DVA).

Companhias abertas ou **sociedades anônimas de capital aberto** são aquelas cujas ações são negociadas na Bolsa de Valores.

A Comissão de Valores Mobiliários obriga as companhias abertas a elaborarem a Demonstração das Mutações do Patrimônio Líquido (DMPL), em substituição à Demonstração dos Lucros ou Prejuízos Acumulados.

As demonstrações financeiras deverão ser complementadas por *notas explicativas* e outros quadros analíticos ou demonstrações contábeis necessárias para esclarecimento da situação patrimonial e dos resultados do exercício.

Neste momento, desejamos apenas que o leitor tenha ciência da existência desses quadros-resumos (relatórios) de todos os eventos ocorridos com determinado patrimônio em um período contábil. Ao longo desta obra, dedicaremos maior tempo de estudo a componentes do Balanço Patrimonial.

5.3.1. O período contábil

O **Período Contábil** é o intervalo de tempo definido para apresentar a situação patrimonial, econômica e financeira de uma entidade. **Normalmente, esse período é igual a *um ano*.**

5.3.2. O exercício social

Conforme nos apresenta o artigo 175 da Lei das Sociedades por Ações, o **exercício social** é o período contábil considerado para, ao final dele, serem elaboradas as demonstrações contábeis de uma entidade:

> "O exercício social terá duração de um ano e a data do término será fixada no estatuto."

Repare que a Lei nº 6.404/1976 não cita "datas de início e de término", porém apenas **data de término**! Isto costuma ser solicitado em provas, principalmente em questões do tipo *marque a alternativa correta* ou do tipo *certo ou errado*.

Se estivermos tratando de sociedades limitadas, então a data de término constará do contrato social.

Tal período poderá ou não coincidir com o ano civil (1º de janeiro a 31 de dezembro), porém, obrigatoriamente, terá a duração de um ano.

O dia de início de um exercício social é coincidente com o dia imediatamente seguinte ao de término do exercício social anterior.

A finalidade do exercício social é julgar/analisar as demonstrações financeiras da empresa dentro do período contábil.

O exercício social é o tempo compreendido entre elaborações de dois conjuntos de demonstrações financeiras.

Se o estatuto ou o contrato social for omisso, deve-se considerar o ano civil como sendo o exercício social.

A referida lei permite que o exercício social tenha duração diferente de um ano, nos seguintes casos:

- quando da constituição da companhia; e
- nos casos em que ocorram alterações no estatuto da companhia.

Exemplo

Uma empresa, que definiu em seu estatuto o exercício social terminando em "31 de dezembro", é constituída em 1º de agosto de 2007. Logo, seu primeiro exercício social poderá ter a duração de cinco meses (agosto a dezembro de 2007) ou 17 meses (agosto de 2007 a dezembro de 2008), já que a Lei das Sociedades por Ações não disciplina como serão as situações em que o exercício social tenha duração diferente de um ano. Todos os demais exercícios sociais terão duração de um ano, até que haja alteração estatutária, que possa provocar modificação (momentânea) na duração do exercício social.

5.4. A Análise das Demonstrações Financeiras

A **análise das demonstrações financeiras** ou **análise das demonstrações contábeis** ou **análise de balanços** consiste em um estudo da situação patrimonial, econômica e financeira de uma entidade, podendo tal estudo considerar parcial ou totalmente o patrimônio em foco, analisando seus componentes, decompondo tais elementos e levantando *relações matemáticas úteis* (índices e quocientes) que os diferentes elementos patrimoniais considerados possam ter entre eles, interpretando-se essas relações a fim de facilitar a análise almejada.

Regra geral, as demonstrações financeiras são decompostas e comparadas visando à interpretação das relações matemáticas obtidas a partir de elementos extraídos de tais demonstrações.

A análise das demonstrações contábeis permite a análise da capacidade de endividamento de uma entidade, assim como a análise de sua rentabilidade, entre outras análises.

A análise das demonstrações financeiras poderá considerar apenas um exercício social ou estabelecer comparações entre os diversos componentes patrimoniais obtidos ao longo de vários exercícios.

Convém ressaltar que a análise de balanços não é exigida por lei. Porém é largamente utilizada, devido aos benefícios que proporciona naquilo que se refere à situação patrimonial de uma entidade, assim como a suas variações ao longo do tempo.

A análise de balanços transforma *dados* (fornecidos nos registros contábeis) em *informações*, e tem por objetivo extrair informações das demonstrações financeiras visando à tomada de decisões por parte dos usuários das informações contábeis.

Dados:

Conjunto de elementos que expressam um fato isolado, gerado por uma atividade que pode ser controlada. São elementos que preservam suas formas brutas, nada apresentando além daquilo que significam.

Informações:

Dados organizados e classificados para suprir um objetivo específico.

5.5. A AUDITORIA

A **auditoria** compreende o exame da escrita contábil (ou seja, dos livros contábeis, assim como de todos os seus documentos comprobatórios), além da realização de revisões, perícias e inspeções das contas utilizadas na escrituração, obtendo informações a partir de fontes internas ou externas, *com o objetivo de controlar o patrimônio da entidade e de determinar se sua escrituração contábil atende à legislação contábil em vigor, assim como se está embasada em documentos idôneos.*

A partir dos exames realizados, verifica-se a possibilidade da existência de fraudes e/ou de erros. Ao final dos exames praticados, um *parecer* ou *relatório* é emitido a respeito das informações fornecidas pela escrita contábil e, também, a respeito dos controles internos exercidos pela entidade auditada.

Conforme consta da Resolução CFC 1.330/2011, a **documentação contábil** compreende todos os documentos, livros, papéis, registros e outras peças, de origem interna ou externa, que apoiam ou compõem a escrituração contábil.

CFC – Conselho Federal de Contabilidade

A Documentação Contábil pode ser de origem *interna*, quando gerada na própria Entidade, ou *externa*, quando proveniente de terceiros.

Citamos as seguintes modalidades de auditoria, de acordo com a forma de intervenção adotada nas sociedades de iniciativa particular ou privada:

- **Auditoria Interna** – A auditoria interna é o tipo de auditoria que visa a avaliar, de forma independente, dentro de uma entidade, os controles contábeis, financeiros e quaisquer outros, no sentido de auxiliar a administração naquilo que for necessário. É realizada por contabilista, funcionário da entidade acaso auditada e, portanto, *parcialmente independente*. Possui como principal objetivo examinar todos os processos operacionais, contábeis e sistêmicos, promovendo melhorias nos controles da entidade, de tal maneira a assegurar a proteção do patrimônio. O auditor interno emite um relatório contendo recomendações que visam ao controle interno da entidade e à maior eficiência administrativa. Trata-se de um trabalho continuamente realizado;

- **Auditoria Externa** (ou **Auditoria Independente**) – A auditoria externa é o tipo de auditoria que visa a examinar as demonstrações financeiras da entidade. O contabilista que realiza esses serviços deve ser um prestador de serviços independente, ou seja, não deve possuir vínculo empregatício com a entidade que audita, devendo apenas ser remunerado pelos serviços que realizar. A finalidade da auditoria externa é promover uma opinião a respeito das demonstrações financeiras, emitindo, para tal fim, um parecer. Trata-se de um trabalho realizado periodicamente;

- **Auditoria Fiscal** – Promovida por *funcionário público* (não necessariamente contador), com a finalidade de fiscalizar os tributos vinculados à entidade, devido às operações por ela desenvolvidas.

No Brasil, as Normas de Auditoria são reguladas pelo Conselho Federal de Contabilidade – CFC. Há outras exigências provenientes do Instituto Brasileiro de Contadores – IBRACON e da Comissão de Valores Mobiliários – CVM.

O Artigo 177 da Lei nº 6.404/1976 (Lei das Sociedades por Ações) disciplina a necessidade de auditoria nas demonstrações contábeis das ***companhias abertas*** por auditores independentes registrados na Comissão de Valores Mobiliários – CVM:

> "As demonstrações financeiras das companhias abertas observarão, ainda, as normas expedidas pela Comissão de Valores Mobiliários e serão obrigatoriamente submetidas a auditoria por auditores independentes nela registrados."

5.6. A Apresentação da Sequência de Adoção das Técnicas Contábeis

Apresentamos, no quadro seguinte, a sequência de ações a serem seguidas para os corretos registros contábeis:

Início: Transação Efetuada → Emissão da Documentação Comprobatória da Transação → Registros no Livro Diário → Registros no Livro Razão
→ (ao final do período contábil): Elaboração do Balancete de Verificação Inicial → Ajustes no Balancete de Verificação Inicial (registros de depreciação, provisões etc.) → Apuração do Resultado do Exercício → Elaboração de Proposta de Destinação do Resultado do Exercício → Elaboração do Balancete de Verificação Final → Elaboração das Demonstrações Contábeis → Análise das Demonstrações Contábeis e/ou Auditoria

Exercícios resolvidos para a fixação de conteúdo

01 (Técnico de Finanças e Controle – ESAF/1996) Decomposição, comparação e interpretação dos demonstrativos do estado patrimonial e do resultado econômico de uma entidade é:
   a) função econômica da Contabilidade.
   b) objeto da Contabilidade.
   c) técnica contábil chamada Análise de Balanços.
   d) finalidade da Contabilidade.
   e) função administrativa da Contabilidade.

Resolução e Comentários: A análise das demonstrações financeiras consiste em decompor, comparar e interpretar os demonstrativos do estado patrimonial e do resultado econômico de uma entidade.

02 (Técnico(a) de Contabilidade I – PETROBRAS – CESGRANRIO/2005) Entende-se por período contábil:
   a) qualquer período de tempo estabelecido pela empresa.
   b) qualquer período de tempo, desde que não ultrapasse 31 de dezembro de cada ano, obrigatoriamente.
   c) período de doze meses, coincidente com o ano-calendário, obrigatoriamente.
   d) período de doze meses, não coincidente com o ano-calendário, exclusivamente.
   e) o espaço de tempo escolhido para a contabilidade apresentar a situação patrimonial e financeira.

Resolução e Comentários: O **Período Contábil** é o intervalo de tempo definido para apresentar a situação patrimonial, econômica e financeira de uma entidade. Normalmente, esse período é igual a um ano.

03 (Técnico de Finanças e Controle – ESAF)
   Escrituração
   Atos Administrativos
   Demonstrações Contábeis
   Auditoria
   Análise de Balanços
   Mecanismo do Débito e do Crédito
   Equação Fundamental do Patrimônio
   Princípios Contábeis
   Indique quantas técnicas contábeis constam dos itens acima:
   a) duas
   b) três
   c) quatro
   d) cinco
   e) seis

Resolução e Comentários: São técnicas contábeis:
   Escrituração
   Demonstrações Contábeis
   Auditoria
   Análise de Balanços

04 (Controladoria Geral do Município – RJ – Fundação João Goulart) Os fatos contábeis provocam modificações na estrutura de patrimônio e o seu registro deverá ser feito de maneira cronológica, selecionando-os em grupos homogêneos e evidenciando seus aspectos qualitativos e quantitativos. Isso caracteriza a Técnica Contábil de
a) Controle
b) Planejamento
c) Auditoria
d) Escrituração
e) Demonstrações Contábeis

Resolução e Comentários: **Escrituração contábil** é a técnica contábil por meio da qual são registrados os *atos administrativos relevantes* e os *fatos contábeis*. Tudo aquilo que venha ou possa vir a alterar qualitativa e/ou quantitativamente o patrimônio das entidades econômico-administrativas deve ser registrado utilizando a técnica contábil da escrituração.

A escrituração é posta em prática por meio dos **lançamentos contábeis**, realizados em livros contábeis apropriados onde se registra todo e qualquer evento que venha a afetar o patrimônio de uma entidade. São utilizados livros contábeis tais como o Livro Diário, o Livro Razão, o Livro Registro de Duplicatas etc.

05 (Técnico da Receita Federal – ESAF) As técnicas de que a Contabilidade se utiliza para alcançar os seus objetivos são:
a) escrituração, planejamento, coordenação e controle.
b) escrituração, balanços, inventários e orçamentos.
c) contabilização, auditoria, controle e análise de balanços.
d) auditoria, análise de balanços, planejamento e controle.
e) auditoria, escrituração, análise de balanços e demonstração.

Resolução e Comentários: São técnicas contábeis:

Escrituração

Demonstrações Contábeis

Auditoria

Análise de Balanços

06 (Controladoria Geral do Município – RJ – Fundação João Goulart) Como Exemplos de técnicas contábeis, temos:
a) controle e auditoria.
b) planejamento e escrituração.
c) demonstrações contábeis e controle.
d) planejamento e controle.
e) auditoria e análise de balanços.

Resolução e Comentários: São técnicas contábeis:

Escrituração

Demonstrações Contábeis

Auditoria

Análise de Balanços

07 (PETROBRAS – CESGRANRIO – Adaptada) Para confirmar a exatidão dos registros e demonstrações contábeis de uma empresa, de acordo com a legislação contábil em vigor, utilizamos a técnica contábil referente a:
   a) auditoria;
   b) concorrências;
   c) finanças;
   d) análise;
   e) contas.

Resolução e Comentários: A **auditoria** compreende o exame da escrita contábil (ou seja, dos livros contábeis, assim como de todos os seus documentos comprobatórios), além da realização de revisões, perícias e inspeções das contas utilizadas na escrituração, obtendo informações a partir de fontes internas ou externas, *com o objetivo de controlar o patrimônio da entidade e de determinar se a sua escrituração contábil atende à legislação contábil em vigor e se está embasada em documentos idôneos.*

GABARITO

1 – C	2 – E
3 – C	4 – D
5 – E	6 – E
7 – A	

CAPÍTULO 6

A Escrituração Contábil

6.1. A Escrituração Contábil

As **técnicas contábeis** representam um conjunto de procedimentos adotados na Contabilidade para registrar ou levantar fatos patrimoniais.

Escrituração contábil é a técnica contábil por meio da qual são registrados os *atos administrativos relevantes* e os *fatos contábeis*. Tudo aquilo que venha ou possa vir a alterar qualitativa e/ou quantitativamente o patrimônio das entidades econômico-administrativas deve ser registrado utilizando a técnica contábil da escrituração.

A escrituração é posta em prática por meio dos **lançamentos contábeis**, realizados em livros contábeis apropriados em que se registra todo e qualquer evento que venha a afetar o patrimônio de uma entidade. São utilizados livros contábeis tais como o Livro Diário, o Livro Razão, o Livro de Registro de Duplicatas etc.

A escrituração das sociedades por ações será mantida em registros permanentes, em obediência aos preceitos da legislação comercial e da Lei nº 6.404/1976 (Lei das Sociedades por Ações) e aos princípios de contabilidade geralmente aceitos, devendo observar métodos ou critérios contábeis uniformes no tempo e registrar as mutações patrimoniais segundo o regime de competência.

Com a *revogação* da Resolução CFC nº 750/1993, que tratava dos princípios de contabilidade geralmente aceitos, *a partir de 1º de janeiro de 2017*, a escrituração da companhia terá obediência aos preceitos da legislação comercial e da Lei das Sociedades por Ações, assim como à legislação contábil em vigor.

A entidade deve manter um sistema de escrituração uniforme dos seus atos e fatos administrativos por meio de processo manual, mecanizado ou eletrônico.

A escrituração será executada:

a) em idioma e em moeda corrente nacionais;
b) em forma contábil;
c) em ordem cronológica de dia, mês e ano;
d) com ausência de espaços em branco, entrelinhas, borrões, rasuras ou emendas;
e) com base em documentos de origem externa ou interna ou, na sua falta, em elementos que comprovem ou evidenciem fatos contábeis.

A terminologia utilizada no registro contábil deve expressar a essência econômica da transação.

O Balanço e demais Demonstrações Contábeis de encerramento de exercício serão transcritos no "**Diário**", completando-se com as assinaturas do Contabilista e do titular ou de representante legal da entidade. Igual procedimento será adotado quanto às Demonstrações Contábeis, elaboradas por força de disposições legais, contratuais ou estatutárias.

O "DIÁRIO" (Livro Diário) e o "RAZÃO" (Livro Razão) constituem os registros permanentes da entidade.

No "Diário" serão lançadas, em ordem cronológica, com individuação, clareza e referência ao documento probante, todas as operações ocorridas e quaisquer outros fatos que provoquem variações patrimoniais.

Consta do novo Código Civil que, no tocante ao empresário e à sociedade empresária, são eles obrigados a seguir um sistema de contabilidade, mecanizado ou não, com base na escrituração uniforme de seus livros, em correspondência com a documentação respectiva, e a levantar anualmente o balanço patrimonial e o de resultado econômico. A escrituração será feita no idioma e na moeda corrente nacionais e em forma contábil, por ordem cronológica de dia, mês e ano, sem intervalos em branco, nem entrelinhas, borrões, rasuras, emendas ou transportes para as margens.

6.2. Os Processos (ou Sistemas) de Escrituração Contábil

Os **processos de escrituração contábil** consistem nas diversas *ferramentas* utilizadas para o registro dos fatos contábeis nos livros apropriados.

São os seguintes os principais processos de escrituração contábil:

- **Manual** – os registros contábeis são efetuados à mão, utilizando-se caneta esferográfica para tal fim;
- **Maquinizado** (também conhecido como **semimecanizado**) – os registros contábeis são efetuados utilizando máquinas de escrever e fichas ou

formulários apropriados em três vias. As vias seguem as seguintes destinações: a primeira via vai para o Livro Diário; a segunda via, contendo a conta debitada, vai para o Livro Razão; e a terceira via, contendo a conta creditada, vai para o Livro Razão também;

- **Mecanizado** – trata-se de um avanço em relação às máquinas de escrever convencionais. A escrituração dos fatos contábeis nos livros apropriados é feita de forma simultânea, tal qual o método maquinizado, porém em máquinas mais sofisticadas, dotadas de maior quantidade de recursos, apropriadas ao processo de escrituração;

- **Informatizado** ou **Computadorizado** ou **por Processamento Eletrônico** – eis o mais avançado processo de registro aqui apresentado. A utilização dos computadores pessoais desenvolveu e acelerou o processo de escrituração contábil. A maioria absoluta das empresas utiliza atualmente esse método.

6.3. Os Métodos de Escrituração

Os **métodos de escrituração** correspondem às diversas formas ou modalidades propostas para o registro de todos os atos administrativos relevantes, assim como de todos os fatos contábeis.

Os **métodos de escrituração** compreendem um conjunto de normas que estabelecem caminhos a serem seguidos nos registros dos fatos contábeis, conforme consta do *Dicionário de contabilidade*, de Antonio Lopes de Sá e Ana Maria Lopes de Sá, 11. ed. Em outras palavras, podemos dizer que um **método de escrituração** consiste em uma forma (ou em um critério) de registro dos atos administrativos relevantes e fatos contábeis nos livros apropriados.

Se observarmos atentamente o artigo 177 da Lei nº 6.404/1976 (Lei das Sociedades por Ações), verificaremos que *não há obrigatoriedade de seguir nenhum método de escrituração em particular*. Apenas enfatiza a Lei: "... devendo observar **métodos ou critérios contábeis uniformes no tempo**...". Nunca é demais ressaltar que as entidades deverão representar toda e qualquer ocorrência patrimonial *de maneira fiel, sem omissões nem excessos*.

Os principais métodos de escrituração conhecidos são:

- o **método das partidas simples**;
- o **método das partidas mistas**; e
- o **método das partidas dobradas**.

> Convém aqui ressaltar o que nos apresenta Carlos de Carvalho, em sua obra Estudos de contabilidade, 8 vol., a respeito dos métodos de escrituração. Tomamos a liberdade de fazer as alterações necessárias à apresentação de Carlos de Carvalho para os ensinamentos da Escola Norte-Americana de Contabilidade.
>
> "A partida simples assinala o primeiro passo feito pela contabilidade em seu caminho ascendente. Nos primeiros tempos, a escrituração não compreendia senão as contas identificadoras de direitos e de obrigações (*método das partidas simples*). Depois, estendeu-se e compreendeu, também, no todo ou em parte, as contas identificadoras dos bens (*método das partidas mistas*). Esquecidas por muito tempo ficaram as contas do patrimônio líquido, mas, quando saíram do esquecimento injusto, a escrituração nos deu não só uma situação (a situação específica do patrimônio), mas duas (a situação específica do patrimônio e a situação econômica da entidade), por intermédio de duas séries de contas (método das partidas dobradas). E, então, a partida simples se transformou em partida dobrada!"

Apresentaremos, a seguir, os principais métodos de escrituração, com suas mais relevantes características.

6.3.1. O método das partidas simples

Considere um patrimônio qualquer e seu titular. O **método das partidas simples** é um *método de escrituração* que se destina a abrir contas para as ***pessoas*** que se tornam credoras ou devedoras do patrimônio a que estamos nos referindo.

De outra forma, o **método das partidas simples**, também conhecido como **método unigráfico** ou **unigrafia**, consiste na abertura de *contas individuais, que são utilizadas apenas para a escrituração das* **contas correspondentes ao controle dos direitos e das obrigações**.

Esse método não considera, em seus registros, os bens e os elementos formadores da situação líquida. Nesse método, ocorre o registro de operações específicas que visem ao controle de um único elemento por vez. **A preocupação existente com relação a esse método é com o controle de recebimentos e pagamentos**, pois são registradas as operações realizadas com pessoas, não havendo preocupação com o registro de elementos patrimoniais.

Certamente, foi o primeiro método a ser utilizado na história dos negócios humanos. E é muito simples entender a sua essência: considere-se, por exemplo, o antigo vendedor, anotando em sua caderneta todos os valores vendidos a prazo ("fiados"), ou seja, registrando apenas os valores devidos por cada um de seus fregueses, não se importando o vendedor com o controle do que foi vendido a cada devedor.

Exemplo

Consideremos um comerciante e seu respectivo comércio. Empregando o método das partidas simples para a escrituração, temos contas abertas para as pessoas que entregam recursos a ele, ou que dele recebem recursos.

Se houver necessidade de conhecimento do resultado porventura alcançado pela entidade que utilize o método das partidas simples, deverá ser confrontado o seu patrimônio existente ao final de um determinado período com o patrimônio existente no início desse mesmo período.

Atente-se para o fato de não se conseguir identificar quais foram os eventos ocorridos que geraram o acréscimo ou a diminuição patrimonial, pois não existe uma história escriturada completa das operações realizadas pela entidade. Além disso, fica muito difícil conseguir conferir se tudo aquilo que efetivamente ocorreu com o patrimônio está corretamente registrado.

Trata-se de um método tido como *deficiente* e, também, *incompleto*, devido ao fato de não permitir um maior controle patrimonial.

Se desejarmos saber o valor dos bens constantes de um patrimônio, cuja escrituração é efetuada por esse método, deveremos efetuar **inventário de bens** ao final de cada período contábil de referência.

Já vimos que a situação líquida pode ser apurada da seguinte maneira:

Situação Líquida = (Bens + Direitos) − Obrigações

A situação líquida final de um período é igual à situação líquida inicial do período seguinte.

O método das partidas simples cria contas para registros dos direitos e das obrigações. Se o saldo dos bens for apurado via inventário físico no início e no final de um determinado período, obteremos o valor da situação líquida no início e no final desse período.

Exemplo

Obtenção do resultado apurado por uma entidade no ano 2009 via método das partidas simples:

Situação Líquida$_{31.12.2009}$ = (Bens$_{31.12.2009}$ + Direitos$_{31.12.2009}$) − Obrigações$_{31.12.2009}$

Situação Líquida$_{31.12.2008}$ = (Bens$_{31.12.2008}$ + Direitos$_{31.12.2008}$) − Obrigações$_{31.12.2008}$

→ **Resultado$_{2009}$ = Situação Líquida$_{31.12.2009}$ − Situação Líquida$_{31.12.2008}$**

A escrituração pelo método das partidas simples foi empregada por muitos séculos. Muitos dos registros até hoje examinados, que datam de até a metade do século XIV, utilizaram o método das partidas simples para sua escrituração.

6.3.2. O método das partidas mistas

No **método das partidas mistas** são criadas contas individuais para a representação de direitos e de obrigações, tal qual o método das partidas simples, registrando-se, *também*, os bens constantes do patrimônio. Ou seja, *quando se utiliza o método das partidas mistas, então surgem contas individuais para o registro dos bens, dos direitos e das obrigações*.

O método das partidas mistas representa uma evolução do método das partidas simples.

Esse método não considera, em seus registros, os elementos formadores da situação líquida.

Se houver necessidade de conhecimento do resultado porventura alcançado pela entidade que utilize o método das partidas mistas, deverá ser confrontado o seu patrimônio existente ao final de um determinado período com o patrimônio existente no início desse mesmo período.

Atente-se para o fato de não se conseguir identificar quais foram os eventos ocorridos que geraram o acréscimo ou a diminuição patrimonial, pois não existe uma história escriturada completa das operações realizadas pela entidade. Além disso, torna-se difícil conferir se tudo aquilo que efetivamente ocorreu com o patrimônio está corretamente registrado.

Quando for utilizado o método das partidas mistas, não será necessário efetuar inventário de bens, pois já existem contas individuais representando os seus saldos.

O método das partidas mistas cria contas para registros dos bens, dos direitos e das obrigações. Logo, os valores das situações líquidas inicial e final podem ser obtidos em qualquer período objeto de registro. A apuração do resultado do período se dá da mesma forma que no método das partidas simples.

Exemplo

Obtenção do resultado apurado por uma entidade no ano 2009 via método das partidas mistas:

$$\text{Situação Líquida}_{31.12.2009} = (\text{Bens}_{31.12.2009} + \text{Direitos}_{31.12.2009}) - \text{Obrigações}_{31.12.2009}$$
$$\text{Situação Líquida}_{31.12.2008} = (\text{Bens}_{31.12.2008} + \text{Direitos}_{31.12.2008}) - \text{Obrigações}_{31.12.2008}$$

$\rightarrow$ $\textbf{Resultado}_{2009} = \textbf{Situação Líquida}_{31.12.2009} - \textbf{Situação Líquida}_{31.12.2008}$

6.3.3. O método das partidas dobradas

O **método das partidas dobradas**, também conhecido como **método digráfico** ou **digrafia**, é o método universalmente aceito para a escrituração dos fatos contábeis, *apesar de não haver obrigatoriedade para sua aplicação*, conforme dissemos.

Esse método permite completo controle patrimonial, pois todos os elementos patrimoniais e formadores de resultado são plenamente controlados quando da aplicação do método das partidas dobradas.

A essência do método das partidas dobradas é considerar que **não há aplicação de recursos em uma entidade sem que haja uma origem de recursos a ela (aplicação) correspondente! As aplicações de recursos devem a sua existência as suas respectivas origens de recursos!**

Costumamos dizer que:

AS APLICAÇÕES DEVEM ÀS SUAS ORIGENS!

Logo:

As APLICAÇÕES de recursos possuem NATUREZA DEVEDORA!

Por sua vez:

As ORIGENS de recursos possuem NATUREZA CREDORA!

Diante do que foi anteriormente exposto, podemos afirmar que:

As contas principais do ATIVO possuem NATUREZA DEVEDORA.

As contas principais do PASSIVO EXIGÍVEL possuem NATUREZA CREDORA.

As contas principais do PATRIMÔNIO LÍQUIDO possuem NATUREZA CREDORA.

As contas principais do Ativo, por terem natureza devedora, aumentam de valor por débito e diminuem por crédito. Já as contas principais do Passivo Exigível e do Patrimônio Líquido, por terem natureza credora, aumentam por crédito e diminuem por débito.

Como não há devedor sem um correspondente credor, podemos dizer que não há um débito sem o seu correspondente crédito, de igual valor. Logo, quando for aplicado o método das partidas dobradas, a soma dos débitos será SEMPRE igual à soma dos créditos. É este o alicerce da *equação fundamental do patrimônio*:

"Ativo = Passivo + Patrimônio Líquido".

Como consequência da aplicação do método das partidas dobradas, as seguintes afirmações são válidas:

- Método das Partidas Dobradas: não há débito se não houver o crédito correspondente.
- A todo débito corresponde, pelo menos, um crédito de igual valor.
- A soma dos débitos é SEMPRE igual à soma dos créditos.
- Se o total de débitos é igual ao total de créditos, então foi aplicado o método das partidas dobradas.
- Não há débito sem o seu correspondente crédito.
- A soma dos valores debitados é SEMPRE igual à soma dos valores creditados.
- A soma dos saldos devedores é SEMPRE igual à soma dos saldos credores.
- As aplicações de recursos devem sua existência às suas respectivas origens de recursos.
- Aplicações de Recursos = Origens de Recursos.
- As aplicações de recursos são de natureza devedora.
- As origens de recursos são de natureza credora.
- As somas dos recursos aplicados (Ativo total), registrados a débito nas contas ativas, são SEMPRE iguais às somas dos recursos fornecidos ao patrimônio, creditados nas contas passivas. Logo: Ativo Total = Passivo Total.
- As despesas contribuem para a redução do patrimônio líquido; logo, são de natureza devedora, e são debitadas quando ocorrem seus registros.
- As receitas contribuem para o aumento do patrimônio líquido; logo, são de natureza credora, e são creditadas quando ocorrem seus registros.
- Bens + Direitos + Despesas = Passivo Exigível + Patrimônio Líquido + Receitas.
- Ativo = Passivo Exigível + Patrimônio Líquido   (Resultado).
- Por meio do estudo dos débitos e dos créditos, a Contabilidade irá controlar o patrimônio e apurar os resultados a ele correspondentes.

Foi na **Itália** que surgiu o método das partidas dobradas. Dali foi exportado o conceito das partidas dobradas para as demais nações, sendo esse país, portanto, considerado o berço por excelência da cultura científica da Contabilidade.

O fundamento do método das partidas dobradas reside em registrar os eventos ocorridos movimentando SEMPRE, *pelo menos*, duas contas: uma delas (movimentada) a débito; e a outra (movimentada) a crédito, de igual valor ao débito ora registrado.

Apresentamos algumas palavras do Frei Luca Paciolli em relação à aplicação do método das partidas dobradas:

> "Se a soma de todos os débitos do livro não é igual à soma de todos os seus créditos, então há erro neste livro!"

Para a utilização do método das partidas dobradas, duas regras devem ser **obrigatoriamente** seguidas:

> Sempre serão registradas em primeiro lugar as contas movimentadas a débito; logo após, ocorrerão os registros das contas movimentadas a crédito.

(e)

> Devido ao fato de SEMPRE termos um devedor diretamente associado a seu respectivo credor, realizamos o registro de um evento duas vezes e pelo mesmo valor: uma vez a débito e outra a crédito. ISTO NÃO INDICA DUPLICIDADE OU REPETIÇÃO DE UM MESMO REGISTRO, POIS, QUANDO OCORRE UM EVENTO, *DOIS OU MAIS ELEMENTOS PATRIMONIAIS E/OU DE RESULTADO SÃO ALTERADOS DE FORMA EQUIVALENTE*, PERMITINDO, ENTÃO, CONSTANTE EQUILÍBRIO NOS REGISTROS EFETUADOS.

Exemplo

Evento ocorrido: "Havia R$ 2.000,00 na conta Caixa de uma empresa. Foi decidido que esse valor deveria ser depositado na conta-corrente bancária da empresa."

Analisando o evento ocorrido:

Observe-se o que segue: o dinheiro a ser depositado estava na conta Caixa (dinheiro em poder da própria empresa), conta esta do Ativo. Em consequência do depósito bancário, a conta Caixa teve seu saldo diminuído do valor ora depositado. Logo, a conta Caixa foi *creditada* em R$ 2.000,00 (origem dos recursos no registro).

Agora, atente-se para a conta-corrente. Foi efetuado um depósito em conta-corrente. Logo, a conta bancária da empresa aumentou seu saldo em valor igual a R$ 2.000,00. Como a conta Bancos Conta Movimento é conta do Ativo, ocorreu um *débito* nela, devido ao seu aumento de saldo.

Portanto, teremos o seguinte registro simplificado efetuado:

D – Bancos Conta Movimento
C – Caixa   2.000

Eis aqui um pequeno Exemplo para a apresentação do método das partidas dobradas. Adiante, faremos o detalhamento de vários eventos ocorridos, para familiarizarmos o leitor com esse método.

6.4. Os Livros de Escrituração

Segundo nos ensina Fábio Ulhoa Coelho: "Todos os empresários estão sujeitos às três seguintes obrigações:

a) registrar-se no Registro de Empresa antes de iniciar suas atividades;
b) escriturar regularmente os livros obrigatórios;
c) levantar balanço patrimonial e de resultado econômico a cada ano."

O **empresário** (exceto o pequeno empresário e o empresário rural) e a **sociedade empresária** devem manter contabilidade e escrituração legais, impondo a legislação o uso de determinados *livros comerciais* ou *empresariais* para os registros contábeis. O número e a natureza dos livros variam de acordo com as imposições previstas em lei, conforme o tipo societário adotado.

De acordo com o novo Código Civil, o empresário (*exceto* o pequeno empresário) e a sociedade empresária, **são obrigados a seguir um sistema de contabilidade**, mecanizado ou não, **COM BASE NA ESCRITURAÇÃO UNIFORME DE SEUS LIVROS, em correspondência com a documentação respectiva.**

A Lei nº 6.404/1976 (Lei das Sociedades por Ações), ao tratar da escrituração contábil, disciplina que **a escrituração da companhia será mantida em registros permanentes, com obediência aos preceitos da legislação comercial e da própria Lei nº 6.404/1976 e aos princípios de contabilidade geralmente aceitos,** *devendo observar métodos ou critérios contábeis uniformes no tempo.*

Com a *revogação* da Resolução CFC nº 750/1993, que tratava dos princípios de contabilidade geralmente aceitos, *a partir de 1º de janeiro de 2017*, a escrituração da companhia terá obediência aos preceitos da legislação comercial e da Lei das Sociedades por Ações, assim como à legislação contábil em vigor.

As microempresas e as empresas de pequeno porte que optarem pelo SIMPLES Nacional poderão, a seu critério, adotar contabilidade simplificada para os registros de suas operações.

O Regulamento do Imposto de Renda também disciplina a escrituração contábil por parte das pessoas jurídicas:

> "A pessoa jurídica é obrigada a seguir ordem uniforme de escrituração, mecanizada ou não, utilizando os livros e papéis adequados, cujo número e espécie ficam a seu critério."

De acordo com a Resolução CFC 1.330/2011, **a escrituração será executada:**

a) em idioma e em moeda corrente nacionais;
b) em forma contábil;

c) em ordem cronológica de dia, mês e ano;
d) com ausência de espaços em branco, entrelinhas, borrões, rasuras ou emendas;
e) com base em documentos de origem externa ou interna ou, na sua falta, em elementos que comprovem ou evidenciem fatos contábeis.

Os livros comerciais ou empresariais, para produzirem os efeitos jurídicos que a lei a eles concede, devem respeitar algumas **formalidades**, conforme adiante especificadas: **as formalidades intrínsecas** e **as formalidades extrínsecas**. O **livro empresarial** somente será considerado **regular** se atender a ambas as formalidades. Se um livro empresarial deixar de respeitar quaisquer dessas formalidades, será considerado inexistente. Se um empresário tiver livro irregularmente escriturado ou deixar de tê-lo, estará sujeito então às sanções de ordem civil e penal.

O Código de Processo Civil (Lei nº 13.105/2015) trata, em seus artigos 417 a 421, da força probante que os livros comerciais (**devidamente escriturados**) possuem. Se um livro comercial não estiver corretamente escriturado, o empresário não poderá utilizá-lo como prova a seu favor.

O valor probante da escrituração dos livros da empresa não é absoluto, comportando prova em contrário (presunção de validade probatória *juris tantum*, ou seja, pode ser contestado por terceiro).

Impera ressaltar que, conforme consta do artigo 297 do Decreto-Lei nº 2.848/1940, *para os efeitos penais* os livros comerciais (mercantis) são equiparados a documento público.

A apresentação dos livros comerciais em juízo somente poderá ser determinada conforme os casos previstos em lei, já que tais livros gozam da proteção do Princípio do Sigilo, conforme dispõe o artigo 1.190 da Lei nº 10.406/2002 (novo Código Civil).

O artigo 195 da Lei nº 5.172/1966 (Código Tributário Nacional) versa sobre o direito do Fisco de examinar *quaisquer livros* para os efeitos da legislação tributária:

> "Para os efeitos da legislação tributária, não têm aplicação quaisquer disposições legais excludentes ou limitativas do direito de examinar mercadorias, LIVROS, arquivos, documentos, papéis e efeitos comerciais ou fiscais, dos comerciantes industriais ou produtores, ou da obrigação de estes de exibi-los.
>
> **Os livros obrigatórios de escrituração comercial e fiscal e os comprovantes dos lançamentos neles efetuados serão conservados até que ocorra a prescrição dos créditos tributários decorrentes das operações a que se refiram**."

A Súmula 439 do Supremo Tribunal Federal trata da possibilidade de análise dos livros comerciais quando da realização de fiscalizações, determinando que *estão sujeitos à fiscalização tributária ou previdenciária quaisquer livros comerciais, limitado o exame aos pontos objeto da investigação.*

6.4.1. A descentralização contábil

De acordo com o artigo 252 do Decreto nº 3.000/1999 (Regulamento do Imposto de Renda – RIR), as pessoas jurídicas que tenham filiais, sucursais ou agências *poderão, opcionalmente, manter contabilidade descentralizada*:

> "É facultado às pessoas jurídicas que possuírem filiais, sucursais ou agências manter contabilidade não centralizada, devendo incorporar ao final de cada mês, na escrituração da matriz, os resultados de cada uma delas."

A possibilidade de descentralização contábil aplica-se também às filiais, sucursais, agências ou representações, no Brasil, das pessoas jurídicas com sede no exterior, devendo o agente ou representante do comitente com domicílio fora do País escriturar os seus livros comerciais, de modo que demonstrem, além dos próprios rendimentos, os lucros reais apurados nas operações de conta alheia, em cada período de apuração.

De Plácido e Silva, em sua brilhante obra *Vocabulário jurídico*, apresenta esclarecimentos a respeito de *agências, filiais* e *sucursais*, assim como de *estabelecimentos comerciais*.

Estabelecimento Comercial:

Denomina-se estabelecimento comercial a casa de comércio ou o negócio estabelecido, compreendendo as instalações e as atividades nele (estabelecimento) desenvolvidas. Os estabelecimentos comerciais são divididos em *principais* (sede ou estabelecimento-chefe) e *dependentes* (agências, sucursais ou filiais). É a pluralidade de estabelecimentos que faz nascer a pluralidade de domicílios.

Agência:

Escritório ou sucursal de um estabelecimento, público ou particular, onde são executados os mesmos negócios do estabelecimento central, sob as instruções ou ordens emanadas por este. Os responsáveis pelas agências são designados *agentes*.

Exemplo
- Agência dos Correios;
- Agência Bancária;
- Agência de Navegação etc.

Cada agência que o estabelecimento central possui é considerada um desdobramento do seu domicílio, pois as agências são compelidas a cumprir suas obrigações e a responder pelos negócios jurídicos por elas realizados (o chamado domicílio do contrato ou da obrigação).

Filial:

A filial compreende o estabelecimento com poder de representação ou mandato da sede (matriz), praticando dessa forma atos que tenham validade jurídica e que obriguem a organização, considerada em seu todo. Deve ser adotada a mesma firma ou denominação da matriz, assim como, regra geral, devem ser adotados os mesmos objetivos do estabelecimento-chefe. A filial costuma ter dependência mais direta ao estabelecimento-chefe, enquanto a sucursal possui maior autonomia administrativa, apesar de estar ligada à orientação e à direção da matriz.

Sucursal:

A razão de existir da sucursal é promover maior eficiência na realização dos negócios que constituem o objetivo de todo o grupo. A sucursal constitui organização mais ampla. Muito embora esteja ligada à matriz, sendo obrigada a acompanhá-la em seus objetivos, regra geral é mantida com certo grau de autonomia, possuindo uma direção, que tem a faculdade de decidir e operar com maior liberdade. A sucursal pode ter filiais e agências a ela subordinadas, constituindo verdadeiros departamentos regionais.

6.4.2. A utilização de códigos e abreviaturas

O Regulamento do Imposto de Renda, ao tratar dos princípios, métodos e critérios a serem utilizados na escrituração contábil, permite a utilização de códigos de números ou de abreviaturas para facilitar os registros contábeis, porém os códigos ou as abreviaturas utilizadas deverão constar de livro próprio, revestido das formalidades estabelecidas em lei.

6.4.3. A escrituração por meio de processamento eletrônico de dados

A escrituração contábil poderá ser efetuada utilizando sistema de processamento eletrônico de dados, em formulários contínuos.

As folhas impressas deverão ser numeradas, em ordem sequencial, mecânica ou tipograficamente. Deve-se ressaltar que, após o processamento, os impressos deverão ser destacados e encadernados em forma de livro; a seguir, serão lavrados os termos de abertura e de encerramento e a consequente apresentação ao órgão competente para autenticação, se houver necessidade de atendimento a essa formalidade.

A pessoa jurídica que utilizar sistema de processamento eletrônico de dados deverá manter documentação técnica completa e atualizada do sistema, suficiente para possibilitar a sua auditoria.

6.4.4. O Sistema Público de Escrituração Digital (SPED)

O **Sistema Público de Escrituração Digital (SPED)** nasceu a partir do Decreto 6.022/2007. **O principal objetivo a ser alcançado com a criação do SPED é facilitar a atuação integrada dos Fiscos federal, estaduais e municipais, mediante padronização e racionalização das informações e, também, mediante o acesso compartilhado à escrituração digital dos contribuintes por pessoas legalmente autorizadas.**

As pessoas jurídicas tributadas pelo lucro real estão obrigadas a realizar *escrituração contábil digital* (ECD) para fins tributários e previdenciários a partir de 1º de janeiro de 2009. A escrituração deverá ser enviada para a Secretaria da Receita Federal do Brasil (RFB) via ambiente SPED, utilizando certificação digital, com a finalidade de garantir a autenticidade de tudo o que for enviado. Tal obrigatoriedade consta da Medida Provisória 2.200-2, de 24.08.2001.

O SPED é instrumento que unificará as atividades de recepção, validação, armazenamento e autenticação de livros e documentos que integram a escrituração comercial e fiscal dos empresários e das sociedades empresárias, mediante fluxo único, computadorizado, de informações.

Os livros e documentos de que trata o SPED serão emitidos em forma eletrônica, observado o disposto na Medida Provisória 2.200-2, de 24.08.2001. **O armazenamento de dados no SPED não dispensa o empresário e a sociedade empresária de manter sob sua guarda e responsabilidade os livros e documentos na forma e prazos previstos na legislação aplicável.**

6.4.5. As principais classificações dos livros de escrituração

Livros comerciais ou **empresariais** são os de escrituração obrigatória ou facultativa ao empresário, de acordo com a *legislação comercial* ou *empresarial*.

Livros do empresário são aqueles que o empresário tem a obrigação de escriturar, devido às determinações constantes das legislações comercial, tributária, societária, trabalhista e/ou previdenciária. *Observe-se que os livros empresariais estão contidos na definição de livros do empresário, ou seja, são parte destes.*

Várias são as classificações existentes em relação aos livros empresariais. Apresentaremos, a seguir, as principais classificações desses livros.

a) Quanto à obrigatoriedade de escrituração:

- **Livros Obrigatórios** – a escrituração desses livros é imposta ao empresário.

Exemplo

Por força do novo Código Civil, o **Livro Diário** é obrigatório a todos os empresários, independentemente das atividades que exerçam, do tipo societário adotado etc.

- **Livros Facultativos** – são livros utilizados pelo empresário com a finalidade de melhor controlar os seus negócios, porém não há obrigatoriedade legal para a sua escrituração. Caberá ao empresário utilizá-los ou não, em função de suas necessidades.

Exemplo
Livro Caixa e Livro Contas-Correntes.

Livro Caixa – é utilizado para registro de todos os eventos que impliquem entrada e saída de dinheiro.

Livro Contas-Correntes – serve para controlar a movimentação de contas que representam direitos e obrigações.

b) Em sendo *obrigatórios*, os livros são subclassificados em:

- **Livros** (Obrigatórios) **Comuns** – a escrituração desses livros é imposta a todos os empresários.

Exemplo
Livro Diário.

- **Livros** (Obrigatórios) **Especiais** – são os livros exigidos de algumas determinadas sociedades, em função de sua forma jurídica ou da atividade que exerçam.

Exemplo

- Livro de Registro de Duplicatas – é imposição feita a todos aqueles que emitem duplicatas;
- Livro de Entrada e Saída de Mercadorias – é imposto a todos os que explorem Armazém-Geral;
- Livros próprios das Sociedades por Ações, conforme o artigo 100 da Lei nº 6.404/1976.

c) Quanto à abrangência ou à utilidade dos livros:

- **Livros Principais** – são destinados a registrar todos os eventos ocorridos, apresentando todas as informações correspondentes a determinado patrimônio.

Exemplo
Livro Diário e Livro Razão.

- **Livros Auxiliares** – são destinados a registrar e controlar determinado item patrimonial. São livros mais específicos, que visam a complementar os livros principais.

Exemplo
Livro Caixa; Livro Contas-Correntes; Livro Contas a Receber; Livro Contas a Pagar; Livro de Registro de Entradas; Livro de Registro de Saídas; Livro de Registro de Inventários.

d) Quanto à natureza dos livros:

- **Livros Cronológicos** – os registros são efetuados em **rigorosa ordem de dia, mês e ano** em sua escrituração. Observe-se que não se faz menção à maior preocupação com a organização das informações no livro; a ênfase, nesse caso, é dada ao registro de todos os eventos ocorridos *em ordem cronológica*.

Exemplo
Livro Diário.

- **Livros Sistemáticos** – embora respeitem a ordem cronológica da ocorrência dos eventos, os lançamentos são efetuados em ordem sistemática, agrupando-se os registros de acordo com sua natureza e finalidade; a organização das informações registradas nesses livros constitui sua característica relevante.

Exemplo
O Livro Razão constitui um excelente Exemplo. Na verdade, todos os livros, à exceção do Livro Diário, são *essencialmente sistemáticos*.

6.4.6. As formalidades a serem observadas na escrituração dos livros

Os livros contábeis, para produzirem os efeitos jurídicos que a lei lhes atribui, devem atender a determinadas formalidades referentes a sua apresentação material e aos registros neles efetuados, denominadas **formalidades intrínsecas** e **formalidades extrínsecas**.

Intrínsecas são as formalidades referentes à boa técnica contábil, isto é, referentes à própria escrituração dos livros.

Extrínsecas são as formalidades relacionadas à segurança dos livros contábeis contra violação (adulteração).

São as seguintes as **formalidades intrínsecas**:

- devem obedecer a um método uniforme de escrituração;
- devem seguir ordem cronológica de dia, mês e ano;
- não são permitidos borrões, rasuras nem emendas; e
- não são permitidos espaços em branco, nem ocupação de margens ou entrelinhas.

Eis as **formalidades extrínsecas** exigidas:

- devem ser encadernados, com folhas devidamente numeradas;
- devem conter Termo de Abertura e Termo de Encerramento;
- devem ser registrados no órgão competente (se houver tal determinação); e
- devem ser assinados por contabilista responsável e por representante legal da empresa.

O Apêndice 3 trata da legislação correlacionada às formalidades a serem respeitadas para a escrituração dos livros. Remetemos o leitor a esse Apêndice caso haja necessidade de consultar esse assunto.

6.4.7. A autenticação dos instrumentos de escrituração

Quando houver obrigatoriedade de registro dos livros contábeis, tais livros deverão ser registrados no órgão competente. Para tal finalidade, deverão conter os termos de abertura e de encerramento.

Estão **dispensados de autenticação** os seguintes livros:

- Livro Razão;
- Livro de Apuração do Lucro Real (LALUR);
- Livro de Movimentação de Combustíveis;
- Livros auxiliares em geral, tais como o Livro Caixa e o Livro Contas--Correntes.

6.4.8. O Livro Diário

O **Livro Diário** é utilizado para os registros de todos os eventos que modifiquem ou possam vir a modificar a situação patrimonial de uma entidade. Todos os fatos contábeis, além dos atos administrativos relevantes, devem ser registrados nesse livro. Trata-se de um **livro obrigatório** para todos os empresários e sociedades empresárias em geral, conforme determina o novo Código Civil.

Se seguirmos as classificações anteriormente apresentadas para os livros de escrituração, verificaremos que *o Livro Diário poderá ser assim classificado*:

- Livro Obrigatório;
- Livro Comum;
- Livro Principal; e
- Livro Cronológico.

Se, por uma eventualidade qualquer, todos os demais livros de uma entidade forem perdidos, restando apenas o Livro Diário, poderão ser reconstituídos os demais livros, tendo em vista que o Livro Diário apresenta a "vida da entidade" em termos das atividades por ela realizadas. Daí a importância que deve ser dada à escrituração desse relevante livro. Algumas exigências (formalidades) devem ser seguidas, conforme adiante apresentado, a fim de que o Livro Diário não venha a ser adulterado (violado).

O Livro Diário é preenchido seguindo o método das partidas dobradas, de acordo com a boa técnica contábil.

Quanto maior o tamanho da empresa, maior a quantidade de eventos nela ocorridos e, em consequência, maior o número de registros a serem efetuados no Livro Diário. Por esse motivo, surgem os chamados *Livros Diários Auxiliares*, onde são realizados registros de operações uniformes e repetitivas, tais como movimentos de caixa, faturas de fornecedores, faturas emitidas etc., sendo o total de operações comuns incluído, por registro resumido, no Livro Diário (principal). Observe-se que os Livros Diários Auxiliares devem fazer parte integrante do Livro Diário Principal.

A escrituração do Livro Diário será feita em idioma e moeda corrente nacionais e em forma contábil, **POR ORDEM CRONOLÓGICA DE DIA, MÊS E ANO, sem intervalos em branco, nem entrelinhas, borrões, rasuras, emendas ou transportes para as margens.**

No Livro Diário serão lançadas, com individuação, clareza e caracterização do documento respectivo, dia a dia, por escrita direta ou reprodução, **todas as operações relativas ao exercício da empresa.** Observe-se que os valores deverão ser lançados nas respectivas contas de maneira individualizada.

Admite-se a escrituração resumida do Diário, com totais que não excedam o período de **30 dias**, relativamente a contas cujas operações sejam numerosas ou realizadas fora da sede do estabelecimento, desde que utilizados livros auxiliares regularmente autenticados, para registro individualizado, e conservados os documentos que permitam a sua perfeita verificação.

Observe que o Livro Diário, se tiver o formato de livro propriamente dito, deverá ser encadernado, com folhas tipograficamente numeradas em ordem sequencial; por outro lado, se for constituído a partir de folhas contínuas, será mecânica ou tipograficamente numerado, também em ordem sequencial. **As demonstrações financeiras serão transcritas nesse livro ao final do período contábil, sendo que, em seguida, constarão as assinaturas do contabilista e do titular ou representante legal da unidade.**

A escrituração do Livro Diário, assim como a dos demais livros contábeis, deve respeitar todas as formalidades extrínsecas e intrínsecas anteriormente apresentadas. São elas aqui reapresentadas, visando à sua memorização.

São as seguintes as **formalidades intrínsecas**:

- deve-se obedecer a um método uniforme de escrituração;
- deve-se seguir a ordem cronológica de dia, mês e ano;
- não são permitidos borrões, rasuras nem emendas; e
- não são permitidos espaços em branco, nem ocupação de margens ou entrelinhas.

Eis as **formalidades extrínsecas** exigidas:

- deve ser encadernado, com folhas devidamente numeradas;
- deve conter Termo de Abertura e Termo de Encerramento;
- deve ser registrado no órgão competente; e
- deve ser assinado pelo contabilista responsável e pelo representante legal da empresa.

Os Livros Diários Auxiliares não possuem limitação de criação, porém estão sujeitos a todas as formalidades intrínsecas e extrínsecas exigidas para o Livro Diário Principal. Os Livros Diários Auxiliares também poderão ser substituídos por fichas ou formulários contínuos, assim como poderão ser escriturados manual, mecânica ou eletronicamente.

Apresentamos agora um modelo de **Termo de Abertura** (*para livro de uma empresa fictícia, a título de ilustração*):

TERMO DE ABERTURA

Contém este livro **64 (sessenta e quatro)** folhas numeradas tipograficamente, do nº **01** ao nº **64** e **servirá** de Livro Diário nº **01** do contribuinte abaixo identificado:

Nome: **Rosas de Belém Comercial Calçadista Ltda.**
Endereço: **Rua Jurandir Cometa Dias**   nº: **130 – Grupo 1.010**   Bairro: **Leopoldo Bulhões**
Município: **Santo Antônio do Bem**   Estado: **Rio de Janeiro**
NIRE (Número de Inscrição de Registro de Empresas na Junta Comercial): **03010327710**
Atos Constitutivos arquivados em: **10.02.1988**
Inscrição Estadual nº: **88.999.111**   CNPJ nº: **02.002.002/0001-01**

Rio de Janeiro, RJ, 23 de abril de 2010

Assinatura: _____
Administrador da Empresa

Assinatura: _____
Contabilista Legalmente Habilitado

Observe-se, também, um modelo de **Termo de Encerramento** (*para encerramento de um livro da empresa fictícia anterior*):

TERMO DE ENCERRAMENTO

Contém este livro **64 (sessenta e quatro)** folhas numeradas tipograficamente, do nº **01** ao nº **64** e **serviu** de Livro Diário nº **01** do contribuinte abaixo identificado:

Nome: **Rosas de Belém Comercial Calçadista Ltda.**
Endereço: **Rua Jurandir Cometa Dias**   nº: **130 – Grupo 1.010**   Bairro: **Leopoldo Bulhões**
Município: **Santo Antônio do Bem**   Estado: **Rio de Janeiro**
NIRE (Número de Inscrição de Registro de Empresas na Junta Comercial): **03010327710**
Atos Constitutivos arquivados em: **10.02.1988**
Inscrição Estadual nº: **88.999.111**   CNPJ nº: **02.002.002/0001-01**

Rio de Janeiro, RJ, 21 de maio de 2010

Assinatura: _____
Administrador da Empresa

Assinatura: _____
Contabilista Legalmente Habilitado

Observe, agora, um modelo de folha de Livro Diário:

Folha 16

Data	Número do Lançamento	Código da Conta	Histórico	Débito	Crédito
12/02/2010	132	1.1.300 1.1.001	Estoque de Mercadorias a Caixa NF 7.777, da Fornece Tudo Com. Ltda., ref. à aquisição de mercadorias para revenda	10.000,00	10.000,00
13/02/2010	133	1.1.002 1.1.001	Bancos Conta Movimento a Caixa Depósito em dinheiro na conta-corrente nº 2.314, do Banco do Brasil S/A	12.000,00	12.000,00

Partida:

A **partida** constitui o registro de um evento em forma contábil.

Denomina-se **partida no Diário** o registro, no Livro Diário, de um ou mais eventos patrimoniais em forma contábil, levando-se em consideração a data e o local em que ocorreram, o histórico das ocorrências e as contas movimentadas em cada evento. Trata-se do registro em forma contábil propriamente dita.

Exemplo

Eis um Exemplo de partida no Livro Diário:

Registro do seguinte evento ocorrido na Empresa Comercial LUXTHIER Ltda.: "aquisição à vista e em cheque do Veículo ZTKG, adquirido na Vhisper Automóveis Ltda., conforme Nota Fiscal 1.234, por R$ 35.000,00."

Rio de Janeiro, 24 de fevereiro de 2010

Veículos

a Bancos Conta Movimento

Nota Fiscal (N.F.) 1.234, da Vhisper Automóveis Ltda.,
ref. a um automóvel marca ZTKG.   35.000

> Quando utilizamos o processo manual de escrituração, utilizamos a preposição "a" para indicar a(s) conta(s) creditada(s).

6.4.9. O Livro Razão

O **Livro Razão** tem por finalidade apresentar as contas e suas respectivas movimentações.

Os eventos ocorridos no patrimônio de uma entidade são registrados no Livro Diário. Esses eventos envolvem, segundo o método das partidas dobradas, modificações de saldos em, pelo menos, duas contas cada um deles. Uma vez realizado o registro contábil do evento no Livro Diário, são efetuados os registros das modificações ocorridas em cada conta constante do lançamento no Livro Diário, de acordo com o que segue.

A escrituração no Livro Razão deverá ser individualizada por conta ou subconta, utilizando uma folha ou ficha para cada uma delas. Convém ressaltar que consideramos o Livro Razão muito importante, devido ao fato de nele obtermos os valores lançados a débito e a crédito em cada conta em particular, assim como o saldo de cada conta referida.

Se seguirmos as classificações anteriormente apresentadas para os livros de escrituração, verificaremos que *o Livro Razão poderá ser assim classificado*:

- **Livro Facultativo** – pela legislação comercial;
- **Livro Obrigatório** – pela Legislação do Imposto de Renda, para os contribuintes que apuram o Imposto de Renda pela sistemática do Lucro Real;
- **Livro Principal;** e
- **Livro Sistemático.**

O Livro Razão também é cronológico, já que seus registros são efetuados a partir dos lançamentos realizados no Livro Diário (que é livro *exclusivamente* cronológico), porém sua principal característica diz respeito à organização (sistematização) das informações, conta a conta, folha a folha ou ficha a ficha. Por isso, afirmamos ser o Livro Razão um livro *essencialmente sistemático, apesar de ser cronológico*.

O artigo 259 do Decreto nº 3.000/1999 (Regulamento do Imposto de Renda – RIR) disciplina a **obrigatoriedade da escrituração do Livro Razão para os contribuintes do Imposto de Renda pela sistemática do Lucro Real.**

Apresentaremos, agora, um modelo de folha de Livro Razão:

Nome (ou Título) da Conta: Caixa   Código da Conta: 1.1.001

Data	Contrapartidas		Número da Folha do Livro Diário	Número do Lançamento no Livro Diário	Débito	Crédito	Saldo	
	Código	Conta					R$	D/C
							65.000,00	D
12/02/2010	1.1.300	Estoque de Mercadorias	16	132		10.000,00	55.000,00	D
13/02/2010	1.1.002	Bancos Conta Movimento	16	133		12.000,00	43.000,00	D
13/02/2010	1.1.012	Duplicatas a Receber	17	138	13.000,00		56.000,00	D

6.4.10. Os livros de controle de leis fiscais

Além dos livros exigidos pela legislação comercial ou empresarial, as entidades deverão respeitar, também, os livros exigidos pelas leis fiscais, entre outras. Tais livros visam a proporcionar ao Fisco (seja ele federal, estadual ou municipal), maior controle das atividades da entidade e, em consequência, maior controle dos tributos porventura envolvidos em suas operações. Atente-se para o fato de as entidades estarem sujeitas a um determinado conjunto de livros em função das atividades que venham a desenvolver.

Os artigos 260 a 262 do Decreto 3.000/1999 (Regulamento do Imposto de Renda – RIR) especificam livros que são obrigatórios aos contribuintes que optaram pela tributação do Imposto de Renda com base no Lucro Real:

- Livro para Registro de Inventário;
- Livro para Registro de Entradas (compras);
- Livro de Apuração do Lucro Real (LALUR);

- Livro para Registro Permanente de Estoques; e
- Livro de Movimentação de Combustíveis.

Em momento oportuno, em outra obra, serão apresentados maiores detalhes a respeito dos lucros real, presumido e arbitrado. Entendemos que este momento ainda não é o adequado para levar ao leitor o conhecimento desse assunto.

Existem livros exigidos pela legislação do ICMS (Imposto sobre Operações Relativas à Circulação de Mercadorias e sobre Prestações de Serviços de Transporte Interestadual, Intermunicipal e de Comunicação), assim como pela Legislação do IPI (Imposto sobre Produtos Industrializados). Por exemplo:

- Registro de Entradas – Modelo 1 e Registro de Entradas – Modelo 1-A;
- Registro de Saídas – Modelo 2 e Registro de Saídas – Modelo 2-A;
- Registro de Controle de Produção e do Estoque – Modelo 3;
- Registro do Selo Especial de Controle – Modelo 4;
- Registro de Impressão de Documentos Fiscais – Modelo 5;
- Registro de Utilização de Documentos Fiscais e Termos de Ocorrências – Modelo 6;
- Registro de Inventário – Modelo 7;
- Registro de Apuração de IPI – Modelo 8; e
- Registro de Apuração de ICMS – Modelo 9.

Outros livros são exigidos pela legislação do ISS (Imposto sobre Serviços de Qualquer Natureza). A seguir, apresentamos alguns deles, exigidos pela Lei do ISS do Município de São Paulo:

- Registro de Notas Fiscais de Serviços prestados – Modelo 51;
- Registro de Notas Fiscais-Faturas de Serviços Prestados a Terceiros – Modelo 53;
- Registro de Recebimentos de Impressos Fiscais e Termos de Ocorrências – Modelo 57; e
- Registro de Impressão de Documentos Fiscais – Modelo 58.

6.4.11. Os livros sociais

Existem livros especificamente exigidos para as **sociedades por ações** (ou **sociedades anônimas**). Conforme já dissemos, constam do artigo 100 da Lei nº 6.404/1976 (Lei das Sociedades por Ações). Apresentamos a seguir, novamente, esses livros, muito importantes para esse tipo societário.

- Livro de Registro de Ações Nominativas;
- Livro de Transferência de Ações Nominativas;
- Livro de Registro de Partes Beneficiárias Nominativas;
- Livro de Transferência de Partes Beneficiárias Nominativas;
- Livro de Atas das Assembleias-Gerais;
- Livro de Presença dos Acionistas;
- Livros de Atas das Reuniões do Conselho de Administração (se houver);
- Livro de Atas das Reuniões de Diretoria; e
- Livro de Atas e Pareceres do Conselho Fiscal.

6.4.12. Os livros de controle de leis trabalhistas

Alguns livros são exigidos a partir das leis trabalhistas, entre os quais podemos citar:

- Livro de Registro de Empregados; e
- Livro de Inspeção do Trabalho.

Exercícios resolvidos para a fixação de conteúdo

01 (Técnico de Contabilidade – Agência Nacional de Petróleo – ANP – CESGRANRIO) O Livro no qual são registradas todas as operações em ordem cronológica de sua realização é o:
   a) Caixa.
   b) Contas a Pagar.
   c) Contas a Receber.
   d) Diário.
   e) Razão.

Resolução e Comentários:

Livro Diário

O Livro Diário é comum, obrigatório, **cronológico** e principal.

02 (Técnico em Contabilidade – Ministério Público Estadual – Rondônia – CESGRANRIO/2005) Quanto à sua natureza, os livros de escrituração podem ser:
   a) cronológicos e sistemáticos.
   b) principais e auxiliares.
   c) exclusivos e secundários.
   d) obrigatórios e facultativos.
   e) fiscais e cíveis.

Resolução e Comentários:

Os Livros Empresariais (ou Comerciais)

São aqueles previstos ou decorrentes da legislação empresarial (ou comercial). A quantidade e a espécie variam em função do porte, da forma jurídica e do ramo de atividade que essas entidades exercem.

Podem ser divididos em:

- Quanto à natureza:

Livros Cronológicos – os registros são efetuados obedecendo à rigorosa ordem cronológica de dia, mês e ano. Não há preocupação de organização das informações anotadas (Exemplo: Diário).

Livros Sistemáticos – são registrados eventos de mesma natureza, ou seja, leva-se em consideração a organização das informações prestadas (Exemplo: Razão).

03 (Técnico da Receita Federal – ESAF) Assinale abaixo a opção que contém a afirmativa incorreta.

Em relação à Escrituração, a Lei nº 6.404/1976 e alterações pertinentes determinam que
   a) a escrituração da companhia será mantida em registros permanentes.
   b) os registros devem observar métodos ou critérios contábeis uniformes no tempo.
   c) as mutações patrimoniais devem ser registradas de acordo com o regime de competência.
   d) as diferenças entre os princípios contábeis e as determinações de leis fiscais serão observadas em registros auxiliares.
   e) as demonstrações financeiras serão assinadas pelos administradores, por contabilistas legalmente habilitados e pelos proprietários da companhia.

Resolução e Comentários:
Artigo 177 da Lei nº 6.404/1976 (Lei das Sociedades por Ações)
Escrituração
Art. 177. **A escrituração da companhia será mantida em registros permanentes**, com obediência aos preceitos da legislação comercial e desta Lei e aos princípios de contabilidade geralmente aceitos, **devendo observar métodos ou critérios contábeis uniformes no tempo** e **registrar as mutações patrimoniais segundo o regime de competência**.

§ 1º As demonstrações financeiras do exercício em que houver modificação de métodos ou critérios contábeis, de efeitos relevantes, deverão indicá-la em nota e ressaltar esses efeitos.

§ 2º **A companhia observará exclusivamente em livros ou registros auxiliares, sem qualquer modificação da escrituração mercantil e das demonstrações reguladas nesta Lei, as disposições da lei tributária, ou de legislação especial sobre a atividade que constitui seu objeto, que prescrevam, conduzam ou incentivem a utilização de métodos ou critérios contábeis diferentes ou determinem registros, lançamentos ou ajustes ou a elaboração de outras demonstrações financeiras.** (Redação dada pela Lei nº 11.941, de 2009)

I – (revogado); (Redação dada pela Lei nº 11.941, de 2009)

II – (revogado). (Redação dada pela Lei nº 11.941, de 2009)

§ 3º As demonstrações financeiras das companhias abertas observarão, ainda, as normas expedidas pela Comissão de Valores Mobiliários e serão obrigatoriamente submetidas a auditoria por auditores independentes nela registrados. (Redação dada pela Lei nº 11.941, de 2009)

§ 4º **As demonstrações financeiras serão assinadas pelos administradores e por contabilistas legalmente habilitados.**

§ 5º As normas expedidas pela Comissão de Valores Mobiliários a que se refere o § 3º deste artigo deverão ser elaboradas em consonância com os padrões internacionais de contabilidade adotados nos principais mercados de valores mobiliários. (Incluído pela Lei nº 11.638, de 2007)

§ 6º As companhias fechadas poderão optar por observar as normas sobre demonstrações financeiras expedidas pela Comissão de Valores Mobiliários para as companhias abertas. (Incluído pela Lei nº 11.638, de 2007)

§ 7º (Revogado). (Redação dada pela Lei nº 11.941, de 2009)

04 (Técnico da Receita Federal – ESAF/2002) Entre as formalidades extrínsecas e intrínsecas dos Livros de Escrituração, destacamos as abaixo indicadas, exceto:
a) Termos de abertura e de encerramento.
b) Registro na Junta Comercial (autenticação).
c) Numeração tipográfica e sequencial das folhas.
d) Escrituração em ordem cronológica de dia, mês e ano.
e) Existência de emendas, rasuras e espaço em branco.

Resolução e Comentários:
- Formalidades Extrínsecas ou Externas (referentes à segurança dos livros, ou seja, à proteção do livro com relação ao usuário, a fim de evitar o dolo)
  – deve ser encadernado, com folhas tipograficamente numeradas em sequência;
  – deve ser registrado no órgão competente;
  – deve conter termos de abertura e de encerramento;
  – deve ser assinado por contabilista responsável e por representante da empresa.
- Formalidades Intrínsecas ou Internas (pertinentes à técnica contábil, referentes à escrituração contábil)
  – a escrituração deve ser completa e em forma contábil, em idioma e moeda nacionais;
  – deve haver ordem cronológica;
  – deve haver individualização e clareza;
  – os registros devem ser corretos e contínuos;
  – não são permitidos borrões, rasuras ou emendas;
  – não são permitidos espaços em branco, nem ocupação de margens ou entrelinhas;
  – deve ser seguido método uniforme de escrituração.

05 **(Tribunal Regional Federal da 4ª Região – Analista Judiciário – Área Apoio Especializado – Especialidade Contadoria – FCC/2001) Indicar todas e cada uma das operações da entidade na medida e ordem em que ocorrem, assim como as alterações qualitativas e quantitativas por elas produzidas nos recursos aplicados e nas origens destes recursos constitui função do**
a) razão.
b) diário.
c) balanço patrimonial.
d) doar.
e) fluxo de caixa.

Resolução e Comentários: As operações da entidade são registradas à medida que ocorrem no Livro Diário.

06 **(Auditor-Fiscal da Receita Federal – ESAF/2002) Assinale, abaixo, a opção que não se enquadra no complemento da frase:**
"A companhia deve ter, além dos livros obrigatórios para qualquer comerciante, os seguintes, revestidos das mesmas formalidades legais:
a) Livro de Registro de Ações Ordinárias".
b) Livro de Atas das Assembleias-Gerais".
c) Livro de Presença de Acionistas".
d) Livro de Atas e Pareceres do Conselho Fiscal".
e) Livro de Transferência de Ações Nominativas".

Resolução e Comentários:
Artigo 100 da Lei nº 6.404, de 15 de dezembro de 1976 (Lei das Sociedades por Ações)
CAPÍTULO IX
Livros Sociais
Art. 100. **A companhia deve ter, além dos livros obrigatórios para qualquer comerciante, os seguintes, revestidos das mesmas formalidades legais:**
I – o **livro de Registro de Ações Nominativas**, para inscrição, anotação ou averbação: (Redação dada pela Lei nº 9.457, de 1997)
a) do nome do acionista e do número das suas ações;
b) das entradas ou prestações de capital realizado;
c) das conversões de ações, de uma em outra espécie ou classe; (Redação dada pela Lei nº 9.457, de 1997)
d) do resgate, reembolso e amortização das ações, ou de sua aquisição pela companhia;
e) das mutações operadas pela alienação ou transferência de ações;
f) do penhor, usufruto, fideicomisso, da alienação fiduciária em garantia ou de qualquer ônus que grave as ações ou obste sua negociação.
II – o **livro de "Transferência de Ações Nominativas"**, para lançamento dos termos de transferência, que deverão ser assinados pelo cedente e pelo cessionário ou seus legítimos representantes;
III – **livro de "Registro de Partes Beneficiárias Nominativas" e o de "Transferência de Partes Beneficiárias Nominativas"**, se tiverem sido emitidas, observando-se, em ambos, no que couber, o disposto nos números I e II deste artigo;
IV – o **livro de Atas das Assembleias-Gerais**; (Redação dada pela Lei nº 9.457, de 1997)
V – o **livro de Presença dos Acionistas**; (Redação dada pela Lei nº 9.457, de 1997)
VI – os **livros de Atas das Reuniões do Conselho de Administração**, se houver, e **de Atas das Reuniões de Diretoria**; (Redação dada pela Lei nº 9.457, de 1997)
VII – o **livro de Atas e Pareceres do Conselho Fiscal**. (Redação dada pela Lei nº 9.457, de 1997)
§ 1º A qualquer pessoa, desde que se destinem a defesa de direitos e esclarecimento de situações de interesse pessoal ou dos acionistas ou do mercado de valores mobiliários, serão dadas certidões dos assentamentos constantes dos livros mencionados nos incisos I a III, e por elas a companhia poderá cobrar o custo do serviço, cabendo, do indeferimento do pedido por parte da companhia, recurso à Comissão de Valores Mobiliários. (Redação dada pela Lei nº 9.457, de 1997)
§ 2º Nas companhias abertas, os livros referidos nos incisos I a III do *caput* deste artigo poderão ser substituídos, observadas as normas expedidas pela Comissão de Valores Mobiliários, por registros mecanizados ou eletrônicos. (Redação dada pela Lei nº 9.457, de 1997)

07 (Auditor-Fiscal do Tesouro Nacional – ESAF)

"A escrituração da companhia será mantida em registros (_____), com obediência aos preceitos da legislação (_____) e desta Lei e aos princípios de contabilidade geralmente aceitos, devendo observar métodos ou critérios contábeis uniformes no tempo e registrar as mutações patrimoniais segundo o regime de Competência."

Completam corretamente o artigo 177 da Lei nº 6.404/1976, que trata da escrituração, retrotranscrito com duas (2) omissões as palavras:

a) permanentes e tributária.
b) confiáveis e comercial.
c) individualizados e comercial.
d) permanentes e comercial.
e) contábeis e fiscal.

Resolução e Comentários:

Artigo 177 da Lei nº 6.404/1976 (Lei das Sociedades por Ações)

Escrituração

Art. 177. A escrituração da companhia será mantida em registros **permanentes**, com obediência aos preceitos da legislação **comercial** e desta Lei e aos princípios de contabilidade geralmente aceitos, devendo observar métodos ou critérios contábeis uniformes no tempo e registrar as mutações patrimoniais segundo o regime de competência.

...

08 (Técnico do Tesouro Nacional – ESAF) Caracterizam o Livro Diário todos os atributos abaixo mencionados, exceto:

a) registro de todos os atos e fatos administrativos ocorridos na empresa.
b) registro no órgão competente.
c) ordem cronológica de escrituração.
d) faculdade de escrituração em partidas mensais.
e) obrigatoriedade.

Resolução e Comentários: O Livro Diário é utilizado para os registros de todos os eventos que modifiquem ou possam vir a modificar a situação patrimonial de uma entidade. Todos os fatos contábeis, além dos **atos administrativos RELEVANTES**, devem ser registrados neste livro. Trata-se de um livro obrigatório para todos os empresários e sociedades empresárias em geral, conforme determina o novo Código Civil.

É sutil o erro apresentado. Apenas os **atos administrativos relevantes**, ou seja, que possam trazer modificações patrimoniais futuras, devem ser registrados.

09 (Técnico(a) de Contabilidade I – PETROBRAS – CESGRANRIO/2005) A frase "Não há débito(s) sem crédito(s) correspondente(s)." indica a(o):

a) essência do método das partidas dobradas.
b) encerramento das contas de resultado.
c) encerramento das contas patrimoniais.
d) registro contábil pelo regime de caixa.
e) registro contábil pelo regime de competência.

Resolução e Comentários:

O Funcionamento das Contas pelo Método das Partidas Dobradas

O fundamento desse método consiste em movimentarem, sempre, pelo menos duas contas, ou seja, se efetuarmos um débito em uma ou mais contas, devemos efetuar um crédito, de valor equivalente, em uma ou mais contas, de tal maneira que a soma dos débitos efetuados em um determinado período seja igual à soma dos créditos efetuados nesse mesmo período.

Logo:
- não há débito sem o correspondente crédito;
- a soma dos débitos será sempre igual à soma dos créditos;
- a soma dos saldos devedores será sempre igual à soma dos saldos credores;

- as origens dos recursos, que representam os financiamentos, serão iguais às aplicações, que representam os investimentos;
- o Ativo Total é sempre igual ao Passivo Total.

Funcionamento das Contas pelo Método das Partidas Dobradas			
Contas	Natureza	Saldo	
		Aumenta	Diminui
Ativo	Devedora	Débito	Crédito
Passivo Exigível	Credora	Crédito	Débito
Patrimônio Líquido	Credora	Crédito	Débito
Despesas	Devedora	Débito	Crédito
Receitas	Credora	Crédito	Débito
Retificadoras do Ativo	Credora	Crédito	Débito
Retificadoras do Passivo	Devedora	Débito	Crédito

10 (Técnico de Contabilidade – Agência Nacional de Petróleo – ANP – CESGRANRIO) Atualmente, entende-se que o mecanismo de débito e crédito representa:
   a) aumento das contas ativas e redução das contas diferenciais.
   b) aumento das contas de Ativo e de Resultado e aumento do Passivo e PL.
   c) redução das contas ativas e aumento das contas diferenciais.
   d) situação considerada desfavorável e situação considerada favorável.
   e) simples convenção contábil, com função específica em cada conta.

Resolução e Comentários:

O Funcionamento das Contas

Dá-se por intermédio do mecanismo de débito e crédito, que indica o aumento ou a diminuição do saldo.

Ao se registrar um fato contábil, devem ser observados dois aspectos:
- a aplicação de recursos da entidade, por convenção contábil denominada DÉBITO;
- a origem dos recursos aplicados, por convenção contábil denominada CRÉDITO.

Exemplo

Compra de mercadorias à vista:
- O débito ocorrerá na conta Mercadorias, onde estão sendo aplicados os recursos da entidade.
- O crédito ocorrerá na conta Caixa ou Bancos Conta Movimento, de onde foram originados os recursos.

Logo, tem-se que:
- debitar uma conta significa lançar valores no lado esquerdo do razonete; e
- creditar uma conta significa lançar valores no lado direito do razonete.

11 (Auditor – Tribunal de Contas do Estado do Ceará – FCC/2006) Na escrituração contábil, as contas classificadas no passivo exigível:
   a) representam créditos de funcionamento.
   b) aumentam por crédito.
   c) representam créditos contra terceiros.
   d) diminuem por crédito.
   e) aumentam por débito.

Resolução e Comentários: As contas do Passivo Exigível aumentam por crédito e diminuem por débito.

12 (Auditor-Fiscal da Prefeitura de Recife – ESAF/2003) Considerando o Método das Partidas Dobradas, assinale a única opção correta.
   a) Para cada fato contábil, teremos um registro indicando que, para cada débito, haverá um ou mais créditos de igual valor, ou ainda, para cada aplicação, haverá uma ou mais origens de igual valor.
   b) O Método garante o equilíbrio entre as receitas e as despesas, em respeito ao princípio da continuidade da Entidade, no tempo, considerando que o mais importante é que a empresa continue funcionando.

c) Representa uma duplicidade de lançamentos, pois um valor contábil deve ser dividido por dois para localizar o valor correto. Esta é a razão de ser muito pouco utilizado.

d) É um método de cálculo relacionado com as definições de Fatura e Duplicata, quando da emissão das notas fiscais pela venda de mercadorias, ou seja, emite-se a fatura e a duplicata será cobrada.

e) Esse método só foi aplicado pelos mercadores de Veneza no século XIV. Atualmente ele só faz parte da história da evolução contábil, porque o método utilizado atualmente é o direto.

Resolução e Comentários: Analisando as alternativas:

a) Para cada fato contábil, teremos um registro indicando que, para cada débito, haverá um ou mais créditos de igual valor, ou ainda, para cada aplicação, haverá uma ou mais origens de igual valor.

Certo.

b) O Método garante o equilíbrio entre as receitas e as despesas, em respeito ao princípio da continuidade da Entidade, no tempo, considerando que o mais importante é que a empresa continue funcionando.

Errado. A empresa que visar ao lucro jamais desejará ter equilíbrio entre receitas e despesas.

c) Representa uma duplicidade de lançamentos, pois um valor contábil deve ser dividido por dois para localizar o valor correto. Esta é a razão de ser muito pouco utilizado.

Errado. Não há duplicidade de lançamentos. Há origens e correspondentes aplicações de recursos, método que é universalmente aceito.

d) É um método de cálculo relacionado com as definições de Fatura e Duplicata, quando da emissão das notas fiscais pela venda de mercadorias, ou seja, emite-se a fatura e a duplicata será cobrada.

Errado. Não é um método de cálculo, mas sim de registro de fatos contábeis.

e) Esse método só foi aplicado pelos mercadores de Veneza no século XIV. Atualmente ele só faz parte da história da evolução contábil, porque o método utilizado atualmente é o direto.

Errado. Esse método é – até hoje – universalmente utilizado.

13 (Técnico do Tesouro Nacional – ESAF) Assinale a opção *incorreta*.
a) O princípio fundamental do método das partidas dobradas é o de que não há devedor sem credor e vice-versa, correspondendo a cada débito, invariavelmente, um crédito de igual valor.
b) O Patrimônio é um conjunto de bens, direitos e obrigações vinculados a uma pessoa ou entidade.
c) No Balanço Patrimonial, o total do Ativo é sempre igual ao do Passivo.
d) No lançamento, a data e o histórico exercem função histórica.
e) Método de escrituração é a forma de registrar os fatos administrativos.

Resolução e Comentários: Os **métodos de escrituração** correspondem às diversas formas ou modalidades propostas para o registro de todos os **ATOS ADMINISTRATIVOS RELEVANTES**, assim como de todos os **FATOS CONTÁBEIS**.

Os **métodos de escrituração** compreendem um conjunto de normas que estabelecem caminhos a serem seguidos nos registros dos fatos contábeis, conforme consta do *Dicionário de contabilidade*, de Antonio Lopes de Sá e Ana Maria Lopes de Sá, 11. ed. Em outras palavras, podemos dizer que um **método de escrituração** consiste em uma forma (ou em um critério) de registro dos atos administrativos relevantes e fatos contábeis nos livros apropriados.

14 (Técnico Judiciário – Contabilidade – TRE MG – CONSULPLAN/2014) **A Contabilidade é uma ciência social que tem por objeto o patrimônio das entidades. Para isso tem definido de forma clara sua finalidade e formas de escrituração. Diante do exposto, analise as afirmativas a seguir.**

I. A principal finalidade da Contabilidade é fornecer informações sobre o patrimônio, informações estas de ordem econômica e financeira para facilitar as tomadas de decisões por parte dos seus usuários.

II. Diversos são os tipos de usuários interessados nas informações contidas nas demonstrações contábeis das entidades. Um desses grupos é constituído pelos clientes, cujo interesse é tanto menor quanto maior forem a sua dependência e a concentração nos fornecimentos de algumas poucas entidades.

III. A escrituração começa pelo Livro Razão, no qual todos os registros são efetuados mediante documentos que comprovem as ocorrências dos fatos.

IV. A escrituração é uma das técnicas utilizadas pela Contabilidade que consiste em registrar, nos livros contábeis, os acontecimentos que provocam ou que possam provocar modificações futuras do patrimônio.

Estão corretas apenas as afirmativas:
a) I e IV;
b) I e III;
c) II e III;
d) II e IV.

Resolução e Comentários: Analisando as afirmativas:

I. A principal finalidade da Contabilidade é fornecer informações sobre o patrimônio, informações estas de ordem econômica e financeira para facilitar as tomadas de decisões por parte dos seus usuários.

Correta!

II. Diversos são os tipos de usuários interessados nas informações contidas nas demonstrações contábeis das entidades. Um desses grupos é constituído pelos clientes, cujo interesse é tanto menor quanto maior forem a sua dependência e a concentração nos fornecimentos de algumas poucas entidades.

Incorreta! Diversos são os tipos de usuários interessados nas informações contidas nas demonstrações contábeis das entidades. Um desses grupos é constituído pelos clientes, cujo interesse é tanto *maior* quanto maior forem a sua dependência e a concentração nos fornecimentos de algumas poucas entidades.

III. A escrituração começa pelo Livro Razão, no qual todos os registros são efetuados mediante documentos que comprovem as ocorrências dos fatos.

Incorreta! A escrituração começa pelo Livro Diário.

IV. A escrituração é uma das técnicas utilizadas pela Contabilidade que consiste em registrar, nos livros contábeis, os acontecimentos que provocam ou que possam provocar modificações futuras do patrimônio.

Correta!

15 **(Analista Organizacional – Ciências Contábeis – Prodest ES – VUNESP/2014)** De acordo com as normas contábeis e legislação comercial, é obrigatório o uso de _____ com folhas numeradas seguidamente, em que serão lançados, dia a dia, diretamente ou por reprodução, os atos ou operações da atividade mercantil, ou que modifiquem ou possam vir a modificar a situação patrimonial de uma entidade, independentemente da forma de tributação.

A alternativa que completa corretamente a lacuna do texto é:

a) Livro Diário;
b) Livro Razão;
c) Balancete;
d) Razão auxiliar;
e) Razão auxiliar em ORTN/UFIR.

Resolução e Comentários: O **Livro Diário** é utilizado para os registros de todos os eventos que modifiquem ou possam vir a modificar a situação patrimonial de uma entidade. Todos os fatos contábeis, além dos atos administrativos relevantes, devem ser registrados nesse livro.

Trata-se de um **livro obrigatório** para todos os empresários e sociedades empresárias em geral, conforme determina o novo Código Civil.

GABARITO

1 – D	2 – A
3 – E	4 – E
5 – B	6 – A
7 – D	8 – A
9 – A	10 – E
11 – B	12 – A
13 – E	14 – A
15 – A	

CAPÍTULO 7

O Lançamento Contábil

7.1. O Lançamento Contábil

Lançamento é o meio pelo qual são registrados os fatos contábeis. A *escrituração contábil* é posta em prática por meio dos lançamentos. **O conjunto de lançamentos denomina-se *escrituração contábil*.**

Os lançamentos são escriturados no **Livro Diário**, em ordem cronológica (de dia, mês e ano), mediante documentos comprobatórios do evento ocorrido (Notas Fiscais, Contratos etc.), e transcritos para os demais livros porventura utilizados em apresentação uniforme e sistemática.

Os lançamentos são efetuados:

- tendo por base o ***método das partidas dobradas***;
- em ordem cronológica dos eventos ocorridos; e
- ***obedecendo a determinadas regras*** (ou ***disposições técnicas***), conforme adiante exposto.

Note-se que o método das partidas dobradas exige a apresentação da(s) conta(s) debitada(s) e creditada(s), de acordo com o evento ocorrido e com o valor (em moeda) associado ao evento. Daí decorrem os elementos essenciais de um lançamento.

O Apêndice 4 versa sobre a escrituração dos livros mercantis, disciplinando aspectos próprios dos lançamentos contábeis. Remetemos o leitor a esse Apêndice, caso haja necessidade de consulta a esse assunto.

7.2. Os Elementos Essenciais de um Lançamento

Independentemente do processo de escrituração, todo lançamento deverá possuir os seguintes elementos:

a) Local e Data de Ocorrência do Evento;
b) Conta(s) Debitada(s);
c) Conta(s) Creditada(s);
d) Histórico do Evento; e
e) Valor da Operação (em moeda).

A data e o histórico são os componentes dos lançamentos ligados à sua função histórica, contribuindo para o registro, em ordem cronológica, de todos os eventos que acarretem ou possam acarretar modificações patrimoniais.

> Em um lançamento qualquer, SEMPRE serão apresentadas inicialmente as contas debitadas e em seguida as contas creditadas. Portanto, em um lançamento SEMPRE ocorrerá o que segue, quanto à apresentação:
> D – "conta debitada"
> D – "conta debitada (se houver)"
> ...
> C – "conta creditada"
> C – "conta creditada (se houver)"
> ...

Exemplo

Registro do seguinte evento ocorrido na Empresa Comercial LUXTHIER Ltda.: aquisição à vista e em cheque do Veículo ZTKG, adquirido na Vhisper Automóveis Ltda., conforme Nota Fiscal 1.234, por R$ 35.000,00.

Rio de Janeiro, 24 de fevereiro de 2010

Veículos

a Bancos Conta Movimento

Nota Fiscal (N.F.) 1.234, da Vhisper Automóveis Ltda.,
ref. a um automóvel marca ZTKG.   35.000,00

> Quando utilizamos o processo manual de escrituração, utilizamos a preposição "a" para indicar a(s) conta(s) creditada(s).

Detalhando o lançamento:

- **Rio de Janeiro, 24 de fevereiro de 2010** – local e data em que ocorreu o evento;

- **Veículos** – como a conta Veículos não contém a preposição "a" a sua frente, significa que está sendo debitada. Observe que um veículo está sendo adquirido por uma empresa; logo, a conta Veículos está tendo seu saldo aumentado; como é conta do Ativo, a conta Veículos está sendo aumentada em R$ 35.000,00;
- **a Bancos Conta Movimento** – como a conta Bancos Conta Movimento possui a preposição "a" a sua frente, significa que ela está sendo creditada. Observe que a transação está sendo feita à vista e em cheque; com isso, a conta Bancos Conta Movimento está tendo seu saldo diminuído; como é conta do Ativo, a conta Bancos Conta Movimento está sendo creditada em R$ 35.000,00 (valor do automóvel que está sendo adquirido);
- **Nota Fiscal (N.F.) 1.234, da Vhisper Automóveis Ltda., ref. a um automóvel marca ZTKG** – eis aí o registro do histórico da transação ocorrida; no histórico, lançamos um resumo objetivo do evento ocorrido, contendo suas principais características;
- **35.000,00** – valor da transação, correspondente a R$ 35.000,00. Observe que se houver apenas uma conta debitada e uma conta creditada, não haverá necessidade de lançar ao lado de cada conta o valor da transação, bastando fazê-lo apenas uma vez, conforme este Exemplo.

> A partir de agora, sempre que possível, *utilizaremos a representação simplificada* do lançamento contábil, omitindo local, data e histórico, e apresentando as contas debitadas e as contas creditadas, com os seus respectivos valores.

Se procedermos de acordo com a observação anterior, o Exemplo em comento terá a seguinte representação, utilizada para fins didáticos:

Lançamento mecanizado:

D – Veículos

C – Bancos Conta Movimento – 35.000,00

   (ou)

Lançamento manual:

Veículos

a Bancos Conta Movimento – 35.000,00

Observando-se o lançamento ora apresentado, teremos condição de dizer que foi adquirido um veículo, mediante pagamento via banco, no valor de R$ 35.000,00.

7.3. As Fórmulas de Lançamento

São quatro as fórmulas utilizadas para o registro dos fatos contábeis, conforme veremos a seguir:

a) **1ª Fórmula**

O **lançamento de 1ª fórmula** é denominado **lançamento simples**. *Consiste em termos uma conta lançada a débito (D) e uma conta lançada a crédito (C).*

Exemplo

Compra de um veículo à vista e em cheque, no valor de R$ 35.000,00.
D – Veículos
C – Bancos Conta Movimento – 35.000

$$\text{"1 D" (e) "1 C"} \to \text{"11"}$$

b) **2ª Fórmula**

O **lançamento de 2ª fórmula** é conhecido como **lançamento composto**. *Consiste em termos uma conta lançada a débito e duas ou mais contas lançadas a crédito.*

Exemplo

Compra de um veículo à vista, parte em dinheiro (R$ 20.000,00), parte em cheque, no valor de R$ 15.000,00.
D – Veículos – 35.000
C – Caixa – 20.000
C – Bancos Conta Movimento – 15.000

$$\text{"1 D" (e) "2 ou mais C"} \to \text{"12"}$$

c) **3ª Fórmula**

O **lançamento de 3ª fórmula** também é conhecido como **lançamento composto**. *Consiste em termos duas ou mais contas lançadas a débito e uma conta lançada a crédito.*

Exemplo

Recebimento de um cliente de valor igual a R$ 100.000,00, sendo R$ 30.000,00 em dinheiro e R$ 70.000,00 depositados em banco.
D – Caixa – 30.000
D – Bancos Conta Movimento – 70.000
C – Clientes – 100.000

$$\text{"2 ou mais D" (e) "1 C"} \to \text{"21"}$$

d) **4ª Fórmula**

O **lançamento de 4ª fórmula** é denominado **lançamento complexo**. *Consiste em termos duas ou mais contas lançadas a débito e duas ou mais contas lançadas a crédito.*

Exemplo

Aquisição de um veículo por R$ 30.000,00 e de um computador por R$ 5.000,00, sendo parte do pagamento efetuada à vista e em dinheiro (R$ 20.000,00) e parte em cheque (R$ 15.000,00).

D – Veículos – 30.000

D – Computadores – 5.000

C – Caixa – 20.000

C – Bancos Conta Movimento – 15.000

"2 ou mais D" (e) "2 ou mais C" → "22"

Elaboramos o seguinte quadro-resumo, visando à memorização das fórmulas de lançamento:

Fórmula do Lançamento	Código para Memorização	Significado do Código
1ª Fórmula	11	"1 D" (e) "1 C"
2ª Fórmula	12	"1 D" (e) "2 ou mais C"
3ª Fórmula	21	"2 ou mais D" (e) "1 C"
4ª Fórmula	22	"2 ou mais D" (e) "2 ou mais C"

D – Débito
C – Crédito

> Qualquer evento poderá ser desdobrado em vários lançamentos de 1ª fórmula.
>
> Os lançamentos efetuados de acordo com a 2ª e a 3ª fórmulas possuem por objetivo agilizar os registros contábeis.

7.4. As Diversas Formas de Apresentação de um Lançamento

Em questões de Concursos Públicos, os lançamentos poderão ser apresentados das seguintes formas:

a)

D – Veículos – 30.000

D – Computadores – 5.000

C – Caixa – 20.000

C – Bancos Conta Movimento – 15.000

Nesse caso, ficam evidentes as contas que estão sendo debitadas e as que estão sendo creditadas.

Estamos diante de um lançamento de 4ª fórmula (lançamento complexo), pois nele existem dois débitos e dois créditos.

b)
>
> Duplicatas Descontadas
> **a Diversos**
> **a** Duplicatas a Receber   250.000,00
> **a** Juros Passivos   5.250,00   255.250,00

Agora, a forma de apresentação é outra. As contas movimentadas a **débito** (neste Exemplo, apenas a conta *Duplicatas Descontadas*) **não são registradas com a preposição "a" a sua frente**; já as que estão sendo movimentadas a **crédito** (no caso, as contas *Duplicatas a Receber* e *Juros Passivos*) **recebem a preposição "a" a sua frente**.

- Conta movimentada a débito – a conta não é precedida da preposição "a"
- Conta movimentada a crédito – a conta vem SEMPRE precedida da preposição "a"

Sempre que houver a palavra DIVERSOS em um lançamento, significará que existem, pelo menos, duas contas debitadas ou duas contas creditadas, que serão apresentadas em seguida, no próprio lançamento, com os seus respectivos valores.

No presente Exemplo, observe que existem duas contas lançadas a crédito: *Duplicatas a Receber* e *Juros Passivos*. Logo, uma das maneiras de apresentar o registro é escrever a palavra **diversos** – no caso precedida da preposição "a", pois engloba duas contas creditadas – e mostrar as contas em seguida, com os seus respectivos valores. Como há um débito e dois créditos, estamos diante de um lançamento de 2ª fórmula (lançamento composto).

c)
>
> **Diversos**
> **a** Fornecedores
> Estoque de Mercadorias   50.000,00
> ICMS a Recuperar   10.240,96   60.240,96

Como dissemos, as contas movimentadas a **débito** (neste Exemplo, as contas *Estoque de Mercadorias* e *ICMS a Recuperar*) **não são registradas com a preposição "a" a sua frente**; já as que estão sendo movimentadas a **crédito** (neste caso, apenas a conta *Fornecedores*) **recebem a preposição "a" a sua frente**.

- Conta movimentada a débito – a conta não é precedida da preposição "a"
- Conta movimentada a crédito – a conta vem SEMPRE precedida da preposição "a"

Sempre que houver a palavra DIVERSOS em um lançamento, significará que existem, pelo menos, duas contas debitadas ou duas contas creditadas, que serão apresentadas em seguida, no próprio lançamento, com os seus respectivos valores.

No presente Exemplo, observe que existem duas contas lançadas a débito: *Estoque de Mercadorias* e *ICMS a Recuperar*. Logo, uma das maneiras de apresentar o registro é escrever a palavra **diversos** – no caso **não precedida** da preposição "a", pois engloba duas contas **debitadas** – e mostrar as contas em seguida, com os seus respectivos valores. Como há dois débitos e um crédito, estamos diante de um lançamento de 3ª fórmula (lançamento composto).

d)

Diversos
a Diversos

Bancos c/ Movimento	242.250,00	
Despesas de Juros a Apropriar	7.750,00	250.000,00
a Duplicatas Descontadas	244.750,00	
a Juros Passivos	5.250,00	250.000,00

Este Exemplo é um dos mais interessantes. Existem duas contas sendo debitadas e duas contas sendo creditadas. Nessa forma de registro, para o caso em comento, lançamos a palavra **diversos** a débito e, também, a crédito, ou seja, ela aparece duas vezes no presente lançamento. A seguir, registramos as contas debitadas, com os seus respectivos valores e, logo após, as contas creditadas, com os seus respectivos valores.

Estamos diante de um lançamento de 4ª fórmula (lançamento complexo), pois nele existem dois débitos e dois créditos.

7.5. A Elaboração de um Lançamento em Etapas

Apresentaremos, agora, por meio de um simples Exemplo, uma série de etapas a serem seguidas quando da elaboração de lançamentos contábeis. *Orientamos o leitor no sentido de utilizar a sequência lógica aqui apresentada até que se familiarize com a rotina procedimental referente aos registros contábeis no Livro Diário e, em consequência, no Livro Razão.*

Exemplo

A Empresa Saia Justa Comercial Ltda., com sede em Juruju/RJ, adquiriu, em 12.02.2010, por meio da Nota Fiscal 7.777, emitida pela Empresa Fornece Tudo Comercial Ltda., mercadorias para revenda no valor de R$ 10.000,00, pagando à vista e em dinheiro esse valor.

Reapresentaremos, aqui, os elementos essenciais de um lançamento, para melhor entendimento do que faremos.

Independentemente do processo de escrituração utilizado, todo lançamento deverá possuir os seguintes elementos:

a) Local e Data de Ocorrência do Evento;
b) Conta(s) Debitada(s);
c) Conta(s) Creditada(s);
d) Histórico do Evento; e
e) Valor da Operação (em moeda).

Deveremos, então, aprender a extrair, a partir da narrativa de um evento ocorrido, todos os elementos essenciais constantes de um lançamento para transformá-lo em um registro contábil, passível de registro nos livros contábeis pertinentes.

Etapas a serem seguidas ao elaborar um lançamento contábil:

Primeira Etapa – Identificar o local em que se deu o evento, assim como a data em que ocorreu.

Neste exemplo, o local em que se deu o evento é a cidade em que se situa o estabelecimento empresarial da empresa envolvida na operação (no caso, a Empresa Saia Justa Comercial Ltda.), ou seja, Juruju/RJ.

A data em que o evento ocorreu é 12.02.2010, conforme a narrativa.

Segunda Etapa – Identificar, no evento, os elementos patrimoniais e/ou de resultado ora envolvidos.

No exemplo em comento, verificamos que foram adquiridas mercadorias para revenda por R$ 10.000,00. O valor das mercadorias adquiridas foi pago à vista e em dinheiro. Elucidando o Exemplo: a Empresa Saia Justa Comercial Ltda. recebeu mercadorias para revender e, em contrapartida, entregou dinheiro ao fornecedor. Temos, então, no Exemplo, dois elementos patrimoniais envolvidos: *mercadorias* e *dinheiro*.

Terceira Etapa – Identificar, no Plano de Contas da entidade, as contas que serão utilizadas para registrar os elementos patrimoniais e/ou de resultado envolvidos no evento.

Já vimos que, para representar elementos patrimoniais e de resultado, utilizamos as contas. Relembrando: as contas representam bens, direitos, obrigações, elementos do patrimônio líquido, assim como elementos de receitas e de despesas.

Neste exemplo, verificamos que existem dois elementos patrimoniais envolvidos: *mercadorias* e *dinheiro*.

Para saber a que contas correspondem esses itens patrimoniais, devemos observar o plano de contas da Empresa Saia Justa Comercial Ltda. Se já houver contas representativas desses itens patrimoniais, então deveremos utilizá-las; caso contrário, serão criadas contas para a representação de tais itens. Deve-se ressaltar que os planos de contas são flexíveis, devendo ser ajustados à realidade da entidade a que pertencem.

Observando o plano de contas da referida empresa, verificamos que os itens patrimoniais em comento possuem as seguintes contas a eles associadas:

- Mercadorias – item patrimonial associado à conta Estoque de Mercadorias ou Mercadorias ou Mercadorias em Estoque
- Dinheiro – item patrimonial associado à conta Caixa

Com isso, as duas contas envolvidas nesse evento são: *Estoque de Mercadorias* e *Caixa*.

Quarta Etapa – Verificar o que está ocorrendo com cada conta em particular, isto é, se cada conta está sendo debitada ou creditada.

Existem duas maneiras de verificar quais contas estão sendo debitadas e quais estão sendo creditadas, conforme a precisa lição de Osni Moura Ribeiro, excelente escritor da área contábil.

a) Origens X Aplicações

A essência do método das partidas dobradas é afirmar que **a toda aplicação corresponde uma origem de recursos de igual valor**. De acordo com esse método, pelo menos duas contas estarão SEMPRE envolvidas em um lançamento contábil: uma a débito e outra a crédito. Observe que o valor envolvido será o mesmo para as duas contas. Ao valor de cada elemento patrimonial ou de resultado damos o nome de **recurso**. Um dos elementos envolvidos representará a origem de recursos, ou seja, de onde foram obtidos os recursos necessários ao evento; outro elemento representará a aplicação de recursos, isto é, em que foram aplicados os recursos no evento em tela.

> **Em qualquer lançamento contábil, teremos SEMPRE:**
> Débitos → Aplicações de Recursos
> Crédito → Origens de Recursos

Voltando ao exemplo, em que serão aplicados os recursos no valor de R$ 10.000,00? Na aquisição de mercadorias. Logo, a conta Estoque de Mercadorias será debitada em R$ 10.000,00.

De onde surgiram os recursos para pagar a aquisição de mercadorias? Surgiram da conta Caixa. Portanto, a conta Caixa será creditada em R$ 10.000,00.

Sabemos, então, que ocorreram as seguintes movimentações nas contas:

D – Estoque de Mercadorias
C – Caixa

    (ou)

Estoque de Mercadorias
a Caixa

b) Aumento ou Diminuição do Saldo da Conta

Observemos a natureza do saldo de cada conta e façamos a análise precisa do evento.

Saldo de uma conta, conforme já foi visto, é a diferença existente entre o total de valores lançados a débito e o total de valores lançados a crédito.

A conta Estoque de Mercadorias é conta principal do Ativo e aumenta, em seu razonete, pelo lado do Balanço Patrimonial em que se encontra (lado esquerdo); logo, possui natureza devedora, aumentando por débito e diminuindo por crédito. Neste Exemplo, mercadorias estão sendo adquiridas para a empresa. Com isso, a conta Estoque de Mercadorias está sendo aumentada em R$ 10.000,00, devido à entrada das mercadorias adquiridas para revenda em estoque. Finalmente, a conta Estoque de Mercadorias está sendo debitada em R$ 10.000,00, já que aumenta por débito.

Observe, agora, a conta Caixa. Trata-se de outra conta principal do Ativo, que também aumenta, em seu razonete, pelo lado do Balanço Patrimonial em que se encontra (lado esquerdo). Também possui natureza devedora, aumentando por débito e diminuindo por crédito. No presente Exemplo, estão sendo pagos ao fornecedor R$ 10.000,00 pela aquisição de mercadorias para revenda. Resta claro que houve uma diminuição no saldo do dinheiro de posse da empresa, devido ao pagamento dos R$ 10.000,00. Então, a conta Caixa está sendo diminuída em R$ 10.000,00. Com isso, a conta Caixa será creditada em R$ 10.000,00, já que está ocorrendo redução em seu saldo.

Sabemos, então, que ocorreram as seguintes movimentações nas contas:

D – Estoque de Mercadorias

C – Caixa

    (ou)

Estoque de Mercadorias

a Caixa

Quinta Etapa – Identificar os valores correspondentes às modificações ocorridas em cada conta.

No exemplo que estamos analisando, existem duas contas: Estoque de Mercadorias e Caixa. Essas contas foram movimentadas, respectivamente, a débito e a crédito. O valor envolvido na operação é de R$ 10.000,00. Portanto, podemos afirmar que houve uma troca de recursos no valor de R$ 10.000,00. A Empresa Saia Justa Comercial Ltda. entregou R$ 10.000,00 em dinheiro ao fornecedor e recebeu mercadorias em valor correspondente a R$ 10.000,00.

Portanto, assim procederemos:

D – Estoque de Mercadorias

C – Caixa   10.000,00

    (ou)

Estoque de Mercadorias

a Caixa   10.000,00

Sexta Etapa – Redigir o histórico do lançamento.

Evento ocorrido: "A Empresa Saia Justa Comercial Ltda., com sede em Juruju/RJ, adquiriu, em 12.02.2010, por meio da Nota Fiscal 7.777, emitida pela Empresa Fornece Tudo Comercial Ltda., mercadorias para revenda no valor de R$ 10.000,00, pagando à vista e em dinheiro esse valor."

Poderemos, então, redigir o histórico do evento ocorrido nos seguintes termos:

"NF 7.777, da Fornece Tudo Com. Ltda., ref. à aquisição de mercadorias para revenda."

Sétima Etapa – Registrar o lançamento contábil no Livro Diário.

Segue o registro efetuado no Livro Diário:

Juruju, 12 de fevereiro de 2010
Estoque de Mercadorias
a Caixa
NF 7.777, da Fornece Tudo
Com. Ltda., ref. à aquisição de
mercadorias para revenda   *10.000,00*

Convém ressaltar que, no Livro Razão, serão efetuados registros a débito na conta Estoque de Mercadorias e a crédito na conta Caixa, ambos no valor de R$ 10.000,00, conforme apresentado no *resumo do evento ocorrido*.

Resumo do Evento Ocorrido

Evento ocorrido: "A Empresa Saia Justa Comercial Ltda., com sede em Juruju/RJ, adquiriu, em 12.02.2010, por meio da Nota Fiscal 7.777, emitida pela Empresa Fornece Tudo Comercial Ltda., mercadorias para revenda no valor de R$ 10.000,00, pagando à vista e em dinheiro esse valor."

Conta Identificada	Grupo a que Pertence	Modificação Ocorrida no Saldo da Conta	Débito / Crédito
Estoque de Mercadorias	Ativo	Aumento	Débito
Caixa	Ativo	Diminuição	Crédito

Registros efetuados no Livro Diário:

Juruju, 12 de fevereiro de 2010
Estoque de Mercadorias
a Caixa
NF 7.777, da Fornece Tudo
Com. Ltda., ref. à aquisição de
mercadorias para revenda   10.000,00

(ou)

Folha 16

Data	Número do Lançamento	Código da Conta	Histórico	Débito	Crédito
12/02/2010	132	1.1.300 1.1.001	Estoque de Mercadorias a Caixa NF 7.777, da Fornece Tudo Com. Ltda., ref. à aquisição de mercadorias para revenda	10.000,00	10.000,00

Registros efetuados no Livro Razão:

Nome (ou Título) da Conta: Estoque de Mercadorias   **Código da Conta:** 1.1.300

Data	Contrapartidas		Número da Folha do Livro Diário	Número do Lançamento no Livro Diário	Débito	Crédito	Saldo	
	Código	Conta					R$	D/C
							70.000,00	D
12/02/2010	1.1.001	Caixa	16	132	10.000,00		80.000,00	D

Nome (ou Título) da Conta: Caixa   **Código da Conta:** 1.1.001

Data	Contrapartidas		Número da Folha do Livro Diário	Número do Lançamento no Livro Diário	Débito	Crédito	Saldo	
	Código	Conta					R$	D/C
							65.000,00	D
12/02/2010	1.1.300	Estoque de Mercadorias	16	132		10.000,00	55.000,00	D

Observe os razonetes das contas envolvidas no evento:

Estoque de Mercadorias (Valores em R$)	
Saldo Inicial – 70.000,00 10.000,00	
80.000,00 (saldo devedor)	

Caixa (Valores em R$)	
Saldo Inicial – 65.000,00	10.000,00
55.000,00 (saldo devedor)	

7.5.1. Relacionamento existente entre o Livro Diário e o Livro Razão

Utilizamos *setas duplas* para mostrar o relacionamento existente entre os registros contábeis efetuados no Livro Diário e no Livro Razão. Eis o resultado apresentado como um resumo de tudo o que já apresentamos até o momento:

Livro Diário

Folha 16

Data	Número do Lançamento	Código da Conta	Histórico	Débito	Crédito
12/02/2010	132	1.1.300	Estoque de Mercadorias	10.000,00	
		1.1.001	a Caixa		10.000,00
			NF 7.777, da Fornece Tudo Com. Ltda., ref. à aquisição de mercadorias para revenda		

Livro Razão

Nome (ou Título) da Conta: Estoque de Mercadorias   Código da Conta: 1.1.300

| Data | Contrapartidas | | Número da Folha do Livro Diário | Número do Lançamento no Livro Diário | Débito | Crédito | Saldo | |
	Código	Conta					R$	D/C
							70.000,00	D
12/02/2010	1.1.001	Caixa	16	132	10.000,00		80.000,00	D

Nome (ou Título) da Conta: Caixa   Código da Conta: 1.1.001

| Data | Contrapartidas | | Número da Folha do Livro Diário | Número do Lançamento no Livro Diário | Débito | Crédito | Saldo | |
	Código	Conta					R$	D/C
							65.000,00	D
12/02/2010	1.1.300	Estoque de Mercadorias	16	132		10.000,00	55.000,00	D

Apresentamos, então, a sequência de ações a serem seguidas para os corretos registros contábeis:

> Início: Transação Efetuada → Emissão da Documentação Comprobatória da Transação → Registros no Livro Diário → Registros no Livro Razão
> → (ao final do período contábil): Elaboração do Balancete de Verificação Inicial → Ajustes no Balancete de Verificação Inicial (registros de depreciação, provisões etc.) → Apuração do Resultado do Exercício → Elaboração de Proposta de Destinação do Resultado do Exercício → Elaboração do Balancete de Verificação Final → Elaboração das Demonstrações Contábeis → Análise das Demonstrações Contábeis e/ou Auditoria

7.6. O Funcionamento das Contas de Acordo com o Método das Partidas Dobradas

No Capítulo 3, item 3.10, fizemos um estudo de caso mostrando a prática contábil, aplicando *balanços patrimoniais sucessivos* para mostrar a evolução patrimonial de uma sociedade criada por duas senhoras, voltada ao comércio de calçados.

Neste momento, é chegada a hora de apresentar o mesmo Exemplo, porém **de acordo com o método das partidas dobradas.** Nosso objetivo é fazer que o leitor se familiarize com os lançamentos contábeis. Procuraremos detalhar todos os eventos apresentados, tornando clara a apresentação de tão especial método para a Contabilidade.

Observem-se atentamente as movimentações ocorridas em cada conta apresentada de acordo com o evento ocorrido.

Eis o Estudo de Caso apresentado...

Duas distintas senhoras chamadas Deise Classy e Virgínia Blasth resolveram criar uma sociedade voltada para o comércio de calçados, em Botafogo, Rio de Janeiro. Em comum acordo, fundaram a Empresa Calçados Brilhantes Comercial Ltda.

A seguir, são apresentados os eventos ocorridos quando da criação e entrada em operação da empresa em tela, em ordem cronológica.

Utilizaremos o seguinte elenco de contas para a empresa em tela:

1. Ativo

1.1.001 Caixa

1.1.002 Bancos Conta Movimento

1.1.005 Poupança Bancária

1.1.013 Estoque de Mercadorias

1.4.001 Móveis e Utensílios

1.4.004 Computadores

1.4.011 Veículos

1.4.020 Imóveis

2. Passivo

2.1.001 Fornecedores

2.1.031 Financiamentos Bancários

2.1.052 Financiamentos Imobiliários

2.3.001 Capital Social

I – Constituição da Empresa Calçados Brilhantes Comercial Ltda.

As duas senhoras resolveram criar a empresa, em 12.02.2009, elaborando um Contrato Social, que foi enviado ao órgão competente para registro. Decidiram assumir o compromisso de investir, *de imediato*, na empresa, R$ 129.000,00, entregando, para a formação inicial de seu patrimônio: R$ 100.000,00 em dinheiro; dois computadores no valor de R$ 2.000,00 cada um; e um veículo no valor de R$ 25.000,00.

Observamos, então, que o Capital Social inicial da empresa teve valor total igual a R$ 129.000,00. O Capital Social representa o compromisso assumido pelos sócios junto à empresa; logo, o item patrimonial Capital Social é parcela pertencente aos sócios, constando do Patrimônio Líquido. Por outro lado, os recursos foram investidos na empresa na forma de dinheiro e bens, como segue: em dinheiro (R$ 100.000,00), entregando dois computadores (total de R$ 4.000,00) e um veículo (R$ 25.000,00), o que fez *surgir*, no Ativo, três componentes patrimoniais, qualitativa e quantitativamente apresentados. Portanto:

Etapas a serem seguidas ao elaborar um lançamento contábil:

Primeira Etapa – Identificar o local em que se deu o evento, assim como a data em que ele ocorreu.

Neste exemplo, o local em que se deu o evento é a cidade em que se situa o estabelecimento empresarial da empresa envolvida na operação (no caso, Rio de Janeiro – RJ).

A data em que o evento ocorreu é 12.02.2009, conforme a narrativa.

Segunda Etapa – Identificar, no evento, os elementos patrimoniais e/ou de resultado ora envolvidos.

No exemplo em comento, verificamos que as sócias resolveram criar a empresa registrando seu ato constitutivo no órgão de registro competente. Do ato constitutivo surge o compromisso das sócias de investir na sociedade (o capital social). As sócias resolveram entregar os recursos à sociedade *imediatamente*, da seguinte forma: R$ 100.000,00 em dinheiro; dois computadores no valor de R$ 2.000,00 cada um; e um veículo, no valor de R$ 25.000,00. Temos, então, neste Exemplo, quatro elementos patrimoniais envolvidos: *capital social, dinheiro, computadores* e *veículos*.

Terceira Etapa – Identificar, no Plano de Contas da entidade, as contas que serão utilizadas para registrar os elementos patrimoniais e/ou de resultado envolvidos no evento.

Já vimos que, para representar elementos patrimoniais e de resultado, utilizamos as contas. Relembrando: as contas representam bens, direitos, obrigações, elementos do patrimônio líquido, assim como elementos formadores de resultado.

Neste exemplo, verificamos que existem quatro elementos patrimoniais envolvidos: *capital social, dinheiro, computadores* e *veículos*.

Para saber a que contas correspondem esses itens patrimoniais, devemos observar o plano de contas da Empresa Calçados Brilhantes Comercial Ltda. Se já houver contas representativas desses itens patrimoniais, então deveremos utilizá-las; caso contrário, serão criadas contas para a representação de tais itens. Deve-se ressaltar que os planos de contas são flexíveis, devendo ser ajustados à realidade da entidade a que pertencem.

Observando o plano de contas da referida empresa, verificamos que os itens patrimoniais em comento possuem as seguintes contas a eles associadas:

- Capital Social – item patrimonial associado à conta Capital Social
- Dinheiro – item patrimonial associado à conta Caixa

- Computadores – item patrimonial associado à conta Computadores ou Computadores e Periféricos
- Veículos – item patrimonial associado à conta Veículos

Com isso, as quatro contas envolvidas neste evento são: *Capital Social, Caixa, Computadores* e *Veículos*.

Quarta Etapa – Verificar o que está ocorrendo com cada conta em particular, isto é, se cada conta está sendo debitada ou creditada.

a) Origens X Aplicações

A essência do método das partidas dobradas é afirmar que **a toda aplicação corresponde uma origem de recursos de igual valor**. De acordo com esse método, pelo menos duas contas estarão SEMPRE envolvidas em um lançamento contábil: uma a débito e outra a crédito. Observe-se que o valor envolvido será o mesmo para as duas contas. Ao valor de cada elemento patrimonial ou de resultado damos o nome de **recurso**. Um dos elementos envolvidos representará a origem de recursos, ou seja, de onde foram obtidos os recursos necessários ao evento; outro elemento representará a aplicação de recursos, isto é, em que foram aplicados os recursos no evento em tela.

> Em qualquer lançamento contábil, teremos SEMPRE:
> Débitos → Aplicações de Recursos
> Créditos → Origens de Recursos

Voltando ao exemplo: em que serão aplicados os recursos no valor de R$ 129.000,00? Na entrega de dinheiro (R$ 100.000,00), além de dois computadores (R$ 2.000,00 cada um) e de um veículo (R$ 25.000,00), todos componentes iniciais do Ativo da empresa. Logo, teremos três contas tendo seus saldos aumentados: Caixa, Computadores e Veículos. Como todas as contas ora apresentadas são contas principais do Ativo, terão seus saldos aumentados por débito.

De onde surgiram os recursos para entregar à sociedade? Surgiram da conta Capital Social, fruto do compromisso assumido e imediatamente honrado pelas sócias junto à sociedade. Portanto, a conta Capital Social terá um aumento em seu saldo de R$ 129.000,00, ou seja, será creditada em R$ 129.000,00.

Sabemos, então, que ocorreram as seguintes movimentações nas contas:

D – Caixa
D – Computadores
D – Veículos
C – Capital Social

(ou)

Diversos
a Capital Social
Caixa
Computadores
Veículos

b) Aumento ou Diminuição do Saldo da Conta

Observemos a natureza do saldo de cada conta e façamos a análise precisa do evento.

Saldo de uma conta, conforme já foi visto, é a diferença existente entre o total de valores lançados a débito e o total de valores lançados a crédito.

A conta Caixa é conta principal do Ativo e aumenta, em seu razonete, pelo lado do Balanço Patrimonial em que se encontra (lado esquerdo); logo, possui natureza devedora, aumentando por débito e diminuindo por crédito. Neste Exemplo, o dinheiro está sendo entregue à empresa. Com isso, a conta Caixa está sendo aumentada em R$ 100.000,00, devido à entrada de dinheiro nela. Finalmente, a conta Caixa está sendo debitada em R$ 100.000,00, já que aumenta por débito.

A conta Computadores é conta principal do Ativo e aumenta, em seu razonete, pelo lado do Balanço Patrimonial em que se encontra (lado esquerdo); logo, possui natureza devedora, aumentando por débito e diminuindo por crédito. Neste exemplo, os computadores estão sendo entregues à empresa. Com isso, a conta Computadores está sendo aumentada em R$ 4.000,00, devido à entrada de dois computadores na composição do patrimônio da empresa. Finalmente, a conta Computadores está sendo debitada em R$ 4.000,00, já que aumenta por débito.

A conta Veículos é conta principal do Ativo e aumenta, em seu razonete, pelo lado do Balanço Patrimonial em que se encontra (lado esquerdo); logo, possui natureza devedora, aumentando por débito e diminuindo por crédito. Neste exemplo, um veículo está sendo entregue à empresa. Com isso, a conta Veículos está sendo aumentada em R$ 25.000,00, devido à entrada de um veículo na composição do patrimônio da empresa. Finalmente, a conta Veículos está sendo debitada em R$ 25.000,00, já que aumenta por débito.

Observe-se, agora, a conta Capital Social. Trata-se de uma conta principal do Patrimônio Líquido, que aumenta, em seu razonete, pelo lado do Balanço Patrimonial em que se encontra (lado direito). Possui natureza credora, aumentando por crédito e diminuindo por débito. No presente exemplo, o compromisso assumido pelas sócias tem valor igual a R$ 129.000,00. Resta claro que a conta Capital Social tem um aumento em seu saldo de R$ 129.000,00. Então, a conta Capital Social está sendo aumentada em R$ 129.000,00. A conta Capital Social será creditada em R$ 129.000,00, já que está ocorrendo aumento em seu saldo.

Sabemos, então, que ocorreram as seguintes movimentações nas contas:

D – Caixa
D – Computadores
D – Veículos
C – Capital Social

   (ou)

Diversos
a Capital Social
Caixa
Computadores
Veículos

Quinta Etapa – Identificar os valores correspondentes às modificações ocorridas em cada conta.

No exemplo que estamos analisando, existem quatro contas: Caixa, Computadores, Veículos e Capital Social. Tais contas foram movimentadas da seguinte maneira: as contas Caixa, Computadores e Veículos foram aumentadas a débito; por sua vez, a conta Capital Social foi aumentada a crédito. O valor envolvido nesta operação é de R$ 129.000,00. Portanto, podemos afirmar que houve uma troca de recursos no valor de R$ 129.000,00. Foram entregues à empresa: dinheiro, no valor de R$ 100.000,00; dois computadores, no valor total de R$ 4.000,00; e um veículo, no valor de R$ 25.000,00. Por outro lado, o compromisso assumido pelas sócias junto à sociedade foi de entregar a ela R$ 129.000,00.

Portanto, assim procederemos:

D – Caixa	100.000,00	
D – Computadores	4.000,00	
D – Veículos	25.000,00	
C – Capital Social	129.000,00	

   (ou)

Diversos		
a Capital Social		
Caixa	100.000,00	
Computadores	4.000,00	
Veículos	25.000,00	129.000,00

Sexta Etapa – Redigir o histórico do lançamento.

Evento ocorrido: "As duas senhoras resolveram criar a empresa, em 12.02.2009, elaborando um Contrato Social, que foi enviado ao órgão competente para registro. Decidiram assumir o compromisso de investir, *de imediato*, na empresa, R$ 129.000,00, entregando, para a formação inicial de seu patrimônio: R$ 100.000,00 em dinheiro; dois computadores no valor de R$ 2.000,00 cada um; e um veículo no valor de R$ 25.000,00."

Poderemos, então, redigir o histórico do evento ocorrido nos seguintes termos:

"Constituição da sociedade limitada intitulada Calçados Brilhantes Comercial Ltda., conforme registro na Junta Comercial do Estado sob o nº 237.415, em sessão de 12.02.2009, com Capital Social realizado nesta data conforme segue:

Caixa
    Em dinheiro....................
Computadores
    Conforme NF 12.237, da InfoTex Com. Ltda., de 02.02.2009...........
Veículos
    Conforme NF 32.859, da Verde Veículos Com. Ltda., de 04.02.2009......"

Sétima Etapa – Registrar o lançamento contábil no Livro Diário.

Segue o registro efetuado no Livro Diário:

Rio de Janeiro, RJ, 12 de fevereiro de 2009
Diversos
a Capital Social
    Pela constituição da sociedade limitada intitulada Calçados Brilhantes Comercial Ltda., conforme registro na Junta Comercial do Estado do Rio de Janeiro sob o número 237.415, em sessão de 12.02.2009, com Capital Social realizado nesta data conforme segue:
Caixa
    Em dinheiro 100.000,00
Computadores
    Conforme NF 12.237, da InfoTex Com. Ltda., de 02.02.2009 .... 4.000,00
Veículos
    Conforme NF 32.859, da Verde Veículos Com. Ltda., de 04.02.2009 .... 25.000,00 ..... 129.000,00

Convém ressaltar que no Livro Razão serão efetuados registros a débito nas contas Caixa (R$ 100.000,00), Computadores (R$ 4.000,00) e Veículos (R$ 25.000,00), além de crédito na conta Capital Social (R$ 129.000,00), conforme apresentado no *resumo do evento ocorrido*.

Resumo do Evento Ocorrido

Evento Ocorrido: "As duas senhoras resolveram criar a empresa, em 12.02.2009, elaborando um Contrato Social, que foi enviado ao órgão competente para registro. Decidiram assumir o compromisso de investir, *de imediato*, na empresa, R$ 129.000,00, entregando, para a formação inicial de seu patrimônio: R$ 100.000,00 em dinheiro; dois computadores no valor de R$ 2.000,00 cada um; e um veículo no valor de R$ 25.000,00."

Conta Identificada	Grupo a que Pertence	Modificação Ocorrida no Saldo da Conta	Débito / Crédito
Caixa	Ativo	Aumento	Débito
Computadores	Ativo	Aumento	Débito
Veículos	Ativo	Aumento	Débito
Capital Social	Patrimônio Líquido	Aumento	Crédito

Registros efetuados no Livro Diário:

Rio de Janeiro, RJ, 12 de fevereiro de 2009
Diversos
a Capital Social
   Pela constituição da sociedade limitada intitulada Calçados Brilhantes Comercial Ltda., conforme registro na Junta Comercial do Estado do Rio de Janeiro sob o número 237.415, em sessão de 12.02.2009, com Capital Social realizado nesta data conforme segue:
Caixa
   Em dinheiro, entregues R$ 50.000,00 por cada uma das sócias 100.000,00
Computadores
   Conforme NF 12.237, da InfoTex Com. Ltda., de 02.02.2009 .... 4.000,00
Veículos
   Conforme NF 32.859, da Verde Veículos Com. Ltda., de 04.02.2009 .... 25.000,00 ..... 129.000,00

(ou)

Folha 01

Data	Número do Lançamento	Código da Conta	Histórico	Débito	Crédito
12/02/2009	001		Diversos		
		2.3.001	a Capital Social		129.000,00
		1.1.001	Caixa	100.000,00	
		1.4.004	Computadores	4.000,00	
		1.4.011	Veículos	25.000,00	
			Pela constituição da sociedade limitada intitulada Calçados Brilhantes Comercial Ltda., conforme registro na Junta Comercial do Estado do Rio de Janeiro sob o número 237.415, em sessão de 12/02/2009, com Capital Social realizado nesta data conforme se segue: Caixa Em dinheiro, entregues R$ 50.000,00 por cada uma das sócias Computadores Conforme NF 12.237, da InfoTex Com. Ltda., de 02/02/2009 Veículos Conforme NF 32.859, da Verde Veículos Com. Ltda., de 04/02/2009		

Capítulo 7 — O Lançamento Contábil ■ 171

Registros efetuados no Livro Razão:

Nome (ou Título) da Conta: Caixa   **Código da Conta:** 1.1.001

Data	Contrapartidas		Número da Folha do Livro Diário	Número do Lançamento no Livro Diário	Débito	Crédito	Saldo	
	Código	Conta					R$	D/C
							0,00	
12/02/2009	2.3.001	Capital Social	01	001	100.000,00		100.000,00	D

Nome (ou Título) da Conta: Computadores   **Código da Conta:** 1.4.004

Data	Contrapartidas		Número da Folha do Livro Diário	Número do Lançamento no Livro Diário	Débito	Crédito	Saldo	
	Código	Conta					R$	D/C
							0,00	
12/02/2009	2.3.001	Capital Social	01	001	4.000,00		4.000,00	D

Nome (ou Título) da Conta: Veículos   **Código da Conta:** 1.4.011

Data	Contrapartidas		Número da Folha do Livro Diário	Número do Lançamento no Livro Diário	Débito	Crédito	Saldo	
	Código	Conta					R$	D/C
							0,00	
12/02/2009	2.3.001	Capital Social	01	001	25.000,00		25.000,00	D

Nome (ou Título) da Conta: Capital Social   **Código da Conta:** 2.3.001

Data	Contrapartidas		Número da Folha do Livro Diário	Número do Lançamento no Livro Diário	Débito	Crédito	Saldo	
	Código	Conta					R$	D/C
							0,00	
12/02/2009	1.1.001	Caixa	01	001		100.000,00	100.000,00	C
12/02/2009	1.4.004	Computadores	01	001		4.000,00	104.000,00	C
12/02/2009	1.4.011	Veículos	01	001		25.000,00	129.000,00	C

Apresentamos os razonetes das contas movimentadas até o momento, com os seus respectivos saldos:

```
         Caixa (Valores em R$)                         Veículos (Valores em R$)
      Saldo Inicial – 0,00                          Saldo Inicial – 0,00
      (I) 100.000,00                                (I) 25.000,00
─────────────────────────────────           ─────────────────────────────────
100.000,00 (saldo devedor)                  25.000,00 (saldo devedor)

      Computadores (Valores em R$)                 Capital Social (Valores em R$)
      Saldo Inicial – 0,00                         0,00 – Saldo Inicial
      (I) 4.000,00                                 129.000,00 (I)
─────────────────────────────────           ─────────────────────────────────
4.000,00 (saldo devedor)                    129.000,00 (saldo credor)
```

Eis o Balanço Patrimonial atualizado, após o evento ocorrido:

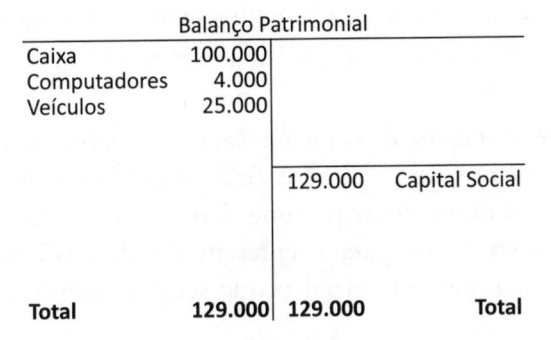

Balanço Patrimonial			
Caixa	100.000		
Computadores	4.000		
Veículos	25.000		
		129.000	Capital Social
Total	129.000	129.000	Total

II – Aquisição de Móveis e Utensílios para a Empresa

Em 13.02.2009 resolveram adquirir móveis e utensílios para a empresa ora criada, pagando, à vista e em dinheiro, R$ 6.000,00.

Nesse caso, como já possuem R$ 100.000,00 em dinheiro (Caixa), utilizaram uma parcela desses recursos (R$ 6.000,00) para a aquisição dos móveis e utensílios, fazendo *surgir* mais um componente patrimonial no Ativo. Em consequência, o item patrimonial Caixa passará a ter saldo de R$ 94.000,00, já que foram utilizados R$ 6.000,00 dele para a aquisição ora comentada.

Etapas a serem seguidas ao elaborar um lançamento contábil:

Primeira Etapa – Identificar o local em que se deu o evento, assim como a data em que ele ocorreu.

Neste exemplo, o local em que se deu o evento é a cidade em que se situa o estabelecimento empresarial da empresa envolvida na operação (no caso, Rio de Janeiro – RJ).

A data em que o evento ocorreu é 13.02.2009, conforme a narrativa.

Segunda Etapa – Identificar, no evento, os elementos patrimoniais e/ou de resultado ora envolvidos.

No exemplo em comento, verificamos que foram adquiridos móveis e utensílios para uso na empresa por R$ 6.000,00. O valor dos móveis e utensílios foi pago à vista e em dinheiro. Elucidando o exemplo: a Empresa Calçados Brilhantes Comercial Ltda. recebeu móveis e utensílios para uso próprio e, em contrapartida, entregou dinheiro ao fornecedor! Temos, então, neste exemplo, dois elementos patrimoniais envolvidos: *móveis e utensílios* e *dinheiro*.

Terceira Etapa – Identificar, no Plano de Contas da entidade, as contas que serão utilizadas para registrar os elementos patrimoniais e/ou de resultado envolvidos no evento.

Já vimos que, para representar elementos patrimoniais e de resultado, utilizamos as contas. Relembrando: as contas representam bens, direitos, obrigações, elementos do patrimônio líquido, assim como elementos de receitas e de despesas.

Neste exemplo, verificamos que existem dois elementos patrimoniais envolvidos: *móveis e utensílios* e *dinheiro*.

Para saber a que contas correspondem esses itens patrimoniais, devemos observar o plano de contas da Empresa Calçados Brilhantes Comercial Ltda. Se já houver contas representativas desses itens patrimoniais, então deveremos utilizá-las; caso contrário, serão criadas contas para a representação de tais itens. Deve-se ressaltar que os planos de contas são flexíveis, devendo ser ajustados à realidade da entidade a que pertencem.

Observando o plano de contas da referida empresa, verificamos que os itens patrimoniais em comento possuem as seguintes contas a eles associadas:

- Móveis e Utensílios – item patrimonial associado à conta Móveis e Utensílios
- Dinheiro – item patrimonial associado à conta Caixa

Com isso, as duas contas envolvidas nesse evento são: *Móveis e Utensílios* e *Caixa*.

Quarta Etapa – Verificar o que está ocorrendo com cada conta em particular, isto é, se cada conta está sendo debitada ou creditada.

a) Origens X Aplicações

A essência do método das partidas dobradas é afirmar que **a toda aplicação corresponde uma origem de recursos de igual valor**. De acordo com esse método, pelo menos duas contas estarão SEMPRE envolvidas em um lançamento contábil: uma a débito e outra a crédito. Observe-se que o valor envolvido será o mesmo para as duas contas. Ao valor de cada elemento patrimonial ou de resultado damos o nome de **recurso**. Um dos elementos envolvidos representará a origem de recursos, ou seja, de onde foram obtidos os recursos necessários ao evento; outro elemento representará a aplicação de recursos, isto é, em que foram aplicados os recursos no evento em tela.

> **Em qualquer lançamento contábil, teremos SEMPRE:**
> Débitos → Aplicações de Recursos
> Créditos → Origens de Recursos

Voltando ao exemplo, em que serão aplicados os recursos no valor de R$ 6.000,00? Na aquisição de móveis e utensílios. Logo, a conta Móveis e Utensílios será debitada em R$ 6.000,00.

De onde surgiram os recursos para pagar a aquisição de mercadorias? Surgiram da conta Caixa. Portanto, a conta Caixa será creditada em R$ 6.000,00.

Sabemos, então, que ocorreram as seguintes movimentações nas contas:

D – Móveis e Utensílios
C – Caixa
    (ou)
Móveis e Utensílios
a Caixa

b) Aumento ou Diminuição do Saldo da Conta

Observemos a natureza do saldo de cada conta e façamos a análise precisa do evento.

Saldo de uma conta, conforme já foi visto, é a diferença existente entre o total de valores lançados a débito e o total de valores lançados a crédito.

A conta Móveis e Utensílios é conta principal do Ativo e aumenta, em seu razonete, pelo lado do Balanço Patrimonial em que se encontra (lado esquerdo); logo, possui natureza devedora, aumentando por débito e diminuindo por crédito. Neste exemplo, móveis e utensílios estão sendo adquiridos para a empresa. Com isso, a conta Móveis e Utensílios está sendo aumentada em R$ 6.000,00, devido à entrada dos móveis e utensílios adquiridos para uso na empresa. Finalmente, a conta Móveis e Utensílios está sendo debitada em R$ 6.000,00, já que aumenta por débito.

Observe, agora, a conta Caixa. Trata-se de outra conta principal do Ativo, que também aumenta, em seu razonete, pelo lado do Balanço Patrimonial em que se encontra (lado esquerdo). Também possui natureza devedora, aumentando por débito e diminuindo por crédito. No presente exemplo, estão sendo pagos ao fornecedor R$ 6.000,00 pela aquisição de móveis e utensílios. Resta claro que o dinheiro de posse da empresa teve uma diminuição em seu saldo, devido ao pagamento dos R$ 6.000,00. Então, a conta Caixa está sendo diminuída em R$ 6.000,00. A conta Caixa será creditada em R$ 6.000,00, já que está ocorrendo redução em seu saldo.

Sabemos, então, que ocorreram as seguintes movimentações nas contas:

D – Móveis e Utensílios
C – Caixa
    (ou)
Móveis e Utensílios
a Caixa

Quinta Etapa – Identificar os valores correspondentes às modificações ocorridas em cada conta.

No exemplo que estamos analisando, existem duas contas: Móveis e Utensílios e Caixa. Estas contas foram movimentadas, respectivamente, a débito e a crédito. O valor envolvido nessa operação é de R$ 6.000,00. Portanto, podemos afirmar que houve uma troca de recursos no valor de R$ 6.000,00. A Empresa Calçados Brilhantes Comercial Ltda. entregou R$ 6.000,00 em dinheiro ao fornecedor e recebeu móveis e utensílios em valor correspondente a R$ 6.000,00.

Portanto, assim procederemos:

D – Móveis e Utensílios
C – Caixa   6.000,00
    (ou)
Móveis e Utensílios
a Caixa   6.000,00

Sexta Etapa – Redigir o histórico do lançamento.

Evento ocorrido: "Em 13.02.2009, resolveram adquirir móveis e utensílios para a empresa ora criada, pagando, à vista e em dinheiro, R$ 6.000,00."

Poderemos, então, redigir o histórico do evento ocorrido nos seguintes termos:

"NF 7.680, da Fornece Tudo Com. Ltda., ref. à aquisição de móveis e utensílios para uso próprio."

Sétima Etapa – Registrar o lançamento contábil no Livro Diário.

Segue o registro efetuado no Livro Diário:

Rio de Janeiro, RJ, 13 de fevereiro de 2009
Móveis e Utensílios
a Caixa
NF 7.680, da Fornece Tudo
Com. Ltda., ref. à aquisição de
móveis e utensílios para uso próprio   6.000,00

Convém ressaltar que, no Livro Razão, serão efetuados registros a débito na conta Móveis e Utensílios e a crédito na conta Caixa, ambos no valor de R$ 6.000,00, conforme apresentado no *resumo do evento ocorrido*.

Resumo do Evento Ocorrido

Evento ocorrido: "Em 13.02.2009, resolveram adquirir móveis e utensílios para a empresa ora criada, pagando, à vista e em dinheiro, R$ 6.000,00."

Conta Identificada	Grupo a que Pertence	Modificação Ocorrida no Saldo da Conta	Débito / Crédito
Móveis e Utensílios	Ativo	Aumento	Débito
Caixa	Ativo	Diminuição	Crédito

Registros efetuados no Livro Diário:

Rio de Janeiro, RJ, 13 de fevereiro de 2009
Móveis e Utensílios
a Caixa
NF 7.680, da Fornece Tudo
Com. Ltda., ref. à aquisição de
móveis e utensílios para uso próprio   6.000,00
            (ou)

Folha 01

Data	Número do Lançamento	Código da Conta	Histórico	Débito	Crédito
13/02/2009	002	1.4.001	Móveis e Utensílios	6.000,00	
		1.1.001	a Caixa		6.000,00
			NF 7.680, da Fornece Tudo Com. Ltda., ref. à aquisição de móveis e utensílios para uso próprio		

Registros efetuados no Livro Razão:

Nome (ou Título) da Conta: Móveis e Utensílios   **Código da Conta:** 1.4.001

Data	Contrapartidas		Número da Folha do Livro Diário	Número do Lançamento no Livro Diário	Débito	Crédito	Saldo	
	Código	Conta					R$	D/C
							0,00	
13/02/2009	1.1.001	Caixa	01	002	6.000,00		6.000,00	D

Nome (ou Título) da Conta: Caixa   **Código da Conta:** 1.1.001

Data	Contrapartidas		Número da Folha do Livro Diário	Número do Lançamento no Livro Diário	Débito	Crédito	Saldo	
	Código	Conta					R$	D/C
							0,00	
12/02/2009	2.3.001	Capital Social	01	001	100.000,00		100.000,00	D
13/02/2009	1.4.001	Móveis e Utensílios	01	002		6.000,00	94.000,00	D

Apresentamos os razonetes das contas movimentadas até o momento, com os seus respectivos saldos:

```
           Caixa (Valores em R$)                    Computadores (Valores em R$)
   Saldo Inicial – 0,00 | 6.000,00 (II)       Saldo Inicial – 0,00 |
        (I) 100.000,00  |                         (I) 4.000,00     |
   ─────────────────────                      ─────────────────────
   94.000,00 (saldo devedor)|                 4.000,00 (saldo devedor)|

          Veículos (Valores em R$)                 Capital Social (Valores em R$)
   Saldo Inicial – 0,00 |                                           | 0,00 – Saldo Inicial
        (I) 25.000,00   |                                           | 129.000,00 (I)
   ─────────────────────                      ─────────────────────
   25.000,00 (saldo devedor)|                              |129.000,00 (saldo credor)

      Móveis e Utensílios (Valores em R$)
   Saldo Inicial – 0,00 |
        (II) 6.000,00   |
   ─────────────────────
   6.000,00 (saldo devedor)|
```

Eis o Balanço Patrimonial atualizado, após o evento ocorrido:

Balanço Patrimonial

Caixa	94.000		
Computadores	4.000		
Veículos	25.000		
Móveis e Utensílios	6.000		
		129.000	Capital Social
Total	129.000	129.000	Total

III – Transferência de Recursos para Uma Conta-Corrente-Bancária

Em 13.02.2009, as sócias decidiram diminuir a quantia que possuíam *em mãos* e resolveram abrir uma conta-corrente bancária em nome da empresa criada, depositando na citada conta R$ 50.000,00.

Fruto desse evento, o item patrimonial Caixa deverá possuir saldo de R$ 44.000,00 e *surgirá* no Ativo outro componente patrimonial (Bancos), com saldo de R$ 50.000,00.

Etapas a serem seguidas ao elaborar um lançamento contábil:

Primeira Etapa – Identificar o local em que se deu o evento, assim como a data em que ocorreu.

Neste exemplo, o local em que se deu o evento é a cidade em que se situa o estabelecimento empresarial da empresa envolvida na operação (no caso, Rio de Janeiro – RJ).

A data em que o evento ocorreu é 13.02.2009, conforme a narrativa.

Segunda Etapa – Identificar, no evento, os elementos patrimoniais e/ou de resultado ora envolvidos.

No exemplo em comento, verificamos que foi efetuado depósito em conta-corrente no valor de R$ 50.000,00. O depósito foi efetuado em dinheiro. Elucidando o exemplo: a Empresa Calçados Brilhantes Comercial Ltda. criou um saldo em conta-corrente a partir de recursos (dinheiro) que possuía em mãos. Temos, então, neste exemplo, dois elementos patrimoniais envolvidos: *conta-corrente bancária* e *dinheiro*.

Terceira Etapa – Identificar, no Plano de Contas da entidade, as contas que serão utilizadas para registrar os elementos patrimoniais e/ou de resultado envolvidos no evento.

Já vimos que, para representar elementos patrimoniais e de resultado, utilizamos as contas. Relembrando: as contas representam bens, direitos, obrigações, elementos do patrimônio líquido, assim como elementos de receitas e de despesas.

Neste exemplo, verificamos que existem dois elementos patrimoniais envolvidos: *conta-corrente bancária* e *dinheiro*.

Para saber a que contas correspondem esses itens patrimoniais, devemos observar o plano de contas da Empresa Calçados Brilhantes Comercial Ltda. Se já houver contas representativas desses itens patrimoniais, então deveremos utilizá-las; caso contrário, serão criadas contas para a representação de tais itens. Deve-se ressaltar que os planos de contas são flexíveis, devendo ser ajustados à realidade da entidade a que pertencem.

Observando o plano de contas da referida empresa, verificamos que os itens patrimoniais em comento possuem as seguintes contas a eles associadas:

- Conta-Corrente Bancária – item patrimonial associado à conta Bancos ou Bancos Conta Movimento ou Bancos C/ Movimento
- Dinheiro – item patrimonial associado à conta Caixa

Com isso, as duas contas envolvidas neste evento são: *Bancos Conta Movimento* e *Caixa*.

Quarta Etapa – Verificar o que está ocorrendo com cada conta em particular, isto é, se cada conta está sendo debitada ou creditada.

a) Origens X Aplicações

A essência do método das partidas dobradas é afirmar que **a toda aplicação corresponde uma origem de recursos de igual valor**. De acordo com esse método, pelo menos duas contas estarão SEMPRE envolvidas em um lançamento contábil: uma a débito e outra a crédito. Observe-se que o valor envolvido será o mesmo para as duas contas. Ao valor de cada elemento patrimonial ou de resultado damos o nome de **recurso**. Um dos elementos envolvidos representará a origem dos recursos, ou seja, de onde foram obtidos os recursos necessários ao evento; outro elemento representará a aplicação dos recursos, isto é, em que foram aplicados os recursos no evento em tela.

> **Em qualquer lançamento contábil, teremos SEMPRE:**
> Débitos → Aplicações de Recursos
> Créditos → Origens de Recursos

Voltando ao exemplo, em que serão aplicados os recursos no valor de R$ 50.000,00? Em um depósito em conta-corrente-bancária. Logo, a conta Bancos Conta Movimento será debitada em R$ 50.000,00.

De onde surgiram os recursos para efetuar o depósito bancário? Surgiram da conta Caixa. Portanto, a conta Caixa será creditada em R$ 50.000,00.

Sabemos, então, que ocorreram as seguintes movimentações nas contas:

D – Bancos Conta Movimento
C – Caixa
    (ou)
Bancos Conta Movimento
a Caixa

b) Aumento ou Diminuição do Saldo da Conta

Observemos a natureza do saldo de cada conta e façamos a análise precisa do evento.

Saldo de uma conta, conforme já foi visto, é a diferença existente entre o total de valores lançados a débito e o total de valores lançados a crédito.

A conta Bancos Conta Movimento é conta principal do Ativo e aumenta, em seu razonete, pelo lado do Balanço Patrimonial em que se encontra (lado esquerdo); logo, possui natureza devedora, aumentando por débito e diminuindo por crédito. Neste exemplo, um depósito em conta-corrente está sendo efetuado para a empresa. Com isso, a conta Bancos Conta Movimento está sendo aumentada em R$ 50.000,00, devido ao depósito realizado. Finalmente, a conta Bancos Conta Movimento está sendo debitada em R$ 50.000,00, já que aumenta por débito.

Observe, agora, a conta Caixa. Trata-se de outra conta principal do Ativo, que também aumenta, em seu razonete, pelo lado do Balanço Patrimonial em que se encontra (lado esquerdo). Também possui natureza devedora, aumentando por débito e diminuindo por crédito. No presente exemplo, estão sendo depositados R$ 50.000,00, utilizando os recursos da conta Caixa. Resta claro que houve uma diminuição do saldo em dinheiro de posse da empresa, devido ao depósito dos R$ 50.000,00. Então, a conta Caixa está sendo diminuída em R$ 50.000,00. Com isso, a conta Caixa será creditada em R$ 50.000,00, já que está ocorrendo redução em seu saldo.

Sabemos, então, que ocorreram as seguintes movimentações nas contas:

D – Bancos Conta Movimento
C – Caixa
       (ou)
Bancos Conta Movimento
a Caixa

Quinta Etapa – Identificar os valores correspondentes às modificações ocorridas em cada conta.

No exemplo que estamos analisando, existem duas contas: Bancos Conta Movimento e Caixa. Tais contas foram movimentadas, respectivamente, a débito e a crédito. O valor envolvido nessa operação é de R$ 50.000,00. Portanto, podemos afirmar que houve uma troca de recursos no valor de R$ 50.000,00. A Empresa Calçados Brilhantes Comercial Ltda. depositou R$ 50.000,00 em conta-corrente, sendo que tais recursos saíram da conta Caixa.

Portanto, assim procederemos:

D – Bancos Conta Movimento
C – Caixa   50.000,00
    (ou)
Bancos Conta Movimento
a Caixa   50.000,00

Sexta Etapa – Redigir o histórico do lançamento.

Evento Ocorrido: "Em 13.02.2009, as sócias decidiram diminuir a quantia que possuíam em mãos e resolveram abrir uma conta-corrente bancária em nome da empresa criada, depositando na citada conta R$ 50.000,00."

Poderemos, então, redigir o histórico do evento ocorrido nos seguintes termos: "Depósito efetuado em nossa conta-corrente do Banco STRAWS S/A."

Sétima Etapa – Registrar o lançamento contábil no Livro Diário.

Segue o registro efetuado no Livro Diário:

Rio de Janeiro, RJ, 13 de fevereiro de 2009
Bancos Conta Movimento
a Caixa
  Depósito efetuado em nossa conta-corrente do
Banco STRAWS S/A   *50.000,00*

Convém ressaltar que, no Livro Razão, serão efetuados registros a débito na conta Bancos Conta Movimento e a crédito na conta Caixa, ambos no valor de R$ 50.000,00, conforme apresentado no *resumo do evento ocorrido*.

Resumo do Evento Ocorrido

Evento Ocorrido: "Em 13.02.2009, as sócias decidiram diminuir a quantia que possuíam em mãos e resolveram abrir uma conta-corrente bancária em nome da empresa criada, depositando na citada conta R$ 50.000,00."

Conta Identificada	Grupo a que Pertence	Modificação Ocorrida no Saldo da Conta	Débito / Crédito
Bancos Conta Movimento	Ativo	Aumento	Débito
Caixa	Ativo	Diminuição	Crédito

Registros efetuados no Livro Diário:

Rio de Janeiro, RJ, 13 de fevereiro de 2009
Bancos Conta Movimento
a Caixa
  Depósito efetuado em nossa conta-corrente do
Banco STRAWS S/A   *50.000,00*
          (ou)

Capítulo 7 — O Lançamento Contábil ■ 181

Folha 01

Data	Número do Lançamento	Código da Conta	Histórico	Débito	Crédito
13/02/2009	003	1.1.002 1.1.001	Bancos Conta Movimento a Caixa Depósito efetuado em nossa conta-corrente do Banco STRAWS S/A	50.000,00	50.000,00

Registros efetuados no Livro Razão:

Nome (ou Título) da Conta: Bancos Conta Movimento **Código da Conta:** 1.1.002

Data	Contrapartidas		Número da Folha do Livro Diário	Número do Lançamento no Livro Diário	Débito	Crédito	Saldo	
	Código	Conta					R$	D/C
							0,00	
13/02/2009	1.1.001	Caixa	01	003	50.000,00		50.000,00	D

Nome (ou Título) da Conta: Caixa **Código da Conta:** 1.1.001

Data	Contrapartidas		Número da Folha do Livro Diário	Número do Lançamento no Livro Diário	Débito	Crédito	Saldo	
	Código	Conta					R$	D/C
							0,00	
12/02/2009	2.3.001	Capital Social	01	001	100.000,00		100.000,00	D
13/02/2009	1.4.001	Móveis e Utensílios	01	002		6.000,00	94.000,00	D
13/02/2009	1.1.002	Bancos Conta Movimento	01	003		50.000,00	44.000,00	D

Apresentamos os razonetes das contas movimentadas até o momento, com os seus respectivos saldos:

Caixa (Valores em R$)	
Saldo Inicial – 0,00	6.000,00 (II)
(I) 100.000,00	50.000,00 (III)
44.000,00 (saldo devedor)	

Computadores (Valores em R$)	
Saldo Inicial – 0,00	
(I) 4.000,00	
4.000,00 (saldo devedor)	

Veículos (Valores em R$)	
Saldo Inicial – 0,00	
(I) 25.000,00	
25.000,00 (saldo devedor)	

Capital Social (Valores em R$)	
	0,00 – Saldo Inicial
	129.000,00 (I)
	129.000,00 (saldo credor)

Móveis e Utensílios (Valores em R$)	
Saldo Inicial – 0,00	
(II) 6.000,00	
6.000,00 (saldo devedor)	

Bancos Conta Movimento (Valores em R$)	
Saldo Inicial – 0,00	
(III) 50.000,00	
50.000,00 (saldo devedor)	

Eis o Balanço Patrimonial atualizado, após o evento ocorrido:

Balanço Patrimonial			
Caixa	44.000		
Computadores	4.000		
Veículos	25.000		
Móveis e Utensílios	6.000		
Bancos Conta Movimento	50.000		
		129.000	Capital Social
Total	**129.000**	**129.000**	**Total**

IV – Aquisição de Mercadorias para Revenda, Parte à Vista e Parte a Prazo

Para que a empresa possa funcionar de acordo com a sua proposta de funcionamento, constante do Contrato Social, em 15.02.2009 foram adquiridas mercadorias para revenda no valor de R$ 15.000,00 (à vista e em dinheiro), R$ 20.000,00 (à vista e em cheque) e R$ 32.000,00 a prazo.

Foram, então, adquiridas mercadorias no valor total de R$ 67.000,00. Para essa aquisição, foram utilizados recursos do item patrimonial Caixa (R$ 15.000,00), que passou a ter saldo de R$ 29.000,00, e do item patrimonial Bancos (R$ 20.000,00), que passou a ter saldo de R$ 30.000,00. As sócias optaram pela aquisição a prazo de R$ 32.000,00 em mercadorias, o que fez *surgir* no Passivo Exigível do Balanço Patrimonial uma obrigação de pagar aos fornecedores esse valor. Note-se que o patrimônio bruto (Ativo) da empresa aumenta, porém aumentam, pelo mesmo valor, as obrigações da empresa junto a terceiros (Fornecedores).

Etapas a serem seguidas ao elaborar um lançamento contábil:

Primeira Etapa – Identificar o local em que se deu o evento, assim como a data em que ocorreu.

Neste exemplo, o local em que se deu o evento é a cidade em que se situa o estabelecimento empresarial da empresa envolvida na operação (no caso, Rio de Janeiro – RJ).

A data em que o evento ocorreu é 15.02.2009, conforme a narrativa.

Segunda Etapa – Identificar, no evento, os elementos patrimoniais e/ou de resultado ora envolvidos.

No exemplo em comento, verificamos que foram adquiridas mercadorias para revenda por R$ 67.000,00, da seguinte forma: uma parcela paga à vista e em dinheiro (R$ 15.000,00); outra parcela paga à vista e em cheque (R$ 20.000,00); e uma última parcela será paga a prazo. Elucidando o exemplo: a Empresa Calçados Brilhantes Comercial Ltda. recebeu mercadorias para revender e, em contrapartida, entregou parte do pagamento em dinheiro, parte do pagamento em cheque e se comprometeu a pagar a parcela restante (ou seja, adquiriu mercadorias a prazo). Temos, então, neste exemplo, quatro elementos patrimoniais envolvidos: *mercadorias, dinheiro, conta-corrente bancária* (devido ao cheque emitido) e *obrigação de pagar a fornecedor*.

Terceira Etapa – Identificar, no Plano de Contas da entidade, as contas que serão utilizadas para registrar os elementos patrimoniais e/ou de resultado envolvidos no evento.

Já vimos que, para representar elementos patrimoniais e de resultado, utilizamos as contas. Relembrando: as contas representam bens, direitos, obrigações, elementos do patrimônio líquido, assim como elementos de receitas e de despesas.

Neste exemplo, verificamos que existem quatro elementos patrimoniais envolvidos: *mercadorias, dinheiro, conta-corrente bancária* e *obrigação de pagar a fornecedor*.

Para sabermos a que contas correspondem esses itens patrimoniais, devemos observar o plano de contas da Empresa Calçados Brilhantes Comercial Ltda. Se já houver contas representativas desses itens patrimoniais, então deveremos utilizá-las; caso contrário, serão criadas contas para a representação de tais itens. Deve-se ressaltar que os planos de contas são flexíveis, devendo ser ajustados à realidade da entidade a que pertencem.

Observando o plano de contas da referida empresa, verificamos que os itens patrimoniais em comento possuem as seguintes contas a eles associadas:

- Mercadorias – item patrimonial associado à conta Estoque de Mercadorias ou Mercadorias ou Mercadorias em Estoque
- Conta-Corrente Bancária – item patrimonial associado à conta Bancos ou Bancos Conta Movimento ou Bancos C/ Movimento
- Dinheiro – item patrimonial associado à conta Caixa
- Obrigação de Pagar a Fornecedor – item patrimonial associado à conta Fornecedores ou Fornecedores a Pagar

Com isso, as quatro contas envolvidas neste evento são: *Estoque de Mercadorias, Caixa, Bancos Conta Movimento* e *Fornecedores*.

Quarta Etapa – Verificar o que está ocorrendo com cada conta em particular, isto é, se cada conta está sendo debitada ou creditada.

a) Origens X Aplicações

A essência do método das partidas dobradas é afirmar que **a toda aplicação corresponde uma origem de recursos de igual valor**. De acordo com esse método, pelo menos duas contas estarão SEMPRE envolvidas em um lançamento contábil: uma a débito e outra a crédito. Observe-se que o valor envolvido será o mesmo para as duas contas. Ao valor de cada elemento patrimonial ou de resultado damos o nome de **recurso**. Um dos elementos envolvidos representará a origem de recursos, ou seja, de onde foram obtidos os recursos necessários ao evento; outro elemento representará a aplicação de recursos, isto é, em que foram aplicados os recursos no evento em tela.

Em qualquer lançamento contábil, teremos SEMPRE:

Débitos → Aplicações de Recursos

Créditos → Origens de Recursos

Voltando ao exemplo, em que serão aplicados os recursos no valor de R$ 67.000,00? Na aquisição de mercadorias. Logo, a conta Estoque de Mercadorias será debitada em R$ 67.000,00.

De onde surgiram os recursos para pagar a aquisição de mercadorias? Surgiram de várias contas: da conta Caixa surgiram R$ 15.000,00; da conta Bancos Conta Movimento surgiram outros R$ 20.000,00; e surgiu, no Passivo Exigível, uma obrigação de pagar R$ 32.000,00 ao fornecedor das mercadorias. Portanto, a conta Caixa será creditada em R$ 15.000,00; a conta Bancos Conta Movimento será creditada em R$ 20.000,00; e a conta Fornecedores será creditada em R$ 32.000,00.

Sabemos, então, que ocorreram as seguintes movimentações nas contas:

D – Estoque de Mercadorias
C – Caixa
C – Bancos Conta Movimento
C – Fornecedores
    (ou)
Estoque de Mercadorias
a Diversos
a Caixa
a Bancos Conta Movimento
a Fornecedores

b) Aumento ou Diminuição do Saldo da Conta

Observemos a natureza do saldo de cada conta e façamos a análise precisa do evento.

Saldo de uma conta, conforme já foi visto, é a diferença existente entre o total de valores lançados a débito e o total de valores lançados a crédito.

A conta Estoque de Mercadorias é conta principal do Ativo e aumenta, em seu razonete, pelo lado do Balanço Patrimonial em que se encontra (lado esquerdo); logo, possui natureza devedora, aumentando por débito e diminuindo por crédito. Neste exemplo, mercadorias estão sendo adquiridas para a empresa. Com isso, a conta Estoque de Mercadorias está sendo aumentada em R$ 67.000,00, devido à entrada das mercadorias adquiridas para revenda em estoque. Finalmente, a conta Estoque de Mercadorias está sendo debitada em R$ 67.000,00, já que aumenta por débito.

Observe, agora, a conta Caixa. Trata-se de outra conta principal do Ativo, que também aumenta, em seu razonete, pelo lado do Balanço Patrimonial em que se encontra (lado esquerdo). Também possui natureza devedora, aumentando por débito e diminuindo por crédito. No presente exemplo, estão sendo pagos ao fornecedor R$ 15.000,00 à vista e em dinheiro pela aquisição de mercadorias para revenda. Resta claro que o saldo em dinheiro de posse da empresa teve uma diminuição, devido ao pagamento dos R$ 15.000,00. Então, a conta Caixa está sendo diminuída em R$ 15.000,00. A conta Caixa será creditada em R$ 15.000,00, já que está ocorrendo redução em seu saldo.

A conta Bancos Conta Movimento é outra conta principal do Ativo, que também aumenta, em seu razonete, pelo lado do Balanço Patrimonial em que se encontra (lado esquerdo). Também possui natureza devedora, aumentando por débito e diminuindo por crédito. No presente exemplo, estão sendo pagos ao fornecedor R$ 20.000,00 à vista e em cheque pela aquisição de mercadorias para revenda. Resta claro que a conta-corrente da empresa teve seu saldo diminuído devido ao pagamento dos R$ 20.000,00. Então, a conta Bancos Conta Movimento está sendo diminuída em R$ 20.000,00. A conta Bancos Conta Movimento será creditada em R$ 20.000,00, já que está ocorrendo redução em seu saldo.

Parte do pagamento ao fornecedor será efetuada a prazo. O que isto significa? Significa que foi gerada obrigação da empresa junto a seu fornecedor, pelo valor de R$ 32.000,00. A conta Fornecedores é conta do Passivo Exigível, aumentando pelo lado do Balanço Patrimonial em que se encontra (lado direito). Possui natureza credora, aumentando por crédito e diminuindo por débito. Como está sendo contraída obrigação junto ao fornecedor, a conta Fornecedores está tendo um aumento em seu saldo por valor igual a R$ 32.000,00. Dizemos que a conta Fornecedores será creditada em R$ 32.000,00, devido à obrigação contraída pela empresa junto ao fornecedor de mercadorias.

Sabemos, então, que ocorreram as seguintes movimentações nas contas:

D – Estoque de Mercadorias
C – Caixa
C – Bancos Conta Movimento
C – Fornecedores
      (ou)
Estoque de Mercadorias
a Diversos
a Caixa
a Bancos Conta Movimento
a Fornecedores

Quinta Etapa – Identificar os valores correspondentes às modificações ocorridas em cada conta.

No exemplo que estamos analisando, existem quatro contas: Estoque de Mercadorias, Caixa, Bancos Conta Movimento e Fornecedores. Estas contas foram movimentadas, respectivamente, a débito, a crédito, a crédito e a crédito. O valor envolvido nessa operação é de R$ 67.000,00. Portanto, podemos afirmar que houve uma troca de recursos no valor de R$ 67.000,00. A Empresa Calçados Brilhantes Comercial Ltda. entregou R$ 15.000,00 em dinheiro, R$ 20.000,00 em cheque e contraiu obrigação no valor de R$ 32.000,00 junto ao fornecedor; por outro lado, recebeu mercadorias em valor correspondente a R$ 67.000,00.

Portanto, assim procederemos:

D – Estoque de Mercadorias	67.000,00
C – Caixa	15.000,00
C – Bancos Conta Movimento	20.000,00
C – Fornecedores	32.000,00

(ou)

Estoque de Mercadorias		
a Diversos		
a Caixa	15.000,00	
a Bancos Conta Movimento	20.000,00	
a Fornecedores	32.000,00	67.000,00

Sexta Etapa – Redigir o histórico do lançamento.

Evento Ocorrido: "Para que a empresa possa funcionar de acordo com a sua proposta de funcionamento, constante do Contrato Social, em 15.02.2009 foram adquiridas mercadorias para revenda no valor de R$ 15.000,00 (à vista e em dinheiro), R$ 20.000,00 (à vista e em cheque) e R$ 32.000,00 a prazo."

Poderemos, então, redigir o histórico do evento ocorrido nos seguintes termos:

"NF 8.103, da Tudo de Bom Com. Ltda., ref. à aquisição de mercadorias para revenda, como segue: parte em dinheiro, parte com o cheque nº 12.658 de nossa conta-corrente, e parte contraindo obrigação."

Sétima Etapa – Registrar o lançamento contábil no Livro Diário.

Segue o registro efetuado no Livro Diário:

Rio de Janeiro, RJ, 15 de fevereiro de 2009
Estoque de Mercadorias
a Diversos
  NF 8.103, da Tudo de Bom
Com. Ltda. ref. à aquisição de mercadorias
para revenda, como segue:
a Caixa
  Em dinheiro.. 15.000,00
a Bancos Conta Movimento
  Cheque nº 12.658, de nossa
  conta-corrente.. 20.000,00
a Fornecedores
  Duplicata nº 902, venc. em 45 dias................ 32.000,00 .... 67.000,00

Convém ressaltar que, no Livro Razão, serão efetuados registros a débito na conta Estoque de Mercadorias (R$ 67.000,00) e a crédito nas contas Caixa (R$ 15.000,00), Bancos Conta Movimento (R$ 20.000,00) e Fornecedores (R$ 32.000,00), conforme apresentado no *resumo do evento ocorrido*.

Resumo do Evento Ocorrido

Evento ocorrido: "Para que a empresa possa funcionar de acordo com a sua proposta de funcionamento, constante do Contrato Social, em 15.02.2009 foram adquiridas mercadorias para revenda no valor de R$ 15.000,00 (à vista e em dinheiro), R$ 20.000,00 (à vista e em cheque) e R$ 32.000,00 a prazo."

Conta Identificada	Grupo a que Pertence	Modificação Ocorrida no Saldo da Conta	Débito / Crédito
Estoque de Mercadorias	Ativo	Aumento	Débito
Caixa	Ativo	Diminuição	Crédito
Bancos Conta Movimento	Ativo	Diminuição	Crédito
Fornecedores	Passivo Exigível	Aumento	Crédito

Registros efetuados no Livro Diário:

Rio de Janeiro, RJ, 15 de fevereiro de 2009
Estoque de Mercadorias
a Diversos
  NF 8.103, da Tudo de Bom
Com. Ltda. ref. à aquisição de mercadorias
para revenda, como segue:
a Caixa
  Em dinheiro.. 15.000,00
a Bancos Conta Movimento
  Cheque nº 12.658, de nossa
  conta-corrente.. 20.000,00
a Fornecedores
  Duplicata nº 902, venc. em 45 dias.............. 32.000,00 .... 67.000,00

(ou)

Folha 01

Data	Número do Lançamento	Código da Conta	Histórico	Débito	Crédito
15/02/2009	004	1.1.013	Estoque de Mercadorias a Diversos	67.000,00	
		1.1.001	a Caixa		15.000,00
		1.1.002	a Bancos Conta Movimento		20.000,00
		2.1.001	a Fornecedores		32.000,00
			NF 8.103, da Tudo de Bom Com. Ltda., ref. à aquisição de mercadorias para revenda, como se segue: parte em dinheiro, parte com o cheque nº 12.658 de nossa conta-corrente, e parte contraindo obrigação, através da duplicata nº 902, venc. em 45 dias.		

Registros efetuados no Livro Razão:

Nome (ou Título) da Conta: Estoque de Mercadorias **Código da Conta:** 1.1.013

Data	Contrapartidas		Número da Folha do Livro Diário	Número do Lançamento no Livro Diário	Débito	Crédito	Saldo	
	Código	Conta					R$	D/C
							0,00	
15/02/2009	1.1.001	Caixa	01	004	15.000,00		15.000,00	D
15/02/2009	1.1.002	Bancos Conta Movimento	01	004	20.000,00		35.000,00	D
15/02/2009	2.1.001	Fornecedores	01	004	32.000,00		67.000,00	D

Nome (ou Título) da Conta: Caixa **Código da Conta:** 1.1.001

Data	Contrapartidas		Número da Folha do Livro Diário	Número do Lançamento no Livro Diário	Débito	Crédito	Saldo	
	Código	Conta					R$	D/C
							0,00	
12/02/2009	2.3.001	Capital Social	01	001	100.000,00		100.000,00	D
13/02/2009	1.4.001	Móveis e Utensílios	01	002		6.000,00	94.000,00	D
13/02/2009	1.1.002	Bancos Conta Movimento	01	003		50.000,00	44.000,00	D
15/02/2009	1.1.013	Estoque de Mercadorias	01	004		15.000,00	29.000,00	D

Nome (ou Título) da Conta: Bancos Conta Movimento **Código da Conta:** 1.1.002

Data	Contrapartidas		Número da Folha do Livro Diário	Número do Lançamento no Livro Diário	Débito	Crédito	Saldo	
	Código	Conta					R$	D/C
							0,00	
13/02/2009	1.1.001	Caixa	01	003	50.000,00		50.000,00	D
15/02/2009	1.1.013	Estoque de Mercadorias	01	004		20.000,00	30.000,00	D

Nome (ou Título) da Conta: Fornecedores **Código da Conta:** 2.1.001

Data	Contrapartidas		Número da Folha do Livro Diário	Número do Lançamento no Livro Diário	Débito	Crédito	Saldo	
	Código	Conta					R$	D/C
							0,00	
15/02/2009	1.1.013	Estoque de Mercadorias	01	004		32.000,00	32.000,00	C

Apresentamos os razonetes das contas movimentadas até o momento, com os seus respectivos saldos:

Caixa (Valores em R$)	
Saldo Inicial – 0,00	6.000,00 (II)
(I) 100.000,00	50.000,00 (III)
	15.000,00 (IV)
29.000,00 (saldo devedor)	

Computadores (Valores em R$)	
Saldo Inicial – 0,00	
(I) 4.000,00	
4.000,00 (saldo devedor)	

Veículos (Valores em R$)	
Saldo Inicial – 0,00	
(I) 25.000,00	
25.000,00 (saldo devedor)	

Capital Social (Valores em R$)	
	0,00 – Saldo Inicial
	129.000,00 (I)
	129.000,00 (saldo credor)

Móveis e Utensílios (Valores em R$)	
Saldo Inicial – 0,00	
(II) 6.000,00	
6.000,00 (saldo devedor)	

Bancos Conta Movimento (Valores em R$)	
Saldo Inicial – 0,00	20.000,00 (IV)
(III) 50.000,00	
30.000,00 (saldo devedor)	

Fornecedores (Valores em R$)	
	Saldo Inicial – 0,00
	32.000,00 (IV)
	32.000,00 (saldo credor)

Estoque de Mercadorias (Valores em R$)	
Saldo Inicial – 0,00	
(IV) 67.000,00	
67.000,00 (saldo devedor)	

Eis o Balanço Patrimonial atualizado, após o evento ocorrido:

Balanço Patrimonial			
Caixa	29.000	32.000	Fornecedores
Computadores	4.000		
Veículos	25.000		
Móveis e Utensílios	6.000		
Bancos Conta Movimento	30.000		
Mercadorias	67.000	129.000	Capital Social
Total	161.000	161.000	Total

V – Aquisição de Novo Veículo Através de Financiamento

As sócias deliberaram no sentido de adquirir outro veículo, a fim de facilitar as operações da empresa, com entregas em domicílio. O veículo foi comprado, em 20.02.2009, por R$ 15.000,00 por meio de financiamento bancário.

Note-se que outro veículo fará parte do Ativo da empresa, no valor de R$ 15.000,00; com isso, o saldo do item patrimonial Veículos passará para o total de R$ 40.000,00. Contudo, nova obrigação com terceiros (Financiamento Bancário) *surge* no Passivo Exigível.

Etapas a serem seguidas ao elaborar um lançamento contábil:

Primeira Etapa – Identificar o local em que se deu o evento, assim como a data em que ocorreu.

Neste exemplo, o local em que se deu o evento é a cidade em que se situa o estabelecimento empresarial da empresa envolvida na operação (no caso, Rio de Janeiro – RJ).

A data em que o evento ocorreu é 20.02.2009, conforme a narrativa.

Segunda Etapa – Identificar, no evento, os elementos patrimoniais e/ou de resultado ora envolvidos.

No exemplo em comento, verificamos que foi adquirido outro veículo por R$ 15.000,00. O valor do veículo não foi pago de imediato, sendo criada uma obrigação da empresa junto ao Banco em que possui conta-corrente. Elucidando o exemplo: a Empresa Calçados Brilhantes Comercial Ltda. adquiriu um veículo e, em contrapartida, contraiu financiamento bancário. Temos, então, neste exemplo, dois elementos patrimoniais envolvidos: *veículos* e *financiamento bancário*.

Terceira Etapa – Identificar, no Plano de Contas da entidade, as contas que serão utilizadas para registrar os elementos patrimoniais e/ou de resultado envolvidos no evento.

Já vimos que, para representar elementos patrimoniais e de resultado, utilizamos as contas. Relembrando: as contas representam bens, direitos, obrigações, elementos do patrimônio líquido, assim como elementos de receitas e de despesas.

Neste exemplo, verificamos que existem dois elementos patrimoniais envolvidos: *veículos* e *financiamento bancário*.

Para saber a que contas correspondem esses itens patrimoniais, devemos observar o plano de contas da Empresa Calçados Brilhantes Comercial Ltda. Se já houver contas representativas desses itens patrimoniais, então deveremos utilizá-las; caso contrário, serão criadas contas para a representação de tais itens. Deve-se ressaltar que os planos de contas são flexíveis, devendo ser ajustados à realidade da entidade a que pertencem.

Observando o plano de contas da referida empresa, verificamos que os itens patrimoniais em comento possuem as seguintes contas a eles associadas:

- Veículos – item patrimonial associado à conta Veículos
- Financiamento Bancário – item patrimonial associado à conta Financiamentos Bancários

Com isso, as duas contas envolvidas neste evento são: *Veículos* e *Financiamentos Bancários*.

Quarta Etapa – Verificar o que está ocorrendo com cada conta em particular, isto é, se cada conta está sendo debitada ou creditada.

a) Origens X Aplicações

A essência do método das partidas dobradas é afirmar que **a toda aplicação corresponde uma origem de recursos de igual valor**. De acordo com esse método, pelo menos duas contas estarão SEMPRE envolvidas em um lançamento contábil: uma a débito e outra a crédito. Observe-se que o valor envolvido será o mesmo para as duas contas. Ao valor de cada elemento patrimonial ou de resultado damos o nome de **recurso**. Um dos elementos envolvidos representará a origem de recursos, ou seja, de onde foram obtidos os recursos necessários ao evento; outro elemento representará a aplicação de recursos, isto é, em que foram aplicados os recursos no evento em tela.

> Em qualquer lançamento contábil, teremos SEMPRE:
> Débitos → Aplicações de Recursos
> Créditos → Origens de Recursos

Voltando ao exemplo, em que serão aplicados os recursos no valor de R$ 15.000,00? Na aquisição de outro veículo. Logo, a conta Veículos será debitada em R$ 15.000,00.

De onde surgiram os recursos para pagar a aquisição do novo veículo? Surgiram da conta Financiamentos Bancários. Portanto, a conta Financiamentos Bancários será creditada em R$ 15.000,00.

Sabemos, então, que ocorreram as seguintes movimentações nas contas:

D – Veículos
C – Financiamentos Bancários
    (ou)
Veículos
a Financiamentos Bancários

b) Aumento ou Diminuição do Saldo da Conta

Observemos a natureza do saldo de cada conta e façamos a análise precisa do evento.

Saldo de uma conta, conforme já foi visto, é a diferença existente entre o total de valores lançados a débito e o total de valores lançados a crédito.

A conta Veículos é conta principal do Ativo e aumenta, em seu razonete, pelo lado do Balanço Patrimonial em que se encontra (lado esquerdo); logo, possui natureza devedora, aumentando por débito e diminuindo por crédito. Neste exemplo, um novo veículo está sendo adquirido para a empresa. Com isso, a conta Veículos está sendo aumentada em R$ 15.000,00, devido à entrada de novo veículo no patrimônio da entidade. Finalmente, a conta Veículos está sendo debitada em R$ 15.000,00, já que aumenta por débito.

Observe, agora, a conta Financiamentos Bancários. Trata-se de conta principal do Passivo, que aumenta, em seu razonete, pelo lado do Balanço Patrimonial em que se encontra (lado direito). Possui natureza credora, aumentando por crédito e diminuindo por débito. No presente exemplo, está sendo contraída uma obrigação junto a uma instituição financeira para a aquisição do veículo. Aumentou o número de obrigações da empresa junto a terceiros, devido a esse financiamento bancário efetuado. Então, a conta Financiamentos Bancários está sendo aumentada em R$ 15.000,00. A conta Financiamentos Bancários será creditada em R$ 15.000,00, já que está ocorrendo aumento em seu saldo.

Sabemos, então, que ocorreram as seguintes movimentações nas contas:

D – Veículos
C – Financiamentos Bancários
    (ou)
Veículos
a Financiamentos Bancários

Quinta Etapa – Identificar os valores correspondentes às modificações ocorridas em cada conta.

No exemplo que estamos analisando, existem duas contas: Veículos e Financiamentos Bancários. Tais contas foram movimentadas, respectivamente, a débito e a crédito. O valor envolvido nessa operação é de R$ 15.000,00. Portanto, podemos afirmar que houve uma troca de recursos no valor de R$ 15.000,00. A Empresa Calçados Brilhantes Comercial Ltda. contraiu obrigação junto a uma instituição financeira e recebeu novo veículo em valor correspondente a R$ 15.000,00.

Portanto, assim procederemos:

D – Veículos
C – Financiamentos Bancários   15.000,00
    (ou)
Veículos
a Financiamentos Bancários   15.000,00

Sexta Etapa – Redigir o histórico do lançamento.

Evento ocorrido: "As sócias deliberaram no sentido de adquirir outro veículo, a fim de facilitar as operações da empresa, com entregas em domicílio. O veículo foi comprado, em 20.02.2009, por R$ 15.000,00 por meio de financiamento bancário."

Poderemos, então, redigir o histórico do evento ocorrido nos seguintes termos:

"NF 1.789, da Veículos Alfa Com. Ltda., ref. à aquisição de veículo Marca FTR, contraindo financ. bancário, ref. contrato nº 12.335.678-991."

Sétima Etapa – Registrar o lançamento contábil no Livro Diário.

Segue o registro efetuado no Livro Diário:

Rio de Janeiro, RJ, 20 de fevereiro de 2009
Veículos
a Financiamentos Bancários
  NF 1.789, da Veículos Alfa
Com. Ltda., ref. à aquisição de veículo
Marca FTR, contraindo finan. bancário,
ref. ao contrato nº 12.335.678-991   15.000,00

Convém ressaltar que, no Livro Razão, serão efetuados registros a débito na conta Veículos e a crédito na conta Financiamentos Bancários, ambos no valor de R$ 15.000,00, conforme apresentado no *resumo do evento ocorrido*.

Resumo do Evento Ocorrido

Evento ocorrido: "As sócias deliberaram no sentido de adquirir outro veículo, a fim de facilitar as operações da empresa, com entregas em domicílio. O veículo foi comprado, em 20.02.2009, por R$ 15.000,00 por meio de financiamento bancário."

Conta Identificada	Grupo a que Pertence	Modificação Ocorrida no Saldo da Conta	Débito / Crédito
Veículos	Ativo	Aumento	Débito
Financiamentos Bancários	Passivo Exigível	Aumento	Crédito

Registros efetuados no Livro Diário:

Rio de Janeiro, RJ, 20 de fevereiro de 2009
Veículos
a Financiamentos Bancários
  NF 1.789, da Veículos Alfa
Com. Ltda., ref. à aquisição de veículo
Marca FTR, contraindo finan. Bancário,
ref. ao contrato nº 12.335.678-991   15.000,00
         (ou)

Folha 01

Data	Número do Lançamento	Código da Conta	Histórico	Débito	Crédito
20/02/2009	005	1.4.011 2.1.031	Veículos a Financiamentos Bancários NF 1.789, da Veículos Alfa Com. Ltda., ref. à aquisição de veículo Marca FTR, contraindo financ. bancário, ref. contrato nº 12.335.678-991	15.000,00	15.000,00

Registros efetuados no Livro Razão:

Nome (ou Título) da Conta: Veículos **Código da Conta:** 1.4.011

Data	Contrapartidas		Número da Folha do Livro Diário	Número do Lançamento no Livro Diário	Débito	Crédito	Saldo	
	Código	Conta					R$	D/C
							0,00	
12/02/2009	2.3.001	Capital Social	01	001	25.000,00		25.000,00	D
20/02/2009	2.1.031	Financiamentos Bancários	01	005	15.000,00		40.000,00	D

Nome (ou Título) da Conta: Financiamentos Bancários **Código da Conta:** 2.1.031

Data	Contrapartidas		Número da Folha do Livro Diário	Número do Lançamento no Livro Diário	Débito	Crédito	Saldo	
	Código	Conta					R$	D/C
							0,00	
20/02/2009	1.4.011	Veículos	01	005		15.000,00	15.000,00	C

Apresentamos os razonetes das contas movimentadas até o momento, com os seus respectivos saldos:

```
            Caixa (Valores em R$)                              Computadores (Valores em R$)
   Saldo Inicial – 0,00 | 6.000,00 (II)                 Saldo Inicial – 0,00 |
         (I) 100.000,00 | 50.000,00 (III)                       (I) 4.000,00 |
                        | 15.000,00 (IV)

   29.000,00 (saldo devedor) |                           4.000,00 (saldo devedor) |

            Veículos (Valores em R$)                       Capital Social (Valores em R$)
   Saldo Inicial – 0,00 |                                                      | 0,00 – Saldo Inicial
          (I) 25.000,00 |                                                      | 129.000,00 (I)
          (V) 15.000,00 |

   40.000,00 (saldo devedor) |                                                 | 129.000,00 (saldo credor)

       Móveis e Utensílios (Valores em R$)            Bancos Conta Movimento (Valores em R$)
   Saldo Inicial – 0,00 |                                 Saldo Inicial – 0,00 | 20.000,00 (IV)
           (II) 6.000,00 |                                      (III) 50.000,00 |

    6.000,00 (saldo devedor) |                           30.000,00 (saldo devedor) |

           Fornecedores (Valores em R$)                Estoque de Mercadorias (Valores em R$)
                        | Saldo Inicial – 0,00           Saldo Inicial – 0,00 |
                        | 32.000,00 (IV)                        (IV) 67.000,00 |

                        | 32.000,00 (saldo credor)      67.000,00 (saldo devedor) |

    Financiamentos Bancários (Valores em R$)
                        | Saldo Inicial – 0,00
                        | 15.000,00 (V)

                        | 15.000,00 (saldo credor)
```

Eis o Balanço Patrimonial atualizado, após o evento ocorrido:

Balanço Patrimonial

Caixa	29.000	32.000	Fornecedores
Computadores	4.000	15.000	Financiamentos Bancários
Veículos	40.000		
Móveis e Utensílios	6.000		
Bancos Conta Movimento	30.000		
Mercadorias	67.000	129.000	Capital Social
Total	176.000	176.000	Total

VI – Pagamento Parcial aos Fornecedores

Uma parcela da obrigação junto ao fornecedor de mercadorias venceu em 28.02.2009, e foi paga em dinheiro, no valor de R$ 12.000,00.

Foi parcialmente extinta a obrigação junto ao fornecedor de mercadorias, pagando à vista e em dinheiro R$ 12.000,00. Portanto, o item patrimonial Caixa terá redução de saldo, passando ao valor total de R$ 17.000,00. Por outro lado, o item patrimonial Fornecedores passa a ter saldo igual a R$ 20.000,00.

Etapas a serem seguidas ao elaborar um lançamento contábil:

Primeira Etapa – Identificar o local em que se deu o evento, assim como a data em que ocorreu.

Neste exemplo, o local em que se deu o evento é a cidade em que se situa o estabelecimento empresarial da empresa envolvida na operação (no caso, Rio de Janeiro – RJ).

A data em que o evento ocorreu é 28.02.2009, conforme a narrativa.

Segunda Etapa – Identificar, no evento, os elementos patrimoniais e/ou de resultado ora envolvidos.

No exemplo em comento, verificamos que foi parcialmente quitada uma obrigação junto a um fornecedor por R$ 12.000,00. Esse valor foi pago à vista e em dinheiro. Elucidando o exemplo: a Empresa Calçados Brilhantes Comercial Ltda. extinguiu parcialmente uma obrigação junto a um fornecedor; para isso, utilizou quantia em dinheiro igual a R$ 12.000,00. Temos, então, neste exemplo, dois elementos patrimoniais envolvidos: *obrigação de pagar a fornecedor* e *dinheiro*.

Terceira Etapa – Identificar, no Plano de Contas da entidade, as contas que serão utilizadas para registrar os elementos patrimoniais e/ou de resultado envolvidos no evento.

Já vimos que, para representar elementos patrimoniais e de resultado, utilizamos as contas. Relembrando: as contas representam bens, direitos, obrigações, elementos do patrimônio líquido, assim como elementos de receitas e de despesas.

Neste exemplo, verificamos que existem dois elementos patrimoniais envolvidos: *obrigação de pagar a fornecedor* e *dinheiro*.

Para saber a que contas correspondem tais itens patrimoniais, devemos observar o plano de contas da Empresa Calçados Brilhantes Comercial Ltda. Se já houver contas representativas desses itens patrimoniais, então deveremos utilizá-las; caso contrário, serão criadas contas para a representação de tais itens. Deve-se ressaltar que os planos de contas são flexíveis, devendo ser ajustados à realidade da entidade a que pertencem.

Observando o plano de contas da referida empresa, verificamos que os itens patrimoniais em comento possuem as seguintes contas a eles associadas:

- Obrigação de pagar a fornecedor – item patrimonial associado à conta Fornecedores ou Fornecedores a Pagar
- Dinheiro – item patrimonial associado à conta Caixa

Com isso, as duas contas envolvidas neste evento são: *Fornecedores* e *Caixa*.

Quarta Etapa – Verificar o que está ocorrendo com cada conta em particular, isto é, se cada conta está sendo debitada ou creditada.

a) Origens X Aplicações

A essência do método das partidas dobradas é afirmar que **a toda aplicação corresponde uma origem de recursos de igual valor**. De acordo com esse método, pelo menos duas contas estarão SEMPRE envolvidas em um lançamento contábil: uma a débito e outra a crédito. Observe-se que o valor envolvido será o mesmo para as duas contas. Ao valor de cada elemento patrimonial ou de resultado damos o nome de **recurso**. Um dos elementos envolvidos representará a origem de recursos, ou seja, de onde foram obtidos os recursos necessários ao evento; outro elemento representará a aplicação de recursos, isto é, em que foram aplicados os recursos no evento em tela.

> Em qualquer lançamento contábil, teremos SEMPRE:
> Débitos → Aplicações de Recursos
> Créditos → Origens de Recursos

Voltando ao exemplo, em que serão aplicados os recursos no valor de R$ 12.000,00? Na quitação parcial de uma obrigação. Logo, a conta Fornecedores será debitada em R$ 12.000,00.

De onde surgiram os recursos para pagar efetuar tal quitação parcial? Surgiram da conta Caixa. Portanto, a conta Caixa será creditada em R$ 12.000,00.

Sabemos, então, que ocorreram as seguintes movimentações nas contas:

D – Fornecedores
C – Caixa
      (ou)
Fornecedores
a Caixa

b) Aumento ou Diminuição do Saldo da Conta

Observemos a natureza do saldo de cada conta e façamos a análise precisa do evento.

Saldo de uma conta, conforme já foi visto, é a diferença existente entre o total de valores lançados a débito e o total de valores lançados a crédito.

A conta Fornecedores é conta principal do Passivo Exigível e aumenta, em seu razonete, pelo lado do Balanço Patrimonial em que se encontra (lado direito); logo, possui natureza credora, aumentando por crédito e diminuindo por débito. Neste exemplo, ocorre uma quitação parcial de obrigação junto ao fornecedor. Com isso, a conta Fornecedores terá diminuição de R$ 12.000,00, devido à quitação parcial ora citada. Finalmente, a conta Fornecedores está sendo debitada em R$ 12.000,00, já que diminui por débito.

Observe, agora, a conta Caixa. Trata-se de uma conta principal do Ativo, que aumenta, em seu razonete, pelo lado do Balanço Patrimonial em que se encontra (lado esquerdo). Possui natureza devedora, aumentando por débito e diminuindo por crédito. No presente exemplo, estão sendo pagos ao fornecedor R$ 12.000,00 pela quitação parcial mencionada. Resta claro que houve uma diminuição no saldo em dinheiro de posse da empresa, devido ao pagamento dos R$ 12.000,00. Então, a conta Caixa está sendo diminuída em R$ 12.000,00. Com isso, a conta Caixa será creditada em R$ 12.000,00, já que está ocorrendo redução em seu saldo.

Sabemos, então, que ocorreram as seguintes movimentações nas contas:

D – Fornecedores
C – Caixa
      (ou)
Fornecedores
a Caixa

Quinta Etapa – Identificar os valores correspondentes às modificações ocorridas em cada conta.

No exemplo que estamos analisando, existem duas contas: Fornecedores e Caixa. Tais contas foram movimentadas, respectivamente, a débito e a crédito. O valor envolvido nesta operação é de R$ 12.000,00. Portanto, podemos afirmar que houve uma troca de recursos no valor de R$ 12.000,00. A Empresa Calçados Brilhantes Comercial Ltda. entregou R$ 12.000,00 em dinheiro ao fornecedor e quitou (parcialmente) obrigação em valor correspondente a R$ 12.000,00.

Portanto, assim procederemos:

D – Fornecedores
C – Caixa   12.000,00

    (ou)

Fornecedores
a Caixa   12.000,00

Sexta Etapa – Redigir o histórico do lançamento.

Evento ocorrido: "Uma parcela da obrigação junto ao fornecedor de mercadorias venceu em 28.02.2009, e foi paga em dinheiro, no valor de R$ 12.000,00."

Poderemos, então, redigir o histórico do evento ocorrido nos seguintes termos: "Pagamento parcial da duplicata nº 902, da Tudo de Bom Com. Ltda."

Sétima Etapa – Registrar o lançamento contábil no Livro Diário.

Segue o registro efetuado no Livro Diário:

Rio de Janeiro, RJ, 28 de fevereiro de 2009
Fornecedores
a Caixa
   Pagamento parcial da duplicata
nº 902, da Tudo de Bom Com. Ltda.   12.000,00

Convém ressaltar que, no Livro Razão, serão efetuados registros a débito na conta Fornecedores e a crédito na conta Caixa, ambos no valor de R$ 12.000,00, conforme apresentado no *resumo do evento ocorrido*.

Resumo do Evento Ocorrido

Evento ocorrido: "Uma parcela da obrigação junto ao fornecedor de mercadorias venceu em 28.02.2009, e foi paga à vista e em dinheiro, no valor de R$ 12.000,00."

Conta Identificada	Grupo a que Pertence	Modificação Ocorrida no Saldo da Conta	Débito / Crédito
Fornecedores	Passivo Exigível	Diminuição	Débito
Caixa	Ativo	Diminuição	Crédito

Registros efetuados no Livro Diário:

Rio de Janeiro, RJ, 28 de fevereiro de 2009
Fornecedores
a Caixa
   Pagamento parcial da duplicata
nº 902, da Tudo de Bom Com. Ltda.   12.000,00
   (ou)

Folha 01

Data	Número do Lançamento	Código da Conta	Histórico	Débito	Crédito
28/02/2009	006	2.1.001	Fornecedores	12.000,00	
		1.1.001	a Caixa		12.000,00
			Pagamento parcial da duplicata nº 902, da Tudo de Bom Com. Ltda.		

Registros efetuados no Livro Razão:

Nome (ou Título) da Conta: Caixa   **Código da Conta:** 1.1.001

Data	Contrapartidas		Número da Folha do Livro Diário	Número do Lançamento no Livro Diário	Débito	Crédito	Saldo	
	Código	Conta					R$	D/C
							0,00	
12/02/2009	2.3.001	Capital Social	01	001	100.000,00		100.000,00	D
13/02/2009	1.4.001	Móveis e Utensílios	01	002		6.000,00	94.000,00	D
13/02/2009	1.1.002	Bancos Conta Movimento	01	003		50.000,00	44.000,00	D
15/02/2009	1.1.013	Estoque de Mercadorias	01	004		15.000,00	29.000,00	D
28/02/2009	2.1.001	Fornecedores	01	006		12.000,00	17.000,00	D

Nome (ou Título) da Conta: Fornecedores   **Código da Conta:** 2.1.001

Data	Contrapartidas		Número da Folha do Livro Diário	Número do Lançamento no Livro Diário	Débito	Crédito	Saldo	
	Código	Conta					R$	D/C
							0,00	
15/02/2009	1.1.013	Estoque de Mercadorias	01	004		32.000,00	32.000,00	C
28/02/2009	1.1.001	Caixa	01	006	12.000,00		20.000,00	C

Apresentamos os razonetes das contas movimentadas até o momento, com os seus respectivos saldos:

Caixa (Valores em R$)	
Saldo Inicial – 0,00	6.000,00 (II)
(I) 100.000,00	50.000,00 (III)
	15.000,00 (IV)
	12.000,00 (VI)
17.000,00 (saldo devedor)	

Computadores (Valores em R$)	
Saldo Inicial – 0,00	
(I) 4.000,00	
4.000,00 (saldo devedor)	

Veículos (Valores em R$)	
Saldo Inicial – 0,00	
(I) 25.000,00	
(V) 15.000,00	
40.000,00 (saldo devedor)	

Capital Social (Valores em R$)	
	0,00 – Saldo Inicial
	129.000,00 (I)
	129.000,00 (saldo credor)

Móveis e Utensílios (Valores em R$)	
Saldo Inicial – 0,00	
(II) 6.000,00	
6.000,00 (saldo devedor)	

Bancos Conta Movimento (Valores em R$)	
Saldo Inicial – 0,00	20.000,00 (IV)
(III) 50.000,00	
30.000,00 (saldo devedor)	

Fornecedores (Valores em R$)	
(VI) 12.000,00	Saldo Inicial – 0,00
	32.000,00 (IV)
	20.000,00 (saldo credor)

Estoque de Mercadorias (Valores em R$)	
Saldo Inicial – 0,00	
(IV) 67.000,00	
67.000,00 (saldo devedor)	

Financiamentos Bancários (Valores em R$)	
	Saldo Inicial – 0,00
	15.000,00 (V)
	15.000,00 (saldo credor)

Eis o Balanço Patrimonial atualizado, após o evento ocorrido:

Balanço Patrimonial			
Caixa	17.000	20.000	Fornecedores
Computadores	4.000	15.000	Financiamentos Bancários
Veículos	40.000		
Móveis e Utensílios	6.000		
Bancos Conta Movimento	30.000		
Mercadorias	67.000	129.000	Capital Social
Total	164.000	164.000	Total

VII – Aquisição de Um Imóvel

As sócias resolveram adquirir um imóvel no valor de R$ 120.000,00, pagando à vista e em cheque o valor de R$ 20.000,00. O valor restante foi obtido via financiamento imobiliário. A transação ocorreu em 15.03.2009.

Fruto deste evento, observe que as sócias estão procurando investir cada vez mais na empresa; porém, também estão se endividando cada vez mais!

Haverá o surgimento de outro item patrimonial na empresa (Imóveis) no valor de R$ 120.000,00. Para que isto seja possível, uma parcela dos recursos encontra-se em Bancos (R$ 20.000,00), que passa a possuir saldo total de R$ 10.000,00. O saldo restante foi obtido via financiamento imobiliário, fazendo nascer no Passivo Exigível nova obrigação.

Etapas a serem seguidas ao elaborar um lançamento contábil:

Primeira Etapa – Identificar o local em que se deu o evento, assim como a data em que ocorreu.

Neste exemplo, o local em que se deu o evento é a cidade em que se situa o estabelecimento empresarial da empresa envolvida na operação (no caso, Rio de Janeiro – RJ).

A data em que o evento ocorreu é 15.03.2009, conforme a narrativa.

Segunda Etapa – Identificar, no evento, os elementos patrimoniais e/ou de resultado ora envolvidos.

No exemplo em comento, verificamos que foi adquirido um imóvel por R$ 120.000,00. O valor do imóvel foi parcialmente pago à vista e em cheque, sendo a quantia restante obtida por meio de financiamento imobiliário. Elucidando o exemplo: a Empresa Calçados Brilhantes Comercial Ltda. aumentou o seu patrimônio, ao adquirir um imóvel; por outro lado, pagou uma parcela deste à vista e em cheque, sendo o restante obtido por meio de financiamento imobiliário. Temos, então, neste exemplo, três elementos patrimoniais envolvidos: *imóveis, conta-corrente bancária* (devido ao pagamento à vista efetuado em cheque) e *financiamento imobiliário*.

Terceira Etapa – Identificar, no Plano de Contas da entidade, as contas que serão utilizadas para registrar os elementos patrimoniais e/ou de resultado envolvidos no evento.

Já vimos que, para representar elementos patrimoniais e de resultado, utilizamos as contas. Relembrando: as contas representam bens, direitos, obrigações, elementos do patrimônio líquido, assim como elementos de receitas e de despesas.

Neste exemplo, verificamos que existem três elementos patrimoniais envolvidos: *imóveis, conta-corrente bancária* e *financiamento imobiliário*.

Para sabermos a que contas correspondem tais itens patrimoniais, devemos observar o plano de contas da Empresa Calçados Brilhantes Comercial Ltda. Se já houver contas representativas desses itens patrimoniais, então deveremos utilizá-las; caso contrário, serão criadas contas para a representação de tais itens. Deve-se ressaltar que os planos de contas são flexíveis, devendo ser ajustados à realidade da entidade a que pertencem.

Observando o plano de contas da referida empresa, verificamos que os itens patrimoniais em comento possuem as seguintes contas a eles associadas:

- Imóveis – item patrimonial associado à conta Imóveis
- Conta-Corrente Bancária – item patrimonial associado à conta Bancos ou Bancos Conta Movimento ou Bancos C/ Movimento
- Financiamento imobiliário – item patrimonial associado à conta Financiamentos Imobiliários

Com isso, as três contas envolvidas nesse evento são: *Imóveis, Bancos Conta Movimento* e *Financiamentos Imobiliários*.

Quarta Etapa – Verificar o que está ocorrendo com cada conta em particular, isto é, se cada conta está sendo debitada ou creditada.

a) Origens X Aplicações

A essência do método das partidas dobradas é afirmar que **a toda aplicação corresponde uma origem de recursos de igual valor**. De acordo com esse método, pelo menos duas contas estarão SEMPRE envolvidas em um lançamento contábil: uma a débito e outra a crédito. Observe-se que o valor envolvido será o mesmo para as duas contas. Ao valor de cada elemento patrimonial ou de resultado damos o nome de **recurso**. Um dos elementos envolvidos representará a origem de recursos, ou seja, de onde foram obtidos os recursos necessários ao evento; outro elemento representará a aplicação de recursos, isto é, em que foram aplicados os recursos no evento em tela.

> Em qualquer lançamento contábil, teremos SEMPRE:
> Débitos → Aplicações de Recursos
> Créditos → Origens de Recursos

Voltando ao exemplo, em que serão aplicados os recursos no valor de R$ 120.000,00? Na aquisição de um imóvel. Logo, a conta Imóveis será debitada em R$ 120.000,00.

De onde surgiram os recursos para pagar o imóvel? Surgiram a partir de duas contas: a conta Bancos Conta Movimento (R$ 20.000,00) e a obrigação assumida pela empresa junto a uma instituição financeira (R$ 100.000,00) Ambas as contas serão creditadas em R$ 20.000,00 e R$ 100.000,00, respectivamente.

Sabemos, então, que ocorreram as seguintes movimentações nas contas:

D – Imóveis
C – Bancos Conta Movimento
C – Financiamentos Imobiliários
     (ou)
Imóveis
a Diversos
a Bancos Conta Movimento
a Financiamentos Imobiliários

b) Aumento ou Diminuição do Saldo da Conta

Observemos a natureza do saldo de cada conta e façamos a análise precisa do evento.

Saldo de uma conta, conforme já foi visto, é a diferença existente entre o total de valores lançados a débito e o total de valores lançados a crédito.

A conta Imóveis é conta principal do Ativo e aumenta, em seu razonete, pelo lado do Balanço Patrimonial em que se encontra (lado esquerdo); logo, possui natureza devedora, aumentando por débito e diminuindo por crédito. Neste exemplo, um imóvel está sendo adquirido para a empresa. Com isso, a conta Imóveis está sendo aumentada em R$ 120.000,00, devido à entrada do imóvel no patrimônio da empresa. Finalmente, a conta Imóveis está sendo debitada em R$ 120.000,00, já que aumenta por débito.

A conta Bancos Conta Movimento é conta principal do Ativo e aumenta, em seu razonete, pelo lado do Balanço Patrimonial em que se encontra (lado esquerdo); logo, possui natureza devedora, aumentando por débito e diminuindo por crédito. Neste exemplo, parte do pagamento do imóvel está sendo efetuada em cheque. Com isso, a conta Bancos Conta Movimento está sendo diminuída em R$ 20.000,00, devido ao pagamento ora efetuado. Finalmente, a conta Bancos Conta Movimento está sendo creditada em R$ 20.000,00, já que diminui por crédito!

Observe, agora, a conta Financiamentos Imobiliários. Trata-se de conta principal do Passivo, que aumenta, em seu razonete, pelo lado do Balanço Patrimonial em que se encontra (lado direito). Possui natureza credora, aumentando por crédito e diminuindo por débito. No presente exemplo, está sendo contraída uma obrigação junto a uma instituição financeira para a aquisição do imóvel. Aumentou o número de obrigações da empresa junto a terceiros, devido ao financiamento imobiliário ora efetuado. Então, a conta Financiamentos Imobiliários está sendo aumentada em R$ 100.000,00. A conta Financiamentos Imobiliários será creditada em R$ 100.000,00, já que está ocorrendo aumento em seu saldo.

Sabemos, então, que ocorreram as seguintes movimentações nas contas:

D – Imóveis
C – Bancos Conta Movimento
C – Financiamentos Imobiliários

(ou)

Imóveis
a Diversos
a Bancos Conta Movimento
a Financiamentos Imobiliários

Quinta Etapa – Identificar os valores correspondentes às modificações ocorridas em cada conta.

No exemplo que estamos analisando, existem três contas: Imóveis, Bancos Conta Movimento e Financiamentos Imobiliários. Tais contas foram movimentadas, respectivamente, a débito, a crédito e a crédito. O valor envolvido nesta operação é de R$ 120.000,00. Portanto, podemos afirmar que houve uma troca de recursos no valor de R$ 120.000,00. A Empresa Calçados Brilhantes Comercial Ltda. entregou R$ 20.000,00 em cheque e contraiu uma obrigação no valor de R$ 100.000,00, para que pudesse ter um imóvel no valor de R$ 120.000,00.

Portanto, assim procederemos:

D – Imóveis	120.000,00
C – Bancos Conta Movimento	20.000,00
C – Financiamentos Imobiliários	100.000,00

(ou)

Imóveis	120.000,00
a Diversos	
a Bancos Conta Movimento	20.000,00
a Financiamentos Imobiliários	120.000,00

Sexta Etapa – Redigir o histórico do lançamento.

Evento ocorrido: "As sócias resolveram adquirir um imóvel no valor de R$ 120.000,00, pagando à vista e em cheque o valor de R$ 20.000,00. O valor restante foi obtido via financiamento imobiliário. A transação ocorreu em 15.03.2009."

Poderemos, então, redigir o histórico do evento ocorrido nos seguintes termos:

"Pela aquisição de Imóvel situado na Rua Sermão Vieira, nº 223, Botafogo, conforme segue: parte do pagamento em cheque nº 12.662 de nossa conta-corrente e parte via financiamento imobiliário, ref. Contrato 556.990-77 do Banco FTDR."

Sétima Etapa – Registrar o lançamento contábil no Livro Diário.

Segue o registro efetuado no Livro Diário:

Rio de Janeiro, RJ, 15 de março de 2009
Imóveis   120.000,00
a Diversos
   Aquisição de imóvel situado na
Rua Sermão Vieira nº 223, Botafogo,
conforme segue:
a Bancos Conta Movimento
   Cheque nº 12.662, de nossa
conta-corrente   20.000,00
a Financiamentos Imobiliários
   Contrato nº 556.990-77,
do Banco FTDR   100.000,00

Convém ressaltar que, no Livro Razão, serão efetuados registros a débito na conta Imóveis (R$ 120.000,00) e a crédito nas contas Bancos Conta Movimento (R$ 20.000,00) e Financiamentos Imobiliários (R$ 100.000,00), conforme apresentado no *resumo do evento ocorrido*.

Resumo do Evento Ocorrido

Evento ocorrido: "As sócias resolveram adquirir um imóvel no valor de R$ 120.000,00, pagando à vista e em cheque o valor de R$ 20.000,00. O valor restante foi obtido via financiamento imobiliário. A transação ocorreu em 15.03.2009."

Conta Identificada	Grupo a que Pertence	Modificação Ocorrida no Saldo da Conta	Débito / Crédito
Imóveis	Ativo	Aumento	Débito
Bancos Conta Movimento	Ativo	Diminuição	Crédito
Financiamentos Imobiliários	Passivo Exigível	Aumento	Crédito

Registros efetuados no Livro Diário:

Rio de Janeiro, RJ, 15 de março de 2009
Imóveis   *120.000,00*
a Diversos
   Aquisição de imóvel situado na
Rua Sermão Vieira nº 223, Botafogo,
conforme segue:
a Bancos Conta Movimento
   Cheque nº 12.662, de nossa
conta-corrente   *20.000,00*
a Financiamentos Imobiliários
   Contrato nº 556.990-77,
do Banco FTDR   *100.000,00*

      (ou)

Folha 02

Data	Número do Lançamento	Código da Conta	Histórico	Débito	Crédito
15/03/2009	007	1.4.020	Imóveis	120.000,00	
			a Diversos		
		1.1.002	a Bancos Conta Movimento		20.000,00
		2.1.052	a Financiamentos Imobiliários		100.000,00
			Pela aquisição de Imóvel situado a Rua Sermão Vieira, nº 223, Botafogo, conforme se segue: parte do pagamento em cheque nº 12.662 de nossa conta-corrente e parte via financiamento imobiliário, ref. Contrato 556.990-77 do Banco FTDR		

Registros efetuados no Livro Razão:

Nome (ou Título) da Conta: Imóveis   Código da Conta: 1.4.020

Data	Contrapartidas		Número da Folha do Livro Diário	Número do Lançamento no Livro Diário	Débito	Crédito	Saldo	
	Código	Conta					R$	D/C
							0,00	
15/03/2009	1.1.002	Bancos Conta Movimento	02	007	20.000,00		20.000,00	D
15/03/2009	2.1.052	Financiamentos Imobiliários	02	007	100.000,00		120.000,00	D

Nome (ou Título) da Conta: Bancos Conta Movimento **Código da Conta:** 1.1.002

Data	Contrapartidas		Número da Folha do Livro Diário	Número do Lançamento no Livro Diário	Débito	Crédito	Saldo	
	Código	Conta					R$	D/C
							0,00	
13/02/2009	1.1.001	Caixa	01	003	50.000,00		50.000,00	D
15/02/2009	1.1.013	Estoque de Mercadorias	01	004		20.000,00	30.000,00	D
15/03/2009	1.4.020	Imóveis	02	007		20.000,00	10.000,00	D

Nome (ou Título) da Conta: Financiamentos Imobiliários **Código da Conta:** 2.1.052

Data	Contrapartidas		Número da Folha do Livro Diário	Número do Lançamento no Livro Diário	Débito	Crédito	Saldo	
	Código	Conta					R$	D/C
							0,00	
15/03/2009	1.4.020	Imóveis	02	007		100.000,00	100.000,00	C

Apresentamos os razonetes das contas movimentadas até o momento, com os seus respectivos saldos:

Caixa (Valores em R$)	
Saldo Inicial – 0,00	6.000,00 (II)
(I) 100.000,00	50.000,00 (III)
	15.000,00 (IV)
	12.000,00 (VI)
17.000,00 (saldo devedor)	

Computadores (Valores em R$)	
Saldo Inicial – 0,00	
(I) 4.000,00	
4.000,00 (saldo devedor)	

Veículos (Valores em R$)	
Saldo Inicial – 0,00	
(I) 25.000,00	
(V) 15.000,00	
40.000,00 (saldo devedor)	

Capital Social (Valores em R$)	
	0,00 – Saldo Inicial
	129.000,00 (I)
	129.000,00 (saldo credor)

Móveis e Utensílios (Valores em R$)	
Saldo Inicial – 0,00	
(II) 6.000,00	
6.000,00 (saldo devedor)	

Bancos Conta Movimento (Valores em R$)	
Saldo Inicial – 0,00	20.000,00 (IV)
(III) 50.000,00	20.000,00 (VII)
10.000,00 (saldo devedor)	

Fornecedores (Valores em R$)	
(VI) 12.000,00	Saldo Inicial – 0,00
	32.000,00 (IV)
	20.000,00 (saldo credor)

Estoque de Mercadorias (Valores em R$)	
Saldo Inicial – 0,00	
(IV) 67.000,00	
67.000,00 (saldo devedor)	

Financiamentos Bancários (Valores em R$)	
	Saldo Inicial – 0,00
	15.000,00 (V)
	15.000,00 (saldo credor)

Financiamentos Imobiliários (Valores em R$)	
	Saldo Inicial – 0,00
	100.000,00 (VII)
	100.000,00 (saldo credor)

Imóveis (Valores em R$)	
Saldo Inicial – 0,00	
(VII) 120.000,00	
120.000,00 (saldo devedor)	

Eis o Balanço Patrimonial atualizado, após o evento ocorrido:

Balanço Patrimonial

Caixa	17.000	20.000	Fornecedores
Computadores	4.000	15.000	Financiamentos Bancários
Veículos	40.000	100.000	Financiamentos Imobiliários
Móveis e Utensílios	6.000		
Bancos Conta Movimento	10.000		
Mercadorias	67.000	129.000	Capital Social
Imóveis	120.000		
Total	264.000	264.000	Total

VIII – Aplicação Financeira

Em 20.03.2009, as sócias resolveram aplicar em uma poupança bancária o valor de R$ 4.000,00.

O item patrimonial Bancos passa a ter saldo igual a R$ 6.000,00; por outro lado, *surge* no Ativo novo item patrimonial, Poupança Bancária, no valor de R$ 4.000,00.

Etapas a serem seguidas ao elaborar um lançamento contábil:

Primeira Etapa – Identificar o local em que se deu o evento, assim como a data em que ocorreu.

Neste exemplo, o local em que se deu o evento é a cidade em que se situa o estabelecimento empresarial da empresa envolvida na operação (no caso, Rio de Janeiro – RJ).

A data em que o evento ocorreu é 20.03.2009, conforme a narrativa.

Segunda Etapa – Identificar, no evento, os elementos patrimoniais e/ou de resultado ora envolvidos.

No exemplo em comento, verificamos que foi efetuada aplicação financeira no valor de R$ 4.000,00. O valor investido na poupança bancária foi retirado da conta-corrente bancária. Elucidando o exemplo: a Empresa Calçados Brilhantes Comercial Ltda. retirou R$ 4.000,00 de sua conta-corrente e aplicou em uma poupança bancária. Temos, então, neste exemplo, dois elementos patrimoniais envolvidos: *conta-corrente-bancária* e *poupança bancária*.

Terceira Etapa – Identificar, no Plano de Contas da entidade, as contas que serão utilizadas para registrar os elementos patrimoniais e/ou de resultado envolvidos no evento.

Já vimos que, para representar elementos patrimoniais e de resultado, utilizamos as contas. Relembrando: as contas representam bens, direitos, obrigações, elementos do patrimônio líquido, assim como elementos de receitas e de despesas.

Neste exemplo, verificamos que existem dois elementos patrimoniais envolvidos: *conta-corrente bancária* e *poupança bancária*.

Para sabermos a que contas correspondem tais itens patrimoniais, devemos observar o plano de contas da Empresa Calçados Brilhantes Comercial Ltda. Se já houver contas representativas desses itens patrimoniais, então deveremos utilizá-las; caso contrário, serão criadas contas para a representação de tais itens. Deve-se ressaltar que os planos de contas são flexíveis, devendo ser ajustados à realidade da entidade a que pertencem.

Observando o plano de contas da referida empresa, verificamos que os itens patrimoniais em comento possuem as seguintes contas a eles associadas:

- Conta-Corrente Bancária – item patrimonial associado à conta Bancos ou Bancos Conta Movimento ou Bancos C/ Movimento
- Poupança bancária – item patrimonial associado à conta Poupança Bancária

Com isso, as duas contas envolvidas neste evento são: *Bancos Conta Movimento* e *Poupança Bancária*.

Quarta Etapa – Verificar o que está ocorrendo com cada conta em particular, isto é, se cada conta está sendo debitada ou creditada.

a) Origens X Aplicações

A essência do método das partidas dobradas é afirmar que **a toda aplicação corresponde uma origem de recursos de igual valor**. De acordo com esse método, pelo menos duas contas estarão SEMPRE envolvidas em um lançamento contábil: uma a débito e outra a crédito. Observe-se que o valor envolvido será o mesmo para as duas contas. Ao valor de cada elemento patrimonial ou de resultado damos o nome de **recurso**. Um dos elementos envolvidos representará a origem de recursos, ou seja, de onde foram obtidos os recursos necessários ao evento; o outro elemento representará a aplicação de recursos, isto é, em que foram aplicados os recursos no evento em tela.

> Em qualquer lançamento contábil, teremos SEMPRE:
> Débitos → Aplicações de Recursos
> Créditos → Origens de Recursos

Voltando ao exemplo, em que serão aplicados os recursos no valor de R$ 4.000,00? Em uma aplicação financeira. Logo, a conta Poupança Bancária será debitada em R$ 4.000,00.

De onde surgiram os recursos para realizar a aplicação citada? Surgiram da conta Bancos Conta Movimento. Portanto, a conta Bancos conta Movimento será creditada em R$ 4.000,00.

Sabemos, então, que ocorreram as seguintes movimentações nas contas:

D – Poupança Bancária

C – Bancos Conta Movimento

    (ou)

Poupança Bancária

a Bancos Conta Movimento

b) Aumento ou Diminuição do Saldo da Conta

Observemos a natureza do saldo de cada conta e façamos a análise precisa do evento.

Saldo de uma conta, conforme já foi visto, é a diferença existente entre o total de valores lançados a débito e o total de valores lançados a crédito.

A conta Poupança Bancária é conta principal do Ativo e aumenta, em seu razonete, pelo lado do Balanço Patrimonial em que se encontra (lado esquerdo); logo, possui natureza devedora, aumentando por débito e diminuindo por crédito. Neste exemplo, está sendo realizada uma aplicação financeira. Com isso, a conta Poupança Bancária está sendo aumentada em R$ 4.000,00. Finalmente, a conta Poupança Bancária está sendo debitada em R$ 4.000,00, já que aumenta por débito.

Observe, agora, a conta Bancos Conta Movimento. Trata-se de outra conta principal do Ativo, que também aumenta, em seu razonete, pelo lado do Balanço Patrimonial em que se encontra (lado esquerdo). Também possui natureza devedora, aumentando por débito e diminuindo por crédito. No presente exemplo, estão sendo retirados da conta-corrente para aplicação em poupança R$ 4.000,00. Logo, o saldo da conta-corrente teve uma diminuição, devido à retirada dos R$ 4.000,00 para aplicação. Então, a conta Bancos Conta Movimento está sendo diminuída em R$ 4.000,00. A conta Bancos Conta Movimento será creditada em R$ 4.000,00, já que está ocorrendo redução em seu saldo.

Sabemos, então, que ocorreram as seguintes movimentações nas contas:

D – Poupança Bancária

C – Bancos Conta Movimento

    (ou)

Poupança Bancária

a Bancos Conta Movimento

Quinta Etapa – Identificar os valores correspondentes às modificações ocorridas em cada conta.

No exemplo que estamos analisando, existem duas contas: Poupança Bancária e Bancos Conta Movimento. Estas contas foram movimentadas, respectivamente, a débito e a crédito. O valor envolvido nessa operação é de R$ 4.000,00. Portanto, podemos afirmar que houve uma troca de recursos no valor de R$ 4.000,00. A Empresa Calçados Brilhantes Comercial Ltda. retirou da conta-corrente R$ 4.000,00 e aplicou numa poupança bancária o valor correspondente aos R$ 4.000,00.

Portanto, assim procederemos:

D – Poupança Bancária
C – Bancos Conta Movimento   4.000,00
          (ou)
Poupança Bancária
a Bancos Conta Movimento   4.000,00

Sexta Etapa – Redigir o histórico do lançamento.

Evento ocorrido: "Em 20.03.2009, as sócias resolveram aplicar em uma poupança bancária o valor de R$ 4.000,00."

Poderemos, então, redigir o histórico do evento ocorrido nos seguintes termos: "Aplicação em poupança bancária no Banco STRAWS S/A."

Sétima Etapa – Registrar o lançamento contábil no Livro Diário.

Segue o registro efetuado no Livro Diário:

Rio de Janeiro, RJ, 20 de março de 2009
Poupança Bancária
a Bancos Conta Movimento
  Aplicação em poupança bancária
no Banco STRAWS S/A   *4.000,00*

Convém ressaltar que, no Livro Razão, serão efetuados registros a débito na conta Poupança Bancária e a crédito na conta Bancos Conta Movimento, ambos no valor de R$ 4.000,00, conforme apresentado no *resumo do evento ocorrido*.

Resumo do Evento Ocorrido

Evento ocorrido: "Em 20.03.2009, as sócias resolveram aplicar em uma poupança bancária o valor de R$ 4.000,00."

Conta Identificada	Grupo a que Pertence	Modificação Ocorrida no Saldo da Conta	Débito / Crédito
Poupança Bancária	Ativo	Aumento	Débito
Bancos Conta Movimento	Ativo	Diminuição	Crédito

Registros efetuados no Livro Diário:

Rio de Janeiro, RJ, 20 de março de 2009
Poupança Bancária
a Bancos Conta Movimento
    Aplicação em poupança bancária
no Banco STRAWS S/A   *4.000,00*
       (ou)

Folha 02

Data	Número do Lançamento	Código da Conta	Histórico	Débito	Crédito
20/03/2009	008	1.1.005 1.1.002	Poupança Bancária a Bancos Conta Movimento Aplicação em poupança bancária no Banco STRAWS S/A	4.000,00	4.000,00

Registros efetuados no Livro Razão:

Nome (ou Título) da Conta: Poupança Bancária   **Código da Conta:** 1.1.005

Data	Contrapartidas		Número da Folha do Livro Diário	Número do Lançamento no Livro Diário	Débito	Crédito	Saldo	
	Código	Conta					R$	D/C
							0,00	
20/03/2009	1.1.002	Bancos Conta Movimento	02	008	4.000,00		4.000,00	D

Nome (ou Título) da Conta: Bancos Conta Movimento   **Código da Conta:** 1.1.002

Data	Contrapartidas		Número da Folha do Livro Diário	Número do Lançamento no Livro Diário	Débito	Crédito	Saldo	
	Código	Conta					R$	D/C
							0,00	
13/02/2009	1.1.001	Caixa	01	003	50.000,00		50.000,00	D
15/02/2009	1.1.013	Estoque de Mercadorias	01	004		20.000,00	30.000,00	D
15/03/2009	1.4.020	Imóveis	02	007		20.000,00	10.000,00	D
20/03/2009	1.1.005	Poupança Bancária	02	008		4.000,00	6.000,00	D

Apresentamos os razonetes das contas movimentadas até o momento, com os seus respectivos saldos:

Caixa (Valores em R$)	
Saldo Inicial – 0,00	6.000,00 (II)
(I) 100.000,00	50.000,00 (III)
	15.000,00 (IV)
	12.000,00 (VI)
17.000,00 (saldo devedor)	

Computadores (Valores em R$)	
Saldo Inicial – 0,00	
(I) 4.000,00	
4.000,00 (saldo devedor)	

Veículos (Valores em R$)	
Saldo Inicial – 0,00	
(I) 25.000,00	
(V) 15.000,00	
40.000,00 (saldo devedor)	

Capital Social (Valores em R$)	
	0,00 – Saldo Inicial
	129.000,00 (I)
	129.000,00 (saldo credor)

Móveis e Utensílios (Valores em R$)	
Saldo Inicial – 0,00	
(II) 6.000,00	
6.000,00 (saldo devedor)	

Bancos Conta Movimento (Valores em R$)	
Saldo Inicial – 0,00	20.000,00 (IV)
(III) 50.000,00	20.000,00 (VII)
	4.000,00 (VIII)
6.000,00 (saldo devedor)	

Fornecedores (Valores em R$)	
(VI) 12.000,00	Saldo Inicial – 0,00
	32.000,00 (IV)
	20.000,00 (saldo credor)

Estoque de Mercadorias (Valores em R$)	
	Saldo Inicial – 0,00
(IV) 67.000,00	
67.000,00 (saldo devedor)	

Financiamentos Bancários (Valores em R$)	
	Saldo Inicial – 0,00
	15.000,00 (V)
	15.000,00 (saldo credor)

Financiamentos Imobiliários (Valores em R$)	
	Saldo Inicial – 0,00
	100.000,00 (VII)
	100.000,00 (saldo credor)

Imóveis (Valores em R$)	
Saldo Inicial – 0,00	
(VII) 120.000,00	
120.000,00 (saldo devedor)	

Poupança Bancária (Valores em R$)	
Saldo Inicial – 0,00	
(VIII) 4.000,00	
4.000,00 (saldo devedor)	

Eis o Balanço Patrimonial atualizado, após o evento ocorrido:

Balanço Patrimonial

Caixa	17.000	20.000	Fornecedores
Computadores	4.000	15.000	Financiamentos Bancários
Veículos	40.000	100.000	Financiamentos Imobiliários
Móveis e Utensílios	6.000		
Bancos Conta Movimento	6.000		
Mercadorias	67.000	129.000	Capital Social
Imóveis	120.000		
Poupança Bancária	4.000		
Total	**264.000**	**264.000**	**Total**

IX – Pagamento da Primeira Parcela do Financiamento Bancário

Venceu a primeira parcela do financiamento bancário, no valor de R$ 1.000,00, em 25.03.2009. As sócias resolveram pagá-la em dinheiro.

Neste caso, haverá diminuição no saldo do item patrimonial Caixa, que passa a ser de R$ 16.000,00. No Passivo Exigível, ocorrerá redução do item patrimonial Financiamentos Bancários, devido à quitação parcial da obrigação assumida junto ao banco, passando a ter saldo de R$ 14.000,00.

Etapas a serem seguidas ao elaborar um lançamento contábil:

Primeira Etapa – Identificar o local em que se deu o evento, assim como a data em que ocorreu.

Neste exemplo, o local em que se deu o evento é a cidade em que se situa o estabelecimento empresarial da empresa envolvida na operação (no caso, Rio de Janeiro – RJ).

A data em que o evento ocorreu é 25.03.2009, conforme a narrativa.

Segunda Etapa – Identificar, no evento, os elementos patrimoniais e/ou de resultado ora envolvidos.

No exemplo em comento, verificamos que foi quitada uma parcela da obrigação junto à instituição financeira no valor de R$ 1.000,00. Tal parcela foi paga à vista e em dinheiro. Elucidando o exemplo: a Empresa Calçados Brilhantes Comercial Ltda. quitou a primeira parcela do financiamento utilizando R$ 1.000,00 do dinheiro que possuía em mãos. Temos, então, neste exemplo, dois elementos patrimoniais envolvidos: *financiamento bancário* e *dinheiro*.

Terceira Etapa – Identificar, no Plano de Contas da entidade, as contas que serão utilizadas para registrar os elementos patrimoniais e/ou de resultado envolvidos no evento.

Já vimos que, para representar elementos patrimoniais e de resultado, utilizamos as contas. Relembrando: as contas representam bens, direitos, obrigações, elementos do patrimônio líquido, assim como elementos de receitas e de despesas.

Neste exemplo, verificamos que existem dois elementos patrimoniais envolvidos: *financiamento bancário* e *dinheiro*.

Para saber a que contas correspondem esses itens patrimoniais, devemos observar o plano de contas da Empresa Calçados Brilhantes Comercial Ltda. Se já houver contas representativas desses itens patrimoniais, então deveremos utilizá-las; caso contrário, serão criadas contas para a representação de tais itens. Deve-se ressaltar que os planos de contas são flexíveis, devendo ser ajustados à realidade da entidade a que pertencem.

Observando o plano de contas da referida empresa, verificamos que os itens patrimoniais em comento possuem as seguintes contas a eles associadas:

- Financiamento Bancário – item patrimonial associado à conta Financiamentos Bancários
- Dinheiro – item patrimonial associado à conta Caixa

Com isso, as duas contas envolvidas neste evento são: *Financiamentos Bancários* e *Caixa*.

Quarta Etapa – Verificar o que está ocorrendo com cada conta em particular, isto é, se cada conta está sendo debitada ou creditada.

a) Origens X Aplicações

A essência do método das partidas dobradas é afirmar que **a toda aplicação corresponde uma origem de recursos de igual valor**. De acordo com esse método, pelo menos duas contas estarão SEMPRE envolvidas em um lançamento contábil:

uma a débito e outra a crédito. Observe-se que o valor envolvido será o mesmo para as duas contas. Ao valor de cada elemento patrimonial ou de resultado damos o nome de **recurso**. Um dos elementos envolvidos representará a origem de recursos, ou seja, de onde foram obtidos os recursos necessários ao evento; outro elemento representará a aplicação de recursos, isto é, em que foram aplicados os recursos no evento em tela.

> Em qualquer lançamento contábil, teremos SEMPRE:
> Débitos → Aplicações de Recursos
> Créditos → Origens de Recursos

Voltando ao exemplo, em que serão aplicados os recursos no valor de R$ 1.000,00? Na quitação da primeira parcela do financiamento bancário. Logo, a conta Financiamentos Bancários será debitada em R$ 1.000,00.

De onde surgiram os recursos para pagar a primeira parcela da obrigação contraída junto à instituição financeira? Surgiram da conta Caixa. Portanto, a conta Caixa será creditada em R$ 1.000,00.

Sabemos, então, que ocorreram as seguintes movimentações nas contas:

D – Financiamentos Bancários
C – Caixa
     (ou)
Financiamentos Bancários
a Caixa

b) Aumento ou Diminuição do Saldo da Conta

Observemos a natureza do saldo de cada conta e façamos a análise precisa do evento.

Saldo de uma conta, conforme já foi visto, é a diferença existente entre o total de valores lançados a débito e o total de valores lançados a crédito.

A conta Financiamentos Bancários é conta principal do Passivo Exigível e aumenta, em seu razonete, pelo lado do Balanço Patrimonial em que se encontra (lado direito); logo, possui natureza credora, aumentando por crédito e diminuindo por débito. Neste exemplo, está sendo quitada a primeira prestação do financiamento bancário. Com isso, a conta Financiamentos Bancários está sendo diminuída em R$ 1.000,00. Finalmente, a conta Financiamentos Bancários está sendo debitada em R$ 1.000,00, já que diminui por débito.

Observe-se, agora, a conta Caixa. Trata-se de uma conta principal do Ativo, que aumenta, em seu razonete, pelo lado do Balanço Patrimonial em que se encontra (lado esquerdo). Possui natureza devedora, aumentando por débito e diminuindo por crédito. No presente exemplo, estão sendo pagos R$ 1.000,00, referentes à quitação efetuada. Resta claro que houve uma redução no saldo em dinheiro de posse da empresa, devido ao pagamento dos R$ 1.000,00. Então, a conta Caixa está sendo diminuída em R$ 1.000,00. A conta Caixa será creditada em R$ 1.000,00, já que está ocorrendo redução em seu saldo.

Sabemos, então, que ocorreram as seguintes movimentações nas contas:

D – Financiamentos Bancários
C – Caixa
       (ou)
Financiamentos Bancários
a Caixa

Quinta Etapa – Identificar os valores correspondentes às modificações ocorridas em cada conta.

No exemplo que estamos analisando, existem duas contas: Financiamentos Bancários e Caixa. Tais contas foram movimentadas, respectivamente, a débito e a crédito. O valor envolvido nessa operação é de R$ 1.000,00. Portanto, podemos afirmar que houve uma troca de recursos no valor de R$ 1.000,00. A Empresa Calçados Brilhantes Comercial Ltda. utilizou R$ 1.000,00 em dinheiro para quitar obrigação junto à instituição financeira em valor correspondente a R$ 1.000,00.

Portanto, assim procederemos:

D – Financiamentos Bancários
C – Caixa   1.000,00
       (ou)
Financiamentos Bancários
a Caixa   1.000,00

Sexta Etapa – Redigir o histórico do lançamento.

Evento ocorrido: "Venceu a primeira parcela do financiamento bancário, no valor de R$ 1.000,00, em 25.03.2009. As sócias resolveram pagá-la em dinheiro."

Poderemos, então, redigir o histórico do evento ocorrido nos seguintes termos:

"Quitação da primeira parcela do financiamento bancário, conforme contrato nº 12.335.678-991."

Sétima Etapa – Registrar o lançamento contábil no Livro Diário.

Segue o registro efetuado no Livro Diário:

Rio de Janeiro, RJ, 25 de março de 2009
Financiamentos Bancários
a Caixa
    Quitação da primeira parcela do financ.
bancário, conf. Contrato
nº 12.335.678-991   *1.000,00*

Convém ressaltar que, no Livro Razão, serão efetuados registros a débito na conta Financiamentos Bancários e a crédito na conta Caixa, ambos no valor de R$ 1.000,00, conforme apresentado no *resumo do evento ocorrido*.

Resumo do Evento Ocorrido

Evento ocorrido: "Venceu a primeira parcela do financiamento bancário, no valor de R$ 1.000,00, em 25.03.2009. As sócias resolveram pagá-la em dinheiro."

Conta Identificada	Grupo a que Pertence	Modificação Ocorrida no Saldo da Conta	Débito / Crédito
Financiamentos Bancários	Passivo Exigível	Diminuição	Débito
Caixa	Ativo	Diminuição	Crédito

Registros efetuados no Livro Diário:

Rio de Janeiro, RJ, 25 de março de 2009
Financiamentos Bancários
a Caixa
    Quitação da primeira parcela do financ.
bancário, conf. Contrato
nº 12.335.678-991   *1.000,00*
        (ou)

Folha 02

Data	Número do Lançamento	Código da Conta	Histórico	Débito	Crédito
25/03/2009	009	2.1.031 1.1.001	Financiamentos Bancários a Caixa Quitação da primeira parcela do financiamento bancário, conforme contrato nº 12.335.678-991	1.000,00	1.000,00

Capítulo 7 — O Lançamento Contábil ■ **217**

Registros efetuados no Livro Razão:

Nome (ou Título) da Conta: Caixa **Código da Conta:** 1.1.001

Data	Contrapartidas		Número da Folha do Livro Diário	Número do Lançamento no Livro Diário	Débito	Crédito	Saldo	
	Código	Conta					R$	D/C
							0,00	
12/02/2009	2.3.001	Capital Social	01	001	100.000,00		100.000,00	D
13/02/2009	1.4.001	Móveis e Utensílios	01	002		6.000,00	94.000,00	D
13/02/2009	1.1.002	Bancos Conta Movimento	01	003		50.000,00	44.000,00	D
15/02/2009	1.1.013	Estoque de Mercadorias	01	004		15.000,00	29.000,00	D
28/02/2009	2.1.001	Fornecedores	01	006		12.000,00	17.000,00	D
25/03/2009	2.1.031	Financiamentos Bancários	02	009		1.000,00	16.000,00	D

Nome (ou Título) da Conta: Financiamentos Bancários **Código da Conta:** 2.1.031

Data	Contrapartidas		Número da Folha do Livro Diário	Número do Lançamento no Livro Diário	Débito	Crédito	Saldo	
	Código	Conta					R$	D/C
							0,00	
20/02/2009	1.4.011	Veículos	01	005		15.000,00	15.000,00	C
25/03/2009	1.1.001	Caixa	02	009	1.000,00		14.000,00	C

Apresentamos os razonetes das contas movimentadas até o momento, com os seus respectivos saldos:

Caixa (Valores em R$)	
Saldo Inicial – 0,00	6.000,00 (II)
(I) 100.000,00	50.000,00 (III)
	15.000,00 (IV)
	12.000,00 (VI)
	1.000,00 (IX)
16.000,00 (saldo devedor)	

Computadores (Valores em R$)	
Saldo Inicial – 0,00	
(I) 4.000,00	
4.000,00 (saldo devedor)	

Veículos (Valores em R$)	
Saldo Inicial – 0,00	
(I) 25.000,00	
(V) 15.000,00	
40.000,00 (saldo devedor)	

Capital Inicial (Valores em R$)	
	0,00 – Saldo Inicial
	129.000,00 (I)
	129.000,00 (saldo credor)

Móveis e Utensílios (Valores em R$)	
Saldo Inicial – 0,00	
(II) 6.000,00	
6.000,00 (saldo devedor)	

Bancos Conta Movimento (Valores em R$)	
Saldo Inicial – 0,00	20.000,00 (IV)
(III) 50.000,00	20.000,00 (VII)
	4.000,00 (VIII)
6.000,00 (saldo devedor)	

Fornecedores (Valores em R$)	
(VI) 12.000,00	Saldo Inicial – 0,00
	32.000,00 (IV)
	20.000,00 (saldo credor)

Estoque de Mercadorias (Valores em R$)	
Saldo Inicial – 0,00	
(IV) 67.000,00	
67.000,00 (saldo devedor)	

Financiamentos Bancários (Valores em R$)	
(IX) 1.000,00	Saldo Inicial – 0,00
	15.000,00 (V)
	14.000,00 (saldo credor)

Financiamentos Imobiliários (Valores em R$)	
	Saldo Inicial – 0,00
	100.000,00 (VII)
	100.000,00 (saldo credor)

Imóveis (Valores em R$)		Poupança Bancária (Valores em R$)	
Saldo Inicial – 0,00		Saldo Inicial – 0,00	
(VII) 120.000,00		(VIII) 4.000,00	
120.000,00 (saldo devedor)		4.000,00 (saldo devedor)	

Eis o Balanço Patrimonial atualizado, após o evento ocorrido:

Balanço Patrimonial

Caixa	16.000	20.000	Fornecedores
Computadores	4.000	14.000	Financiamentos Bancários
Veículos	40.000	100.000	Financiamentos Imobiliários
Móveis e Utensílios	6.000		
Bancos Conta Movimento	6.000		
Mercadorias	67.000	129.000	Capital Social
Imóveis	120.000		
Poupança Bancária	4.000		
Total	263.000	263.000	Total

X – Aquisição de Novas Mercadorias a Prazo

Em 02.04.2009, as sócias decidiram adquirir mais mercadorias para o estoque da empresa, realizando transação a prazo no valor de R$ 45.000,00.

Com esse evento, o item patrimonial Mercadorias passa a ter saldo de R$ 112.000,00. No Passivo Exigível, ocorrerá aumento das obrigações para com terceiros, passando o item patrimonial Fornecedores a ter saldo de R$ 65.000,00.

Etapas a serem seguidas ao elaborar um lançamento contábil:

Primeira Etapa – Identificar o local em que se deu o evento, assim como a data em que ocorreu.

Neste Exemplo, o local em que se deu o evento é a cidade em que se situa o estabelecimento empresarial da empresa envolvida na operação (no caso, Rio de Janeiro – RJ).

A data em que o evento ocorreu é 02.04.2009, conforme a narrativa.

Segunda Etapa – Identificar, no evento, os elementos patrimoniais e/ou de resultado ora envolvidos.

No Exemplo em comento, verificamos que foram adquiridas mercadorias para revenda por R$ 45.000,00. As mercadorias foram adquiridas devido ao fato de a empresa ter contraído obrigação junto ao fornecedor. Elucidando o Exemplo: a Empresa Calçados Brilhantes Comercial Ltda. recebeu mercadorias para revender e, em contrapartida, firmou um compromisso de pagar ao fornecedor R$ 45.000,00!

Temos, então, neste Exemplo, dois elementos patrimoniais envolvidos: *mercadorias* e *obrigação de pagar a fornecedor*.

Terceira Etapa – Identificar, no Plano de Contas da entidade, as contas que serão utilizadas para registrar os elementos patrimoniais e/ou de resultado envolvidos no evento.

Já vimos que, para representar elementos patrimoniais e de resultado, utilizamos as contas. Relembrando: as contas representam bens, direitos, obrigações, elementos do patrimônio líquido, assim como elementos de receitas e de despesas.

Neste exemplo, verificamos que existem dois elementos patrimoniais envolvidos: *mercadorias* e *obrigação de pagar a fornecedor*.

Para saber a que contas correspondem esses itens patrimoniais, devemos observar o plano de contas da Empresa Calçados Brilhantes Comercial Ltda. Se já houver contas representativas desses itens patrimoniais, então deveremos utilizá-las; caso contrário, serão criadas contas para a representação de tais itens. Deve-se ressaltar que os planos de contas são flexíveis, devendo ser ajustados à realidade da entidade a que pertencem.

Observando o plano de contas da referida empresa, verificamos que os itens patrimoniais em comento possuem as seguintes contas a eles associadas:

- Mercadorias – item patrimonial associado à conta Mercadorias ou Estoque de Mercadorias ou Mercadorias em Estoque
- Obrigação de Pagar a Fornecedor – item patrimonial associado à conta Fornecedores ou Fornecedores a Pagar

Com isso, as duas contas envolvidas nesse evento são: *Estoque de Mercadorias* e *Fornecedores*.

Quarta Etapa – Verificar o que está ocorrendo com cada conta em particular, isto é, se cada conta está sendo debitada ou creditada.

a) Origens X Aplicações

A essência do método das partidas dobradas é afirmar que **a toda aplicação corresponde uma origem de recursos de igual valor**. De acordo com esse método, pelo menos duas contas estarão SEMPRE envolvidas em um lançamento contábil: uma a débito e outra a crédito. Observe-se que o valor envolvido será o mesmo para as duas contas. Ao valor de cada elemento patrimonial ou de resultado damos o nome de **recurso**. Um dos elementos envolvidos representará a origem de recursos, ou seja, de onde foram obtidos os recursos necessários ao evento; outro elemento representará a aplicação de recursos, isto é, em que foram aplicados os recursos no evento em tela.

> **Em qualquer lançamento contábil, teremos SEMPRE:**
> Débitos → Aplicações de Recursos
> Créditos → Origens de Recursos

Voltando ao Exemplo, em que serão aplicados os recursos no valor de R$ 45.000,00? Na aquisição de mercadorias. Logo, a conta Estoque de Mercadorias será debitada em R$ 45.000,00.

De onde surgiram os recursos para pagar a aquisição de mercadorias? Surgiram da conta Fornecedores. Portanto, a conta Fornecedores será creditada em R$ 45.000,00.

Sabemos, então, que ocorreram as seguintes movimentações nas contas:

D – Estoque de Mercadorias
C – Fornecedores
     (ou)
Estoque de Mercadorias
a Fornecedores

b) Aumento ou Diminuição do Saldo da Conta

Observemos a natureza do saldo de cada conta e façamos a análise precisa do evento.

Saldo de uma conta, conforme já foi visto, é a diferença existente entre o total de valores lançados a débito e o total de valores lançados a crédito.

A conta Estoque de Mercadorias é conta principal do Ativo e aumenta, em seu razonete, pelo lado do Balanço Patrimonial em que se encontra (lado esquerdo); logo, possui natureza devedora, aumentando por débito e diminuindo por crédito. Neste exemplo, mercadorias estão sendo adquiridas para a empresa. Com isso, a conta Estoque de Mercadorias está sendo aumentada em R$ 45.000,00, devido à entrada das mercadorias adquiridas para revenda em estoque. Finalmente, a conta Estoque de Mercadorias está sendo debitada em R$ 45.000,00, já que aumenta por débito.

O pagamento ao fornecedor de mercadorias será efetuado a prazo. O que isto significa? Significa que foi gerada obrigação da empresa junto a seu fornecedor no valor de R$ 45.000,00. A conta Fornecedores é conta do Passivo Exigível, aumentando pelo lado do Balanço Patrimonial em que se encontra (lado direito). Possui natureza credora, aumentando por crédito e diminuindo por débito. Como está sendo contraída obrigação junto ao fornecedor, a conta Fornecedores está tendo seu saldo aumentado em R$ 45.000,00. Dizemos que a conta Fornecedores será creditada em R$ 45.000,00, pela obrigação contraída pela empresa junto ao fornecedor de mercadorias.

Sabemos, então, que ocorreram as seguintes movimentações nas contas:

D – Estoque de Mercadorias
C – Fornecedores
    (ou)
Estoque de Mercadorias
a Fornecedores

Quinta Etapa – Identificar os valores correspondentes às modificações ocorridas em cada conta.

No exemplo que estamos analisando, existem duas contas: Estoque de Mercadorias e Fornecedores. Tais contas foram movimentadas, respectivamente, a débito e a crédito. O valor envolvido nesta operação é de R$ 45.000,00. Portanto, podemos afirmar que houve uma troca de recursos no valor de R$ 45.000,00. A Empresa Calçados Brilhantes Comercial Ltda. contraiu obrigação no valor de R$ 45.000,00 junto ao fornecedor e recebeu mercadorias em valor correspondente a R$ 45.000,00.

Portanto, assim procederemos:

D – Estoque de Mercadorias
C – Fornecedores   45.000,00
    (ou)
Estoque de Mercadorias
a Fornecedores   45.000,00

Sexta Etapa – Redigir o histórico do lançamento.

Evento ocorrido: "Em 02.04.2009, as sócias decidiram adquirir mais mercadorias para o estoque da empresa, realizando transação a prazo no valor de R$ 45.000,00".

Poderemos, então, redigir o histórico do evento ocorrido nos seguintes termos:

"NF 3.459, da Fornece Tudo Com. Ltda., ref. à aquisição de mercadorias para revenda."

Sétima Etapa – Registrar o lançamento contábil no Livro Diário.

Segue o registro efetuado no Livro Diário:

Rio de Janeiro, RJ, 02 de abril de 2009
Estoque de Mercadorias
a Fornecedores
    NF 3.459, da Fornece Tudo
Com. Ltda., ref. à aquisição de mercadorias
para revenda   *45.000,00*

Convém ressaltar que, no Livro Razão, serão efetuados registros a débito na conta Estoque de Mercadorias e a crédito na conta Fornecedores, ambos no valor de R$ 45.000,00, conforme apresentado no *resumo do evento ocorrido*.

Resumo do Evento Ocorrido

Evento ocorrido: "Em 02.04.2009, as sócias decidiram adquirir mais mercadorias para o estoque da empresa, realizando transação a prazo no valor de R$ 45.000,00".

Conta Identificada	Grupo a que Pertence	Modificação Ocorrida no Saldo da Conta	Débito / Crédito
Estoque de Mercadorias	Ativo	Aumento	Débito
Fornecedores	Passivo Exigível	Aumento	Crédito

Registros efetuados no Livro Diário:

Rio de Janeiro, RJ, 02 de abril de 2009
Estoque de Mercadorias
a Fornecedores
  NF 3.459, da Fornece Tudo
Com. Ltda., ref. à aquisição de
mercadorias para revenda   45.000,00

(ou)

Folha 02

Data	Número do Lançamento	Código da Conta	Histórico	Débito	Crédito
02/04/2009	010	1.1.013	Estoque de Mercadorias	45.000,00	
		2.1.001	a Fornecedores		45.000,00
			NF 3.459, da Fornece Tudo Com. Ltda., ref. à aquisição de mercadorias para revenda.		

Registros efetuados no Livro Razão:

Nome (ou Título) da Conta: Estoque de Mercadorias   **Código da Conta:** 1.1.013

| Data | Contrapartidas | | Número da Folha do Livro Diário | Número do Lançamento no Livro Diário | Débito | Crédito | Saldo | |
	Código	Conta					R$	D/C
							0,00	
15/02/2009	1.1.001	Caixa	01	004	15.000,00		15.000,00	D
15/02/2009	1.1.002	Bancos Conta Movimento	01	004	20.000,00		35.000,00	D
15/02/2009	2.1.001	Fornecedores	01	004	32.000,00		67.000,00	D
02/04/2009	2.1.001	Fornecedores	02	010	45.000,00		112.000,00	D

Nome (ou Título) da Conta: Fornecedores   **Código da Conta:** 2.1.001

| Data | Contrapartidas | | Número da Folha do Livro Diário | Número do Lançamento no Livro Diário | Débito | Crédito | Saldo | |
	Código	Conta					R$	D/C
							0,00	
15/02/2009	1.1.013	Estoque de Mercadorias	01	004		32.000,00	32.000,00	C
28/02/2009	1.1.001	Caixa	01	006	12.000,00		20.000,00	C
02/04/2009	1.1.013	Estoque de Mercadorias	02	010		45.000,00	65.000,00	C

Apresentamos os razonetes das contas movimentadas até o momento, com os seus respectivos saldos:

Caixa (Valores em R$)	
Saldo Inicial – 0,00	6.000,00 (II)
(I) 100.000,00	50.000,00 (III)
	15.000,00 (IV)
	12.000,00 (VI)
	1.000,00 (IX)
16.000,00 (saldo devedor)	

Computadores (Valores em R$)	
Saldo Inicial – 0,00	
(I) 4.000,00	
4.000,00 (saldo devedor)	

Veículos (Valores em R$)	
Saldo Inicial – 0,00	
(I) 25.000,00	
(V) 15.000,00	
40.000,00 (saldo devedor)	

Capital Social (Valores em R$)	
	0,00 – Saldo Inicial
	129.000,00 (I)
	129.000,00 (saldo credor)

Móveis e Utensílios (Valores em R$)	
Saldo Inicial – 0,00	
(II) 6.000,00	
6.000,00 (saldo devedor)	

Bancos Conta Movimento (Valores em R$)	
Saldo Inicial – 0,00	20.000,00 (IV)
(III) 50.000,00	20.000,00 (VII)
	4.000,00 (VIII)
6.000,00 (saldo devedor)	

Fornecedores (Valores em R$)	
(VI) 12.000,00	Saldo Inicial – 0,00
	32.000,00 (IV)
	45.000,00 (X)
	65.000,00 (saldo credor)

Estoque de Mercadorias (Valores em R$)	
Saldo Inicial – 0,00	
(IV) 67.000,00	
(X) 45.000,00	
112.000,00 (saldo devedor)	

Financiamentos Bancários (Valores em R$)	
(IX) 1.000,00	Saldo Inicial – 0,00
	15.000,00 (V)
	14.000,00 (saldo credor)

Financiamentos Imobiliários (Valores em R$)	
	Saldo Inicial – 0,00
	100.000,00 (VII)
	100.000,00 (saldo credor)

Imóveis (Valores em R$)	
Saldo Inicial – 0,00	
(VII) 120.000,00	
120.000,00 (saldo devedor)	

Poupança Bancária (Valores em R$)	
Saldo Inicial – 0,00	
(VIII) 4.000,00	
4.000,00 (saldo devedor)	

Eis o Balanço Patrimonial atualizado, após o evento ocorrido:

Balanço Patrimonial			
Caixa	16.000	65.000	Fornecedores
Computadores	4.000	14.000	Financiamentos Bancários
Veículos	40.000	100.000	Financiamentos Imobiliários
Móveis e Utensílios	6.000		
Bancos Conta Movimento	6.000		
Mercadorias	112.000	129.000	Capital Social
Imóveis	120.000		
Poupança Bancária	4.000		
Total	308.000	308.000	Total

XI – Aumento do Capital Social

As sócias decidiram entregar novos recursos à sociedade, depositando, em 06.04.2009, R$ 121.000,00 na conta-corrente bancária da empresa.

De acordo com esse evento, foi efetuada uma alteração contratual, fazendo com que o Capital Social passe a valer R$ 250.000,00. No Ativo, o item patrimonial Bancos aumenta o seu saldo, passando a R$ 127.000,00.

Etapas a serem seguidas ao elaborar um lançamento contábil:

Primeira Etapa – Identificar o local em que se deu o evento, assim como a data em que ocorreu.

Neste exemplo, o local em que se deu o evento é a cidade em que se situa o estabelecimento empresarial da empresa envolvida na operação (no caso, Rio de Janeiro – RJ).

A data em que o evento ocorreu é 06.04.2009, conforme a narrativa.

Segunda Etapa – Identificar, no evento, os elementos patrimoniais e/ou de resultado ora envolvidos.

No exemplo em comento, verificamos que as sócias resolveram aumentar seus investimentos na empresa. Os recursos entregues para o aumento do capital social foram depositados na conta-corrente da empresa. Elucidando o exemplo: a Empresa Calçados Brilhantes Comercial Ltda. recebeu R$ 121.000,00, por meio de depósito em sua conta-corrente, em função de um aumento dos investimentos das sócias na empresa! Temos, então, neste exemplo, dois elementos patrimoniais envolvidos: *capital social* e *conta-corrente bancária*.

Terceira Etapa – Identificar, no Plano de Contas da entidade, as contas que serão utilizadas para registrar os elementos patrimoniais e/ou de resultado envolvidos no evento.

Já vimos que, para representar elementos patrimoniais e de resultado, utilizamos as contas. Relembrando: as contas representam bens, direitos, obrigações, elementos do patrimônio líquido, assim como elementos de receitas e de despesas.

Neste exemplo, verificamos que existem dois elementos patrimoniais envolvidos: *capital social* e *conta-corrente-bancária*.

Para sabermos a que contas correspondem tais itens patrimoniais, devemos observar o plano de contas da Empresa Calçados Brilhantes Comercial Ltda. Se já houver contas representativas desses itens patrimoniais, então deveremos utilizá-las; caso contrário, serão criadas contas para a representação de tais itens. Deve-se ressaltar que os planos de contas são flexíveis, devendo ser ajustados à realidade da entidade a que pertencem.

Observando o plano de contas da referida empresa, verificamos que os itens patrimoniais em comento possuem as seguintes contas a eles associadas:

- Capital Social – item patrimonial associado à conta Capital Social
- Conta-Corrente Bancária – item patrimonial associado à conta Bancos ou Bancos Conta Movimento ou Bancos C/ Movimento

Com isso, as duas contas envolvidas neste evento são: *Capital Social* e *Bancos Conta Movimento*.

Quarta Etapa – Verificar o que está ocorrendo com cada conta em particular, isto é, se cada conta está sendo debitada ou creditada.

a) Origens X Aplicações

A essência do método das partidas dobradas é afirmar que **a toda aplicação corresponde uma origem de recursos de igual valor**. De acordo com esse método, pelo menos duas contas estarão SEMPRE envolvidas em um lançamento contábil: uma a débito e outra a crédito. Observe-se que o valor envolvido será o mesmo para as duas contas. Ao valor de cada elemento patrimonial ou de resultado damos o nome de **recurso**. Um dos elementos envolvidos representará a origem de recursos, ou seja, de onde foram obtidos os recursos necessários ao evento; outro elemento representará a aplicação de recursos, isto é, em que foram aplicados os recursos no evento em tela.

> Em qualquer lançamento contábil, teremos SEMPRE:
> Débitos → Aplicações de Recursos
> Créditos → Origens de Recursos

Voltando ao exemplo, em que serão aplicados os recursos no valor de R$ 121.000,00? Em um depósito na conta-corrente da empresa. Logo, a conta Bancos Conta Movimento será debitada em R$ 121.000,00.

De onde surgiram os recursos para o depósito? Surgiram da conta Capital Social. Portanto, a conta Capital Social será creditada em R$ 121.000,00.

Sabemos, então, que ocorreram as seguintes movimentações nas contas:

D – Bancos Conta Movimento
C – Capital Social
      (ou)
Bancos Conta Movimento
a Capital Social

b) Aumento ou Diminuição do Saldo da Conta

Observemos a natureza do saldo de cada conta e façamos a análise precisa do evento.

Saldo de uma conta, conforme já foi visto, é a diferença existente entre o total de valores lançados a débito e o total de valores lançados a crédito.

A conta Bancos Conta Movimento é conta principal do Ativo e aumenta, em seu razonete, pelo lado do Balanço Patrimonial em que se encontra (lado esquerdo); logo, possui natureza devedora, aumentando por débito e diminuindo por crédito. Neste exemplo, foi efetuado um depósito em conta-corrente da empresa. Com isso, a conta Bancos Conta Movimento está sendo aumentada em R$ 121.000,00. Finalmente, a conta Bancos Conta Movimento está sendo debitada em R$ 121.000,00, já que aumenta por débito.

Observe, agora, a conta Capital Social. Trata-se de uma conta principal do Patrimônio Líquido, que aumenta, em seu razonete, pelo lado do Balanço Patrimonial em que se encontra (lado direito). Possui natureza credora, aumentando por crédito e diminuindo por débito. No presente exemplo, o compromisso assumido pelas sócias tem valor igual a R$ 121.000,00. Resta claro que a conta Capital Social teve um aumento em seu saldo de R$ 121.000,00. Então, a conta Capital Social está sendo aumentada em R$ 121.000,00. A conta Capital Social será creditada em R$ 121.000,00, já que está ocorrendo aumento em seu saldo.

Sabemos, então, que ocorreram as seguintes movimentações nas contas:

D – Bancos Conta Movimento
C – Capital Social   121.000,00
        (ou)
Bancos Conta Movimento
a Capital Social   121.000,00

Quinta Etapa – Identificar os valores correspondentes às modificações ocorridas em cada conta.

No exemplo que estamos analisando, existem duas contas: Bancos Conta Movimento e Capital Social. Estas contas foram movimentadas, respectivamente, a débito e a crédito. O valor envolvido nessa operação é de R$ 121.000,00. Portanto, podemos afirmar que houve uma troca de recursos no valor de R$ 121.000,00. A Empresa Calçados Brilhantes Comercial Ltda. recebeu, por meio de depósito em cheque, R$ 121.000,00, em contrapartida ao aumento do capital social da empresa, em valor correspondente a R$ 121.000,00.

Portanto, assim procederemos:

D – Bancos Conta Movimento
C – Capital Social   121.000,00
        (ou)
Bancos Conta Movimento
a Capital Social   121.000,00

Sexta Etapa – Redigir o histórico do lançamento.

Evento ocorrido: "As sócias decidiram entregar novos recursos à sociedade, depositando, em 06.04.2009, R$ 121.000,00 na conta-corrente bancária da empresa."

Poderemos, então, redigir o histórico do evento ocorrido nos seguintes termos:

"Pelo aumento do capital social da Empresa Calçados Brilhantes Com. Ltda., realizado integralmente nesta data, pela sócia Deise Classy, por meio do cheque nº 746.434, do Banco Astral Plus."

Sétima Etapa – Registrar o lançamento contábil no Livro Diário.

Segue o registro efetuado no Livro Diário:

Rio de Janeiro, RJ, 06 de abril de 2009
Bancos Conta Movimento
a Capital Social
Pelo aumento do capital social da Empresa Calçados
Brilhantes, integralmente realizado nesta data, pela
sócia Deise Classy, por meio do cheque nº 746.434, do
Banco Astral Plus   121.000,00

Convém ressaltar que, no Livro Razão, serão efetuados registros a débito na conta Bancos Conta Movimento e a crédito na conta Capital Social, ambos no valor de R$ 121.000,00, conforme apresentado no *resumo do evento ocorrido*.

Resumo do Evento Ocorrido

Evento ocorrido: "As sócias decidiram entregar novos recursos à sociedade, depositando, em 06.04.2009, R$ 121.000,00 na conta-corrente bancária da empresa."

Conta Identificada	Grupo a que Pertence	Modificação Ocorrida no Saldo da Conta	Débito / Crédito
Bancos Conta Movimento	Ativo	Aumento	Débito
Capital Social	Patrimônio Líquido	Aumento	Crédito

Registros efetuados no Livro Diário:

Rio de Janeiro, RJ, 06 de abril de 2009
Bancos Conta Movimento
a Capital Social
Pelo aumento do capital social da Empresa Calçados
Brilhantes, integralmente realizado nesta data, pela
sócia Deise Classy, por meio do cheque nº 746.434, do
Banco Astral Plus   121.000,00

(ou)

Folha 02

Data	Número do Lançamento	Código da Conta	Histórico	Débito	Crédito
06/04/2009	011	1.1.002 2.3.001	Bancos Conta Movimento a Capital Social Pelo aumento do capital social da Empresa Calçados Brilhantes Com. Ltda., realizado integralmente nesta data, pela sócia Deise Classy, através do cheque nº 746.434, do Banco Astral Plus.	121.000,00	121.000,00

Registros efetuados no Livro Razão:

Nome (ou Título) da Conta: Bancos Conta Movimento **Código da Conta:** 1.1.002

Data	Contrapartidas		Número da Folha do Livro Diário	Número do Lançamento no Livro Diário	Débito	Crédito	Saldo	
	Código	Conta					R$	D/C
							0,00	
13/02/2009	1.1.001	Caixa	01	003	50.000,00		50.000,00	D
15/02/2009	1.1.013	Estoque de Mercadorias	01	004		20.000,00	30.000,00	D
15/03/2009	1.4.020	Imóveis	02	007		20.000,00	10.000,00	D
20/03/2009	1.1.005	Poupança Bancária	02	008		4.000,00	6.000,00	D
06/04/2009	2.3.001	Capital Social	02	011	121.000,00		127.000,00	D

Nome (ou Título) da Conta: Capital Social **Código da Conta:** 2.3.001

Data	Contrapartidas		Número da Folha do Livro Diário	Número do Lançamento no Livro Diário	Débito	Crédito	Saldo	
	Código	Conta					R$	D/C
							0,00	
12/02/2009	1.1.001	Caixa	01	001		100.000,00	100.000,00	C
12/02/2009	1.4.004	Computadores	01	001		4.000,00	104.000,00	C
12/02/2009	1.4.011	Veículos	01	001		25.000,00	129.000,00	C
06/04/2009	1.1.002	Bancos Conta Movimento	02	011		121.000,00	250.000,00	C

Apresentamos os razonetes das contas movimentadas até o momento, com os seus respectivos saldos:

Caixa (Valores em R$)	
Saldo Inicial – 0,00	6.000,00 (II)
(I) 100.000,00	50.000,00 (III)
	15.000,00 (IV)
	12.000,00 (VI)
	1.000,00 (IX)
16.000,00 (saldo devedor)	

Computadores (Valores em R$)	
Saldo Inicial – 0,00	
(I) 4.000,00	
4.000,00 (saldo devedor)	

Veículos (Valores em R$)	
Saldo Inicial – 0,00	
(I) 25.000,00	
(V) 15.000,00	
40.000,00 (saldo devedor)	

Capital Social (Valores em R$)	
	0,00 – Saldo Inicial
	129.000,00 (I)
	121.000,00 (XI)
	250.000,00 (saldo credor)

Móveis e Utensílios (Valores em R$)	
Saldo Inicial – 0,00	
(II) 6.000,00	
6.000,00 (saldo devedor)	

Bancos Conta Movimento (Valores em R$)	
Saldo Inicial – 0,00	20.000,00 (IV)
(III) 50.000,00	20.000,00 (VII)
(XI) 121.000,00	4.000,00 (VIII)
127.000,00 (saldo devedor)	

Fornecedores (Valores em R$)		Estoque de Mercadorias (Valores em R$)	
(VI) 12.000,00	Saldo Inicial – 0,00	Saldo Inicial – 0,00	
	32.000,00 (IV)	(IV) 67.000,00	
	45.000,00 (X)	(X) 45.000,00	
	65.000,00 (saldo credor)	112.000,00 (saldo devedor)	

Financiamentos Bancários (Valores em R$)		Financiamentos Imobiliários (Valores em R$)	
(IX) 1.000,00	Saldo Inicial – 0,00		Saldo Inicial – 0,00
	15.000,00 (V)		100.000,00 (VII)
	14.000,00 (saldo credor)		100.000,00 (saldo credor)

Imóveis (Valores em R$)		Poupança Bancária (Valores em R$)	
Saldo Inicial – 0,00		Saldo Inicial – 0,00	
(VII) 120.000,00		(VIII) 4.000,00	
120.000,00 (saldo devedor)		4.000,00 (saldo devedor)	

Eis o Balanço Patrimonial atualizado, após o evento ocorrido:

Balanço Patrimonial

Caixa	16.000	65.000	Fornecedores
Computadores	4.000	14.000	Financiamentos Bancários
Veículos	40.000	100.000	Financiamentos Imobiliários
Móveis e Utensílios	6.000		
Bancos Conta Movimento	127.000		
Mercadorias	112.000	250.000	Capital Social
Imóveis	120.000		
Poupança Bancária	4.000		
Total	**429.000**	**429.000**	**Total**

Fizemos, então, a apresentação de um caso prático envolvendo onze operações comuns às empresas em geral.

Observe o leitor que, no presente estudo de caso prático, não trabalhamos com vendas de mercadorias, tendo em vista ainda não termos explicado os conceitos de receitas e despesas.

Outra observação se faz necessária: **o total do Ativo SEMPRE será igual ao total do Passivo Total, devido ao fato de cada aplicação possuir sua respectiva origem. Note-se que, evento após evento, os saldos totais do Ativo e do Passivo Total poderão sofrer alteração de valor, porém serão SEMPRE iguais!**

7.7. Resumo dos Registros Obtidos no Estudo de Caso

Apresentaremos, agora, um resumo de todos os registros efetuados no Livro Diário e no Livro Razão, para que possamos dar continuidade a este estudo de caso contábil.

Livro Diário

Folha 01

Data	Número do Lançamento	Código da Conta	Histórico	Débito	Crédito
12/02/2009	001		Diversos		
		2.3.001	a Capital Social		129.000,00
		1.1.001	Caixa	100.000,00	
		1.4.004	Computadores	4.000,00	
		1.4.011	Veículos	25.000,00	
			Pela constituição da sociedade limitada intitulada Calçados Brilhantes Comercial Ltda., conforme registro na Junta Comercial do Estado do Rio de Janeiro sob o número 237.415, em sessão de 12/02/2009, com Capital Social realizado nesta data conforme se segue: Caixa		
			Em dinheiro, entregues R$ 50.000,00 por cada uma das sócias		
			Computadores		
			Conforme NF 12.237, da InfoTex Com. Ltda., de 02/02/2009		
			Veículos		
			Conforme NF 32.859, da Verde Veículos Com. Ltda., de 04/02/2009		
13/02/2009	002	1.4.001	Móveis e Utensílios	6.000,00	
		1.1.001	a Caixa		6.000,00
			NF 7.680, da Fornece Tudo Com. Ltda., ref. à aquisição de móveis e utensílios para uso próprio		
13/02/2009	003	1.1.002	Bancos Conta Movimento	50.000,00	
		1.1.001	a Caixa		50.000,00
			Depósito efetuado em nossa conta-corrente do Banco STRAWS S/A		
15/02/2009	004	1.1.013	Estoque de Mercadorias	67.000,00	
			a Diversos		
		1.1.001	a Caixa		15.000,00
		1.1.002	a Bancos Conta Movimento		20.000,00
		2.1.001	a Fornecedores		32.000,00
			NF 8.103, da Tudo de Bom Com. Ltda., ref. à aquisição de mercadorias para revenda, como se segue: parte em dinheiro, parte com o cheque nº 12.658 de nossa conta-corrente, e parte contraindo obrigação, através da duplicata nº 902, venc. em 45 dias.		
20/02/2009	005	1.4.011	Veículos	15.000,00	
		2.1.031	a Financiamentos Bancários		15.000,00
			NF 1.789, da Veículos Alfa Com. Ltda., ref. à aquisição de veículo Marca FTR, contraindo financ. bancário, ref. contrato nº 12.335.678-991		
28/02/2009	006	2.1.001	Fornecedores	12.000,00	
		1.1.001	a Caixa		12.000,00
			Pagamento parcial da duplicata nº 902, da Tudo de Bom Com. Ltda.		

Capítulo 7 — O Lançamento Contábil ■ **231**

Folha 02

Data	Número do Lançamento	Código da Conta	Histórico	Débito	Crédito
15/03/2009	007	1.4.020	Imóveis	120.000,00	
			a Diversos		
		1.1.002	a Bancos Conta Movimento		20.000,00
		2.1.052	a Financiamentos Imobiliários		100.000,00
			Pela aquisição de Imóvel situado a Rua Sermão Vieira, nº 223, Botafogo, conforme se segue: parte do pagamento em cheque nº 12.662 de nossa conta-corrente e parte via financiamento imobiliário, ref. Contrato 556.990-77 do Banco FTDR		
20/03/2009	008	1.1.005	Poupança Bancária	4.000,00	
		1.1.002	a Bancos Conta Movimento		
			Aplicação em poupança bancária no Banco STRAWS S/A		4.000,00
25/03/2009	009	2.1.031	Financiamentos Bancários	1.000,00	
		1.1.001	a Caixa		1.000,00
			Quitação da primeira parcela do financiamento bancário, conforme contrato nº 12.335.678-991		
02/04/2009	010	1.1.013	Estoque de Mercadorias	45.000,00	
		2.1.001	a Fornecedores		45.000,00
			NF 3.459, da Fornece Tudo Com. Ltda., ref. à aquisição de mercadorias para revenda.		
06/04/2009	011	1.1.002	Bancos Conta Movimento	121.000,00	
		2.3.001	a Capital Social		121.000,00
			Pelo aumento do capital social da Empresa Calçados Brilhantes Com. Ltda., realizado integralmente nesta data, pela sócia Deise Classy, através do cheque nº 746.434, do Banco Astral Plus.		

Livro Razão

Nome (ou Título) da Conta: Caixa   Código da Conta: 1.1.001

Data	Contrapartidas		Número da Folha do Livro Diário	Número do Lançamento no Livro Diário	Débito	Crédito	Saldo	
	Código	Conta					R$	D/C
							0,00	
12/02/2009	2.3.001	Capital Social	01	001	100.000,00		100.000,00	D
13/02/2009	1.4.001	Móveis e Utensílios	01	002		6.000,00	94.000,00	D
13/02/2009	1.1.002	Bancos Conta Movimento	01	003		50.000,00	44.000,00	D
15/02/2009	1.1.013	Estoque de Mercadorias	01	004		15.000,00	29.000,00	D
28/02/2009	2.1.001	Fornecedores	01	006		12.000,00	17.000,00	D
25/03/2009	2.1.031	Financiamentos Bancários	02	009		1.000,00	16.000,00	D

Nome (ou Título) da Conta: Bancos Conta Movimento   Código da Conta: 1.1.002

Data	Contrapartidas		Número da Folha do Livro Diário	Número do Lançamento no Livro Diário	Débito	Crédito	Saldo	
	Código	Conta					R$	D/C
							0,00	
13/02/2009	1.1.001	Caixa	01	003	50.000,00		50.000,00	D
15/02/2009	1.1.013	Estoque de Mercadorias	01	004		20.000,00	30.000,00	D
15/03/2009	1.4.020	Imóveis	02	007		20.000,00	10.000,00	D
20/03/2009	1.1.005	Poupança Bancária	02	008		4.000,00	6.000,00	D
06/04/2009	2.3.001	Capital Social	02	011	121.000,00		127.000,00	D

Nome (ou Título) da Conta: Poupança Bancária **Código da Conta:** 1.1.005

Data	Contrapartidas		Número da Folha do Livro Diário	Número do Lançamento no Livro Diário	Débito	Crédito	Saldo	
	Código	Conta					R$	D/C
							0,00	
20/03/2009	1.1.002	Bancos Conta Movimento	02	008	4.000,00		4.000,00	D

Nome (ou Título) da Conta: Estoque de Mercadorias **Código da Conta:** 1.1.013

Data	Contrapartidas		Número da Folha do Livro Diário	Número do Lançamento no Livro Diário	Débito	Crédito	Saldo	
	Código	Conta					R$	D/C
							0,00	
15/02/2009	1.1.001	Caixa	01	004	15.000,00		15.000,00	D
15/02/2009	1.1.002	Bancos Conta Movimento	01	004	20.000,00		35.000,00	D
15/02/2009	2.1.001	Fornecedores	01	004	32.000,00		67.000,00	D
02/04/2009	2.1.001	Fornecedores	02	010	45.000,00		112.000,00	D

Nome (ou Título) da Conta: Móveis e Utensílios **Código da Conta:** 1.4.001

Data	Contrapartidas		Número da Folha do Livro Diário	Número do Lançamento no Livro Diário	Débito	Crédito	Saldo	
	Código	Conta					R$	D/C
							0,00	
13/02/2009	1.1.001	Caixa	01	002	6.000,00		6.000,00	D

Nome (ou Título) da Conta: Computadores **Código da Conta:** 1.4.004

Data	Contrapartidas		Número da Folha do Livro Diário	Número do Lançamento no Livro Diário	Débito	Crédito	Saldo	
	Código	Conta					R$	D/C
							0,00	
12/02/2009	2.3.001	Capital Social	01	001	4.000,00		4.000,00	D

Nome (ou Título) da Conta: Veículos **Código da Conta:** 1.4.011

Data	Contrapartidas		Número da Folha do Livro Diário	Número do Lançamento no Livro Diário	Débito	Crédito	Saldo	
	Código	Conta					R$	D/C
							0,00	
12/02/2009	2.3.001	Capital Social	01	001	25.000,00		25.000,00	D
20/02/2009	2.1.031	Financiamentos Bancários	01	005	15.000,00		40.000,00	D

Nome (ou Título) da Conta: Imóveis **Código da Conta:** 1.4.020

Data	Contrapartidas		Número da Folha do Livro Diário	Número do Lançamento no Livro Diário	Débito	Crédito	Saldo	
	Código	Conta					R$	D/C
							0,00	
15/03/2009	1.1.002	Bancos Conta Movimento	02	007	20.000,00		20.000,00	D
15/03/2009	2.1.052	Financiamentos Imobiliários	02	007	100.000,00		120.000,00	D

Nome (ou Título) da Conta: Fornecedores **Código da Conta:** 2.1.001

Data	Contrapartidas		Número da Folha do Livro Diário	Número do Lançamento no Livro Diário	Débito	Crédito	Saldo	
	Código	Conta					R$	D/C
							0,00	
15/02/2009	1.1.013	Estoque de Mercadorias	01	004		32.000,00	32.000,00	C
28/02/2009	1.1.001	Caixa	01	006	12.000,00		20.000,00	C
02/04/2009	1.1.013	Estoque de Mercadorias	02	010		45.000,00	65.000,00	C

Capítulo 7 — O Lançamento Contábil ■ 233

Nome (ou Título) da Conta: Financiamentos Bancários　　　　　　　　　　　　　　　　　　　**Código da Conta:** 2.1.031

Data	Contrapartidas		Número da Folha do Livro Diário	Número do Lançamento no Livro Diário	Débito	Crédito	Saldo	
	Código	Conta					R$	D/C
							0,00	
20/02/2009	1.4.011	Veículos	01	005		15.000,00	15.000,00	C
25/03/2009	1.1.001	Caixa	02	009	1.000,00		14.000,00	C

Nome (ou Título) da Conta: Financiamentos Imobiliários　　　　　　　　　　　　　　　　　　　**Código da Conta:** 2.1.052

Data	Contrapartidas		Número da Folha do Livro Diário	Número do Lançamento no Livro Diário	Débito	Crédito	Saldo	
	Código	Conta					R$	D/C
							0,00	
15/03/2009	1.4.020	Imóveis	02	007		100.000,00	100.000,00	C

Nome (ou Título) da Conta: Capital Social　　　　　　　　　　　　　　　　　　　**Código da Conta:** 2.3.001

Data	Contrapartidas		Número da Folha do Livro Diário	Número do Lançamento no Livro Diário	Débito	Crédito	Saldo	
	Código	Conta					R$	D/C
							0,00	
12/02/2009	1.1.001	Caixa	01	001		100.000,00	100.000,00	C
12/02/2009	1.4.004	Computadores	01	001		4.000,00	104.000,00	C
12/02/2009	1.4.011	Veículos	01	001		25.000,00	129.000,00	C
06/04/2009	1.1.002	Bancos Conta Movimento	02	011		121.000,00	250.000,00	C

Apresentaremos, agora, os razonetes das contas movimentadas, com os seus respectivos saldos:

```
         Caixa (Valores em R$)                          Computadores (Valores em R$)
Saldo Inicial – 0,00 | 6.000,00 (II)           Saldo Inicial – 0,00 |
        (I) 100.000,00 | 50.000,00 (III)              (I) 4.000,00 |
                       | 15.000,00 (IV)
                       | 12.000,00 (VI)
                       |  1.000,00 (IX)
─────────────────────────────────────         ─────────────────────────────────────
16.000,00 (saldo devedor) |                   4.000,00 (saldo devedor) |

         Veículos (Valores em R$)                      Capital Social (Valores em R$)
Saldo Inicial – 0,00 |                                                | 0,00 – Saldo Inicial
       (I) 25.000,00 |                                                | 129.000,00 (I)
       (V) 15.000,00 |                                                | 121.000,00 (XI)
─────────────────────────────────────         ─────────────────────────────────────
40.000,00 (saldo devedor) |                                           | 250.000,00 (saldo credor)

    Móveis e Utensílios (Valores em R$)           Bancos Conta Movimento (Valores em R$)
Saldo Inicial – 0,00 |                         Saldo Inicial – 0,00 | 20.000,00 (IV)
       (II) 6.000,00 |                               (III) 50.000,00 | 20.000,00 (VII)
                                                     (XI) 121.000,00 |  4.000,00 (VIII)
─────────────────────────────────────         ─────────────────────────────────────
6.000,00 (saldo devedor) |                    127.000,00 (saldo devedor) |

       Fornecedores (Valores em R$)                Estoque de Mercadorias (Valores em R$)
(VI) 12.000,00 | Saldo Inicial – 0,00          Saldo Inicial – 0,00 |
               | 32.000,00 (IV)                      (IV) 67.000,00 |
               | 45.000,00 (X)                        (X) 45.000,00 |
─────────────────────────────────────         ─────────────────────────────────────
               | 65.000,00 (saldo credor)      112.000,00 (saldo devedor) |

   Financiamentos Bancários (Valores em R$)    Financiamentos Imobiliários (Valores em R$)
(IX) 1.000,00 | Saldo Inicial – 0,00                                   | Saldo Inicial – 0,00
              | 15.000,00 (V)                                          | 100.000,00 (VII)
─────────────────────────────────────         ─────────────────────────────────────
              | 14.000,00 (saldo credor)                               | 100.000,00 (saldo credor)
```

Imóveis (Valores em R$)	
Saldo Inicial – 0,00	
(VII) 120.000,00	
120.000,00 (saldo devedor)	

Poupança Bancária (Valores em R$)	
Saldo Inicial – 0,00	
(VIII) 4.000,00	
4.000,00 (saldo devedor)	

7.8. O Balancete de Verificação

Observando o resumo dos registros realizados no estudo de caso anteriormente apresentado, verificamos, por meio dos razonetes das contas, que estas possuem saldos diferentes de zero. Apenas a título ilustrativo, observemos a conta Caixa:

Caixa (Valores em R$)	
Saldo Inicial – 0,00	6.000,00 (II)
(I) 100.000,00	50.000,00 (III)
	15.000,00 (IV)
	12.000,00 (VI)
	1.000,00 (IX)
16.000,00 (saldo devedor)	

A conta Caixa apresenta saldo devedor igual a R$ 16.000,00. Como foi obtido este saldo? A partir dos registros efetuados no Livro Diário e no Livro Razão, conforme demonstramos!

Será que os registros foram corretamente transcritos do Livro Diário para o Livro Razão?!

A resposta a esta pergunta nos é dada a partir do balancete de verificação!

> O **balancete de verificação**, também conhecido como **balancete** ou **balancete de verificação do Razão**, consiste em um resumo de todas as contas registradas no Livro Razão com os seus respectivos saldos credores ou devedores, diferentes de zero. Trata-se de uma relação ordenada, contendo todas as contas com seus respectivos saldos, obtida a partir do Livro Razão.

O grau de detalhamento de um balancete de verificação deve ser adequado a sua finalidade.

Costumamos afirmar que *o processo de registro dos eventos no Livro Diário e no Livro Razão se completa a partir da elaboração do balancete de verificação*.

> O balancete de verificação é um **relatório** de uso interno, que visa a auxiliar a preparação das demonstrações contábeis da entidade, podendo ser elaborado a qualquer momento, de acordo com as necessidades apresentadas para esse fim.

Periodicamente (no mínimo, **mensalmente**), os responsáveis pelos registros contábeis devem efetuar verificações quanto à correção dos registros efetuados.

Quando o método das partidas dobradas é aplicado, verificamos que o total debitado no lançamento é SEMPRE igual ao total creditado, ou seja, a soma dos débitos é igual à soma dos créditos (por lançamento efetuado). Ora, se em cada lançamento realizado isto ocorre, então, considerando o total de lançamentos efetuados no Livro Diário e no Livro Razão, também ocorrerá o que afirmamos, ou seja, o total dos débitos será igual ao total dos créditos, ou, ainda, o total dos saldos devedores será igual ao total dos saldos credores!

> O balancete de verificação é o meio utilizado para saber se a transcrição dos registros do Livro Diário para o Livro Razão foi corretamente efetuada!

Exemplo

Faremos, neste momento, a elaboração do balancete de verificação correspondente ao estudo de caso que acabamos de apresentar.

Como elaborar um balancete de verificação? Basta transportarmos cada conta do Livro Razão com seu respectivo saldo (diferente de zero) e posicionar cada uma delas da seguinte maneira:

- A coluna "Números das Contas" apresentará o número que cada conta recebeu no plano de contas;
- A coluna "Contas" receberá o título ou nome de cada conta transportada;
- Na coluna "Saldo", o saldo da conta será transportado para a coluna "Devedor", se o saldo da conta for devedor; caso contrário, se o saldo da conta for credor, irá para a coluna "Credor".

Eis o balancete de verificação corretamente elaborado:

Balancete de Verificação Final
Empresa Calçados Brilhantes Comercial Ltda. – Em 31/12/2009

Números das Contas	Contas	Saldo	
		Devedor	Credor
1.1.001	Caixa	16.000,00	
1.1.002	Bancos Conta Movimento	127.000,00	
1.1.005	Poupança Bancária	4.000,00	
1.1.013	Estoque de Mercadorias	112.000,00	
1.4.001	Móveis e Utensílios	6.000,00	
1.4.004	Computadores	4.000,00	
1.4.011	Veículos	40.000,00	
1.4.020	Imóveis	120.000,00	
2.1.001	Fornecedores		65.000,00
2.1.031	Financiamentos Bancários		14.000,00
2.1.052	Financiamentos Imobiliários		100.000,00
2.3.001	Capital Social		250.000,00
Totais..		429.000,00	429.000,00

Se o total dos saldos devedores é igual ao total dos saldos credores, podemos afirmar que as transcrições realizadas do Livro Diário para o Livro Razão foram corretamente efetuadas.

Se houver *contas retificadoras do Ativo* com saldos diferentes de zero, seus saldos serão apresentados na coluna correspondente aos **saldos credores**; por outro lado, se houver *contas retificadoras do Passivo Exigível*, assim como *contas retificadoras do Patrimônio Líquido*, com saldos diferentes de zero, seus saldos serão apresentados na coluna correspondente aos **saldos devedores**. Apesar de ainda não termos visto os conceitos correspondentes às despesas e às receitas, devemos ressaltar que, se houver *despesas* com saldos diferentes de zero, esses saldos serão apresentados na coluna dos **saldos devedores**; de outra forma, se houver *receitas* com saldos diferentes de zero, esses saldos serão apresentados na coluna dos **saldos credores**.

> Observe que, para a elaboração do balancete de verificação, não estamos levando em consideração o fato de a conta ser patrimonial ou de resultado, nem o fato de ser do tipo principal ou retificadora. Apenas atentamos para o SALDO DA CONTA: se é DEVEDOR ou CREDOR.

Principais características de um balancete de verificação:

- Consiste em uma **relação ordenada** de todas as contas constantes do Livro Razão, com saldos diferentes de zero;
- **Sua finalidade maior é comprovar a correta aplicação do método das partidas dobradas;**
- Não se trata de uma demonstração financeira, mas, regra geral, de um *relatório de uso interno* necessário à elaboração de tais demonstrações;
- É imprescindível o levantamento do balancete de verificação para a elaboração das demonstrações contábeis;
- Constitui um *instrumento limitado* no que se refere à detecção de erros na escrituração da entidade;
- É um instrumento de grande valia para aferição do cumprimento das normas de escrituração;
- É, também, um instrumento útil quanto à tomada de decisões.

Afirmamos que o balancete de verificação constitui um *instrumento limitado* no que se refere à detecção de erros na escrituração da entidade, devido aos seguintes comentários:

- Se houve omissão de lançamento, não há como detectá-la por meio do balancete;

- Se, por outro lado, ocorreu inversão de contas, não se pode detectá-la por meio do balancete, pois enxergamos apenas contas a débito e a crédito invertidas, porém com os mesmos saldos totais a débito e a crédito;
- Se ocorreu lançamento feito em duplicidade, também não há como detectá-lo (em duplicidade) ao levantar o balancete.

Somente conseguiremos identificar erros da seguinte natureza:

- lançamento elaborado debitando ou creditando duas vezes a mesma conta, em vez de efetuar um débito e um crédito em contas distintas; e
- lançamento efetuado apenas a débito ou apenas a crédito, sem a contrapartida necessária (a crédito ou a débito, respectivamente).

O balancete de verificação constitui um elemento útil à tomada de decisões. Por meio de balancetes periodicamente efetuados, a administração da entidade possui em mãos um resumo de todas as operações efetuadas pela entidade, assim como de todos os saldos existentes ao final de cada período em análise. De posse disso, poderão ser obtidos os resultados econômico e financeiro da entidade, sem a necessidade de elaboração de todas as demonstrações contábeis.

Resta claro que quanto maior o grau de detalhamento de um balancete de verificação, maiores serão os elementos de informação fornecidos para a tomada de decisões.

CUIDADO!

Jamais poderemos dizer que se o balancete de verificação está corretamente elaborado, a contabilidade de uma empresa estará correta!

Tomemos, como simples Exemplo, uma aquisição de mercadorias efetuada à vista e em dinheiro. No momento de registrar o evento, assim foi feito:

D – Estoque de Mercadorias
C – Bancos Conta Movimento

Erro cometido!

Note-se que este lançamento está errado, pois, se a aquisição foi feita em dinheiro, o correto seria lançar:

D – Estoque de Mercadorias
C – Caixa

Porém, como as contas Caixa e Bancos Conta Movimento possuem o mesmo mecanismo de débito e crédito, aumentando por débito e diminuindo por crédito, ao trocarmos uma conta pela outra, errando o lançamento efetuado, tal erro não prejudicará a igualdade a ser apresentada no balancete de verificação. Contudo, a contabilidade da empresa em comento está errada, pois ocorreu troca de contas (Caixa por Bancos Conta Movimento).

> A finalidade maior do balancete de verificação é comprovar a correta aplicação do método das partidas dobradas!

7.8.1. Os tipos de balancete de verificação

Temos dois tipos de balancete de verificação, assim classificados de acordo com o momento em que são elaborados:

- **Balancete de Verificação Inicial**

Esse balancete é levantado **antes do encerramento das contas de resultado**, isto é, antes da apuração do resultado obtido no exercício (*lucro* ou *prejuízo*). Portanto, nesse balancete, quando elaborado, aparecerão **contas patrimoniais** e **contas de resultado**.

- **Balancete de Verificação Final**

Esse balancete é levantado após o encerramento das contas de resultado. Em consequência, nele (no balancete) aparecerão apenas as **contas patrimoniais**, pois as contas de resultado já tiveram seus saldos encerrados quando da apuração do resultado do exercício. Trata-se do balancete a partir do qual será elaborado o Balanço Patrimonial, uma das demonstrações financeiras obrigatórias.

7.9. Os Erros de Escrituração e suas Correções

Este tópico tratará dos principais erros de escrituração porventura cometidos e das técnicas utilizadas para suas correções.

Convém frisarmos que, regra geral, estamos aqui tratando de erros efetuados quando da prática da escrituração manual ou mecanizada. A escrituração eletrônica, largamente utilizada hoje em dia, pelas facilidades de correção de lançamentos contábeis que apresenta antes da emissão do Livro Diário definitivo, praticamente descartou a utilização das técnicas de correção que agora apresentaremos e que são bastante cobradas em Concursos Públicos.

Já apresentamos as formalidades internas e externas a serem seguidas pelos livros contábeis. Iremos, aqui, reapresentar as formalidades intrínsecas ou internas, com o intuito de elucidar o assunto ora apresentado.

São as seguintes as **formalidades intrínsecas**:

- Deve-se obedecer a um método uniforme de escrituração;
- Deve-se seguir ordem cronológica de dia, mês e ano;
- Não são permitidos borrões, rasuras, nem emendas; e
- Não são permitidos espaços em branco, nem ocupação de margens ou entrelinhas.

Quando da escrituração do Livro Diário e da transcrição dos registros das operações para os livros auxiliares, vários erros poderão ser cometidos ao serem efetuados os registros contábeis. E deveremos corrigi-los sem cometer as irregularidades anteriormente citadas, inerentes às formalidades internas, que deverão ser SEMPRE respeitadas, assim como também o serão as formalidades externas ou extrínsecas.

> Escolhida uma das técnicas utilizadas para a correção de registros contábeis, o histórico do lançamento deverá mencionar o motivo da correção, a data e a localização do registro inicial (incorreto). Se existir omissão de lançamento, quando este for registrado deverá ser feita menção ao motivo do atraso em seu histórico, conforme a Resolução CFC 1.330/2011.

> Sempre utilize razonetes para melhor enxergar os eventos ocorridos e os possíveis erros cometidos na sua escrituração.

As seguintes **técnicas** são utilizadas **para a retificação de lançamentos**:

- **Estorno**

Consiste em lançamento inverso àquele que foi feito erroneamente, anulando-o totalmente.

Exemplo

Uma máquina foi comprada à vista e em dinheiro por R$ 35.000,00. Quando da escrituração, o contabilista (*erroneamente*) assim registrou o evento:

D – Fornecedores
C – Máquinas e Equipamentos   35.000

Bem, se uma máquina foi adquirida, então a conta Máquinas e Equipamentos deve ter seu saldo aumentado, ou seja, deve ser *debitada*. Por outro lado, a máquina foi adquirida à vista e, com isso, a conta a ser movimentada, que teve seu saldo reduzido devido à saída de dinheiro, isto é, *creditada*, deve ser a conta Caixa. Portanto, o lançamento efetuado está totalmente equivocado, devendo ser *estornado*.

Lançamento de estorno:

D – Máquinas e Equipamentos

C – Fornecedores   35.000

Em seguida, registramos corretamente o evento ocorrido mediante o seguinte lançamento:

D – Máquinas e Equipamentos

C – Caixa   35.000

Observe-se, por meio de razonetes, o que ocorreu:

Máquinas e Equipamentos	
(Correção) 35.000	35.000 (Inicial – Errado)
(Final – Correto) 35.000	
Saldo = 35.000	

Fornecedores	
(Inicial – Errado) 35.000	35.000 (Correção)
	Saldo = 0

Caixa	
Saldo Inicial (SI)	35.000 (Final – Correto)
Saldo = "SI – 35.000"	

- **Lançamento de Transferência**

É aquele que promove a regularização de conta indevidamente debitada ou creditada, através da transposição do valor para a conta adequada. Pode ser entendido como um *estorno parcial*. Observe que não há necessidade de anular totalmente o lançamento parcialmente errado, bastando transferir o valor da conta erroneamente lançada para a correta.

Exemplo

Uma máquina foi comprada à vista e em dinheiro por R$ 35.000,00. Quando da escrituração, o contabilista (*erroneamente*) assim registrou o evento:

D – Máquinas e Equipamentos

C – Fornecedores   35.000

Bem, se uma máquina foi adquirida, então a conta Máquinas e Equipamentos deve ter seu saldo aumentado, ou seja, deve ser *debitada*. Verifica-se, então que esta parte do lançamento está correta. Por outro lado, a máquina foi adquirida à vista e, com isso, a conta a ser movimentada, reduzindo o seu saldo devido à saída de dinheiro, isto é, *creditando-a*, deve ser a conta Caixa, e não a conta Fornecedores, que foi equivocadamente utilizada. Portanto, o lançamento efetuado está parcialmente equivocado, devendo ser *parcialmente estornado*.

Lançamento de transferência:

D – Fornecedores
C – Caixa   35.000

Observe, através de razonetes, o que ocorreu:

Máquinas e Equipamentos		Fornecedores	
(Inicial – Correto) 35.000		(Correção) 35.000	35.000 (Inicial – Errado)
Saldo = 35.000			Saldo = 0

Caixa	
Saldo Inicial (SI)	35.000 (Final – Correto)
Saldo = "SI – 35.000"	

- **Lançamento de Complementação**

É aquele que vem, posteriormente, complementar, *aumentando* ou *reduzindo* o valor anteriormente registrado. Nesse caso, faremos o mesmo lançamento inicial, complementando *o valor lançado a menor*.

Exemplo

Uma máquina foi comprada à vista e em dinheiro por R$ 35.000,00. Quando da escrituração, o contabilista (*erroneamente*) assim registrou o evento:

D – Máquinas e Equipamentos
C – Caixa   25.000

As contas estão corretamente registradas. O problema, nesse caso, ocorre com o valor erroneamente lançado (R$ 25.000,00 em vez de R$ 35.000,00).

Lançamento de complementação:

D – Máquinas e Equipamentos
C – Caixa   10.000

Observe-se, por meio de razonetes, o que ocorreu:

Máquinas e Equipamentos		Caixa	
(Inicial) 25.000		Saldo Inicial (SI) 25.000	(Inicial)
(Complemento) 10.000			10.000 (Complemento)
Saldo = 35.000		Saldo = "SI – 35.000"	

- **Ressalva**

Geralmente é utilizada para correção ocorrida em erro de redação de histórico, assim como quando há ocorrência de borrões, rasuras e registros nas entrelinhas do Livro Diário.

Ao descrever o evento, se for detectado erro antes do encerramento da descrição do histórico, poderá ser efetuada a sua correção, com palavras ou expressões do tipo "digo", ou "isto é", ou "ou melhor", ou "em tempo" etc.

Se ocorrerem borrões, rasuras ou registros nas entrelinhas do Livro Diário, então será efetuada ressalva, que deverá ser datada e assinada por profissional habilitado.

*Se o lançamento (com o histórico errado) estiver concluído, **não caberá ressalva**, devendo o lançamento inicial ser estornado, para, em seguida, ser corretamente lançado, procedendo-se a novo lançamento.*

Se ocorrer salto de linhas (linhas deixadas em branco), estas deverão ser preenchidas com traços horizontais, seguidos de ressalva datada e assinada pelo contabilista responsável.

Se ocorrer salto de página (página deixada em branco), está deverá ser preenchida com uma linha em diagonal, seguida de ressalva datada e assinada pelo contabilista responsável.

Exemplo

Evento ocorrido: "A Empresa Saia Justa Comercial Ltda., com sede em Juruju/RJ, adquiriu, em 12.02.2010, por meio da Nota Fiscal nº 4.321, emitida pela Empresa Fornece Tudo Comercial Ltda., mercadorias para revenda no valor de R$ 10.000,00, pagando à vista e em dinheiro esse valor."

Registro efetuado no Livro Diário:

Juruju, 12 de fevereiro de 2010
Estoque de Mercadorias
a Caixa
NF nº 1.234, digo, 4.321 da Fornece Tudo
Com. Ltda., ref. à aquisição de mercadorias
para revenda   *10.000,00*

Exemplo

Evento ocorrido: "A Empresa Saia Justa Comercial Ltda., com sede em Juruju/RJ, adquiriu, em 12.02.2010, por meio da Nota Fiscal nº 4.321, emitida pela Empresa Fornece Tudo Comercial Ltda., mercadorias para revenda no valor de R$ 10.000,00, pagando à vista e em dinheiro este valor."

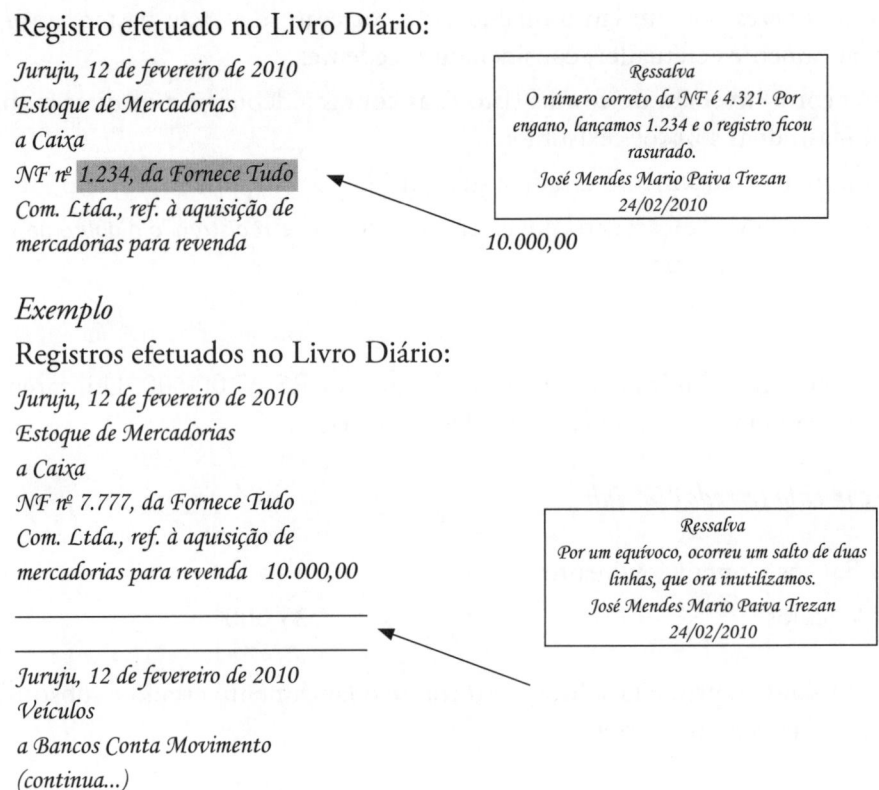

Registro efetuado no Livro Diário:

Juruju, 12 de fevereiro de 2010
Estoque de Mercadorias
a Caixa
NF nº 1.234, da Fornece Tudo
Com. Ltda., ref. à aquisição de
mercadorias para revenda   10.000,00

> *Ressalva*
> *O número correto da NF é 4.321. Por engano, lançamos 1.234 e o registro ficou rasurado.*
> *José Mendes Mario Paiva Trezan*
> *24/02/2010*

Exemplo

Registros efetuados no Livro Diário:

Juruju, 12 de fevereiro de 2010
Estoque de Mercadorias
a Caixa
NF nº 7.777, da Fornece Tudo
Com. Ltda., ref. à aquisição de
mercadorias para revenda   10.000,00

> *Ressalva*
> *Por um equívoco, ocorreu um salto de duas linhas, que ora inutilizamos.*
> *José Mendes Mario Paiva Trezan*
> *24/02/2010*

Juruju, 12 de fevereiro de 2010
Veículos
a Bancos Conta Movimento
(continua...)

Exemplo

Sejam a seguir apresentados os limites de uma folha do Livro Diário supostamente não utilizada, a título de ilustração.

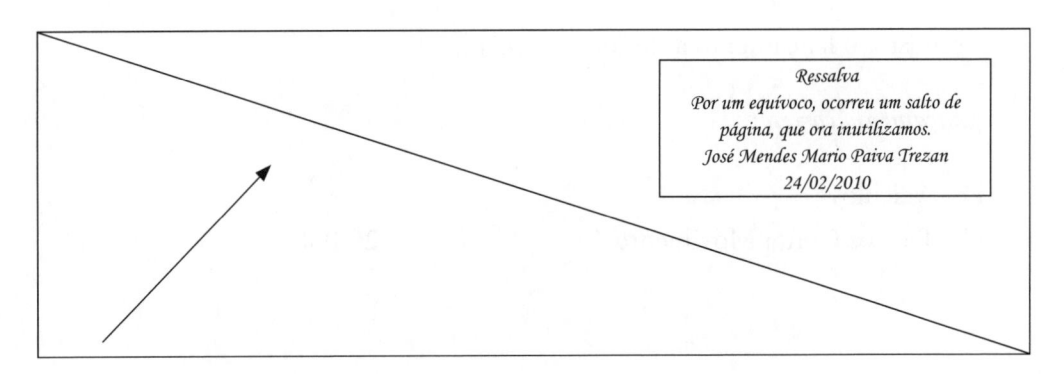

> *Ressalva*
> *Por um equívoco, ocorreu um salto de página, que ora inutilizamos.*
> *José Mendes Mario Paiva Trezan*
> *24/02/2010*

Se ocorrer **omissão de lançamento** (deixar de efetuar o lançamento no momento correto), o lançamento omitido será efetuado quando for descoberta a omissão, mencionando, em seu histórico, o motivo (da omissão) e a data em que o evento ocorreu, conforme consta da Resolução CFC 1.330/2011.

Se ocorrer **lançamento em duplicidade** (ou seja, o mesmo lançamento for lançado duas vezes por um lapso qualquer), a correção será fácil: bastará estornar um dos lançamentos efetuados, considerado excedente.

Caso ocorra **inversão de contas** (isto é, as contas a debitar e a creditar tenham sido trocadas), duas soluções existirão:

a) estornar o lançamento errado e substituí-lo por lançamento correto; ou
b) efetuar novo lançamento, invertendo as contas e *registrando o dobro do valor inicialmente lançado*.

Exemplo

Um veículo foi adquirido à vista e em cheque por R$ 25.000,00. Utilizaremos, no presente exemplo, as duas possibilidades de correção.

Lançamento (errado) inicial:

D – Bancos Conta Movimento
C – Veículos   25.000

a) utilizando a primeira solução: estorna-se o lançamento errado e substitui-se pelo lançamento correto:

Estorno:

D – Veículos
C – Bancos Conta Movimento   25.000

Com isto, o lançamento anterior foi anulado.

Lançamento correto:

D – Veículos
C – Bancos Conta Movimento   25.000

Observe, por meio de razonetes, o que ocorreu:

Veículos	
(*Correção*) 25.000	25.000 (*Errado – Inicial*)
(Correto) 25.000	
Saldo = 25.000	

Bancos Conta Movimento	
Saldo Inicial (SI)	25.000 (*Correção*)
(*Errado – Inicial*) 25.000	25.000 (*Correto*)
Saldo = "SI – 25.000"	

(ou)

b) utilizando a segunda solução: efetua-se novo lançamento, invertendo as contas e *registrando o dobro do valor inicialmente lançado. É a solução mais rápida!*

Lançamento correto:

D – Veículos
C – Bancos Conta Movimento   50.000

Observe-se, por meio de razonetes, o que ocorreu:

Veículos	
(Correto) 50.000	25.000 (*Errado – Inicial*)
Saldo = 25.000	

Bancos Conta Movimento	
Saldo Inicial (SI)	50.000 (*Correto*)
(*Errado – Inicial*) 25.000	
Saldo = "SI – 25.000"	

Exercícios resolvidos para a fixação de conteúdo

01 (Técnico de Contabilidade – Agência Nacional de Petróleo – ANP – CESGRANRIO/2008) Analise os razonetes a seguir.

Material de Escritório	Banco C/ Movimento	Contas a Pagar
40.000,00	20.000,00	20.000,00

Os registros realizados indicam que a empresa realizou uma compra de material de escritório, sendo metade
a) à vista, em cheque, e metade a prazo, para consumo imediato.
b) à vista, em cheque, e metade a prazo.
c) à vista, em dinheiro, e metade a prazo.
d) em dinheiro, e metade a prazo de 90 dias.
e) em dinheiro, e metade a prazo, para consumo imediato.

Resolução e Comentários: Para a compra de material de escritório, a conta Bancos está sendo reduzida (crédito) em 20.000,00 e foi criada uma obrigação (crédito) no valor de 20.000,00.

02 (Técnico de Contabilidade I – Refinaria Alberto Pasqualini – REFAP – CESGRANRIO/2007) Analise o seguinte lançamento, em reais, sem os elementos data e histórico.

Mercadorias 75.000,00
a Caixa   20.000,00
a Bancos Conta Movimento   25.000,00
a Fornecedores   30.000,00

É correto afirmar que as aplicações da empresa, em reais, aumentaram:
a) 20.000,00
b) 25.000,00
c) 30.000,00
d) 55.000,00
e) 75.000,00

Resolução e Comentários: Trata-se de uma operação de compra e venda de mercadorias (parte à vista em dinheiro, parte à vista em cheque, e parte a prazo).

Mercadorias – aumentou em 75.000 pela aquisição de mercadorias. (aumentou o Ativo).

Caixa diminuiu em 20.000 pela parcela paga à vista em dinheiro (diminuiu o Ativo).

Bancos diminuiu em 25.000 pela parcela paga à vista em cheque (diminuiu o Ativo).

Fornecedores teve aumento de 30.000, pois uma parcela da compra de mercadorias foi feita a prazo (aumentou o Passivo Exigível).

Logo, o saldo em aplicações (Ativo) foi de: 75.000 – 20.000 – 25.000 = 30.000

03 (Técnico(a) de Contabilidade I – PETROBRAS – CESGRANRIO) Analise o registro contábil a seguir, como um conjunto único das operações realizadas.

Rio de Janeiro, 21 de outubro de 2005
Diversos
a   Bancos c/Movimento
     Banco A
Móveis e Utensílios
    Pago à Industria Mobiliária, conforme   2.900,00
    NF nº 1234
Veículos
    Pago à Campeã Renault F.1 Ltda.
    Conforme NF nº 5421   35.000,00   37.900,00

Pode-se afirmar que tal conjunto apresenta os requisitos necessários a uma partida de:

a) Caixa.
b) Conta.
c) Diário.
d) Razão.
e) Razonete.

Resolução e Comentários: Os lançamentos dos eventos que alteram o patrimônio de uma entidade são efetuados no Livro Diário, em ordem cronológica das ocorrências. Quando ocorre um registro contábil, diz-se que ocorreu uma partida de Diário, fazendo menção ao Método das Partidas Dobradas.

Os Elementos Essenciais de um Lançamento

Independentemente do processo de escrituração, todo lançamento deve possuir os seguintes elementos:

a) Local e Data;

b) Conta(s) Debitada(s);

c) Conta(s) Creditada(s);

d) Histórico; e

e) Valores.

O local do lançamento pode ser omitido, presumindo-se que o registro foi feito no próprio local do estabelecimento.

A preposição "a" indica a(s) conta(s) creditada(s).

04 (Técnico(a) de Contabilidade I – PETROBRAS – CESGRANRIO) Considerando os conceitos técnicos dos lançamentos de 2ª e 3ª fórmulas, é correto afirmar que a(s):

a) 2ª fórmula facilita os registros a débito.
b) 3ª fórmula facilita os registros a débito.
c) duas fórmulas possuem as mesmas características.
d) duas fórmulas são de uso obrigatório, na escrituração.
e) duas fórmulas são utilizadas para facilitar a escrituração.

Resolução e Comentários:

As Fórmulas de Lançamento

a) 1ª Fórmula

    Lançamento simples.

    1 D ----- 1 C

b) 2ª Fórmula

    Lançamento composto.

    1 D ----- 2 ou mais C

c) 3ª Fórmula

    Lançamento composto.

    2 ou mais D ----- 1 C

d) 4ª Fórmula

    Lançamento complexo.

    2 ou mais D ----- 2 ou mais C

05 (Técnico de Contabilidade – Agência Nacional de Petróleo – ANP – CESGRANRIO) Após a constituição de sociedade anônima para compra e venda de artigos de madeira e duas outras operações, foi levantado o seguinte balanço:

Ativo
Caixa 3.000,00
Materiais de construção 2.000,00
Imóvel 5.000,00
Total 10.000,00
Passivo
Contas a Pagar 2.500,00
Capital 7.500,00
Total 10.000,00

Considerando, exclusivamente, tais informações, pode-se afirmar que:
a) só uma parte dos materiais de construção foi comprada a prazo.
b) os materiais de construção foram totalmente utilizados na construção do imóvel.
c) no imóvel, foram aplicados R$ 500,00 de Capital de Terceiros.
d) o capital foi totalmente aplicado no Caixa e na compra de materiais.
e) do capital subscrito somente R$ 3.000,00 foram integralizados.

Resolução e Comentários: Em primeiro lugar, houve a constituição da sociedade, com a integralização em dinheiro.

D – Caixa

C – Capital Social – 7.500

Em seguida, foram adquiridos materiais de construção. **Analisando as possibilidades de aquisição**, verificamos terem sido adquiridos a prazo.

D – Materiais de Construção

C – Contas a Pagar – 2.000

Foi adquirido um imóvel pelo valor de 5.000, tendo sido pagos 4.500 à vista e em dinheiro e 500 a prazo, utilizando capital de terceiros.

D – Imóveis – 5.000

C – Caixa – 4.500

C – Contas a Pagar – 500

06 (Técnico de Contabilidade – Agência Nacional de Petróleo – ANP – CESGRANRIO) Uma sociedade limitada fez o seguinte registro contábil, em reais, das operações realizadas num determinado dia:

DIVERSOS
A CAIXA
MÓVEIS E UTENSÍLIOS   8.000,00
VEÍCULOS   12.000,00
TERRENO   62.000,00   82.000,00

No "Razão da conta Caixa", o lançamento acima deve ser registrado da seguinte forma:

	DÉBITO	CRÉDITO
a)		Móveis e Utensílios 8.000
		Veículos 12.000
		Terrenos 62.000
b) Caixa	82.000	Móveis e Utensílios 8.000
		Veículos 12.000
		Terrenos 62.000
c) Móveis e Utensílios	8.000	
Veículos	12.000	
Terrenos	62.000	

d)	Móveis e Utensílios	8.000	Caixa 82.000
	Veículos	12.000	
	Terrenos	62.000	
e)	Diversos	82.000	

Resolução e Comentários:

DIVERSOS

A CAIXA

MÓVEIS E UTENSÍLIOS   8.000,00

VEÍCULOS   12.000,00

TERRENOS   62.000,00   82.000,00

Observando-se o lançamento acima, verifica-se que as contas Móveis e Utensílios, Veículos e Terrenos estão sendo debitadas. Por outro lado, Caixa está sendo creditada.

No Razão da conta Caixa, haverá três créditos (a conta Caixa diminuiu três vezes) pelos seguintes motivos: um deles é referente à aquisição de móveis e utensílios; outro devido à aquisição de veículos; outro devido à aquisição de terrenos.

DÉBITO	CRÉDITO	
	Móveis e Utensílios	8.000
	Veículos	12.000
	Terrenos	62.000

07 (Técnico de Contabilidade Júnior – PETROBRAS Distribuidora S/A – CESGRANRIO/2008) A Empresa Mar Azul Ltda., em 02.03.2007, adquiriu uma loja por R$ 150.000,00, nas seguintes condições:

• R$ 20.000,00, em dinheiro;

• R$ 30.000,00, com a entrega de um automóvel do Imobilizado;

• R$ 100.000,00, com o aceite de uma duplicata do mesmo valor.

Ao realizar um único registro contábil desta operação, a Empresa Mar Azul elaborou um lançamento de

a) 1ª fórmula.

b) 2ª fórmula.

c) 3ª fórmula.

d) 4ª fórmula.

e) 5ª fórmula.

Resolução e Comentários: Foi adquirido um imóvel por 150.000 (aumentando o Ativo pelo débito na conta Imóveis). Por outro lado, houve um lançamento a crédito em Caixa (saída de dinheiro no valor de 20.000), um lançamento a crédito em Veículos (entrega do veículo que valia 30.000) e outro lançamento a crédito (pelo surgimento de uma obrigação – Duplicatas a Pagar) pelo valor de 100.000.

D – Imóveis – 150.000

C – Caixa – 20.000

C – Veículos – 30.000

C – Duplicatas a Pagar – 100.000

As Fórmulas de Lançamento

a) 1ª Fórmula

Lançamento simples.

1 D ----- 1 C

b) 2ª Fórmula

Lançamento composto.

1 D ----- 2 ou mais C

c) 3ª Fórmula

Lançamento composto.

2 ou mais D ----- 1 C

d) 4ª Fórmula

Lançamento complexo.

    2 ou mais D ----- 2 ou mais C

Não existe lançamento de 5ª fórmula!!

08 (Técnico de Contabilidade Júnior – PETROBRAS Distribuidora S/A – CESGRANRIO/2008) Observe o lançamento abaixo, em reais, desconsiderando data e histórico.

Móveis e Utensílios			
a	Diversos		
a	Bancos C/ Movimento	10.000,00	
a	Duplicatas a Pagar	40.000,00	50.000,00

Este registro contábil representa a
a) venda de móveis e utensílios, sendo parte recebida em cheque e parte, em direitos a receber.
b) aquisição de imóveis, sendo parte paga em cheque e parte assumindo obrigação de pagar.
c) aquisição de móveis e utensílios, sendo parte paga em cheque e parte assumindo duplicatas para pagar no futuro.
d) compra de máquinas e equipamentos, sendo parte à vista e parte a prazo.
e) consignação de móveis e utensílios, pagando a taxa em cheque e assumindo a obrigação de pagar no futuro, caso fique com o bem.

Resolução e Comentários: A conta Móveis e Utensílios está aumentando devido à aquisição de móveis pelo valor total igual a 50.000. Uma parte está sendo paga à vista e em cheque (Bancos está diminuindo em 10.000), e outra parte será paga a prazo (surgimento de uma obrigação no valor de 40.000).

09 (Analista de Finanças e Controle – STN – ESAF/2002) Entre as afirmativas abaixo, apenas uma está corretamente formulada. Assinale a opção que a contém.
a) Estoque final é o valor de custo da mercadoria remanescente, isto é, daquela que não foi vendida no período. O estoque final de um período é o mesmo estoque inicial do período anterior.
b) Formalidades intrínsecas são procedimentos interiores aos livros contábeis e fiscais, necessários para conferir-lhes validade legal. São elas, entre outras: inexistência de rasuras, emendas e entrelinhas no corpo da escrituração; ordem cronológica; termo de abertura e encerramento etc.
c) Lançamento de terceira fórmula é aquele que contém local e data, duas ou mais contas credoras, uma conta devedora, histórico e valor da partida.
d) Notas explicativas são informações adicionais às demonstrações financeiras, destinadas a esclarecer aspectos relevantes, especialmente informações que não se encontrem explicitadas, tais como critérios de avaliação de estoques, método de depreciação, duração do exercício social, espécies de ações etc.
e) Na equação patrimonial, quando a soma dos bens e direitos é inferior ao conjunto das obrigações, e a situação líquida é negativa, chama-se passivo a descoberto, caracteriza uma situação líquida passiva e é apresentado como parcela da soma do ativo.

Resolução e Comentários: Analisando as alternativas:

a) Estoque final é o valor de custo da mercadoria remanescente, isto é, daquela que não foi vendida no período. O estoque final de um período é o mesmo estoque inicial do período anterior.

Errado! Estoque final é o valor de custo da mercadoria remanescente, isto é, daquela que não foi vendida no período. O estoque final de um período é o mesmo estoque inicial do período *posterior*.

b) Formalidades intrínsecas são procedimentos interiores aos livros contábeis e fiscais, necessários para conferir-lhes validade legal. São elas, entre outras: inexistência de rasuras, emendas e entrelinhas no corpo da escrituração; ordem cronológica; termo de abertura e encerramento etc.

Errado! Termos de abertura e encerramento são formalidades extrínsecas.

c) Lançamento de 3ª fórmula é aquele que contém local e data, duas ou mais contas credoras, uma conta devedora, histórico e valor da partida.

Errado! Lançamento de 3ª fórmula é aquele que contém local e data, duas ou mais contas *devedoras*, uma conta credora, histórico e valor da partida.

d) Notas explicativas são informações adicionais às demonstrações financeiras, destinadas a esclarecer aspectos relevantes, especialmente informações que não se encontrem explicitadas, tais como critérios de avaliação de estoques, método de depreciação, duração do exercício social, espécies de ações etc.

Errado! A duração do exercício social não é estabelecida em notas explicativas. A Lei nº 6.404/76, artigo 175, fixa a duração do exercício social em 01 (um) ano.

e) Na equação patrimonial, quando a soma dos bens e direitos é inferior ao conjunto das obrigações, e a situação líquida é negativa, chama-se passivo a descoberto, caracteriza uma situação líquida passiva e é apresentado como parcela da soma do ativo.

Certo!

10 **(Auditor do Tesouro Municipal – Prefeitura de Recife – PE – ESAF) Com relação a lançamentos contábeis, assinale a opção** *incorreta***.**
   a) Em qualquer das formas de retificação de lançamento contábil o histórico do lançamento deverá precisar o motivo da retificação, a data e a localização do lançamento de origem.
   b) O estorno consiste em lançamento inverso àquele feito erroneamente, anulando-o totalmente.
   c) Lançamento de transferência é aquele que promove a regularização de conta indevidamente debitada ou creditada, através da transposição do valor para a conta adequada.
   d) Lançamento de complementação é aquele que vem, posteriormente, complementando o histórico original, sem, contudo, aumentar ou reduzir o valor anteriormente registrado.
   e) Os lançamentos realizados fora da época devida deverão consignar, nos seus históricos, as datas efetivas das ocorrências e a razão do atraso.

Resolução e Comentários: Analisando as alternativas:

   a) Em qualquer das formas de retificação de lançamento contábil o histórico do lançamento deverá precisar o motivo da retificação, a data e a localização do lançamento de origem.

Correto!

   b) O estorno consiste em lançamento inverso àquele feito erroneamente, anulando-o totalmente.

Correto!

   c) Lançamento de transferência é aquele que promove a regularização de conta indevidamente debitada ou creditada, através da transposição do valor para a conta adequada.

Correto!

   d) Lançamento de complementação é aquele que vem, posteriormente, complementando o histórico original, sem, contudo, aumentar ou reduzir o valor anteriormente registrado.

Incorreto! Lançamento de complementação é aquele que vem, posteriormente, complementar o histórico original, aumentando ou reduzindo o valor anteriormente registrado.

   e) Os lançamentos realizados fora da época devida deverão consignar, nos seus históricos, as datas efetivas das ocorrências e a razão do atraso.

Correto!

11 **(Auditor do Tesouro Municipal – Prefeitura de Fortaleza – CE – ESAF) Com relação a lançamentos contábeis apresentamos quatro afirmativas incorretas. Indique a opção** *correta***.**
   a) Na única forma de retificação de lançamento contábil, que é o estorno, o histórico do lançamento deverá precisar o motivo da retificação, a data e a localização do lançamento de origem.
   b) O estorno consiste em lançamento inverso àquele feito erroneamente, anulando-o totalmente.
   c) O lançamento de estorno promove a regularização de conta indevidamente debitada ou creditada, através da transposição do valor para a conta mais adequada.

d) O lançamento de estorno é aquele que vem, posteriormente, complementando o histórico original, sem, contudo, aumentar ou reduzir o valor anteriormente registrado.
e) O lançamento de estorno tem o objetivo de ratificar o lançamento original.

Resolução e Comentários: Analisando as alternativas:

a) Na única forma de retificação de lançamento contábil, que é o estorno, o histórico do lançamento deverá precisar o motivo da retificação, a data e a localização do lançamento de origem.

Incorreto! O estorno é *uma das formas de retificação* e não a única forma.

b) O estorno consiste em lançamento inverso àquele feito erroneamente, anulando-o totalmente.

Correto!

c) O lançamento de estorno promove a regularização de conta indevidamente debitada ou creditada, através da transposição do valor para a conta mais adequada.

Incorreto! O lançamento de *transferência* promove a regularização de conta indevidamente debitada ou creditada, por meio da transposição do valor para a conta mais adequada.

d) O lançamento de estorno é aquele que vem, posteriormente, complementando o histórico original, sem, contudo, aumentar ou reduzir o valor anteriormente registrado.

Incorreto! O lançamento de *complementação* é aquele que vem, posteriormente, complementar, para mais ou para menos, o valor anteriormente registrado.

e) O lançamento de estorno tem o objetivo de ratificar o lançamento original.

Incorreto! O lançamento de estorno tem por objetivo *anular* o lançamento original.

12 (Técnico da Receita Federal – ESAF) Ao contratar um empréstimo no Banco do Brasil para reforço de capital de giro, a empresa Tomadora S/A contabilizou:
– débito de Bancos c/Movimento R$ 500,00
– crédito de Empréstimos Bancários R$ 500,00
– crédito de Juros Passivos R$ 40,00

Para corrigir esse lançamento em um único registro a empresa deverá contabilizar:

a) débito de Bancos c/Movimento R$ 500,00
   débito de Juros Passivos R$ 40,00
   crédito de Empréstimos Bancários R$ 540,00
b) débito de Bancos c/Movimento R$ 460,00
   débito de Juros Passivos R$ 40,00
   crédito de Empréstimos Bancários R$ 500,00
c) débito de Bancos c/Movimento R$ 540,00
   crédito de Empréstimos Bancários R$ 500,00
   crédito de Juros Ativos R$ 40,00
d) débito de Juros Passivos R$ 40,00
   crédito de Bancos c/Movimento R$ 40,00
e) débito de Juros Passivos R$ 80,00
   crédito de Bancos c/Movimento R$ 40,00

Resolução e Comentários: O lançamento errado gerou a seguinte posição na forma de razonetes:

Bancos Conta Movimento	Juros Passivos	Empréstimos Bancários
500	40	500

O lançamento correto deveria ter sido este:

Bancos Conta Movimento	Juros Passivos	Empréstimos Bancários
500	40	500
460	40	500

Então, o lançamento necessário para que os saldos fiquem corretos é:

D – Juros Passivos   R$ 80,00
C – Bancos Conta Movimento   R$ 40,00

Com este lançamento, os razonetes foram ajustados:

Bancos Conta Movimento	Juros Passivos	Empréstimos Bancários
500	40	500
40	80	
460	40	500

13 **(Analista de Finanças e Controle – STN – ESAF/2005) Assinale a opção que completa a afirmativa corretamente.**

São erros de escrituração os seguintes:

a) borrões, rasuras, estorno de lançamento, saltos de linhas, salto de páginas.
b) erros de algarismos, troca de uma conta por outra, inversão de contas, omissão de lançamento, repetição de lançamento.
c) erro de algarismo lançado a mais, lançamento retificativo, erro de algarismo lançado a menor, troca de uma conta por outra, inversão de contas.
d) omissão de lançamento, repetição de lançamento, inversão de lançamento, troca de uma conta por outra, lançamento complementar.
e) estorno de lançamento, borrões, rasuras, retificação de lançamento, saltos de linhas, ressalva por profissional habilitado.

Resolução e Comentários:

- Formalidades Extrínsecas ou Externas (referentes à segurança dos livros, ou seja, à proteção do livro com relação ao usuário, a fim de evitar o dolo)
– deve ser encadernado, com folhas tipograficamente numeradas em sequência;
– deve ser registrado no órgão competente;
– deve conter termos de abertura e de encerramento;
– deve ser assinado por contabilista responsável e por representante da empresa.
- Formalidades Intrínsecas ou Internas (pertinentes à técnica contábil, referentes à escrituração contábil)
– a escrituração deve ser completa e em forma contábil, em idioma e moeda nacionais;
– deve haver ordem cronológica;
– deve haver individualização e clareza;
– os registros devem ser corretos e contínuos;
– **não são permitidos borrões, rasuras ou emendas;**
– **não são permitidos espaços em branco, nem ocupação de margens ou entrelinhas;**
– deve ser seguido método uniforme de escrituração.

Na escrituração contábil, o contabilista pode cometer erros, tais como:
- **erro na identificação da conta debitada ou creditada;**
- **inversão de contas;**
- **erro na identificação de valor;**
- **erro no histórico (descrição do fato contábil);**
- **lançamento em duplicidade;**
- **omissão de lançamento.**

14 (Técnico(a) de Contabilidade I – PETROBRAS – CESGRANRIO/2008 – Adaptada) Analise os dados extraídos do Balancete de Verificação da Empresa Irmãos Unidos Ltda., em 31.12.2007, em reais.

Contas	Saldos
Caixa e Bancos	34.670,00
Fornecedores a Pagar	55.120,00
Salários e Encargos a Pagar	21.760,00
Máquinas e Equipamentos	145.000,00
Impostos a Pagar	11.450,00
Amortização acumulada	8.917,00
Estoques	33.400,00
Móveis e Utensílios	73.200,00
Duplicatas a Receber	61.520,00
Depreciação Acumulada	12.343,00

Considerando apenas as informações acima e lembrando que o total de obrigações para com terceiros mais os recursos dos proprietários são iguais ao total de bens e direitos, o valor do Patrimônio Líquido apurado no Balanço Patrimonial extraído em 31.12.2007, em reais, será de

a) 326.530,00
b) 238.200,00
c) 226.330,00
d) 225.306,00
e) 188.330,00

Resolução e Comentários:

Ativo:

Caixa e Bancos	34.670,00
Máquinas e Equipamentos	145.000,00
Amortização acumulada	(8.917,00)
Estoques	33.400,00
Móveis e Utensílios	73.200,00
Duplicatas a Receber	61.520,00
Depreciação Acumulada	(12.343,00)
Total =	**326.530,00**

Passivo Exigível:

Fornecedores a Pagar	55.120,00
Salários e Encargos a Pagar	21.760,00
Impostos a Pagar	11.450,00
Total =	**88.330,00**

Logo: A = PE + PL → PL = A − PE = 326.530,00 − 88.330,00 = 238.200,00

15 (Técnico de Finanças e Controle – ESAF – Adaptada) Observe o lançamento contábil que vem a seguir:

Brasília – DF, 15 de março de 1993
Mercadorias
a Duplicatas a Receber
Vr. compra de mercadorias efetuadas na data, sendo 45 unidades
ao custo unitário de R$ 150,00 e 95 unidades ao custo unitário de R$ 65,00............. R$ 12.925,00
O lançamento acima:
a) está correto.
b) apresenta erro de valor.

Capítulo 7 — O Lançamento Contábil ■ **255**

   c) apresenta erro de conta.
   d) está incompleto.
   e) representa uma venda a prazo e não uma compra.

Resolução e Comentários: Se uma compra de mercadorias está sendo efetuada a prazo, a conta a ser corretamente registrada deveria ser Duplicatas a Pagar.

Registros corretos:

Brasília – DF, 15 de março de 1993

Mercadorias

a **Duplicatas a Pagar**

Vr. compra de mercadorias efetuadas na data, sendo 45 unidades

ao custo unitário de R$ 150,00 e 95 unidades ao custo unitário de R$ 65,00..... R$ 12.925,00

16 **(Controladoria Geral do Município – RJ – Fundação João Goulart) Ao liquidar uma dívida da empresa:**
   a) o seu débito diminuirá.
   b) a sua dívida aumentará.
   c) o seu crédito aumentará.
   d) o seu crédito permanecerá inalterado.
   e) o seu crédito diminuirá.

Resolução e Comentários: Se uma empresa extingue uma dívida, sua dívida diminuirá, o que corresponde à alternativa "a", pois débito, nesta questão, tem sentido de dívida!

17 **(Fiscal de Tributos Estaduais – SEFA – PA – ESAF/2002) Nos lançamentos contábeis, as partidas são denominadas de**
   a) terceira fórmula, quando são debitadas duas contas e creditada uma conta.
   b) segunda fórmula, quando são debitadas duas contas e creditada uma conta.
   c) segunda fórmula, quando são debitadas duas contas e creditadas duas contas.
   d) terceira fórmula, quando são creditadas duas contas e debitada uma conta.
   e) terceira fórmula, quando são debitadas duas contas e creditadas duas contas

Resolução e Comentários:

Fórmula do Lançamento	Código para Memorização	Significado do Código
1ª Fórmula	11	"1 D" (e) "1 C"
2ª Fórmula	12	"1 D" (e) "2 ou mais C"
3ª Fórmula	21	"2 ou mais D" (e) "1 C"
4ª Fórmula	22	"2 ou mais D" (e) "2 ou mais C"

D – Débito
C – Crédito

18 **(Técnico da Receita Federal – ESAF) Uma empresa que adquiriu um carro para seu próprio uso, pagando uma entrada de 20% e aceitando duplicatas no valor de R$ 20.000,00, deverá fazer o seguinte lançamento contábil;**

   a) Diversos
          a Duplicatas a Pagar
          Caixa   5.000,00
          Veículos   20.000,00   25.000,00

   b) Veículos
          a Diversos
          a Caixa   5.000,00
          a Duplicatas a Pagar   20.000,00   25.000,00

c) Diversos

a Duplicatas a Pagar		
Caixa	4.000,00	
Veículos	16.000,00	20.000,00

d) Veículos

a Diversos		
a Caixa	4.000,00	
a Duplicatas a Pagar	16.000,00	20.000,00

e) Veículos

a Diversos		
a Caixa	4.000,00	
a Duplicatas a Pagar	16.000,00	20.000,00

Resolução e Comentários: Se duplicatas foram aceitas por R$ 20.000,00, elas equivalem a 80% do valor do veículo adquirido, pois 20% foi pago à vista. Logo, foi efetuado pagamento à vista no valor de:

80% ------- R$ 20.000,00

100% ----- V → V = R$ 25.000,00 (valor do veículo)

Portanto, R$ 5.000,00 foram pagos à vista e R$ 20.000,00 foram transformados em obrigação junto a terceiros.

19 **(Perito Criminal – Contabilidade – Polícia Civil SP – VUNESP/2014)**

As demonstrações contábeis retratam os efeitos patrimoniais e financeiros das transações e outros eventos, por meio do grupamento dos mesmos em classes amplas de acordo com as suas características econômicas. Essas classes amplas são denominadas de elementos das demonstrações contábeis.

Os elementos diretamente relacionados à mensuração da posição patrimonial e financeira no balanço patrimonial são os ativos, os passivos e o patrimônio líquido. Assim sendo, considerando que em 31 de dezembro de 2013 uma determinada companhia possuiu no seu Balanço Patrimonial uma "dívida" qualquer e, em janeiro de 2014 ocorre o seu pagamento, essa é uma operação que

a) diminui o passivo e o ativo.
b) aumenta o passivo e o ativo.
c) aumenta o passivo e diminui o ativo.
d) aumenta o ativo e diminui o passivo.
e) diminui o ativo e aumenta o patrimônio líquido.

Resolução e Comentários

Questão com enorme enunciado, porém de fácil resolução.

Quitação de uma obrigação:

D – Passivo

C – Ativo

Tal operação reduz Ativo e Passivo.

20 **(Perito Criminal – Contabilidade – Polícia Civil SP – VUNESP/2014 – Adaptada)**

A escrituração contábil deve ser realizada com observância à legislação contábil em vigor. O nível de detalhamento da escrituração contábil deve estar alinhado às necessidades de informação de seus usuários. O detalhamento dos registros contábeis é diretamente proporcional à complexidade das operações e dos requisitos de informações a ela aplicáveis e, exceto nos casos em que uma autoridade reguladora assim o requeira, não devem necessariamente observar um padrão pré-definido. Contudo, a escrituração deve conter, no mínimo, além do valor do registro contábil:

a) data; conta credora; histórico; forma de pagamento;
b) data; histórico; forma de pagamento;
c) data; conta devedora; conta credora; histórico;
d) data; conta devedora; histórico; forma de pagamento;
e) conta devedora; conta credora; histórico; forma de pagamento.

Resolução e Comentários

Um lançamento contábil deve conter, no mínimo, os seguintes elementos:
- Local e data de ocorrência do evento;
- Conta(s) debitada(s);
- Conta(s) creditada(s);
- Valor(es) monetário(s) envolvido(s), ou seja, valor(es) da operação; e
- Histórico do evento.

21 **(Contador – DPU – CESPE/UnB/2016) Julgue o item subsequente, a respeito do Livro Diário, do Livro Razão e do balancete de verificação.**

Uma das finalidades do balancete de verificação é demonstrar a correta aplicação do método das partidas dobradas, pois o total devedor deve ser igual ao total credor, ou seja, para cada débito em uma ou mais contas deve haver crédito de igual valor em uma ou mais contas.

Resolução e Comentários: Principais características de um balancete de verificação:
- consiste em uma *relação ordenada* de todas as contas constantes do Livro Razão, com saldos diferentes de zero;
- sua finalidade maior é comprovar a correta aplicação do método das partidas dobradas;
- não se trata de uma demonstração financeira, mas, regra geral, de um *relatório de uso interno* necessário à elaboração de tais demonstrações;
- é imprescindível o levantamento do balancete de verificação para a elaboração das demonstrações contábeis;
- constitui um *instrumento limitado* no que se refere à detecção de erros na escrituração da entidade;
- é um instrumento de grande valia para aferição do cumprimento das normas de escrituração;
- é, também, um instrumento útil quanto à tomada de decisões.

22 **(Técnico Judiciário – Contabilidade – TRE MG – CONSULPLAN/2014) Tendo em vista que, em todos os lançamentos, o valor do débito é exatamente igual ao valor do crédito, a soma de todas as contas com saldo devedor deve corresponder à soma de todas as contas com saldo credor. Para verificar se as somas estão corretas, utiliza-se o balancete de verificação. Em relação ao balancete de verificação, analise.**

I. É elaborado com base nos saldos de todas as contas do Diário.
II. Seu principal objetivo é testar (verificar) se o método das partidas dobradas foi respeitado, portanto, o único erro de escrituração que o mesmo aponta ou representa é o da troca de saldos (devedores por credores e vice-versa).
III. O grau de detalhamento do balancete de verificação deverá ser consentâneo com sua finalidade.
IV. Os elementos mínimos que devem constar do balancete de verificação são: identificação da entidade, data a que se refere, abrangência, identificação das contas e respectivos grupos, e saldos das contas somando os saldos devedores com os credores.

Estão corretas apenas as afirmativas:
a) I e II;
b) II e III;
c) III e IV;
d) II, III e IV.

Resolução e Comentários: Analisando as afirmativas.

I. É elaborado com base nos saldos de todas as contas do Diário.

Incorreta! Consiste em uma *relação ordenada* de todas as contas constantes do Livro Razão, com saldos diferentes de zero.

II. Seu principal objetivo é testar (verificar) se o método das partidas dobradas foi respeitado, portanto, o único erro de escrituração que o mesmo aponta ou representa é o da troca de saldos (devedores por credores e vice-versa).

Correta!

III. O grau de detalhamento do balancete de verificação deverá ser consentâneo com sua finalidade.
Correta!

IV. Os elementos mínimos que devem constar do balancete de verificação são: identificação da entidade, data a que se refere, abrangência, identificação das contas e respectivos grupos, e saldos das contas somando os saldos devedores com os credores.

Incorreta! Os elementos mínimos que devem constar do balancete de verificação são: identificação da entidade, data a que se refere, abrangência, identificação das contas e respectivos grupos, e saldos das contas somando os saldos devedores **e** os credores.

23 (Técnico em Contabilidade – EBSERH – Instituto AOCP/2014) **Qual das alternativas a seguir depende, para sua elaboração, da existência do balancete de verificação levantado em 31 de dezembro, que evidencie a situação das contas para o encerramento do exercício, situação essa oriunda de todo trâmite escritural dos livros, lançamentos etc.?**
  a) Escrituração contábil.
  b) Elaboração do orçamento.
  c) Formação do patrimônio.
  d) Operações típicas.
  e) Balanço patrimonial.

Resolução e Comentários:
Principais características de um balancete de verificação:
- consiste em uma *relação ordenada* de todas as contas constantes do Livro Razão, com saldos diferentes de zero;
- sua finalidade maior é comprovar a correta aplicação do método das partidas dobradas;
- não se trata de uma demonstração financeira, mas, regra geral, de um *relatório de uso interno* necessário à elaboração de tais demonstrações;
- **é imprescindível o levantamento do balancete de verificação para a elaboração das demonstrações contábeis;**
- constitui um *instrumento limitado* no que se refere à detecção de erros na escrituração da entidade;
- é um instrumento de grande valia para aferição do cumprimento das normas de escrituração;
- é, também, um instrumento útil quanto à tomada de decisões.

24 (Técnico em Contabilidade – CEFET RJ – CESGRANRIO/2014) **A elaboração do Balancete de Verificação, em decorrência de suas características técnicas específicas, é tecnicamente embasada no:**
  a) método da teoria materialista;
  b) método das partidas dobradas;
  c) método da teoria patrimonialista;
  d) princípio do registro pelo valor original;
  e) regime de competência.

Resolução e Comentários: Principais características de um balancete de verificação:
- consiste em uma *relação ordenada* de todas as contas constantes do Livro Razão, com saldos diferentes de zero;
- **sua finalidade maior é comprovar a correta aplicação do método das partidas dobradas;**
- não se trata de uma demonstração financeira, mas, regra geral, de um *relatório de uso interno* necessário à elaboração de tais demonstrações;
- é imprescindível o levantamento do balancete de verificação para a elaboração das demonstrações contábeis;
- constitui um *instrumento limitado* no que se refere à detecção de erros na escrituração da entidade;
- é um instrumento de grande valia para aferição do cumprimento das normas de escrituração;
- é, também, um instrumento útil quanto à tomada de decisões.

25 (Assistente I – Administração – SEBRAE RN – FUNCERN/2015) Os registros contábil-financeiros nas empresas são realizados considerando-se o Método das Partidas Dobradas: para cada débito(s), há crédito(s) correspondente(s). Para averiguar periodicamente essa igualdade com a finalidade de descobrir erros e corrigir os registros, as empresas utilizam uma demonstração conhecida por:
a) Balancete de Verificação;
b) Balanço;
c) Demonstração de Lucros ou Prejuízos Acumulados;
d) Demonstração do Resultado do Exercício.

Resolução e Comentários: Principais características de um balancete de verificação:
- consiste em uma *relação ordenada* de todas as contas constantes do Livro Razão, com saldos diferentes de zero;
- **sua finalidade maior é comprovar a correta aplicação do método das partidas dobradas**;
- não se trata de uma demonstração financeira, mas, regra geral, de um *relatório de uso interno* necessário à elaboração de tais demonstrações;
- é imprescindível o levantamento do balancete de verificação para a elaboração das demonstrações contábeis;
- **constitui um *instrumento limitado* no que se refere à detecção de erros na escrituração da entidade**;
- é um instrumento de grande valia para aferição do cumprimento das normas de escrituração;
- é, também, um instrumento útil quanto à tomada de decisões.

26 (Auditor de Tributos – Prefeitura de Goiânia – UFG/2016) Os principais erros de lançamento no Livro Diário são: título, valor, inversão, duplo registro, omissão e histórico incorreto. A devida correção para o duplo registro é:
a) complementação do 2º lançamento;
b) ressalva do 2º lançamento;
c) registro do 2º lançamento;
d) estorno do 2º lançamento.

Resolução e Comentários:
Se ocorreu duplo registro, um deles deve ser estornado, para que ocorra a correção solicitada.

GABARITO

1 – B	2 – C
3 – C	4 – E
5 – C	6 – A
7 – B	8 – C
9 – E	10 – D
11 – B	12 – E
13 – B	14 – B
15 – C	16 – A
17 – A	18 – B
19 – A	20 – C
21 – Certo	22 – B
23 – E	24 – B
25 – A	26 – D

CAPÍTULO 8

As Contas de Resultado

8.1. AS CONTAS DE RESULTADO – AS RECEITAS E AS DESPESAS

Neste capítulo, apresentaremos as definições de *receita* e de *despesa*, incluindo conceitos a elas atrelados.

Antes, porém, apresentaremos conceitos ligados à *Contabilidade de Custos*, que entendemos serem necessários para melhor compreensão deste assunto.

8.1.1. Gastos

Os **gastos** compreendem contrapartidas necessárias às aquisições de produtos ou serviços, gerando sacrifício financeiro (***desembolso***) para a entidade, sacrifício este representado pela entrega ou pela promessa de entrega de ativos (regra geral: dinheiro).

Os gastos são realizados à vista ou a prazo.

Em relação à contrapartida a eles realizada, os gastos são classificados em:

- **Investimentos**;
- **Custos**; e
- **Despesas**.

8.1.2. Desembolso

Denominamos **desembolso** o pagamento efetuado para a aquisição de bens ou para a prestação de serviços.

O desembolso pode ocorrer antes (*pagamento antecipado*), durante (*pagamento à vista*) ou após (*pagamento a prazo*) a aquisição efetuada. Observe que o desembolso poderá estar defasado do momento do gasto.

8.1.3. Investimentos

Os gastos efetuados para a aquisição de ativos são denominados **investimentos**. Correspondem a gastos com bens ou serviços que são ativados em função de sua vida útil ou de benefícios atribuíveis a períodos futuros.

Exemplo

São exemplos de investimentos as aquisições de:

- matérias-primas;
- computadores;
- móveis e utensílios;
- ferramentas;
- veículos;
- materiais de expediente;
- imóveis;
- ações de outras empresas;
- mercadorias etc.

8.1.4. Custos

Os gastos relacionados a bens e serviços utilizados na *produção* de outros bens ou serviços são conhecidos como **custos**. Observe que **os custos compreendem os gastos ligados à atividade de produção!**

Exemplo

A matéria-prima, quando adquirida, é classificada como *investimento*, pois fará parte do Ativo da entidade, ficando estocada em um depósito desta. Quando for requisitada pelas linhas de produção e utilizada na produção de outro bem, será classificada como *custo* referente à produção do bem então fabricado. Seu valor estará atrelado ao custo do bem que está sendo produzido.

8.1.5. Despesas

Quando o gasto em bens ou serviços é direta ou indiretamente consumido para a obtenção de receitas, estamos diante de **despesas**. Convém ressaltar que *estes gastos não estão relacionados à atividade produtiva*.

Exemplo

São exemplos de despesas:

- Comissão de vendas;
- Energia elétrica consumida na área administrativa da empresa;
- Conta telefônica do pessoal da área de vendas;
- Aluguel do prédio de escritórios da empresa etc.

8.1.6. Perdas

Perdas são gastos com bens e serviços *consumidos de maneira anormal e involuntária*. Perdas constituem *gastos não intencionais*.

Exemplo

São Exemplos de perdas:

- mercadorias furtadas;
- obsoletismo de estoques;
- equipamentos queimados em incêndio etc.

8.2. As Contas Patrimoniais e as Contas de Resultado

As **contas patrimoniais** representam o que denominamos **estática patrimonial**, sendo utilizadas para promover a apresentação e o controle de um patrimônio. Correspondem à representação do patrimônio propriamente dito, existente em determinado momento. São contas patrimoniais as que representam bens, direitos, obrigações e o patrimônio líquido, ou seja, as contas que representam o Ativo Total e o Passivo Total.

As **contas de resultado** são utilizadas para a apuração do resultado obtido em um período contábil e são divididas em **contas de receitas** e **contas de despesas**.

> As despesas compreendem elementos que diminuem o resultado do período e, em consequência, o valor do Patrimônio Líquido; já as receitas compreendem elementos que aumentam o resultado do período e, por conseguinte, aumentam o valor do Patrimônio Líquido.

As contas de receitas e de despesas têm origem no início do período contábil, com saldos iniciais iguais a zero, e têm seus saldos encerrados quando ocorre o término do mesmo período, visando à apuração do resultado nesse período alcançado.

> **As contas de receitas e de despesas pertencem ao período em que ocorrem, não se confundindo com receitas e despesas de períodos anteriores ou posteriores!**

As contas de resultado não são apresentadas no Balanço Patrimonial, que é uma das demonstrações contábeis obrigatórias. São dispostas, de maneira ordenada/organizada em uma demonstração contábil denominada **Demonstração do Resultado do Exercício**, que demonstra como foi apurado o resultado obtido em um período contábil definido. Devemos enfatizar que o ***período contábil*** compreende o intervalo de tempo definido para que a Contabilidade evidencie a situação patrimonial, econômica e financeira de uma entidade; regra geral, esse período é igual a um ano.

As despesas e as receitas compreendem denominações de grupos principais (o grupo das despesas e o grupo das receitas). Para que haja melhor compreensão e, também, a fim de facilitar a análise das informações apresentadas, as despesas e as receitas são subdivididas em classes, conforme a natureza e o tipo de cada uma delas.

Exemplo

São Exemplos de classes de ***receitas***:

- Receitas de Vendas de Produtos;
- Receitas de Vendas de Mercadorias;
- Receitas de Aluguel;
- Receitas de Juros;
- Receitas de Comissões etc.

São Exemplos de classes de ***despesas***:

- Despesas de Salários;
- Despesas de Aluguel;
- Despesas de Juros;
- Despesas com Transportes;
- Despesas com Alimentação etc.

A partir de agora, iremos detalhar os conceitos de ***receita*** e ***despesa***, para melhor compreensão. Trata-se de um assunto da mais elevada importância para a compreensão da Contabilidade.

8.3. AS RECEITAS

As **receitas** correspondem aos **recursos que acarretam aumentos na Situação Líquida da entidade, da seguinte forma:**

- os recursos **entram na entidade** ou **são gerados direitos de recebimento**, provocando aumentos no Ativo; e/ou
- os recursos **deixam de sair da entidade**, quando ocorrem diminuições no Passivo Exigível.

> As receitas provocam variações positivas na Situação Líquida da entidade!

O Dicionário de Termos de Contabilidade assim define *receita*: "**Receita** – representa a entrada de ativos, sob a forma de dinheiro ou direitos a receber, correspondentes, normalmente, à venda de mercadorias, de produtos ou à prestação de serviços. Podem também derivar de juros sobre depósitos bancários ou títulos e de outros ganhos eventuais."

O *Dicionário de contabilidade* nos apresenta um conceito de *receita* elaborado por Vincenzo Masi:

"Por *receita* entende-se a entrada quase sempre monetária correspondente à venda de uma mercadoria, de um produto ou de um serviço econômico ou financeiro; entrada que pode ser antecipada, no ato, ou diferida, e também imediata com relação à própria obtenção da mercadoria, do produto ou do rendimento do serviço."

São a seguir apresentadas ***algumas possíveis formas de geração de receitas*** para as entidades:

- Venda de quaisquer bens constantes do Ativo da entidade (entenda bem, neste caso, em seu conceito amplo, podendo representar produtos (no caso das indústrias), mercadorias (no caso do comércio), veículos, imóveis, máquinas, equipamentos etc.);
- Prestação de serviços de qualquer natureza;
- Perdão de multas fiscais;
- Anistia parcial ou total de dívidas;
- Eliminação de passivo exigível devido ao desaparecimento do credor;
- Geração de novos ativos sem a interveniência de terceiros, como no caso do nascimento de animais;
- Recebimento de doações etc.

Exemplo

São Exemplos de contas designativas de receitas:

- **Aluguéis Ativos**, Aluguéis Recebidos, Receitas de Aluguel e outras semelhantes;
- Descontos Obtidos (são descontos obtidos pela entidade);
- **Juros Ativos**, Receitas de Juros ou Receitas Financeiras;
- Receitas de Prestação de Serviços;
- Receitas de Vendas de Mercadorias.

As **receitas** provocam aumento no valor do Patrimônio Líquido. Por isso, *são contas de natureza credora*. Logo, **as receitas aumentam por crédito e diminuem por débito.**

As receitas aumentam por crédito e diminuem por débito!

Receita	
Lado dos "Débitos"	Lado dos "Créditos"
DIMINUIÇÕES DE SALDO	AUMENTOS DE SALDO

Nos próximos Exemplos, faremos o reconhecimento de receitas. **Posteriormente, ainda neste Capítulo, mostraremos como as receitas alteram o valor da Situação Líquida da entidade, por meio da apuração e da consequente transferência do resultado apurado no exercício para o Patrimônio Líquido.** Nestes Exemplos, faremos a imediata modificação do Balanço Patrimonial, após cada evento ocorrido, apenas para que o leitor possa verificar as alterações ocorridas no valor do Patrimônio Líquido.

Exemplo

A Empresa VFG Comercial Ltda. alugou em setembro de 2009 uma sala de sua propriedade para a Empresa Gringo Relações Comerciais Ltda. por R$ 1.000,00.

Suponha a seguinte situação patrimonial para a Empresa VFG Comercial Ltda. *antes* do registro deste evento:

Balanço Patrimonial

Caixa	16.000	32.000	Fornecedores
Bancos	14.000	15.000	Empréstimos Bancários
Mercadorias	20.000	20.000	Financiamentos Imobiliários
Veículos	30.000		
Móveis e Utensílios	7.000		
Imóveis	100.000		
		120.000	Situação Líquida
Total	187.000	187.000	Total

A Empresa Gringo Relações Comerciais Ltda. resolve depositar os R$ 1.000,00 na conta-corrente bancária da Empresa VFG Comercial Ltda. Com isso, a conta Bancos da Empresa VFG Comercial Ltda. terá um acréscimo de valor, passando a um saldo de R$ 15.000,00, o que provocará um aumento da Situação Líquida de R$ 120.000,00 para R$ 121.000,00. O que provocou esse aumento na Situação Líquida?

Repare que o uso da sala por um terceiro gerou um acréscimo patrimonial para a Empresa VFG Comercial Ltda. Houve um aumento do Ativo e o consequente aumento da Situação Líquida da empresa em tela, já que não ocorreu nenhuma contrapartida no próprio Ativo, tampouco no Passivo Exigível. A origem deste recurso foi o que denominamos *receita*, que podemos chamar, nesta situação, de Receita de Aluguel (receita proveniente de um aluguel).

Eis a situação patrimonial da Empresa VFG Comercial Ltda. *após* o registro deste evento:

Balanço Patrimonial

Caixa	16.000	32.000	Fornecedores
Bancos	15.000	15.000	Empréstimos Bancários
Mercadorias	20.000	20.000	Financiamentos Imobiliários
Veículos	30.000		
Móveis e Utensílios	7.000		
Imóveis	100.000		
		121.000	Situação Líquida
Total	188.000	188.000	Total

Receita de Aluguel (R$ 1.000,00) (↑) → Bancos (R$ 1.000,00) (↑)

Registros:

D – Bancos ou Bancos Conta Movimento
C – Receitas de Aluguel   1.000,00

Bancos (Valores em R$)	
Saldo Inicial – 14.000,00	
(1) 1.000,00	
(saldo devedor) 15.000,00	

Receitas de Aluguel (Valores em R$)	
	0,00 – Saldo Inicial
	1.000,00 (1)
	1.000,00 (saldo credor)

Exemplo

A Empresa VFG Comercial Ltda., do Exemplo anterior, recebeu o perdão de uma dívida junto a um de seus fornecedores, dívida esta no valor de R$ 12.000,00.

Suponha a seguinte situação patrimonial para a Empresa VFG Comercial Ltda. *antes* do registro deste evento:

Balanço Patrimonial

Caixa	16.000	32.000	Fornecedores
Bancos	15.000	15.000	Empréstimos Bancários
Mercadorias	20.000	20.000	Financiamentos Imobiliários
Veículos	30.000		
Móveis e Utensílios	7.000		
Imóveis	100.000		
		121.000	Situação Líquida
Total	**188.000**	**188.000**	**Total**

Observe-se que, neste caso, a obrigação existente junto aos fornecedores está sendo parcialmente quitada, porém não está havendo a correspondente saída de recursos do Ativo, já que a obrigação em comento está sendo isenta de pagamento. Com isso, a Situação Líquida da empresa em tela está aumentando. O que provocou este aumento na Situação Líquida?

Está havendo redução no saldo da conta Fornecedores, passando de R$ 32.000,00 para R$ 20.000,00. Por outro lado, não está havendo saída de recursos do Ativo, por não haver necessidade, assim como não há nenhuma outra alteração no Passivo Exigível. Neste caso, a Situação Líquida foi aumentada de R$ 121.000,00 para R$ 133.000,00. A origem deste recurso foi, então, uma *receita*, que acarretou um aumento da riqueza da entidade, por não ter saído recurso para pagamento da obrigação.

Eis a situação patrimonial da Empresa VFG Comercial Ltda. *após* o registro deste evento:

Balanço Patrimonial

Caixa	16.000	20.000	Fornecedores
Bancos	15.000	15.000	Empréstimos Bancários
Mercadorias	20.000	20.000	Financiamentos Imobiliários
Veículos	30.000		
Móveis e Utensílios	7.000		
Imóveis	100.000		
		133.000	Situação Líquida
Total	**188.000**	**188.000**	**Total**

Perdão de Uma Dívida – Fornecedores (R$ 12.000,00) (↓) → "Receita" (R$ 12.000,00) (↑)

Registros:

D – Fornecedores
C – Receita   12.000,00

Fornecedores (Valores em R$)	
(1) 12.000,00	32.000,00 (Saldo Inicial)
	20.000,00 (saldo credor)

Receita (Valores em R$)	
	0,00 – Saldo Inicial
	12.000,00 (1)
	12.000,00 (saldo credor)

Exemplo

A Empresa VFG Comercial Ltda. realizou uma aplicação financeira no valor de R$ 10.000,00, almejando obter R$ 13.000,00 quando do resgate desta aplicação.

Suponha a seguinte situação patrimonial para a Empresa VFG Comercial Ltda. *antes* do registro deste evento:

Balanço Patrimonial			
Caixa	16.000	20.000	Fornecedores
Bancos	15.000	15.000	Empréstimos Bancários
Mercadorias	20.000	20.000	Financiamentos Imobiliários
Veículos	30.000		
Móveis e Utensílios	7.000		
Imóveis	100.000		
		133.000	Situação Líquida
Total	**188.000**	**188.000**	**Total**

Em um primeiro momento, quando a empresa efetua a aplicação financeira, a conta Bancos tem seu saldo reduzido (de R$ 15.000,00 para R$ 5.000,00); por outro lado, *surge* a conta Aplicações Financeiras no Ativo da entidade, com saldo de R$ 10.000,00.

A situação patrimonial da Empresa VFG Comercial Ltda. *após* o registro deste evento é a seguinte:

Balanço Patrimonial			
Caixa	16.000	20.000	Fornecedores
Bancos	5.000	15.000	Empréstimos Bancários
Mercadorias	20.000	20.000	Financiamentos Imobiliários
Veículos	30.000		
Móveis e Utensílios	7.000		
Imóveis	100.000		
Aplicações Financeiras	10.000		
		133.000	Situação Líquida
Total	**188.000**	**188.000**	**Total**

Registros:

D – Aplicações Financeiras
C – Bancos ou Bancos Conta Movimento   10.000,00

Aplicações Financeiras (Valores em R$)	
Saldo Inicial – 0,00	
(1) 10.000,00	
(saldo devedor) 10.000,00	

Bancos (Valores em R$)	
Saldo Inicial – 15.000,00	10.000,00 (1)
(saldo devedor) 5.000,00	

Em um momento posterior, chega a data de resgate da aplicação. Logo, a conta Aplicações Financeiras é extinta, por não haver mais a aplicação financeira efetuada; por outro lado, há um aumento na conta Bancos, passando de R$ 5.000,00 para R$ 18.000,00, e não para R$ 15.000,00. O que acarretou o aumento de R$ 3.000,00 na Situação Líquida?

Quando o dinheiro foi aplicado, a empresa almejava obter um retorno financeiro dessa aplicação (os juros!). Logo, quando houve o resgate desta aplicação, foi recebido o valor principal com que esta foi efetuada (R$ 10.000,00) e juros no valor de R$ 3.000,00, ou seja, ocorreu o recebimento adicional de um recurso, que veio a aumentar a Situação Líquida da entidade, neste caso proveniente de uma Receita de Juros, também denominada Receita Financeira!

Eis a situação patrimonial da Empresa VFG Comercial Ltda. *após* o registro deste evento:

Balanço Patrimonial

Caixa	16.000	20.000		Fornecedores
Bancos	18.000	15.000		Empréstimos Bancários
Mercadorias	20.000	20.000	Financiamentos Imobiliários	
Veículos	30.000			
Móveis e Utensílios	7.000			
Imóveis	100.000			
		136.000		Situação Líquida
Total	**191.000**	**191.000**		**Total**

Aplicações Financeiras (R$ 10.000,00) (↓) → Bancos (R$ 10.000,00) (↑)

(e)

Receita de Juros (R$ 3.000,00) (↑) → Bancos (R$ 3.000,00) (↑)

Registros:

D – Bancos
C – Aplicações Financeiras   10.000,00

(e)

D – Bancos
C – Receitas de Juros   3.000,00

Os lançamentos anteriores também podem ser efetuados da seguinte maneira:

D – Bancos   13.000,00
C – Aplicações Financeiras   10.000,00
C – Receitas de Juros   3.000,00

Aplicações Financeiras (Valores em R$)	
Saldo Inicial – 0,00	10.000,00 (2)
(1) 10.000,00	
0,00	

Bancos (Valores em R$)	
Saldo Inicial – 15.000,00	10.000,00 (1)
(2) 13.000,00	
(saldo devedor) 18.000,00	

Receitas de Juros (Valores em R$)	
	0,00 – Saldo Inicial
	3.000,00 (2)
	3.000,00 (saldo credor)

8.3.1. As receitas segundo o CPC

O Pronunciamento Conceitual Básico (R1) – Estrutura Conceitual para Elaboração e Divulgação do Relatório Contábil-Financeiro, publicado pelo Comitê de Pronunciamentos Contábeis (CPC) trata das **receitas** conforme a seguir descrito.

> *Receitas* são aumentos nos benefícios econômicos durante o período contábil, sob a forma da entrada de recursos ou do aumento de ativos ou diminuição de passivos, que resultam em aumentos do patrimônio líquido, e que não estejam relacionados com a contribuição dos detentores dos instrumentos patrimoniais;

A definição de receita abrange tanto receitas propriamente ditas quanto ganhos. A receita surge no curso das atividades usuais da entidade e é designada por uma variedade de nomes, tais como vendas, honorários, juros, dividendos, royalties, aluguéis.

Ganhos representam outros itens que se enquadram na definição de receita e podem ou não surgir no curso das atividades usuais da entidade, representando aumentos nos benefícios econômicos e, como tais, não diferem, em natureza, das receitas. Consequentemente, não são considerados como elemento separado nesta Estrutura Conceitual.

Ganhos incluem, por exemplo, aqueles que resultam da venda de ativos não circulantes. A definição de receita também inclui ganhos não realizados. Por Exemplo, os que resultam da reavaliação de títulos e valores mobiliários negociáveis e os que resultam de aumentos no valor contábil de ativos de longo prazo. Quando esses ganhos são reconhecidos na demonstração do resultado, eles são usualmente apresentados separadamente, porque sua divulgação é útil para fins de tomada de decisões econômicas. Os ganhos são, em regra, reportados líquidos das respectivas despesas.

Vários tipos de ativos podem ser recebidos ou aumentados por meio da receita; Exemplos incluem caixa, contas a receber, bens e serviços recebidos em troca de bens e serviços fornecidos. A receita também pode resultar da liquidação de passivos. Por exemplo, a entidade pode fornecer mercadorias e serviços ao credor por empréstimo em liquidação da obrigação de pagar o empréstimo.

A receita deve ser reconhecida na demonstração do resultado quando resultar em aumento nos benefícios econômicos futuros relacionado com aumento de ativo ou com diminuição de passivo, e puder ser mensurado com confiabilidade. Isso significa, na prática, que o reconhecimento da receita ocorre simultaneamente com o reconhecimento do aumento nos ativos ou da diminuição nos passivos (por exemplo, o aumento líquido nos ativos originado da venda de bens e serviços ou o decréscimo do passivo originado do perdão de dívida a ser paga).

Os procedimentos normalmente adotados, na prática, para reconhecimento da receita, como, por Exemplo, a exigência de que a receita tenha sido ganha, são aplicações dos critérios de reconhecimento definidos nesta Estrutura Conceitual. Tais procedimentos são geralmente direcionados para restringir o reconhecimento como receita àqueles itens que possam ser mensurados com confiabilidade e tenham suficiente grau de certeza.

8.4. As Despesas

As **despesas** correspondem aos ***valores que acarretam diminuições na Situação Líquida da entidade*** da seguinte forma:

- Os recursos saem da entidade, provocando diminuições no Ativo; e/ou
- São criadas novas obrigações, aumentando o Passivo Exigível.

As despesas provocam variações negativas na Situação Líquida da entidade!

Exemplo

Se uma despesa foi gerada no valor de R$ 1.000,00 e, em consequência, uma receita foi gerada em valor igual a R$ 1.300,00, uma parcela da receita compensou o valor do gasto (R$ 1.000,00) e a outra parcela (R$ 300,00) representou a entrada de recurso adicional para a entidade, ou seja, houve um ***lucro***, fruto dessa operação, de R$ 300,00.

As despesas compreendem gastos *incorridos* para, direta ou indiretamente, gerar receitas! Uma despesa é realizada com a finalidade maior de obtenção de uma receita!

> As despesas são itens de resultado que provocam redução na Situação Líquida da entidade, tendo como principal característica o fato de representarem um *sacrifício patrimonial* para a obtenção de receitas. Uma parcela do patrimônio é consumida (sacrificada) com o objetivo de gerar receita. Espera-se que a receita então gerada seja suficiente para compensar esse gasto e trazer parcela adicional para a entidade, na forma de lucro.

São a seguir apresentadas ***algumas possíveis formas de geração de despesas*** para as entidades:

- Desaparecimento parcial ou integral de ativos;
- Surgimento de uma exigibilidade sem a concomitante geração de um ativo, como no caso dos juros moratórios e das multas de qualquer natureza;
- Sacrifícios patrimoniais realizados para a obtenção de receitas ditas principais, como no caso do fornecimento de mercadorias quando das vendas realizadas, reconhecimento de impostos, comissões, taxas e *royalties*;
- Gastos associados aos projetos de pesquisa e desenvolvimento de novos produtos etc.

Exemplo

São Exemplos de contas designativas de despesas:

- Água e Esgoto ou Despesas com Água e Esgoto
- Café e Lanches
- Despesas Bancárias
- Energia Elétrica ou Despesas com Energia Elétrica
- Fretes e Carretos
- Impostos
- Juros Passivos, Despesas de Juros ou Despesas Financeiras
- Material de Expediente
- Material de Limpeza
- Prêmios de Seguro
- Salários ou Despesas de Salários ou Salários e Ordenados
- **Aluguéis Passivos**, Aluguéis Pagos, Despesas de Aluguel e outras semelhantes
- Descontos Concedidos (pela entidade)

Exemplo

Utilizamos R$ 150,00 para encher o tanque de combustível de um automóvel, a fim de que este veículo efetue um trajeto e viabilize a entrega de mercadorias em seus respectivos destinos. Ocorre que, ao final do trajeto, após ter efetuado todas as entregas previstas, o combustível foi consumido! Observe-se que o que restou deste trabalho foi o dinheiro que saiu para o pagamento do combustível utilizado. Temos, então, caracterizado um gasto (uma despesa).

As despesas provocam diminuição no valor do Patrimônio Líquido. Por isso, *são contas de natureza devedora*. Logo, **as despesas aumentam por débito e diminuem por crédito**.

As despesas aumentam por débito e diminuem por crédito!

Despesa	
Lado dos "Débitos"	Lado dos "Créditos"
AUMENTOS DE SALDO	DIMINUIÇÕES DE SALDO

Nos próximos Exemplos, faremos o reconhecimento de despesas. **Posteriormente, ainda neste Capítulo, mostraremos como as despesas alteram o valor da Situação Líquida da entidade, por meio da apuração e da consequente transferência do resultado apurado no exercício para o Patrimônio Líquido. Nestes Exemplos, faremos a imediata modificação do Balanço Patrimonial, após cada evento ocorrido, apenas para que o leitor possa verificar as alterações ocorridas no valor do Patrimônio Líquido.**

Exemplo

A Empresa Iluminatus Comercial Ltda. alugou uma sala para uso próprio durante o mês de agosto de 2009, pagando, no final do mês, à vista e em dinheiro, o valor de R$ 1.000,00 referente ao aluguel mensal.

Suponha a seguinte situação patrimonial para a Empresa Iluminatus Comercial Ltda. *antes* do registro deste evento:

Balanço Patrimonial			
Caixa	6.000	12.000	Fornecedores
Bancos	20.000	14.000	Empréstimos Bancários
Mercadorias	20.000		
Veículos	30.000		
Móveis e Utensílios	10.000		
		60.000	Situação Líquida
Total	86.000	86.000	Total

A empresa incorreu em um gasto no valor de R$ 1.000,00 devido ao uso da sala. A conta Caixa terá, então, seu saldo diminuído em R$ 1.000,00. Ao apurarmos o valor da Situação Líquida, verificaremos que seu saldo passou a R$ 59.000,00. O que acarretou isto?

Houve uma saída de recurso da conta Caixa (R$ 1.000,00) para pagar o aluguel referente ao uso de uma sala pertencente a terceiros, o que acarretou a diminuição do valor da Situação Líquida. Como não ocorreu nenhuma contrapartida no Ativo, tampouco no Passivo Exigível, estamos diante de um gasto, ou seja, de uma *despesa* sendo paga, despesa esta que, no caso em tela, denominamos Despesa de Aluguel.

Eis a situação patrimonial da empresa *após* o registro do evento em comento:

Balanço Patrimonial

Caixa	5.000	12.000	Fornecedores
Bancos	20.000	14.000	Empréstimos Bancários
Mercadorias	20.000		
Veículos	30.000		
Móveis e Utensílios	10.000		
		59.000	Situação Líquida
Total	**85.000**	**85.000**	**Total**

Caixa (R$ 1.000,00) (↓) → Despesa de Aluguel (R$ 1.000,00) (↑)

Registros:

D – Despesas de Aluguel
C – Caixa   1.000,00

Caixa (Valores em R$)	
Saldo Inicial – 6.000,00	1.000,00 (1)
(saldo devedor) 5.000,00	

Despesas de Aluguel (Valores em R$)	
Saldo Inicial – 0,00	
(1) 1.000,00	
(saldo devedor) 1.000,00	

Exemplo

A Empresa Iluminatus Comercial Ltda. possui dois funcionários que trabalharam durante o mês de agosto de 2009, pagando, neste caso, no final do mês, à vista e em dinheiro, o valor de R$ 2.000,00 a cada um deles, a título de salário.

Suponha a seguinte situação patrimonial para a Empresa Iluminatus Comercial Ltda. *antes* do registro desse evento:

Balanço Patrimonial

Caixa	5.000	12.000	Fornecedores
Bancos	20.000	14.000	Empréstimos Bancários
Mercadorias	20.000		
Veículos	30.000		
Móveis e Utensílios	10.000		
		59.000	Situação Líquida
Total	85.000	85.000	Total

Como chegou o fim do mês de agosto de 2009, os funcionários devem receber seus respectivos salários. Se os pagamentos foram feitos à vista e em dinheiro, então a conta Caixa teve seu saldo diminuído de R$ 5.000,00 para R$ 1.000,00. Como não ocorreu nenhuma contrapartida no Ativo, tampouco no Passivo Exigível, isto gera uma redução na Situação Líquida da entidade, que passa a ter saldo de R$ 55.000,00.

Eis a situação patrimonial da empresa *após* o registro do evento em comento:

Balanço Patrimonial

Caixa	1.000	12.000	Fornecedores
Bancos	20.000	14.000	Empréstimos Bancários
Mercadorias	20.000		
Veículos	30.000		
Móveis e Utensílios	10.000		
		55.000	Situação Líquida
Total	81.000	81.000	Total

Caixa (R$ 4.000,00) (↓) → Despesas de Salários (R$ 4.000,00) (↑)

Registros:

D – Despesas de Salários
C – Caixa   4.000,00

Caixa (Valores em R$)	
Saldo Inicial – 5.000,00	4.000,00 (1)
(saldo devedor) 1.000,00	

Despesas de Salários (Valores em R$)	
Saldo Inicial – 0,00	
(1) 4.000,00	
(saldo devedor) 4.000,00	

Exemplo

A Empresa Iluminatus Comercial Ltda. necessitou obter um empréstimo bancário no valor de R$ 15.000,00, comprometendo-se a pagar, na data do seu vencimento, o montante de R$ 20.000,00.

Suponha a seguinte situação patrimonial para a Empresa Iluminatus Comercial Ltda. *antes* do registro deste evento:

Balanço Patrimonial

Caixa	1.000	12.000	Fornecedores
Bancos	20.000	14.000	Empréstimos Bancários
Mercadorias	20.000		
Veículos	30.000		
Móveis e Utensílios	10.000		
		55.000	Situação Líquida
Total	81.000	81.000	Total

Quando a empresa obtém um empréstimo bancário no valor de R$ 15.000,00, os recursos são inseridos na conta-corrente bancária da entidade, aumentando o saldo da conta Bancos; por outro lado, surge um aumento de obrigação no seu Passivo Exigível. A conta Bancos passa a ter saldo de R$ 35.000,00 e a conta Empréstimos Bancários passa a ter saldo de R$ 29.000,00.

Eis a situação patrimonial da empresa *após* o registro do empréstimo obtido:

Balanço Patrimonial

Caixa	1.000	12.000	Fornecedores
Bancos	35.000	29.000	Empréstimos Bancários
Mercadorias	20.000		
Veículos	30.000		
Móveis e Utensílios	10.000		
		55.000	Situação Líquida
Total	96.000	96.000	Total

Registros:

D – Bancos
C – Empréstimos Bancários   15.000,00

Bancos (Valores em R$)	
Saldo Inicial – 20.000,00	
(1) 15.000,00	
(saldo devedor) 35.000,00	

Empréstimos Bancários (Valores em R$)	
	14.000,00 (saldo inicial)
	15.000,00 (1)
	29.000,00 (saldo credor)

Chega a data do vencimento! Nesta data, haverá uma redução na conta Empréstimos Bancários, com seu saldo passando a R$ 14.000,00, devido à extinção parcial das obrigações assumidas, no valor de R$ 15.000,00. Já a conta Bancos terá uma redução de saldo acima do valor da obrigação parcial extinta, ou seja, de R$ 20.000,00, em vez de R$ 15.000,00. O que ocorreu?

A conta Bancos será reduzida devido ao pagamento do valor principal do empréstimo bancário (R$ 15.000,00) e, também, devido ao pagamento de juros referentes ao empréstimo em tela (R$ 5.000,00). Logo, terá seu saldo reduzido de R$ 35.000,00 para R$ 15.000,00.

A situação patrimonial da empresa *após* o registro do pagamento do empréstimo com juros é a seguinte:

Balanço Patrimonial

Caixa	1.000	12.000	Fornecedores
Bancos	15.000	14.000	Empréstimos Bancários
Mercadorias	20.000		
Veículos	30.000		
Móveis e Utensílios	10.000		
		50.000	Situação Líquida
Total	**76.000**	**76.000**	**Total**

Empréstimos Bancários (R$ 15.000,00) (↓) → Bancos (R$ 15.000,00) (↓)

(e)

Despesas de Juros (R$ 5.000,00) (↑) → Bancos (R$ 5.000,00) (↓)

Registros:

D – Empréstimos Bancários
C – Bancos ou Bancos Conta Movimento   15.000,00

(e)

D – Despesas de Juros
C – Bancos ou Bancos Conta Movimento   5.000,00

Os registros também podem ser efetuados segundo o seguinte lançamento:

D – Empréstimos Bancários   15.000,00
D – Despesas de Juros   5.000,00
C – Bancos ou Bancos Conta Movimento   20.000,00

Bancos (Valores em R$)	
Saldo Inicial – 20.000,00	20.000,00 (2)
(1) 15.000,00	
(saldo devedor) 15.000,00	

Empréstimos Bancários (Valores em R$)	
(2) 15.000,00	14.000,00 (saldo inicial)
	15.000,00 (1)
	14.000,00 (saldo credor)

Despesas de Juros (Valores em R$)	
Saldo Inicial – 0,00	
(2) 5.000,00	
(saldo devedor) 5.000,00	

Exemplo

A Empresa Iluminatus Comercial Ltda. realizou uma venda de mercadorias constantes de seu estoque. Vendeu, para recebimento via depósito bancário à vista, por R$ 13.000,00, mercadorias que custaram R$ 5.000,00 para a entidade.

Suponha a seguinte situação patrimonial para a Empresa Iluminatus Comercial Ltda. *antes* do registro deste evento:

Balanço Patrimonial			
Caixa	1.000	12.000	Fornecedores
Bancos	15.000	14.000	Empréstimos Bancários
Mercadorias	20.000		
Veículos	30.000		
Móveis e Utensílios	10.000		
		50.000	Situação Líquida
Total	76.000	76.000	Total

Devido à venda das mercadorias, ocorre um ingresso de recursos na entidade (R$ 13.000,00), o que gera aumento no Ativo da empresa e, em consequência, aumento da sua Situação Líquida. A conta Bancos aumentou seu saldo em R$ 13.000,00, passando a R$ 28.000,00.

A situação patrimonial da empresa *após* o registro do recebimento da receita é a seguinte:

Balanço Patrimonial			
Caixa	1.000	12.000	Fornecedores
Bancos	28.000	14.000	Empréstimos Bancários
Mercadorias	20.000		
Veículos	30.000		
Móveis e Utensílios	10.000		
		63.000	Situação Líquida
Total	89.000	89.000	Total

Registros:

D – Bancos
C – Receita de Vendas   13.000,00

Bancos (Valores em R$)	
Saldo Inicial – 15.000,00	
(1) 13.000,00	
(saldo devedor) 28.000,00	

Receitas de Vendas (Valores em R$)	
	0,00 – Saldo Inicial
	13.000,00 (1)
	13.000,00 (saldo credor)

Por outro lado, para obter os referidos recursos, a empresa teve que *sacrificar* uma parcela de seu patrimônio, entregando mercadorias cujo custo foi de R$ 5.000,00 para a entidade em tela. A conta Mercadorias passa, então, a um saldo de R$ 15.000,00. Isto acarreta uma diminuição na Situação Líquida da entidade no valor de R$ 5.000,00.

Apresentamos a situação patrimonial da empresa *após* o reconhecimento da baixa de parte das mercadorias por venda:

Balanço Patrimonial

Caixa	1.000	12.000	Fornecedores
Bancos	28.000	14.000	Empréstimos Bancários
Mercadorias	15.000		
Veículos	30.000		
Móveis e Utensílios	10.000		
		58.000	Situação Líquida
Total	84.000	84.000	Total

Registros:

D – Custo das Mercadorias Vendidas
C – Mercadorias   5.000,00

Custo das Mercadorias Vendidas (Valores em R$)	
Saldo Inicial – 0,00	
(1) 5.000,00	
(saldo devedor) 5.000,00	

Mercadorias (Valores em R$)	
Saldo Inicial – 20.000,00	5.000,00 (1)
(saldo devedor) 15.000,00	

Estamos apresentando, **de maneira didática**, o que ocorreu quando da geração da receita e da despesa a ela correspondente. Porém, estes reconhecimentos **ocorrem em paralelo**, ou seja, **concomitantemente**, ou ainda, **simultaneamente**.

Podemos observar, como resultado desta transação, em relação à Situação Líquida, um aumento de R$ 13.000,00 e uma simultânea diminuição de R$ 5.000,00. Houve o *surgimento* de uma receita proveniente da venda de mercadorias (R$ 13.000,00) e o *surgimento* de uma despesa (R$ 5.000,00) para que tal transação se concretizasse. Nesse caso, damos a essa despesa um nome especial: **Custo das Mercadorias Vendidas**.

Receita de Vendas (R$ 13.000,00) (↑) → Bancos (R$ 13.000,00) (↑)

(e)

Mercadorias (R$ 5.000,00) (↓) → Custo das Mercadorias Vendidas (R$ 5.000,00) (↑)

Registros:

D – Bancos
C – Receita de Vendas   13.000,00

(e)

D – Custo das Mercadorias Vendidas
C – Mercadorias   5.000,00

Bancos (Valores em R$)		Receitas de Vendas (Valores em R$)	
Saldo Inicial – 15.000,00			0,00 – Saldo Inicial
(1) 13.000,00			13.000,00 (1)
(saldo devedor) 28.000,00			13.000,00 (saldo credor)

Custo das Mercadorias Vendidas (Valores em R$)		Mercadorias (Valores em R$)	
Saldo Inicial – 0,00		Saldo Inicial – 20.000,00	5.000,00 (1)
(1) 5.000,00			
(saldo devedor) 5.000,00		(saldo devedor) 15.000,00	

Exemplo

A Empresa Iluminatus Comercial Ltda. prestou serviços para a Empresa Grandeza Fina Comercial Ltda., recebendo à vista e em dinheiro R$ 20.000,00. Incorreu em gastos para a realização destes serviços no valor de R$ 11.000,00, que foram pagos em dinheiro.

Suponha a seguinte situação patrimonial para a Empresa Iluminatus Comercial Ltda. *antes* do registro deste evento:

Balanço Patrimonial

Caixa	1.000	12.000	Fornecedores
Bancos	28.000	14.000	Empréstimos Bancários
Mercadorias	15.000		
Veículos	30.000		
Móveis e Utensílios	10.000		
		58.000	Situação Líquida
Total	84.000	84.000	Total

Devido à prestação de serviços, houve o ingresso de recursos na empresa no valor de R$ 20.000,00. O saldo da conta Caixa aumentou para R$ 21.000,00, acarretando um aumento da Situação Líquida em R$ 20.000,00, passando o seu saldo a valer R$ 78.000,00.

Logo *após* o registro da entrada de recursos na empresa, assim ficou a sua situação patrimonial:

Balanço Patrimonial

Caixa	21.000	12.000	Fornecedores
Bancos	28.000	14.000	Empréstimos Bancários
Mercadorias	15.000		
Veículos	30.000		
Móveis e Utensílios	10.000		
		78.000	Situação Líquida
Total	**104.000**	**104.000**	**Total**

Registros:

D – Caixa
C – Receita de Prestação de Serviços   20.000,00

Caixa (Valores em R$)
Saldo Inicial – 1.000,00
(1) 20.000,00
(saldo devedor) 21.000,00

Receitas de Prestação de Serviços (Valores em R$)
0,00 – Saldo Inicial
20.000,00 (1)
20.000,00 (saldo credor)

Para a realização dos serviços, foram gastos R$ 11.000,00. Logo, houve uma diminuição na conta Caixa no valor de R$ 11.000,00, passando o seu saldo a R$ 10.000,00, o que acarretou uma diminuição da Situação Líquida de R$ 11.000,00, passando o seu saldo ao montante de R$ 67.000,00. Houve a geração de recursos para a empresa por meio de uma Receita de Prestação de Serviços; por outro lado, ocorreram gastos para que estes serviços fossem realizados, gerando despesas que, no caso, recebem um nome especial: **Custo dos Serviços Prestados**.

Esta é a situação patrimonial da empresa *após* o registro do sacrifício patrimonial efetuado:

Balanço Patrimonial

Caixa	10.000	12.000	Fornecedores
Bancos	28.000	14.000	Empréstimos Bancários
Mercadorias	15.000		
Veículos	30.000		
Móveis e Utensílios	10.000		
		67.000	Situação Líquida
Total	**93.000**	**93.000**	**Total**

Registros:

D – Custo dos Serviços Prestados
C – Caixa   11.000,00

Caixa (Valores em R$)	
Saldo Inicial – 1.000,00	11.000,00 (2)
(2) 20.000,00	
(saldo devedor) 10.000,00	

Custo dos Serviços Prestados (Valores em R$)	
Saldo Inicial – 0,00	
(2) 11.000,00	
(saldo devedor) 11.000,00	

Receita de Prestação de Serviços (R$ 20.000,00) (↑) →
Caixa (R$ 20.000,00) (↑)

(e)

Custo dos Serviços Prestados (R$ 11.000,00) (↑) → Caixa (R$ 11.000,00) (↓)

Registros:

D – Caixa
C – Receitas de Prestação de Serviços   20.000,00

(e)

D – Custo dos Serviços Prestados
C – Caixa   11.000,00

Receitas de Prestação de Serviços (Valores em R$)	
	0,00 – Saldo Inicial
	20.000,00 (1)
	20.000,00 (saldo credor)

Caixa (Valores em R$)	
Saldo Inicial – 1.000,00	11.000,00 (2)
(1) 20.000,00	
(saldo devedor) 10.000,00	

Custo dos Serviços Prestados (Valores em R$)	
Saldo Inicial – 0,00	
(2) 11.000,00	
(saldo devedor) 11.000,00	

8.4.1. As despesas segundo o CPC

O Pronunciamento Conceitual Básico (R1) – Estrutura Conceitual para Elaboração e Divulgação do Relatório Contábil-Financeiro, publicado pelo Comitê de Pronunciamentos Contábeis (CPC) trata das **despesas** conforme a seguir descrito.

> *Despesas* são decréscimos nos benefícios econômicos durante o período contábil, sob a forma da saída de recursos ou da redução de ativos ou assunção de passivos, que resultam em decréscimo do patrimônio líquido, e que não estejam relacionados com distribuições aos detentores dos instrumentos patrimoniais.

A definição de despesas abrange tanto as perdas quanto as despesas propriamente ditas que surgem no curso das atividades usuais da entidade. As despesas que surgem no curso das atividades usuais da entidade incluem, por exemplo, o custo das vendas, salários e depreciação. Geralmente, tomam a forma de desembolso ou redução de ativos como caixa e equivalentes de caixa, estoques e ativo imobilizado.

Perdas representam outros itens que se enquadram na definição de despesas e podem ou não surgir no curso das atividades usuais da entidade, representando decréscimos nos benefícios econômicos e, como tais, não diferem, em natureza, das demais despesas. Consequentemente, não são consideradas como elemento separado nesta Estrutura Conceitual.

Perdas incluem, por exemplo, as que resultam de sinistros como incêndio e inundações, assim como as que decorrem da venda de ativos não circulantes. A definição de despesas também inclui as perdas não realizadas. Por exemplo, as que surgem dos efeitos dos aumentos na taxa de câmbio de moeda estrangeira com relação aos empréstimos da entidade a pagar em tal moeda. Quando as perdas são reconhecidas na demonstração do resultado, elas são geralmente demonstradas separadamente, pois sua divulgação é útil para fins de tomada de decisões econômicas. As perdas são, em regra, reportadas líquidas das respectivas receitas.

As despesas devem ser reconhecidas na demonstração do resultado quando resultarem em decréscimo nos benefícios econômicos futuros, relacionado com o decréscimo de um ativo ou o aumento de um passivo, e puder ser mensurado com confiabilidade. Isso significa, na prática, que o reconhecimento da despesa ocorre simultaneamente com o reconhecimento de aumento nos passivos ou de diminuição nos ativos (por exemplo, a alocação por competência de obrigações trabalhistas ou da depreciação de equipamento).

As despesas devem ser reconhecidas na demonstração do resultado com base na associação direta entre elas e os correspondentes itens de receita. Esse processo, usualmente chamado de confrontação entre despesas e receitas (regime de competência), envolve o reconhecimento simultâneo ou combinado das receitas e despesas que resultem diretamente ou conjuntamente das mesmas transações ou outros eventos. Por exemplo, os vários componentes de despesas que integram o custo das mercadorias vendidas devem ser reconhecidos no mesmo momento em que a receita derivada da venda das mercadorias é reconhecida. Contudo, a aplicação do conceito de confrontação, de acordo com esta Estrutura Conceitual, não autoriza o reconhecimento de itens no balanço patrimonial que não satisfaçam à definição de ativos ou passivos.

Quando se espera que os benefícios econômicos sejam gerados ao longo de vários períodos contábeis e a associação com a correspondente receita somente possa ser feita de modo geral e indireto, as despesas devem ser reconhecidas na demonstração do resultado com base em procedimentos de alocação sistemática e racional. Muitas vezes isso é necessário ao reconhecer despesas associadas com o uso ou o consumo de ativos, tais como itens do imobilizado, ágio pela expectativa de rentabilidade futura (*goodwill*), marcas e patentes. Em tais casos, a despesa é designada como depreciação ou amortização. Esses procedimentos de alocação destinam-se a reconhecer despesas nos períodos contábeis em que os benefícios econômicos associados a tais itens sejam consumidos ou expirem.

A despesa deve ser reconhecida imediatamente na demonstração do resultado quando o gasto não produzir benefícios econômicos futuros ou quando, e na extensão em que, os benefícios econômicos futuros não se qualificarem, ou deixarem de se qualificar, para reconhecimento no balanço patrimonial como ativo.

A despesa também deve ser reconhecida na demonstração do resultado nos casos em que um passivo é incorrido sem o correspondente reconhecimento de ativo, como no caso de passivo decorrente de garantia de produto.

8.5. AS SUPERVENIÊNCIAS E AS INSUBSISTÊNCIAS

Em questões de Concursos Públicos, muitas vezes nos deparamos com as palavras *superveniência* e *insubsistência*. Mas, afinal, o que significam para nós, no estudo da Contabilidade, tais palavras?

Insubsistência é a condição de algo que ***desaparece***, deixando de existir.

Assimile insubsistência como desaparecimento!

> **Insubsistência = Desaparecimento**

Superveniência é a condição de algo que aparece, passando a existir.

Assimile superveniência como aparecimento!

> **Superveniência = Aparecimento**

Em contabilidade, costumamos utilizar as seguintes expressões designativas de receitas e de despesas, a partir das palavras superveniência e insubsistência:

- **Superveniência Ativa** = Superveniência do Ativo = Aparecimento no Ativo = **Algo que aparece no Ativo gerando receita.**

Superveniência **Ativa** = Aparecimento no **Ativo**

Não houve mudança na designação do termo *ativo* para *passivo*.

Exemplo

O nascimento de um filhote.

D – "Ativo"
C – Superveniências Ativas (receita)

- **Superveniência Passiva** = Superveniência do Passivo = Aparecimento no Passivo = **Algo que aparece no Passivo gerando despesa.**

Superveniência **Passiva** = Aparecimento no **Passivo**

Não houve mudança na designação do termo *passivo* para *ativo*.

Exemplo

Juros cobrados devido ao atraso no pagamento do valor principal.

Uma obrigação venceu e a empresa não pagou na data de vencimento. Isto gera o aparecimento de uma nova obrigação: o pagamento de juros pela demora no pagamento do valor principal.

D – Superveniências Passivas (despesa)
C – "Passivo"

- **Insubsistência Ativa** = Insubsistência do Passivo = Desaparecimento do Passivo = **Algo que desaparece do Passivo gerando receita.**

Insubsistência **Ativa** = Desaparecimento do **Passivo**

Houve mudança na designação do termo, de "ativa" para "do passivo".

Exemplo

O perdão de uma dívida.

D – "Passivo"
C – Insubsistências Ativas (receita)

- **Insubsistência Passiva** = Insubsistência do Ativo = Desaparecimento do Ativo = **Algo que desaparece do Ativo gerando despesa.**

Insubsistência **Passiva** = Desaparecimento do **Ativo**

Houve mudança na designação do termo, de "passiva" para "do ativo".

Exemplo
Mercadorias destruídas em incêndio.

D – Insubsistências Passivas (despesa)
C – "Ativo"

Observe-se que quando há a palavra superveniência compondo a expressão, a palavra que vem a seguir não é "modificada". Por outro lado, quando há a palavra insubsistência compondo a expressão, a palavra seguinte deve ser trocada, conforme anteriormente mostrado. Em resumo:

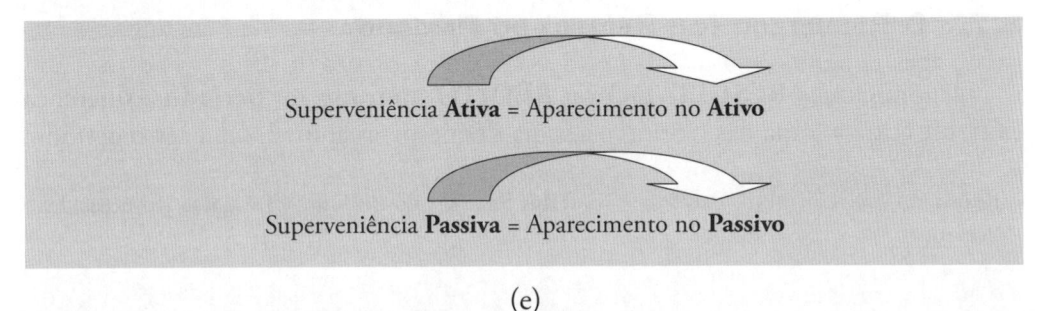

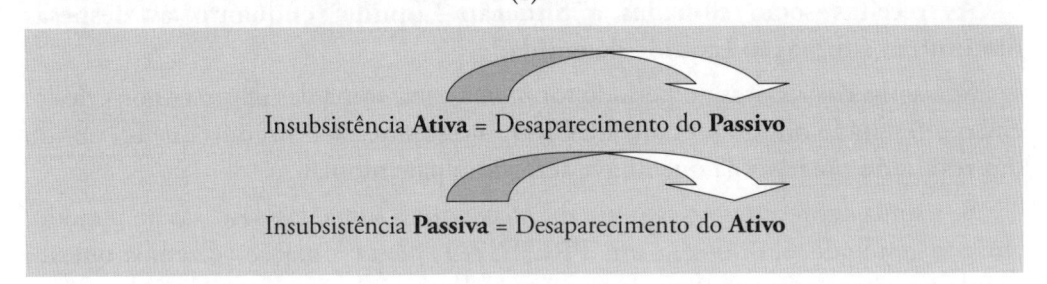

Superveniência **Ativa** = Aparecimento no **Ativo**

Superveniência **Passiva** = Aparecimento no **Passivo**

(e)

Insubsistência **Ativa** = Desaparecimento do **Passivo**

Insubsistência **Passiva** = Desaparecimento do **Ativo**

8.6. As Contas de Natureza Transitória e as Contas de Natureza Permanente

As **contas transitórias** ou **contas de natureza transitória** são aquelas que possuem registros iniciados e terminados dentro de um mesmo período contábil. ***Não são repassadas de um período para outro.***

As contas de receitas e de despesas iniciam o período contábil com saldo inicial igual a zero. À medida que o período transcorre, são efetuados registros nessas contas. Ao final do período contábil, seus saldos são encerrados, visando à apuração do resultado do exercício. No período seguinte, tais contas são, então, iniciadas novamente com saldo igual a zero.

A conta Apuração do Resultado do Exercício, como o próprio nome indica, tem por *única função* apurar, de maneira simplificada, o resultado obtido no período contábil. Portanto, ela surge quando ocorre o término do período, é utilizada para a obtenção do resultado desejado e, em seguida, é encerrada, tendo como contrapartida a conta Lucros ou Prejuízos Acumulados, que é conta integrante do Patrimônio Líquido. Observe-se que a conta Apuração do Resultado do Exercício é iniciada e encerrada dentro do mesmo período contábil!

As **contas permanentes** ou **contas de natureza permanente** são aquelas que conservam seus saldos de um período contábil para outro. As contas patrimoniais são consideradas contas permanentes. Os saldos obtidos para as contas patrimoniais ao final de um período contábil são os saldos iniciais dessas mesmas contas no início de novo período contábil.

8.7. O Resultado (ou Rédito) do Período

Denominamos **RESULTADO ou RÉDITO apurado no período** a diferença existente entre a soma das receitas e a soma das despesas apuradas em certo período.

> Resultado (ou Rédito) do Período = Total das Receitas do Período – Total das Despesas do Período

As receitas serão somadas à Situação Líquida, enquanto as despesas diminuirão a Situação Líquida da entidade.

Se a soma das receitas no período for *maior* que a soma das despesas no período, então o resultado obtido será um **LUCRO**. Nessa situação, dizemos que foi obtido um **resultado positivo**, já que houve acréscimo patrimonial.

Se a soma das receitas no período for *menor* que a soma das despesas no período, então o resultado obtido será um **PREJUÍZO**. Nessa situação, dizemos que foi obtido um **resultado negativo**, já que houve diminuição patrimonial.

Se a soma das receitas no período for *igual* à soma das despesas no período, então o resultado obtido será **NULO**. Em tal situação, não houve acréscimo, nem diminuição patrimonial.

8.7.1. A Apuração do Resultado do Exercício – Primeiras Noções

Um dos objetivos de uma entidade é apurar, ao final de cada período contábil, o **resultado** por ela obtido a partir de suas atividades. Além disso, existe a necessidade de elaboração das demonstrações contábeis.

Apresentaremos, em seguida, a apuração do resultado do exercício de uma empresa. Utilizaremos, neste momento, uma *forma simplificada* para a apuração do resultado almejado, utilizando a conta Apuração do Resultado do Exercício. Em outro volume desta obra, faremos o aprofundamento desse estudo, quando formos apresentar a *Demonstração do Resultado do Exercício*.

Ao final de um período contábil, a empresa possuirá contas de despesas e contas de receitas registradas em seus livros contábeis. Para efetuarmos a apuração do resultado obtido no exercício, todas as contas de receitas e de despesas deverão ser **encerradas**, com os seus respectivos saldos, que serão, então, transferidos para uma *conta de natureza transitória* denominada Apuração do Resultado do Exercício (ARE). Quando da transferência dos saldos das contas de receitas e despesas para a conta ARE, seus saldos finais estarão *"zerados"*, **pois as receitas e as despesas pertencem ao período em que ocorrem! Com isso, no exercício seguinte, todas as contas de receitas e de despesas iniciarão tal período com saldo inicial igual a zero.**

Este procedimento ora apresentado será adotado ao final de cada período contábil!

Exemplo

Apresentamos o Balancete de Verificação Inicial da Empresa Juliurius Comercial Ltda.

Conta	Saldo	
	Devedor	Credor
Caixa	10.000,00	
Bancos Conta Movimento	135.000,00	
Móveis e Utensílios	25.000,00	
Imóveis	120.000,00	
Veículos	30.000,00	
Fornecedores		30.000,00
Contas a Pagar		20.000,00
Impostos a Recolher		15.000,00
Capital Social		140.000,00
Receitas de Vendas		240.000,00
Custo das Mercadorias Vendidas	95.000,00	
Despesas de Salários	35.000,00	
Receitas de Aluguel		35.000,00
Receitas de Juros		10.000,00
Despesas com Alimentação	28.000,00	
Despesas com Transporte	12.000,00	
Saldos	490.000,00	490.000,00

Observe-se que o Balancete de Verificação Inicial contém contas patrimoniais e contas de resultado. Normalmente, existe uma etapa referente a ajustes a serem efetuados neste balancete, etapa esta que deixaremos de apresentar neste momento. Iremos, então, diretamente à apuração do resultado, que é o nosso objetivo imediato.

As contas designativas de receitas possuem saldo credor. Portanto, o encerramento dos saldos dessas contas será efetuado a débito delas! A contrapartida será um registro efetuado a crédito da conta Apuração do Resultado do Exercício.

Encerramento de Contas de Receitas:

D – Receita
C – Apuração do Resultado do Exercício

Logo, de acordo com o balancete de verificação:

D – Receitas de Vendas
C – Apuração do Resultado do Exercício   240.000,00
D – Receitas de Aluguel
C – Apuração do Resultado do Exercício   35.000,00
D – Receitas de Juros
C – Apuração do Resultado do Exercício   10.000,00

(ou)

D – Receitas de Vendas   240.000,00
D – Receitas de Aluguel   35.000,00
D – Receitas de Juros   10.000,00
C – Apuração do Resultado do Exercício   285.000,00

Receitas de Vendas	
(1) 240.000,00	240.000,00 (Saldo Final)

Receitas de Aluguel	
(2) 35.000,00	35.000,00 (Saldo Final)

Receitas de Juros	
(3) 10.000,00	10.000,00 (Saldo Final)

Apuração do Resultado do Exercício	
	240.000,00 (1)
	35.000,00 (2)
	10.000,00 (3)

As contas designativas de despesas possuem saldo devedor. Portanto, o encerramento dos saldos dessas contas será efetuado a crédito delas! A contrapartida será um registro efetuado a débito da conta Apuração do Resultado do Exercício.

Encerramento de Contas de Despesas:

D – Apuração do Resultado do Exercício
C – Despesa

Logo, de acordo com o balancete de verificação:

D – Apuração do Resultado do Exercício
C – Custo das Mercadorias Vendidas   95.000,00
D – Apuração do Resultado do Exercício
C – Despesas de Salários   35.000,00
D – Apuração do Resultado do Exercício
C – Despesas com Alimentação   28.000,00
D – Apuração do Resultado do Exercício
C – Despesas com Transporte   12.000,00

(ou)

D – Apuração do Resultado do Exercício   170.000,00
C – Custo das Mercadorias Vendidas   95.000,00
C – Despesas de Salários   35.000,00
C – Despesas com Alimentação   28.000,00
C – Despesas com Transporte   12.000,00

Custo das Mercadorias Vendidas		Despesas de Salários	
(Saldo Final) 95.000,00	95.000,00 (4)	(Saldo Final) 35.000,00	35.000,00 (5)

Despesas com Alimentação		Despesas com Transporte	
(Saldo Final) 28.000,00	28.000,00 (6)	(Saldo Final) 12.000,00	12.000,00 (7)

Apuração do Resultado do Exercício	
(4) 95.000,00	240.000,00 (1)
(5) 35.000,00	35.000,00 (2)
(6) 28.000,00	10.000,00 (3)
(7) 12.000,00	
170.000,00	285.000,00
	115.000,00

Todas as contas de receitas e de despesas tiveram seus saldos zerados. O saldo da conta ARE, no valor de R$ 115.000,00, é credor, representando **LUCRO** no exercício. Se fosse devedor, representaria **PREJUÍZO** no exercício.

Ocorrendo lucro ou prejuízo, o saldo encontrado deverá ser transferido para a conta Lucros ou Prejuízos Acumulados, pertencente ao Patrimônio Líquido. **É a** partir da conta **Lucros ou Prejuízos Acumulados** que são efetuadas as destinações dos lucros porventura obtidos.

Apuração do Resultado do Exercício		Lucros ou Prejuízos Acumulados	
(4) 95.000,00	240.000,00 (1)		
(5) 35.000,00	35.000,00 (2)		
(6) 28.000,00	10.000,00 (3)		
(7) 12.000,00			
170.000,00	285.000,00		
(8) 115.000,00	**115.000,00** (Lucro)		115.000,00 (8)

Conforme dissemos, o nosso objetivo era o de apresentar, de maneira simplificada, a apuração do resultado do exercício de uma entidade. Em nossa obra *Contabilidade Geral*, nos aprofundaremos no assunto aqui apresentado, descrevendo a Demonstração do Resultado do Exercício, que evidencia, de uma maneira organizada, como foi apurado o resultado do período contábil, confrontando receitas e despesas para essa finalidade.

8.8. Os Regimes Contábeis Utilizados para a Apuração do Resultado

Vimos que os **gastos** compreendem contrapartidas necessárias às aquisições de produtos ou serviços, gerando sacrifício financeiro (***desembolso***) para a entidade, sacrifício este representado pela entrega ou pela promessa de entrega de ativos (regra geral: dinheiro). Denominamos **desembolso** o pagamento efetuado para a aquisição de bens ou para a prestação de serviços.

O desembolso pode ocorrer antes (***pagamento antecipado***), durante (***pagamento à vista***) ou após (***pagamento a prazo***) a aquisição efetuada. Observe-se que o desembolso poderá estar defasado do momento do gasto.

De acordo com os conceitos ora apresentados, dentro de um exercício social, poderemos ter pagamentos efetuados para despesas ocorridas em exercícios anteriores, despesas ocorridas no próprio exercício ou despesas que ainda ocorrerão em exercícios seguintes. Poderemos ter situações semelhantes para as receitas: dentro de um exercício social, poderemos ter pagamentos efetuados para receitas ocorridas em exercícios anteriores, receitas ocorridas no próprio exercício ou receitas que ainda ocorrerão em exercícios seguintes.

De acordo com o regime contábil adotado para a apuração do resultado do exercício, definiremos que receitas e que despesas comporão o resultado a ser apurado.

São três os regimes contábeis utilizados para a apuração do resultado do exercício: **regime de caixa**, **regime de competência** e **regime misto**.

8.8.1. O Regime de Caixa

O **regime de caixa** consiste em apurar o resultado do exercício considerando apenas os pagamentos de despesas e os recebimentos de receitas efetuados no exercício.

O regime de caixa reconhece apenas as receitas efetivamente recebidas no período, assim como as despesas efetivamente pagas no período, independentemente de suas respectivas ocorrências. Trata-se de verificar a efetiva entrada e saída de recursos da entidade no período considerado!

O regime de caixa também é conhecido como regime financeiro.

Exemplo

Uma venda de mercadorias foi efetuada em 10.03.2010. Foi recebida apenas em 23.04.2010. Portanto, de acordo com o regime de caixa, a receita somente foi reconhecida para a apuração do resultado de 2010 em 23.04.2010, quando ocorreu o seu efetivo recebimento.

Exemplo

Os salários referentes ao mês de junho de 2009 somente foram pagos em julho de 2009. Portanto, de acordo com o regime de caixa, somente foram consideradas as despesas de salários para a apuração do resultado de 2009 em julho de 2009, quando ocorreu o efetivo pagamento.

8.8.2. O Regime de Competência

O **regime de competência** consiste em apurar o resultado do exercício levando em consideração as despesas e as receitas ocorridas no período considerado, independentemente de seus respectivos pagamentos ou recebimentos.

O regime de competência leva em consideração o conceito de **fato gerador** de uma despesa ou receita para determinar o momento de seu registro contábil.

Fato gerador é o motivo que originou a receita ou a despesa, independentemente do desembolso financeiro. *Se o desembolso financeiro ocorrer juntamente com o fato gerador da receita ou da despesa, então teremos, respectivamente, receita recebida à vista ou despesa paga à vista.*

Uma **despesa** é considerada **incorrida** ou **realizada** ou **consumida** no momento em que ocorre o seu fato gerador, independentemente do efetivo pagamento, ou seja, de ter havido desembolso financeiro.

Uma **receita** é considerada **realizada** ou **auferida** ou **ganha** no momento em que ocorre o seu fato gerador, independentemente do efetivo recebimento, ou seja, da efetiva entrada de recursos para a entidade.

Exemplo

Uma venda de mercadorias foi efetuada em 10.03.2010. Foi recebida apenas em 23.04.2010. Portanto, de acordo com o regime de competência, a receita foi reconhecida para a apuração do resultado de 2010 em 10.03.2010, quando ocorreu o seu fato gerador, ou seja, quando ocorreu a efetiva entrega das mercadorias ou o firme compromisso de entregá-las ao comprador.

Exemplo

Os salários referentes ao mês de junho de 2009 somente foram pagos em julho de 2009. Portanto, de acordo com o regime de competência, foram consideradas as despesas de salários para a apuração do resultado de 2009 em junho de 2009, quando ocorreu o seu fato gerador, ou seja, quando surgiu o reconhecimento de um gasto para a entidade.

O artigo 177 da Lei nº 6.404/1976 (Lei das Sociedades por Ações) disciplina a obrigatoriedade de as sociedades por ações apurarem seus resultados de acordo com o **regime de competência**.

Exemplo

Observem-se os seguintes fatos ocorridos na Empresa Gama Comercial Ltda.:

1) Despesas de 2005 pagas em 2006 .... R$ 10.000,00
2) Despesas de 2006 a pagar em 2007 .... R$ 15.000,00
3) Despesas de 2007 pagas em 2006 .... R$ 8.000,00
4) Despesas de 2006 pagas em 2006 .... R$ 3.000,00
5) Receitas de 2006 recebidas em 2006 .... R$ 21.000,00
6) Receitas de 2005 recebidas em 2006 .... R$ 11.000,00
7) Receitas de 2007 recebidas em 2006 .... R$ 19.000,00
8) Receitas de 2006 a receber em 2007 .... R$ 6.000,00

Em 31.12.2006, ou seja, analisando-se o que ocorreu ao longo de 2006 e que está sendo consolidado em 31.12.2006, tem-se:

Regime de Caixa	
10.000,00	21.000,00
8.000,00	11.000,00
3.000,00	19.000,00
21.000,00	51.000,00
	30.000,00

→ Apura-se um **lucro de R$ 30.000,00**.

Regime de Competência	
15.000,00	21.000,00
3.000,00	6.000,00
18.000,00	27.000,00
	9.000,00

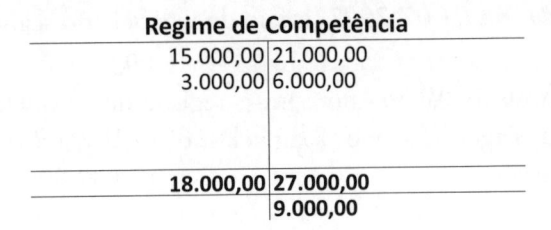

→ Apura-se um **lucro de R$ 9.000,00**.

8.8.3. O Regime Misto

O **regime misto** leva em consideração a adoção do regime de caixa para as receitas e do regime de competência para as despesas. Estamos diante de um regime utilizado em *Contabilidade Pública*, por força do artigo 35 da Lei nº 4.320/1964, que apresenta as formas de reconhecimento de receitas e despesas.

8.9. AS DESPESAS PAGAS ANTECIPADAMENTE

Quando aplicamos recursos em despesas a ocorrerem no(s) exercício(s) seguinte(s), estamos antecipando seus pagamentos!

Observe-se que as **despesas pagas antecipadamente devem ser reconhecidas no Ativo**, devido a uma determinação constante da Lei nº 6.404/1976 (Lei das Sociedades por Ações). Apesar de serem reconhecidas no Ativo, não correspondem a verdadeiros ativos, já que não são conversíveis em moeda, pois os pagamentos já foram realizados. Trata-se, então, de *pendências a serem corrigidas*!

De acordo com a Lei das Sociedades por Ações, teremos, no **Ativo Circulante** (subdivisão do Ativo): as disponibilidades, os direitos realizáveis no curso do exercício social subsequente e **as aplicações de recursos em despesas do exercício seguinte**.

O pagamento antecipado de despesas pode envolver parcelas de despesas a serem reconhecidas dentro do exercício social em que foram pagas e parcelas reconhecidas no curso do(s) exercício(s) social(is) seguinte(s).

Exemplo

Uma empresa efetuou contrato de seguro para as suas instalações, com vigência a partir de 01.07.2007, e pagou, à vista e em dinheiro, em 15.07.2007, por 12 meses de prazo de seguro, quantia igual a R$ 2.400,00.

Nesse caso, foi efetuado o pagamento antecipado de despesas de seguros, cujo fato gerador ocorreu ao longo de 12 meses, a contar de 01.07.2007. Para o reconhecimento inicial do seguro pago antecipadamente, utilizamos a conta Seguros **a Vencer**, classificada no Ativo.

Registros efetuados em 01.07.2007 (início da vigência do seguro):

D – Seguros a Vencer (Ativo)
C – Seguros a Pagar (Passivo Exigível, pois foi pago o valor apenas em 15.07.2007)   2.400,00

Registros efetuados em 15.07.2007:
D – Seguros a Pagar
C – Caixa   2.400,00
(ocorreu a quitação da obrigação de pagar pelo seguro em utilização)

Prazo do seguro: 12 meses

Valor do **prêmio do seguro** (ou seja, valor pago para proteger um bem) = R$ 2.400,00

Parcela de reconhecimento mensal do seguro: R$ 2.400,00/12 meses = R$ 200,00/mês

Observe-se, agora, que, até 31.12.2007, seis meses do contrato de seguro já foram honrados. Portanto, em 31.12.2007, quando foram reconhecidas as despesas propriamente ditas referentes ao seguro em questão, os registros assim foram assim efetuados:

Registros efetuados em 31.12.2007:

D – Despesas de Seguros
C – Seguros a Vencer   1.200,00
(= 06 meses x R$ 200,00/mês)

Ao rateio ora efetuado chamamos "pro rata tempore", ou seja, proporcional ao tempo a apropriar dentro de cada exercício social.

Convém ressaltar que a conta Seguros a Vencer permaneceu com saldo de R$ 1.200,00, referentes às parcelas do seguro que somente ocorreram em 2008.

Restaram, então, seis meses de seguros a transcorrer em 2008, quando foram devidamente registrados da mesma forma que no passo anterior.

Registros efetuados em 31.12.2008:

D – Despesas de Seguros
C – Seguros a Vencer   1.200,00
(= 06 meses x R$ 200,00/mês)

> Toda vez que ocorrer a expressão "**a Vencer**" ou "**a Transcorrer**" ou "**a Apropriar**" no nome da conta, *estaremos diante de algo cujo fato gerador ainda não ocorreu*! E **poderemos dizer, também, que estaremos diante do regime de competência**, pois estas contas não existem quando da aplicação do regime de caixa!

Receitas a Vencer = Receitas Recebidas Antecipadamente = Receitas a Apropriar
(Receitas recebidas e não apropriadas ou ganhas ou auferidas)

Despesas a Vencer = Despesas Pagas Antecipadamente = Despesas a Apropriar
(Despesas pagas e não apropriadas ou incorridas)

8.10. As Receitas Recebidas Antecipadamente

Se receitas forem recebidas antecipadamente, criarão obrigações da entidade junto àqueles que cederam os recursos antecipadamente. Logo, as receitas recebidas antecipadamente serão registradas no Passivo Exigível.

Exemplo

O Sr. Altair Ferreira adiantou à Empresa Vergus Trabs Comercial Ltda. a quantia de R$ 1.000,00, em dinheiro, devido ao pagamento antecipado do aluguel de sala da empresa pelo período de cinco meses.

Quando foi efetuado o recebimento pela empresa, ela assim o registrou:

D – Caixa
C – Receitas de Aluguel a Vencer (Passivo Exigível)   1.000,00

Quando ocorreu o uso da sala pelo Sr. Altair Ferreira, assim foram efetuados os registros correspondentes:

D – Receitas de Aluguel a Vencer
C – Receitas de Aluguel (receita)   1.000,00
(reconhecimento da receita propriamente dita)

8.11. As Origens e as Aplicações de Recursos

Observe-se novamente a representação gráfica que criamos para mostrar as origens e aplicações de recursos, agora incluindo as receitas e as despesas.

```
                    Aplicações de Recursos        Origens de Recursos
                            BALANÇO PATRIMONIAL
                        |
                        |           PASSIVO EXIGÍVEL
              ATIVO     |
                        |_____
                        |
                        |           PATRIMÔNIO LÍQUIDO
                        |
                    APURAÇÃO DO RESULTADO DO EXERCICIO
                        |
              DESPESAS  |           RECEITAS
```

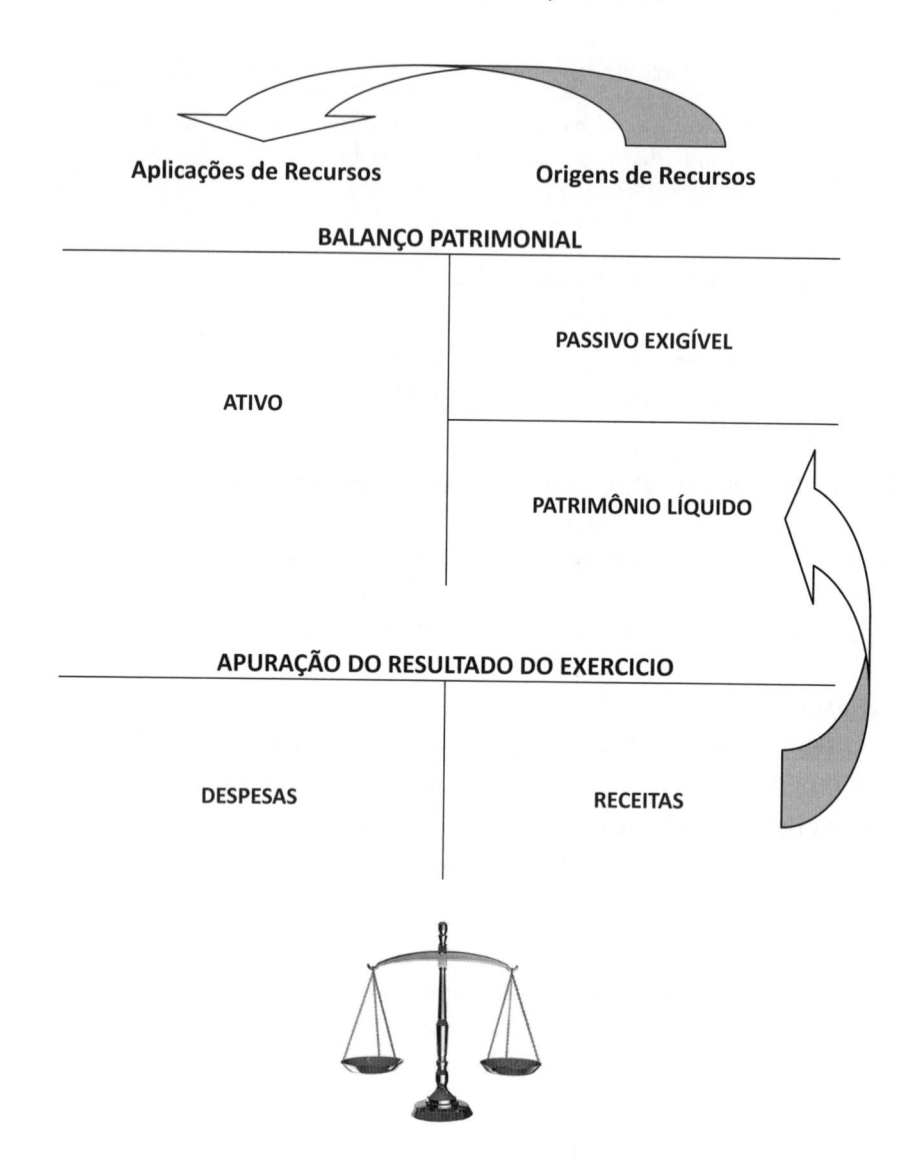

Se posicionarmos o razonete da conta Apuração do Resultado do Exercício "embaixo" do Balanço Patrimonial, teremos a completa visão das contas patrimoniais e de resultado.

Os lucros são obtidos a partir das atividades normais da entidade. São apurados a partir da conta Apuração do Resultado do Exercício e transferidos para a conta Lucros ou Prejuízos Acumulados, pertencente ao Patrimônio Líquido, conforme mostra o gráfico anterior, constituindo uma fonte ou origem natural de recursos para a entidade que, entre outras destinações, podem ser utilizados para aumento do capital social (conta do Patrimônio Líquido) ou para a constituição de reservas de lucros (contas do Patrimônio Líquido), assunto que será apresentado posteriormente.

Podemos, então, afirmar que as **origens de recursos** pertencentes à entidade estão dispostas no Passivo Total, da seguinte forma:

- **Os recursos de terceiros** – correspondentes às obrigações contraídas pela entidade junto a terceiros, provenientes das próprias operações da entidade ou a partir de outras formas de obtenção de recursos, tais como a partir de empréstimos e financiamentos;
- **Os recursos próprios** – correspondentes às parcelas entregues pelos sócios, proprietários ou acionistas à entidade, na forma de **capital social**, assim como a partir dos **lucros** por ela obtidos, fruto de suas operações normais, que acarretam, em regra, aumentos no Patrimônio Líquido.

Podemos afirmar que as **aplicações de recursos** constam do **Ativo** da entidade, na forma de **bens** e de **serviços**.

Costumamos dizer que:

> AS APLICAÇÕES DEVEM ÀS SUAS ORIGENS.

Logo:

> As APLICAÇÕES de recursos possuem NATUREZA DEVEDORA.

Por sua vez:

> As ORIGENS de recursos possuem NATUREZA CREDORA.

Diante do que foi anteriormente exposto, podemos afirmar que:

> As contas principais do ATIVO possuem NATUREZA DEVEDORA.

> As contas principais do PASSIVO EXIGÍVEL possuem NATUREZA CREDORA.

> As contas principais do PATRIMÔNIO LÍQUIDO possuem NATUREZA CREDORA.

> As contas de RECEITAS possuem NATUREZA CREDORA.

> As contas de DESPESAS possuem NATUREZA DEVEDORA.

Como consequência da aplicação do método das partidas dobradas, as seguintes afirmações são válidas:

- Método das Partidas Dobradas: não há débito se não houver o crédito correspondente;
- Não há débito sem o seu correspondente crédito;
- A todo débito corresponde, pelo menos, um crédito de igual valor;
- A soma dos débitos é SEMPRE igual à soma dos créditos;
- Se o total de débitos é igual ao total de créditos, então foi aplicado o método das partidas dobradas;
- A soma dos valores debitados é SEMPRE igual à soma dos valores creditados;
- A soma dos saldos devedores é SEMPRE igual à soma dos saldos credores;
- As aplicações de recursos devem sua existência as suas respectivas origens de recursos;
- Aplicações de Recursos = Origens de Recursos;
- As aplicações de recursos são de natureza devedora;
- As origens de recursos são de natureza credora;
- As somas dos recursos aplicados (Ativo total), registrados a débito nas contas ativas, são SEMPRE iguais às somas dos recursos fornecidos ao patrimônio, creditados nas contas passivas. Logo: Ativo Total = Passivo Total;
- As despesas contribuem para a redução do patrimônio líquido; logo, são de natureza devedora, e são debitadas quando ocorrem seus registros;
- As receitas contribuem para o aumento do patrimônio líquido; logo, são de natureza credora, e são creditadas quando ocorrem seus registros;
- Bens + Direitos + Despesas = Passivo Exigível + Patrimônio Líquido + Receitas;
- Ativo = Passivo Exigível + Patrimônio Líquido   (Resultado); e
- Por meio do estudo dos débitos e dos créditos, a Contabilidade irá controlar o patrimônio e apurar os resultados a ele correspondentes.

É importante frisarmos o que se segue: como o resultado apurado vai para o Patrimônio Líquido por meio da conta Lucros ou Prejuízos Acumulados, temos, de acordo com a *Equação Fundamental do Patrimônio*:

$$\text{Ativo} = \text{Passivo Exigível} + \text{Patrimônio Líquido (Resultado)} \Rightarrow$$

$$\text{Ativo} = \text{Passivo Exigível} + \text{Patrimônio Líquido} + \text{Receitas} - \text{Despesas} \Rightarrow$$

$$\text{Ativo} = \text{Bens} + \text{Direitos} = \text{Passivo Exigível} + \text{Patrimônio Líquido} + \text{Receitas} - \text{Despesas} \Rightarrow$$

Bens + Direitos + Despesas = Passivo Exigível + Patrimônio Líquido + Receitas

	Balanço Patrimonial		
A P L I C A Ç Õ E S D E R E C U R S O S	Ativo	Passivo Exigível	O R I G E N S D E R E C U R S O S
	Bens e Direitos Bens Tangíveis + Bens Intangíveis + Direitos Capital Aplicado Patrimônio Bruto	Capital de Terceiros ou Capital Alheio Dívidas ou Ônus Reais Passivo Exigível Dívidas com Financiamentos Fontes Externas de Recursos	
		Patrimônio Líquido	
		Capital Próprio Recursos Próprios Situação Líquida Fontes Internas de Recursos Riquezas Próprias Recursos dos Proprietários Passivo Não Exigível	
	Apuração do Resultado do Exercício		
	Despesas	Receitas	
	Custos Dispêndios Gastos Perdas	Ganhos Rendas Rendimentos Auferimentos	

Fonte: Notas de Aula do Professor Libânio Madeira

8.12. O Quadro-Resumo do Mecanismo de Débito e Crédito

Após termos sido apresentados às contas patrimoniais e de resultado, segue o quadro-resumo do mecanismo de débito e crédito, a ser aplicado via método das partidas dobradas:

Funcionamento das Contas			
Contas	Natureza	Saldos	
		Aumentam por	Diminuem por
Principais do Ativo	Devedora	Débito	Crédito
Principais do Passivo	Credora	Crédito	Débito
Retificadoras do Ativo	Credora	Crédito	Débito
Retificadoras do Passivo	Devedora	Débito	Crédito
de Receitas	Credora	Crédito	Débito
de Despesas	Devedora	Débito	Crédito

Exercícios resolvidos para a fixação de conteúdo

01 (Técnico de Contabilidade I – Refinaria Alberto Pasqualini – REFAP – CESGRANRIO/2007) Pelo Regime de Competência, uma despesa será contabilizada quando for:
   a) contratada.
   b) gerada.
   c) incluída no fluxo de caixa.
   d) incorrida.
   e) realizada no seu pagamento.

Resolução e Comentários

Neste regime, as receitas e as despesas deverão ser reconhecidas (lançadas) no exercício em que ocorrerem seus fatos geradores, independentemente dos recebimentos ou dos pagamentos. As receitas devem ser reconhecidas quando realizadas (ou auferidas, ou ganhas). Já as despesas devem ser reconhecidas quando incorridas (ou consumidas, ou realizadas).

02 (Técnico(a) de Contabilidade I – PETROBRAS – CESGRANRIO) Pelo regime de competência de exercícios, as despesas são consideradas em função do:
   a) ato de sua contratação.
   b) desembolso do gasto realizado.
   c) efetivo pagamento.
   d) fato gerador.
   e) gasto efetuado.

Resolução e Comentários:

Regime de Competência

Neste regime, as receitas e as despesas deverão ser reconhecidas (lançadas) no exercício em que ocorrerem seus FATOS GERADORES, independentemente dos recebimentos ou dos pagamentos. As receitas devem ser reconhecidas quando realizadas (ou auferidas, ou ganhas). Já as despesas devem ser reconhecidas quando incorridas (ou consumidas, ou realizadas).

03 (Técnico(a) de Contabilidade Júnior – FAFEN ENERGIA S/A – CESGRANRIO/2009) Um estudioso buscou em um manual de contabilidade a definição correta de regime de competência, concluindo que é o
   a) modelo que apura os resultados, considerando as receitas, os custos e as despesas realmente incorridas no período, mas não realizadas.
   b) modelo que apura os resultados do exercício, considerando as receitas previstas e as despesas efetivamente pagas.
   c) modelo de análise de variação patrimonial que considera como recebidas as receitas incorridas, ainda que não realizadas, e as despesas pagas, ainda que não incorridas.
   d) sistema que, na apuração do rédito do exercício, considera as receitas e despesas nas datas a que se referirem, independente de seus recebimentos ou pagamentos.
   e) sistema que, na apuração do rédito do exercício, considera apenas os pagamentos e recebimentos realizados no período.

Resolução e Comentários:
Regime de competência

Neste regime, as receitas e as despesas deverão ser reconhecidas (lançadas) no exercício em que ocorrerem seus FATOS GERADORES, independentemente dos recebimentos ou dos pagamentos. As receitas devem ser reconhecidas quando realizadas (ou auferidas, ou ganhas). Já as despesas devem ser reconhecidas quando incorridas (ou consumidas, ou realizadas).

04 **(Técnico(a) de Contabilidade I – PETROBRAS – CESGRANRIO/2005) A Neves Ltda. conserta equipamentos de ar condicionado central. Em out. 2005, recebeu, da Empresa Verão Ltda., R$ 50.000,00, por conta de serviços futuros a realizar, nos equipamentos da mesma, nos meses de dezembro a janeiro. Sem considerar data e histórico, qual deve ser o lançamento deste recebimento na Neves Ltda., em out. 2005?**
   a) Adiantamento de Clientes
      a Receita de Serviços 50.000,00
   b) Caixa
      a Clientes 50.000,00
   c) Caixa
      a Receita de Serviços 50.000,00
   d) Caixa
      a Adiantamento de Clientes 50.000,00
   e) Serviços Futuros a Realizar
      a Adiantamentos a Pagar 50.000,00

Resolução e Comentários:
Se há serviços a serem realizados e já houve pagamento antecipado pela realização de tais serviços, significa dizer que o cliente adiantou os recursos para aquele que realizará os serviços. Logo, foi criada uma obrigação para o fornecedor de serviços junto ao cliente.

Portanto, teremos a conta Caixa sendo movimentada pela entrada dos recursos e, em contrapartida, a obrigação sendo criada no Passivo Exigível (Adiantamento de Clientes).

   Caixa
      a Adiantamento de Clientes 50.000,00

05 **(Técnico(a) de Contabilidade I – PETROBRAS – CESGRANRIO) Considere o seguinte registro contábil:**
   Despesa de Materiais de Escritório
   a   Estoque de Materiais de Escritório   2.250,00
   O lançamento descrito, sem a data e o histórico, representa a operação de:
   a) apuração do estoque de material de escritório.
   b) compra do material de escritório, no período.
   c) consumo de material de escritório, no período.
   d) desembolso do gasto com material de escritório.
   e) despesa na compra de material de escritório.

Resolução e Comentários:
O lançamento corresponde ao consumo de material de escritório no valor de 2.250,00.

06 **(Técnico(a) de Contabilidade I – PETROBRAS – CESGRANRIO/2008) De acordo com o regime de competência, as receitas e as despesas são consideradas em função do seu fato gerador, e não em função dos respectivos recebimentos ou pagamentos.**
   Assim, se a empresa prestar serviços a terceiros, num determinado mês, com recebimento previsto para o seguinte, no final do mês em que o serviço foi prestado deve ser feito o lançamento
   a) D: Contas a receber
      C: Serviços a faturar

b) D: Serviços a faturar
   C: Receita de serviços
c) D: Serviços a faturar
   C: Contas a receber
d) D: Serviços a faturar
   C: Caixa
e) D: Caixa
   C: Receita de serviços

Resolução e Comentários:

Os serviços foram prestados. Pelo regime de competência, nasceu (surgiu) a Receita de Serviços correspondente. Por outro lado, o pagamento somente ocorrerá no mês seguinte, gerando, então, o direito de recebimento do valor dos serviços prestados.

D: Serviços a faturar

C: Receita de serviços

07 (Técnico de Contabilidade – Agência Nacional de Petróleo – ANP – CESGRANRIO/2008) Do diário da Comercial Lopes, foi retirado o lançamento a seguir, em reais, sem data e histórico.

Fornecedores
a Diversos
a Caixa   92.500,00
a Descontos Obtidos   7.500,00   100.000,00

Tal lançamento indica que a Comercial Lopes
a) comprou mercadorias a prazo com desconto comercial.
b) pagou uma compra de mercadorias a prazo com desconto comercial.
c) pagou uma compra de mercadorias a prazo com desconto financeiro.
d) recebeu uma venda de mercadorias a prazo com desconto financeiro.
e) vendeu mercadorias a prazo com desconto comercial.

Resolução e Comentários:

A conta Fornecedores está diminuindo de valor (obrigação sendo quitada no valor de 100.000). Por outro lado, a conta Caixa está diminuindo de valor (92.500). Significa dizer que a obrigação está sendo quitada com pagamento parcial, já que houve um desconto obtido quando da quitação, o que caracteriza desconto financeiro obtido.

08 (Técnico de Contabilidade – Agência Nacional de Petróleo – ANP – CESGRANRIO/2008) Em janeiro de 2007, a Transportadora Ideal Ltda. comprou uma carreta (veículo) para a sua frota, com entrada de R$ 80.000,00 e financiamento em 10 parcelas iguais e sucessivas de R$ 20.000,00 cada uma. No pagamento da 3ª parcela, por alguns problemas de caixa, efetuou o pagamento com 20 dias de atraso, mediante débito em conta-corrente bancária, nas seguintes condições:
• Valor da parcela 20.000,00
• Multa pelo atraso 2.000,00
• Juros de mora 1.000,00

Considerando-se, exclusivamente as informações apresentadas, o lançamento desse pagamento deve ser feito no Diário da Ideal, em reais, desconsiderando data e histórico, como segue:

a) Banco conta Movimento   23.000,00
   a Diversos
      a Veículos   20.000,00
      a Juros de Mora Passivos   1.000,00
      a Multas por Atraso   2.000,00
b) Banco conta Movimento   23.000,00
   a Diversos
      a Financiamentos   20.000,00
      a Juros de Mora Passivos   1.000,00
      a Multas por Atraso   2.000,00

c) Diversos
  Veículos   20.000,00
  Juros de Mora Ativos   1.000,00
  Multas por Atraso   2.000,00
    a Caixa   23.000,00
d) Veículos   20.000,00
    a Diversos
    a Banco conta Movimento   17.000,00
    a Juros de Mora Passivos   1.000,00
    a Multas por Atraso   2.000,00
e) Diversos
  Financiamentos   20.000,00
  Juros de Mora Passivos   1.000,00
  Multas por Atraso   2.000,00
    a Banco conta Movimento   23.000,00

Resolução e Comentários:

Como pagou com atraso, surgiram despesas (juros e multa). Como as despesas aumentam por débito, tem-se:

Diversos

Financiamentos   20.000,00

Juros de Mora Passivos   1.000,00

Multas por Atraso   2.000,00

a Banco conta Movimento   23.000,00

Observe-se que o pagamento foi feito em cheque; por isso, houve diminuição no saldo da conta-corrente, a partir de um crédito lançado. Houve, também, quitação da parcela (por débito na conta respectiva).

09 **(Técnico de Contabilidade Júnior – PETROBRAS Distribuidora S/A – CESGRANRIO/2008)** A Empresa Veneza Ltda., ao realizar o pagamento, em cheque, da duplicata de R$ 70.000,00, correspondente à aquisição de mercadorias, realizada anteriormente, obteve um desconto de 5% pela antecipação do pagamento da duplicata.

Considerando, exclusivamente, as informações acima, o registro contábil desta operação, em reais, desconsiderando data e histórico, será

a) Fornecedores
   a Diversos
   a Bancos c/Movimento   66.500,00
   a Descontos Financeiros Obtidos   3.500,00   70.000,00
b) Fornecedores
   a Diversos
   a Caixa   66.500,00
   a Juros obtidos   3.500,00   70.000,00
c) Diversos
   a Estoque de Mercadorias
   Fornecedores   70.000,00
   Despesa financeira   3.500,00   73.500,00
d) Diversos
   a Bancos c/ Movimento
   Fornecedores   70.000,00
   Devolução de compras   3.500,00   73.500,00
e) Estoque de Mercadorias
   a Diversos
   a Caixa   66.500,00
   a Despesa financeira   3.500,00   70.000,00

Resolução e Comentários:

Está ocorrendo o pagamento da duplicata por meio de cheque. Logo, a obrigação está sendo quitada pelo seu valor total (70.000). Como está ocorrendo pagamento antecipado da duplicata, isto faz surgir uma receita financeira (Desconto Financeiro Obtido). Estão sendo efetivamente pagos 66.500, já que surgiu um Desconto Financeiro Obtido no valor de 3.500.

Fornecedores
a Diversos
a Bancos c/Movimento   66.500,00
a Descontos Financeiros Obtidos 3.500,00   70.000,00

10 **(Técnico em Contabilidade – Ministério Público Estadual – Rondônia – CESGRANRIO) O recebimento antecipado de uma duplicata, com desconto de 5% concedido ao cliente, representa um fato contábil:**
a) Modificativo Aumentativo.
b) Modificativo Diminutivo.
c) Permutativo.
d) Misto Aumentativo.
e) Misto Diminutivo.

Resolução e Comentários:

Aumento de Caixa ou Bancos pela entrada dos recursos.

Diminuição de Duplicatas a Receber pela quitação do direito de recebimento.

Se somente houvesse a quitação das duplicatas a receber, haveria uma simples permuta. Ocorre que houve, além da permuta, uma modificação, conforme se mostra a seguir:

D – Caixa ou Bancos
C – Duplicatas a Receber – 10 (por Exemplo!)
(e)
D – Descontos Concedidos (despesa)
C – Caixa ou Bancos – 2

Logo, houve um **fato misto diminutivo**.

11 **(Técnico em Contabilidade – Ministério Público Estadual – Rondônia – CESGRANRIO) Antes do encerramento do resultado, uma empresa apresentou os seguintes dados no fechamento do balancete de 2004:**
• Total de Contas Devedoras R$ 500,00
• Total de Contas Credoras R$ 500,00
Sabe-se que o lucro líquido no ano foi de R$ 10,00, sendo R$ 110,00 de receitas e R$ 100,00 de despesas. Qual o total do Ativo da empresa, em reais, no encerramento do exercício de 2004?
a) 290,00
b) 390,00
c) 400,00
d) 600,00
e) 610,00

Resolução e Comentários:

Se o total de contas devedoras foi de 500 e há despesas no valor de 100, então a contas do Ativo somam 400.

Quanto à natureza do saldo, as contas são assim denominadas:
- Contas Devedoras – contas do Ativo, contas de Despesas, contas retificadoras do Passivo Exigível e contas retificadoras do Patrimônio Líquido.
- Contas Credoras – contas do Passivo Exigível, contas do Patrimônio Líquido, contas de Receitas, contas retificadoras do Ativo.

Capítulo 8 — As Contas de Resultado

12 (Técnico(a) de Contabilidade Júnior – FAFEN ENERGIA S/A – CESGRANRIO/2009) Observe o lançamento abaixo.

Diversos
a Caixa   6.000,00
Fornecedores   5.800,00
Despesas de Juros   200,00

Esse lançamento é caracterizado como
a) de segunda fórmula.
b) de terceira fórmula.
c) fórmula secundária.
d) ato administrativo.
e) fato permutativo.

Resolução e Comentários:

As fórmulas de lançamento

a) 1ª Fórmula

Lançamento simples.

1 D ----- 1 C

b) 2ª Fórmula

Lançamento composto.

1 D ----- 2 ou mais C

c) 3ª Fórmula

Lançamento composto.

2 ou mais D ----- 1 C

d) 4ª Fórmula

Lançamento complexo.

2 ou mais D ----- 2 ou mais C

13 (Analista de Finanças e Controle – CGU – EsAF/2006) Assinale abaixo a afirmativa correta.

Em relação ao mecanismo de débito e crédito, pode-se dizer que a Contabilidade determina que sejam:
a) debitadas as entradas de ativo, as saídas de passivo e os pagamentos de despesas e creditadas as entradas de passivo, as saídas de ativo e os recebimentos de receitas.
b) debitadas todas as entradas e creditadas todas as saídas de valores contábeis.
c) debitadas todas as aplicações de recursos e creditadas todas as origens de recursos.
d) debitados os pagamentos e perdas e creditados os recebimentos e ganhos.
e) debitadas as entradas de ativo, as saídas de passivo e as ocorrências de despesas e creditadas as entradas de passivo, as saídas de ativo e as variações da situação líquida.

Resolução e Comentários:

Analisando as alternativas:

a) debitadas as entradas de ativo, as saídas de passivo e os pagamentos de despesas e creditadas as entradas de passivo, as saídas de ativo e os recebimentos de receitas.

Errado!

- Entrada no Ativo – aumento no Ativo – débito
- Saída do Passivo – diminuição do Passivo – débito
- Pagamento de despesa – diminuição do Ativo – crédito
- Entrada de passivo – aumento de passivo – crédito
- Saída de ativo – diminuição de ativo – crédito
- Recebimento de receita – aumento do Ativo – débito

b) debitadas todas as entradas e creditadas todas as saídas de valores contábeis.

Errado!

Entradas no Passivo Exigível e no Patrimônio Líquido, assim como reconhecimentos de receitas, ocorrem por crédito da conta correspondente.

c) debitadas todas as aplicações de recursos e creditadas todas as origens de recursos.

Certo!

d) debitados os pagamentos e perdas e creditados os recebimentos e ganhos.

Errado!

Pagamento corresponde à saída de recursos do Ativo. Logo, ocorre via crédito na conta correspondente.

Recebimento corresponde à entrada de recursos no Ativo. Logo, ocorre via débito na conta correspondente.

e) debitadas as entradas de ativo, as saídas de passivo e as ocorrências de despesas e creditadas as entradas de passivo, as saídas de ativo e as variações da situação líquida.

Errado!
- Entrada no Ativo – aumento no Ativo – débito
- Saída do Passivo – diminuição do Passivo – débito
- Ocorrência de despesa – aumento de despesa – débito
- Entrada de passivo – aumento de passivo – crédito
- Saída de ativo – diminuição de ativo – crédito
- Variações da situação líquida – Essas variações não serão sempre creditadas. Se a variação da situação líquida ocasionar a diminuição de seu valor via despesa, ocorrerá a débito da conta correspondente.

14 (Técnico(a) de Contabilidade Júnior – FAFEN ENERGIA S/A – CESGRANRIO/2009) A Empresa Ouro Negro Ltda. costuma antecipar 40% do valor da folha de pagamento no dia 15 de cada mês, mediante transferência de sua conta bancária, para as contas-correntes dos empregados. O lançamento contábil que caracteriza esta operação é:

a) Despesa de Salários
 a Diversos
 a Caixa
 a Adiantamento a empregados

b) Despesa de salários
 a Salários a pagar

c) Adiantamento a empregados
 a Bancos conta movimento

d) Salários a pagar
 a Diversos
 a Banco conta movimento
 a Adiantamento a empregados

e) Salários a pagar
 a Banco conta movimento

Resolução e Comentários:

Se ocorrer a antecipação do salário dos funcionários, então gerará o direito de compensação para a empresa quando ocorrer a necessidade do pagamento dos referidos salários. Por outro lado, ocorrerá diminuição da conta corrente pela saída de recursos.

Adiantamento a empregados

a Bancos conta movimento

Ao final do mês, pelo reconhecimento da despesa de salários:

D – Despesas de Salários

C – Salários a Pagar

No mês seguinte, quando ocorrer a quitação da obrigação, teremos:

D – Salários a Pagar

C – Adiantamento de Salários

C – Caixa ou Bancos (pagando apenas o que não foi adiantado)

15 (Técnico(a) de Contabilidade Júnior – FAFEN ENERGIA S/A – CESGRANRIO/2009) A Empresa Campina Grande Ltda. recebeu antecipadamente, em janeiro de 2008, por meio de depósito realizado em sua conta-corrente bancária, o valor de R$ 12.000,00, referentes ao aluguel de seis meses de um imóvel de sua propriedade.

Que lançamento contábil caracteriza esta operação?

a) Bancos conta movimento 12.000,00
   a Aluguéis recebidos antecipadamente 12.000,00
b) Aluguéis antecipados 12.000,00
   a Receita de aluguéis antecipados 12.000,00
c) Caixa 12.000,00
   a Diversos
   a Aluguéis recebidos antecipadamente 9.000,00
   a Amortização de aluguéis antecipados 3.000,00
d) Diversos
   a Aluguéis recebidos antecipadamente 12.000,00
   Bancos conta movimento 11.500,00
   Despesa Financeira 500,00
e) Diversos
   a Bancos conta movimento 12.000,00
   Aluguéis recebidos antecipadamente 11.500,00
   Despesa Financeira 500,00

Resolução e Comentários:

Se recebeu antecipadamente recursos correspondentes a seis meses de aluguel, ocorreu o recebimento antecipado das receitas de aluguel. Isto gera uma obrigação de quem recebeu antecipadamente junto àquele que tem o direito de usar o bem por seis meses.

Bancos Conta Movimento 12.000,00
a Aluguéis Recebidos Antecipadamente 12.000,00

16 (Técnico do Tesouro Nacional – ESAF) Um lançamento a crédito da conta Aluguéis a Pagar, se não for de estorno, representa

a) um aumento do Patrimônio Líquido
b) um aumento do Ativo
e) um decréscimo do Ativo
d) uma redução do Patrimônio Líquido
e) um decréscimo no Passivo

Resolução e Comentários:

A conta Aluguéis a Pagar é conta do Passivo Exigível. Aumenta, portanto, por crédito. Se foi efetuado crédito nesta conta, então ocorreu aumento em seu saldo e, em consequência, aumento no valor do Passivo Exigível. Ocorre que a contrapartida de Aluguéis a Pagar é a conta Despesas de Aluguel, conta esta que, quando registrada, diminui o valor do Patrimônio Líquido.

17 (Auditor-Fiscal da Receita Federal – ESAF – Adaptada) Eis aí as contas extraídas do balancete de verificação da empresa Emenes Ltda., em 31.12.2002:

Componentes	Valores
Aluguéis Ativos	R$ 900,00
Adiantamento a Fornecedores	R$ 1.000,00
Caixa e Bancos	R$ 1.200,00
Capital Social	R$ 3.000,00
Clientes	R$ 1.500,00
Contas a Pagar	R$ 2.400,00
Custo da Mercadoria Vendida	R$ 300,00
Depreciação Acumulada	R$ 650,00
Descontos Concedidos	R$ 340,00
Descontos Obtidos	R$ 220,00
Duplicatas a Receber	R$ 1.600,00
Duplicatas Descontadas	R$ 1.350,00
Empréstimos Obtidos	R$ 1.040,00
Fornecedores	R$ 2.100,00
Insubsistência Ativa	R$ 160,00
Impostos	R$ 280,00
Impostos a Recolher	R$ 450,00
Juros Passivos	R$ 120,00
Máquinas e Equipamentos	R$ 2.010,00
Mercadorias	R$ 1.380,00
Móveis e Utensílios	R$ 2.250,00
Prejuízos Acumulados	R$ 900,00
Perdas Estimadas p/ Devedores Duvidosos	R$ 400,00
Provisão p/ Imposto de Renda	R$ 200,00
Receitas de Serviços	R$ 300,00
Receitas de Vendas	R$ 260,00
Reserva de Reavaliação	R$ 1.000,00
Reserva Legal	R$ 840,00
Salários	R$ 750,00
Salários a Pagar	R$ 180,00
Seguros	R$ 90,00
Superveniências Passivas	R$ 80,00
Veículos	R$ 1.850,00

Com base nas contas e saldos acima, podemos dizer que, mesmo o balancete de verificação não estando fechado corretamente, ele apresenta:
a) Ativo no valor de R$ 12.790,00
b) Passivo no valor de R$ 8.720,00
c) Patrimônio Líquido no valor de R$ 3.940,00
d) Saldos Devedores no valor de R$ 15.650,00
e) Saldos Credores no valor de R$ 13.250,00

Resolução e Comentários:

Superveniência = Aparecimento

Insubsistência = Desaparecimento

a) Superveniência Ativa = Superveniência do Ativo = Aparecimento no Ativo = algo que apareceu no Ativo gerando receita!

Exemplo: o nascimento de um filhote; o recebimento de uma doação.

    D – Ativo

    C – Superveniência Ativa (receita)

b) Superveniência Passiva = Superveniência do Passivo = Aparecimento no Passivo = algo que apareceu no Passivo gerando despesa!

Exemplo: juros pelo atraso no pagamento de uma obrigação.

    D – Superveniência Passiva (despesa)

    C – Juros a Pagar

c) Insubsistência Ativa = Insubsistência do Passivo = Desaparecimento do Passivo = algo que desapareceu do Passivo gerando receita!

Exemplo: o perdão de uma dívida.

    D – Obrigação (note-se que a obrigação está sendo extinta!)

    C – Insubsistência Ativa (receita)

d) Insubsistência Passiva = Insubsistência do Ativo = Desaparecimento do Ativo = algo que desapareceu do Ativo gerando despesa!

Exemplo: mercadorias roubadas; mercadorias perdidas em um incêndio.

    D – Insubsistência Passiva (despesa)

    C – Ativo (o Ativo está sendo baixado devido a seu desaparecimento!)

Ativo:

Adiantamento a Fornecedores	R$ 1.000,00
Caixa e Bancos	R$ 1.200,00
Clientes	R$ 1.500,00
Depreciação Acumulada	(R$ 650,00)
Duplicatas a Receber	R$ 1.600,00
Máquinas e Equipamentos	R$ 2.010,00
Mercadorias	R$ 1.380,00
Móveis e Utensílios	R$ 2.250,00
Perdas Estimadas p/ Devedores Duvidosos	(R$ 400,00)
Veículos	R$ 1.850,00

Total = R$ 11.740,00

Passivo:

Contas a Pagar	R$ 2.400,00
Empréstimos Obtidos	R$ 1.040,00
Duplicatas Descontadas	R$ 1.350,00
Fornecedores	R$ 2.100,00
Impostos a Recolher	R$ 450,00
Provisão p/ Imposto de Renda	R$ 200,00
Salários a Pagar	R$ 180,00

Total = R$ 7.720,00

Patrimônio Líquido = A – PE = 11.740,00 – 7.720,00 = *4.020*

Saldos Devedores:

Adiantamento a Fornecedores	R$ 1.000,00
Caixa e Bancos	R$ 1.200,00
Clientes	R$ 1.500,00
Custo da Mercadoria Vendida	R$ 300,00
Descontos Concedidos	R$ 340,00

Duplicatas a Receber	R$ 1.600,00
Impostos	R$ 280,00
Juros Passivos	R$ 120,00
Máquinas e Equipamentos	R$ 2.010,00
Mercadorias	R$ 1.380,00
Móveis e Utensílios	R$ 2.250,00
Prejuízos Acumulados	R$ 900,00
Salários	R$ 750,00
Seguros	R$ 90,00
Superveniências Passivas	R$ 80,00
Veículos	R$ 1.850,00

Total = R$ 15.650,00

Saldos Credores:

Aluguéis Ativos	R$ 900,00
Capital Social	R$ 3.000,00
Contas a Pagar	R$ 2.400,00
Depreciação Acumulada	R$ 650,00
Descontos Obtidos	R$ 220,00
Duplicatas Descontadas	R$ 1.350,00
Empréstimos Obtidos	R$ 1.040,00
Fornecedores	R$ 2.100,00
Insubsistência Ativa	R$ 160,00
Impostos a Recolher	R$ 450,00
Perdas Estimadas p/ Devedores Duvidosos	R$ 400,00
Provisão p/ Imposto de Renda	R$ 200,00
Receitas de Serviços	R$ 300,00
Receitas de Vendas	R$ 260,00
Reserva de Reavaliação	R$ 1.000,00
Reserva Legal	R$ 840,00
Salários a Pagar	R$ 180,00

Total = R$ 15.450,00

18 (Analista de Finanças e Controle – CGU – ESAF/2008) Ao longo da existência de uma entidade, vários fatos podem acontecer e que refletem no patrimônio desta de forma positiva ou negativa. Em relação aos fatos contábeis e suas respectivas variações no patrimônio, julgue os itens que se seguem e marque a opção *incorreta*.
   a) A Insubsistência Passiva acontece quando algo que deixou de existir provocou efeito negativo no patrimônio da entidade.
   b) Quando ocorre uma Superveniência Passiva, a Situação Líquida diminui.
   c) As Superveniências provocam sempre um aumento do passivo ou do ativo.
   d) O desaparecimento de um bem é um exemplo de Insubsistência do Passivo.
   e) Toda Insubsistência do Passivo é uma Insubsistência Ativa.

Resolução e Comentários:

Superveniência = Aparecimento

Insubsistência = Desaparecimento

a) Superveniência Ativa = Superveniência do Ativo = Aparecimento no Ativo = algo que apareceu no Ativo gerando receita!.

Exemplo: o nascimento de um filhote; o recebimento de uma doação.

    D – Ativo

    C – Superveniência Ativa (receita)

b) Superveniência Passiva = Superveniência do Passivo = Aparecimento no Passivo = algo que apareceu no Passivo gerando despesa!

Exemplo: juros pelo atraso no pagamento de uma obrigação.

    D – Superveniência Passiva (despesa)

    C – Juros a Pagar

c) Insubsistência Ativa = Insubsistência do Passivo = Desaparecimento do Passivo = algo que desapareceu do Passivo gerando receita!

Exemplo: o perdão de uma dívida.

    D – Obrigação (note-se que a obrigação está sendo extinta!)

    C – Insubsistência Ativa (receita)

d) Insubsistência Passiva = Insubsistência do Ativo = Desaparecimento do Ativo = algo que desapareceu do Ativo gerando despesa!

Exemplo: mercadorias roubadas; mercadorias perdidas em um incêndio.

    D – Insubsistência Passiva (despesa)

    C – Ativo (o Ativo está sendo baixado devido a seu desaparecimento!)

Analisando as alternativas:

a) A Insubsistência Passiva acontece quando algo que deixou de existir provocou efeito negativo no patrimônio da entidade.

Correto! Algo desapareceu do Ativo gerando despesa.

b) Quando ocorre uma Superveniência Passiva, a Situação Líquida diminui.

Correto! Algo apareceu no Passivo gerando despesa! Logo, a situação líquida diminui.

c) As Superveniências provocam sempre um aumento do passivo ou do ativo.

Correto! Superveniência = Aparecimento = Aumento.

d) O desaparecimento de um bem é um exemplo de Insubsistência do Passivo.

Errado! O desaparecimento de um bem é um exemplo de Insubsistência Passiva.

e) Toda Insubsistência do Passivo é uma Insubsistência Ativa.

Correto! Insubsistência Ativa = Insubsistência do Passivo = Desaparecimento do Passivo = algo que desapareceu do Passivo gerando receita!

19 (**Auditor-Fiscal do Tesouro Estadual – RN – ESAF/2004 – Adaptada**) **Os seguintes fenômenos ocorreram no mesmo período contábil.**

Surgimento de um passivo, sem o correspondente ativo	100
Surgimento de um passivo, pelo acréscimo de ativo	200
Redução de um passivo, sem desaparecimento de ativo	300
Redução do valor econômico de um ativo	400
Acréscimo de ativo sem a intervenção de terceiros	500
Recebimento efetivo de subvenções	600
Pagamento de despesas antecipadas	700

Ao contabilizar os fatos citados, vamos encontrar um lucro de:

a) R$ 300,00, de acordo com o regime de competência;
b) R$ 400,00, de acordo com o regime de caixa;
c) R$ 900,00, de acordo com o regime de competência;
d) R$ 200,00, de acordo com o regime de caixa;
e) R$ 200,00, de acordo com o regime de competência.

Resolução e Comentários:

Superveniência = Aparecimento

Insubsistência = Desaparecimento

a) Superveniência Ativa = Superveniência do Ativo = Aparecimento no Ativo = algo que apareceu no Ativo gerando receita!

Exemplo: o nascimento de um filhote; o recebimento de uma doação

    D – Ativo

    C – Superveniência Ativa (receita)

b) Superveniência Passiva = Superveniência do Passivo = Aparecimento no Passivo = algo que apareceu no Passivo gerando despesa!

Exemplo: juros pelo atraso no pagamento de uma obrigação

    D – Superveniência Passiva (despesa)

    C – Juros a Pagar

c) Insubsistência Ativa = Insubsistência do Passivo = Desaparecimento do Passivo = algo que desapareceu do Passivo gerando receita!

Exemplo: o perdão de uma dívida

    D – Obrigação (repare que a obrigação está sendo extinta!)

    C – Insubsistência Ativa (receita)

d) Insubsistência Passiva = Insubsistência do Ativo = Desaparecimento do Ativo = algo que desapareceu do Ativo gerando despesa!

Exemplo: mercadorias roubadas; mercadorias perdidas em um incêndio.

    D – Insubsistência Passiva (despesa)

    C – Ativo (o Ativo está sendo baixado devido a seu desaparecimento!)

Analisando as alternativas:

1) Surgimento de um passivo, sem o correspondente ativo   100

Exemplo: surgimento de juros pela demora no pagamento de uma obrigação

    D – Superveniência Passiva (despesa)

    C – Passivo   100

2) Surgimento de um passivo, pelo acréscimo de ativo   200

Exemplo: compra de mercadorias a prazo

    D – Ativo

    C – Passivo   200

3) Redução de um passivo, sem desaparecimento de ativo   300

Exemplo: o perdão de uma dívida

    D – Dívida

    C – Insubsistência Ativa (receita)   300

4) Redução do valor econômico de um ativo   400

Exemplo: depreciação de um bem do ANC Imobilizado

    D – Despesa

    C – Ativo   400

5) Acréscimo de ativo sem a intervenção de terceiros   500

Exemplo: nascimento de um filhote; recebimento de uma doação.

   D – Ativo
   C – Superveniência Ativa (receita)   500

6) Recebimento efetivo de subvenções   600

   D – Ativo
   C – Receita   600

Subvenção governamental é uma assistência governamental geralmente na forma de contribuição de natureza pecuniária, mas não só restrita a ela, concedida a uma entidade normalmente em troca do cumprimento passado ou futuro de certas condições relacionadas às atividades operacionais da entidade.

7) Pagamento de despesas antecipadas   700

   D – Despesas Antecipadas (Ativo)
   C – Disponibilidades   700

Seguindo a legislação em vigor, deveremos apurar o resultado de acordo com o regime de competência. Somente poderemos marcar as alternativas a), c) ou e).

Afetam o resultado os seguintes eventos:

1) Superveniência Passiva (despesa) – 100
3) Insubsistência Ativa (receita) – 300
4) Despesa – 400
5) Superveniência Ativa (receita) – 500
6) Receita – 600
3) Insubsistência Ativa (receita) – 300
5) Superveniência Ativa (receita) – 500
6) Receita – 600

Total das receitas = 1.400

1) Superveniência Passiva (despesa) – 100
4) Despesa – 400

Total das despesas = 500

Resultado = Total das Receitas – Total das Despesas = 1.400 – 500 = 900

20 (Analista Contábil–Financeiro – SEFAZ – Ceará – ESAF/2007) **Assinale abaixo a assertiva verdadeira.**

Na equação geral do sistema contábil, também são considerados como aplicação de recursos:

a) os aumentos de ativo, os aumentos de despesas e as diminuições de passivo.
b) os aumentos de patrimônio líquido, os aumentos de resultado e as diminuições de passivo.
c) os aumentos de ativo, os aumentos de patrimônio líquido e as diminuições de passivo.
d) os aumentos de ativo, os aumentos de resultado e as diminuições de passivo.
e) os aumentos de passivo, os aumentos de patrimônio líquido e as diminuições de ativo.

Resolução e Comentários:

Em um evento:
- As aplicações são representadas por contas movimentadas a débito.
- As origens são representadas por contas movimentadas a crédito.

  De acordo com as alternativas, temos as seguintes movimentações ocorridas nas contas:
- os aumentos de ativo – por débito
- os aumentos de despesas – por débito
- as diminuições de passivo – por débito
- os aumentos de patrimônio líquido – por crédito
- os aumentos de resultado – por crédito

- as diminuições de passivo – por débito
- os aumentos de passivo – por crédito
- as diminuições de ativo – por crédito

21 (Auditor-Fiscal da Receita Estadual – SEFAZ – Ceará – ESAF/2007) Assinale abaixo a assertiva verdadeira.

Na equação geral do sistema contábil também são considerados como origem de recursos:
a) os aumentos de ativo, os aumentos de despesas e as diminuições de passivo.
b) os aumentos de patrimônio líquido, os aumentos de resultado e as diminuições de passivo.
c) os aumentos de ativo, os aumentos de patrimônio líquido e as diminuições de passivo.
d) os aumentos de ativo, os aumentos de resultado e as diminuições de passivo.
e) os aumentos de passivo, os aumentos de patrimônio líquido e as diminuições de ativo.

Resolução e Comentários:

Em um evento:
- As aplicações são representadas por contas movimentadas a débito.
- As origens são representadas por contas movimentadas a crédito.

De acordo com as alternativas, temos as seguintes movimentações ocorridas nas contas:
- os aumentos de ativo – por débito
- os aumentos de despesas – por débito
- as diminuições de passivo – por débito
- os aumentos de patrimônio líquido – por crédito
- os aumentos de resultado – por crédito
- as diminuições de passivo – por débito
- os aumentos de passivo – por crédito
- as diminuições de ativo – por crédito

22 (Analista (Planejamento e Execução Financeira) – CVM – ESAF/2001) A Companhia de Reparos S.A. tem exercício social coincidente com o ano civil. Em dezembro de 2000 prestou serviços a uma indústria (conserto de máquinas), cobrando-lhe R$ 10.000,00, dos quais recebeu, contra recibo, dez por cento. Em janeiro de 2001 faturou o restante, dividindo o pagamento em 18 parcelas mensais e sucessivas de igual valor, vencendo a primeira delas em 31.01.2001. De acordo com a Lei nº 6.404/1976 (Lei das Sociedades por Ações) a Companhia deve assim apropriar a receita:
a) R$ 10.000,00 em 2000
b) R$ 1.000,00 em 2000 e R$ 9.000,00 em 2001
c) R$ 10.000,00 em 2001
d) R$ 1.000,00 em 2000; R$ 6.000,00 em 2001 e R$ 3.000,00 em 2002
e) R$ 7.000,00 em 2001 e R$ 3.000,00 em 2002

Resolução e Comentários:

Quando a empresa prestou serviços? Em dezembro de 2000. Portanto, o fato gerador da receita de serviços prestados ocorreu em dezembro de 2000.

23 (Técnico em Contabilidade – TRF) A prestação de serviços no período contábil de X2 por conta de adiantamento recebido de cliente no período contábil de X1 representa, para a empresa que prestou o serviço, em X2:
a) obrigação para com o cliente.
b) aumento do patrimônio líquido.
c) receita ganha, mas ainda não recebida.
d) receita recebida, mas ainda não ganha.
e) direito perante o cliente.

Resolução e Comentários:

Em X1 ocorreu o adiantamento:

Caixa (AC)

a Adiantamento de Clientes (PC)

A receita foi reconhecida em X2, quando ocorreu a prestação de serviços, ou seja, o fato gerador da referida receita.

Adiantamento de Clientes (PC)

a Receita de Serviços (Receita)

24 **(Analista de Finanças e Controle Externo – TCU – ESAF – Adaptada) Registrada em 25 de fevereiro de 1998, a "Firma Mento Ltda." funcionou normalmente até o fim do ano, contabilizando seus resultados sob a ótica do Regime Contábil de Caixa. Ao chegar a dezembro foi informada de que, para elaborar seus balanços, teria de observar o Regime Contábil da Competência de Exercícios, em obediência às determinações legais.**

O lucro do exercício de 1998 já estava contabilizado sob regime de caixa e computava os seguintes elementos:

Salários correspondentes aos meses de fevereiro a dezembro: R$ 3.960,00, faltando pagar apenas o mês de dezembro, no valor de R$ 360,00;

Seguros correspondentes aos meses de fevereiro de 1998 a janeiro de 1999, totalmente pagos, à razão de R$ 80,00 por mês;

Serviços prestados durante todo o período, à razão de R$ 450,00 ao mês, inclusive fevereiro de 1998, faltando receber apenas o mês de dezembro de 1998;

Juros vencidos a favor da "Firma Mento", no valor de R$ 600,00, totalmente recebidos;

Impostos e taxas municipais no valor de R$ 400,00, já vencidos mas ainda não pagos;

Comissões recebidas em 1998, mas que se referem ao exercício de 1999, no valor de R$ 100,00.

Ao fazer as correções de lançamentos para ajustar o lucro líquido ao regime de competência, a empresa, naturalmente, provocou alterações no valor contábil do resultado antes contabilizado. Essas alterações significaram:

a) redução do lucro em R$ 330,00
b) redução do lucro em R$ 640,00
c) aumento do lucro em R$ 310,00
d) aumento do lucro em R$ 370,00
e) aumento do lucro em R$ 1.030,00

Resolução e Comentários:

Devem ser efetuados os seguintes ajustes, quando necessário for:
- Falta contabilizar a despesa de salário de dezembro de 1998 (R$ 360,00 – débito);
- Retirar a parcela de despesa de seguro de janeiro de 1999 (R$ 80,00 – crédito);
- Falta contabilizar a receita de serviços de dezembro de 1998 (R$ 450,00 – crédito);
- Trata-se de juros vencidos, a favor da empresa e já recebidos (sem ajuste);
- Impostos e taxas vencidos, mas não pagos. Devem ser reconhecidas as despesas (R$ 400,00 – débito);
- Retirar comissões recebidas em 1998, referentes ao exercício de 1999, no valor de R$ 100,00 (débito).

Ajustes	
360,00	450,00
400,00	80,00
100,00	
860,00	530,00
330,00	

25 **(AFR – SP) Uma empresa cuja contabilidade é feita pelo Regime de Competência de Exercícios tem seu exercício social de 01.06 a 31.05. Em 31 de dezembro, os salários do mês, que só foram pagos em janeiro, não foram contabilizados, tendo a situação sido regularizada, em termos contábeis, em fevereiro. Essa ocorrência provocará:**

a) Diminuição no Lucro do Exercício.
b) Aumento no Saldo de Caixa.
c) Aumento no Lucro do Exercício.
d) N.D.A.

Resolução e Comentários:

Note-se que o evento ocorreu em dezembro e somente foi registrado em fevereiro. Porém, tudo ocorreu dentro do exercício social (01.06 a 31.05). Nesse caso, nenhuma alteração ocorreu na apuração do resultado.

26 **(Gestor Fazendário – MG – ESAF/2005) Em fevereiro de 2005, a Contabilidade da Nossa Firma forneceu as seguintes informações:**

I. a conta de luz e energia utilizada em dezembro de 2004, no valor de R$ 200,00, foi paga em dezembro de 2004;

II. a conta de aluguel utilizado em janeiro de 2005, no valor de R$ 500,00, foi paga em dezembro de 2004;

III. a conta de água consumida em dezembro de 2004, no valor de R$ 400,00, foi paga em janeiro de 2005;

IV. os juros referentes a janeiro de 2005, no valor de R$ 250,00, foram pagos em janeiro de 2005;

V. os juros referentes a dezembro de 2004, no valor de R$ 1.000,00, foram recebidos em janeiro de 2005;

VI. os aluguéis dos bens utilizados em janeiro de 2005, no valor de R$ 1.300,00, foram recebidos em dezembro de 2004;

VII. os serviços prestados em dezembro de 2004, no valor de R$ 1.700,00, foram recebidos em dezembro de 2004;

VIII. as comissões auferidas em janeiro de 2005, no valor de R$ 750,00, foram recebidas em janeiro de 2005.

Com base nos fatos contábeis informados anteriormente, apure o resultado do exercício pelo regime de caixa e pelo regime de competência, respectivamente, para dezembro de 2004 e janeiro de 2005 e assinale a resposta certa.

a) De acordo com o regime contábil de competência, no mês de janeiro de 2005 houve lucro de R$ 1.100,00.
b) De acordo com o regime contábil de caixa, no mês de janeiro de 2005 houve lucro de R$ 1.300,00.
c) De acordo com o regime contábil de caixa, no mês de dezembro de 2004 houve lucro de R$ 2.100,00.
d) De acordo com o regime contábil de competência, no mês de dezembro de 2004 houve lucro de R$ 2.300,00.
e) Considerando a gestão completa, sem a fragmentação mês a mês, em qualquer dos dois regimes o lucro teria sido de R$ 3.400,00.

Resolução e Comentários:

Fato Ocorrido	Dezembro de 2004		Janeiro de 2005	
	Regime de Caixa	Regime de Competência	Regime de Caixa	Regime de Competência
I. a conta de luz e energia utilizada em dezembro de 2004, no valor de R$200,00, foi paga em dezembro de 2004;	(200)	(200)		
II. a conta de aluguel utilizado em janeiro de 2005, no valor de R$500,00, foi paga em dezembro de 2004;	(500)			(500)
III. a conta de água consumida em dezembro de 2004, no valor de R$400,00, foi paga em janeiro de 2005;		(400)	(400)	
IV. os juros referentes a janeiro de 2005, no valor de R$250,00, foram pagos em janeiro de 2005;			(250)	(250)
V. os juros referentes a dezembro de 2004, no valor de R$1.000,00, foram recebidos em janeiro de 2005;		1.000	1.000	
VI. os aluguéis dos bens utilizados em janeiro de 2005, no valor de R$1.300,00, foram recebidos em dezembro de 2004;	1.300			1.300
VII. os serviços prestados em dezembro de 2004, no valor de R$1.700,00, foram recebidos em dezembro de 2004;	1.700	1.700		
VIII. as comissões auferidas em janeiro de 2005, no valor de R$750,00, foram recebidas em janeiro de 2005.			750	750
Totais	2.300	2.100	1.100	1.300

Analisando as alternativas:

a) De acordo com o regime contábil de competência, no mês de janeiro de 2005 houve lucro de R$ 1.100,00.

Errado. Janeiro de 2005 – regime de competência: R$ 1.300,00

b) De acordo com o regime contábil de caixa, no mês de janeiro de 2005 houve lucro de R$ 1.300,00.

Errado. Janeiro de 2005 – regime de caixa: R$ 1.100,00

c) De acordo com o regime contábil de caixa, no mês de dezembro de 2004 houve lucro de R$ 2.100,00.

Errado. Dezembro de 2004 – regime de caixa: R$ 2.300,00

d) De acordo com o regime contábil de competência, no mês de dezembro de 2004 houve lucro de R$ 2.300,00.

Errado. Dezembro de 2004 – regime de competência: R$ 2.100,00

e) Considerando a gestão completa, sem a fragmentação mês a mês, em qualquer dos dois regimes o lucro teria sido de R$ 3.400,00.

Certo.

Resultado obtido via regime de caixa (dezembro de 2004 a janeiro de 2005): R$ 2.300,00 + R$ 1.100,00 = R$ 3.400,00

Resultado obtido via regime de competência (dezembro de 2004 a janeiro de 2005): R$ 2.100,00 + R$ 1.300,00 = R$ 3.400,00

27 (Agente Tributário Estadual – ATE – MS – ESAF/2001) **A Nossa empresa fecha o exercício social e faz balanços a cada 31 de agosto. Em 31 de agosto de 2000, o balancete elaborado com vistas à realização de ajustes ao resultado do exercício apresentou a conta "Aluguéis Passivos a Vencer" com saldo remanescente de R$ 36.000,00, relativo ao contrato de aluguel do Depósito Geral celebrado no montante de R$ 135.000,00 para o período de 01.10.1998 a 31.03.2001.**

A fim de atender ao regime de competência, o contador da empresa deverá fazer a seguinte partida de diário:

a) Aluguéis Passivos
   a Aluguéis Passivos a Vencer   R$ 4.500,00

b) Aluguéis Passivos a Vencer
   a Aluguéis Passivos   R$ 4.500,00

c) Aluguéis Passivos
   a Aluguéis Passivos a Vencer   R$ 22.500,00

d) Aluguéis Passivos a Vencer
   a Aluguéis Passivos   R$ 22.500,00

e) Aluguéis Passivos
   a Aluguéis Passivos a Vencer   R$ 31.500,00

Resolução e Comentários:

Período do aluguel: 01.10.1998 a 31.03.2001 → 3 meses (1998) + 12 meses (1999) + 12 meses (2000) + 3 meses (2001) = 30 meses

Valor do aluguel: R$ 135.000,00

Parcela mensal do aluguel = R$ 135.000,00/30 meses = R$ 4.500,00

Quando do registro do aluguel pago antecipadamente:

Aluguéis Passivos a Vencer

   a Caixa/Bancos Conta Movimento/Aluguéis a Pagar (se foi concedido algum prazo para pagamento) – R$ 135.000,00

Até 31.08.2000 quantos meses de aluguel transcorreram? 3 meses (1998) + 12 meses (1999) + 8 meses (2000) = 23 meses

Já houve despesas efetivas no valor de: R$ 4.500,00/mês x 23 meses = R$ 103.500,00

Por mês de aluguel transcorrido, é feito o seguinte lançamento:

Aluguéis Passivos

   a Aluguéis Passivos a Vencer – R$ 4.500,00

Se já houve despesas efetivas no valor de R$ 103.500,00, deveria haver saldo em Aluguéis Passivos a Vencer no valor de R$ 31.500,00. Porém, a conta Aluguéis Passivos a Vencer apresenta saldo igual a R$ 36.000,00. Por algum motivo, deixou de ser realizado o registro correspondente a um mês de aluguel transcorrido. Logo, o registro a ser realizado como ajuste desta conta é:

Aluguéis Passivos

a Aluguéis Passivos a Vencer – R$ 4.500,00

28 (Técnico do Tesouro Nacional – ESAF) Recife, 13 de julho de 1994

D – Duplicatas a pagar

Valor da duplicata nº 73/94, da SETEX S.A., substituída por uma nota promissória vencível em 13.09.1994. R$ 700,00

D – Juros passivos

4% sobre valor da duplicata nº 73/94 da SETES S.A. substituída por nota promissória vencível em 13.09.1994. R$ 28,00

C – Notas promissórias a pagar

Nosso aceite de nota promissória em favor da SETEX S.A., vencível em 13.09.1994, emitida em substituição à duplicata nº 73, vencida hoje, mais juros de 2% ao mês. R$ 728,00

Obs.: A situação líquida da empresa que efetuou o lançamento continuou, após o mesmo, positiva.

O lançamento contábil transcrito (feito no Livro Diário):

a) observou o método das partidas simples, a função histórica e a função monetária.
b) é de segunda fórmula e reduziu a situação líquida.
c) é de terceira fórmula e reduziu a situação líquida.
d) é de segunda fórmula e aumentou a situação líquida.
e) observou o Método das Partidas Dobradas e aumentou a situação líquida.

Resolução e Comentários:

Trata-se da substituição de uma duplicata a pagar por uma nota promissória a pagar.

Como há dois débitos e um crédito, tem-se um lançamento de terceira fórmula.

O pagamento de juros sobre o valor da duplicata a pagar reduz a situação líquida da empresa.

29 (Agente Fiscal de Rendas – ICMS – SP – FCC/2006) A quitação de um passivo circulante com incidência de juros de mora e multa é um evento que:

a) não afeta a situação líquida.
b) permuta valores na situação líquida.
c) afeta negativamente a situação líquida.
d) gera um lançamento de crédito na situação líquida.
e) altera positivamente a situação líquida.

Resolução e Comentários:

O fato contábil pode ser assim lançado:

D – Contas a Pagar

D – Juros Passivos

D – Multas

C – Caixa

Os juros incidentes, lançados na conta Juros Passivos (despesa), assim como as multas, reduzem a situação líquida.

30 (Técnico de Finanças e Controle – SFC – ESAF/2001) Aponte o lançamento correto, considerando que os históricos estão certos e adequados:

a) Diversos

a Caixa

pelo recebimento de duplicatas, como segue:

Duplicatas a Receber		
valor principal do título	300,00	
Juros Ativos		
valor dos juros incorridos	30,00	330,00

b) Duplicatas a Pagar
a Diversos
pelo pagamento de duplicatas, como segue:

a caixa		
valor líquido do título	270,00	
a Descontos Passivos		
valor dos descontos obtidos no pagamento	30,00	300,00

c) Diversos
a Diversos
valor das vendas de mercadorias isentas de tributação realizadas nesta data, como segue:

Caixa		
valor recebido como entrada e sinal de pagamento	100,00	
Clientes		
valor financiado na operação, para 30 e 60 dias	400,00	500,00
a Mercadorias		
valor de custo que ora se baixa do estoque	350,00	
a Resultado com Mercadorias		
valor do lucro alcançado nesta venda	150,00	500,00

d) Caixa
a Bancos conta Movimento
valor do nosso depósito bancário nesta data   250,00

e) Comissões Ativas
a Caixa
valor das despesas de comissão, pago nesta data   60,00

Resolução e Comentários:

Lançamentos corretos:

a) Caixa
a Diversos
pelo recebimento de duplicatas, como segue:

a Duplicatas a Receber		
valor principal do título		300,00
a Juros Ativos		
valor dos juros incorridos	30,00	330,00

b) Duplicatas a Pagar
a Diversos
pelo pagamento de duplicatas, como segue:

a Caixa		
valor líquido do título	270,00	
a Descontos Ativos		
valor dos descontos obtidos no pagamento	30,00	300,00

c) Diversos
a Diversos
valor das vendas de mercadorias isentas de tributação realizadas nesta data, como segue:

Caixa
   valor recebido como entrada e sinal de pagamento   100,00
Clientes
   valor financiado na operação, para 30 e 60 dias   400,00   500,00
a Mercadorias
   valor de custo que ora se baixa do estoque   350,00
a Resultado com Mercadorias
   valor do lucro alcançado nesta venda   150,00   500,00
Correto!
d) Bancos Conta Movimento
a Caixa
   valor do nosso depósito bancário nesta data   250,00
e) Comissões Passivas
a Caixa
   valor das despesas de comissão, pago nesta data   60,00

31 (Analista de Finanças e Controle – Auditoria e Fiscalização – CGU – ESAF/2004) A seguir são apresentados cinco lançamentos contábeis sobre a quitação de um título de crédito de R$ 800,00. Apenas um deles não está correto nem adequado a seu próprio histórico. Assinale a opção que o contém.

a) Diversos
   a Títulos a Receber
Pela quitação que ora se faz, como segue:
   Caixa
Valor líquido ora recebido 720,00
   Descontos Passivos
Valor de 10% concedido como desconto 80,00 800,00

b) Caixa
   a Diversos
Pela quitação que ora se faz, como segue:
   a Títulos a Receber
Valor principal do título 800,00
   a Juros Ativos
Valor de 10% incidente como juros 80,00 880,00

c) Títulos a Pagar
   a Diversos
Pela quitação que ora se faz, como segue:
   a Bancos c/Movimento
Valor líquido conforme cheque 720,00
   a Descontos Ativos
Valor de 10% obtido como desconto 80,00 800,00

d) Diversos
   a Bancos c/Movimento
Pela quitação que ora se faz, como segue:
   Títulos a Pagar
Valor principal do título 800,00
   Juros Passivos
Valor de 10% incidente como juros 80,00 880,00

e) Diversos
   a Títulos a Receber

Pela quitação que ora se faz, como segue:
   Bancos c/Movimento
Valor líquido recebido conforme cheque 720,00
   Descontos Ativos
Valor de 10% concedido como desconto 80,00 800,00

Resolução e Comentários:

Diversos
a Títulos a Receber
Pela quitação que ora se faz, como segue:
Bancos c/Movimento
Valor líquido recebido conforme cheque 720,00
Descontos Passivos
Valor de 10% concedido como desconto 80,00 800,00

32 **(Auditor-Fiscal do Tesouro Nacional – ESAF) A empresa Delta devia à empresa Gama duplicatas no valor de R$ 100,00. Para liquidar a dívida, devolveu a mercadoria comprada, acrescendo 6% de juros a serem pagos em 60 dias. O registro, de forma simplificada, na contabilidade de Gama, é:**

a) Diversos
   a Diversos
   Mercadorias   100,00
   Juros a Receber   6,00   106,00
   a Duplicatas a Receber   100,00
   a Juros Ativos   6,00   106,00
b) Mercadorias
   a Diversos
   a Duplicatas a Pagar   100,00
   a Juros a Pagar   6,00   106,00
c) Diversos
   a Mercadorias
   Duplicatas a Pagar   100,00
   Juros a Pagar   6,00   106,00
d) Diversos
   a Mercadorias
   Duplicatas a Receber   100,00
   Juros a Receber   6,00   106,00
e) Mercadorias
   a Diversos
   a Duplicatas a Receber   100,00
   a Juros a Receber   6,00   106,00

Resolução e Comentários:

A empresa Gama, da qual se quer o registro contábil da devolução e dos juros, originalmente VENDEU mercadorias para a empresa Delta; por isso, esta ficou devendo pagamento de duplicatas àquela. Dessa forma:

- a devolução de mercadorias, no valor de R$ 100,00, para Gama, representa entrada em estoques, portanto débito na conta Mercadorias no valor de R$ 100,00;

- a duplicata deverá ser baixada, já que a mercadoria foi devolvida, sendo necessário um crédito na conta Duplicatas a Receber;

- a empresa Gama fará jus ao recebimento de juros pelo atraso no pagamento (crédito em Juros Ativos), porém só receberá esse valor em 60 dias, devendo debitar a conta do Ativo denominada Juros a Receber.

Após as informações acima, o lançamento em Gama ficará:

D – Mercadorias
C – Duplicatas a Receber   100,00

(e)

D – Juros a Receber
C – Juros Ativos   6,00

(ou)

D – Mercadorias   100,00
D – Juros a Receber   6,00
C – Duplicatas a Receber   100,00
C – Juros Ativos   6,00

33 (Analista de Finanças e Controle – CGU – ESAF/2004) Observe a seguinte operação, que constitui um fato contábil:

"Recebimento, em cheque do Banco S/A, de uma duplicata, no valor de R$ 500,00, com desconto de 5%".
O lançamento correto para contabilizar o fato acima indicado será:

a) Diversos
   a Duplicatas a Receber
   Pela quitação que ora se faz, como segue:
   Caixa
   Valor líquido ora recebido, em cheque   475,00
   Descontos Passivos
   Valor de 5% concedido como desconto   25,00   500,00

b) Diversos
   a Duplicatas a Receber
   Pela quitação que ora se faz, como segue:
   Bancos c/Movimento
   Valor líquido ora recebido, em cheque   475,00
   Descontos Passivos
   Valor de 5% concedido como desconto   25,00   500,00

c) Duplicatas a Receber
   a Diversos
   Pela quitação que ora se faz, como segue:
   a Bancos c/Movimento
   Valor líquido ora recebido, em cheque   500,00
   a Descontos Passivos
   Valor de 5% obtido como desconto   25,00   525,00

d) Diversos
   a Bancos c/Movimento
   Pela quitação que ora se faz, como segue:
   Duplicatas a Receber
   Valor líquido ora recebido, em cheque   500,00
   Descontos Passivos
   Valor de 5% concedido como desconto   25,00   525,00

e) Diversos
   a Títulos a Receber
   Pela quitação que ora se faz, como segue:
   Bancos c/Movimento
   Valor líquido ora recebido, em cheque   475,00
   Descontos Ativos
   Valor de 5% concedido como desconto   25,00   500,00

Resolução e Comentários:

Um cheque recebido pela empresa, se não for depositado no banco, fica na conta CAIXA! A conta Bancos Conta Movimento deve refletir as contas correntes da empresa nos bancos. Como a questão não falou que o cheque fora depositado, deverá ser lançado em Caixa. Assim, o lançamento fica:

D – Caixa	475
D – Descontos Passivos	25
C – Duplicatas a Receber	500

34 **(Técnico de Finanças e Controle – SFC – ESAF/2001)** Os procedimentos contábeis utilizados no Método das Partidas Dobradas exigem que se registrem os investimentos da atividade em contrapartida com as respectivas fontes de financiamento, formando-se, com isso, um fundo de valores positivos e negativos que se contrapõem. Desse modo, quando é elaborado um balancete de verificação no fim de determinado período, o fundo de valores positivos, do ponto de vista contábil, estará representado pela soma

a) dos bens, dos direitos e das despesas
b) dos bens e dos direitos
c) dos bens, dos direitos e das receitas
d) do ativo e do patrimônio líquido
e) do patrimônio líquido

Resolução e Comentários:

No balancete, a disposição das contas é feita de acordo com a natureza dos saldos. Do lado devedor, normalmente temos as contas do ativo e as despesas; do lado credor, as contas de passivo exigível, as de patrimônio líquido e as receitas.

Ativo + Despesas = Passivo Exigível + Patrimônio Líquido + Receitas

Se considerarmos as contas retificadoras, ter-se-á, então:

Ativo + Despesas + Retificadoras do Passivo + Retificadoras do Patrimônio Líquido = Passivo Exigível + Patrimônio Líquido + Receitas + Retificadoras do Ativo

35 **(Analista de Finanças e Controle – AFC – CGU – ESAF/2004 – Adaptada)** A Cia. de Comércio Zinho apresenta a relação de contas abaixo, com respectivos saldos, para organizar o balancete, balanço e resultado.

Contas	Saldos em R$
Adiantamentos a Fornecedores	90
Adiantamentos de Clientes	50
Ações de Coligadas	800
Amortização Acumulada	60
Aluguéis Passivos	250
Caixa	100
Clientes	180
Capital Social	2.500
Capital a Realizar	350
Custo das Mercadorias Vendidas	900
Duplicatas a Receber	400
Duplicatas Descontadas	220
Duplicatas a Pagar	290
Depreciação Acumulada	110
Despesa de Comissões	200
Fornecedores	400
Impostos a Recolher	40
ICMS sobre Vendas	340
Impostos e Taxas	180

Juros Ativos	130
Lucros Acumulados	133
Mercadorias	300
Móveis e Utensílios	1.000
Marcas e Patentes	250
Perdas Estimadas para Créditos de Liquidação Duvidosa	17
Provisão para FGTS	120
Reservas de Lucros	320
Receitas de Vendas	1.800
Receitas Financeiras	50
Salários a Pagar	200
Salários e Ordenados	300
Veículos	800

Considerando apenas os saldos devedores da relação apresentada, teremos o valor de
a) R$ 3.513,00
b) R$ 5.683,00
c) R$ 6.033,00
d) R$ 6.400,00
e) R$ 6.440,00

Resolução e Comentários:

Adiantamentos a Fornecedores – Ativo

Adiantamentos de Clientes – Passivo Exigível

Ações de Coligadas – Ativo

Amortização Acumulada – Retificadora do Ativo

Aluguéis Passivos – Despesa

Caixa – Ativo

Clientes – Ativo

Capital Social – Patrimônio Líquido

Capital a Realizar – Retificadora do Patrimônio Líquido

Custo das Mercadorias Vendidas – Despesa

Duplicatas a Receber – Ativo

Duplicatas Descontadas – Passivo Exigível

Duplicatas a Pagar – Passivo Exigível

Depreciação Acumulada – Retificadora do Ativo

Despesa de Comissões – Despesas

Fornecedores – Passivo Exigível

Impostos a Recolher – Passivo Exigível

ICMS sobre Vendas – Despesa

Impostos e Taxas – Despesa

Juros Ativos – Receita

Lucros Acumulados – Patrimônio Líquido

Mercadorias – Ativo

Móveis e Utensílios – Ativo

Marcas e Patentes – Ativo

Perdas Estimadas para Créditos de Liquidação Duvidosa – Retificadora do Ativo

Provisão para FGTS – Passivo Exigível

Reservas de Lucros – Patrimônio Líquido

Receitas de Vendas – Receita
Receitas Financeiras – Receita
Salários a Pagar – Passivo Exigível
Salários e Ordenados – Despesa
Veículos – Ativo

Contas	Saldos Devedores em R$
Adiantamentos a Fornecedores	90
Ações de Coligadas	800
Aluguéis Passivos	250
Caixa	100
Clientes	180
Capital a Realizar	350
Custo das Mercadorias Vendidas	900
Duplicatas a Receber	400
Despesa de Comissões	200
ICMS sobre Vendas	340
Impostos e Taxas	180
Mercadorias	300
Móveis e Utensílios	1.000
Marcas e Patentes	250
Salários e Ordenados	300
Veículos	800

Total = R$ 6.440,00

36. **(Técnico de Finanças e Controle – ESAF/2001)** O balancete levantado no final do período apresenta a seguinte posição:

Caixa	100
Fornecedores	300
Contas a Pagar	200
Duplicatas a Receber	200
Móveis e Utensílios	700
Bancos	50
Receitas de Serviços	1.400
Despesas Antecipadas	50
Salários e Ordenados	200
Capital	500
Lucros Acumulados	100
Impostos Municipais	200
Material Consumido	200
Despesa de Energia	100
Despesas Diversas	300
Receitas Financeiras	100
Descontos Concedidos	100
Instalações	400
Juros Ativos	80
Juros Passivos	120
S o m a	5.800

O encerramento das contas de receitas e de despesas, constantes desse balancete, informará que houve, no período, um lucro líquido de:
a) 320
b) 360
c) 420
d) 440
e) 460

Resolução e Comentários:

Despesas	Receitas
Salários – 200	1.400 – Receitas de Serviços
Impostos Municipais – 200	100 – Receitas Financeiras
Material Consumido – 200	80 – Juros Ativos
Energia – 100	
Despesas Diversas – 300	
Descontos Concedidos – 100	
Juros Passivos - 120	
1.220	1.580
	360 = Lucro

37 **(Auditor-Fiscal da Receita Federal – ESAF/2002) A empresa Andaraí S/A extraiu de seu balancete o seguinte elenco resumido de contas patrimoniais:**

Ações e Participações	R$ 3.000,00
Adiantamento a Diretores	R$ 500,00
Bancos Conta Movimento	R$ 2.000,00
Caixa	R$ 500,00
Despesas com Pesquisa	R$ 2.500,00
Duplicatas a Pagar	R$ 300,00
Duplicatas a Receber	R$ 3.000,00
Empréstimos e Financiamentos Obtidos	R$ 10.000,00
Fornecedores	R$ 5.000,00
Imóveis	R$ 6.000,00
Mercadorias	R$ 3.000,00
Máquinas e Equipamentos	R$ 1.700,00
Poupança	R$ 1.000,00
Receitas Antecipadas	R$ 6.500,00
Seguros a Vencer	R$ 800,00
Títulos a Pagar	R$ 2.000,00
Veículos	R$ 1.000,00

Se agruparmos as contas acima por natureza contábil, certamente encontraremos uma diferença entre a soma dos saldos credores e devedores. Assinale a opção que indica o valor correto.
a) R$ 1.200,00 é a diferença devedora.
b) R$ 1.200,00 é a diferença credora.
c) R$ 1.800,00 é a diferença credora.
d) R$ 17.300,00 é a soma dos saldos credores.
e) R$ 22.000,00 é a soma dos saldos devedores.

Resolução e Comentários:

Ações e Participações – Ativo

Adiantamento a Diretores – Ativo

Bancos Conta Movimento – Ativo

Caixa – Ativo

Despesas com Pesquisa – Despesa

Duplicatas a Pagar – Passivo Exigível

Duplicatas a Receber – Ativo

Empréstimos e Financiamentos Obtidos – Passivo Exigível
Fornecedores – Passivo Exigível
Imóveis – Ativo
Mercadorias – Ativo
Máquinas e Equipamentos – Ativo
Poupança – Ativo
Receitas Antecipadas – Passivo Exigível (receitas recebidas antecipadamente)
Seguros a Vencer – Ativo (despesas pagas antecipadamente)
Títulos a Pagar – Passivo Exigível
Veículos – Ativo

Conta	Saldo Devedor	Saldo Credor
Ações e Participações	R$ 3.000,00	
Adiantamento a Diretores	R$ 500,00	
Bancos Conta Movimento	R$ 2.000,00	
Caixa	R$ 500,00	
Despesas com Pesquisa	R$ 2.500,00	
Duplicatas a Pagar		R$ 300,00
Duplicatas a Receber	R$ 3.000,00	
Empréstimos e Financiamentos obtidos		R$ 10.000,00
Fornecedores		R$ 5.000,00
Imóveis	R$ 6.000,00	
Mercadorias	R$ 3.000,00	
Máquinas e Equipamentos	R$ 1.700,00	
Poupança	R$ 1.000,00	
Receitas Antecipadas		R$ 6.500,00
Seguros a Vencer	R$ 800,00	
Títulos a Pagar		R$ 2.000,00
Veículos	R$ 1.000,00	
	R$ 25.000,00	R$ 23.800,00

Diferença: devedora = R$ 1.200,00

38 **(Analista de Finanças e Controle – CGU – ESAF/2006 – Adaptada) A empresa Yazimonte Industrial S/A levantou os seguintes saldos para o balancete de 31/.12/.2005:**

Aluguéis Ativos	R$ 500,00
Caixa	R$ 1.800,00
Capital a Realizar	R$ 2.000,00
Capital Social	R$ 18.000,00
Clientes	R$ 5.400,00
Custo das Mercadorias Vendidas	R$ 2.500,00
Depreciação	R$ 1.000,00
Depreciação Acumulada	R$ 3.000,00
Despesas a Vencer	R$ 200,00
Fornecedores	R$ 9.000,00
Juros Passivos	R$ 800,00
Mercadorias	R$ 4.000,00
Móveis e Utensílios	R$ 8.000,00
Prejuízos Acumulados	R$ 600,00

Perdas Estimadas p/ Créd. Liquid. Duvidosa	R$ 600,00
Provisão para IR e CSLL	R$ 1.000,00
Receitas a Receber	R$ 300,00
Receitas de Vendas	R$ 6.000,00
Salários	R$ 1.500,00
Veículos	R$ 10.000,00

Fazendo a correta classificação das contas acima, certamente, vamos encontrar saldos devedores no valor de
a) R$ 31.900,00.
b) R$ 32.500,00.
c) R$ 38.100,00.
d) R$ 38.400,00.
e) R$ 39.200,00.

Resolução e Comentários:

Aluguéis Ativos – Receita

Caixa – Ativo

Capital a Realizar – Retificadora do Patrimônio Líquido

Capital Social – Patrimônio Líquido

Clientes – Ativo

Custo das Mercadorias Vendidas – Despesa

Depreciação – Despesa

Depreciação Acumulada – Retificadora do Ativo

Despesas a Vencer – Ativo (despesas reconhecidas antecipadamente)

Fornecedores – Passivo Exigível

Juros Passivos – Despesa

Mercadorias – Ativo

Móveis e Utensílios – Ativo

Prejuízos Acumulados – Retificadora do Patrimônio Líquido

Perdas Estimadas p/ Créd. de Liquid. Duvidosa – Retificadora do Ativo

Provisão para IR e CSLL – Passivo Exigível

Receitas a Receber – Ativo

Receitas de Vendas – Receita

Salários – Despesa

Veículos – Ativo

Conta	Saldo Devedor	Saldo Credor
Aluguéis Ativos		R$ 500,00
Caixa	R$ 1.800,00	
Capital a Realizar	R$ 2.000,00	
Capital Social		R$ 18.000,00
Clientes	R$ 5.400,00	
Custo das Mercadorias Vendidas	R$ 2.500,00	
Depreciação	R$ 1.000,00	
Depreciação Acumulada		R$ 3.000,00
Despesas a Vencer	R$ 200,00	
Fornecedores		R$ 9.000,00
Juros Passivos	R$ 800,00	

Mercadorias	R$ 4.000,00	
Móveis e Utensílios	R$ 8.000,00	
Prejuízos Acumulados	R$ 600,00	
Perdas Estimadas p/ Créd. de Liquid. Duvidosa		R$ 600,00
Provisão para IR e CSLL		R$ 1.000,00
Receitas a Receber	R$ 300,00	
Receitas de Vendas		R$ 6.000,00
Salários	R$ 1.500,00	
Veículos	R$ 10.000,00	
Total	R$ 38.100,00	R$ 38.100,00

39 (Analista de Planejamento e Orçamento – MPOG – ESAF/2008) As contas listadas a seguir, em ordem alfabética, representam o livro Razão da empresa Empório Comercial Ltda., em 31.12.x1, e serão utilizadas na elaboração do balancete geral do exercício.

Contas Saldos

Aluguéis Ativos a Vencer	R$ 140,00
Amortização Acumulada	R$ 40,00
Bancos c/Movimento	R$ 300,00
Caixa	R$ 180,00
Capital a Realizar	R$ 500,00
Capital Social	R$ 3.000,00
Clientes	R$ 800,00
Custo das Mercadorias Vendidas	R$ 2.100,00
Depreciação Acumulada	R$ 650,00
Depreciação e Amortização	R$ 230,00
Despesas de Aluguel	R$ 140,00
Despesas Gerais	R$ 310,00
Despesas Pré-operacionais	R$ 160,00
Duplicatas a Pagar	R$ 1.300,00
Duplicatas a Receber	R$ 1.200,00
FGTS	R$ 20,00
FGTS a Recolher	R$ 90,00
Fornecedores	R$ 900,00
ICMS s/Vendas	R$ 800,00
Imóveis	R$ 1.000,00
Impostos a Recolher	R$ 250,00
INSS a Recolher	R$ 300,00
Juros Ativos	R$ 220,00
Juros a Pagar	R$ 170,00
Juros a Receber	R$ 200,00
Juros Passivos	R$ 180,00
Juros Passivos a Vencer	R$ 30,00
Lucros Acumulados	R$ 150,00
Mercadorias	R$ 1.800,00
Móveis e Utensílios	R$ 700,00
Previdência Social	R$ 30,00
Reserva Legal	R$ 110,00
Reserva Estatutária	R$ 70,00
Salários e Ordenados	R$ 250,00
Veículos	R$ 800,00
Vendas	R$ 4.000,00

O balancete não deverá fechar por razões didáticas, mas a soma dos saldos devedores será de:
a) R$ 11.330,00.
b) R$ 11.140,00.
c) R$ 10.640,00.
d) R$ 11.830,00.
e) R$ 11.940,00.

Resolução e Comentários:

Conta	Devedora	Credora	Classificação
Aluguéis Ativos a Vencer		140	Passivo Exigível
Amortização Acumulada		40	Ativo – Retificadora
Bancos c/ Movimento	300		Ativo
Caixa	180		Ativo
Capital a Realizar	500		Patrimônio Líquido – Retificadora
Capital Social		3.000	Patrimônio Líquido
Clientes	800		Ativo
Custo das Mercadorias Vendidas	2.100		Despesa – Resultado
Depreciação Acumulada		650	Ativo - Retificadora
Depreciação e Amortização	230		Despesa – Resultado
Despesas de Aluguel	140		Despesa – Resultado
Despesas Gerais	310		Despesa – Resultado
Despesas Pré-Operacionais	160		Despesa – Resultado
Duplicatas a Pagar		1.300	Passivo Exigível
Duplicatas a Receber	1.200		Ativo
FGTS	20		Despesa – Resultado
FGTS a Recolher		90	Passivo Exigível
Fornecedores		900	Passivo Exigível
ICMS s/ Vendas	800		Despesa – Resultado
Imóveis	1.000		Ativo
Impostos a Recolher		250	Passivo Exigível
INSS a Recolher		300	Passivo Exigível
Juros Ativos		220	Receita – Resultado
Juros a Pagar		170	Passivo Exigível
Juros a Receber	200		Ativo
Juros Passivos	180		Despesa – Resultado
Juros Passivos a Vencer	30		Passivo Exigível – Retificadora
Lucros Acumulados		150	Patrimônio Líquido
Mercadorias	1.800		Ativo
Móveis e Utensílios	700		Ativo
Previdência Social	30		Despesa – Resultado
Reserva Legal		110	Patrimônio Líquido
Reserva Estatuária		70	Patrimônio Líquido
Salários e Ordenados	250		Despesa – Resultado
Veículos	800		Ativo
Vendas		4.000	Receita – Resultado

Saldos Devedores: 11.730
Saldos Credores: 11.390

40 (Analista Judiciário – Especialidade: Contadoria – TRF/4ª Região – FCC/2001) É registro que caracteriza regime de competência, o relativo ao
a) da compra de mercadorias à vista.
b) do pagamento de duplicata pela compra de veículo a prazo.
c) da venda de mercadoria à vista.
d) do pagamento de uma despesa.
e) de uma despesa a pagar.

Resolução e Comentários:
Na alternativa "e", ocorreu apenas o reconhecimento de uma despesa a ser paga, o que caracteriza apenas o regime de competência.

41 (Fiscal de Tributos Municipais – Prefeitura de Maceió – AL – CESPE/UnB/2003) Em relação a fatos contábeis, contas e lançamentos contábeis, julgue os itens a seguir.

01) A venda de mercadoria com lucro é um fato contábil permutativo.

02) Pela venda de mercadorias, a conta de custo das mercadorias vendidas é debitada em contrapartida de um crédito em estoque de mercadorias, que constitui conta ativa, quando a empresa estiver utilizando o sistema de inventário permanente.

03) O sistema de contas corresponde a uma estrutura organizada das contas que podem ser utilizadas para registro das operações de uma entidade, que é elaborado respeitando-se as particularidades dela e atendendo-se às suas necessidades gerenciais, societárias e fiscais.

04) As contas de ativo, com exceção das retificadoras, devem apresentar sempre saldo credor.

05) A compra de uma mercadoria com parte do pagamento à vista e parte a prazo deve levar a um débito na conta de disponibilidades, a um crédito em estoques ou compras e a um débito na conta de fornecedores.

Resolução e Comentários:

Analisando as alternativas:

01) A venda de mercadoria com lucro é um fato contábil permutativo.

Errado! A venda de mercadorias com lucro é fato misto aumentativo.

Se a venda fosse com prejuízo, então seria fato misto diminutivo.

Se não houvesse lucro nem prejuízo, então tratar-se-ia de fato permutativo.

02) Pela venda de mercadorias, a conta de custo das mercadorias vendidas é debitada em contrapartida de um crédito em estoque de mercadorias, que constitui conta ativa, quando a empresa estiver utilizando o sistema de inventário permanente.

Certo! No regime de inventário permanente, o CMV é apurado em cada venda realizada.

D – Bancos Conta Movimento/Caixa/Clientes

C – Receita de Vendas

D – CMV

C – Mercadorias

03) O sistema de contas corresponde a uma estrutura organizada das contas que podem ser utilizadas para registro das operações de uma entidade, que é elaborado respeitando-se as particularidades dela e atendendo-se às suas necessidades gerenciais, societárias e fiscais.

Certo!

04) As contas de ativo, com exceção das retificadoras, devem apresentar sempre saldo credor.

Errado! As contas do Ativo são de natureza devedora! Já as contas retificadoras do Ativo são de natureza credora.

Quanto à natureza do saldo, algumas contas de ativo são classificadas como instáveis, podendo apresentar saldo ora devedor, ora credor. É o caso da conta Mercadorias, quando utilizada com função mista.

05) A compra de uma mercadoria com parte do pagamento à vista e parte a prazo deve levar a um débito na conta de disponibilidades, a um crédito em estoques ou compras e a um débito na conta de fornecedores.

Errado!

Registro a realizar:

D – Estoques (regime de inventário permanente)/Compras (regime de inventário periódico)

C – Bancos Conta Movimento/Caixa (parte do pagamento à vista)

C – Fornecedores (parte do pagamento a prazo)

42 (Analista Judiciário – Área Administrativa – Contabilidade – TRT/18ª Região – FCC/2008) Uma sociedade com fins lucrativos, no exercício de início de suas atividades, efetuou sua escrituração contábil pelo regime de caixa, apurando um prejuízo de R$ 10.000,00. Advertida de seu erro, reelaborou a escrituração pelo regime de competência, tendo registrado um lucro líquido no exercício de R$ 3.000,00. As despesas, pelo regime de competência, equivaleram a 70% das despesas registradas pelo regime de caixa. As receitas, reconhecidas pelo regime de competência, montaram a R$ 24.000,00.

Logo, as receitas, se reconhecidas pelo regime de caixa, corresponderiam, em R$, a
a) 7.000,00.
b) 13.000,00.
c) 20.000,00.
d) 21.000,00.
e) 27.000,00.

Resolução e Comentários:

Regime de Caixa (RC):

Receitas (RC) – Despesas (RC) = (R$ 10.000,00) (prejuízo)

Regime de Competência (RComp):

Receitas (RComp) – Despesas (RComp) = R$ 3.000,00 (lucro)
- Despesas (RComp) = 70% x Despesas (RC)
- Receitas (RComp) = R$ 24.000,00 → R$ 24.000,00 – Despesas (RComp) = R$ 3.000,00

→ Despesas (RComp) = R$ 21.000,00

Despesas (RComp) = 70% x Despesas (RC) → R$ 21.000,00 = 70% x Despesas (RC) →

→ Despesas (RC) = R$ 21.000,00/0,70 = R$ 30.000,00

Receitas (RC) – Despesas (RC) = (R$ 10.000,00) → Receitas (RC) – R$ 30.000,00 = (R$ 10.000,00)

→ Receitas (RC) = (R$ 10.000,00) + R$ 30.000,00 = R$ 20.000,00

43 **(Analista Judiciário – Área Administrativa – Contabilidade – TRT/18ª Região – FCC/2008 – Adaptada)** Em um balancete de verificação levantado no final do exercício, o departamento de contabilidade de uma companhia lançou, por engano, o saldo da conta de perdas estimadas para créditos de liquidação duvidosa na coluna errada. Em consequência, a somatória dos saldos devedores totalizou R$ 27.000,00 a mais do que a somatória dos saldos credores. A companhia lançou como valor dessa estimativa de perda o equivalente a exatamente 3% do valor dos créditos provenientes de vendas a prazo. Em consequência, no balanço patrimonial da companhia, referente a esse exercício, o montante bruto desses créditos correspondeu, em R$, a
a) 450.000,00.
b) 510.000,00.
c) 625.000,00.
d) 900.000,00.
e) 1.350.000,00.

Resolução e Comentários:

Deixamos de lançar R$ 13.500,00 de um lado (lado correto) e lançamos R$ 13.500,00 do lado errado. Foi isso que fez com que tivéssemos um erro de R$ 27.000,00 ("erro pelo dobro").

R$ 13.500,00 = PECLD = 3% x Vendas a Prazo → Vendas a Prazo = R$ 13.500,00 / 0,03 = R$ 450.000,00

44 **(Técnico de Contabilidade I – Refinaria Alberto Pasqualini – REFAP – CESGRANRIO/2007)** A Empresa Aurora Boreal Ltda. realizou as seguintes operações num determinado período de tempo:
- vendeu mercadorias por R$ 20.000,00, sendo R$ 10.000,00 em dinheiro; R$ 2.000,00 em cheque e R$ 8.000,00 a prazo;
- incorreu numa despesa de R$ 7.000,00.

Pelo Regime de Caixa, qual o lucro da Aurora Boreal, em reais?
a) 20.000,00
b) 13.000,00
c) 12.000,00
d) 5.000,00
e) 3.000,00

Resolução e Comentários:

Se for observar o regime de caixa, então foram recebidos R$ 10.000,00 em dinheiro e R$ 2.000,00 em cheque, totalizando a entrada de recursos de R$ 12.000,00, já que os outros R$ 8.000,00 estão a prazo.

Por outro lado, a despesa foi apenas incorrida e não paga.

Logo, tem-se lucro igual a R$ 12.000,00.

45 **(Técnico(a) de Contabilidade I – PETROBRAS Transporte S/A – TRANSPETRO – CESGRANRIO/2006) O Patrimônio Líquido (PL) de R$ 120.000,00, apresentado no Balanço Patrimonial de 31.12.2005, pela Companhia Sernambetiba S/A, pode ser considerado por esta empresa como um valor:**
   a) de mercado.
   b) de saída.
   c) de liquidação.
   d) real.
   e) contábil.

Resolução e Comentários:

O Patrimônio Líquido apurado é resultante dos registros efetuados na contabilidade da Companhia. Trata-se, portanto, de um valor contábil apurado.

46 **(Técnico(a) de Contabilidade I – PETROBRAS – CESGRANRIO) Uma das providências que antecede a elaboração do Balanço consiste no encerramento das contas de resultado. O encerramento das Contas de Despesas é feito por**

	DÉBITO	CRÉDITO
a)	Demonstração do Resultado do Exercício	Cada conta de Despesa
b)	Lucros Acumulados	Cada conta de Despesa
c)	Cada conta de Despesa	Demonstração do Resultado do Exercício
d)	Resultado do Exercício	Cada conta de Despesa
e)	Resultado do Exercício	Lucro Acumulado

Resolução e Comentários:

As despesas apresentam saldo final devedor. Logo, seus saldos são encerrados da seguinte maneira:

D – Apuração do Resultado do Exercício

C – Despesa

47 **(Técnico(a) de Contabilidade I – PETROBRAS – CESGRANRIO/2008 – Adaptada) A Companhia Aços Macios S/A vinha realizando um estudo para desenvolvimento de um novo produto. Contudo, ao final do 1º ano, percebeu que o produto em estudo não teria meios de produzir resultados suficientes para amortizar os gastos realizados no seu desenvolvimento. Nesta circunstância, a empresa deve registrar o valor total despendido no projeto como despesa**
   a) do exercício.
   b) a apropriar no exercício seguinte.
   c) diferida, e realizar a amortização em 5 anos.
   d) diferida, e amortizar no prazo máximo de 10 anos.
   e) diferida, e baixar como perda do período, ao final do prazo previsto para o projeto.

Resolução e Comentários:

As despesas devem ser registradas quando ocorrerem seus respectivos fatos geradores!

48 **(Técnico de Contabilidade – Agência Nacional de Petróleo – ANP – CESGRANRIO/2005) Dados extraídos da contabilidade da Cia. Amazonas:**

Balancete de Verificação extraído em 30.11.2003, em reais

CONTAS	SALDOS
Caixa	2.000,00
Bancos C/Movimento	12.000,00
Duplicatas a receber	18.000,00
Estoques	25.000,00
Móveis e Utensílios	15.000,00
Máquinas e Equipamentos	20.000,00
Edificações	75.000,00
Depreciação Acumulada	4.000,00
Fornecedores a Pagar	20.000,00
Salários e encargos a pagar	5.000,00
Contas a Pagar	3.000,00
Empréstimos a pagar (LP)	15.000,00
Capital	110.000,00
Lucros Acumulados	10.000,00

Em dezembro de 2003, a empresa realizou as seguintes operações:
- Recebimento de clientes, em dinheiro: R$ 15.000,00;
- Pagamento de fornecedores, em dinheiro: R$ 12.000,00;
- Aquisição de mercadorias para revenda, a prazo: R$ 30.000,00;
- Venda de mercadorias à vista, recebidos em cheque: R$ 15.000,00, com baixa de estoque de R$ 12.000,00;
- Pagamento de despesas, em dinheiro:
- Condomínio R$ 250,00
- Luz e telefone R$ 300,00
- Despesas Diversas R$ 450,00

Com base, exclusivamente, nos dados acima, o valor do Patrimônio Líquido obtido no Balanço Patrimonial extraído em 31.12.2003, em reais, foi:
a) 142.000,00
b) 132.800,00
c) 125.000,00
d) 122.000,00
e) 108.000,00

Resolução e Comentários:

Em dezembro de 2003, a empresa realizou as seguintes operações:
- Recebimento de clientes, em dinheiro: R$ 15.000,00;

    D – Caixa

    C – Clientes – R$ 15.000,00

- Pagamento de fornecedores, em dinheiro: R$ 12.000,00;

    D – Fornecedores

    C – Caixa – R$ 12.000,00

- Aquisição de mercadorias para revenda, a prazo: R$ 30.000,00;

    D – Mercadorias

    C – Fornecedores – R$ 30.000,00

- Venda de mercadorias à vista, recebidos em cheque: R$ 15.000,00, com baixa de estoque de R$ 12.000,00;

    D – Bancos Conta Movimento

    C – Receita de Vendas – R$ 15.000,00

    D – Custo das Mercadorias Vendidas

    C – Mercadorias – R$ 12.000,00

- Pagamento de despesas, em dinheiro:
- Condomínio R$ 250,00

- Luz e telefone R$ 300,00
- Despesas Diversas R$ 450,00

    D – Despesas de Condomínio – R$ 250,00
    D – Luz e Telefone – R$ 300,00
    D – Despesas Diversas – R$ 450,00
    C – Caixa – R$ 1.000,00

Apuração do Resultado do Exercício	
CMV - 12.000,00	15.000,00 (venda de mercadorias)
Pagamento de Despesas – 1.000,00	
	2.000,00

    D – Apuração do Resultado do Exercício
    C – Lucros ou Prejuízos Acumulados – R$ 2.000,00

CONTAS do PL   SALDOS
Capital..110.000,00
Lucros Acumulados. ....10.000,00 + 2.000,00 = 12.000,00
Total = R$ 122.000,00

Considere as informações do Balancete de Verificação da Cia. Soberana, referentes ao ano de 2004, em reais, para responder às questões de nº 49 e 50.

Contas	Em R$
Caixa	200,00
Despesas de Vendas	450,00
Aplicações Financeiras	735,00
Custo das Mercadorias Vendidas	2.000,00
Fornecedores	150,00
Lucros Acumulados	300,00
Estoques	400,00
Despesas Antecipadas	20,00
ICMS s/ Vendas	180,00
Capital	1.400,00
Contas a Pagar	40,00
Adiantamento de Clientes	10,00
Receita de Vendas	3.000,00
Adiantamento a Empregados	15,00
Imóveis	700,00
Móveis e Utensílios	160,00
Depreciação Acumulada	30,00
Despesas Administrativas	250,00
Impostos a Pagar	100,00
Reservas de Capital	100,00

49 **(Técnico em Contabilidade – Ministério Público Estadual – Rondônia – CESGRANRIO/2005)** No final de 2004, a situação líquida, em reais, da Cia. Soberana foi:
   a) 1.600,00
   b) 1.800,00
   c) 1.870,00
   d) 1.900,00
   e) 1.920,00

Resolução e Comentários:

Ativo:

Contas	Em R$
Caixa	200,00
Aplicações Financeiras	735,00
Estoques	400,00
Despesas Antecipadas	20,00
Adiantamento a Empregados	15,00
Imóveis	700,00
Móveis e Utensílios	160,00
Depreciação Acumulada	(30,00)

Saldo = 2.200,00

Passivo Exigível:

Contas	Em R$
Fornecedores	150,00
Contas a Pagar	40,00
Adiantamento de Clientes	10,00
Impostos a Pagar	100,00

Saldo = 300,00

A = PE + PL → PL = A – PE = 2.200,00 – 300,00 = 1.900,00

50 **(Técnico em Contabilidade – Ministério Público Estadual – Rondônia – CESGRANRIO/2005) Em dezembro de 2004, o total do Ativo da Cia. Soberana, em reais, era de:**
a) 2.180,00
b) 2.190,00
c) 2.200,00
d) 2.210,00
e) 2.230,00

Resolução e Comentários:

Ativo:

Contas	Em R$
Caixa	200,00
Aplicações Financeiras	735,00
Estoques	400,00
Despesas Antecipadas	20,00
Adiantamento a Empregados	15,00
Imóveis	700,00
Móveis e Utensílios	160,00
Depreciação Acumulada	(30,00)

Saldo = 2.200,00

51 **(Agente Fiscal de Tributos Estaduais – Piauí – ICMS – ESAF/2001 – Alterada) A empresa Red Roses, com capital registrado no valor de R$ 26.000,00, apurou rédito negativo de R$ 2.700,00 e não tinha reservas anteriores. Sabendo-se que nessa data o capital alheio superava o capital próprio em 20%, podemos afirmar que a empresa em questão tinha um Ativo no valor de:**

a) R$ 57.200,00
b) R$ 51.260,00
c) R$ 31.200,00
d) R$ 27.960,00
e) R$ 23.300,00

Resolução e Comentários:

Para resolver esta questão, devemos aceitar que o capital social (capital registrado) é o único item que compõe o Patrimônio Líquido.

Logo, o Patrimônio Líquido inicial é igual a 26.000.

Após a apuração do resultado negativo, passará a ser igual a: 26.000 − 2.700 = 23.300.

O capital alheio supera o capital próprio em 20% → Capital Alheio = Capital de Terceiros = 23.300 x 1,2 = 27.960

Ativo = Passivo Exigível + Patrimônio Líquido → A = PE + PL = 27.960 + 23.300 = 51.260.

52 (Auditor-Fiscal da Receita Federal – ESAF/2002) José Rodrigues Mendes, Maria Helena Souza e Pedro Paulo Frota, tempos atrás, criaram uma empresa para comerciar chinelos e roupas, na forma de Sociedade por Quotas de Responsabilidade Limitada, com capital inicial de 20 mil reais, dividido em quatro quotas iguais, sendo dois quartos para José Rodrigues, completamente integralizado.

Hoje, a relevação patrimonial dessa empresa apresenta:
dinheiro no valor de R$ 2.000,00;
títulos a receber de Manuel Batista, R$ 4.000,00;
duplicatas aceitas pelo mercado local, R$ 6.000,00;
móveis de uso, no valor de R$ 5.000,00;
duplicatas emitidas pela Brastemp R$ 2.500,00;
empréstimos no Banco do Brasil, R$ 5.800,00;
adiantamentos feitos a empregados, no valor de R$ 200,00;
adiantamento feito a Pedro Paulo, no valor de R$ 1.800,00.
Os bens para vender estão avaliados em R$ 5.300,00; o aluguel da loja está atrasado em R$ 1.000,00; e o carro da firma foi comprado por R$ 8.100,00.
No último período a empresa conseguiu ganhar R$ 4.900,00, mas, para isto, realizou despesas de R$ 2.600,00.
Ao elaborar a estrutura gráfica patrimonial com os valores acima devidamente classificados, a empresa vai encontrar capital próprio no valor de:
a) R$ 20.000,00
b) R$ 21.300,00
c) R$ 23.100,00
d) R$ 22.300,00
e) R$ 24.300,00

Resolução e Comentários:

Ativo Total:

Dinheiro	R$ 2.000,00
Títulos a Receber	R$ 4.000,00
Duplicatas Aceitas pelo Mercado	R$ 6.000,00
Móveis de Uso	R$ 5.000,00
Adiantamentos a Empregados	R$ 200,00
Adiantamento a Sócio	R$ 1.800,00
Estoques	R$ 5.300,00
Veículos	R$ 8.100,00
Total do Ativo	R$ 32.400,00

As duplicatas aceitas pelo mercado foram emitidas pela referida sociedade.

Passivo Exigível:

Duplicatas emitidas pela Brastemp	R$ 2.500,00
Empréstimos	R$ 5.800,00
Aluguéis a Pagar	R$ 1.000,00
Total do Passivo Exigível	R$ 9.300,00

As duplicatas emitidas pela Brastemp foram aceitas pela referida sociedade.

Ativo = Passivo Exigível + Patrimônio Líquido → PL = A – PE

→ PL = 32.400 – 9.300 = 23.100 → PL = R$ 23.100,00

53 (Contador – Ministério do Turismo – ESAF/2013)

A firma Entreoutras Ltda. acertou o pagamento antecipado de uma conta de R$ 7.000,00, aceitando um desconto financeiro de 15%, o que provocou a necessidade de efetuar um registro contábil na forma seguinte:

a) Débito de contas a Pagar R$ 7.000,00
   Crédito de Caixa R$ 5.950,00
   e Crédito de Receitas R$ 1.050,00

b) Débito de Caixa R$ 5.950,00
   Débito de Receitas R$ 1.050,00
   e Crédito de Contas a Pagar R$ 7.000,00

c) Débito de Contas a Pagar R$ 8.050,00
   Crédito de Caixa R$ 7.000,00
   e Crédito de Receitas R$ 1.050,00

d) Débito de Caixa R$ 7.000,00
   Crédito de Contas a Pagar R$ 5.950,00
   e Crédito de Receitas R$ 1.050,00

e) Débito de contas a Pagar R$ 7.000,00
   Crédito de Caixa R$ 5.950,00
   e Crédito de Descontos Concedidos R$ 1.050,00

Resolução e Comentários

A firma acertou o pagamento antecipado de uma conta de R$ 7.000,00. Logo:

Valor a pagar: R$ 7.000,00

Desconto obtido: 15% x R$ 7.000,00 = R$ 1.050,00

Saiu efetivamente das disponibilidades: R$ 7.000,00 – R$ 1.050,00 = R$ 5.950,00

D – Contas a Pagar: R$ 7.000,00

C – Disponibilidades: R$ 5.950,00

C – Descontos Obtidos: R$ 1.050,00

54 (Contador – Ministério do Turismo – ESAF/2013)

A Empresótima Ltda. prestou serviços pelo valor de R$ 8.000,00 e aceitou uma duplicata para 30 dias. Na liquidação dessa letra, em moeda corrente, ocorreu a incidência de juros de 12%, por isto também deverá ocorrer o seguinte registro contábil:

a) Débito de Caixa R$ 8.960,00
   Crédito de Duplicatas a Receber R$ 8.000,00
   e Crédito de Receitas R$ 960,00

b) Débito de Duplicatas a Receber R$ 8.000,00
   Débito de Despesas R$ 960,00
   e Crédito de Caixa R$ 8.960,00

c) Débito de Caixa R$ 8.000,00
   Crédito de Duplicatas a Receber R$ 7.040,00
   e Crédito de Receitas R$ 960,00

d) Débito de Caixa   R$ 8.960,00
   Crédito de Duplicatas a Pagar   R$ 8.000,00
   e Crédito de Receitas   R$ 960,00
e) Débito de Duplicatas a Pagar   R$ 8.000,00
   Débito de Despesas   R$ 960,00
   e Crédito de Caixa   R$ 8.960,00

Resolução e Comentários

A Empresótima prestou serviços; portanto, deve receber pelos serviços prestados. Já o tomador dos serviços resolveu pagar pelos tais serviços entregando uma duplicata de sua emissão, que deverá ser liquidada na data acertada.

Na data do pagamento, temos a seguinte situação para o devedor da duplicata:

Valor da despesa financeira: 12% x R$ 8.000,00 = R$ 960,00

Valor a ser pago: R$ 8.000,00 + R$ 960,00 = R$ 8.960,00

Quando da liquidação da duplicata, ocorreu o seguinte lançamento contábil:

D – Duplicatas a Pagar: R$ 8.000,00

D – Despesas Financeiras: R$ 960,00

C – Disponibilidades: R$ 8.960,00

55 **(Contador – Agência de Desenvolvimento Paulista – Desenvolve SP – Vunesp/2014)**

A escrituração da companhia será mantida em registros permanentes, com obediência aos preceitos da legislação comercial e de normas contábeis e aos princípios de contabilidade geralmente aceitos, devendo observar métodos ou critérios contábeis uniformes no tempo e registrar as mutações patrimoniais segundo o(a)

a) entidade.
b) oportunidade.
c) regime de competência.
d) qualificação da contabilidade pública.
e) escrituração contábil e fiscal.

Resolução e Comentários

Conforme a Lei das Sociedades por Ações (Lei nº 6.404/76), temos:

Art. 177. A escrituração da companhia será mantida em registros permanentes, com obediência aos preceitos da legislação comercial e desta Lei e aos princípios de contabilidade geralmente aceitos, devendo observar métodos ou critérios contábeis uniformes no tempo e registrar as mutações patrimoniais segundo o **regime de competência**.

56 **(Contador – COREN SP – VUNESP/2013)**

A escrituração da companhia será mantida em registros permanentes, com obediência aos preceitos da legislação comercial, da Lei nº 6.404/76 e aos princípios de contabilidade, devendo observar métodos ou critérios contábeis uniformes no tempo e registrar as mutações patrimoniais segundo

a) o método das partidas dobradas.
b) os atos e fatos contábeis.
c) os fatos contábeis e atos administrativos.
d) o regime de competência.
e) as determinações emanadas no CPC (Comitê de Pronunciamento Contábil).

Resolução e Comentários

Conforme a Lei das Sociedades por Ações (Lei nº 6.404/76), temos:

Art. 177. A escrituração da companhia será mantida em registros permanentes, com obediência aos preceitos da legislação comercial e desta Lei e aos princípios de contabilidade geralmente aceitos, devendo observar métodos ou critérios contábeis uniformes no tempo e registrar as mutações patrimoniais segundo o **regime de competência**.

57 (Analista Desenvolvimento Gestão Júnior – Economia – Metrô SP – FCC/2014)

Um lote de estoque foi adquirido em março para ser pago em 12 parcelas mensais e iguais a partir do mês de abril. Este estoque foi vendido no mês de junho e o valor da venda somente será recebido em outubro. O valor do estoque vendido deverá ser reconhecido como custo dos produtos vendidos, na Demonstração de Resultados, em

a) junho.
b) outubro.
c) março.
d) 12 parcelas iguais nos 12 meses em que ocorrerem os pagamentos da compra.
e) março e outubro.

Resolução e Comentários

Quando ocorreu o fato gerador da venda das mercadorias? Em junho! Logo, é em junho que deve ocorrer o reconhecimento do estoque vendido como Custo dos Produtos Vendidos. Trata-se da aplicação do regime de competência.

58 (Analista – Mercado de Capitais – CVM – EsAF/2010)

Ao apurar o resultado no fim do período contábil, a empresa encontrou um lucro líquido, antes dos tributos sobre o lucro e das participações, no montante de R$ 1.520,00. A planilha de custos trazida para compor o resultado do período continha juros relativos a dezembro de 2009, já pagos, no valor de R$ 125,00; juros relativos a janeiro de 2010, ainda não pagos, no valor de R$ 180,00; juros relativos a dezembro de 2009, ainda não pagos, no valor de R$ 160,00; juros relativos a janeiro de 2010, já pagos, no valor de R$ 200,00. Referida planilha já havia sido contabilizada segundo o regime de caixa.

As demais contas estavam certas, com saldos já contabilizados, segundo o regime de competência. A empresa, então, mandou promover o registro contábil das alterações necessárias para apresentar os eventos segundo o regime de competência, em obediência à regulamentação vigente.

Após os lançamentos cabíveis, o rédito do período passou a ser lucro de

a) R$ 1.180,00
b) R$ 1.195,00
c) R$ 1.360,00
d) R$ 1.560,00
e) R$ 1.235,00

Resolução e Comentários

Ajustes a serem efetuados, migrando do regime de caixa para o regime de competência:

* A planilha de custos trazida para compor o resultado do período continha juros relativos a dezembro de 2009, já pagos, no valor de R$ 125,00;

Os juros pagos são referentes a dezembro/2009; portanto, já foram reconhecidos no resultado até então apurado levando-se em consideração os regimes de caixa e de competência.

* juros relativos a janeiro de 2010, ainda não pagos, no valor de R$ 180,00;

Os juros são relativos a janeiro/2010. Não foram reconhecidos pelo regime de caixa e, também, não o serão pelo regime de competência.

* juros relativos a dezembro de 2009, ainda não pagos, no valor de R$ 160,00;

Pelo regime de caixa não foram levados em consideração, porém, pelo regime de competência, devem ser computados.

Ajuste a ser efetuado no lucro inicialmente apurado:

R$ 1.520,00 – R$ 160,00 = R$ 1.360,00

* juros relativos a janeiro de 2010, já pagos, no valor de R$ 200,00.

Pelo regime de caixa tais juros foram computados; entretanto, pelo regime de competência somente devem ser reconhecidos em janeiro/2010. Portanto, deve-se adicionar o valor então pago.

Ajuste a ser efetuado no lucro inicialmente apurado:

R$ 1.360,00 + R$ 200,00 = R$ 1.560,00

59 (Técnico de Contabilidade – COMPESA – FGV/2014)

Uma empresa contratou os serviços de uma consultoria em janeiro de 2013. Os serviços começaram a ser prestados em fevereiro de 2013 e foram concluídos em abril do mesmo ano, quando o parecer foi entregue. O pagamento foi feito em uma parcela, em maio de 2013. De acordo com o Regime da Competência, a empresa deve reconhecer a despesa relacionada à consultoria em

a) janeiro e fevereiro.
b) fevereiro e março.
c) fevereiro, março e abril.
d) abril, maio e junho.
e) maio, junho e julho.

Resolução e Comentários

Quando ocorreram os fatos geradores referentes à prestação de serviços? Em fevereiro, março e abril. Portanto, de acordo com o Regime de Competência, as despesas correspondentes à prestação de serviços devem ser reconhecidas em fevereiro, março e abril.

60 (Auditor-Fiscal da Receita Estadual – SEFAZ/RS – Fundatec/2014)

A companhia Araguaia reconheceu, no seu balanço, a redução do valor de Semoventes. Tal redução representa uma?

a) Insubsistência do ativo.
b) Superveniência do ativo.
c) Superveniência do passivo.
d) Insubsistência do passivo.
e) Superveniência ativa.

Resolução e Comentários

Superveniência = Aparecimento

Insubsistência = Desaparecimento

a) Superveniência Ativa = Superveniência do Ativo = Aparecimento no Ativo = algo que apareceu no Ativo gerando receita!

Exemplo: o nascimento de um filhote; o recebimento de uma doação

D – Ativo

C – Superveniência Ativa (receita)

b) Superveniência Passiva = Superveniência do Passivo = Aparecimento no Passivo = algo que apareceu no Passivo gerando despesa!

Exemplo: juros pelo atraso no pagamento de uma obrigação

D – Superveniência Passiva (despesa)

C – Juros a Pagar

c) Insubsistência Ativa = Insubsistência do Passivo = Desaparecimento do Passivo = algo que desapareceu do Passivo gerando receita!

Exemplo: o perdão de uma dívida

D – Obrigação (repare que a obrigação está sendo extinta!)

C – Insubsistência Ativa (receita)

d) Insubsistência Passiva = Insubsistência do Ativo = Desaparecimento do Ativo = algo que desapareceu do Ativo gerando despesa!

Exemplo: Mercadorias roubadas; mercadorias perdidas em um incêndio

D – Insubsistência Passiva (despesa)

C – Ativo (o Ativo está sendo baixado por seu desaparecimento!)

Classificam-se como semoventes os animais que a pessoa jurídica adquire com a finalidade de prestar-lhe algum tipo de serviço (por Exemplo: animais de tração, animais destinados à produção etc.).

61 (Técnico Administrativo – PREVIC – CESPE/UnB/2011) Julgue o item a seguir, a respeito de reservas, provisões, contas patrimoniais e contas de resultado.

O encerramento das contas de resultado tem como finalidade a determinação do lucro líquido.

Resolução e Comentários: Denominamos **RESULTADO ou RÉDITO apurado no período** a diferença existente entre a soma das receitas e a soma das despesas apuradas em certo período.

Resultado (ou Rédito) do Período = Total das Receitas do Período – Total das Despesas do Período

As receitas serão somadas à Situação Líquida, enquanto as despesas diminuirão a Situação Líquida da entidade.

Se a soma das receitas no período for *maior* que a soma das despesas no período, então o resultado obtido será um **LUCRO**. Nessa situação, dizemos que foi obtido um **resultado positivo**, já que houve acréscimo patrimonial.

Se a soma das receitas no período for *menor* que a soma das despesas no período, então o resultado obtido será um **PREJUÍZO**. Nessa situação, dizemos que foi obtido um **resultado negativo**, já que houve diminuição patrimonial.

Se a soma das receitas no período for *igual* à soma das despesas no período, então o resultado obtido será **NULO**. Em tal situação, não houve acréscimo, nem diminuição patrimonial.

As **contas de resultado** são utilizadas para a apuração do resultado obtido em um período contábil e são divididas em **contas de receitas** e **contas de despesas**.

As despesas compreendem elementos que diminuem o resultado do período e, em consequência, o valor do Patrimônio Líquido; já as receitas compreendem elementos que aumentam o resultado do período e, por conseguinte, aumentam o valor do Patrimônio Líquido.

As contas de receitas e de despesas têm origem no início do período contábil, com saldos iniciais iguais a zero, e têm seus saldos encerrados quando ocorre o término do mesmo período, visando à apuração do resultado nesse período alcançado.

62 (Técnico em Contabilidade – UFF – COSEAC/2015) Uma empresa, ao pagar uma duplicata antes do vencimento, recebe um desconto de 10% no valor a pagar. Sabendo-se que o valor que saiu do caixa (o valor pago) foi de R$ 18.000,00, o lançamento correto desta operação no Livro Diário é:

a) DÉBITO Duplicatas a pagar   R$ 20.000,00
    CRÉDITO Caixa   R$ 18.000,00
    CRÉDITO Descontos Obtidos   R$ 2.000,00.

b) DÉBITO Duplicatas a pagar   R$ 18.000,00
    CRÉDITO Descontos Obtidos   R$ 1.800,00
    CRÉDITO Caixa   R$ 16.200,00.

c) DÉBITO Duplicatas a pagar   R$ 20.000,00
    CRÉDITO Caixa   R$ 18.000,00
    CRÉDITO Descontos Concedidos   R$ 2.000,00.

d) DÉBITO Descontos Obtidos   R$ 2.000,00
    DÉBITO Caixa   R$ 18.000,00
    CRÉDITO Duplicatas a pagar   R$ 20.000,00.

e) DÉBITO Duplicatas a pagar   R$ 18.000,00
    DÉBITO Descontos Obtidos   R$ 2.000,00
    CRÉDITO Caixa   R$ 20.000,00.

Resolução e Comentários: O desconto obtido foi de 10%. Logo, o valor efetivamente pago foi equivalente a 90% do valor total do evento. Como saiu do caixa o montante de R$ 18.000,00, temos:

0,90 x Duplicata a Pagar = R$ 18.000,00

Duplicata a Pagar = R$ 18.000,00 / 0,90 = R$ 20.000,00

Lançamento a ser efetuado:

D – Duplicatas a Pagar – R$ 20.000,00

C – Caixa – R$ 18.000,00

C – Descontos Obtidos – R$ 2.000,00

63 (Técnico em Contabilidade – UFES – UFES/2014) Uma sociedade empresária pagou uma duplicata antes do seu vencimento, obtendo um desconto pela antecipação do pagamento. O valor nominal da duplicata era de R$ 40.000,00 e o desconto foi de R$ 5.000,00. O correto registro contábil da operação é:

a) DÉBITO Fornecedores   R$ 40.000,00
    CRÉDITO Caixa   R$ 35.000,00
    CRÉDITO Descontos obtidos – receita   R$ 5.000,00

b) DÉBITO Descontos obtidos – receita   R$ 5.000,00
    DÉBITO Fornecedores   R$ 35.000,00
    CRÉDITO Caixa   R$ 40.000,00

c) DÉBITO Caixa   R$ 35.000,00
    DÉBITO Descontos Obtidos – receita   R$ 5.000,00
    CRÉDITO Fornecedores   R$ 40.000,00

d) DÉBITO Fornecedores   R$ 35.000,00
    DÉBITO Duplicatas descontadas   R$ 5.000,00
    CRÉDITO Caixa   R$ 40.000,00

e) DÉBITO Fornecedores   R$ 45.000,00
    CRÉDITO Caixa   R$ 40.000,00
    CRÉDITO Descontos obtidos – receita   R$ 5.000,00

Resolução e Comentários: O valor nominal da duplicata era de R$ 40.000,00. Como foi obtido desconto no valor de R$ 5.000,00, então o montante efetivamente desembolsado foi igual a:

R$ 40.000,00 – R$ 5.000,00 = R$ 35.000,00

Eis o lançamento a ser efetuado:

D – Fornecedores – R$ 40.000,00

C – Caixa – R$ 35.000,00

C – Descontos Obtidos (receita) – R$ 5.000,00

64 (Analista Legislativo – Contador – AL GO – CS-UFG/2015) Considere os valores dos saldos para as seguintes contas do balancete do período, em R$:

Mercadorias 975,00

Prejuízos acumulados 200,00

Promissórias a pagar 675,00

Clientes 600,00

Caixa 550,00

Dívidas a pagar 900,00

Descontos obtidos 500,00

Capital 650,00

Sabendo-se que não foram anotadas as despesas incorridas no período, considerando-se o método das partidas dobradas e com base nos elementos apresentados, o valor dessas despesas, em real, será de:

a) 2.350,00;
b) 1.000,00;
c) 600,00;
d) 400,00.

Resolução e Comentários: Identificação das contas e respectivos saldos:

Mercadorias – Ativo – Saldo Devedor

Prejuízos Acumulados – Retificadora do PL – Saldo Devedor

Promissórias a Pagar – Passivo Exigível – Saldo Credor

Clientes – Ativo – Saldo Devedor

Caixa – Ativo – Saldo Devedor

Dívidas a Pagar – Passivo Exigível – Saldo Credor

Descontos Obtidos – Receita – Saldo Credor

Capital – PL – Saldo Credor

Despesas – Retificadora do PL – Saldo Devedor

Geração do Balancete de Verificação:

Saldos Devedores	Saldos Credores
Mercadorias – 975,00	Promissórias a Pagar – 675,00
Prejuízos Acumulados – 200,00	Dívidas a Pagar – 900,00
Clientes – 600,00	Descontos Obtidos – 500,00
Caixa – 550,00	Capital – 650,00
Despesas – ???	
Total dos Saldos Devedores: 2.325,00	**Total dos Saldos Credores: 2.725,00**

Portanto:

2.325,00 + Saldo das Despesas = 2.725,00

Saldo das Despesas = 400,00

65 (Analista Judiciário – Auditor – TJ PI – FGV/2015) **Considere uma empresa em que os funcionários trabalham durante o mês de dezembro e somente irão receber o pagamento no 5º dia útil do próximo mês. Indique o impacto nos relatórios contábeis, do mês de dezembro, do fato descrito acima, analisado pelo regime de caixa e pelo regime competência, respectivamente:**

a) aumento da Despesa e redução do Passivo;

b) aumento do Passivo e redução da Despesa;

c) redução do Lucro e aumento do Prejuízo;

d) redução da Despesa e aumento do Passivo;

e) aumento do Lucro e redução do Prejuízo.

Resolução e Comentários: De acordo com o regime de caixa:

* Em janeiro:

D – Despesas de Salários

C – Caixa ou Bancos Conta Movimento

De acordo com o regime de competência:

* Em dezembro:

D – Despesas de Salários

C – Salários a Pagar

* Em janeiro:

D – Salários a Pagar

C – Caixa ou Bancos Conta Movimento

Impactos dos registros no mês de dezembro de acordo com o:

* regime de caixa: os funcionários trabalharam, mas não houve o reconhecimento da despesa correspondente. A Banca, portanto, considerou isto uma redução de despesas; e

* regime de competência: ocorreu o reconhecimento do passivo correspondente à despesa de salários.

66 (Contador – FUB – CESPE/UnB/2015) O próximo item apresenta uma situação hipotética seguida de uma assertiva a ser julgada em relação ao reconhecimento, à mensuração e à evidenciação contábil, de acordo com os pronunciamentos técnicos e as orientações do Comitê de Pronunciamentos Contábeis.

Em maio de 2015, foram recolhidos R$ 32 milhões em vendas de ingressos para os Jogos Olímpicos de 2016, valor definido para ser recebido em até três vezes, entre julho e setembro de 2015. Nessa situação, o reconhecimento da receita de R$ 32 milhões pela entidade vendedora ocorrerá em 2016, quando da realização dos Jogos Olímpicos.

Resolução e Comentários: Conforme a legislação em vigor, a entidade deve reconhecer a receita de acordo com o regime de competência. Pergunto: Quando ocorreu o fato gerador, ou seja, quando ocorreu a efetiva prestação de serviços? Ocorreu em 2016, quando da realização dos Jogos Olímpicos.

67 (Analista de Controle Interno – Finanças Públicas – Prefeitura Municipal do Recife – FGV/2014) Um clube cobrava uma anuidade de R$ 2.400,00. Ele foi inaugurado em março de 2004, sendo que não possuía sócios antes dessa data. Em 1º de março, ele foi procurado por setenta candidatos a associados. Destes, quarenta se tornaram sócios em março, vinte em abril e dez em maio. O pagamento da anuidade é feito no mês em que a pessoa se torna sócia e os benefícios podem ser usufruídos a partir do mês seguinte ao pagamento. De acordo com o Regime de Competência, a receita reconhecida pelo clube em maio de 2004 foi de:
a) R$ 2.000,00;
b) R$ 4.000,00;
c) R$ 12.000,00;
d) R$ 14.000,00;
e) R$ 24.000,00.

Resolução e Comentários:

* Anuidade: R$ 2.400,00

* Parcela mensal: R$ 2.400,00 / 12 = R$ 200,00

* Sócios em março: 40 (quarenta)

* Sócios em abril: 20 (vinte)

* Sócios em maio: 10 (dez)

* Pagamento da anuidade: efetuado no mês em que a pessoa se torna sócia

* Benefícios reconhecidos a partir do mês seguinte (regime de competência)

* Sócios de março: benefícios reconhecidos a partir de abril

* Sócios de abril: benefícios reconhecidos a partir de maio

* Sócios de maio: benefícios reconhecidos a partir de junho

Receita reconhecida em maio pelo regime de competência:
* Sócios de março: benefícios reconhecidos a partir de abril
Benefícios de maio: 40 x R$ 200,00 = R$ 8.000,00

* Sócios de abril: benefícios reconhecidos a partir de maio
Benefícios de maio: 20 x R$ 200,00 = R$ 4.000,00

* Receita reconhecida em maio pelo regime de competência:
R$ 8.000,00 + R$ 4.000,00 = R$ 12.000,00

GABARITO

1 – D	2 – D
3 – D	4 – D
5 – C	6 – B
7 – C	8 – E
9 – A	10 – E
11 – C	12 – B
13 – C	14 – C
15 – A	16 – D
17 – D	18 – D
19 – C	20 – A
21 – E	22 – A
23 – B	24 – A
25 – D	26 – E
27 – A	28 – C
29 – C	30 – C
31 – E	32 – A
33 – A	34 – A
35 – E	36 – B
37 – A	38 – C
39 – *	40 – E
41 – **	42 – C
43 – A	44 – C
45 – E	46 – D
47 – A	48 – D
49 – D	50 – C
51 – B	52 – C
53 – A	54 – E
55 – C	56 – D
57 – A	58 – D
59 – C	60 – A
61 – Errado	62 – A
63 – A	64 – D
65 – D	66 – Certo
67 – C	

* *Anulada*
** *1) Errado – 2) Certo – 3) Certo – 4) Errado – 5) Errado*

CAPÍTULO 9

As Teorias das Contas

9.1. Introdução

Várias Escolas de Pensamento Contábil surgiram ao longo do tempo. Sempre deram ênfase ao principal foco da Contabilidade, que é o estudo do Patrimônio das entidades econômico-administrativas. Dentre as escolas desenvolvidas, podemos citar, *a título informativo*:

- A primeira escola de pensamento contábil – século XV – surgida a partir do trabalho do Frei Franciscano Luca Bartolomes Paccioli, contemporâneo de Leonardo da Vinci;
- Escola Administrativa ou Lombarda – século XIX – teve como mentor Francesco Villa e como colaborador de destaque Antonio Tonzig;
- Escola Personalista ou Logismográfica ou Jurídico-Personalista ou Toscana – século XIX – um dos seus idealizadores foi Francesco Marchi; Giuseppe Cerboni aprimorou a Teoria Personalista;
- Escola Veneziana ou Controlista – séculos XIX e XX – seu principal mentor foi Fabio Besta;
- Escola Norte-Americana – século XX até os dias atuais – grande parte de suas construções teóricas teve origem em entidades ligadas a profissionais da área contábil;
- Moderna Escola Italiana ou Economia Aziendale – século XVIII até os dias atuais – teve valorosas contribuições de Leonardo Fibonacci e Gino Zappa; e
- Escola Patrimonialista – século XX até os dias atuais – a Contabilidade é entendida como ciência. Seu principal iluminador foi Vincenzo Masi.

9.2. As Teorias das Contas

A partir dos trabalhos de estudiosos ligados à Contabilidade, surgiram teorias com a finalidade maior de explicar o que as contas representam em cada patrimônio. Entre essas teorias, podemos citar aquelas que tiveram maior destaque e que são comumente cobradas nos Concursos Públicos:

I. Teoria Personalista

De acordo com essa teoria, as contas representavam as pessoas (físicas ou jurídicas) que eram responsáveis por bens e por direitos, assim como aquelas que possuíam direito de recebimento perante a entidade, ou seja, as pessoas com as quais a entidade possuía obrigações.

Assim, por exemplo, o dinheiro da empresa ficava nas mãos de uma pessoa que se denominava "O Caixa". Quando "O Caixa" recebia dinheiro da empresa, ele passava a ser devedor, isto é, se debitava o caixa pelo valor que ele recebera. Por outro lado, quando "O Caixa" fazia algum pagamento ele recebia um crédito, isto é, se creditava o caixa. O responsável pela conta Caixa **devia** à entidade o saldo nessa conta informado!

Eram conhecidos como *devedores* aqueles de quem a entidade possuía direitos de recebimento. Já aqueles que possuíam direitos de recebimento perante a entidade eram conhecidos como *credores*.

De acordo com essa teoria, as contas foram classificadas em três grupos, a saber:

a) **Contas dos agentes consignatários** – representativas dos **bens** da entidade;
b) **Contas dos correspondentes** ou **dos "agentes" correspondentes** – representativas dos **direitos** e das **obrigações** da entidade junto a terceiros; e
c) **Contas dos proprietários** – representativas das contas da **Situação Líquida**, assim como das **receitas** e das **despesas**, que compunham o resultado.

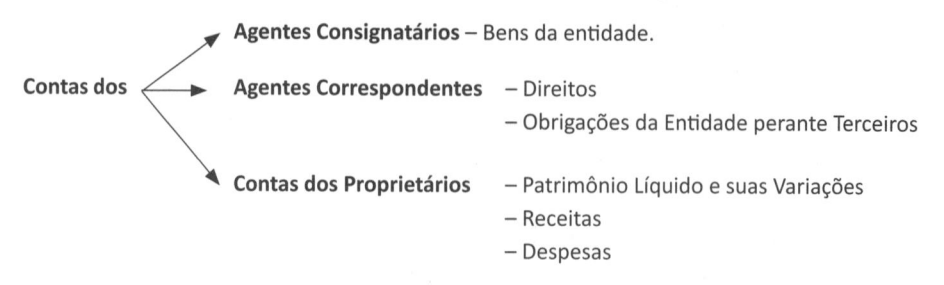

Contas dos:
- Agentes Consignatários – Bens da entidade.
- Agentes Correspondentes
  – Direitos
  – Obrigações da Entidade perante Terceiros
- Contas dos Proprietários
  – Patrimônio Líquido e suas Variações
  – Receitas
  – Despesas

II. Teoria Materialista

Segundo essa teoria, também conhecida como **Teoria Positivista** ou **Teoria Materialística**, as contas somente deveriam existir quando houvesse, também, *os elementos materiais por elas representados* na entidade.

Esta Teoria foi idealizada por Fábio Besta e, *a partir dela, foram criados os fatos permutativos, modificativos e mistos.*

De acordo com essa Teoria, as contas representavam relações materiais (princípio material), enquanto a Teoria Personalista visava ao princípio jurídico das relações econômicas.

Segundo a Teoria Materialista, as contas traduziam simples ingressos e saídas de valores, que evidenciavam o Ativo, representado pelos *valores positivos*, e o Passivo, representado pelos *valores negativos*. Fábio Besta defendia a tese de que o patrimônio deveria ser representado por grandeza mensurável, isto é, por valores positivos (bens e direitos), assim como por valores negativos (obrigações).

As contas foram classificadas em dois grupos, conforme a seguir exposto:

a) **Contas Integrais** – representativas de **bens**, **direitos** e **obrigações**; e
b) **Contas Diferenciais** – representativas da **Situação Líquida**, assim como das **receitas** e das **despesas**, que compõem o resultado.

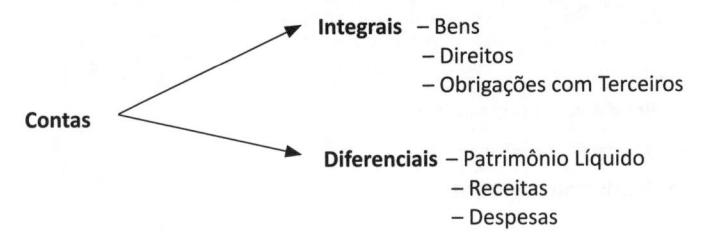

```
                    Integrais  – Bens
                               – Direitos
                               – Obrigações com Terceiros
        Contas
                    Diferenciais – Patrimônio Líquido
                                 – Receitas
                                 – Despesas
```

III. Teoria Patrimonialista

Entende que o objeto da Contabilidade é o Patrimônio, sendo a finalidade da Contabilidade o seu controle. É a teoria que atualmente tem repercussão mundial. Trata-se da teoria aceita pelos doutrinadores contemporâneos. É, também, a teoria considerada pela Lei nº 6.404/1976 (Lei das Sociedades por Ações).

Conforme essa teoria, as contas foram classificadas em dois grandes grupos, como segue:

a) **Contas Patrimoniais** – representativas de **bens, direitos, obrigações** e **Situação Líquida**; e
b) **Contas de Resultado** – representativas das **receitas** e das **despesas**, que compõem o resultado.

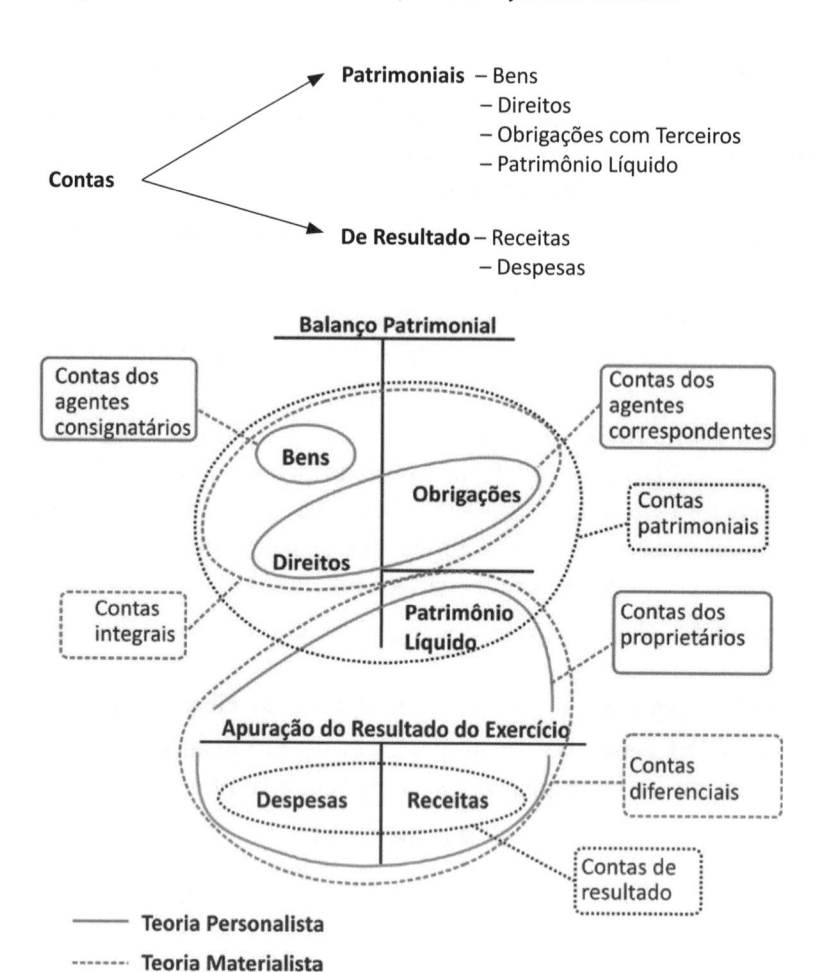

```
                        ┌─ Patrimoniais – Bens
                        │                – Direitos
                        │                – Obrigações com Terceiros
                        │                – Patrimônio Líquido
        Contas ────────┤
                        │
                        └─ De Resultado – Receitas
                                         – Despesas
```

Balanço Patrimonial

- Contas dos agentes consignatários
- Contas dos agentes correspondentes
- Bens
- Obrigações
- Contas patrimoniais
- Direitos
- Contas integrais
- Patrimônio Líquido
- Contas dos proprietários

Apuração do Resultado do Exercício

- Despesas
- Receitas
- Contas diferenciais
- Contas de resultado

——— Teoria Personalista
------- Teoria Materialista
·········· Teoria Patrimonialista

Exercícios resolvidos para a fixação de conteúdo

01 (Técnico em Contabilidade – Ministério Público Estadual – Rondônia – CESGRANRIO/2005) Analise as dez contas a seguir.
- Despesas Antecipadas;
- Capital;
- Ações em Tesouraria;
- Descontos Comerciais;
- Receitas Financeiras;
- Devolução de Vendas;
- Prejuízos Acumulados;
- Depreciação Acumulada;
- Fornecedores;
- Adiantamento de Clientes.

Podemos afirmar que temos:
a) cinco contas patrimoniais e cinco contas de resultado, sendo seis contas devedoras e quatro contas credoras.
b) seis contas patrimoniais e quatro contas de resultado, sendo quatro contas devedoras e seis contas credoras.
c) seis contas patrimoniais e quatro contas de resultado, sendo cinco contas devedoras e cinco contas credoras.
d) sete contas patrimoniais e três contas de resultado, sendo seis contas devedoras e quatro contas credoras.
e) sete contas patrimoniais e três contas de resultado, sendo cinco contas devedoras e cinco contas credoras.

Resolução e Comentários:
- Despesas Antecipadas – Conta Patrimonial – Natureza Devedora
- Capital – Conta Patrimonial – Natureza Credora
- Ações em Tesouraria – Conta Patrimonial – Natureza Devedora
- Descontos Comerciais – Conta de Resultado – Natureza Devedora (?!?!)
- Receitas Financeiras – Conta de Resultado – Natureza Credora
- Devolução de Vendas – Conta de Resultado – Natureza Devedora
- Prejuízos Acumulados – Conta Patrimonial – Natureza Devedora
- Depreciação Acumulada – Conta Patrimonial – Natureza Credora
- Fornecedores – Conta Patrimonial – Natureza Credora
- Adiantamento de Clientes – Conta Patrimonial – Natureza Credora

02 (Analista de Finanças e Controle – ESAF/2002) Abaixo está uma relação de contas constantes do Plano de Contas elaborado para a empresa Sol de Março – ME.
Caixa
Clientes
Mercadorias
Juros Passivos
Fornecedores
Capital Social
Títulos a Pagar
Aluguéis Ativos
Seguros a Vencer
Prêmios de Seguros

Móveis e Utensílios
Ações de Coligadas
Lucros Acumulados
Impostos a Recolher
Material de Consumo
Reservas de Reavaliação
Receitas de Comissões a Vencer

Observando-se as contas acima sob o prisma das escolas doutrinárias da Contabilidade, que formularam as conhecidas "Teorias das Contas", podem ser identificadas na relação:

a) 3 contas de agentes consignatários.
b) 4 contas de agentes correspondentes.
c) 5 contas de resultado.
d) 6 contas diferenciais.
e) 11 contas patrimoniais.

Resolução e Comentários:

Caixa – Bem
Clientes – Direito
Mercadorias – Bens
Juros Passivos – Despesa
Fornecedores – Obrigação
Capital Social – Patrimônio Líquido
Títulos a Pagar – Obrigação
Aluguéis Ativos – Receita
Seguros a Vencer – Direito
Prêmios de Seguros – Despesa
Móveis e Utensílios – Bens
Ações de Coligadas – Direito (direito de participação em empresa)
Lucros Acumulados – Patrimônio Líquido
Impostos a Recolher – Obrigação
Material de Consumo – Bens
Reservas de Reavaliação – Patrimônio Líquido
Receitas de Comissões a Vencer – Obrigação

    Contas de agentes consignatários:

Caixa
Mercadorias
Móveis e Utensílios
Material de Consumo

    Contas de agentes correspondentes:

Clientes
Fornecedores
Ações de Coligadas
Seguros a Vencer
Títulos a Pagar
Impostos a Recolher
Receitas de Comissões a Vencer

　　　　Contas de resultado:
Juros Passivos
Aluguéis Ativos
Prêmios de Seguros
　　　　Contas Diferenciais:
Juros Passivos
Aluguéis Ativos
Prêmios de Seguros
Capital Social
Lucros Acumulados
Reservas de Reavaliação
　　　　Contas Patrimoniais:
Caixa
Clientes
Mercadorias
Fornecedores
Capital Social
Títulos a Pagar
Seguros a Vencer
Móveis e Utensílios
Ações de Coligadas
Lucros Acumulados
Impostos a Recolher
Material de Consumo
Reservas de Reavaliação
Receitas de Comissões a Vencer

03　(Agente Tributário – MT – ESAF/2001) Folheando o Plano de Contas utilizado na Empresa Berilo S/A, destacamos os seguintes títulos, pendentes de classificação:
Títulos das Contas
01 – Ações de Coligadas
02 – Ações em Tesouraria
03 – Bancos c/Movimento
04 – Capital a Integralizar
05 – Capital Social
06 – Clientes
07 – Despesas Antecipadas
08 – Duplicatas a Pagar
09 – Duplicatas Descontadas
10 – Empréstimos Bancários
11 – Mercadorias em Estoque
12 – Receitas Antecipadas
13 – Venda de Mercadorias
Analisando os títulos acima, indique, entre as opções abaixo, aquela que contém a informação classificatória verdadeira.
a)　Todas as contas acima são patrimoniais e devem figurar no Balanço Patrimonial.
b)　Sete das contas acima apresentam saldos devedores e seis apresentam saldos credores.
c)　Das contas acima, três são integrais credoras, três são de resultado e duas são retificadoras.

d) A relação acima contém três contas de resultado, cinco contas de saldos devedores e cinco contas de saldos credores.
e) A relação acima contém três contas retificadoras, duas contas de passivo e uma conta de resultado.

Resolução e Comentários:

Contas	Natureza	Teoria Materialista	Teoria Patrimonialista
Ações de Coligadas	D	Integral	Patrimonial – Ativo
Ações em Tesouraria – Retificadora	D	Diferencial	Patrimonial – Ret PL
Bancos c/Movimento	D	Integral	Patrimonial – Ativo
Capital a Integralizar – Retificadora	D	Diferencial	Patrimonial – Ret PL
Capital Social	C	Diferencial	Patrimonial – PL
Clientes	D	Integral	Patrimonial – Ativo
Despesas Antecipadas	D	Integral	Patrimonial – Ativo
Duplicatas a Pagar	C	Integral	Patrimonial – PE
Duplicatas Descontadas	C	Integral	Patrimonial – PE
Empréstimos Bancários	C	Integral	Patrimonial – PE
Mercadorias em Estoque	D	Integral	Patrimonial – Ativo
Receitas Antecipadas	C	Integral	Patrimonial – PE
Venda de Mercadorias	C	Diferencial	Resultado – Receita

04 (Técnico da Receita Federal – ESAF/2002) A firma J.J. Montes Ltda. apurou os seguintes valores em 31.12.2001:

- dinheiro existente 200,00
- máquinas 400,00
- dívidas diversas 900,00
- contas a receber 540,00
- rendas obtidas 680,00
- empréstimos bancários 500,00
- mobília 600,00
- contas a pagar 700,00
- consumo efetuado 240,00
- automóveis 800,00
- capital registrado 450,00
- adiantamentos a diretores 450,00

Os componentes acima, examinados pelo prisma doutrinário lecionado segundo a Teoria das Contas, demonstram a seguinte atribuição de valores:
a) R$ 2.990,00 às contas de agentes devedores.
b) R$ 2.540,00 às contas de agentes consignatários.
c) R$ 2.100,00 às contas integrais devedoras.
d) R$ 890,00 às contas de resultado.
e) R$ 440,00 às contas diferenciais.

Resolução e Comentários:

Componentes	Teoria Patrimonialista	Teoria Personalista	Teoria Materialista
Dinheiro Existente	Patrimonial – Ativo	Agentes Consignatários	Integral
Máquinas	Patrimonial – Ativo	Agentes Consignatários	Integral
Dívidas Diversas	Patrimonial – PE	Correspondentes Credores	Integral
Contas a Receber	Patrimonial – Ativo	Correspondentes Devedores	Integral
Rendas Obtidas	Resultado – Receita	Proprietário	Diferencial
Empréstimos	Patrimonial – PE	Correspondentes Credores	Integral
Mobília	Patrimonial – Ativo	Agentes Consignatários	Integral
Contas a Pagar	Patrimonial – PE	Correspondentes Credores	Integral
Consumo Efetuado	Resultado – Despesa	Proprietário	Diferencial
Automóveis	Patrimonial – Ativo	Agentes Consignatários	Integral
Capital Registrado	Patrimonial – PL	Proprietário	Diferencial
Adiantamento a Diretores	Patrimonial – Ativo	Correspondentes Devedores	Integral

"Agentes" Correspondentes Devedores (de acordo com a ESAF):

– adiantamentos a diretores	450,00
– contas a receber	540,00

Agentes Consignatários:

– dinheiro existente	200,00
– máquinas	400,00
– mobília	600,00
– automóveis	800,00

Total = R$ 2.990,00

05 **(Analista de Finanças e Controle – STN – ESAF/2000) A consolidação do pensamento contábil pautou-se em diversos estudos e correntes doutrinárias, entre as quais se destaca uma teoria de cunho jurídico denominada "Personalismo" ou "Teoria Personalista das Contas", que divide os componentes do sistema contábil em contas de agentes consignatários, contas de agentes correspondentes e contas do proprietário.**

Assinale entre as opções abaixo aquela que, segundo a Teoria Personalista, contém apenas contas do proprietário.
a) Juros Ativos, Salários a Pagar, Capital Social, Lucros Acumulados, Ações de Coligadas
b) Juros a Receber, Salários, Capital Social, Móveis e Utensílios, Imposto a Recolher
c) Juros Passivos, Salários, Capital Social, Impostos, Reservas de Contingências
d) Patentes, Capital Social, Juros a Pagar, Impostos, Reservas de Reavaliação
e) Depreciação Acumulada, Impostos a Recolher, Juros a Receber, Cliente e Duplicatas a Pagar

Resolução e Comentários: De acordo com a Teoria Personalista, as contas dos proprietários são as contas do Patrimônio Líquido, assim como as de resultado.

Conta	Grupo
Juros Ativos	Receita
Salários a Pagar	Passivo Exigível
Capital Social	Patrimônio Líquido
Lucros Acumulados	Patrimônio Líquido
Ações de Coligadas	Ativo
Juros a Receber	Ativo
Salários	Despesa
Móveis e Utensílios	Ativo
Imposto a Recolher	Passivo Exigível
Juros Passivos	Despesa
Impostos	Despesa
Reservas de Contingências	Patrimônio Líquido
Patentes	Ativo
Juros a Pagar	Passivo Exigível
Reservas de Reavaliação	Patrimônio Líquido
Depreciação Acumulada	Retificadora do Ativo
Cliente	Ativo
Duplicatas a Pagar	Passivo Exigível

06 **(Técnico da Receita Federal – ESAF/2002) Estudiosos notáveis da Contabilidade têm-na contemplado com diversas teorias e proposições. Três dessas teorias sobrevivem e, hoje, são consideradas principais. Uma delas, conhecida como Teoria Personalista ou Personalística, classifica todas as contas em:**
a) contas patrimoniais e contas diferenciais.
b) contas integrais e contas diferenciais.
c) contas patrimoniais e contas de resultado.
d) contas de agentes consignatários e contas de proprietário.
e) contas de agentes e contas de proprietário.

Resolução e Comentários: A Teoria Personalista divide as contas em três grupos:

```
                    ┌─► Agentes Consignatários – Bens da entidade.
                    │
Contas dos  ────────┼─► "Agentes"           – Direitos
                    │   Correspondentes
                    │                       – Obrigações da Entidade perante terceiros
                    │
                    └─► Contas dos Proprietários  – Patrimônio Líquido e suas variações
                                                  – Receitas
                                                  – Despesas
```

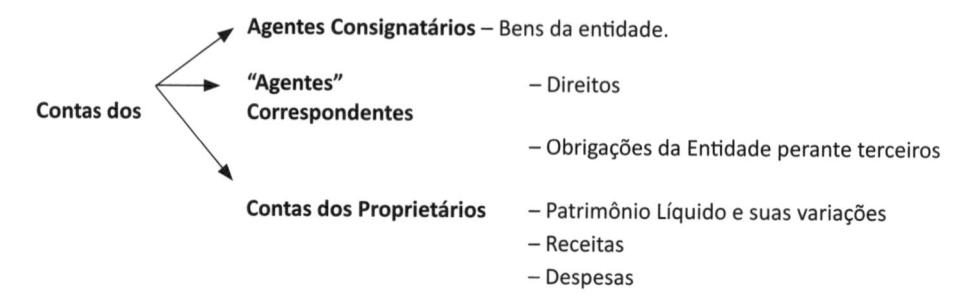

07 (Analista de Recursos Financeiros – SERPRO – ESAF/2001) O estudo literoexpositivo da Ciência Contábil estabeleceu diversas teorias doutrinárias como forma de classificar os componentes do sistema contábil, condensando esses estudos nas chamadas Teorias das Contas.

Entre estas Teorias das Contas existe uma denominada "Teoria Personalista", que classifica os componentes do sistema contábil em:
a) Contas Patrimoniais e Contas Diferenciais
b) Contas Integrais e Contas Patrimoniais
c) Contas Integrais e Contas de Resultado
d) Contas de Agentes Consignatários e Contas de Proprietários
e) Contas de Agentes e Contas de Proprietários

Resolução e Comentários: A Teoria Personalista divide as contas em três grupos:

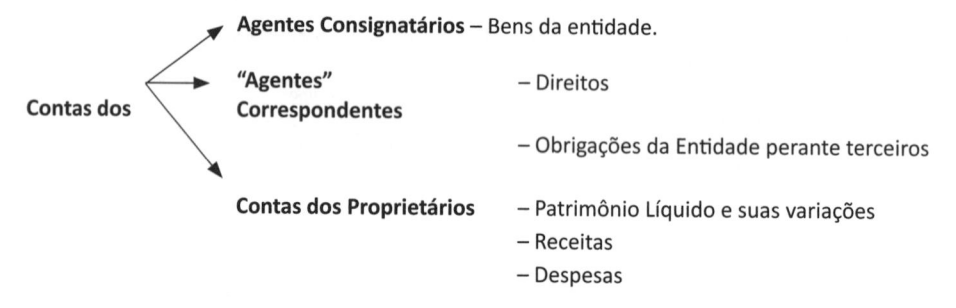

```
                    ┌─► Agentes Consignatários – Bens da entidade.
                    │
Contas dos  ────────┼─► "Agentes"           – Direitos
                    │   Correspondentes
                    │                       – Obrigações da Entidade perante terceiros
                    │
                    └─► Contas dos Proprietários  – Patrimônio Líquido e suas variações
                                                  – Receitas
                                                  – Despesas
```

08 (Analista de Gestão Corporativa – Contabilidade – EPE – Fundação CESGRANRIO/2014)
De acordo com os elementos técnico-conceituais do método das partidas dobradas, na Contabilidade brasileira, os débitos são realizados, somente, nas contas
a) Credoras
b) Devedoras
c) do Ativo e do Passivo
d) do Ativo, Passivo e do Patrimônio Líquido
e) Patrimoniais e de Resultado

Resolução e Comentários
De acordo com os elementos técnico-conceituais do Método das Partidas Dobradas, quando se trata da Teoria Patrimonialista, as contas patrimoniais e de resultado podem ser movimentadas a débito e/ou a crédito.

9 (Auditor – AMAZUL – CETRO/2015) Sobre as chamadas contas diferenciais, é correto afirmar que elas obedecem à seguinte classificação indicada na estruturação de contas:
a) teoria materialista;
b) movimentação que sofrem;
c) teoria personalista;
d) frequência das movimentações no período;
e) natureza do saldo.

Resolução e Comentários:

Teoria Materialista

Segundo essa teoria, também conhecida como **Teoria Positivista** ou **Teoria Materialística**, as contas somente deveriam existir quando houvesse, também, *os elementos materiais por elas representados* na entidade.

As contas foram classificadas em dois grupos, conforme a seguir exposto:

a) **Contas Integrais** – representativas de **bens**, **direitos** e **obrigações**; e

b) **Contas Diferenciais** – representativas da **Situação Líquida**, assim como das **receitas** e das **despesas**, que compõem o resultado.

10 (Técnico de Contabilidade – CEFET – CESGRANRIO/2014) Conta, de modo simples e geral, é a nomenclatura que qualifica e representa os elementos homogêneos que ela acolhe no registro contábil de atos e fatos administrativos.

Nesse contexto, e de acordo com a teoria patrimonialista adotada pela contabilidade brasileira, são contas de origem devedora ou contas devedoras as seguintes contas:
a) do Ativo; de Despesas; Retificadoras do Passivo Exigível; Retificadoras do PL.
b) do Ativo; de Receitas; Retificadoras do Ativo.
c) do Ativo; Retificadoras do Ativo; de Custos e Despesas.
d) do Passivo Exigível; Retificadoras do PL; Retificadoras do Passivo Exigível.
e) do Passivo; de Custos; de Despesas.

Resolução e Comentários:

Teoria Patrimonialista

Entende que o objeto da Contabilidade é o Patrimônio, sendo a finalidade da Contabilidade o seu controle. É a teoria que atualmente tem repercussão mundial.

Trata-se da teoria aceita pelos doutrinadores contemporâneos. É, também, a teoria considerada pela Lei nº 6.404/1976 (Lei das Sociedades por Ações).

Conforme essa teoria, as contas foram classificadas em dois grandes grupos, como segue:

a) **Contas Patrimoniais** – representativas de **bens**, **direitos**, **obrigações** e **Situação Líquida**; e

b) **Contas de Resultado** – representativas das **receitas** e das **despesas**, que compõem o resultado.

São contas devedoras ou de natureza devedora as contas: do Ativo; retificadoras do Passivo Exigível; retificadoras do PL; e de despesas.

11 (Contador – CRM PR – Instituto Quadrix/2014) Em se tratando do estudo da Teoria das Contas, indique aquela que subdivide as contas em "Contas do Proprietário", "Contas dos Agentes Consignatários" e "Contas dos Agentes Correspondentes":
a) Teoria Materialista;
b) Teoria Personalista;
c) Teoria Patrimonialista;
d) Teoria dos Agentes Contábeis;
e) Teoria Bilateral.

Resolução e Comentários:

Teoria Personalista

De acordo com essa teoria, as contas representavam as pessoas (físicas ou jurídicas) que eram responsáveis por bens e por direitos, assim como aquelas que possuíam direito de recebimento perante a entidade, ou seja, as pessoas com as quais a entidade possuía obrigações.

De acordo com essa teoria, as contas foram classificadas em três grupos, a saber:

a) **Contas dos agentes consignatários** – representativas dos **bens** da entidade;

b) **Contas dos correspondentes** ou **dos "agentes" correspondentes** – representativas dos **direitos** e das **obrigações** da entidade junto a terceiros; e

c) **Contas dos proprietários** – representativas das contas da **Situação Líquida**, assim como das **receitas** e das **despesas**, que compunham o resultado.

12 (Analista Técnico-Administrativo – Ministério da Fazenda – ESAF/2013) A Teoria Materialista das Contas é aquela que classifica todos os títulos contábeis como sendo:
a) Contas Materiais e Contas Imateriais;
b) Contas Integrais e Contas Diferenciais;
c) Contas Patrimoniais e Contas de Resultado;
d) Contas de Agentes e Contas do Proprietário;
e) Contas de Agentes Consignatários e Contas do Proprietário.

Resolução e Comentários:

Teoria Materialista

Segundo essa teoria, também conhecida como **Teoria Positivista** ou **Teoria Materialística**, as contas somente deveriam existir quando houvesse, também, *os elementos materiais por elas representados* na entidade.

As contas foram classificadas em dois grupos, conforme a seguir exposto:
a) **Contas Integrais** – representativas de **bens**, **direitos** e **obrigações**; e
b) **Contas Diferenciais** – representativas da **Situação Líquida**, assim como das **receitas** e das **despesas**, que compõem o resultado.

13 (Analista de Comércio Exterior – MDIC – ESAF/2012) A evolução do pensamento científico em Contabilidade foi marcada pela contribuição de diversos pensadores que culminaram no desenvolvimento das chamadas Teorias das Contas, as quais subdividem as rubricas contábeis em grandes grupos.

A respeito desse assunto, podemos afirmar que:
a) a teoria personalista subdivide as contas em Contas do Proprietário e Contas de Agentes Consignatários;
b) a teoria materialista subdivide as contas em Contas Materiais e Contas de Resultado;
c) a teoria patrimonialista subdivide as contas em Contas Patrimoniais e Contas Diferenciais;
d) a teoria personalista subdivide as contas em Contas do Proprietário e Contas de Agentes Correspondentes;
e) a teoria materialista subdivide as contas em Contas Integrais e Contas Diferenciais.

Resolução e Comentários:

Teoria Personalista

De acordo com essa teoria, as contas representavam as pessoas (físicas ou jurídicas) que eram responsáveis por bens e por direitos, assim como aquelas que possuíam direito de recebimento perante a entidade, ou seja, as pessoas com as quais a entidade possuía obrigações.

De acordo com essa teoria, as contas foram classificadas em três grupos, a saber:
a) **Contas dos agentes consignatários** – representativas dos **bens** da entidade;
b) **Contas dos correspondentes** ou **dos "agentes" correspondentes** – representativas dos **direitos** e das **obrigações** da entidade junto a terceiros; e
c) **Contas dos proprietários** – representativas das contas da **Situação Líquida**, assim como das **receitas** e das **despesas**, que compunham o resultado.

Teoria Materialista

Segundo essa teoria, também conhecida como **Teoria Positivista** ou **Teoria Materialística**, as contas somente deveriam existir quando houvesse, também, *os elementos materiais por elas representados* na entidade.

As contas foram classificadas em dois grupos, conforme a seguir exposto:
a) **Contas Integrais** – representativas de **bens**, **direitos** e **obrigações**; e
b) **Contas Diferenciais** – representativas da **Situação Líquida**, assim como das **receitas** e das **despesas**, que compõem o resultado.

Teoria Patrimonialista

Entende que o objeto da Contabilidade é o Patrimônio, sendo a finalidade da Contabilidade o seu controle. É a teoria que atualmente tem repercussão mundial.

Trata-se da teoria aceita pelos doutrinadores contemporâneos. É, também, a teoria considerada pela Lei nº 6.404/1976 (Lei das Sociedades por Ações).

Conforme essa teoria, as contas foram classificadas em dois grandes grupos, como segue:
a) **Contas Patrimoniais** – representativas de **bens, direitos, obrigações** e **Situação Líquida**; e
b) **Contas de Resultado** – representativas das **receitas** e das **despesas**, que compõem o resultado.

São contas devedoras ou de natureza devedora as contas: do Ativo; retificadoras do Passivo Exigível; retificadoras do PL; e de despesas.

14 **(Técnico de Contabilidade – TRANSPETRO – CESGRANRIO/2011) Na evolução da Contabilidade existiram escolas que desenvolveram estudos especializados no campo da teoria das contas, com destaque para as escolas Personalista, Materialista e Patrimonialista. Nos termos da escola Patrimonialista, as contas são classificadas como:**
   a) ativas e passivas;
   b) integrais e diferenciais;
   c) patrimoniais e de resultado;
   d) ativas, passivas e de resultado;
   e) ativas, passivas, de patrimônio líquido e diferenciais.

Resolução e Comentários:
Teoria Patrimonialista

Entende que o objeto da Contabilidade é o Patrimônio, sendo a finalidade da Contabilidade o seu controle. É a teoria que atualmente tem repercussão mundial.

Trata-se da teoria aceita pelos doutrinadores contemporâneos. É, também, a teoria considerada pela Lei nº 6.404/1976 (Lei das Sociedades por Ações).

Conforme essa teoria, as contas foram classificadas em dois grandes grupos, como segue:
a) **Contas Patrimoniais** – representativas de **bens, direitos, obrigações** e **Situação Líquida**; e
b) **Contas de Resultado** – representativas das **receitas** e das **despesas**, que compõem o resultado.

São contas devedoras ou de natureza devedora as contas: do Ativo; retificadoras do Passivo Exigível; retificadoras do PL; e de despesas.

15 **(Analista de Finanças e Controle – Auditoria e Fiscalização – CGU – ESAF/2008) A Ciência Contábil estabeleceu diversas teorias doutrinárias sobre as formas de classificar os componentes do sistema contábil, que são denominadas "Teorias das Contas". Sobre o assunto, indique a opção <u>incorreta</u>.**
   a) A "Teoria Materialística" divide as contas em Integrais e de Resultado.
   b) Na "Teoria Personalística", as contas dos agentes consignatários são as contas que representam os bens, no ativo.
   c) Segundo a "Teoria Personalística", são exemplos de contas do proprietário as contas de receitas e de despesas.
   d) Na "Teoria Materialística", as contas traduzem simples ingressos e saídas de valores, que evidenciam o ativo, sendo este representado pelos valores positivos, e o passivo representado pelos valores negativos.
   e) Na contabilidade atual, há o predomínio da "Teoria Patrimonialista", que classifica o ativo e passivo como contas patrimoniais.

Resolução e Comentários:
Teoria Personalista

De acordo com essa teoria, as contas representavam as pessoas (físicas ou jurídicas) que eram responsáveis por bens e por direitos, assim como aquelas que possuíam direito de recebimento perante a entidade, ou seja, as pessoas com as quais a entidade possuía obrigações.

De acordo com essa teoria, as contas foram classificadas em três grupos, a saber:
a) **Contas dos agentes consignatários** – representativas dos **bens** da entidade;
b) **Contas dos correspondentes** ou **dos "agentes" correspondentes** – representativas dos **direitos** e das **obrigações** da entidade junto a terceiros; e
c) **Contas dos proprietários** – representativas das contas da **Situação Líquida**, assim como das **receitas** e das **despesas**, que compunham o resultado.

Teoria Materialista

Segundo essa teoria, também conhecida como **Teoria Positivista** ou **Teoria Materialística**, as contas somente deveriam existir quando houvesse, também, *os elementos materiais por elas representados* na entidade.

As contas foram classificadas em dois grupos, conforme a seguir exposto:
a) **Contas Integrais** – representativas de **bens, direitos** e **obrigações**; e
b) **Contas Diferenciais** – representativas da **Situação Líquida**, assim como das **receitas** e das **despesas**, que compõem o resultado.

Teoria Patrimonialista

Entende que o objeto da Contabilidade é o Patrimônio, sendo a finalidade da Contabilidade o seu controle. É a teoria que atualmente tem repercussão mundial.

Trata-se da teoria aceita pelos doutrinadores contemporâneos. É, também, a teoria considerada pela Lei nº 6.404/1976 (Lei das Sociedades por Ações).

Conforme essa teoria, as contas foram classificadas em dois grandes grupos, como segue:
a) **Contas Patrimoniais** – representativas de **bens, direitos, obrigações** e **Situação Líquida**; e
b) **Contas de Resultado** – representativas das **receitas** e das **despesas**, que compõem o resultado.

São contas devedoras ou de natureza devedora as contas: do Ativo; retificadoras do Passivo Exigível; retificadoras do PL; e de despesas.

GABARITO

1 – E	2 – D
3 – B	4 – A
5 – C	6 – E
7 – E	8 – E
9 – A	10 – A
11 – B	12 – B
13 – E	14 – C
15 – A	

CAPÍTULO 10

Atos Administrativos Relevantes e Fatos Contábeis

10.1. Os Atos Administrativos Relevantes e os Fatos Contábeis

Ao longo do período de atividade de uma entidade vários eventos, que podem ou não provocar modificações no patrimônio desta, ocorrem. Temos, então, os conceitos de **ato administrativo** e **fato administrativo**.

- **Atos Administrativos – Eventos que não provocam modificações no patrimônio da entidade.** Interessam aos usuários das informações contábeis apenas os chamados *atos administrativos relevantes*, ou seja, aqueles que, a princípio, não provocam modificações no patrimônio da entidade, porém, posteriormente, poderão provocá-las, transformando-se, então, em fatos administrativos.

Exemplo

Podemos citar vários exemplos de **atos administrativos**:

- Remessa de matérias-primas para o estoque;
- Assinatura de contrato de trabalho;
- Rescisão de contrato de trabalho;
- Assinatura de contrato de seguro;
- Atendimento de telefonemas;
- Assinatura de contrato de compra e venda junto a fornecedores;
- Assinatura de contrato de compra e venda junto a clientes;
- Empréstimo de mercadorias a terceiros;
- Recebimento de bens de terceiros para industrialização;

- Remessa de materiais para industrialização;
- Fiança concedida em favor de terceiros;
- Aval concedido em título de terceiro;
- Entrega de bens a terceiros como garantia de dívida (*penhor, hipoteca*);
- Remessa de títulos para simples cobrança bancária etc.
- **Fatos Administrativos** – Também conhecidos como **fatos de gestão**, são eventos **que provocam modificações qualitativas e/ou quantitativas no patrimônio da entidade**, sendo, portanto, registrados por meio da utilização de contas patrimoniais e/ou de resultado, provocando ou não alterações no Patrimônio Líquido da entidade.

Observe que os eventos realizados pela administração (diretores, sócio-administradores) da entidade em seu nome fazem surgir atos e fatos administrativos. Podemos afirmar que, regra geral, os atos preparatórios de um negócio são atos administrativos. A existência do ato administrativo é condição básica para a ocorrência do fato administrativo, ou seja, *o ato administrativo constitui o caminho a ser seguido para chegarmos ao fato administrativo*.

Exemplo

O envio de mala direta aos clientes comunicando promoções de mercadorias, a negociação realizada para a venda dessas mercadorias, o acordo firmado para a venda, a ordem para a expedição de tais mercadorias, tudo isso é ato administrativo. Porém, quando ocorre a efetiva entrega das mercadorias, estamos diante de um fato administrativo.

10.2. As Contas de Compensação

As **contas de compensação**, também conhecidas como **contas extrapatrimoniais**, constituem um sistema próprio de contas que tem por objetivo registrar *atos administrativos relevantes*, controlando eventos que possam vir a causar modificações futuras no patrimônio da entidade. ***Atos administrativos relevantes*** são aqueles que podem, posteriormente, ser transformados em fatos administrativos, provocando, então, alterações patrimoniais.

No Balanço Patrimonial, as contas de compensação são posicionadas após os totais do Ativo e do Passivo, porém sem somar seus saldos aos saldos do Ativo e do Passivo ora citados.

A escrituração das contas de compensação será obrigatória nos casos que se obrigue especificamente.

Deve ser ressaltado que os atos administrativos **devem ser registrados por meio de *notas explicativas*,** conforme consta do artigo 176 da Lei nº 6.404/1976 (Lei das Sociedades por Ações).

As **notas explicativas** são complementos necessários às **demonstrações contábeis** para o pleno esclarecimento da situação patrimonial e dos resultados do exercício da entidade.

A seguir, apresentamos um modelo de plano de contas de compensação.

Modelo de Plano de Contas de Compensação

Códigos das Contas	Contas de Compensação Ativas	Códigos das Contas	Contas de Compensação Passivas
6	CONTAS DE COMPENSAÇÃO ATIVAS	7	CONTAS DE COMPENSAÇÃO PASSIVAS
6.1	Contratos e Empenhos	7.1	Contratos e Empenhos
6.1.001	Seguros Contratados	7.1.001	Contratos de Seguros
6.1.002	Arrendamentos Mercantis Contratados	7.1.002	Contratos de Arrendamento Mercantil
6.1.003	Vendas Contratadas	7.1.003	Contratos de Vendas
6.1.004	Compras Contratadas	7.1.004	Contratos de Compras
6.2	Riscos e Ônus Patrimoniais	7.2	Riscos e Ônus Patrimoniais
6.2.001	Títulos Avalizados	7.2.001	Avais Concedidos
6.2.002	Títulos Endossados	7.2.002	Endossos para Desconto de Títulos
6.2.003	Imóveis Hipotecados	7.2.003	Hipotecas de Imóveis
6.2.004	Fianças em Favor de Terceiros	7.2.004	Favores a Terceiros em Fianças
6.2.005	Alienação Fiduciária	7.2.005	Contratos de Alienação Fiduciária
6.3	Operações com Valores de Terceiros	7.3	Operações com Valores de Terceiros
6.3.001	Mercadorias de Terceiros em Consignação	7.3.001	Consignação de Mercadorias de Terceiros
6.3.002	Materiais Recebidos para Industrialização	7.3.002	Entradas de Materiais para Industrialização
6.3.003	Materiais Recebidos para Conserto	7.3.003	Entradas de Materiais para Conserto
6.3.004	Mercadorias Recebidas para Demonstração	7.3.004	Entradas de Mercadorias para Demonstração
6.3.005	Mercadorias Recebidas Emprestadas	7.3.005	Entradas de Mercadorias por Empréstimo
6.3.006	Mercadorias Recebidas em Comodato	7.3.006	Bens de Terceiros em Comodato
6.3.007	Títulos Recebidos em Caução	7.3.007	Caução de Títulos de Terceiros
6.4	Operações com Valores Próprios	7.4	Operações com Valores Próprios
6.4.001	Títulos Próprios em Cobrança	7.4.001	Endossos para Cobrança de Títulos Próprios
6.4.002	Títulos Próprios em Caução Bancária	7.4.002	Caução Bancária de Títulos Próprios
6.4.003	Consignação de Mercadorias	7.4.003	Mercadorias Remetidas em Consignação
6.4.004	Materiais Remetidos para Industrialização	7.4.004	Remessas de Materiais para Industrialização
6.4.005	Materiais Remetidos para Conserto	7.4.005	Remessas de Materiais para Conserto
6.4.006	Mercadorias Emprestadas	7.4.006	Remessas de Mercadorias por Empréstimo
6.4.007	Mercadorias Remetidas para Demonstração	7.4.007	Remessas de Mercadorias para Demonstração
6.4.008	Bens Cedidos em Comodato	7.4.008	Remessas de Bens em Comodato

10.3. Fatos Contábeis x Fatos Administrativos

Os **fatos contábeis** constituem quaisquer eventos que provoquem modificações patrimoniais, sejam eles decorrentes de atos de gestão ou não.

Os fatos contábeis englobam os fatos administrativos, pois podem ou não decorrer de atos da administração da entidade. **Podemos afirmar que todo fato administrativo é fato contábil, porém nem todo fato contábil é fato administrativo.**

Exemplo

Se mercadorias são perdidas por meio de um furto ou de um incêndio, tais fatos não estão ligados à gestão da entidade. Contudo, o patrimônio da entidade foi alterado e, portanto, estamos diante de fatos que denominamos *fatos contábeis*.

10.4. A Classificação dos Fatos Administrativos

Os fatos administrativos são costumeiramente classificados em três grupos quanto às possíveis alterações patrimoniais, a saber:

- **Fatos Permutativos**

Os **fatos permutativos** ou **qualitativos** ou **compensativos** consistem em *permutas* (*trocas*) entre elementos do Ativo, entre elementos do Passivo Exigível, entre elementos do Patrimônio Líquido ou entre elementos do Ativo e do Passivo Exigível. Os fatos permutativos provocam alterações na estrutura patrimonial sem provocar alteração de valor no Patrimônio Líquido. Podemos, também, afirmar que *o fato permutativo provoca alterações patrimoniais em termos qualitativos*.

Os fatos permutativos não provocam alterações *NO VALOR* do Patrimônio Líquido.

A seguinte notação será utilizada agora para designar o que acontece com o Ativo, com o Passivo Exigível e com o Patrimônio Líquido:

↑ – Aumento de valor
↓ – Diminuição de valor

As seguintes modalidades de registros contábeis resultam em *fatos permutativos*:

> ↑ Ativo e ↓ Ativo

Exemplo
Evento: Aquisição de um equipamento à vista e em dinheiro por R$ 1.800,00.

Nesse caso, teremos duas contas envolvidas: *Equipamentos* e *Caixa*. Se um equipamento está sendo adquirido, a conta Equipamentos terá seu saldo aumentado, provocando aumento do Ativo; por outro lado, o dinheiro está saindo da empresa e, com isso, a conta Caixa terá seu saldo diminuído, provocando diminuição no Ativo.

Observe o que acontece com as contas:

D – Equipamentos (↑ Ativo)
C – Caixa (↓ Ativo)

Registros efetuados:

D – Equipamentos
C – Caixa   1.800,00

Observe que o Ativo foi alterado, porém não foi alterado o valor do Patrimônio Líquido da empresa.

> ↑ Ativo e ↑ Passivo Exigível

Exemplo

Evento: Obtenção de empréstimo bancário no valor de R$ 20.000,00.

Analisando o evento em tela, verificamos que há duas contas envolvidas: *Empréstimos Bancários* e *Bancos Conta Movimento*. Um empréstimo foi obtido e, em consequência, a conta Bancos Conta Movimento teve seu saldo aumentado em R$ 20.000,00, provocando aumento do valor do Ativo pela mesma cifra; por outro lado, foi contraída obrigação pela empresa junto ao Banco e, com isso, surgiu nova obrigação no Passivo Exigível em valor igual a R$ 20.000,00, provocando aumento do valor do Passivo Exigível ora citado.

Observe o que acontece com as contas:

D – Bancos Conta Movimento (↑ Ativo)
C – Empréstimos Bancários (↑ Passivo Exigível)

Registros efetuados:
D – Bancos Conta Movimento
C – Empréstimos Bancários   20.000,00

Observe que o Ativo e o Passivo Exigível foram alterados, porém não foi alterado o valor do Patrimônio Líquido da empresa.

> ↓ Ativo e ↓ Passivo Exigível

Exemplo

Evento: Pagamento de R$ 1.300,00, efetuado a fornecedor em dinheiro.

De acordo com esse evento, houve quitação de uma obrigação no valor de R$ 1.300,00, pagos em dinheiro. Logo, podemos afirmar que existem duas contas referentes a esse fato: *Fornecedores* e *Caixa*. A obrigação foi quitada por R$ 1.300,00; logo, houve redução no saldo da conta Caixa, o que também provocou redução do Ativo. A obrigação foi quitada e, portanto, tivemos redução de saldo na conta Fornecedores, o que provocou redução no valor do Passivo Exigível.

Observe o que acontece com as contas:

D – Fornecedores (↓ Passivo Exigível)
C – Caixa (↓ Ativo)

Registros efetuados:

D – Fornecedores
C – Caixa   1.300,00

Observe que o Ativo e o Passivo Exigível foram alterados, porém não foi alterado o valor do Patrimônio Líquido da empresa.

> ↑ Passivo Exigível e ↓ Passivo Exigível

Exemplo

Evento: Retenção de contribuição previdenciária dos empregados no valor de R$ 1.000,00.

Esse evento provoca movimentos em duas contas: *Previdência Social a Recolher* e *Salários a Pagar*. Convém ressaltar que a empresa deve reter dos empregados a parcela por eles devida a título de contribuição previdenciária e repassá-la aos cofres públicos. Nesse caso, o valor de R$ 1.000,00 deve sair da conta Salários a Pagar, pois deixará de ir para os empregados, provocando diminuição no Passivo Exigível, e deve ser registrado na conta Previdência Social a Recolher, provocando aumento do Passivo Exigível no valor de R$ 1.000,00 ora mencionado.

Observe o que acontece com as contas:

D – Salários a Pagar (↓ Passivo Exigível)
C – Previdência Social a Recolher (↑ Passivo Exigível)

Registros efetuados:

D – Salários a Pagar
C – Previdência Social a Recolher   1.000,00

Observe que o Passivo Exigível foi alterado, porém não foi alterado o valor do Patrimônio Líquido da empresa.

> ↑ Patrimônio Líquido e ↓ Patrimônio Líquido

Exemplo

Evento: O capital social da empresa foi aumentado em R$ 18.500,00, utilizando lucros acumulados.

O evento apresentado mostra a utilização de duas contas: *Capital Social* e *Lucros ou Prejuízos Acumulados*. Se o capital social da empresa foi aumentado em R$ 18.500,00, então a conta Capital Social teve seu saldo aumentado pelo mesmo valor, o que provocou aumento do valor do Patrimônio Líquido dessa empresa. Ocorre que o aumento foi proporcionado pela destinação de uma parcela de lucros acumulados pela empresa, o que ocasionou diminuição do saldo da conta Lucros ou Prejuízos Acumulados, provocando diminuição do saldo do Patrimônio Líquido da empresa em comento.

Observe o que acontece com as contas:

D – Lucros ou Prejuízos Acumulados (↓ Patrimônio Líquido)
C – Capital Social (↑ Patrimônio Líquido)

Registros efetuados:

D – Lucros ou Prejuízos Acumulados
C – Capital Social   18.500,00

Observe que o Patrimônio Líquido mostrou alterações em algumas de suas contas, **porém não foi alterado o seu valor**.

- **Fatos Modificativos**

Os **fatos modificativos** ou **quantitativos** *provocam alterações NO VALOR do Patrimônio Líquido*. Se alteram para mais o valor do Patrimônio Líquido, são conhecidos como **fatos modificativos aumentativos** ou **positivos**; de outra forma, se alteram para menos o valor do Patrimônio Líquido, são denominados **fatos modificativos diminutivos** ou **negativos**.

As seguintes modalidades de registros contábeis resultam em *fatos modificativos aumentativos*:

> ↑ Ativo e ↑ Patrimônio Líquido

Exemplo

Evento: Aumento do capital social com a entrega imediata de R$ 100.000,00 em dinheiro.

Nesse caso, verificamos duas contas sendo utilizadas: *Capital Social* e *Caixa*. A conta Capital Social terá seu saldo aumentado em R$ 100.000,00, o que provoca aumento de R$ 100.000,00 no valor do Patrimônio Líquido. Por sua vez, a conta Caixa terá seu saldo aumentado em R$ 100.000,00, devido à entrada dos recursos em dinheiro, o que provoca aumento do Ativo pelo mesmo valor.

Observe o que acontece com as contas:

D – Caixa (↑ Ativo)
C – Capital Social (↑ Patrimônio Líquido)

Registros efetuados:

D – Caixa
C – Capital Social   100.000,00

Observe que o Patrimônio Líquido mostrou aumento de valor, devido ao que ocorreu com a conta Capital Social.

> ↓ **Passivo Exigível e** ↑ **Patrimônio Líquido**

Exemplo

Evento: Foi concedido o perdão de uma dívida junto a um fornecedor no valor de R$ 1.000,00.

Agora, temos as seguintes contas envolvidas: *Fornecedores* e *Receita*. Devido ao fato de ter ocorrido o perdão de uma dívida, a conta Fornecedores teve seu saldo diminuído em R$ 1.000,00, o que provocou diminuição no valor do Passivo Exigível. O perdão concedido gerou uma receita, que provocou o registro da conta "Receita" no valor de R$ 1.000,00, o que provocou, posteriormente, aumento no valor do Patrimônio Líquido de R$ 1.000,00, quando ocorreu a apuração do resultado do exercício e a consequente transferência para a conta Lucros ou Prejuízos Acumulados.

Observe o que acontece com as contas:

D – Fornecedores (↓ Passivo Exigível)
C – Receita (↑ Patrimônio Líquido)

Registros efetuados:

D – Fornecedores
C – Receita   1.000,00

Observe que o Patrimônio Líquido mostrou aumento de valor devido à receita ora registrada.

As seguintes modalidades de registros contábeis resultam em *fatos modificativos diminutivos*:

> ↓ Ativo e ↓ Patrimônio Líquido

Exemplo

Evento: Ocorreu o reconhecimento e o imediato pagamento em dinheiro de uma despesa de salários no valor de R$ 800,00.

Duas contas estão envolvidas neste evento: *Despesas de Salários* e *Caixa*. A conta Caixa terá seu saldo diminuído devido à saída de R$ 800,00 para o pagamento da despesa, o que faz que haja redução do saldo do Ativo pelo mesmo valor. Ocorre que o registro de uma despesa acarreta diminuição do valor do Patrimônio Líquido, pois a conta Despesas de Salários contribui para a diminuição do valor deste de R$ 800,00.

Observe o que acontece com as contas:

D – Despesas de Salários (↓ Patrimônio Líquido)
C – Caixa (↓ Ativo)

Registros efetuados:

D – Despesas de Salários
C – Caixa   800,00

Observe que o Patrimônio Líquido mostrou diminuição de valor, devido à despesa ora registrada.

> ↓ Patrimônio Líquido e ↑ Passivo Exigível

Exemplo

Evento: Ocorreu o reconhecimento de uma despesa de salários no valor de R$ 800,00.

Nesse evento, temos duas contas envolvidas: *Despesas de Salários* e *Salários a Pagar*. Um gasto ocorreu para a empresa, gerando o registro da conta Despesas de Salários, que diminui o valor do Patrimônio Líquido em R$ 800,00. A despesa não foi imediatamente paga, o que fez nascer uma obrigação no Passivo Exigível, por meio da conta Salários a Pagar, por valor igual a R$ 800,00, o que acarretou aumento do Passivo Exigível pelo mesmo valor.

Observe o que acontece com as contas:

D – Despesas de Salários (↓ Patrimônio Líquido)
C – Salários a Pagar (↑ Passivo Exigível)

Registros efetuados:

D – Despesas de Salários
C – Salários a Pagar   800,00

Observe que o Patrimônio Líquido mostrou diminuição de valor, devido à despesa ora registrada.

- **Fatos Mistos**

Os **fatos mistos** ou **compostos** *são formados a partir de um fato permutativo e de um fato modificativo, que ocorrem ao mesmo tempo.* Se alteram para mais o valor do Patrimônio Líquido, são conhecidos como **fatos mistos aumentativos** ou **positivos**; de outra forma, se alteram para menos o valor do Patrimônio Líquido, são denominados **fatos mistos diminutivos** ou **negativos**.

As seguintes modalidades de registros contábeis resultam em *fatos mistos aumentativos*:

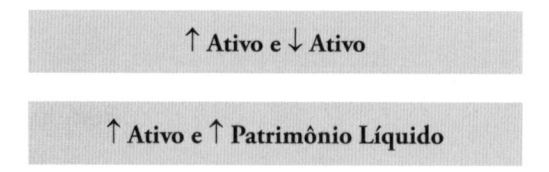

↑ Ativo e ↓ Ativo

↑ Ativo e ↑ Patrimônio Líquido

Exemplo

Evento: recebimento, à vista e em dinheiro, de R$ 1.000,00 de clientes, com juros de R$ 300,00, devido ao atraso no pagamento.

Esse evento nos mostra três contas envolvidas: *Clientes, Caixa* e *Receita de Juros*.

Observe-se o que segue: se houvesse apenas o pagamento de R$ 1.000,00 pelos clientes, teríamos um fato permutativo, pois a conta Clientes teria seu saldo diminuído em R$ 1.000,00, e a conta Caixa teria seu saldo aumentado em

R$ 1.000,00. O Ativo, então, aumentaria e diminuiria pelo mesmo valor, o que traduziria um fato permutativo. Porém, como houve atraso no pagamento por parte do cliente, nasceu um recurso adicional para a empresa, que denominamos *Receita de Juros*. Com isso, temos, também, um fato modificativo ocorrendo: a conta Caixa aumenta seu saldo em R$ 300,00, fazendo aumentar o valor do Ativo em R$ 300,00; por outro lado, a conta Receita de Juros faz o Patrimônio Líquido aumentar em R$ 300,00, modificando, portanto, o valor deste.

Observe o que acontece com as contas:

D – Caixa (↑ Ativo)
C – Clientes (↓ Ativo)   ⇨ **Fato Permutativo**

(e)

D – Caixa (↑ Ativo)
C – Receita de Juros (↑ Patrimônio Líquido)   ⇨ **Fato Modificativo Aumentativo**

Registros efetuados:
D – Caixa
C – Clientes   1.000,00

(e)

D – Caixa
C – Receita de Juros   300,00

O lançamento também pode ser apresentado desta maneira:

D – Caixa   1.300,00
C – Clientes   1.000,00
C – Receita de Juros   300,00

| ↓ Ativo e ↓ Passivo Exigível |

| ↓ Passivo Exigível e ↑ Patrimônio Líquido |

Exemplo
Evento: Pagamento de R$ 2.300,00 a fornecedor, com desconto de R$ 500,00, devido à antecipação do pagamento. O valor foi pago à vista e em dinheiro.

Agora, verificamos três contas envolvidas neste evento: *Fornecedores, Caixa* e *Descontos Obtidos*. Se o pagamento fosse integralmente realizado ao fornecedor, haveria o desembolso de R$ 2.300,00. Logo, a conta Caixa teria seu saldo diminuído em R$ 2.300,00, assim como a conta Fornecedores também teria seu saldo diminuído em R$ 2.300,00. Com isso, o Ativo e o Passivo Exigível teriam seus respectivos valores reduzidos em R$ 2.300,00, traduzindo fato permutativo. Ocorre que houve um desconto obtido por parte de quem pagou ao fornecedor. Portanto, foram efetivamente pagos ao fornecedor R$ 1.800,00, sendo o valor de R$ 500,00 correspondente ao desconto obtido pelo pagamento antecipado. O que ocorreu, então?

A conta Caixa teve seu saldo diminuído em R$ 1.800,00, assim como a conta Fornecedores também teve seu saldo diminuído em R$ 1.800,00. Trata-se de um fato permutativo. Por outro lado, foi extinta uma obrigação junto ao fornecedor no valor total de R$ 2.300,00. A conta Fornecedores teve seu saldo diminuído em mais R$ 500,00, porém sem o respectivo pagamento, pois foi obtido um desconto pela antecipação do pagamento. Nesse caso, nasceu uma receita de R$ 500,00, o que aumentou o valor do Patrimônio Líquido da empresa em R$ 500,00. Este último fato é do tipo modificativo aumentativo.

Observe o que acontece com as contas:

D – Fornecedores (↓ Passivo Exigível)
C – Caixa (↓ Ativo) ⇒ **Fato Permutativo**

(e)

D – Fornecedores (↓ Passivo Exigível)
C – Descontos Obtidos (↑ Patrimônio Líquido) ⇒ **Fato Modificativo Aumentativo**

Registros efetuados:

D – Fornecedores
C – Caixas   1.800,00

(e)

D – Fornecedores
C – Descontos Obtidos   500,00

O lançamento também pode ser apresentado desta maneira:

D – Fornecedores		2.300,00
C – Caixa		1.800,00
C – Descontos Obtidos		500,00

↑ Passivo Exigível e ↓ Passivo Exigível

↓ Passivo Exigível e ↑ Patrimônio Líquido

Exemplo

Evento: Renegociação de dívida de R$ 5.000,00 junto ao credor, substituindo-se uma Letra de Câmbio por uma Nota Promissória, obtendo desconto de R$ 500,00 devido à antecipação do prazo de pagamento, de 210 para 75 dias.

Há três contas envolvidas: *Letras de Câmbio a Pagar, Notas Promissórias a Pagar* e *Descontos Obtidos*. Nesse caso, a Letra de Câmbio foi substituída por uma Nota Promissória. Ocorre que foi obtido um desconto devido à antecipação do pagamento. O que ocorreu, então?

Houve a substituição de uma obrigação por outra, no valor de R$ 4.500,00. A conta Notas Promissórias a Pagar surgiu no Passivo Exigível, aumentando seu valor em R$ 4.500,00. Por outro lado, a conta Letras de Câmbio a Pagar teve seu saldo diminuído em R$ 4.500,00, fazendo o valor do Passivo Exigível diminuir em R$ 4.500,00. Ocorre, também, que houve a extinção de outra parcela da obrigação inicial devido ao fato de ter sido obtido um desconto pela antecipação do pagamento. Nesse caso, a conta Letras de Câmbio a Pagar teve seu saldo diminuído em R$ 500,00, fazendo surgir uma receita no valor de R$ 500,00, o que acarretou aumento do valor do Patrimônio Líquido.

Observe o que acontece com as contas:

D – Letras de Câmbio a Pagar (↓ Passivo Exigível)   ⇨ **Fato Permutativo**
C – Notas Promissórias a Pagar (↑ Passivo Exigível)

(e)

D – Letras de Câmbio a Pagar (↓ Passivo Exigível)   ⇨ **Fato Modificativo Aumentativo**
C – Descontos Obtidos (↑ Patrimônio Líquido)

Registros efetuados:

D – Letras de Câmbio a Pagar
C – Notas Promissórias a Pagar   4.500,00

(e)

D – Letras de Câmbio a Pagar
C – Descontos Obtidos   500,00

O lançamento também pode ser apresentado desta maneira:

D – Letras de Câmbio a Pagar   5.000,00
C – Notas Promissórias a Pagar   4.500,00
C – Descontos Obtidos   500,00

As seguintes modalidades de registros contábeis resultam em *fatos mistos diminutivos*:

↓ Ativo e ↓ Passivo Exigível

↓ Ativo e ↓ Patrimônio Líquido

Exemplo

Evento: pagamento de R$ 1.700,00 à vista e em dinheiro a fornecedor, com a incidência de juros no valor de R$ 300,00 devido à demora no pagamento.

Esse evento mostra três contas nele envolvidas: *Caixa, Fornecedores* e *Despesas de Juros*. Se tivesse ocorrido apenas o pagamento de R$ 1.700,00 ao fornecedor, a conta Caixa teria seu saldo diminuído em R$ 1.700,00, diminuindo, portanto, o valor do Ativo, e a conta Fornecedores teria seu saldo diminuído em R$ 1.700,00, diminuindo, da mesma maneira, o valor do Passivo Exigível. Como houve demora no pagamento ao fornecedor, houve a diminuição do saldo da conta Caixa em mais R$ 300,00, o que ocasionou uma despesa (Despesa de Juros ou Despesa Financeira) no valor de R$ 300,00, o que diminuiu o valor do Patrimônio Líquido.

Observe o que acontece com as contas:

D – Fornecedores (↓ Passivo Exigível)
C – Caixa (↓ Ativo)   ⇨ **Fato Permutativo**

(e)

D – Despesas de Juros (↓ Patrimônio Líquido)   **Fato Modificativo Diminutivo**
C – Caixa (↓ Ativo)

Registros efetuados:

D – Fornecedores
C – Caixa   1.700,00

(e)

D – Despesas de Juros
C – Caixa   300,00

O lançamento também pode ser apresentado desta maneira:

D – Fornecedores   1.700,00
D – Despesas de Juros   300,00
C – Caixa   2.000,00

↓ Ativo e ↑ Ativo

↓ Ativo e ↓ Patrimônio Líquido

Exemplo

Evento: recebimento de um cliente de R$ 2.500,00, à vista e em dinheiro, com desconto de R$ 200,00 pela antecipação do pagamento.

Contas envolvidas nesse evento: *Clientes, Caixa* e *Descontos Concedidos*. Observe-se que foram recebidos em dinheiro apenas R$ 2.300,00, já que houve desconto de R$ 200,00, concedido devido à antecipação do pagamento. Com isso, a conta Clientes teve seu saldo diminuído em R$ 2.500,00, reduzindo, então, o valor do Ativo da mesma forma. Porém, apenas R$ 2.300,00 foram recebidos em dinheiro, fazendo com que o saldo da conta Caixa e, em consequência, o valor do Ativo aumentassem nesse mesmo montante. Ocorreu, então, uma despesa de R$ 200,00, fruto do desconto que foi concedido devido ao pagamento antecipadamente realizado.

Observe o que acontece com as contas:

D – Caixa (↑ Ativo)   **Fato Permutativo**
C – Clientes (↓ Ativo)

(e)

D – Descontos Concedidos (↓ Patrimônio Líquido)
C – Clientes (↓ Ativo)

▷ **Fato Modificativo Diminutivo**

Registros efetuados:

D – Caixa
C – Clientes   2.300,00

(e)

D – Descontos Concedidos
C – Clientes   200,00

O lançamento também pode ser apresentado desta maneira:

D – Caixa   2.300,00
D – Descontos Concedidos   200,00
C – Clientes   2.500,00

| ↑ Passivo Exigível e ↓ Passivo Exigível |

| ↓ Patrimônio Líquido e ↑ Passivo Exigível |

Exemplo

Evento: Uma Letra de Câmbio foi substituída por uma Nota Promissória de valor igual a R$ 2.700,00, com a incidência de juros no valor de R$ 300,00, devido ao atraso no pagamento.

São as seguintes as contas ora envolvidas: *Letras de Câmbio a Pagar, Notas Promissórias a Pagar* e *Despesas de Juros*. Uma obrigação foi substituída por outra. No caso, a conta Letras de Câmbio a Pagar teve seu saldo diminuído em R$ 2.700,00, devido à substituição pela obrigação representada pela conta Notas Promissórias a Pagar, que teve seu saldo aumentado no mesmo valor. Ocorre que houve atraso no pagamento. Com isso, a conta Notas Promissórias a Pagar também sofreu aumento devido aos juros de R$ 300,00 que terão de ser pagos juntamente com o valor principal. Com isso, a conta Notas Promissórias a Pagar sofre outro aumento, nesse caso de R$ 300,00, devido aos juros, que fazem nascer para a empresa a conta Despesas de Juros, no valor de R$ 300,00, o que faz com que o Patrimônio Líquido diminua seu saldo nesse valor.

Observe o que acontece com as contas:

D – Letras de Câmbio a Pagar (↓ Passivo Exigível)   **Fato Permutativo**
C – Notas Promissórias a Pagar (↑ Passivo Exigível)

(e)

D – Despesas de Juros (↓ Patrimônio Líquido)   **Fato Modificativo Diminutivo**
C – Notas Promissórias a Pagar (↑ Passivo Exigível)

Registros efetuados:
D – Letras de Câmbio a Pagar
C – Notas Promissórias a Pagar   2.700,00

(e)

D – Despesas de Juros
C – Notas Promissórias a Pagar   300,00

O lançamento também pode ser apresentado desta maneira:

D – Letras de Câmbio a Pagar   2.700,00
D – Despesas de Juros   300,00
C – Notas Promissórias a Pagar   3.000,00

Os fatos modificativos, assim como os fatos mistos, provocam alterações patrimoniais qualitativas e quantitativas.

Um fato misto poderá ser desmembrado em outros dois fatos: um modificativo e outro permutativo. Já o fato modificativo, não há como desmembrá-lo!

Exercícios resolvidos para a fixação de conteúdo

01 (Auditor Fiscal de Tributos Estaduais – Amazonas – NCE/UFRJ/2005) O contador da Cia. Gravis está a revisar o plano de contas para incluir contas que registrarão avais dados a terceiros e mercadorias de terceiros em consignação. Essas novas rubricas deverão ser criadas no seguinte grupo do plano de contas:
   a) passivo circulante e ativo circulante.
   b) compensação.
   c) financiamentos e estoques.
   d) exigível a longo prazo e ativo permanente.
   e) realizável a longo prazo e resultado não operacional.

Resolução e Comentários: São contas de compensação. Tais contas devem ser lançadas após os saldos do Ativo Total e do Passivo Total, sem que a estes saldos sejam somados os saldos das citadas contas.

02 (Contador – Prefeitura de Recife – ESAF/2003) A operação de compra de mercadorias com pagamento à vista é considerada como um fato contábil:
   a) de iliquidez
   b) modificativo
   c) misto
   d) extraordinário
   e) permutativo

Resolução e Comentários: A compra de mercadorias é um fato permutativo:

   D – estoque

   C – caixa

A compra de mercadorias (com ou sem pagamento à vista) é fato contábil permutativo.

03 (Auditor Municipal do Recife – ESAF/2003) A empresa "Ω" Ltda. realizou uma operação de recebimento de duplicata no valor de R$ 100,00, em dinheiro. Essa operação gerou um registro contábil de débito à conta CAIXA e crédito à conta Duplicatas a Receber. Assinale o tipo de fato contábil presente na única opção correta.
   a) Aumentativo
   b) Diminutivo
   c) Misto
   d) Modificativo
   e) Permutativo

Resolução e Comentários: Trata-se de um fato permutativo:

   D – Caixa (↑ Ativo)

   C – Duplicatas a Receber (↓ Ativo)

04 (Técnico de Finanças e Controle – ESAF) Ocorre um fato contábil modificativo aumentativo:
a) na prestação remunerada de serviço.
b) no recebimento de duplicata julgada incobrável, mas ainda não baixada.
c) na alienação de mercadorias a prazo, com incidência de juros de mora.
d) na permuta de bens do ativo, com recebimento de troco em dinheiro.
e) na realização de capital subscrito.

Resolução e Comentários: Analisando as alternativas:

a) na prestação remunerada de serviço

Certo! Surge o direito de recebimento em contrapartida a uma receita, que aumenta o valor do Patrimônio Líquido.

b) no recebimento de duplicata julgada incobrável, mas ainda não baixada

Errado! Trata-se uma permuta entre elementos do Ativo.

c) na alienação de mercadorias a prazo, com incidência de juros de mora;

Errado! Temos, nesse caso, um fato misto.

d) na permuta de bens do ativo, com recebimento de troco em dinheiro

Errado! Eis uma permuta entre elementos do Ativo.

e) na realização de capital subscrito

Certo! Temos um aumento no Ativo e, em paralelo, um aumento no Patrimônio Líquido.

A Banca considerou apenas a alternativa "a", mas a alternativa "e" também está certa.

05 (Fiscal de Tributos – Prefeitura – Rio de Janeiro – ISS – FJG/2002) Conceituam-se como fatos contábeis todos os acontecimentos ocorridos nas empresas, suscetíveis de registro ou contabilizados no patrimônio, trazendo a essas empresas variações específicas ou quantitativas, e classificados em três naturezas: permutativas ou compensativas, modificativas e mistas ou compostas.

Dentre as alternativas abaixo, aquela que caracteriza um fato modificativo diminutivo é:
a) diminuição da Situação Líquida positiva do patrimônio por compensação de valores do ativo e passivo
b) diminuição da Situação Líquida positiva do patrimônio por diminuição do passivo
c) diminuição da Situação Líquida positiva do patrimônio por aumento do passivo
d) diminuição da Situação Líquida positiva do patrimônio por aumento do ativo

Resolução e Comentários: A situação líquida é diminuída pela redução do ativo ou pelo aumento do passivo exigível.

06 (Perito da Polícia Federal) Determinada empresa decidiu aumentar o seu capital, utilizando-se, para isso, de recursos de lucros obtidos em exercícios anteriores. Essa decisão caracteriza-se como um:
a) fato contábil modificativo;
b) fato contábil permutativo;
c) fato contábil misto;
d) ato administrativo.

Resolução e Comentários: Temos, nesse caso, uma permuta entre elementos do Patrimônio Líquido.

D – Lucros Acumulados

C – Capital Social

07 (Auditor do Tesouro Municipal – Prefeitura de Fortaleza – ESAF) Uma operação de recebimento de venda à vista, no valor de R$ 100,00, gera um registro contábil de débito à conta Caixa e crédito à conta Vendas Brutas. Assinale o tipo de fato contábil presente na única opção correta.
a) Aumentativo
b) Diminutivo
c) Misto
d) Permutativo
e) Modificativo

Resolução e Comentários: Trata-se de um fato modificativo aumentativo, uma vez que há aumento da situação líquida.

D – Caixa (↑ Ativo)

C – vendas Brutas (↑ PL)

08 **(Analista de Planejamentos e Orçamento – MPOG – ESAF/2001) Caracteriza fato contábil misto diminutivo a operação representada pelo lançamento:**
- a) D   Fornecedores
  - C   Banco – Conta Movimento
  - C   Abatimentos sobre Compras
- b) D   Caixa
  - C   Duplicatas a Receber
  - C   Receitas Financeiras
- c) D   Veículos – novos
  - C   Caixa
  - C   Títulos a Pagar
  - C   Veículos – Antigos
- d) D   Empréstimos de Sócios
  - C   Capital a Integralizar
- e) D   Empréstimos Bancários
  - D   Encargos Financeiros sobre Dívidas Repactuadas
  - C   Títulos a Pagar

Resolução e Comentários: Analisando as alternativas:
- a) D   Fornecedores
  - C   Banco – Conta Movimento
  - C   Abatimentos sobre Compras

Neste caso, temos um fato misto aumentativo.

- b) D   Caixa
  - C   Duplicatas a Receber
  - C   Receitas Financeiras

Agora, temos outro fato misto aumentativo.

- c) D   Veículos – novos
  - C   Caixa
  - C   Títulos a Pagar
  - C   Veículos – Antigos

Nesta alternativa, estamos diante de um fato permutativo.

- d) D   Empréstimos de Sócios
  - C   Capital a Integralizar

Estamos diante de um fato modificativo positivo.

- e) D   Empréstimos Bancários
  - D   Encargos Financeiros sobre Dívidas Repactuadas
  - C   Títulos a Pagar

Trata-se de uma dívida renegociada com incidência de juros, ou fato misto diminutivo.

09 (Contador – IF PB – IF PB/2011)

Em uma escrituração contábil de um pagamento de uma duplicata, com incidência de juros, evidencia-se um fato
a) permutativo diminutivo.
b) modificativo diminutivo.
c) misto diminutivo.
d) misto aumentativo.
e) modificativo aumentativo.

Resolução e Comentários

O lançamento contábil solicitado pode ser assim descrito:

D – Duplicatas a Pagar

D – Juros Passivos

C – Disponibilidades

Observe que a conta Juros Passivos acarretará alteração no saldo do Patrimônio Líquido. Portanto, temos uma permuta (caracterizada pelo pagamento da duplicata) e uma modificação no saldo do Patrimônio Líquido. Trata-se, então, de um fato misto diminutivo.

O lançamento contábil ora apresentado pode ser dividido em dois lançamentos, a saber:

D – Duplicatas a Pagar

C – Disponibilidades

D – Juros Passivos

C – Disponibilidades

10 (Auditor-Fiscal da Receita Estadual – SEFAZ/RS – Fundatec/2014)

A partir da teoria contábil, analise as assertivas abaixo em relação aos fatos contábeis.

I. São ocorrências que têm por efeito a alteração da composição do patrimônio, seja em seu aspecto qualitativo ou em seu aspecto quantitativo.

II. São permutativos aqueles que modificam qualitativamente o patrimônio sem alterar a situação líquida.

III. São ocorrências equivalentes aos atos administrativos, que têm por efeito a alteração do patrimônio líquido, seja em seu aspecto qualitativo ou em seu aspecto quantitativo.

IV. São ocorrências que têm por efeito alterações eminentemente quantitativas no patrimônio líquido de uma entidade.

Quais estão corretas?
a) Apenas I.
b) Apenas IV.
c) Apenas I e II.
d) Apenas II e III.
e) I, II, III e IV.

Resolução e Comentários

Analisando as assertivas, temos:

I. São ocorrências que têm por efeito a alteração da composição do patrimônio, seja em seu aspecto qualitativo ou em seu aspecto quantitativo.

   Correta.

II. São permutativos aqueles que modificam qualitativamente o patrimônio sem alterar a situação líquida.

   Correta. Fatos permutativos não alteram o saldo da situação líquida.

III. São ocorrências equivalentes aos atos administrativos, que têm por efeito a alteração do patrimônio líquido, seja em seu aspecto qualitativo ou em seu aspecto quantitativo.

   Incorreta. Ato administrativo não provoca alteração patrimonial.

IV. São ocorrências que têm por efeito alterações eminentemente quantitativas no patrimônio líquido de uma entidade.

   Incorreta. Podem ocorrer apenas alterações qualitativas no patrimônio de uma entidade.

11 **(Auditor Tributário Municipal – Gestão Tributária – Prefeitura de São José dos Campos – VUNESP/2015) As contas patrimoniais:**
a) são encerradas no final do exercício;
b) nem sempre alteram o patrimônio líquido quando mudam de valor;
c) não podem apresentar saldo nulo;
d) quando classificadas no Passivo, aumentam por débito;
e) quando classificadas no Patrimônio Líquido, diminuem por crédito.

Resolução e Comentários: As contas patrimoniais:
a) não são encerradas no final do exercício;
b) nem sempre alteram o patrimônio líquido quando mudam de valor. Existem eventos permutativos entre contas do Ativo e, também, entre contas do Passivo, que não alteram o Patrimônio Líquido;
c) podem apresentar saldo nulo;
d) quando classificadas no Passivo, aumentam por crédito;
e) quando classificadas no Patrimônio Líquido, diminuem por débito.

12 **(Técnico em Contabilidade – UFBA – UFBA/2014) Julgue o item a seguir.**

O lançamento contábil da compra de um imóvel, cuja forma de pagamento tenha sido 50% à vista e 50% a prazo, corresponde a um fato contábil permutativo e a uma partida de diário de terceira fórmula.

Resolução e Comentários: Registros contábeis a serem efetuados:

D – Imóveis

C – Caixa

C – Financiamentos Imobiliários

Lançamento de segunda fórmula.

13 **(Contador – DPU – CESPE/UnB/2016) A respeito dos componentes patrimoniais e dos fatos contábeis, julgue o item a seguir.**

O recebimento de vendas a prazo é considerado um fato contábil permutativo, visto que ele não provoca alterações no patrimônio líquido da entidade e modifica apenas a composição do ativo circulante com o aumento das disponibilidades.

Resolução e Comentários:

Cuidado com este tipo de questão!!!

Um dos registros a realizar quando ocorre a venda a prazo:

D – Clientes

C – Receita de Vendas

Registro a realizar quando ocorre o <u>recebimento</u> da venda:

D – Caixa ou Bancos Conta Movimento

C – Clientes

14 **(Técnico em Contabilidade – IF TO – IF TO/2015) Considere que determinada empresa recebeu à vista R$ 12.000,00 por um serviço prestado a terceiros. O lançamento decorrente desse fato aumentou o saldo da conta CAIXA em R$ 12.000,00 e a sua contrapartida foi registrada em conta de resultado. No final do exercício, a empresa obteve um resultado econômico positivo, o que veio a alterar a situação patrimonial da empresa. Dessa forma, é possível afirmar que se trata de:**
a) Fato permutativo.
b) Fato permutativo aumentativo.
c) Fato misto aumentativo.
d) Fato modificativo diminutivo.
e) Fato modificativo aumentativo.

Resolução e Comentários: Registros contábeis efetuados:

D – Caixa

C – Receita de Serviços... R$ 12.000,00

Trata-se de um fato modificativo aumentativo.

15 **(Técnico em Contabilidade – UFES – UFES/2014) A liquidação de uma dívida com desconto é uma operação que:**
   a) diminui o passivo, o patrimônio líquido e o ativo;
   b) diminui o passivo e o patrimônio líquido e aumenta o ativo;
   c) diminui o ativo e o patrimônio líquido e aumenta o passivo;
   d) diminui o ativo e o passivo e aumenta o patrimônio líquido;
   e) diminui o passivo e aumenta o ativo e o patrimônio líquido.

Resolução e Comentários: Registros contábeis referentes à liquidação de uma dívida com desconto:

Evento: Pagamento de R$ 2.300,00 a fornecedor, com desconto de R$ 500,00, devido à antecipação do pagamento. O valor foi pago à vista e em dinheiro.

Registros efetuados:

D – Fornecedores

C – Caixas 1.800,00

(e)

D – Fornecedores

C – Descontos Obtidos   500,00

O lançamento também pode ser apresentado desta maneira:

D – Fornecedores   2.300,00

C – Caixa   1.800,00

C – Descontos Obtidos   500,00

16 **(Técnico Judiciário – Contabilidade – TRE MG – CONSULPLAN/2014) Os atos administrativos são os que não provocam alterações nos elementos do patrimônio ou do resultado, portanto, não são de interesse da contabilidade. Os fatos administrativos são os que provocam alterações nos elementos do patrimônio ou do resultado, portanto, interessam à contabilidade. "Uma empresa pagou, em atraso, uma obrigação tributária. A mesma já estava registrada em seu Passivo. O pagamento teve que ser realizado acrescentando os respectivos acréscimos legais." Essa operação caracteriza-se como um fato contábil**
   a) permutativo.
   b) misto diminutivo.
   c) modificativo diminutivo.
   d) compensativo aumentativo.

Resolução e Comentários: Registros contábeis referentes à liquidação de uma obrigação acrescida de encargos devido à demora no pagamento:

Evento: pagamento de R$ 1.700,00 à vista e em dinheiro a fornecedor, com a incidência de juros no valor de R$ 300,00 devido à demora no pagamento.

Registros efetuados:

D – Fornecedores

C – Caixa   1.700,00

(e)

D – Despesas de Juros

C – Caixa   300,00

O lançamento também pode ser apresentado desta maneira:

D – Fornecedores   1.700,00
D – Despesas de Juros   300,00
C – Caixa   2.000,00

17 (Assistente – Contabilidade – CONAB – IADES/2014)
1) Abertura da firma com a integralização de capital em dinheiro: $ 50.000.
2) Depósito no banco: $ 40.000.
3) Compra de móveis e equipamentos à vista com dinheiro: $ 6.000.
4) Compra de mercadorias para revenda no valor de $ 12.000, tendo sido pagos 30% à vista, com cheque, e o restante para pagar em 90 dias.
5) Compra de um veículo financiado para uso da empresa: $ 15.000.
6) Despesas administrativas pagas com cheque: $ 3.000.
7) Venda de mercadorias à vista, no valor de $ 8.000, com custo de aquisição de $ 4.500.

Assinale a alternativa que apresenta os fatos contábeis modificativos.
a) 1, 3 e 6.
b) 1, 6 e 7.
c) 2, 5 e 7.
d) 3, 4 e 6.
e) 3, 6 e 7.

Resolução e Comentários: Analisando evento a evento:
1) Abertura da firma com a integralização de capital em dinheiro: $ 50.000.

D – Caixa
C – Capital Social... $ 50.000

Fato modificativo aumentativo.

2) Depósito no banco: $ 40.000.

D – Bancos Conta Movimento
C – Caixa... $ 40.000

Fato permutativo.

3) Compra de móveis e equipamentos à vista com dinheiro: $ 6.000.

D – Móveis e Utensílios
D – Equipamentos
C – Caixa... $ 6.000

Fato permutativo.

4) Compra de mercadorias para revenda no valor de $ 12.000, tendo sido pagos 30% à vista, com cheque, e o restante para pagar em 90 dias.

D – Mercadorias... $ 12.000
C – Bancos Conta Movimento... $ 3.600
C – Fornecedores... $ 8.400

Fato permutativo.

5) Compra de um veículo financiado para uso da empresa: $ 15.000.

D – Veículos
C – Financiamentos de Veículos... $ 15.000

Fato permutativo.

6) Despesas administrativas pagas com cheque: $ 3.000.

D – Despesas Administrativas

C – Bancos Conta Movimento... $ 3.000

Fato modificativo diminutivo.

7) Venda de mercadorias à vista, no valor de $ 8.000, com custo de aquisição de $ 4.500.

D – Caixa

C – Receita de Vendas... $ 8.000

(e)

D – Custo das Mercadorias Vendidas

C – Mercadorias... $ 4.500

Levando-se em consideração ambos os lançamentos, trata-se de um fato modificativo aumentativo.

18 **(Técnico em Contabilidade – CEFET RJ – CESGRANRIO/2014) A companhia N realizou hoje, em seu Livro Diário, este lançamento:**
Rio de Janeiro, 5 de Março de 2014.
Salários a Pagar 15.000,00
a Caixa 15.000,00
Pagos salários provisionados em fevereiro

Considere, exclusivamente, o lançamento realizado pela companhia N. Tal lançamento indica a ocorrência de um fato:
a) misto aumentativo;
b) misto diminutivo;
c) modificativo aumentativo;
d) modificativo diminutivo;
e) permutativo.

Resolução e Comentários:

D – Salários a Pagar

C – Caixa 15.000,00

Fato permutativo.

19 **(Analista – Contabilidade – SEAP DF – IADES/2014) A situação inicial de um balanço patrimonial está representada no quadro a seguir.**

ATIVO		PASSIVO	
Ativo	100	Passivo	70
		PL	30
Total	100	Total	100

Considere o seguinte lançamento:
Pagamento de uma obrigação no valor de $ 10.

Acerca desse fato contábil, é correto afirmar que:
a) alterou a situação líquida da entidade;
b) é considerado um fato modificativo diminutivo;
c) envolveu apenas contas credoras;
d) não alterou o ativo total;
e) se trata de um fato permutativo que reduziu tanto o ativo quanto o passivo.

Resolução e Comentários: Pagamento de uma obrigação no valor de $ 10.

D – Passivo

C – Caixa ou Bancos Conta Movimento

Acerca desse fato contábil, é correto afirmar que:
a) não alterou a situação líquida da entidade;
b) é considerado um fato permutativo;
c) envolveu uma conta credora e uma conta devedora;
d) reduziu o ativo total;
e) se trata de um fato permutativo que reduziu tanto o ativo quanto o passivo.

20 (Analista – Contabilidade – SEAP DF – IADES/2014) Assinale a alternativa que classifica corretamente o lançamento contábil em que se debitou a conta "prêmio de seguros a vencer" e creditou-se a conta "caixa" ou a conta "bancos".
a) Fato modificativo aumentativo; lançamento de terceira fórmula.
b) Fato misto; lançamento de segunda fórmula.
c) Fato permutativo; lançamento de primeira fórmula.
d) Fato modificativo diminutivo; lançamento de primeira fórmula.
e) Fato permutativo; lançamento de segunda fórmula.

Resolução e Comentários:

D – Prêmio de Seguros a Vencer

C – Caixa ou Bancos Conta Movimento

Fato permutativo.
Lançamento de primeira fórmula.

21 (Analista – Mercado de Capitais – CVM – ESAF/2010) A empresa Material de Construções Ltda. adquiriu 500 sacos de argamassa Votoram, de 20 kg cada um, ao custo unitário de R$ 1,00 o quilo, pagando 15% de entrada e aceitando duplicatas pelo valor restante. A operação foi isenta de tributação. Do material comprado, 10% serão para consumo posterior da própria empresa e o restante, para revender.

O registro contábil dessa transação é, tipicamente, um lançamento de quarta fórmula, e o fato a ser registrado é um Fato Administrativo
a) composto aumentativo.
b) composto diminutivo.
c) modificativo aumentativo.
d) modificativo diminutivo.
e) Permutativo.

Resolução e Comentários:

* Insumos adquiridos.

* Pagamento de 15% à vista.

* Aceitou duplicatas em relação ao restante da dívida.

* 10% será utilizado para posterior consumo.

* Os 90% restantes serão utilizados para revenda.

Registros contábeis a serem efetuados:

D – Material de Consumo

D – Mercadorias

C – Disponibilidades

C – Duplicatas a Pagar

GABARITO

1 – B	2 – E
3 – E	4 – A
5 – C	6 – B
7 – E	8 – E
9 – C	10 – C
11 – B	12 – Errado
13 – Certo	14 – E
15 – D	16 – B
17 – B	18 – E
19 – E	20 – C
21 – E	

CAPÍTULO 11

O Capital Social

11.1. O Patrimônio Líquido

Temos, como componentes do Patrimônio Líquido, as seguintes contas:

- Capital Social – conta principal;
- Capital a Realizar – conta retificadora;
- Reservas de Capital – contas principais;
- Reservas de Lucros – contas principais;
- Ajustes de Avaliação Patrimonial – podem ser contas principais ou retificadoras;
- Ações em Tesouraria – conta retificadora; e
- Prejuízos Acumulados – conta retificadora.

Os componentes do Patrimônio Líquido estão elencados no artigo 178 da Lei nº 6.404/1976 (Lei das Sociedades por Ações); já o artigo 182 da citada lei apresenta informações gerais a respeito desses componentes.

Nosso interesse, neste momento, é apresentar o **Capital Social**.

11.2. O Capital Social

Conforme vimos, toda e qualquer sociedade inicia as suas atividades mediante a entrega de recursos por seus sócios para que ela tenha vida própria, ou seja, para que a pessoa jurídica que ora nasce dê início à formação de seu próprio patrimônio. São os recursos próprios dos sócios que dão origem ao **Capital** ou **Capital Social** inicial da entidade. Os sócios investem na entidade mediante uma espécie de troca de seus respectivos recursos por ações, quotas ou outros tipos de participações na referida entidade, trocas estas devidamente formalizadas por meio de documentos denominados Estatuto Social, Contrato Social ou aquele a que corresponder a participação. Deve-se frisar que, a qualquer momento, os sócios poderão decidir entregar novos recursos à entidade para as suas operações, constituindo aumentos do Capital Social, assim como poderão decidir ter de volta os recursos que investiram, constituindo reduções do Capital Social.

O **Capital Social** consiste no total de recursos a serem aplicados na entidade por seus sócios ou proprietários. O valor do capital social consta do ato constitutivo da entidade (Contrato Social ou Estatuto). Trata-se do valor representativo da responsabilidade dos sócios em relação à entrega de recursos à entidade, para que esta possa ter vida própria. **Capital Social** é a soma representativa das contribuições de todos os sócios, realizadas (entregues) ou a serem realizadas (a serem entregues), para a finalidade específica de formação da sociedade. **O capital social poderá ser constituído em dinheiro ou em outros bens, ou em valores a receber.** Deve-se ressaltar que a legislação brasileira regula a entrega de bens para a formação do capital social somente nas sociedades por ações, quando ocorrerá a avaliação de tais bens por peritos (pessoas físicas) ou por empresa especializada, que elaborarão laudo de avaliação destes, para deliberação em assembleia (seja a assembleia voltada para a constituição da sociedade, seja para o aumento do capital social). Nas sociedades de pessoas, a incorporação de bens à sociedade dependerá de acordo entre os sócios.

Os artigos 8º e 9º da Lei nº 6.404/1976 (Lei das Sociedades por Ações) tratam dos procedimentos de avaliação a serem utilizados pelas sociedades por ações quando ocorrer a entrega à sociedade de bens para incorporação ao seu Ativo.

> O capital social poderá ser formado com contribuições em dinheiro ou em qualquer espécie de bens suscetíveis de avaliação em dinheiro.
>
> A avaliação dos bens será feita por 3 (três) peritos (pessoas físicas) ou por empresa especializada, nomeados em assembleia-geral dos subscritores.

O capital social poderá ser aumentado ou diminuído desde que se faça a alteração dos atos constitutivos da sociedade, com seus respectivos registros nos órgãos competentes.

Denomina-se **subscrição do capital social** a promessa de entrega de dinheiro e/ou de bens à sociedade. Trata-se do compromisso assumido pelos sócios junto à sociedade para a entrega de dinheiro e/ou bens.

Capital a Realizar ou **Capital a Integralizar** é conta que apresenta a parcela do capital social ainda não honrada pelos sócios ou proprietários junto à sociedade. *Cabe registro contábil nessa conta quando os sócios ou proprietários não entregam imediatamente as parcelas do capital social que lhes competem.*

Integralização ou **realização do capital social** consiste na efetiva entrega de dinheiro e/ou de bens e/ou valores a receber à sociedade, quando os sócios honram parcial ou totalmente seus compromissos junto a ela (sociedade).

Capital Social Realizado ou **Capital Social Integralizado** ou **Capital Social Contábil** é conta que apresenta o total de recursos realizados (entregues) pelos sócios ou proprietários à entidade, para que suas atividades possam ser desenvolvidas.

> *Deve ser informado que a legislação brasileira não determina valor mínimo a ser designado para a formação do capital social de uma entidade.*

Conta: **Capital Social** = **Capital Nominal** = **Capital Subscrito** = **Capital Registrado**

Conta: **Capital a Realizar** = **Capital a Integralizar** = **Acionistas C/ Capital**

Conta: **Capital Social Realizado** = **Capital Social Integralizado** = **Capital Social Contábil**

O artigo 80 da Lei nº 6.404/1976 (Lei das Sociedades por Ações) trata da constituição das sociedades por ações.

A constituição da companhia (sociedade por ações) depende do cumprimento dos seguintes requisitos preliminares:

I – **subscrição**, pelo menos por 2 (duas) pessoas, de todas as ações em que se divide o capital social fixado no estatuto;

II – **realização**, como entrada, de 10% (dez por cento), no mínimo, do preço de emissão das ações subscritas em dinheiro;

III – **depósito**, no Banco do Brasil S/A., ou em outro estabelecimento bancário autorizado pela Comissão de Valores Mobiliários, da parte do capital realizado em dinheiro. O depósito ora citado deverá ser efetuado pelo fundador, no prazo de 5 (cinco) dias contados do recebimento das quantias, em nome do subscritor e a favor da sociedade em organização, que só poderá levantá-lo após haver adquirido personalidade jurídica.

Caso a companhia não se constitua dentro de 6 (seis) meses da data do depósito, o banco restituirá as quantias depositadas diretamente aos subscritores.

A subscrição das ações deverá ser totalmente efetuada. A integralização do capital é que poderá ser parcialmente realizada.

É importante destacar que, no mínimo, 10% do valor do capital subscrito deverá ser entregue à sociedade em dinheiro e depositado em conta-corrente bancária aberta para a entidade. Nada impede que a quantia seja recebida pelo fundador e, posteriormente, seja depositada em conta-corrente. Nesse caso, a conta Capital

Social terá, como contrapartida inicial a conta Caixa e, posteriormente, será efetuada a transferência da conta Caixa para a conta Bancos Conta Movimento.

Ação:

Menor fração em que está dividido o capital social.

Conforme consta do artigo 182 da Lei nº 6.404/1976 (Lei das Sociedades por Ações), ao elaborarem o Balanço Patrimonial, as sociedades por ações devem expor, no Patrimônio Líquido, as Contas Capital Social (conta principal) e Capital a Realizar (conta retificadora). Trata-se de um dever a cumprir.

> A conta Capital Social discriminará o montante subscrito e, por dedução, a parcela ainda não realizada.

Exemplo

Trata-se da constituição de uma sociedade por ações. Os sócios resolveram entregar à sociedade, de imediato e em dinheiro, R$ 300.000,00, quantia esta definida no estatuto da companhia como sendo o seu Capital Social inicial. Dias depois, fizeram a transferência desses recursos para uma conta-corrente bancária aberta em nome da sociedade.

Registros:

D – Capital a Realizar
C – Capital Social   300.000,00

(reconhecimento do compromisso assumido pelos sócios, assim como da obrigação por eles contraída junto à sociedade)

(e)

D – Caixa
C – Capital a Realizar   300.000,00

(registro referente à entrega de R$ 300.000,00 para a companhia, cumprindo com a obrigação contraída)

Balanço Patrimonial

Caixa	300.000,00		
		300.000,00	Capital Social
		0,00	(-) Capital a Realizar
		300.000,00	(=) Capital Social Realizado
Total	300.000,00	300.000,00	Total

Caixa (Valores em R$)	
Saldo Inicial – 0,00	
(II) 300.000,00	
300.000,00 (saldo devedor)	

Capital Social (Valores em R$)	
	0,00 – Saldo Inicial
	300.000,00 (I)
	300.000,00 (saldo credor)

Capital a Realizar (Valores em R$)	
Saldo Inicial – 0,00	300.000,00 (II)
(I) 300.000,00	
0,00 (saldo nulo)	

Dias depois:

Registros:

D – Bancos Conta Movimento
C – Caixa   300.000,00

(registro referente à transferência de R$ 300.000,00 para a conta-corrente bancária aberta em nome da entidade)

Balanço Patrimonial

Ativo		Passivo	
Bancos C/ Movimento	300.000,00	300.000,00	Capital Social
		0,00	(-) Capital a Realizar
		300.000,00	(=) Capital Social Realizado
Total	300.000,00	300.000,00	Total

Caixa (Valores em R$)	
Saldo Inicial – 0,00	300.000,00 (III)
(II) 300.000,00	
0,00 (saldo nulo)	

Capital Inicial (Valores em R$)	
	0,00 – Saldo Inicial
	300.000,00 (I)
	300.000,00 (saldo credor)

Bancos Conta Movimento (Valores em R$)	
Saldo Inicial – 0,00	
(III) 300.000,00	
300.000,00 (saldo devedor)	

Capital a Realizar (Valores em R$)	
Saldo Inicial – 0,00	300.000,00 (II)
(I) 300.000,00	
0,00 (saldo nulo)	

Exemplo

Josué e Antônio Carlos resolveram constituir uma sociedade. Levaram o ato constitutivo da entidade a registro no órgão competente e assumiram o compromisso de entregar recursos à sociedade, conforme segue:

- Valor total do Capital Social inicial – R$ 1.400.000,00
- Sócio Josué: integraliza parcialmente R$ 200.000,00 em dinheiro, entregando, também de imediato, um imóvel no valor de R$ 300.000,00, devidamente avaliado, conforme a legislação em vigor. Seis meses após, deve integralizar os R$ 200.000,00 restantes;

- Sócio Antônio Carlos: integraliza parcial e imediatamente R$ 300.000,00 em dinheiro, além de 02 veículos corretamente avaliados pelo total de R$ 100.000,00. Um ano após, deve integralizar em dinheiro os R$ 300.000,00 restantes;
- Os recursos são recebidos pela sociedade e depositados em conta-corrente bancária aberta para a entidade ora criada.

Iremos registrar os eventos ocorridos.

Registros:

D – Capital a Realizar
C – Capital Social   1.400.000,00

(reconhecimento do compromisso assumido pelos sócios, assim como da obrigação por eles contraída junto à sociedade)

(e)

D – Caixa   500.000,00
D – Imóveis   300.000,00
D – Veículos   100.000,00
C – Capital a Realizar   900.000,00

Este último registro trata do cumprimento parcial das obrigações contraídas pelos sócios junto à sociedade, diminuindo o saldo da conta Capital a Realizar, já que esta especial obrigação dos sócios com a sociedade está sendo parcialmente cumprida.

Balanço Patrimonial

Caixa	500.000,00		
Imóveis	300.000,00		
Veículos	100.000,00		
		1.400.000,00	Capital Social
		(500.000,00)	(-) Capital a Realizar
		900.000,00	(=) Capital Social Realizado
Total	900.000,00	900.000,00	**Total**

Caixa (Valores em R$)
Saldo Inicial – 0,00
(II) 500.000,00
500.000,00 (saldo devedor)

Capital Social (Valores em R$)
0,00 – Saldo Inicial
1.400.000,00 (I)
1.400.000,00 (saldo credor)

Capital a Realizar (Valores em R$)		Imóveis (Valores em R$)	
Saldo Inicial – 0,00 (I) 1.400.000,00	900.000,00 (II)	Saldo Inicial – 0,00 (II) 300.000,00	
500.000,00 (saldo devedor)		300.000,00 (saldo devedor)	

Veículos (Valores em R$)	
Saldo Inicial – 0,00 (II) 100.000,00	
100.000,00 (saldo devedor)	

Posteriormente:

Registros:

D – Bancos Conta Movimento

C – Caixa   500.000,00

(registro referente à transferência de R$ 500.000,00 para a conta-corrente bancária aberta em nome da entidade)

O valor inicialmente recebido em dinheiro deve ser todo ele depositado em conta-corrente.

Balanço Patrimonial

Bancos C/ Movimento	500.000,00		
Imóveis	300.000,00		
Veículos	100.000,00		
		1.400.000,00	Capital Social
		(500.000,00)	(-) Capital a Realizar
		900.000,00	(=) Capital Social Realizado
Total	900.000,00	900.000,00	Total

Caixa (Valores em R$)		Capital Social (Valores em R$)	
Saldo Inicial – 0,00 (II) 500.000,00	500.000,00 (III)		0,00 – Saldo Inicial 1.400.000,00 (I)
500.000,00 (saldo devedor)			1.400.000,00 (saldo credor)

Capital a Realizar (Valores em R$)		Imóveis (Valores em R$)	
Saldo Inicial – 0,00 (I) 1.400.000,00	900.000,00 (II)	Saldo Inicial – 0,00 (II) 300.000,00	
500.000,00 (saldo devedor)		300.000,00 (saldo devedor)	

Veículos (Valores em R$)		Bancos Conta Movimento (Valores em R$)	
Saldo Inicial – 0,00 (II) 100.000,00		Saldo Inicial – 0,00 (III) 500.000,00	
100.000,00 (saldo devedor)		500.000,00 (saldo devedor)	

Observe que o Patrimônio Líquido passa a ter a seguinte constituição no Balanço Patrimonial:

	Capital Social	R$ 1.400.000,00
(-)	Capital a Realizar	(R$ 500.000,00)
(=)	Capital Social Realizado	R$ 900.000,00

A conta Capital **Social Realizado** é registrada *por subtração* no Patrimônio Líquido. Os registros contábeis envolvem apenas as Contas Capital Social e Capital a Realizar.

Exercícios resolvidos para a fixação de conteúdo

01 (Técnico(a) de Contabilidade I – PETROBRAS – CESGRANRIO/2005) Analise os razonetes abaixo, referentes a um determinado fato administrativo.

Caixa		Acionistas C/ Capital	
SA 200.000,00		SA 500.000,00	50.000,00 (1)
(1) 50.000,00			

É correto afirmar que eles correspondem ao registro contábil de:
a) aumento de capital, com parte em dinheiro.
b) integralização em dinheiro, de capital subscrito.
c) pagamento aos acionistas, em dinheiro.
d) pagamento de capital a realizar, em dinheiro.
e) subscrição de capital, em dinheiro.

Resolução e Comentários: A conta Caixa está aumentando em R$ 50.000,00 e a conta "Acionistas C/ Capital" (= Capital a Realizar = Capital a Integralizar) está diminuindo em R$ 50.000,00. Logo, os acionistas estão honrando suas obrigações com a entidade.

D – Caixa

C – Acionistas C/ Capital – 50.000,00

SA = Saldo Anterior

02 (Técnico(a) de Contabilidade I – PETROBRAS – CESGRANRIO/2005)

"São as contas representativas do capital subscrito e por dedução a parcela ainda não realizada."

A definição acima representa o conceito de:
a) Acionista conta Capital.
b) Capital a Integralizar.
c) Capital à disposição da empresa.
d) Capital próprio.
e) Capital Social.

Resolução e Comentários: A fim de atender ao disposto no artigo 182 da Lei nº 6.404/1976 (Lei das Sociedades por Ações), deverão estar discriminados em "Capital Social" o montante subscrito pelos sócios ou acionistas e, por dedução, a parcela ainda não realizada.

Balanço Patrimonial	
Ativo	Passivo Exigível
	Patrimônio Líquido Capital Social Subscrito = R$ 1.000.000,00 (-) a Realizar (a Integralizar) = R$ 600.000,00 (=) Realizado (Integralizado) = R$ 400.000,00

- Capital Social Subscrito = compromisso assumido pelos sócios ou acionistas de contribuir com certa quantia para a entidade. Subscrever significa prometer contribuir para a formação do capital social.
- Capital Social a Realizar (a Integralizar) = parcela do capital subscrito ainda não transformado em dinheiro ou em valor monetário pelos sócios ou acionistas.
- Capital Social Realizado (Integralizado) = parcela do capital subscrito efetivamente pago em dinheiro ou outro valor monetário pelos sócios ou acionistas.

03 (Técnico(a) de Contabilidade I – PETROBRAS – CESGRANRIO/2008) Nove pessoas resolveram organizar uma empresa para produção e vendas de equipamentos de pesca que denominaram Equipescaria S/A.

Em 01.10.2007, foi elaborado o estatuto da empresa com o capital constituído de 10.000.000 de ações ordinárias nominativas, no valor de R$10,00 cada uma, perfazendo um total de R$ 100.000.000,00.

No dia 02.10.2007, os sócios integralizaram 20% desse capital, em dinheiro.

O lançamento contábil que caracteriza a operação de integralização é
a) Acionistas c/ capital
   a Capital 100.000.000,00
b) Caixa
   a Acionistas c/ capital 100.000.000,00
c) Caixa
   a Capital 100.000.000,00
d) Caixa
   a Acionistas c/ capital 20.000.000,00
e) Capital
   a Acionistas c/ capital 20.000.000,00

Resolução e Comentários:

Registro do compromisso:

Acionistas c/ capital

a Capital 100.000.000,00

Integralização parcial do capital em dinheiro:

Caixa

a Acionistas c/ capital 20.000.000,00 (= 20% x 100.000.000,00)

04 (Técnico(a) de Contabilidade Júnior – FAFEN ENERGIA S/A – CESGRANRIO/2009) Três pessoas resolvem abrir uma sociedade por quotas de responsabilidade limitada e concordam em entregar, cada uma, R$ 100.000,00, a título de subscrição das quotas dessa sociedade. Quinze dias depois, cada sócio entrega à sociedade, em dinheiro, o valor de R$ 70.000,00.

Considerando exclusivamente essas informações, é correto afirmar que o
a) ativo total da sociedade é de R$ 300.000,00.
b) capital de terceiros da sociedade é de R$ 90.000,00.
c) capital social da sociedade é de R$ 100.000,00.
d) capital a integralizar da sociedade é de R$ 90.000,00.
e) capital próprio da sociedade é de R$ 170.000,00.

Resolução e Comentários:

Registro do compromisso:

D – Capital a Integralizar

C – Capital Social 300.000,00

Integralização parcial:

D – Bancos

C – Capital a Integralizar 210.000,00

Balanço Patrimonial

Ativo	
Bancos – 210.000,00	**Passivo Exigível**
	Patrimônio Líquido Capital Social Subscrito = R$ 300.000,00 (-) a Realizar (a Integralizar) – (R$ 90.000,00) (=) Realizado (Integralizado) – R$ 210.000,00

05 (Técnico(a) de Contabilidade I – PETROBRAS Transporte S/A – TRANSPETRO – CESGRANRIO/2006) Francisco e Paulo resolveram constituir a Empresa Garcia & Souza Ltda. em 01.07.2005, com capital social de R$ 10.000,00, totalmente integralizado em dinheiro.

As primeiras operações da empresa foram:
• aquisição de móveis e utensílios por R$ 8.000,00, sendo: R$ 2.000,00, em dinheiro, no ato, e o restante em três prestações mensais, iguais e sucessivas, de R$ 2.000,00;
• aquisição de um computador usado, à vista, por R$ 1.000,00;
• aquisição de mercadorias para revenda, a prazo, por R$ 5.000,00;
• pagamento, em dinheiro, das despesas de: telefone R$ 200,00; energia elétrica R$ 150,00; condomínio R$ 350,00; pagamento da primeira de três prestações da compra inicial dos móveis e utensílios.

O saldo de caixa da empresa, em reais, após as operações, será:
a) 4.300,00.
b) 4.700,00.
c) 5.700,00.
d) 6.000,00.
e) 6.300,00.

Resolução e Comentários: A seguinte operação é permitida quando da constituição da empresa:

D – Caixa

C – Capital Social – 10.000

Operações realizadas pela empresa:

• aquisição de móveis e utensílios por R$ 8.000,00, sendo: R$ 2.000,00, em dinheiro, no ato, e o restante em três prestações mensais, iguais e sucessivas, de R$ 2.000,00;

D – Móveis e Utensílios – 8.000

C – Caixa – 2.000

C – Fornecedores ou Valores a Pagar ou Contas a Pagar – 6.000

• aquisição de um computador usado, à vista, por R$ 1.000,00;

D – Computadores

C – Caixa – 1.000

• aquisição de mercadorias para revenda, a prazo, por R$ 5.000,00;

D – Mercadorias

C – Fornecedores – 5.000

• pagamento, em dinheiro, das despesas de: telefone R$ 200,00; energia elétrica R$ 150,00; condomínio R$ 350,00; pagamento da primeira de três prestações da compra inicial dos móveis e utensílios.

D – Despesas de Telefone

C – Caixa – 200

D – Energia Elétrica

C – Caixa – 150

D – Condomínio ou Despesas com Condomínio

C – Caixa – 350

D – Fornecedores ou Valores a Pagar ou Contas a Pagar

C – Caixa – 2.000

Após os eventos, a conta Caixa terá o seguinte saldo:

Caixa	
(1) 10.000	2.000 (2)
	1.000 (3)
	200 (4)
	150 (4)
	350 (4)
	2.000 (4)
10.000	5.700
4.300	

06 (Técnico de Contabilidade – Agência Nacional de Petróleo – ANP – CESGRANRIO/2005) Atente para os seguintes lançamentos no Diário de uma sociedade anônima:

Cidade, 3 de janeiro de 2005

Acionistas c/Capital

a Capital   200.000,00

Diversos

a Acionistas c/Capital

Caixa   20.000,00

Bancos c/ Movimento   80.000,00

Máquinas e Equipamentos   50.000,00   150.000,00

Considerando exclusivamente os aludidos lançamentos, pode-se afirmar que o Capital dessa sociedade anônima foi:
a) subscrito e integralizado no ato da constituição.
b) parcialmente subscrito no ato da constituição.
c) integralizado, parcialmente, no ato da constituição.
d) integralizado, em dinheiro, no ato da constituição.
e) totalmente integralizado após a constituição.

Resolução e Comentários: Em um primeiro momento, os sócios constituíram compromisso junto à empresa. Em seguida (segundo evento), integralizaram parcialmente o Capital (parte em dinheiro, parte em conta-corrente e parte em máquinas e equipamentos).

07 (Técnico de Contabilidade Júnior – PETROBRAS Distribuidora S/A – CESGRANRIO/2008) Em 01.10.2007, oito pessoas resolveram fundar uma empresa de reparos em embarcações denominada Barco Renovado S/A. No mesmo dia, os oito fundadores subscreveram todo o capital social, aprovado no estatuto, constituído por 1.000.000 de ações ordinárias nominativas com o valor nominal de R$ 1,00 cada ação.

Ainda no mesmo dia, os acionistas integralizaram, em dinheiro, apenas 20% do capital subscrito.

O lançamento contábil para registrar esta integralização é
a) Acionistas C/ Capital
   a   Capital a integralizar   R$ 1.000.000,00
b) Capital a integralizar
   a   Acionistas C/ capital   R$ 200.000,00
c) Caixa
   a   Capital integralizado   R$ 1.000.000,00
d) Caixa
   a   Capital a integralizar   R$ 200.000,00
e) Diversos
   a   Acionistas C/ Capital
   Capital a integralizar   R$ 800.000,00
   Caixa   R$ 200,000,00   R$ 1.000.000,00

Resolução e Comentários:
Registro do compromisso:
Acionistas c/ Capital
a Capital   1.000.000,00
Integralização parcial do capital em dinheiro:
Caixa
a Acionistas c/ Capital   200.000,00
                                                 (= 20% x 1.000.000,00)

08 **(Analista Administrativo – Contabilidade – ANP – CESGRANRIO/2008) A Novidade Ltda. foi constituída com o capital de R$ 200.000,00: integralizados 50% em dinheiro e 50% em máquinas de uso.**
No primeiro dia de funcionamento depositou R$ 80.000,00 no Banco e comprou dois veículos, para uso próprio, com entrada de R$ 40.000,00 em cheque, R$ 10.000,00 em dinheiro e 10 parcelas mensais e sucessivas de R$ 20.000,00 cada uma, vencendo a primeira no dia 30 do mês seguinte.
Considerando, exclusivamente, as informações recebidas, o registro contábil da aquisição do caminhão, desconsiderando data e histórico, em reais, é

a) Veículos   50.000
   a Caixa   50.000
b) Veículos   50.000
   a Caixa   10.000
   a Bancos Conta Movimento   40.000
c) Veículos   250.000
   a Caixa   10.000
   a Bancos Conta Movimento   40.000
   a Títulos a Pagar   200.000
d) Mercadorias   50.000
   a Caixa   10.000
   a Bancos Conta Movimento   40.000
e) Mercadorias   250.000
   a Caixa   10.000
   a Bancos Conta Movimento   40.000
   a Fornecedores   200.000

Resolução e Comentários: A Novidade Ltda. foi constituída com o capital de R$ 200.000,00: integralizados 50% em dinheiro e 50% em máquinas de uso.

D – Capital a Realizar/Capital a Integralizar/Acionistas C/Capital
C – Capital Social   R$ 200.000,00

D – Caixa – R$ 100.000,00
D – Máquinas e Equipamentos – R$ 100.000,00
C – Capital a Realizar/Capital a Integralizar/Acionistas C/ Capital – R$ 200.000,00

No primeiro dia de funcionamento depositou R$ 80.000,00 no Banco e comprou dois veículos, para uso próprio, com entrada de R$ 40.000,00 em cheque, R$ 10.000,00 em dinheiro e 10 parcelas mensais e sucessivas de R$ 20.000,00 cada uma, vencendo a primeira no dia 30 do mês seguinte.

Depósito no banco:
D – Bancos Conta Movimento
C – Caixa   R$ 80.000,00

Aquisição de dois veículos para uso próprio:
D – Veículos – R$ 250.000,00
C – Bancos – R$ 40.000,00
C – Caixa – R$ 10.000,00
C – Financiamentos a Pagar/Títulos a Pagar – R$ 200.000,00

09 (Auditor-Fiscal do Tesouro Nacional – ESAF) A Cia. Bira & Bira foi constituída com capital de R$ 750.000,00, por três sócias, que integralizaram suas ações como segue:

Amélia Macambira R$ 300.000,00

Beatriz Itabira R$ 150.000,00

Creuza Mambira R$ 300.000,00

Após determinado período, a empresa verificou que, nas suas operações normais, lograra obter lucros de R$ 600.000,00, dos quais R$ 150.000,00 foram distribuídos e pagos às sócias. Os restantes R$ 450.000,00 foram reinvestidos na empresa na conta Reserva para Aumento de Capital, nada mais havendo em seu patrimônio líquido.

Nessa oportunidade, Beatriz Itabira decidiu retirar-se da sociedade, vendendo sua participação às duas outras sócias, com ágio de 20% sobre o valor patrimonial.

Considerando as informações acima fornecidas, podemos afirmar que a Sra. Beatriz Itabira deve receber, pela venda de sua participação acionária o valor de:

a) R$ 144.000,00;
b) R$ 36.000,00;
c) R$ 288.000,00;
d) R$ 180.000,00;
e) R$ 324.000,00.

Resolução e Comentários:

Patrimônio Líquido inicial da empresa: composto apenas pelo Capital Social de R$ 750.000,00.

Participação percentual de Beatriz Itabira na empresa:

(R$ 150.000,00/R$ 750.000,00) x 100 = 20%

Ao final do período a Cia. Bira & Bira apurou lucro de R$ 600.000,00, porém só levou para o Patrimônio Líquido (PL) valor igual a R$ 450.000,00 (Reserva para Aumento de Capital).

Assim, o PL da investida ficou com:

PL= R$ 750.000,00 (capital social) + R$ 450.000,00 (reserva para o aumento de capital) = R$ 1.200.000,00

Nesse momento, o valor do investimento para Beatriz Itabira passa a ser de: 20% x R$ 1.200.000,00 = R$ 240.000,00.

Como o investimento foi vendido com ágio de 20%, conclui-se que ele foi vendido por:

R$ 240.000,00 + (20% x R$ 240.000,00) = R$ 240.000,00 + R$ 48.000,00 = R$ 288.000,00

10 (ICMS – MT – UEMT/2008) João e José resolveram constituir uma sociedade para trabalhar no setor de produção de sapatos. Prometeram integralizar um capital de R$ 2.000.000,00 (dois milhões de reais) cada, sendo que João integralizou em dinheiro 40% (quarenta por cento) de sua parte, e José realizou em dinheiro apenas 30% de seu compromisso. Após integralização, a empresa adquiriu, à vista, máquinas e equipamentos no valor de R$ 200.000,00 (duzentos mil reais), e pagou despesas no valor de R$ 50.000,00 (cinquenta mil reais). Comprou mercadorias, a prazo, por R$ 20.000,00 (vinte mil reais).

Ao elaborar o balanço patrimonial, o valor do patrimônio bruto e da situação líquida da empresa será respectivamente:

a) R$ 1.150.000,00 e R$ 1.370.000,00
b) R$ 1.350.000,00 e R$ 1.350.000,00
c) R$ 1.150.000,00 e R$ 1.350.000,00
d) R$ 1.370.000,00 e R$ 1.350.000,00
e) R$ 1.370.000,00 e R$ 1.370.000,00

Resolução e Comentários:

Compromisso de R$ 2.000.000,00 de cada um (João e José) → Capital Social = R$ 4.000.000,00

Capital a Integralizar

a Capital Social   4.000.000,00

Integralização do capital:

João – 40% x R$ 2.000.000,00 = R$ 800.000,00

José – 30% x R$ 2.000.000,00 = R$ 600.000,00

Capital Integralizado = Capital Realizado = R$ 1.400.000,00

Caixa/Bancos Conta Movimento

a Capital Social a Realizar   1.400.000,00

Aquisição de máquinas e equipamentos:

Máquinas e Equipamentos

a Caixa/Bancos   200.000,00

Pagamento de despesas:

Despesas

a Caixa/Bancos   50.000,00

Compra de mercadorias a prazo:

Mercadorias

a Fornecedores   20.000,00

Balanço Patrimonial

Caixa – 1.150.000	Fornecedores – 20.000
Máquinas – 200.000	
Mercadorias – 20.000	
	Capital Social – 4.000.000
	(-) Capital a Realizar – (2.600.000)
	(=) Capital Social Realizado – 1.400.000
	Resultado = Prejuízo – (50.000)

Logo: Ativo Total = R$ 1.370.000,00
Patrimônio Líquido = R$ 1.350.000,00

11 **(Auditor-Fiscal do Tesouro Nacional – ESAF – Adaptada)** A Cia. Eira & Eira foi constituída com capital de R$ 750.000,00, por três sócios, que integralizaram suas ações como segue:

– Adão Macieira   R$ 300.000,00
– Bené Pereira   R$ 150.000,00
– Carlos Parreira   R$ 300.000,00

Após determinado período, a empresa verificou que nas suas operações normais lograra obter lucros de R$ 600.000,00, dos quais R$ 150.000,00 foram distribuídos e pagos aos sócios. Os restantes R$ 450.000,00 foram reinvestidos na empresa na conta Reserva para Aumento de Capital, nada mais havendo em seu Patrimônio Líquido. Sabendo-se que as dívidas desta empresa representam 20% dos recursos aplicados atualmente no patrimônio, podemos afirmar que o valor total de seus ativos é de:
a) R$ 1.200.000,00
b) R$ 750.000,00
c) R$ 600.000,00
d) R$ 1.350.000,00
e) R$ 1.500.000,00

Resolução e Comentários:

Patrimônio Líquido inicial da empresa: composto apenas pelo Capital Social de R$ 750.000,00.

Ao final do período a Cia. Eira & Eira apurou lucro de R$ 600.000,00, porém só levou para o Patrimônio Líquido (PL) valor igual a R$ 450.000,00 (Reserva para Aumento de Capital).

Assim, o PL da investida ficou com:

PL = R$ 750.000,00 (capital social) + R$ 450.000,00 (reserva para o aumento de capital) = R$ 1.200.000,00

Passivo Exigível = 20% x Recursos Aplicados = 0,20 x Ativo

Ativo = Passivo Exigível + Patrimônio Líquido → A = 0,20 x A + PL = 0,20 x A + 1.200.000 → A − 0,20 x A = 1.200.000 → 0,80 x A = 1.200.000 → Ativo = 1.500.000

12 (Auditor-Fiscal do Tesouro Nacional – ESAF) No mês de julho, a firma Papoulas Ltda. foi registrada e captou recursos totais de R$ 7.540,00, sendo R$ 7.000,00 dos sócios, como capital registrado, e R$ 540,00 de terceiros, sendo 2/3 como empréstimos obtidos e 1/3 como receitas ganhas. Os referidos recursos foram todos aplicados no mesmo mês, sendo: R$ 540,00 em mercadorias; R$ 216,00 em poupança bancária; R$ 288,00 na concessão de empréstimos; e o restante em despesas normais. Após realizados esses atos de gestão, pode-se afirmar que a empresa ainda tem um patrimônio bruto e um patrimônio líquido, respectivamente, de:
   a) R$ 1.044,00 e R$ 864,00
   b) R$ 1.044,00 e R$ 684,00
   c) R$ 1.044,00 e R$ 504,00
   d) R$ 1.584,00 e R$ 1.044,00
   e) R$ 7.540,00 e R$ 7.000,00

Resolução e Comentários:

Ativo = Bens + Direitos = mercadorias + poupança bancária + empréstimos concedidos → Ativo = 540,00 + 216,00 + 288,00 = 1.044,00

Passivo = empréstimos obtidos → Passivo = 540,00 x (2/3) = 360,00

Patrimônio Líquido = Ativo − Passivo Exigível → Patrimônio Líquido = 1.044,00 − 360,00 = 684,00

13 (Analista de Finanças e Controle – STN – ESAF/2000) A empresa Comercial Aurífero foi constituída por três sócios, que integralizaram de imediato o capital de R$ 25.000,00, cabendo R$ 10.000,00 ao sócio Abel Bastos, R$ 5.000,00 ao sócio Caio Dantas e R$ 10.000,00 ao sócio Élcio Freitas.
Após determinado período, o histórico de resultados da empresa era o seguinte: lucros auferidos nas operações: R$ 20.000,00, dos quais apenas R$ 5.000,00 foram distribuídos e pagos aos sócios. Os restantes R$ 15.000,00, por decisão dos próprios sócios, foram reinvestidos na empresa como Reserva para Aumento de Capital. Por esta época, o Sr. Caio Dantas resolveu retirar-se da sociedade oferecendo sua parte à venda, com um ágio de 10%. O Sr. Abel Bastos aceitou a compra, mas com deságio de 10%; o Sr. Élcio Freitas fez proposta de compra a valor patrimonial. A empresa tem dívidas calculadas em 20% do patrimônio bruto.
A partir dessas informações, pode-se afirmar que
   a) Abel Bastos aceita o capital de Caio Dantas com deságio, por R$ 4.500,00
   b) Abel Bastos quer vender seu capital com ágio, por R$ 5.500,00
   c) a empresa já tem um passivo de R$ 8.000,00
   d) o valor patrimonial do capital de Caio Dantas atualmente é R$ 9.000,00
   e) o patrimônio bruto dessa empresa já soma o total de R$ 50.000,00

Resolução e Comentários:

Patrimônio Líquido inicial da empresa: composto apenas pelo Capital Social de R$ 25.000.

Ao final do período a Comercial Aurífero apurou lucro de R$ 20.000, porém só levou para o Patrimônio Líquido (PL) valor igual a R$ 15.000 (Reserva para Aumento de Capital).

Assim, o PL da investida ficou com:

PL = R$ 25.000 (capital social) + R$ 15.000 (reserva para o aumento de capital) = R$ 40.000

Patrimônio Bruto = Ativo

Dívidas = Passivo Exigível = 0,20 x Ativo

PL = Ativo − 0,20 x Ativo → Ativo = R$ 40.000 / 0,80 = R$ 50.000

Passivo Exigível (PE) + Patrimônio Líquido (PL) = Passivo Total

PL = R$ 40.000 = 80% x Passivo Total → Obrigações = 20% x Passivo Total = R$ 10.000

Patrimônio da Empresa:

Ativo = Patrimônio Bruto = R$ 50.000

Passivo Exigível = R$ 10.000

Patrimônio Líquido = R$ 40.000

Valor patrimonial da parcela de Caio Dantas = (5/25) x R$ 40.000 = R$ 8.000

(-) Deságio 10% = (800)

(=) Total R$ 7.200 (alternativa A: errada)

O enunciado não diz que Abel Bastos deseja vender seu capital, nem por quanto venderia (alternativa B: errada)

O valor patrimonial da parte de Caio Dantas é R$ 8.000, como visto acima (alternativa D: errada)

14 **(Técnico de Contabilidade I – Refinaria Alberto Pasqualini – REFAP – CESGRANRIO/2007)** Na constituição de uma sociedade anônima, os acionistas precisam depositar, em dinheiro:
   a) 10% do capital integralizado, na Caixa Econômica Federal.
   b) 10% do capital subscrito, no Banco do Brasil.
   c) 20% do capital integralizado, no Banco do Brasil.
   d) 20% do capital social, na Caixa Econômica Federal.
   e) 20% do capital subscrito, na Caixa Econômica Federal.

Resolução e Comentários:
- Capital Social Subscrito = compromisso assumido pelos sócios ou acionistas de contribuir com certa quantia para a entidade. Subscrever significa prometer contribuir para a formação do capital social.
- Capital Social a Realizar (a Integralizar) = parcela do capital subscrito ainda não transformado em dinheiro ou em valor monetário pelos sócios ou acionistas.
- Capital Social Realizado (Integralizado) = parcela do capital subscrito efetivamente pago em dinheiro ou outro valor monetário pelos sócios ou acionistas.

Artigo 80 da Lei nº 6.404/1976 (Lei das Sociedades por Ações) – Atualizada pela Lei nº 11.941, de 27.05.2009

Constituição da Companhia

SEÇÃO I

Requisitos Preliminares

Art. 80. A constituição da companhia depende do cumprimento dos seguintes requisitos preliminares:

I – subscrição, pelo menos por 2 (duas) pessoas, de todas as ações em que se divide o capital social fixado no estatuto;

II – **realização, como entrada, de 10% (dez por cento), no mínimo, do preço de emissão das ações subscritas em dinheiro;**

III – depósito, no Banco do Brasil S/A, ou em outro estabelecimento bancário autorizado pela Comissão de Valores Mobiliários, da parte do capital realizado em dinheiro.

Parágrafo único. O disposto no número II não se aplica às companhias para as quais a lei exige realização inicial de parte maior do capital social.

15 **(Contador – MF – EsAF/2013)**
   Na assembleia de constituição de uma sociedade anônima, é fixado um capital social de R$ 8.400,00 e, na ocasião, os acionistas subscrevem todo o capital social, integralizando R$ 5.200,00 em moeda corrente. O registro contábil da operação conduzirá ao surgimento das seguintes contas, grupos e saldos:
   a) Capital Integralizado [patrimônio líquido = R$5.200,00]; Capital a Integralizar [patrimônio líquido = R$3.200,00]; Caixa [ativo circulante = R$8.400,00].
   b) Caixa [ativo circulante = R$3.200,00]; Capital Social [patrimônio líquido = R$8.400,00]; Capital a Integralizar [patrimônio líquido = R$5.200,00].
   c) Capital a Integralizar [ativo circulante = R$3.200,00]; Caixa [ativo circulante = R$5.200,00]; Capital Social [patrimônio líquido = R$8.400,00].
   d) Capital Social [patrimônio líquido = R$8.400,00]; Caixa [ativo circulante = R$5.200,00]; Capital a Integralizar [patrimônio líquido = R$3.200,00].
   e) Capital a Subscrever [patrimônio líquido = R$3.200,00]; Caixa [ativo circulante = R$5.200,00]; Capital Social [patrimônio líquido = R$8.400,00].

Resolução e Comentários:

Subscrição do Capital Social:

D – Capital a Integralizar

C – Capital Social................................. R$ 8.400,00

Integralização parcial do Capital Social:

D – Caixa

C – Capital a Integralizar.......................... R$ 5.200,00

Estes registros contábeis podem ser substituídos por apenas um lançamento:

D – Caixa........................ R$ 5.200,00

D – Capital a Integralizar.............. R$ 3.200,00

C – Capital Social........................ R$ 8.400,00

16 (Técnico em Contabilidade – UFF – COSEAC/2015) Uma sociedade empresarial teve somente parte do seu Capital Social integralizado. No exercício social seguinte, um dos sócios decidiu integralizar a quantia de R$ 140.000,00 através da transferência de um imóvel para a sociedade. O registro contábil correto desta operação é:
   a) D Imóveis R$ 140.000,00
       C Capital Social R$ 140.000,00.
   b) D Capital a Integralizar R$ 140.000,00
       C Capital Social R$ 140.000,00.
   c) D Bancos C/ Movimento R$ 140.000,00
       C Capital a Integralizar R$ 140.000,00.
   d) D Imóveis R$ 140.000,00
       C Capital a Integralizar R$ 70.000,00.
   e) D Imóveis R$ 140.000,00
       C Capital a Integralizar R$ 140.000,00.

Resolução e Comentários: Quando apenas parte do capital social é integralizado, os sócios ou acionistas continuam tendo obrigação junto à sociedade.

Registros iniciais:

D – Capital a Realizar

C – Capital Social R$ 1.000.000,00 (valor exemplificativo)

Integralização parcial do capital social, por exemplo, em dinheiro:

D – Caixa

C – Capital a Realizar R$ 300.000,00 (valor exemplificativo)

No exercício social seguinte, um dos sócios decidiu integralizar a quantia de R$ 140.000,00 através da transferência de um imóvel para a sociedade. Registros efetuados:

D – Imóveis

C – Capital a Realizar R$ 140.000,00

17 (Técnico em Contabilidade – UFF – COSEAC/2015) Na constituição de uma empresa, é fixado o capital social em R$ 32.200,00 e, na ocasião, os sócios integralizam R$ 22.000,00. O registro contábil desta operação fará surgir as seguintes contas com seus respectivos grupos contábeis e valores:
   a) Caixa (Patrimônio Líquido = R$ 32.200,00); Capital a Integralizar (Ativo Circulante = R$ 22.000,00); Capital Social (Patrimônio Líquido = R$ 10.200,00).
   b) Capital Social (Patrimônio Líquido = R$ 32.200,00); Caixa (Ativo Circulante = R$ 22.000,00); Capital a Integralizar (Ativo Circulante = R$ 10.200,00).

c) Capital Social (Patrimônio Líquido = R$ 32.200,00); Caixa (Ativo Circulante = R$ 22.000,00); Capital a Integralizar (Patrimônio Líquido = R$ 10.200,00).
d) Capital Social (Patrimônio Líquido = R$ 32.200,00); Caixa (Ativo Circulante = R$ 10.200,00); Capital a Integralizar (Passivo Circulante = R$ 22.000,00).
e) Capital Social (Patrimônio Líquido = R$ 10.200,00); Caixa (Ativo Circulante = R$ 22.000,00); Capital a Integralizar (Ativo Circulante = R$ 32.200,00).

Resolução e Comentários: Registros iniciais:

D – Capital a Realizar

C – Capital Social R$ 32.200,00

Integralização parcial do capital social em dinheiro:

D – Caixa

C – Capital a Realizar R$ 22.000,00

Saldos das contas após os registros iniciais:

Capital Social (Patrimônio Líquido = R$ 32.200,00);

Caixa (Ativo Circulante = R$ 22.000,00); e

Capital a Realizar (Patrimônio Líquido = R$ 10.200,00).

18 **(Técnico em Contabilidade – UFES – UFES/2015) Uma sociedade empresária tinha um capital social de R$ 800.000,00, cuja metade ainda não havia sido integralizada. Os sócios decidiram integralizar a quantia de R$ 60.000,00, com a transferência de um veículo de um deles para a sociedade.**

O registro contábil da integralização do capital social é:

a) DÉBITO Veículo R$ 60.000,00
    CRÉDITO Capital Social R$ 60.000,00
b) DÉBITO Capital a Integralizar R$ 60.000,00
    CRÉDITO Veículo R$ 60.000,00
c) DÉBITO Capital a Integralizar R$ 60.000,00
    CRÉDITO Capital Social R$ 60.000,00
d) DÉBITO Veículo R$ 60.000,00
    DÉBITO Capital a Integralizar R$ 400.000,00
    CRÉDITO Capital Social R$ 460.000,00
e) DÉBITO Veículo R$ 60.000,00
    CRÉDITO Capital a Integralizar R$ 60.000,00

Resolução e Comentários: Quando apenas parte do capital social é integralizado, os sócios ou acionistas continuam tendo obrigação junto à sociedade.

Registros iniciais:

D – Capital a Realizar

C – Capital Social R$ 800.000,00

Integralização parcial do capital social, por exemplo, em dinheiro:

D – Caixa

C – Capital a Realizar R$ 400.000,00

Os sócios decidiram integralizar a quantia de R$ 60.000,00, com a transferência de um veículo de um deles para a sociedade. Registros efetuados:

D – Veículos

C – Capital a Realizar R$ 60.000,00

19 **(Auditor de Tributos – Prefeitura de Goiânia – UFG/2016) Para responder à questão, considere D (conta debitada) e C (conta creditada).**

A subscrição de capital é o compromisso que o sócio assume perante a nova sociedade que está surgindo. O registro correspondente à subscrição pelos sócios de 10.000 ações com valor nominal de R$ 5,00 é:
a) D – Capital Social $ 50.000,00; C – Capital a integralizar $ 50.000,00;
b) D – Caixa $ 50.000,00; C – Capital a integralizar $ 50.000,00;
c) D – Caixa $ 50.000,00; C – Capital Social $ 50.000,00;
d) D – Capital a integralizar $ 50.000,00; C – Capital social $ 50.000,00.

Resolução e Comentários:

10.000 ações x R$ 5,00 = R$ 50.000,00

Reconhecimento do compromisso assumido pelos sócios, assim como da obrigação por eles contraída junto à sociedade:

D – Capital a Realizar
C – Capital Social   50.000,00

GABARITO

1 – B	2 – E
3 – D	4 – D
5 – A	6 – C
7 – D	8 – C
9 – C	10 – D
11 – E	12 – B
13 – E	14 – B
15 – D	16 – E
17 – C	18 – E
19 – D	

CAPÍTULO 12

Um Modelo de Plano de Contas

12.1. A APRESENTAÇÃO DE UM MODELO DE PLANO DE CONTAS

Realizando o encerramento desta obra, estamos apresentando um **modelo de plano de contas**, que poderá ser consultado a qualquer momento, sempre que houver dúvida em relação ao posicionamento de determinada conta em um plano de contas.

Modelo de Plano de Contas

Contas Patrimoniais

1	ATIVO
1.1	Ativo Circulante
1.1.01	*Disponível*
1.1.01.001	Caixa
1.1.01.001.001	Caixa – Filial 01
1.1.01.001.002	Caixa – Filial 02
1.1.01.002	Bancos Conta Movimento
1.1.01.002.001	Banco do Brasil
1.1.01.002.002	Caixa Econômica Federal
1.1.01.002.003	Banco Bradesco
1.1.01.003	Numerário em Trânsito
1.1.01.004	Aplicações Financeiras de Liquidez Imediata
1.1.01.004.001	Poupança Bancária
1.1.01.004.002	Certificados de Depósito Bancário
1.1.02	*Clientes*
1.1.02.001	Duplicatas a Receber
1.1.02.001.001	Duplicatas a Receber de Clientes
1.1.02.001.002	Duplicatas a Receber de Controladas e Coligadas – Transações Operacionais
1.1.02.002	Perdas Estimadas para Créditos de Liquidação Duvidosa (retificadora – conta credora)
1.1.02.003	Faturamento para Entrega Futura (retificadora – conta credora)
1.1.02.004	Ajuste a Valor Presente (retificadora – conta credora)
1.1.03	*Outros Créditos*
1.1.03.001	Títulos a Receber
1.1.03.001.001	Clientes – Renegociação de Títulos a Receber
1.1.03.001.002	Devedores Mobiliários
1.1.03.001.003	Empréstimos a Receber de Terceiros
1.1.03.002	Cheques em Cobrança
1.1.03.003	Dividendos Propostos a Receber
1.1.03.004	Bancos – Contas Vinculadas
1.1.03.005	Juros a Receber
1.1.03.006	Adiantamentos a Terceiros
1.1.03.007	Créditos de Funcionários
1.1.03.007.001	Adiantamentos para Viagens

1.1.03.007.002	Adiantamentos para Despesas		1.1.05.013	Perda Estimada para Redução ao Valor Recuperável (retificadora – conta credora)
1.1.03.007.003	Antecipação de Salários e Ordenados		1.1.05.014	Ajuste a Valor Presente (retificadora – conta credora)
1.1.03.007.004	Empréstimos a Funcionários		**1.1.06**	**Despesas do Exercício Seguinte Pagas Antecipadamente**
1.1.03.007.005	Antecipação de 13º Salário		1.1.06.001	Prêmios de Seguros a Apropriar
1.1.03.007.006	Antecipação de Férias		1.1.06.002	Encargos Financeiros a Apropriar
1.1.03.008	Tributos a Compensar e a Recuperar		1.1.06.003	Assinaturas e Anuidades a Apropriar
1.1.03.008.001	IPI a Recuperar		1.1.06.004	Comissões e Prêmios Pagos Antecipadamente
1.1.03.008.002	ICMS a Recuperar		1.1.06.005	Aluguéis Pagos Antecipadamente
1.1.03.008.003	IRRF a Recuperar		1.1.06.006	Outros Custos e Despesas Pagos Antecipadamente
1.1.03.008.004	IR e CS a Restituir/Compensar		**1.2**	**Ativo Realizável a Longo Prazo**
1.1.03.008.005	PIS/PASEP a Recuperar		**1.2.01**	**Créditos e Valores**
1.1.03.008.006	Cofins a Recuperar		1.2.01.001	Clientes
1.1.03.008.007	Outros Tributos a Recuperar		1.2.01.002	Títulos a Receber
1.1.03.009	Operações em Bolsa		1.2.01.003	Bancos – Contas Vinculadas
1.1.03.009.001	Depósitos para Garantia de Operação a Termo		1.2.01.004	Créditos de Acionistas – Transações Não Operacionais
1.1.03.009.002	Prêmios Pagos – Mercado de Opções		1.2.01.005	Créditos de Diretores – Transações Não Operacionais
1.1.03.010	Depósitos Restituíveis e Valores Vinculados		1.2.01.006	Créditos de Coligadas e Controladas – Transações Não Operacionais
1.1.03.011	Perda Estimada para Redução ao Valor Recuperável (retificadora – conta credora)		1.2.01.007	Adiantamentos a Terceiros
1.1.03.012	Ajuste a Valor Presente (retificadora – conta credora)		1.2.01.008	Perdas Estimadas para Créditos de Liquidação Duvidosa (retificadora – conta credora)
1.1.04	**Investimentos Temporários**		1.2.01.009	Tributos a Compensar e a Recuperar
1.1.04.001	Aplicação Temporária em Ouro		1.2.01.010	Empréstimos Feitos com Incentivos Fiscais
1.1.04.002	Títulos e Valores Mobiliários		1.2.01.011	Depósitos Restituíveis e Valores Vinculados
1.1.04.003	Perda Estimada para Redução ao Valor Recuperável (retificadora – conta credora)		1.2.01.012	Perdas Estimadas (retificadora – conta credora)
1.1.04.004	Perdas Estimadas (retificadora – conta credora)		1.2.01.013	Aplicações Financeiras
1.1.05	**Estoques**		1.2.01.014	Ajuste a Valor Presente (retificadora – conta credora)
1.1.05.001	Produtos Acabados		**1.2.02**	**Investimentos Temporários a Longo Prazo**
1.1.05.002	Mercadorias para Revenda		1.2.02.001	Títulos e Valores Mobiliários
1.1.05.003	Produtos em Elaboração		1.2.02.002	Depósitos e Aplicações para Investimentos com Incentivos Fiscais
1.1.05.004	Matérias-Primas			
1.1.05.005	Materiais de Acondicionamento e Embalagem		1.2.02.002.001	Fundo de Investimento no Nordeste – FINOR
1.1.05.006	Materiais Auxiliares		1.2.02.002.002	Fundo de Investimentos da Amazônio – FINAM
1.1.05.007	Materiais Semiacabados			
1.1.05.008	Manutenção e Suprimentos Gerais			
1.1.05.009	Importações em Andamento			
1.1.05.010	Mercadorias em Trânsito			
1.1.05.011	Mercadorias Entregues em Consignação			
1.1.05.012	Adiantamento a Fornecedores			

1.2.02.002.003	Fundo de Recuperação Econômica do Estado do Espírito Santo – FUNRES		1.3.02.003	Imóveis Não de Uso (*para renda*)
			1.3.02.004	Perdas Estimadas (retificadora – conta credora)
1.2.02.003	Participações em Fundos de Investimento		**1.4**	**Imobilizado**
			1.4.01	***Bens em Operação – Custo***
1.2.02.003.001	Fundo de Investimento no Nordeste – FINOR		1.4.01.001	Terrenos
			1.4.01.002	Obras Preliminares e Complementares
1.2.02.003.002	Fundo de Investimentos da Amazônia – FINAM		1.4.01.003	Obras Civis
			1.4.01.004	Instalações
1.2.02.003.003	Fundo de Recuperação Econômica do Estado do Espírito Santo – FUNRES		1.4.01.005	Máquinas, Equipamentos e Aparelhos
			1.4.01.006	Equipamentos de Processamento Eletrônico de Dados
1.2.02.004	Perdas Estimadas (retificadora – conta credora)		1.4.01.007	Móveis e Utensílios
			1.4.01.008	Veículos
1.2.02.005	Perdas Estimadas para Redução ao Valor Recuperável (retificadora – conta credora)		1.4.01.009	Ferramentas
			1.4.01.010	Peças e Conjuntos de Reposição
			1.4.01.011	Florestamento e Reflorestamento
1.2.03	***Despesas Pagas Antecipadamente***		***1.4.02***	***Depreciação Acumulada (retificadora – conta credora)***
1.2.03.001	Prêmios de Seguro a Apropriar a Longo Prazo		1.4.02.001	Obras Preliminares e Complementares – Depreciação
1.2.03.002	IR e CS Diferidos		1.4.02.002	Obras Civis – Depreciação
1.3	**Investimentos**		1.4.02.003	Instalações – Depreciação
1.3.01	***Participações Permanentes em Outras Sociedades***		1.4.02.004	Máquinas, Aparelhos e Equipamentos – Depreciação
1.3.01.001	Avaliadas pelo Método da Equivalência Patrimonial		1.4.02.005	Equipamentos de Processamento Eletrônico de Dados – Depreciação
1.3.01.001.001	Valor da Equivalência Patrimonial		1.4.02.006	Móveis e Utensílios – Depreciação
1.3.01.001.001.001	Em Sociedades Controladas (conta por empresa)		1.4.02.007	Veículos – Depreciação
1.3.01.001.001.002	Em Sociedades Coligadas (conta por empresa)		1.4.02.008	Ferramentas – Depreciação
1.3.01.001.001.003	Em Sociedades do Grupo (conta por empresa)		1.4.02.009	Peças e Conjuntos de Reposição – Depreciação
1.3.01.001.002	Mais-Valia sobre os Ativos Líquidos das Investidas		1.4.02.010	Benfeitorias em Propriedades de Terceiros - Amortização
1.3.01.001.003	Ágio por Rentabilidade Futura (conta por empresa)		1.4.2.011	Perdas Estimadas por Redução ao Valor Recuperável (retificadora – natureza credora)
1.3.01.001.004	Perdas Estimadas para Realização ao Valor Realizável Líquido (retificadora – conta credora)		***1.4.03***	***Imobilizado Arrendado***
1.3.01.002	Avaliadas pelo Valor Justo		1.4.03.001	***Veículos Arrendados***
1.3.01.002.001	Participações em Outras Sociedades		1.4.03.002	Máquinas, Aparelhos e Equipamentos Arrendados
1.3.01.003	Participações Avaliadas pelo Custo		***1.4.04***	***Imobilizado em Andamento – Custo***
1.3.01.003.001	Participações em Outras Sociedades		1.4.04.001	Bens em Uso na Fase de Implantação
1.3.01.003.002	Perdas Estimadas (conta retificadora – natureza credora)		1.4.04.001.001	Custo (por Conta)
1.3.02	***Outros Investimentos Permanentes***			
1.3.02.001	Obras de Arte			
1.3.02.002	Terrenos e Imóveis Adquiridos para Futura Utilização			

1.4.04.001.002	Perdas Estimadas por Redução ao Valor Recuperável (retificadora – conta credora)
1.4.04.002	Construções em Andamento
1.4.04.003	Importações em Andamento de Bens do Imobilizado
1.4.04.004	Adiantamentos para Inversões Fixas
1.4.04.005	Almoxarifado de Inversões Fixas
1.5	**Intangível**
1.5.01	*Custo (por Conta)*
1.5.01.001	Marcas
1.5.01.002	Patentes
1.5.01.003	Concessões
1.5.01.004	Ágio (*mais valia por rentabilidade futura*)
1.5.01.005	Direitos Autorais
1.5.01.006	Direitos sobre Recursos Minerais – outros
1.5.01.007	Pesquisa e Desenvolvimento
1.5.01.008	*Softwares* – Sistemas e Aplicativos
1.5.02	*Amortização Acumulada (retificadora – conta credora)*
1.5.02.001	Amortização Acumulada (retificadora – conta credora)
1.5.02.002	Perdas Estimadas por Redução ao Valor Recuperável (retificadora – natureza credora)
1.6	Ativo Diferido "(se houver registros na entidade referentes a Ativo diferido!)"
1.6.01	*Gastos de Implantação e Pré-Operacionais*
1.6.01.001	Gastos de Organização e Administração
1.6.01.002	Estudos, Projetos e Detalhamentos
1.6.01.003	Juros a Acionistas na Fase de Implantação
1.6.01.004	Gastos Preliminares de Operação
1.6.01.005	Amortização Acumulada (retificadora – conta credora)
1.6.02	*Gastos de Implantação de Sistemas e Métodos*
1.6.02.001	Custo (por conta)
1.6.02.002	Amortização Acumulada (retificadora – conta credora)
1.6.03	*Gastos de Reorganização*
1.6.03.001	Custo (por conta)
1.6.03.002	Amortização Acumulada (retificadora – conta credora)

2	PASSIVO
2.1	**Passivo Circulante**
2.1.01	*Empréstimos e Financiamentos*
2.1.01.001	Parcela a Curto Prazo dos Empréstimos e Financiamentos
2.1.01.002	Credores por Financiamentos
2.1.01.003	Financiamentos Bancários a Curto Prazo
2.1.01.004	Financiamento por Arrendamento Financeiro
2.1.01.005	Adiantamentos de Contratos de Câmbio
2.1.01.006	Títulos a Pagar
2.1.01.007	Encargos Financeiros a Transcorrer (retificadora – conta devedora)
2.1.01.008	Juros a Pagar de Empréstimo e Financiamento
2.1.01.009	Duplicatas Descontadas
2.1.02	*Debêntures*
2.1.02.001	Conversíveis em Ações
2.1.02.002	Não Conversíveis em Ações
2.1.02.003	Juros e Participações
2.1.02.004	Deságio a Apropriar (retificadora – conta devedora)
2.1.03	*Fornecedores*
2.1.03.001	Fornecedores Nacionais
2.1.03.002	Ajuste a Valor Presente (retificadora – conta devedora)
2.1.03.003	Fornecedores Estrangeiros
2.1.04	*Obrigações Fiscais*
2.1.04.001	ICMS a Recolher
2.1.04.002	IPI a Recolher
2.1.04.003	IR a Pagar
2.1.04.004	IR Recolhido (retificadora – conta devedora)
2.1.04.005	CSLL a Pagar
2.1.04.006	CSLL Recolhida (retificadora – conta devedora)
2.1.04.007	IR e CSLL Diferidos
2.1.04.008	IOF a Pagar
2.1.04.009	ISS a Recolher
2.1.04.010	PIS/PASEP a Recolher
2.1.04.011	Cofins a Recolher
2.1.04.012	CPMF a Recolher
2.1.04.013	Retenções de Impostos a Recolher
2.1.04.014	Obrigações Fiscais – Refis a Pagar
2.1.04.015	Receita Diferida – Refis
2.1.04.016	Ajuste a Valor Presente (retificadora – conta devedora)
2.1.04.017	Outros Impostos e Taxas a Recolher

2.1.05	**Outras Obrigações**		2.2.02.004	Prêmio na Emissão de Debêntures a Apropriar
2.1.05.001	Adiantamentos de Clientes			
2.1.05.002	Faturamentos para Entrega Futura		2.2.02.005	Gasto na Emissão de Debêntures a Apropriar (retificadora – conta devedora)
2.1.05.003	Contas a Pagar			
2.1.05.004	Arrendamento Operacional a Pagar		**2.2.03**	**Retenções Contratuais**
			2.2.04	**IR e CS Diferidos**
2.1.05.005	Salários e Ordenados a Pagar		**2.2.05**	**Resgate de Partes Beneficiárias**
2.1.05.006	Encargos Sociais a Pagar		**2.2.06**	**Provisões**
2.1.05.007	FGTS a Recolher		2.2.06.001	Provisões Fiscais
2.1.05.008	Honorários da Administração a Pagar		2.2.06.002	Provisões Previdenciárias
			2.2.06.003	Provisões Trabalhistas
2.1.05.009	Comissões a Pagar		2.2.06.004	Provisões Cíveis
2.1.05.010	Gratificações a Lançar		2.2.06.005	Provisões para Benefícios a Empregados (aposentadorias e pensões)
2.1.05.011	Retenções Contratuais			
2.1.05.012	Dividendos a Pagar			
2.1.05.013	Juros Sobre o Capital Próprio a Pagar		2.2.06.006	Provisão para Garantias
			2.2.06.007	Provisão para Reestruturação
2.1.05.014	Juros de Empréstimos e Financiamentos a Pagar		**2.2.07**	**REFIS**
			2.2.07.001	Obrigações Fiscais – Refis a Pagar
2.1.05.015	Operações em Bolsa		2.2.07.002	Receita Diferida (Refis)
2.1.05.016	Ajuste a Valor Presente (retificadora – conta devedora)		2.2.07.003	Ajuste a Valor Presente (retificadora – conta devedora)
2.1.05.017	Dividendos Propostos a Pagar		**2.2.08**	**Receitas Diferidas**
2.1.05.018	Gratificações e Participações a Empregados a Pagar		2.2.08.001	Receita de Exercícios Futuros
			2.2.08.002	Custos e Despesas Correspondentes às Receitas de Exercícios Futuros (retificadora – conta devedora)
2.1.05.019	Gratificações e Participações a Administradores a Pagar			
2.1.05.020	Participações de Partes Beneficiárias a Pagar			
			2.4	**Patrimônio Líquido**
2.1.05.021	Férias a Pagar		**2.4.01**	**Capital Social**
2.1.05.022	Décimo Terceiro Salário a Pagar		2.4.01.001	Capital Autorizado
2.1.05.023	Comissões a Pagar		2.4.01.002	Capital a Subscrever (retificadora – conta devedora)
2.1.05.024	Benefícios a Empregados a Pagar		2.4.01.003	Capital Subscrito
2.1.05.025	Outras Contas a Pagar			
2.2	**Passivo Não Circulante**		2.4.01.004	Capital a Integralizar (retificadora – conta devedora)
2.2.01	**Empréstimos e Financiamentos**			
2.2.01.001	Empréstimos e Financiamentos a Longo Prazo		**2.4.02**	**Reservas de Capital**
			2.4.02.001	Ágio na Emissão de Ações
2.2.01.001.001	Em Moeda Nacional		2.4.02.002	Reserva Especial de Ágio na Incorporação
2.2.01.001.002	Em Moeda Estrangeira			
2.2.01.002	Financiamento por Arrendamento Financeiro		2.4.02.003	Alienação de Partes Beneficiárias
			2.4.02.004	Alienação de Bônus de Subscrição
2.2.01.003	Credores por Financiamento		**2.4.03**	**Gastos na Emissão de Valores Patrimoniais (retificadora – conta devedora)**
2.2.01.004	Títulos a Pagar			
2.2.01.005	Encargos Financeiros a Transcorrer (retificadora – conta devedora)			
			2.4.04	**Ajustes de Avaliação Patrimonial**
2.2.01.006	Juros a Pagar de Empréstimos e Financiamentos		2.4.04.001	Ajustes de Avaliação Patrimonial – Elementos do Ativo
			2.4.04.002	Ajustes de Avaliação Patrimonial – Elementos do Passivo
2.2.02	**Debêntures**			
2.2.02.001	Conversíveis em Ações		**2.4.05**	**Reservas de Lucros**
2.2.02.002	Não Conversíveis em Ações		2.4.05.001	Reserva Legal
2.2.02.003	Juros e Participações			

2.4.05.002	Reservas Estatutárias (contas por tipo)
2.4.05.003	Reservas para Contingências
2.4.05.004	Reservas de Incentivos Fiscais
2.4.05.005	Reservas de Lucros a Realizar
2.4.05.006	Reservas de Lucros para Expansão
2.4.05.007	Reserva Especial para Dividendo Obrigatório Não Distribuído
2.4.06	**Lucros ou Prejuízos Acumulados**
2.4.06.001	Lucros Acumulados
2.4.06.002	Prejuízos Acumulados (retificadora – conta devedora)
2.4.07	**Ações em Tesouraria (retificadora da conta que originou o pagamento das ações – conta devedora)**
2.5	**Acionistas Não Controladores**
2.5.01	**Acionistas Não Controladores (consolidado)**

Contas de Resultado

3	**CONTAS DE RESULTADO – DESPESAS E CUSTOS**
3.1	**Custos de Produção**
3.1.01	**Matéria-Prima Direta**
3.1.02	**Outros Materiais Diretos**
3.1.03	**Mão de Obra Direta**
3.1.03.001	Salários
3.1.03.002	Prêmios de Produção
3.1.03.003	Gratificações
3.1.03.004	Férias
3.1.03.005	Décimo Terceiro Salário
3.1.03.006	INSS
3.1.03.007	FGTS
3.1.03.008	Benefícios a Empregados
3.1.03.009	Aviso Prévio e Indenizações
3.1.03.010	Assistência Médica e Social
3.1.03.011	Seguro de Vida em Grupo
3.1.03.012	Seguro de Acidentes do Trabalho
3.1.03.013	Auxílio-Alimentação
3.1.03.014	Assistência Social
3.1.03.015	Outros Encargos
3.1.04	**Outros Custos Diretos**
3.1.04.001	Serviços de Terceiros
3.1.04.002	Outros
3.1.05	**Custos Indiretos**
3.1.05.001	Material Indireto
3.1.05.002	Mão de Obra Indireta
3.1.05.002.001	Salários e Ordenados dos Supervisores de Produção
3.1.05.002.002	Salários e Ordenados dos Departamentos de Serviços
3.1.05.002.003	Gratificações
3.1.05.002.004	Férias
3.1.05.002.005	Décimo Terceiro Salário
3.1.05.002.006	INSS
3.1.05.002.007	FGTS
3.1.05.002.008	Benefícios a Empregados
3.1.05.002.009	Aviso Prévio e Indenizações
3.1.05.002.010	Assistência Médica e Social
3.1.05.002.011	Seguro de Vida em Grupo
3.1.05.002.012	Seguro de Acidentes do Trabalho
3.1.05.002.013	Outros Encargos
3.1.05.002.014	Honorários da Diretoria de Produção e Encargos
3.1.05.003	Ocupação
3.1.05.003.001	Aluguéis e Condomínios
3.1.05.003.002	Depreciações e Amortizações
3.1.05.003.003	Manutenção e Reparos
3.1.05.004	Utilidades e Serviços
3.1.05.004.001	Energia Elétrica (luz e força)
3.1.05.004.002	Água
3.1.05.004.003	Transporte do Pessoal
3.1.05.004.004	Comunicações
3.1.05.004.005	Reproduções
3.1.05.004.006	Refeitório
3.1.05.005	Despesas Gerais
3.1.05.005.001	Recrutamento e Seleção
3.1.05.005.002	Treinamento do Pessoal
3.1.05.005.003	Roupas Profissionais
3.1.05.005.004	Conduções e Refeições
3.1.05.005.005	Impostos e Taxas
3.1.05.005.006	Segurança e Vigilância
3.1.05.005.007	Ferramentas Perecíveis
3.1.05.005.008	Outras
3.2	**Despesas Operacionais**
3.2.01	**Despesas de Vendas**
3.2.01.001	Despesas com Pessoal
3.2.01.001.001	Salários e Ordenados
3.2.01.001.002	Gratificações
3.2.01.001.003	Férias

3.2.01.001.004	Décimo Terceiro Salário
3.2.01.001.005	INSS
3.2.01.001.006	FGTS
3.2.01.001.007	Indenizações
3.2.01.001.008	Assistência Médica e Social
3.2.01.001.009	Seguro de Vida em Grupo
3.2.01.001.010	Seguro de Acidentes do Trabalho
3.2.01.001.011	Outros Encargos
3.2.01.002	Comissões de Vendas
3.2.01.003	Ocupação
3.2.01.003.001	Aluguéis e Condomínios
3.2.01.003.002	Depreciações e Amortizações
3.2.01.003.003	Manutenção e Reparos
3.2.01.004	Utilidades e Serviços
3.2.01.004.001	Energia Elétrica (luz e força)
3.2.01.004.002	Água e Esgoto
3.2.01.004.003	Telefone, Internet, Fax
3.2.01.004.004	Correios e Malotes
3.2.01.004.005	Reprodução
3.2.01.004.006	Seguros
3.2.01.004.007	Transporte de Pessoal
3.2.01.005	Propaganda e Publicidade
3.2.01.005.001	Propaganda
3.2.01.005.002	Publicidade
3.2.01.005.003	Amostras
3.2.01.005.004	Anúncios
3.2.01.005.005	Pesquisas de Mercado e de Opinião
3.2.01.006	Despesas Gerais
3.2.01.006.001	Viagens e Representações
3.2.01.006.002	Material de Escritório
3.2.01.006.003	Materiais Auxiliares e de Consumo
3.2.01.006.004	Higiene e Limpeza
3.2.01.006.005	Copa, Cozinha e Refeitório
3.2.01.006.006	Conduções e Lanches
3.2.01.006.007	Revistas e Publicações
3.2.01.006.008	Donativos e Contribuições
3.2.01.006.009	Despesas Gerais Legais e Judiciais
3.2.01.006.010	Serviços Profissionais Contratados
3.2.01.007	Tributos e Contribuições
3.2.01.008	Despesas com Perdas Estimadas para Créditos de Liquidação Duvidosa

3.2.02	**Despesas Operacionais Administrativas**
3.2.02.001	Despesas com Pessoal
3.2.02.001.001	Salários e Ordenados
3.2.02.001.002	Gratificações
3.2.02.001.003	Férias
3.2.02.001.004	Décimo Terceiro Salário
3.2.02.001.005	INSS
3.2.02.001.006	FGTS
3.2.02.001.007	Indenizações
3.2.02.001.008	Assistência Médica e Social
3.2.02.001.009	Seguro de Vida em Grupo
3.2.02.001.010	Seguro de Acidentes do Trabalho
3.2.02.001.011	Outros Encargos
3.2.02.002	Ocupação
3.2.02.002.001	Aluguéis e Condomínios
3.2.02.002.002	Depreciações e Amortizações
3.2.02.002.003	Manutenção e Reparos
3.2.02.003	Utilidades e Serviços
3.2.02.003.001	Energia Elétrica (luz e força)
3.2.02.003.002	Água e Esgoto
3.2.02.003.003	Telefone, Internet, Fax
3.2.02.003.004	Correios e Malotes
3.2.02.003.005	Reprodução
3.2.02.003.006	Seguros
3.2.02.003.007	Transporte de Pessoal
3.2.02.004	Honorários
3.2.02.004.001	Diretoria
3.2.02.004.002	Conselho de Administração
3.2.02.004.003	Conselho Fiscal
3.2.02.005	Despesas Gerais
3.2.02.005.001	Viagens e Representações
3.2.02.005.002	Material de Escritório
3.2.02.005.003	Materiais Auxiliares e de Consumo
3.2.02.005.004	Higiene e Limpeza
3.2.02.005.005	Copa, Cozinha e Refeitório
3.2.02.005.006	Conduções e Lanches
3.2.02.005.007	Revistas e Publicações
3.2.02.005.008	Donativos e Contribuições
3.2.02.005.009	Despesas Gerais Legais e Judiciais
3.2.02.005.010	Serviços Profissionais Contratados
3.2.02.005.010.001	Auditoria
3.2.02.005.010.002	Consultoria

3.2.02.005.010.003	Recrutamento e Seleção
3.2.02.005.010.004	Segurança e Vigilância
3.2.02.005.010.005	Treinamento de Pessoal
3.2.02.006	Tributos e Contribuições
3.2.02.006.001	ITR
3.2.02.006.002	IPTU
3.2.02.006.003	IPVA
3.2.02.006.004	Taxas Municipais e Estaduais
3.2.02.006.005	Contribuição Social
3.2.02.006.006	PIS
3.2.02.006.007	PASEP
3.2.02.006.008	Cofins
3.2.02.006.009	CPMF
3.2.02.007	Despesas com Provisões
3.2.02.007.001	Constituição de Provisão para Perdas Diversas
3.2.02.007.002	Constituição de Provisões Fiscais
3.2.02.007.003	Constituição de Provisões Previdenciárias
3.2.02.007.004	Constituição de Provisões Trabalhistas
3.2.02.007.005	Constituição de Provisões Cíveis
3.2.02.007.006	Constituição de Provisão para Benefícios a Empregados
3.2.02.007.007	Constituição de Provisão para Redução a Valor Recuperável
3.2.02.007.008	Constituição de Perdas Estimadas nos Estoques
3.2.02.007.009	Reversão de Provisão para Redução a Valor Recuperável
3.2.02.007.010	Reversão de Provisões Fiscais
3.2.02.007.011	Reversão de Provisões Previdenciárias
3.2.02.007.012	Reversão de Provisões Trabalhistas
3.2.02.007.013	Reversão de Provisões Cíveis
3.2.02.007.014	Reversão de Provisão para Benefícios a Empregados
3.2.02.007.015	Reversão de Perdas Estimadas nos Estoques
3.2.03	***Resultado Financeiro Líquido***
3.2.03.001	Despesas Financeiras
3.2.03.001.001	Despesas Financeiras
3.2.03.001.002	Juros Pagos ou Incorridos
3.2.03.001.003	Descontos Concedidos
3.2.03.001.004	Comissões e Despesas Bancárias

3.2.03.001.005	Variação Monetária Prefixada de Obrigações
3.2.03.002	Resultado Financeiro Comercial
3.2.03.002.001	Despesa Financeira Comercial
3.2.03.002.002	Reversão de Ajuste a Valor Presente de Clientes, Líquido de suas Perdas Monetárias
3.2.03.003	Variações Monetárias de Obrigações e Créditos
3.2.03.003.001	Variações de Obrigações
3.2.03.003.001.001	Variação Cambial
3.2.03.003.001.002	Variação Monetária Passiva, Exceto Prefixada
3.2.03.003.002	Variações de Créditos
3.2.03.003.002.001	Variação Cambial
3.2.03.003.002.002	Variação Monetária Ativa
3.2.03.004	PIS/PASEP sobre Receitas Financeiras
3.2.03.005	Cofins sobre Receitas Financeiras
3.2.04	***Outras Despesas Operacionais***
3.2.04.001	Prejuízos de Participações em Outras Sociedades
3.2.04.002	Participação nos Resultados de Coligadas e Controladas pelo Método da Equivalência Patrimonial
3.2.04.003	Amortização de Ágio de Investimentos
3.3	**Perdas em Itens Monetários**
3.4	**Outras Despesas**
3.4.01	***Perdas de Capital nos Investimentos***
3.4.01.001	Perdas na Alienação de Investimentos
3.4.01.002	Perdas Prováveis na Alienação de Investimentos
3.4.01.003	Resultados Não Operacionais em Investimentos pela Equivalência Patrimonial
3.4.02	***Perdas de Capital no Imobilizado***
3.4.02.001	Perdas na Alienação ou Baixa de Imobilizado
3.4.02.002	Valor Líquido de Bens Baixados
3.4.03	***Perdas de Capital no Ativo Diferido***
3.4.03.001	Baixa de Ativos Diferidos
3.4.04	***Outras Perdas***
3.4.04.001	Perdas no Refis

3.5	Imposto de Renda e Contribuição Social
3.6	Participações e Contribuições
3.6.01	Debêntures
3.6.02	Empregados
3.6.03	Administradores
3.6.04	Partes Beneficiárias
3.6.05	Instituição ou Fundo de Assistência ou Previdência a Empregados

4	CONTAS DE RESULTADO – RECEITAS
4.1	Receita Bruta de Vendas de Produtos e Serviços
4.1.01	Vendas de Produtos
4.1.01.001	Mercado Nacional
4.1.01.002	Exportação
4.1.02	Vendas de Serviços
4.1.02.001	Mercado Nacional
4.1.02.002	Exportação
4.2	Deduções da Receita Bruta
4.2.01	Vendas Canceladas e Devoluções de Vendas
4.2.01.001	Vendas Canceladas
4.2.01.002	Devoluções de Vendas
4.2.02	Descontos Incondicionais Concedidos
4.2.02.001	Descontos Incondicionais Concedidos
4.2.03	Impostos Incidentes Sobre Vendas
4.2.03.001	IPI (pela legislação fiscal, **não** deve integrar a receita bruta)
4.2.03.002	ICMS
4.2.03.003	ISS
4.2.03.004	PIS ou PASEP (sobre a receita bruta)
4.2.03.005	Cofins (sobre a receita bruta)
4.2.04	Abatimentos
4.2.04.001	Abatimentos Concedidos sobre Vendas
4.3	Ajuste a Valor Presente de Clientes (retificadora – conta devedora)
4.4	Resultado Financeiro Líquido

4.4.01	Receitas Financeiras
4.4.01.001	Receitas Financeiras
4.4.01.002	Descontos Obtidos
4.4.01.003	Juros Recebidos ou Auferidos
4.4.01.004	Receitas de Títulos Vinculados ao Sistema Financeiro
4.4.01.005	Receitas sobre Outros Investimentos Temporários
4.4.01.006	Prêmio de Resgate de Títulos e Debêntures
4.4.02	Resultado Financeiro Comercial
4.4.02.001	Receita Financeira Comercial
4.4.02.002	Reversão de Ajuste a Valor Presente de Clientes, Líquido de suas Perdas Monetárias
4.5	Outras Receitas Operacionais
4.5.01	Lucros de Participações em Outras Sociedades
4.5.01.001	Participação nos Resultados de Coligadas e Controladas pelo Método da Equivalência Patrimonial
4.5.01.002	Dividendos e Rendimentos de Outros Investimentos
4.5.01.003	Vendas Diversas
4.5.01.004	Vendas de Sucatas (líquidas de ICMS)
4.5.01.005	Amortização de Deságio em Investimentos
4.6	Ganhos em Itens Monetários
4.7	Outras Receitas
4.7.01	Ganhos de Capital nos Investimentos
4.7.01.001	Ganhos na Alienação de Investimentos
4.7.01.002	Resultados Não Operacionais em Investimentos pela Equivalência Patrimonial
4.7.02	Ganhos de Capital no Imobilizado
4.7.02.001	Ganhos na Alienação ou Baixa de Imobilizado
4.7.02.002	Valor Líquido de Bens Baixados
4.7.03	Ganhos de Capital no Ativo Diferido
4.7.03.001	Baixa de Ativos Diferidos
4.7.04	Outros Ganhos
4.7.04.001	Ganhos no Refis

Contas para Apuração do Resultado do Exercício

5	CONTAS EMPREGADAS PARA A APURAÇÃO DO RESULTADO DO EXERCÍCIO
5.1	Custo dos Produtos Vendidos e dos Serviços Prestados
5.1.01	*Custo dos Produtos Vendidos*
5.1.01.001	Custo dos Produtos Vendidos
5.1.02	*Custo dos Serviços Prestados*
5.1.02.001	Custo dos serviços Prestados
5.1.03	*Custo das Mercadorias Vendidas*
5.1.03.001	Custo das Mercadorias Vendidas
5.1.04	*Apuração do Resultado do Exercício*
5.1.04.001	Apuração do Resultado do Exercício

APÊNDICE 1

Pessoas Físicas e Pessoas Jurídicas

1.1. PESSOAS FÍSICAS E PESSOAS JURÍDICAS

A *personalidade* é uma qualidade inerente à pessoa (*personalidade* é a qualidade de pessoa), ou seja, é uma qualidade reconhecida pelo Direito ao ser humano (**pessoa física** ou **pessoa natural** ou **pessoa humana**) e a determinadas organizações humanas (sociedades, organizações, fundações, entidades políticas).

A palavra **pessoa** pode representar a pessoa humana (o ser humano), assim como qualquer outra entidade que o Direito considere como sujeito de direito, ou melhor, sujeito de uma relação jurídica (sujeito de um direito subjetivo). Como muito bem nos ensina Luiz Guilherme Loureiro, a entidade, no caso em comento, é o sujeito do direito subjetivo e do dever jurídico.

Todo ser humano é pessoa na acepção jurídica. A capacidade jurídica todo ser humano possui; esta é a chamada *capacidade de direito*; por outro lado, nem todos os homens possuem *capacidade de fato ou de exercício*, ou seja, aptidão para, individualmente, adquirir direitos e contrair obrigações.

Pessoa:

Ser ao qual são atribuídos direitos e obrigações. Todo e qualquer sujeito capaz de gozar direitos e contrair obrigações é uma **pessoa**.

Personalidade:

Aptidão para ser sujeito de relações Jurídicas (Luiz Guilherme Loureiro).

Aptidão, reconhecida pela ordem jurídica a alguém, para exercer direitos e contrair obrigações (Clóvis Beviláqua).

Conjunto de poderes conferidos ao homem para figurar nas relações jurídicas (Sílvio de Salvo Venosa).

Direito Objetivo:

Norma vigente em dado momento a fim de reger as relações dos homens vivendo em sociedade.

Direito Subjetivo:

Prerrogativa que possui o indivíduo a partir da norma objetiva, quando é ele (indivíduo) o titular do direito. Não há direito subjetivo sem que haja um sujeito, devido ao fato de o Direito ter por escopo a proteção dos interesses humanos.

Relação Jurídica:

"Relação humana que o ordenamento jurídico acha de tal modo relevante que lhe dá o prestígio de sua força coercitiva. Ela se estabelece entre indivíduos, porque o Direito tem por escopo regular os interesses humanos, de maneira que o sujeito da relação jurídica é sempre o homem. Verdade que por vezes se encontram organismos que não são homens, exercendo a titularidade de direitos. São as chamadas pessoas jurídicas. Mas ver-se-á que tais entidades representam um instrumento para melhor se atingir interesses humanos" (Silvio Rodrigues).

Convém ressaltar que se houver uma relação jurídica de onde decorra uma prerrogativa para alguém, imprescindível será conceber o titular dessa prerrogativa, pois **não há direito subjetivo sem que haja um sujeito**.

Existem duas espécies de pessoas, ou seja, de sujeitos de direito: as **pessoas físicas** (ou **naturais** ou **humanas**) e as **pessoas jurídicas** (ou **morais** ou **coletivas**).

A **pessoa física** é o indivíduo, isto é, o ser humano. O Direito tem por base o corpo humano e a vida humana para reconhecer a existência de uma pessoa física. A personalidade de um indivíduo tem início com o nascimento com vida e desaparece com a sua morte.

A pessoa humana que nasce com vida pode ser titular de relações jurídicas. Toda pessoa física pode ser titular de direitos: compra, empresta, vende, contrai matrimônio, efetua testamento etc. Logo, pode adquirir e possuir bens e direitos, assim como pode contrair obrigações, constituindo um patrimônio, ou seja, sendo titular de um patrimônio.

Ao nascer com vida, o indivíduo adquire personalidade. Esta, por sua vez, cessa com sua morte, seja ela natural ou presumida. No caso em tela, ou seja, tendo o indivíduo morrido, seu patrimônio é transferido a seus sucessores (herdeiros ou legatários) de maneira definitiva.

Sílvio de Salvo Venosa nos ensina com maestria a idealização das pessoas jurídicas. Vejamos o que ele nos apresenta:

"O homem, ser humano, é dotado de capacidade jurídica. No entanto, é pequeno demais para a realização de grandes empreendimentos. Desde cedo percebeu a necessidade de conjugar esforços, de unir-se a outros homens, para realizar determinados empreendimentos, conseguindo, por meio dessa união, uma polarização de atividades em torno do grupo reunido.

Daí decorre a atribuição de capacidade jurídica aos entes abstratos assim constituídos, gerados pela vontade e necessidade do homem. Surgem, portanto, as pessoas jurídicas, ora como conjunto de pessoas, ora como destinação patrimonial, aptidão para adquirir direitos e contrair obrigações."

"A pessoa jurídica apresenta muitas das peculiaridades da pessoa natural: nascimento, registro, personalidade, capacidade, domicílio, previsão de seu final, sua morte, e até mesmo um direito sucessório."

Denominam-se **pessoas jurídicas** ou **pessoas morais** ou **pessoas coletivas** os seres que se distinguem das pessoas que os compõem, que atuam na vida jurídica ao lado dos seres humanos e aos quais a lei atribui personalidade (característica esta de serem titulares de direitos e contrair obrigações).

Podemos dizer, também, que são **pessoas jurídicas** ou **pessoas morais** ou **pessoas coletivas** as entidades abstratas às quais a Lei empresta personalidade, podendo ser titulares de direitos, assim como de obrigações. *São seres que atuam na vida jurídica, com personalidade diversa das pessoas humanas que os compõem.*

Convém observar que a pessoa jurídica é um sujeito de direitos que possui, sob o ponto de vista jurídico, todos os atributos inerentes à pessoa física, exceto aqueles inerentes à natureza específica desta última.

As pessoas jurídicas de direito público interno são, de acordo com o novo Código Civil:

I – a União;

II – os Estados, o Distrito Federal e os Territórios;

III – os Municípios;

IV – as autarquias, inclusive as associações públicas;

V – as demais entidades de caráter público criadas por lei.

São as seguintes as pessoas jurídicas de direito público externo:

I – Estados estrangeiros (países);

II – todas as pessoas que forem regidas pelo direito internacional público (organizações internacionais, tais como a Organização das Nações Unidas – ONU, a Organização Internacional do Trabalho – OIT etc.).

Algumas das entidades de direito público interno podem ter a estrutura de direito privado, sendo, salvo disposição de lei em contrário, regidas pelas regras aplicadas às sociedades de direito privado. São elas:

a) Fundações;

b) Empresas Públicas;

c) Sociedades de Economia Mista.

Autarquia:

É o serviço autônomo, criado por lei, com personalidade jurídica, patrimônio e receita próprios, para executar atividades típicas da Administração Pública que requeiram, para seu melhor funcionamento, gestão administrativa e financeira descentralizada.

A autarquia é uma entidade com personalidade pública que goza de certa autonomia. Os limites de sua atividade são definidos pela lei que a institui. As autarquias podem ser criadas pela União, pelos Estados e pelos Municípios, *possuindo capital e patrimônio exclusivos do Estado* (Exemplos: INCRA, OAB, IPEM etc.).

Fundação Pública:

É a entidade dotada de personalidade jurídica de direito privado, *sem fins lucrativos*, criada em virtude de autorização legislativa, para o desenvolvimento de atividades que não exijam execução por órgãos ou entidades de direito público, *com autonomia administrativa, patrimônio próprio gerido pelos respectivos órgãos de direção e funcionamento custeado por recursos da União e de outras fontes* (Exemplos: IBGE, FUNAI etc.).

Empresa Pública:

É a entidade dotada de personalidade jurídica de direito privado, *com patrimônio próprio e capital exclusivo da União, criada por lei para a exploração de atividade econômica que o Governo seja levado a exercer por força de contingência ou de conveniência administrativa, podendo revestir-se de quaisquer das formas admitidas em direito* (Exemplos: Caixa Econômica Federal, Empresa Brasileira de Correios e Telégrafos etc.).

Sociedade de Economia Mista:

É a entidade dotada de personalidade jurídica de direito privado, *criada por lei para a exploração de atividade econômica, sob a forma de sociedade anônima*, cujas ações com direito a voto pertençam em sua maioria à União ou a entidade da Administração Indireta (Exemplos: Banco do Brasil, Petrobrás, Eletrobrás etc.).

O artigo 44 da Lei nº 10.406/2002 (novo Código Civil) trata das principais espécies de pessoas jurídicas de direito privado. Em seguida, apresentamos conceitos a elas referentes.

Associação:

É uma organização formada por um grupo de pessoas, que decide sobre seu funcionamento e sua atuação. Regra geral, não possui finalidade lucrativa. É instituída para a prática de atividades culturais, recreativas, científicas etc. (Exemplos: APAE, UNE, associações de bairros etc.).

Fundação:

É a organização criada por uma pessoa – *o fundador* – para cumprir uma finalidade de interesse geral determinada por este, dotada dos meios adequados para o seu funcionamento. As fundações são fiscalizadas pelo Ministério Público. A organização, o funcionamento e a atuação da fundação são derivadas da vontade da pessoa do fundador (Exemplos: Fundação Roberto Marinho, Fundação Bradesco etc.).

Organização Religiosa:

É a união organizada de pessoas com finalidade religiosa. Nada impede que tenha, também, finalidade assistencial, cultural, científica e/ou filosófica.

Partido Político:

"Associação de pessoas com uma ideologia ou interesses comuns que, mediante uma organização estável (*Partei – Apparat*), mira exercer influência sobre a determinação da orientação política do país" (Pietro Virga).

Sociedade:

É a união organizada de pessoas que se associam visando a realizar atividade lucrativa e posterior divisão dos resultados alcançados por meio dela. *Trata-se de uma entidade dotada de personalidade jurídica própria, patrimônio próprio, atividade negocial e fins lucrativos.*

Sociedade Simples:

Possui finalidade lucrativa, **realizando atividades civis**. Os lucros obtidos são partilhados pelos sócios, conforme a definição constante do ato constitutivo. Não dispõe de uma estrutura organizacional, em regra. Se possuir estrutura organizacional, será dedicada às atividades intelectuais ou rurais (agricultura e/ou pecuária). É registrada no Registro Civil das Pessoas Jurídicas (Exemplos: cooperativa, sociedade imobiliária, prestadora de serviços etc.).

Sociedade Empresária:

Possui finalidade lucrativa, **realizando atividades comerciais, em regra**. Pode assumir por lei as seguintes formas: sociedade em comum, sociedade em nome coletivo, sociedade em comandita simples, sociedade em comandita por ações, sociedade de capital e indústria (abolida pelo novo Código Civil), sociedade em conta de participação, sociedade anônima e sociedade limitada. É registrada no Registro Público de Empresas Mercantis, a cargo da Junta Comercial.

Sociedade Empresária
- Sociedade em Comum
- Sociedade em Comandita Simples
- Sociedade em Comandita por Ações
- Sociedade em Nome Coletivo
- Sociedade de Capital e Indústria (abolida pelo novo Código Civil)
- Sociedade em Conta de Participação
- Sociedade Anônima
- Sociedade Limitada

O **ato constitutivo de uma sociedade** é o documento (instrumento público ou particular), de natureza contratual, escrito, firmado por todos os sócios, em que são declaradas as condições (cláusulas) básicas da entidade, tais como seu nome, domicílio, capital social, cotas pertencentes a cada sócio, objeto social, forma de administração adotada, prazo de existência e processo de liquidação. Deve ser redigido de acordo com determinadas normas em vigor, sendo suscetível de produzir consequências jurídicas.

Esse ato constitutivo deverá ser arquivado no órgão competente.

Na maioria dos casos, teremos a elaboração de **contratos sociais**; no caso de sociedades por ações, deverá ser elaborado um **estatuto**.

> *Em regra, duas ou mais pessoas se unem com o intuito de formar uma sociedade. Esta sociedade possuirá uma finalidade, definida pelos sócios quando de sua constituição. Para que esta sociedade exista e prospere, haverá a necessidade de entrega de recursos a ela pelos sócios. Eis aí o surgimento do conceito de **capital social**.*

Capital Social é a soma representativa das contribuições de todos os sócios, realizadas (entregues) ou a serem realizadas (a serem entregues), para a finalidade específica de formação da sociedade. O capital social poderá ser constituído em dinheiro ou em bens. Deve-se ressaltar que a legislação brasileira regula a entrega de bens para a formação do capital social somente nas sociedades anônimas, quando ocorrerá a avaliação de tais bens por peritos (pessoas físicas) ou por empresa especializada, que elaborarão laudo de avaliação desses bens, para deliberação em assembleia (seja a assembleia voltada para a constituição da sociedade ou para o aumento do capital social). Nas sociedades de pessoas, a incorporação de bens à sociedade dependerá de acordo entre os sócios.

O capital social poderá ser aumentado ou diminuído desde que se faça alteração dos atos constitutivos da sociedade, com seus respectivos registros nos órgãos competentes.

Denomina-se **subscrição do capital social** a promessa de entrega de dinheiro e/ou de bens à sociedade. Trata-se do compromisso assumido pelos sócios junto à sociedade para a entrega de dinheiro e/ou de bens.

Integralização ou **realização do capital social** consiste na efetiva entrega de dinheiro e/ou de bens à sociedade, quando os sócios honram parcial ou totalmente seus compromissos junto a ela (sociedade).

> *É importante ressaltar que a legislação brasileira não determina valor mínimo a ser designado para a formação do capital social de uma entidade.*

As pessoas jurídicas de direito privado têm sua existência legal com a inscrição do respectivo ato constitutivo (contrato ou estatuto) no registro competente (Registro Público de Empresas Mercantis – Juntas Comerciais, ou Registro Civil das Pessoas Jurídicas), conforme os artigos 45 e 985 da Lei nº 10.406/2002 (novo Código Civil).

O término da existência de uma pessoa jurídica poderá ser motivado, entre outros motivos:

- por determinação legal;
- pelo término do prazo de sua duração, se tiver sido constituída por prazo determinado;
- por dissolução judicial;
- pela vontade de seus membros;
- por ato administrativo, se a pessoa jurídica tiver dependência de ato governamental para funcionar;
- pela morte de um dos sócios, se assim estiver definido nos seus atos constitutivos.

Convém ressaltar que o término da sociedade também depende de registro no órgão competente!

A base jurídica da pessoa jurídica em sua ordem interna será SEMPRE o seu ato constitutivo, seu estatuto ou contrato social.

Deve-se ressaltar aqui que, *regra geral*, duas ou mais pessoas se unem com o intuito de criar uma pessoa jurídica. Exceção a esta regra consta do artigo 251 da Lei nº 6.404/1976 (Lei das Sociedades por Ações), que trata da **subsidiária integral**. Nesse caso, uma única entidade adquire todas as ações de outra entidade (a subsidiária integral).

De maneira extremamente didática, Mônica Gusmão nos ensina que:

"Toda sociedade, *independentemente do tipo que adote*, tem responsabilidade ilimitada e responde com todo o seu patrimônio pelas obrigações contraídas com os credores. A responsabilidade dos sócios é que varia, segundo o tipo societário adotado."

1.2. O Empresário, a Empresa, a Sociedade empresária e o Estabelecimento empresarial

Neste tópico, abordaremos os conceitos de empresário, empresa, sociedade empresária e estabelecimento empresarial.

De acordo com o artigo 966 da Lei nº 10.406/2002 (Código Civil de 2002), **empresário** é quem exerce profissionalmente atividade econômica organizada para a produção ou a circulação de bens ou serviços.

Para que seja considerado empresário, três são as características comumente adotadas pela Doutrina para essa definição: *habitualidade, pessoalidade* e *posse do monopólio das informações sobre o produto ou o serviço objeto de sua empresa.*

O empresário deve: praticar suas atividades de forma habitual; no exercício da atividade empresarial, contratar empregados; possuir todas as informações possíveis a respeito dos bens e/ou dos serviços que oferece ao mercado.

É a *organização* que distingue o empresário do profissional autônomo.

O empresário poderá ser pessoa física ou pessoa jurídica.

Se o empresário for *pessoa física*, será denominado **empresário individual**. Trata-se daquele que exerce pessoalmente a atividade de empresário. O empresário individual constitui obrigações em seu próprio nome, responde com os seus bens pessoais, assume responsabilidade ilimitada e pode incorrer pessoalmente em falência.

Se o empresário for *pessoa jurídica*, será conhecido como **sociedade empresária**. Equivale à pessoa jurídica, entidade à qual a ordem jurídica atribui personalidade jurídica.

Independentemente de seu objeto, **considera-se empresária** a sociedade por ações; e, simples, a cooperativa.

Os sócios de uma sociedade empresária não são empresários. Se várias pessoas físicas se unem com o propósito de formar uma sociedade, esta (a sociedade) será dita empresária.

Não se considera empresário quem exerce profissão intelectual, de natureza científica, literária ou artística, ainda que com o concurso de auxiliares ou colaboradores, salvo se o exercício da profissão constituir elemento de empresa.

Elemento de empresa é o efetivo exercício de uma atividade econômica organizada, que reúne capital, trabalho e tecnologia com fins lucrativos.

Empresa é a *atividade economicamente organizada* para a produção ou a circulação de bens e serviços. A empresa é a atividade desenvolvida pelo empresário. *Quem exerce direitos e contrai obrigações é o empresário, não a empresa.*

Estabelecimento empresarial é o conjunto de bens, materiais e imateriais, que constituem o instrumento utilizado pelo empresário para a exploração (ou seja, para o exercício) de alguma atividade economicamente organizada (empresa).

1.3. Principais Formas das Sociedades Empresárias

A seguir, apresentaremos as características mais relevantes das principais formas de constituição de sociedades empresárias.

O novo Código Civil classifica as *sociedades* em *personificadas* ou *não personificadas*.

1.3.1. Sociedades não personificadas

As sociedades que não arquivam seus atos constitutivos nos órgãos de registro competentes são tidas como **sociedades não personificadas**, sendo a elas aplicadas as regras referentes às sociedades simples, sempre que houver compatibilidade.

As sociedades não personificadas são subdivididas no novo Código Civil em sociedades em comum e sociedades em conta de participação.

1.3.1.1 Sociedades em comum

Sociedades em Comum são aquelas que ***não possuem*** *seus atos constitutivos inscritos no órgão de registro competente*:

- Se for sociedade simples, no Registro Civil de Pessoas Jurídicas;
- Se for sociedade empresária, no Registro Público de Empresas Mercantis.

As sociedades em comum (ou *irregulares*) são disciplinadas pelos artigos 986 a 990 do novo Código Civil e, subsidiariamente, desde que haja compatibilidade, pelas normas regentes das sociedades simples.

Qualquer modificação ocorrida no contrato social deverá ser arquivada no órgão competente, conforme dispõe o artigo 999 da Lei nº 10.406/2002 (novo Código Civil).

Os sócios de uma sociedade em comum, nas relações entre si ou com terceiros, somente por escrito podem provar a existência da sociedade, mas os terceiros podem prová-la de qualquer modo.

Os bens sociais respondem pelos atos de gestão praticados por qualquer um dos sócios, salvo pacto expresso limitativo de poderes, que somente terá eficácia contra o terceiro que o conheça ou deva conhecer.

A sociedade em comum ou irregular existe e disto resulta a personalidade jurídica, que é comum a todas as sociedades. O fato de estar irregular impõe algumas restrições às sociedades em comum. Apesar de poderem ser demandadas por terceiros (ou seja, apesar de possuírem **capacidade processual passiva**), não podem demandar qualquer ação contra terceiros (isto é, não possuem **capacidade processual ativa**), a não ser que provem sua existência por escrito.

Todos os sócios respondem solidária e ilimitadamente pelas obrigações sociais.

1.3.1.2 Sociedades em conta de participação

Sociedades em Conta de Participação são aquelas em que uma ou mais pessoas fornecem dinheiro e/ou outros bens a um empresário, a fim de que este último os aplique em operações de interesse comum. Os artigos 991 a 996 da Lei nº 10.406/2002 (novo Código Civil) tratam do assunto em comento. É lavrado um contrato entre os sócios da referida sociedade, porém tal contrato não é levado a registro no órgão competente.

A pessoa que aparece perante terceiros é denominada *operador* ou *sócio ostensivo*. Os fornecedores de recursos são chamados *participantes* ou *sócios ocultos*.

Os recursos fornecidos pelos participantes implicam a abertura de uma conta em livros do operador; tais recursos são integrados ao Ativo do sócio ostensivo. Os bens serão empregados nos fins acordados por todos os sócios, porém o operador fará tal aplicação em nome próprio, de maneira tal que, perante terceiros, será visto como único interessado nas operações efetuadas.

Todas as operações e os respectivos resultados obtidos serão lançados nos livros apropriados do operador e, em consequência, serão apurados os resultados alcançados, sendo o lucro uma vez obtido dividido por todos os participantes na forma por eles acordada.

Em caso de falência, apenas o operador ou sócio ostensivo nela incorrerá pessoalmente.

Externamente, o operador é o único que se obriga perante terceiros e adquire direitos. Internamente, os sócios participantes se obrigam e adquirem direitos apenas perante o operador (os sócios participantes não existem perante os credores do operador).

As sociedades em conta de participação são disciplinadas pelos artigos 991 a 996 do Código Civil e, subsidiariamente, desde que haja compatibilidade, pelas normas regentes das sociedades simples.

Vem sendo bastante empregado o *contrato de participação* nas incorporações imobiliárias. Nesse caso, uma entidade poderá assumir (externamente) a obra, enquanto outras fornecem o terreno e os insumos necessários a esta, repartindo os lucros que venham a alcançar a partir do empreendimento realizado.

1.3.2. Sociedades personificadas

Sociedade personificada ou **regular** é aquela que possui personalidade jurídica adquirida ao registrar o ato constitutivo no órgão competente, que será a Junta Comercial, para as sociedades comerciais, e o Cartório de Registro Público de Títulos e Documentos, para as sociedades simples.

> A principal consequência da personificação de uma sociedade é o reconhecimento desta como entidade autônoma, dotada de personalidade distinta de seus sócios, possuindo patrimônio autônomo, patrimônio este que não se confunde com o patrimônio de seus sócios.

A seguir, faremos breve explanação a respeito dos principais tipos societários personificados constantes de nossa legislação.

1.3.2.1 Sociedade em nome coletivo

Neste tipo de contrato efetuado, todos os sócios (pessoas físicas) respondem ilimitadamente pelas obrigações sociais.

Qualquer um dos sócios poderá ser o administrador da sociedade e ter seu nome civil aproveitado quando da composição do nome empresarial. Os artigos 1.039 a 1.044 da Lei nº 10.406/2002 (novo Código Civil) tratam desse tipo societário.

1.3.2.2 Sociedade em comandita simples

Trata-se de um tipo societário constituído por *sócios comanditados* e *sócios comanditários*.

Os *sócios comanditados* possuem responsabilidade ilimitada pelas obrigações sociais. Somente podem ser pessoas físicas. Somente estes podem ser administradores da sociedade. O nome da sociedade somente poderá existir tendo por base os nomes civis dos sócios comanditados.

Os *sócios comanditários* podem ser pessoas físicas ou pessoas jurídicas. Não podem praticar atos de gestão em nome da sociedade comanditada. Somente poderão agir como procuradores em determinados negócios em nome da sociedade em tela, desde que designados para tal fim.

Os sócios comanditados e os comanditários possuem direito de participação nos resultados obtidos pela sociedade de acordo com as suas cotas. Todos podem tomar parte das deliberações sociais e fiscalizar a administração da sociedade comanditada.

Os artigos 1.045 a 1.051 da Lei nº 10.406/2002 (novo Código Civil) tratam deste tipo societário.

1.3.2.3 Sociedade em comandita por ações

Estamos diante de um tipo societário regido pelo novo Código Civil (artigos 1.090 a 1.092 da Lei nº 10.406/2002) e pela Lei das Sociedades por Ações (artigos 280 a 284 da Lei nº 6.404/1976).

Esta sociedade pode operar sob uma firma ou denominação, seguida da expressão *comandita por ações*, por extenso ou abreviada.

Somente os acionistas podem fazer parte da administração dessa sociedade, sendo denominados *acionistas diretores* ou *gerentes*. Os gerentes possuem responsabilidade ilimitada e subsidiária pelas obrigações assumidas em nome da sociedade.

Os diretores devem ser nomeados por *estatuto*, por prazo indeterminado.

A assembleia-geral não pode, sem o consentimento dos diretores: mudar o objeto social da sociedade; prorrogar-lhe o prazo de duração; aumentar ou diminuir seu capital social; criar debêntures ou partes beneficiárias.

1.3.2.4 Sociedade de capital e indústria

A **sociedade de capital e indústria** *não mais consta do novo Código Civil.*

Esse tipo de sociedade era formado por dois tipos de sócio: *o capitalista* e *o de indústria*.

O *sócio capitalista* entregava à sociedade os recursos necessários, contribuindo para a formação do capital social, possuindo responsabilidade ilimitada.

O *sócio de indústria* contribuía com mão de obra, serviços ou trabalho, não tendo nenhum tipo de responsabilidade pelos atos de gestão da sociedade.

1.3.2.5 Sociedade limitada

O novo Código Civil alterou a designação das antigas sociedades por quotas de responsabilidade limitada para **sociedades limitadas**.

> *Neste tipo societário, a responsabilidade de cada sócio é restrita ao valor de suas quotas, porém todos os sócios respondem solidariamente pela integralização do capital social. Os sócios possuem responsabilidade pessoal perante a sociedade, restrita ao valor de suas cotas. Observe-se que existe responsabilidade solidária pela integralização do capital social entre os sócios.*

Remisso:

É o sócio que descumpre a obrigação de realizar suas cotas perante a sociedade. Trata-se do sócio que deixa de entregar os valores devidos à sociedade. É denominado **sócio remisso** ou **inadimplente**.

O contrato social deverá mencionar as quotas de cada sócio no capital social e de que maneira irão os sócios realizá-las.

O nome empresarial deverá ser acrescido, ao seu final, da expressão "Ltda." (limitada), por extenso ou de modo abreviado.

Quanto ao nome da sociedade limitada, este poderá ser composto das seguintes maneiras:

- Através de *firma*: "Justin Olivier Confecções Ltda.";
- Através de *denominação*: "Confecções Gato Escaldado Ltda.".

Caso haja algum tipo de omissão, a sociedade limitada será regida pelas normas das sociedades simples. Se houver previsão contratual, então a Lei das Sociedades por Ações poderá ser aplicada *de forma supletiva* às sociedades limitadas.

A sociedade limitada poderá ser constituída por instrumento público ou particular, desde que devidamente arquivado no órgão competente:

- Registro Público de Empresas Mercantis – se for sociedade empresária;
- Registro Civil de Pessoas Jurídicas – se for sociedade simples.

O capital social será formado por cotas (ou quotas), iguais ou desiguais, cabendo uma ou diversas a cada sócio.

Deve aqui ser dito, de acordo com os ensinamentos de Mônica Gusmão, que as cotas não são equivalentes às ações, pois:

- não são representadas por documentos;
- não podem ser de várias espécies, classes ou formas;
- o contrato social pode proibir a livre cessão de cotas; e
- os direitos conferidos aos sócios constam do contrato social.

Se o contrato social não contiver proibição, a sociedade poderá adquirir suas próprias cotas, *mantendo-as* **em tesouraria** (isto é, **de posse da sociedade**), até que novo destino seja dado a elas.

Denomina-se **cessão de cotas** o contrato a partir do qual um sócio transfere as suas cotas para outro. Tem-se uma sociedade limitada sendo *sociedade de capital* se o contrato social previr a livre cessão de cotas; caso contrário, será tida como *sociedade de pessoas*.

A sociedade limitada é administrada por uma ou mais pessoas designadas no contrato social ou em ato separado. Trata-se do **sócio administrador**, se sócio da sociedade limitada.

Os artigos 1.052 a 1.087 da Lei nº 10.406/2002 (novo Código Civil) tratam desse tipo societário.

1.3.2.6 Sociedade anônima

Existem duas espécies de sociedades por ações: as **sociedades anônimas** e as **sociedades em comandita por ações**.

Denomina-se **sociedade anônima** aquela em que o capital social é dividido em **ações**. *As **ações**, então, correspondem à fração negociável do capital subscrito* e poderão ou não ter **valor nominal**. Trata-se a sociedade anônima do tipo societário mais complexo que possuímos em nossa legislação.

Nesse tipo societário, a responsabilidade do **sócio** ou **acionista** está limitada ao preço de emissão das ações por ele subscritas ou adquiridas.

A sociedade anônima será designada por uma denominação, acompanhada das expressões **companhia** ou **sociedade anônima**, abreviada ou por extenso, sendo que a identificação *companhia* jamais poderá ser utilizada no final do nome. *O objeto social deve ser designado na denominação da sociedade.*

As sociedades anônimas são classificadas em **sociedades** (ou **companhias**) **abertas** ou **fechadas**. As **sociedades de capital aberto** (**companhias abertas**) são aquelas em que os valores mobiliários são negociados no mercado de valores mobiliários (bolsa de valores ou mercado de balcão). Devem estar registradas na Comissão de Valores Mobiliários para que possam atuar no mercado dito aberto. As **sociedades de capital fechado** (ou **companhias fechadas**) são aquelas em que não há utilização de mercado aberto para negociação de valores mobiliários.

O registro de uma companhia na Comissão de Valores Mobiliários já a transforma em companhia aberta.

O capital social de uma sociedade anônima poderá ser formado por **subscrição pública** (isto é, permitindo ao público em geral participar da sociedade) ou por **subscrição particular** (ou seja, direcionada a determinadas pessoas).

Quanto à realização do capital social (entrega de recursos à sociedade), o artigo 80 da Lei nº 6.404/1976 (Lei das Sociedades por Ações) exige que os sócios ou acionistas entreguem à sociedade, no mínimo, 10% do valor previsto em dinheiro. Os demais, no máximo 90%, poderão ser entregues em bens e, até mesmo, em valores a receber. Se forem entregues em bens, deverão ser avaliados por três peritos (pessoas físicas) ou por empresa especializada; após a avaliação, haverá aprovação em assembleia (específica para tal fim) de sócios ou acionistas dos valores constantes dos laudos porventura emitidos.

Quanto à forma, as ações são denominadas **ações nominativas**. Ações nominativas são aquelas que possibilitam a identificação dos acionistas titulares. Não existe mais previsão legal para *ações endossáveis*, nem para *ações ao portador*.

Quanto aos direitos que conferem aos acionistas que as detenham, as ações podem ser classificadas em:

- **Ações Ordinárias** – *a criação destas ações é obrigatória para todas as companhias.* Os titulares dessas ações possuem direito a voto, além dos direitos previstos no artigo 109 da Lei nº 6.404/1976 (Lei das Sociedades por Ações);
- **Ações Preferenciais** – conferem aos seus titulares certas vantagens (algumas compulsórias e outras facultativas), de ordem patrimonial ou política, a fim de distingui-las das ações ordinárias. Podem ser divididas em classes em quaisquer companhias abertas ou fechadas; e
- **Ações de Gozo** ou **Ações de Fruição** – aquelas em que são amortizados os valores devidos aos acionistas como se tivesse havido liquidação da sociedade. São ações entregues aos acionistas, em substituição às ações ordinárias ou preferenciais que possuam, adiantando a estes a quantia que lhes seria devida em caso de liquidação da sociedade. Conservam os direitos constantes do artigo 109 da Lei nº 6.404/1976 (Lei das Sociedades por Ações).

Algumas definições referentes aos valores das ações são importantes e resolvemos elencá-las aqui:

- **Valor Nominal das Ações** – valor que se obtém dividindo o *capital social total* da companhia pelo número de ações emitidas por ela;
- **Valor Patrimonial das Ações** ou **Valor Real das Ações** – valor obtido dividindo-se o *patrimônio líquido* da companhia pelo número de ações que compõem o capital social;
- **Valor de Mercado das Ações** ou **Valor de Negociação das Ações** – valor que as ações alcançam quando ocorre sua livre negociação;
- **Valor Mínimo das Ações** – valor determinado pela Comissão de Valores Mobiliários para as ações emitidas por companhias abertas;
- **Valor Contábil das Ações** – valor calculado pela companhia para reembolso das ações de acionista dissidente;
- **Preço de Emissão das Ações** – Valor a ser pago pelos subscritores das ações. Se houver *ágio* (valor pago acima do previsto), deverá ser registrado como *Reserva de Capital – Ágio na Emissão de Ações*.

O estudo das sociedades por ações é, como dito anteriormente, algo bastante complexo e possui uma gama enorme de informações. Neste tópico, entendemos por bem trazer aquilo que venha a ser básico e essencial para os estudos contábeis, porém não esgotamos o assunto! Sempre que necessário for, trataremos de assuntos específicos, trazendo as definições necessárias e os complementos ou aprofundamentos aos assuntos ora trazidos que se fizerem necessários **para o entendimento da matéria contábil**.

As sociedades por ações são regidas pela Lei nº 6.404/1976 (Lei das Sociedades por Ações).

APÊNDICE 2

Documentos Importantes para a Contabilidade

2.1. Os Títulos de Crédito e Outros Documentos Necessários ao Estudo da Contabilidade

Por que estudar os títulos de crédito?

Toda operação comercial deverá ser formalizada e registrada por meio de documentação fiscal comprobatória. Esses documentos, entre outros, são utilizados pela Contabilidade para a obtenção de dados e geração de informações contábeis (relatórios contábeis).

Quando, por Exemplo, uma operação de compra e venda é praticada à vista, existe a necessidade da emissão de uma nota fiscal referente a esse evento. Por outro lado, quando o negócio é efetuado a prazo, outros documentos deverão/poderão estar presentes no evento em comento.

As operações com títulos de crédito vieram facilitar muito a ocorrência de operações comerciais. Pode-se dizer que houve estupendo avanço nas transações comerciais a partir da criação e utilização dos documentos denominados **títulos de crédito**.

Cesare Vivante nos proporcionou o melhor conceito a respeito de título de crédito:

> "**Título de Crédito** é o documento necessário para o exercício do direito, literal e autônomo, nele mencionado."

Já o novo Código Civil assim definiu **título de crédito**: "O **título de crédito**, documento necessário ao exercício do direito literal e autônomo nele contido, somente produz efeito quando preencha os requisitos da lei."

A maior qualidade dos títulos de crédito está em fazer que os direitos neles existentes **circulem** com facilidade. A **circulação** é a característica que o título de crédito possui de poder ser transferido.

O título de crédito configura qualquer documento que evidencie direito de crédito de uma pessoa em relação a outra.

Quanto às modalidades de circulação, os títulos de crédito são classificados em:

a) Títulos Nominativos

Os **títulos nominativos** são aqueles em que a circulação é realizada mediante termo de transferência ou de cessão. A pessoa beneficiária da prestação a ser realizada *vem sempre descrita*. No caso dos títulos nominativos, é quase sempre necessário constar a sua emissão do registro do emitente.

Os artigos 921 a 926 do novo Código Civil tratam dos títulos nominativos.

b) Títulos à Ordem

Os **títulos à ordem** são aqueles em que a circulação é realizada trazendo o nome da pessoa beneficiária e, junto a este nome, uma cláusula informando que o direito à prestação pode ser transferido pelo beneficiário a outra pessoa (por exemplo: "Pague ao Senhor Rodrigo Brita Brito ou a sua ordem...").

Os artigos 910 a 920 do novo Código Civil tratam dos títulos à ordem.

c) Títulos ao Portador

Os **títulos ao portador** são aqueles nos quais a pessoa que com eles se apresentar é a detentora dos direitos incorporados no documento.

Os artigos 904 a 909 do novo Código Civil tratam dos títulos ao portador.

d) Títulos Não à Ordem

Os **títulos não à ordem** são aqueles que somente circulam por meio de um termo de transferência assinado pelo cedente e pelo cessionário. A utilização desses títulos é *limitada*.

São conceitos importantes ligados aos títulos de crédito:

- **Aceite:**

O **aceite** constitui um ato formal, mediante o qual o **sacado** se compromete a efetuar, no vencimento, o pagamento da ordem que lhe é dada. O aceite pode ser formalizado por meio de uma declaração subscrita pelo sacado (por exemplo: "Aceito a presente Nota Promissória...") ou por sua assinatura lançada no *anverso* (frente ou rosto) do título.

Por meio do aceite, o **sacado** acata e reconhece a ordem de pagamento que lhe é fornecida pelo **sacador**, confessando dever a quantia no documento estipulada, e comprometendo-se a pagar, no vencimento, o valor estipulado.

- **Endosso:**

O **endosso** constitui um ato cambiário, a partir do qual o beneficiário ou um terceiro adquirente (endossante) transfere os direitos decorrentes do título de crédito a outra pessoa (endossatário). Em regra, o endossante fica responsável pelo aceite e pelo pagamento.

Podemos, ainda, dizer que o endosso é a transferência de direitos de crédito a um terceiro ou a simples autorização a um terceiro para fazer a cobrança em nome do credor.

O endosso é ato exclusivamente cambiário, tendo em vista que não pode ter por objeto algo que não seja um título de crédito.

São espécies de endosso:

- **Endosso em Preto** – Nessa espécie de endosso, o proprietário do título (**endossante**) o transfere a outra pessoa (**endossatário**), designando-a.
- **Endosso em Branco** – Nessa espécie de endosso, o proprietário do título (**endossante**) o transfere a outra pessoa (**endossatário**), sem fazer menção a ela, ou seja, sem designá-la.
- **Aval:**

O **aval** constitui a obrigação cambiária assumida por alguém (avalista) com a finalidade de garantir o pagamento do título de crédito nas mesmas condições de um terceiro obrigado (avalizado). **Trata-se de uma garantia associada ao título de crédito em nome do seu portador (beneficiário).**

- **Protesto Cambial ou Cambiário:**

O **protesto cambial ou cambiário** consiste em um ato formal (solene), perante o Oficial do Cartório de Protestos e Títulos, com a finalidade maior de atestar um fato relevante para a relação cambial: *comprovar a falta ou a recusa do aceite, a falta de devolução do título, ou a falta ou a recusa do pagamento do título de crédito.*

Trata-se de um instituto que pretende dar maior celeridade na busca do cumprimento de obrigações, visando a reduzir a sobrecarga do Poder Judiciário. Tem por finalidade salvaguardar o credor em relação às obrigações não cumpridas pelo devedor.

O protesto cambiário vem sendo regulado pela Lei nº 9.492, de 10.09.1997.

A principal função do protesto é dar ciência ao inadimplente da existência do descumprimento de uma obrigação, assim como provar a existência de débito originado em títulos e outros documentos de dívida.

O protesto é um meio de dar maior garantia de que determinada obrigação será cumprida. Se o credor leva a protesto o título, tem preservado o seu direito perante o devedor e terceiros porventura envolvidos na situação em comento.

O protesto de títulos, uma vez efetivado, constitui o devedor em mora na obrigação e confere ao credor o direito de regresso contra todos os coobrigados definitivamente constituídos. Para garantia de direito de regresso contra os coobrigados, o protesto é a forma legal, indispensável e insubstituível em seu preâmbulo. Convém ressaltar que o protesto é um meio de prova do exercício de um direito cambiário.

- **Intervenção:**

A **intervenção** é o ato pelo qual uma pessoa (**interveniente**), indicada ou não, aceita ou paga um título de crédito em nome de outra. Esse ato também é conhecido como **aceite por honra** ou **pagamento por honra**.

2.1.1. Principais espécies de títulos de crédito

Citamos, em seguida, as principais **espécies** de títulos de crédito:

- Letra de Câmbio;
- Nota Promissória;
- Duplicata Mercantil;
- Duplicata de Serviços;
- Cheque;
- Conhecimento de Transporte;
- Títulos de Crédito Rural;
- Títulos de Crédito Industrial etc.

A seguir, apresentaremos as mais importantes características dos principais documentos e/ou títulos de crédito que possam vir a ser emitidos por uma pessoa em um determinado evento com terceiros. Tais documentos são comumente utilizados quando ocorrem os *registros contábeis*.

2.1.1.1 A letra de câmbio

A **letra de câmbio** é uma ordem dada, por escrito, a uma pessoa, para que pague a um beneficiário indicado, ou à ordem deste, uma determinada importância em dinheiro (Fran Martins).

Repare que há três pessoas envolvidas quando ocorre a emissão da letra de câmbio: aquele que dá a ordem é chamado **sacador**; aquele a quem a ordem é dada é chamado **sacado**; e aquele em favor de quem é emitida a ordem é chamado **beneficiário** ou **tomador**.

A ordem de pagamento dada pelo sacador ao sacado deve ser *incondicional*.

A letra de câmbio foi criada com a finalidade maior de facilitar o transporte de valores de um local para o outro de maneira segura, objetiva e rápida.

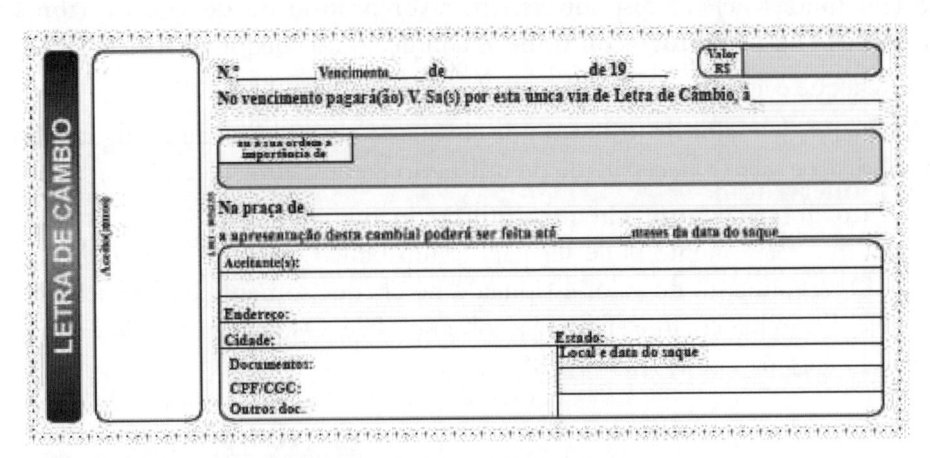

Modelo de Letra de Câmbio

2.1.1.2 A nota promissória

A **nota promissória** é uma promessa de pagamento de um determinado valor (em dinheiro) feita, por escrito, por uma pessoa (**emitente**, **sacado** ou **subscritor**) a um terceiro (**beneficiário** ou **tomador**), ou a sua ordem, conforme as condições dela constantes.

Trata-se de uma promessa de pagamento, promessa esta *incondicional*.

Modelo de Nota Promissória

2.1.1.3 O cheque

O cheque constitui uma *ordem de pagamento incondicional*, à vista, dada a um banco ou à instituição a ele assemelhada (**sacado**), por alguém (**sacador** ou **emitente**) que tem fundos nele(a) disponíveis, em favor próprio ou de terceiro (**tomador**, **beneficiário** ou **portador**), conforme as condições no cheque estabelecidas.

O cheque é atualmente regido pela Lei nº 7.357, de 02.09.1985.

A finalidade maior da utilização de cheques é a possibilidade de alguém honrar suas obrigações sem a necessidade de utilização de dinheiro.

O **ato de cruzar um cheque** (utilizando duas linhas transversais paralelas) significa que ele somente pode ser pago a um banco ou a um cliente do referido banco. O recebimento do valor estipulado no cheque somente poderá ser realizado por meio de um banco, que efetuará a cobrança dele. O cheque cruzado é citado nos artigos 44 e 45 da Lei nº 7.357/1985.

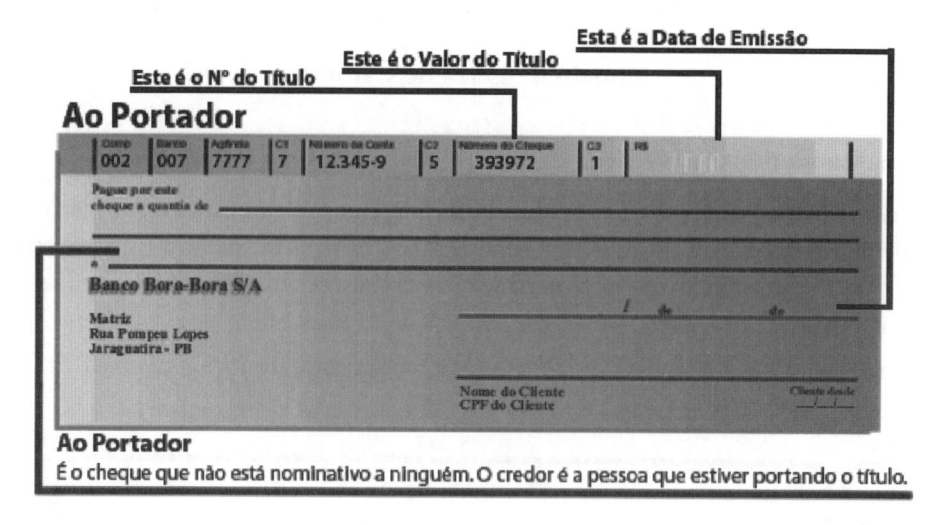

Modelo de Cheque

2.1.1.4 A duplicata

Apresentaremos, em seguida, informações a respeito de um dos mais importantes títulos de crédito existentes: a **duplicata**. Antes, porém, apresentaremos alguns outros documentos (**nota fiscal** e **cupom fiscal**, **fatura**, **nota fiscal-fatura**) que se fazem necessários ao entendimento das duplicatas.

Nota Fiscal:

Toda vez que houver saída de produtos (do estabelecimento produtor) ou de mercadorias (do estabelecimento comercial), assim como quando houver prestações de serviços, deverá ser **obrigatoriamente emitida *nota fiscal*** que comprove tal evento.

A nota fiscal é um documento impresso de acordo com modelos predefinidos pelas autoridades competentes. Trata-se de um importante documento para aplicação do Direito Tributário.

Nota Fiscal, modelo 1

A nota fiscal apresenta as seguintes características: contém número de série; identifica o emitente, o transportador e o adquirente; descreve a natureza da operação; descreve a sua data de emissão; informa a data de saída dos produtos ou mercadorias, ou da prestação de serviços; relaciona os produtos ou as mercadorias por meio de suas principais características ou descreve os serviços prestados; em havendo Imposto sobre Produtos Industrializados (IPI), os produtos são devidamente classificados; informa as quantidades e os valores dos produtos ou das mercadorias ou dos serviços prestados etc.

O **objetivo maior da emissão da nota fiscal** é atender às necessidades do Fisco, naquilo que se refere ao trânsito de produtos ou mercadorias, assim como evidenciar as operações realizadas entre adquirentes e vendedores, mostrando os recolhimentos de tributos porventura efetuados.

Nota Fiscal, modelo 1-A

Cupom Fiscal:

As notas fiscais podem ser preenchidas manualmente, em impressos próprios, ou impressas em impressoras fiscais, com formulário e papel adequados. O **cupom fiscal** tem o mesmo valor da nota fiscal, sendo impresso por maquinário específico, o chamado *Equipamento Emissor de Cupons Fiscais* (EECF).

O cupom fiscal equivale à nota fiscal, porém o cupom fiscal é emitido, para ter valor, por uma impressora fiscal especial, o denominado Equipamento Emissor de Cupons Fiscais (EECF). Os EECF possuem regulamentação específica e são fiscalizados e autorizados a funcionar por agências estaduais do Fisco. Podem ser utilizados para emitir comprovação fiscal em toda venda à vista para o consumidor final, para mercadorias retiradas ou consumidas no próprio estabelecimento. Devem ser obrigatoriamente utilizados para todos os estabelecimentos que auferem receita bruta anual superior a R$ 120.000,00. Existem três tipos de Equipamento Emissor de Cupons Fiscais: máquina registradora, impressora fiscal e terminal de ponto de venda. O equipamento só terá validade se constar da relação de equipamentos homologados pelo Conselho Nacional de Política Fazendária – CONFAZ.

O *software* de cupom fiscal, instalado no emissor, registra e emite todos os dados necessários, do ponto de vista fiscal, para a emissão do cupom. O cupom fiscal é emitido independentemente do valor da operação e nele constam dados como tipo, quantidade e valor de mercadorias ou serviços, dados do estabelecimento e dados da máquina que emitiu o cupom. Esses dados ficam registrados e consolidados na memória do EECF. Essa é uma memória fiscal e, portanto, lacrada. O tipo de emissor de cupom fiscal e as características do *software* adquirido devem estar de acordo com a necessidade do empreendimento, isto é, o EECF pode servir apenas para emitir o cupom fiscal, mas pode também integrar-se ao plano de automação de operações e procedimentos da empresa. Nesse último caso, modelos com *softwares* mais sofisticados podem contribuir e muito para atividades de controle contábil, financeiro, de estoque e controladoria.

Existem casos em que a emissão do cupom fiscal é **dispensada**, tais como: quando a receita bruta anual da empresa for inferior ao valor estipulado para a obrigatoriedade do EECF (R$ 120.000,00 anuais); venda de veículo sujeito a licenciamento; concessionárias de serviços públicos de energia elétrica, gás canalizado ou água; estabelecimentos de transporte de cargas de valor; estabelecimentos que utilizam a nota fiscal eletrônica; operações realizadas fora do estabelecimento; farmácias de manipulação etc.

Modelo de Cupom Fiscal

Fatura:

Toda vez que houver compra e venda mercantil entre partes domiciliadas em território nacional, haverá **emissão obrigatória da fatura** *quando o prazo para pagamento pelo comprador for igual ou superior a 30 dias*, pois, nesse caso, a legislação vigente presume *venda realizada a prazo*. Por outro lado, se a operação de compra e venda for realizada para pagamento em até 29 dias, a emissão da fatura será *facultativa*, uma vez que o legislador presume tratar-se de venda à vista. No caso de venda considerada à vista, a fatura poderá ser substituída pela nota fiscal, que é um documento de mais simples e fácil emissão.

A fatura também **poderá** ser emitida quando houver prestação de serviços para recebimento a prazo, conforme consta dos artigos 20 a 22 da Lei nº 5.474/1968 (Lei das Duplicatas).

Da fatura referente à operação de compra e venda de produtos ou mercadorias deverão constar, dentre outros elementos que se façam necessários: a indicação do produto ou da mercadoria transacionada, incluindo suas características básicas (espécie, tipo, marca, quantidade, qualidade etc.); os principais dados do vendedor; os principais dados do comprador etc. No caso de prestação de serviços, a fatura deverá conter, pelo menos, a natureza dos serviços prestados e o preço dos serviços.

No caso de profissionais liberais e de pessoas que prestem serviço de natureza eventual (sem caracterizar empresa), a legislação vigente permite que emitam fatura como credores, devendo da fatura constar a natureza e o preço dos serviços prestados, assim como a data e o local do pagamento. Também poderá constar da fatura o vínculo contratual que originou os serviços executados. *Convém ressaltar que essa fatura específica não é título de crédito negociável, servindo apenas como instrumento de cobrança executiva.*

A fatura referente à prestação de serviços é sempre facultativa; por outro lado, a fatura correspondente à operação de compra e venda mercantil é sempre obrigatória, se o prazo de pagamento é igual ou superior a 30 (trinta) dias.

A fatura mercantil é um documento acessório da operação de compra e venda de produtos ou mercadorias ou da prestação de serviços, emitida com a finalidade de comprovar que a operação de compra e venda ou de prestação de serviços foi realizada. A fatura não constitui título representativo dos produtos ou das mercadorias.

Regra geral, a fatura não é negociável, não pode ser objeto de protesto em Cartório e não corresponde a título de execução extrajudicial.

Uma mesma fatura pode incluir várias notas fiscais.

No caso de profissionais liberais e de pessoas que prestem serviço de natureza eventual (sem caracterizar empresa), somente poderão emitir fatura, que poderá ser protestada e embasar ações de execução, já que não lhes é permitida a emissão de duplicata. O legislador, nesse caso específico, quis proporcionar a essa fatura um valor jurídico semelhante ao da duplicata.

Modelo de Fatura

Nota Fiscal-Fatura:

O Convênio de Criação do Sistema Nacional Integrado de Informações Econômico-Fiscais foi assinado no Rio de Janeiro, em 15 de dezembro de 1970. O § 7º do artigo 19 do citado Convênio disciplina que a nota fiscal pode servir como fatura, desde que contenha todos os elementos necessários. Nesse caso, a nota fiscal passa a ser denominada **nota fiscal-fatura** ou **nf-fatura**.

O comerciante que se utilizar de nota fiscal-fatura não poderá deixar de emiti-la, qualquer que seja a operação que venha a realizar (vendas à vista ou a prazo). *A emissão de nota fiscal-fatura é sempre obrigatória.*

Modelo de Nota Fiscal-Fatura

Duplicata:

A duplicata é um título de crédito que surge a partir de uma operação de compra e venda mercantil ou de prestação de serviços, conforme se pode observar a partir da atenta leitura dos artigos 2º e 20 da Lei nº 5.474 (Lei das Duplicatas), de 18.07.1968, que rege a emissão de duplicatas.

A duplicata NÃO CORRESPONDE à segunda via da fatura. Trata-se de um título autônomo e separado da fatura. A duplicata é título de crédito de emissão FACULTATIVA.

A duplicata é um título causal, ou seja, somente pode ser emitida para documentar determinadas relações jurídicas (*compra e venda mercantil ou contrato de prestação de serviços*).

A duplicata é documento de emissão FACULTATIVA; contudo, para ser emitida, deve ter obrigatoriamente ocorrido a emissão da fatura ou da nota fiscal-fatura.

O aceite, no caso da duplicata, é ato obrigatório. Somente pode haver recusa no aceite nos casos constantes do artigo 8º da Lei nº 5.474/1968, isto é, verifica-se que o sacado está, em regra, vinculado à aceitação da duplicata, somente podendo recusar o aceite de acordo com as hipóteses elencadas na Lei das Duplicatas.

Uma duplicata não pode corresponder a mais de uma fatura. Porém, uma série de duplicatas, das quais constem prestações do valor global acertado, pode ser emitida. Nesse caso, ao número de ordem da duplicata será acrescentada uma letra do alfabeto (por Exemplo: 133-A, 133-B, 133-C etc.).

Os requisitos essenciais da duplicata constam do § 1º do artigo 2º da Lei nº 5.474, de 18.07.1968. São eles:

I – a denominação "duplicata", a data de sua emissão e o número de ordem;
II – o número da fatura;
III – a data certa do vencimento ou a declaração de ser a duplicata à vista;
IV – o nome e domicílio do vendedor e do comprador;
V – importância a pagar, em algarismos e por extenso;
VI – a praça de pagamento;
VII – a cláusula à ordem;
VIII – a declaração do reconhecimento de sua exatidão e da obrigação de pagá-la, a ser assinada pelo comprador, como aceite, cambial;
IX – a assinatura do emitente.

Todo comerciante que desejar extrair duplicatas deverá possuir o **Livro de Registro de Duplicatas**, em que serão escrituradas, em ordem cronológica, as duplicatas por ele (comerciante) emitidas, com suas principais características, conforme consta do artigo 19 da Lei nº 5.474/1968.

A duplicata somente poderá ser emitida em moeda nacional, sob pena de nulidade de emissão, de acordo com o artigo 318 da Lei nº 10.406/2002 (novo Código Civil).

Os artigos 13 e 14 da Lei nº 5.474/1968 tratam dos casos em que há possibilidade de protesto das duplicatas. **O protesto das duplicatas poderá ser efetuado por falta de aceite, de devolução ou de pagamento dessas duplicatas.**

Os artigos 15 a 18 da Lei das Duplicatas tratam do processo para a cobrança de duplicatas.

Vamos aproveitar este momento e tratar de um dos assuntos mais interessantes em relação às duplicatas: **a cobrança judicial das duplicatas.**

Analisaremos, em primeiro lugar, o caso em que apenas faturas são emitidas. Depois, trataremos do caso em que as faturas e as correspondentes duplicatas são emitidas.

Quando apenas a fatura for emitida, ou seja, quando não for emitida a duplicata correspondente àquela, o detentor da fatura, não tendo recebido o valor que lhe competir na data de vencimento, deverá seguir, na Justiça, um rito processual comum, que, por sinal, é bastante demorado.

O Juiz, após analisar a reclamação realizada pelo credor, devido ao não pagamento de uma suposta dívida contraída pelo devedor junto a ele (o credor), convocará o suposto inadimplente (devedor), para ouvi-lo em relação ao caso em comento. Após ouvir o devedor, o Juiz fará seu juízo em relação ao caso em tela e decidirá quanto à existência ou à não existência da dívida reclamada pelo credor. Se houver decisão pela existência da dívida e pelo consequente pagamento desta pelo inadimplente, o devedor poderá entrar com recurso em relação à decisão proferida pelo Juiz do caso em evidência, e nova decisão será proferida. E assim segue o rito...

Quando não houver mais a possibilidade de recurso por parte do devedor, ou seja, quando o *Processo* for considerado *transitado em julgado*, poderá ocorrer a situação em que o devedor não pague o que foi decidido em juízo como sendo devido ao credor. Em consequência, poderá o credor ajuizar uma nova ação, ação esta denominada *ação de execução*. A partir do ajuizamento dessa nova ação (ação de execução), o Juiz dará prazo certo para o pagamento da dívida; não tendo sido respeitado o prazo para pagamento pelo devedor, caberá ao Juiz determinar a penhora de bens do devedor para que este honre seu compromisso com o credor.

Quando a fatura e a duplicata forem emitidas, então o caminho a ser seguido pelo credor será mais célere.

O credor aguardará prazo para pagamento da duplicata (até a data do vencimento). Não tendo sido efetuado o pagamento, caberá a ele (o credor) efetuar o protesto (obrigatório) do título, no prazo de até 30 dias, a contar da data de vencimento do título, conforme prevê o artigo 13 da Lei nº 5.474/1968 (Lei das Duplicatas). Uma vez caracterizado o protesto e reconhecida a dívida, que não tenha sido paga pelo inadimplente, *o credor poderá ingressar na Justiça diretamente na fase de execução*, pois, por se tratar de um título de crédito e, por conseguinte, servir como elemento de prova da dívida, *a duplicata possui força executiva*. A partir do ajuizamento dessa nova ação (ação de execução), o Juiz dará prazo certo para o pagamento da dívida; não tendo sido respeitado o prazo para pagamento pelo devedor, caberá ao Juiz determinar a penhora de bens do devedor para que este honre seu compromisso com o credor.

Note-se que a duplicata, por possuir força executiva, acelera muito o processo de cobrança judicial da dívida, sendo cada vez mais empregada em nosso País, apesar de ser de emissão facultativa.

Analisaremos, agora, uma operação interessante realizada com duplicatas: **o desconto bancário das duplicatas**.

A duplicata, por ser um título de crédito, poderá ser transferida a terceiros mediante endosso.

A possibilidade de transferência de duplicatas facilita a obtenção de recursos por parte do credor (comerciante), que, muitas vezes, necessita imediatamente de recursos para honrar suas dívidas junto a terceiros, não podendo aguardar o prazo de vencimento das duplicatas e o consequente pagamento, no prazo acordado, pelo devedor.

Ocorre o que segue. O credor, de posse de parte ou de todas as suas duplicatas, vai a uma instituição financeira e efetua a operação que chamamos *desconto bancário*: consiste, basicamente, na entrega de duplicatas, mediante endosso, à instituição financeira, que passa a ter o direito de recebimento dos valores a elas (duplicatas) referentes; por outro lado, um agente da instituição financeira deposita na conta-corrente do credor o valor das *duplicatas descontadas* (entregues à instituição financeira), excluindo do depósito os juros cobrados por essa instituição na operação de desconto de duplicatas.

Poderemos enxergar esta operação como um "empréstimo com garantia", constituindo as duplicatas emitidas a garantia do empréstimo efetuado pelo comerciante junto à instituição financeira.

Em um momento mais apropriado, faremos o detalhamento dos registros contábeis das operações de desconto de duplicatas, aprofundando esse assunto, que muito vem sendo cobrado em Concursos Públicos.

Quanto aos *modelos de duplicatas*, a Resolução 102/1968 do Conselho Monetário Nacional (CMN) instituiu padrões para a sua emissão.

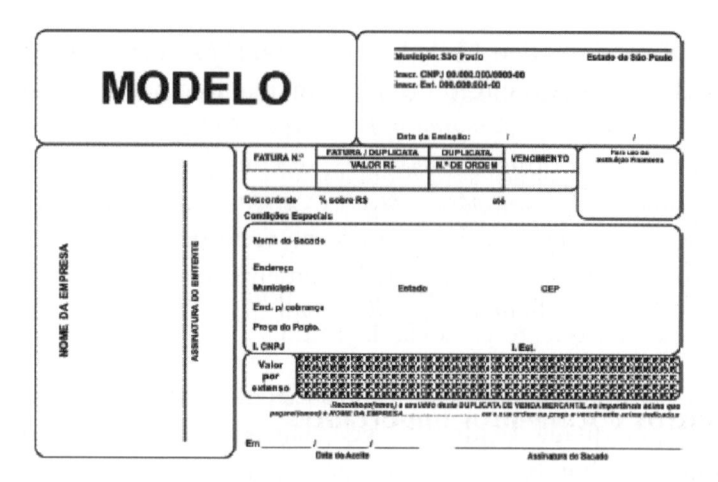

Modelo de Duplicata

Fatura-Duplicata:

Documento único emitido pelo vendedor, do qual constarão informações referentes à fatura e à duplicata.

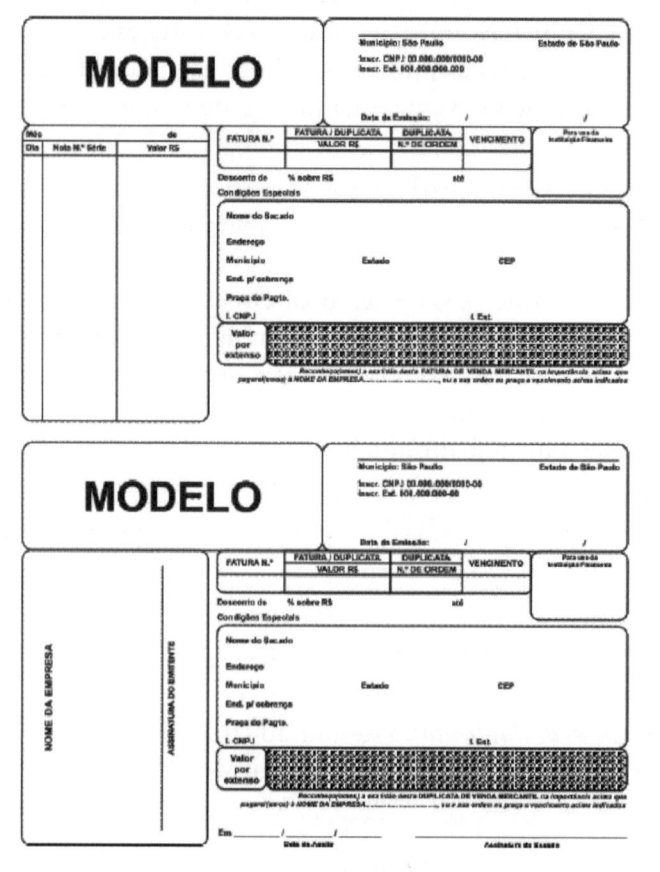

Modelo de Fatura-Duplicata

Triplicata:

Trata-se da **cópia** da duplicata, quando houver necessidade de substituição desta por motivo de extravio.

O comércio costuma emitir a triplicata quando o comprador retém a duplicata, não a devolvendo. Nesse caso, a triplicata é emitida tendo por base as informações constantes do livro especial voltado ao registro das duplicatas (Livro de Registro de Duplicatas).

A triplicata será de emissão obrigatória se houver o extravio da duplicata e **não corresponde** à emissão da terceira via da fatura!

2.1.2. Outros documentos importantes

Apresentaremos, a seguir, mais dois documentos importantes do ponto de vista contábil: o Recibo de Pagamento a Autônomo (RPA) e o Documento de Arrecadação de Receitas Federais (DARF).

2.1.2.1. O Recibo de Pagamento a Autônomo (RPA)

Autônomo é aquele que presta serviço em caráter eventual, em uma ou mais empresas sem relação de emprego (por Exemplo: advogado que, eventualmente, presta serviço de consultoria a uma empresa), ou a pessoa física que exerce, por conta própria, atividade econômica de natureza urbana, com fins lucrativos ou não (por exemplo: taxistas, artesãos etc.).

O autônomo recebe a soma que lhe é devida por meio do **Recibo de Pagamento a Autônomo (RPA)**.

Modelo de RPA

2.1.2.2. O Documento de Arrecadação de Receitas Federais (DARF)

O DARF é o documento utilizado para arrecadação de receitas federais. Ele serve como guia de recolhimento de diversos tributos, indicados pelo campo de Código. Existem documentos semelhantes para os Estados, Distrito Federal e Municípios.

Modelo de DARF

APÊNDICE 3

Formalidades Ligadas à Escrituração dos Livros Contábeis

3.1. As Formalidades a serem Observadas na Escrituração dos Livros

A Instrução Normativa DREI nº 11/2013 versa sobre procedimentos para a validade e a eficácia dos instrumentos de escrituração dos empresários individuais, das empresas individuais de responsabilidade limitada – Eireli, das sociedades empresárias, das cooperativas, dos consórcios, dos grupos de sociedades, dos leiloeiros, dos tradutores públicos e intérpretes comerciais.

DREI – Departamento de Registro Empresarial e Integração

Instrução Normativa DREI nº 11, de 05 de dezembro de 2013

> *Dispõe sobre procedimentos para a validade e eficácia dos instrumentos de escrituração dos empresários individuais, das empresas individuais de responsabilidade limitada – Eireli, das sociedades empresárias, das cooperativas, dos consórcios, dos grupos de sociedades, dos leiloeiros, dos tradutores públicos e intérpretes comerciais.*

O DIRETOR DO DEPARTAMENTO DE REGISTRO EMPRESARIAL E INTEGRAÇÃO – DREI, no uso das atribuições que lhe confere o art. 4º do Decreto nº 1.800, de 30 de janeiro de 1996, e o art. 8º, inciso VI, do Anexo I, do Decreto nº 8.001, de 10 de maio de 2013, e

Considerando as disposições contidas no inciso III do art. 32 da Lei nº 8.934, de 18 de novembro de 1994; no art. 14 do Decreto-Lei nº 486, de 3 de março de 1969, regulamentado pelo Decreto Federal nº 64.567, de 22 de maio de 1969; no inciso I do art. 78 do Decreto nº 1.800, de 1996; e nos arts. 1.179 a 1.195 da Lei nº 10.406, de 10 de janeiro de 2002;

Considerando a necessidade de uniformizar e atualizar os procedimentos relativos à autenticação dos instrumentos de escrituração dos empresários individuais, das empresas individuais de responsabilidade Ltda. – Eireli, das sociedades empresárias, das cooperativas, dos consórcios, dos grupos de sociedades, dos leiloeiros, dos tradutores públicos e intérpretes comerciais para lhes dar validade e eficácia,

Resolve:

Capítulo I
Dos Instrumentos de Escrituração

Art. 1º Os procedimentos para validade e eficácia dos instrumentos de escrituração dos empresários individuais, da empresa individual de responsabilidade Ltda. – Eireli, das sociedades empresárias, das cooperativas, dos consórcios, dos grupos de sociedades, dos leiloeiros, dos tradutores públicos e intérpretes comerciais ficam disciplinados pelo disposto nesta Instrução Normativa, sem prejuízo da legislação específica aplicável à matéria.

Parágrafo único. As disposições desta Instrução Normativa aplicam-se às filiais, sucursais ou agências, no País, aos empresários individuais, à empresa individual de responsabilidade Ltda. – Eireli, às sociedades empresárias, às cooperativas, aos consórcios, aos grupos de sociedades autorizados a funcionar no País, com sede em país estrangeiro (art. 1.195 do Código Civil de 2002).

Art. 2º São instrumentos de escrituração dos empresários e das sociedades empresárias:

I – livros, em papel;

II – conjunto de fichas avulsas (art.1.180 do Código Civil de 2002);

III – conjunto de fichas ou folhas contínuas (art. 1.180 do Código Civil de 2002);

IV – livros em microfichas geradas através de microfilmagem de saída direta do computador – COM, para fatos ocorridos até 31.12.2014; e

V – livros digitais.

Parágrafo único. O empresário ou a sociedade empresária que adotar o sistema de fichas de lançamentos poderá substituir o livro Diário pelo livro Balancetes Diários e Balanços, observadas as mesmas formalidades extrínsecas exigidas para aquele (art. 1.185 do Código Civil de 2002).

Art. 3º Aplicam-se aos instrumentos de escrituração dos leiloeiros e tradutores públicos e intérpretes comerciais as disposições desta Instrução Normativa referentes a livro em papel, obedecida a legislação que lhes é pertinente.

Art. 4º No Diário serão lançadas as demonstrações contábeis, devendo:

I – no caso de livro em papel, serem assinadas pelas pessoas físicas a quem os atos constitutivos ou atos específicos atribuírem tal poder e pelo contador ou técnico em contabilidade legalmente habilitado;

II – em se tratando de livro digital, as assinaturas digitais das pessoas acima citadas, nele lançadas, serão efetuadas utilizando-se de certificado digital, de segurança mínima tipo A3, emitido por entidade credenciada pela Infraestrutura de Chaves Públicas Brasileira (ICP-Brasil) e suprem as exigências do inciso anterior, e, ainda, quando couber identificação de auditores independentes e o registro na CVM (art. 3º da Lei Federal 11.638, de 2007);

§ 1º A adoção de fichas de escrituração não dispensa o uso de livro diário para o lançamento das demonstrações contábeis (Parágrafo único do art. 1.180 do Código Civil de 2002), ao qual deve ser atribuído o número subsequente ao do livro diário escriturado em fichas.

§ 2º O livro conterá, no máximo, um exercício social, podendo, em relação a um mesmo exercício, ser escriturado mais de um livro, observados períodos parciais e numeração sequenciais, constantes dos respectivos Termos de Encerramento, de acordo com a necessidade.

§ 3º A numeração das folhas ou páginas de cada livro em papel ou microficha observará ordem sequencial única, iniciando-se pelo numeral um, incluído na sequência da escrituração as demonstrações contábeis, quando for o caso.

§ 4º Quando escriturados apenas no anverso, os livros em papel ou em fichas conterão, no máximo, 500 (quinhentas) folhas, incluídas as folhas em que foram lavrados os termos de abertura e encerramento.

§ 5º Quando escriturados no anverso e no verso, os livros em papel ou em fichas conterão, no máximo, 1.000 (mil) páginas, incluídas as folhas em que foram lavrados os termos de abertura e encerramento.

§ 6º Os livros digitais, quando relativos a mais de um mês, obedecerão aos seguintes limites:

I – o tamanho não pode ultrapassar 1 (um) gigabyte;

II – todos os meses devem estar contidos no mesmo ano civil.

Art. 5º Outros livros de natureza não contábil exigidos pela legislação comercial obedecerão, no que couber, as disposições desta Instrução Normativa.

Art. 6º Na escrituração, quando utilizados códigos de números ou de abreviaturas, esses deverão constar (art. 1.183 do Código Civil de 2002):

I – de livro próprio, regularmente autenticado, no caso de livro em papel;

II – do próprio instrumento de escrituração, observado o Leiaute da Escrituração Contábil Digital – LECD publicado no anexo I da Instrução Normativa RFB nº 787, de 19 de novembro de 2007, ora ratificado por esta Instrução Normativa, no caso de livro digital.

Parágrafo único. O código de histórico padronizado deverá ser único para o período da escrituração, não podendo ser alterado no mesmo período.

Art. 7º Quando adotada a escrituração resumida do Diário, com totais que não excedam o período de trinta dias, relativamente a contas cujas operações sejam numerosas ou realizadas fora da sede, deverão ser utilizados livros auxiliares do Diário, regularmente autenticados, para registro individualizado, e conservados os documentos que permitam a sua perfeita verificação (§ 1º do art. 1.184 do Código Civil de 2002).

§ 1º Os livros auxiliares observarão o mesmo meio, digital ou papel, do Livro Diário com Escrituração Resumida.

§ 2º Quando o Livro Diário com Escrituração Resumida na forma digital, os livros auxiliares correspondentes deverão se referir ao mesmo período de escrituração e constar de arquivos independentes, observadas as formalidades quanto aos Termos de Abertura e de Encerramento e o LECD.

Art. 8º As fichas que substituírem os livros, para o caso de escrituração mecanizada ou eletrônica, poderão ser:

I – contínuas, em forma de sanfona, em blocos, com subdivisões numeradas mecânica ou tipograficamente por dobras, sendo vedado o destaque ou ruptura das mesmas (art. 8º do Decreto nº 64.567, de 1969);

II – avulsas, as quais serão numeradas tipograficamente (art. 9º do Decreto nº 64.567, de 1969).

Capítulo II
Dos Termos de Abertura e de Encerramento

Art. 9º Os instrumentos de escrituração das entidades conterão termos de abertura e de encerramento, que indicarão:

I – Termo de Abertura:

a) o nome empresarial do empresário ou da sociedade empresária a que pertença o instrumento de escrituração;

b) o Número de Identificação do Registro de Empresas – NIRE e a data do arquivamento dos atos constitutivos ou do ato de conversão de sociedade simples em sociedade empresária pela Junta Comercial;

c) o município da sede ou filial;

d) a finalidade a que se destina o instrumento de escrituração (denominação do livro);

e) o número de ordem do instrumento de escrituração;

f) a quantidade de:

f.1 – folhas, se numeradas apenas no anverso;

f.2 – páginas, se numeradas no anverso e verso;

f.3 – fotogramas, se microfichas;

f.4 – registros, se livro digital;

g) o número da inscrição no Cadastro Nacional da Pessoa Jurídica – CNPJ, administrado pela Receita Federal do Brasil;

h) data de encerramento do exercício social.

II – Termo de Encerramento:

a) o nome da entidade a que pertença o instrumento de escrituração;

b) o fim a que se destinou o instrumento escriturado (denominação do livro);

c) o período a que se refere a escrituração, nos livros contábeis;

d) a data de início do período da escrituração, nos livros de natureza não contábil, quando apresentados em branco para autenticação;

e) o número de ordem do instrumento de escrituração;

f) a quantidade de:

f.1 – folhas, se numeradas apenas no anverso;

f.2 – páginas, se numeradas no anverso e verso;

f.3 – fotogramas, se microfichas;

f.4 – registros, se livro digital.

§ 1º No Termo de Encerramento do livro Diário com escrituração resumida deverá constar relação que identifique todos os livros auxiliares a ele associados, com indicação da finalidade de cada um deles e seus respectivos números sequenciais.

§ 2º Cada livro auxiliar, no respectivo Termo de Encerramento, deverá indicar o(s) número(s) do(s) livro(s) Diário com escrituração resumida a que esteja(m) vinculado(s).

§ 3º Quando os livros Diário com escrituração resumida e seus auxiliares forem digitais, as informações previstas nos parágrafos 1º e 2º serão inseridas em registro específico.

§ 4º Existindo erro ou omissão de algum dado obrigatório do Termo de Abertura, Termo de Encerramento ou de formalidade intrínseca relacionadas à apresentação ou aparência das demonstrações contábeis, no livro em papel, poderá ser feita ressalva na própria folha ou página, a qual deverá ser assinada pelos mesmos signatários do Termo e homologada pelo autenticador do instrumento pela Junta Comercial, mediante Termo de homologação por esse datado e assinado.

Art. 10. Os Termos de Abertura e de Encerramento serão datados e assinados pelo empresário, administrador de sociedade empresária ou procurador e por contabilista legalmente habilitado, com indicação do número de sua inscrição no

Conselho Regional de Contabilidade – CRC e dos nomes completos dos signatários e das respectivas funções (art. 7º do Decreto nº 64.567, de 1969), consoante o parágrafo primeiro deste artigo.

§ 1º As funções a que se refere o *caput* do presente artigo, são as constantes da Tabela de Qualificação de Assinantes abaixo:

Código	Descrição da função
203	Diretor
204	Conselheiro de Administração
205	Administrador
206	Administrador de Grupo
207	Administrador de Sociedade Filiada
220	Administrador Judicial – Pessoa Física
222	Administrador Judicial – Pessoa Jurídica – Profissional Responsável
223	Administrador Judicial/Gestor
226	Gestor Judicial
309	Procurador
312	Inventariante
313	Liquidante
315	Interventor
801	Empresário
401	Titular Pessoa Física – EIRELI
900	Contador
999	Outros

§ 2º Não havendo contabilista habilitado na localidade onde se situa a sede do empresário ou da sociedade empresária ou a filial, os Termos de Abertura e de Encerramento serão assinados, apenas, pelo empresário, administrador de sociedade empresária ou procurador (art. 1.182 do Código Civil de 2002 c/c parágrafo único do art. 7º do Decreto nº 64.567, de 1969).

§ 3º Para efeito do parágrafo anterior, caberá aos Conselhos Regionais de Contabilidade informar às Juntas Comerciais as localidades onde não haja profissional habilitado (§ 2º do art. 3º do Decreto nº 64.567, de 1969).

§ 4º No caso de assinatura por procurador, a procuração deverá conter os poderes para a prática do ato, ser arquivada na Junta Comercial e anotada nos registros de autenticação de livros, conforme disposto no inciso VII do art. 28 desta Instrução Normativa.

§ 5º Em se tratando de livro digital, esse deve ser assinado por contabilista legalmente habilitado e pelo empresário individual, empresa individual de responsabilidade Ltda. – Eireli, sociedade empresária, cooperativa, consórcio ou grupo de sociedade, conforme LECD, com certificado digital, de segurança mínima tipo A3, emitido por entidade credenciada pela Infraestrutura de Chaves Públicas Brasileiras (ICP-Brasil), antes de ser submetido à autenticação pelas Juntas Comerciais, sendo dispensada a apresentação de procuração arquivada na Junta Comercial.

Art. 11. Nas fichas ou folhas que substituírem os livros, para o caso de escrituração mecanizada ou eletrônica, os Termos de Abertura e de Encerramento serão apostos, respectivamente, como segue:

I – fichas ou folhas contínuas: no anverso da primeira e no verso da última dobra de cada bloco, que receberá número de ordem (art. 8º do Decreto nº 64.567, de 1969);

II – fichas avulsas: na primeira e última ficha de cada conjunto (art. 9º do Decreto nº 64.567, de 1969).

Capítulo III
Da Autenticação

Art. 12. Lavrados os Termos de Abertura e de Encerramento, os instrumentos de escrituração dos empresários e das sociedades empresárias, de caráter obrigatório, salvo disposição especial de lei, deverão ser submetidos à autenticação pela Junta Comercial (art. 1.181 do Código Civil de 2002, excepcionadas as impossibilidades técnicas):

I – antes ou depois de efetuada a escrituração, quando se tratar de livros em papel, conjuntos de fichas ou folhas contínuas; e

II – após efetuada a escrituração, quando se tratar de microfichas geradas através de microfilmagem de saída direta do computador (COM) e de livros digitais.

§ 1º O empresário e a sociedade empresária poderão fazer autenticar livros não obrigatórios (parágrafo único, art. 1.181 do Código Civil de 2002).

§ 2º É dispensado das exigências deste artigo o pequeno empresário a que se refere o art. 970, da Lei nº 10.406, de 10 de janeiro de 2002, que não está obrigado a seguir um sistema de contabilidade com base na escrituração uniforme de seus livros, em correspondência com a documentação respectiva, nem alevantar anualmente o balanço patrimonial e o de resultado econômico (art. 1.179 e § 2º do Código Civil de 2002).

Art. 13. Os instrumentos de escrituração do empresário individual, empresa individual de responsabilidade Ltda. – Eireli, sociedade empresária, cooperativa, consórcio ou grupo de sociedade apresentados para autenticação pela Junta Comercial serão objeto de exame do cumprimento das formalidades legais pela presente Instrução Normativa.

§ 1º As exigências formuladas pela Junta Comercial deverão ser cumpridas em até trinta dias, contados do dia subsequente à data da ciência pelo interessado.

§ 2º O instrumento de escrituração objeto de exigência, no caso do livro em papel, será devolvido completo ao interessado, para efeito de retificação ou apresentação de novo livro.

§ 3º Devolvido o livro retificado ou apresentado novo livro após o prazo previsto no parágrafo primeiro deste artigo, o instrumento de escrituração será considerado novo pedido, sujeito a novo pagamento dos serviços correspondentes.

Art. 14. A Junta Comercial procederá às autenticações previstas nesta Instrução:

I – em relação aos livros em papel, fichas ou folhas contínuas e fichas avulsas, por Termo, que conterá declaração expressa da exatidão dos Termos de Abertura e de Encerramento, bem como o número e a data de autenticação, do seguinte modo:

a) nos livros em papel, será aposto na primeira página numerada (alínea "a" do art. 12 do Decreto nº 64.567, de 1969);

b) nas fichas ou folhas contínuas, será aposto no anverso da primeira dobra de cada bloco; e

c) nas fichas avulsas, será aposto na primeira ficha de cada conjunto e todas as demais serão obrigatoriamente autenticadas com identificação da Junta Comercial e rubrica do autenticador sobre esse (art. 9º do Decreto nº 64.567, de 1969).

II – em relação aos livros digitais, por Termo, constante de arquivo eletrônico, que conterá:

a) identificação: Termo de Autenticação;

b) declaração: Declaro a exatidão dos Termos de Abertura e Encerramento do livro digital de características abaixo, por mim examinado e conferido;

c) identificação do arquivo, composta por hash da escrituração e hash do requerimento;

d) identificação da escrituração, composta por sigla da unidade da federação, nome empresarial, NIRE, CNPJ, forma da escrituração, data de início e data de término da escrituração, natureza e número de ordem do livro;

e) informação dos requerentes, compreendendo: CPF, nome e cargo;

f) identificação dos signatários da escrituração;

g) número de autenticação;

h) número da versão do Termo de Autenticação;

i) data da autenticação;
j) localidade;
k) número e a data de autenticação; e
l) hash do Termo de Autenticação e assinatura digital do autenticador.

§ 1º No caso do inciso I do *caput*:

I – o autenticador deverá ser expressamente identificado, com indicação do seu nome completo, em letra de forma legível, ou com a aposição de carimbo;

II – com o objetivo de resguardar a segurança e inviolabilidade dos instrumentos de escrituração dos empresários e das sociedades empresárias, recomenda-se a autenticação destes por meio de etiqueta adesiva com requisitos de segurança, atendidos os procedimentos e requisitos quanto a posição e conteúdo do Termo e identificação dos signatários.

§ 2º No caso do inciso II do *caput*, o Termo de Autenticação deve ser assinado por servidor devidamente habilitado, com certificado digital, de segurança mínima tipo A3, emitido por entidade credenciada pela Infraestrutura de Chaves Públicas Brasileira (ICP-Brasil).

Art. 15. A autenticação de instrumentos de escrituração não se fará sem que:

I – esteja inscrito o empresário ou registrada a sociedade empresária (parágrafo único do art. 1.181 do Código Civil de 2002);

II – os requisitos mencionados, em cada caso, nesta Instrução Normativa, sejam atendidos;

III – seja observada a sequência do número de ordem do instrumento e do período da escrituração;

IV – relativamente ao livro Diário, com escrituração resumida, os respectivos livros auxiliares:

a) estejam todos presentes no ato da autenticação; e

b) no caso do livro digital, tenham sido assinados pelo empresário ou sociedade empresária e contabilista com certificado digital, de segurança mínima tipo A3, emitido por entidade credenciada pela Infra-estrutura de Chaves Públicas Brasileira (ICP-Brasil), e os hash obtidos após assinaturas tenham sido integrados ao livro Diário digital, com escrituração resumida, conforme LECD.

Parágrafo único. A autenticação do instrumento independe da apresentação física à Junta Comercial de outro(s) anteriormente autenticado(s).

Capítulo IV
Da Retificação e do Cancelamento do Termo de Autenticação

Art. 16. A retificação de lançamento feito com erro, em livro já autenticado pela Junta Comercial, deverá ser efetuada nos livros de escrituração do exercício em que foi constatada a sua ocorrência, observadas as Normas Brasileiras de Contabilidade, não podendo o livro já autenticado ser substituído por outro, de mesmo número ou não, contendo a escrituração retificada.

Parágrafo único. Erros contábeis deverão ser tratados conforme previsto pelas Normas Brasileiras de Contabilidade.

Art. 17. Os termos de autenticação poderão ser cancelados quando lavrados com erro ou identificado erro de fato que torne imprestável a escrituração.

Parágrafo único. Entende-se por erro de fato que torne imprestável a escrituração qualquer erro que não possa ser corrigido na forma do artigo precedente e que gere demonstrações contábeis inconsistentes.

Art. 18. O termo de cancelamento será lavrado:

I – Na mesma parte do livro onde foi lavrado o Termo de Autenticação, no caso de livro em papel ou fichas; e

II – em arquivo próprio, quando livro digital.

Art. 19. O termo de cancelamento será lavrado por autenticador e conterá o número do processo administrativo ou judicial que o determinou.

Art. 20. O processo administrativo poderá ser instaurado pela Junta Comercial ou por iniciativa do titular da escrituração.

Parágrafo único. Quando o cancelamento for de iniciativa do titular da escrituração e decorrer de erro de fato que a torne imprestável, deverá ser anexado, ao processo administrativo, laudo detalhado firmado por dois contadores.

Art. 21. Identificado erro material a Junta Comercial enviará ofício ao Departamento de Registro Empresarial e Integração, solicitando o cancelamento do Termo de Autenticação de livro digital, justificando claramente o motivo para o referido cancelamento.

Parágrafo único. O DREI encaminhará ao gestor do Sped, na Receita Federal do Brasil, ofício com a solicitação deferida pela Junta Comercial contendo as informações do livro (Nome Empresarial, tipo de livro, nº de ordem e período a que se refere), para providências cabíveis.

Capítulo V
Do Livro Digital

Art. 22. A geração do livro digital deverá observar quanto à:

I – escrituração e incorporação dos Termos de Abertura e de Encerramento, as disposições contidas no Manual de Orientação do Leiaute da Escrituração Contábil Digital – LECD, aprovado pela Instrução Normativa RFB nº 787, de 19 de novembro de 2007.

II – incorporação das assinaturas digitais, a utilização de software oficial denominado Programa Validador e Assinador (PVA), a ser disponibilizado, gratuitamente, no sítio da RFB/Sped na Internet, para download pelos interessados.

Art. 23. O PVA deverá possibilitar a execução das funções abaixo, dentre outras, em relação ao livro digital:

I – validação da escrituração;

II – visualização do livro, segundo formatos tradicionais do livro em papel;

III – geração do requerimento próprio para o caso, dirigido à Junta Comercial;

IV – assinatura digital do livro e do requerimento pertinente;

V – transmissão para o Sped;

VI – consulta para fins de acompanhamento do processo de autenticação, inclusive conhecimento de exigências em decorrência de deficiências identificadas no instrumento;

VII – download do Termo de Autenticação do livro.

Art. 24. O livro digital será enviado pelo empresário individual, empresa individual de responsabilidade Ltda. – Eireli, sociedade empresária, cooperativa, consórcio, grupo de sociedades ao Sped com o respectivo requerimento de autenticação à Junta Comercial, ficando o livro disponível naquele Serviço para ser visualizado pelo autenticador da Junta Comercial.

§ 1º O livro digital, mediante solicitação do autenticador ao Sped, será disponibilizado para ser visualizado, por tempo suficiente para esse procedimento, sendo vedado o acesso à visualização após a sua autenticação;

§ 2º O pagamento do preço do serviço deverá ser efetuado previamente à sua solicitação, mediante recolhimento por guia de arrecadação a ser disponibilizada pela Junta Comercial ao interessado;

§ 3º O requerimento mencionado no *caput* deste artigo conterá o número da guia de recolhimento, consoante sistemática adotada pela Junta Comercial, que disponibilizará informação a respeito, quando necessário.

Art. 25. O Sped remeterá à Junta Comercial arquivo contendo os Termos de Abertura e de Encerramento do livro digital, o respectivo Requerimento, assim como outros dados necessários à análise daqueles instrumentos pelo mencionado Órgão, complementada pela visualização do livro no ambiente daquele Serviço.

Art. 26. A autenticação dos livros digitais será efetuada pelas Juntas Comerciais com utilização de software específico, o qual deve ser integrado por aqueles órgãos aos seus sistemas informatizados de apoio ao processo operacional.

§ 1º No caso das Juntas Comerciais que utilizam sistema informatizado de apoio ao processo operacional fornecido pelo DREI, a integração a que se refere o *caput* será efetuada pelo Departamento.

§ 2º Em caso de exigências que impeçam a autenticação do livro digital ou de indeferimento do requerimento, a Junta Comercial enviará ao Sped a respectiva notificação, para conhecimento e providências cabíveis pelo empresário individual, empresa individual de responsabilidade Ltda – Eireli, sociedade empresária, cooperativa, consórcio, grupo de sociedades;

§ 3º A Junta Comercial enviará quaisquer termos lavrados para o Sped e o empresário individual, a empresa individual de responsabilidade Ltda. – Eireli, a sociedade empresária, cooperativa, consórcio, o grupo de sociedades promoverá o seu download, com utilização do PVA.

Art. 27. Na ocorrência de situação que impossibilite a autenticação de livro digital com o software específico, a Junta Comercial utilizará funcionalidade de contingência disponibilizada no Sped.

Parágrafo único. O resultado do processo com utilização da função de contingência deverá ser incorporado ao sistema informatizado de apoio ao processo operacional da Junta Comercial, observadas as disposições desta Instrução Normativa.

Art. 28. A validade do livro digital dependerá da sua existência e do respectivo Termo de Autenticação, mantida a inviolabilidade de seus conteúdos.

Art. 29. Para efeito de prova em juízo ou fora dele, o empresário ou a sociedade deverá utilizar-se do PVA para demonstração visual do conteúdo do livro digital e de seu Termo de Autenticação, assim como para geração e emissão de documentos probantes.

Capítulo VI
Da Microficha

Art. 30. A microficha, como instrumento de escrituração, poderá ser utilizada pelas companhias e em relação aos livros sociais de que trata o art. 100 da Lei nº 6.404, de 15 de dezembro de 1976.

§ 1º No caso das companhias abertas, aplicar-se-ão, ainda, as normas expedidas pela Comissão de Valores Mobiliários, apenas para os livros dos incisos I a III do art. 100 da Lei nº 6.404, de 15 de dezembro de 1976.

§ 2º As microfichas, como instrumento de escrituração, deverão atender aos requisitos constantes do Anexo I a esta Instrução Normativa.

§ 3º Far-se-á a autenticação de todas as microfichas constantes de cada conjunto correspondente a um livro, mediante aposição de carimbo conforme modelo constante do Anexo I a que se refere o parágrafo anterior, data da autenticação e rubrica do autenticador.

Art. 31. A microficha, como instrumento de escrituração, poderá ser utilizada para fatos ocorridos até 31.12.2014.

Capítulo VII
Disposições Gerais

Art. 32. Os livros e as demonstrações contábeis relativos a períodos anteriores poderão ser assinados pelos responsáveis pelo empresário individual, empresa individual de responsabilidade Ltda. – Eireli, sociedade empresária, cooperativa, consórcio, grupo de sociedades no período a que se refere a escrituração ou pelos atuais responsáveis.

Art. 33. No caso de escrituração descentralizada, o empresário individual, a empresa individual de responsabilidade Ltda. – Eireli, a sociedade empresária, cooperativa, consórcio, grupo de sociedades que possuir filial em outra unidade federativa deverá requerer a autenticação dos instrumentos de escrituração respectivos à Junta Comercial onde a filial estiver situada.

Parágrafo único. Os Termos de Abertura e de Encerramento deverão atender ao disposto nos arts. 9º ao 10 desta Instrução, conforme o caso, sendo que os dados deverão referir-se à filial e a data de arquivamento deverá referir-se ao ato de abertura da filial na Junta Comercial da unidade federativa onde essa se localizar.

Art. 34. Ocorrendo extravio, deterioração ou destruição de qualquer dos instrumentos de escrituração, o empresário individual, a empresa individual de responsabilidade Ltda. – Eireli, a sociedade empresária, cooperativa, consórcio, grupo de sociedades fará publicar, em jornal de grande circulação do local de seu estabelecimento, aviso concernente ao fato e deste fará minuciosa informação, dentro de quarenta e oito horas à Junta Comercial de sua jurisdição.

§ 1º Recomposta a escrituração, o novo instrumento receberá o mesmo número de ordem do substituído, devendo o Termo de Autenticação ressalvar, expressamente, a ocorrência comunicada.

§ 2º A autenticação de novo instrumento de escrituração só será procedida após o cumprimento do disposto no *caput* deste artigo.

§ 3º No caso de livro digital, enquanto for mantida uma via do instrumento objeto de extravio, deterioração ou destruição no Sped, a Junta Comercial não autenticará livro substitutivo, devendo o empresário ou sociedade obter reprodução do instrumento junto à administradora daquele Sistema.

Art. 35. Cabe às Juntas Comerciais manter o controle dos instrumentos de escrituração autenticados, por meio de sistemas de registro próprios, que deverão conter, pelo menos, os seguintes dados:

I – nome empresarial;

II – Número de Identificação do Registro de Empresa – NIRE;

III – número de ordem;

IV – finalidade;

V – período a que se refere a escrituração;

VI – data e número de autenticação do instrumento de escrituração;

VII – número do arquivamento da procuração e data de seu término ou o número do arquivamento do instrumento que autoriza a assinatura do livro quando esse for assinado por pessoa com uma das funções constantes da tabela do § 1º do art. 10, excluído o representante legal da empresa ou sociedade e o contabilista;

VIII – em relação ao livro papel e ao livro em microficha, adicionalmente ao disposto nos itens anteriores;

a) número de folhas ou páginas ou número de fotogramas, conforme o caso;

b) as assinaturas dos autenticadores, para eventuais averiguações ou confrontos.

IX – em relação ao livro digital, adicionalmente ao disposto nos incisos I a VII;

a) quantidade de registros;

b) Termo de Autenticação, conforme inciso II e § 2º do art. 14 desta Instrução;

Art. 36. Poderão as Juntas Comerciais, fora de suas sedes, atendidas as conveniências do serviço, delegar competência a outra autoridade pública para autenticar instrumentos de escrituração dos empresários individuais, das empresas individuais de responsabilidade Ltda. – Eireli, das sociedades empresárias, das cooperativas, dos consórcios, dos grupos de sociedades, excepcionados os livros digitais.

Art. 37. A autenticação dos instrumentos de escrituração dos empresários e das sociedades empresárias pela Junta Comercial não a responsabiliza pelos fatos e atos neles escriturados.

Art. 38. Os instrumentos de escrituração, exceto os livros digitais, apresentados na forma desta Instrução, não retirados no prazo de trinta dias, contados da autenticação, exigência, ou indeferimento, poderão ser eliminados, após publicação de Edital no Diário Oficial do Estado ou no Diário Oficial da União, no caso da Junta Comercial do Distrito Federal, que conterá nome empresarial, NIRE, a finalidade a que se destinou o livro, o número de ordem e o período a que se refere a escrituração, com menção à situação em que se encontra:

I – autenticado;

II – em exigência; e

III – autenticação indeferida.

Parágrafo único. Da eliminação será lavrado Termo de Eliminação de Livro Mercantil, que deverá conter o fundamento legal para a eliminação do livro, a citação do Edital e dos dados de identificação do livro nele contidos, bem como a menção ao Diário Oficial, data e número da página em que foi publicado, o qual será datado e assinado pelo Secretário-Geral e pelo responsável pelo setor de autenticação de livros.

Art. 39. Os empresários individuais, as empresas individual de responsabilidade Ltda. – Eireli, as sociedades empresárias, as cooperativas, os consórcios e grupo de sociedades são obrigados a conservar em boa guarda toda a escrituração, correspondência e mais papéis concernentes à sua atividade, enquanto não ocorrer prescrição ou decadência no tocante aos atos neles consignados (art. 1.194 do Código Civil de 2002).

Art. 40. As Juntas Comerciais adaptarão seus procedimentos às disposições da presente Instrução Normativa relativamente à autenticação de livros digitais com utilização da funcionalidade de contingência até a utilização do aplicativo a ser disponibilizado pelo DREI.

Art. 41. No caso de cisão, fusão, incorporação, transformação, conversão e transferência da sede da entidade para outra Unidade da Federação, deverão ser apresentados livros contendo os fatos contábeis ocorridos até a data do evento para autenticação na Junta Comercial de origem.

Art. 42. Aplicam-se as disposições desta Instrução Normativa aos instrumentos de escrituração dos leiloeiros, tradutores públicos e intérpretes comerciais obedecidas às legislações que lhes são pertinentes.

Art. 43. Esta Instrução Normativa entra em vigor na data de sua publicação.

Art. 44. Fica revogada aInstrução Normativa DNRC nº 107, de 23 de maio de 2008.

Vinicius Baudouin Mazza

O Anexo 1 a esta Instrução Normativa trata das microfichas.

APÊNDICE 4

Legislação Referente à Escrituração

4.1. Legislação Referente à Escrituração de Livros Mercantis

O Decreto 64.567/1969 trata da escrituração e livros mercantis, *disciplinando aspectos próprios dos lançamentos contábeis.*

Decreto 64.567, de 22 de maio de 1969

Regulamenta dispositivos do Decreto-Lei nº 486, de 3 de março de 1969, que **dispõem sobre a escrituração e livros mercantis** e dá outras providências.

O PRESIDENTE DA REPÚBLICA, usando das atribuições que lhe confere o artigo 83, item II, da Constituição, e tendo em vista o Decreto-Lei nº 486, de 3 de março de 1969,

Decreta:

Art. 1º Considera-se pequeno comerciante, para os efeitos do parágrafo único do art. 1º do Decreto-Lei nº 486, de 3 de março de 1969, a pessoa natural inscrita no registro do comércio:

I – que exercer em um só estabelecimento atividade artesanal ou outra atividade em que predomine o seu próprio trabalho ou de pessoas da família, respeitados os limites estabelecidos no inciso seguinte;

II – que auferir receita bruta anual não superior a cem (100) vezes o maior salário-mínimo mensal vigente no país e cujo capital efetivamente empregado no negócio não ultrapassar vinte (20) vezes o valor daquele salário-mínimo.

§ 1º Poderá o Ministro da Indústria e do Comércio, *ex officio* ou mediante requerimento do interessado, incluir na categoria de pequeno comerciante o executante de atividade cujas condições peculiares recomendem tal inclusão, respeitados os critérios previstos neste artigo.

§ 2º Decidida a inclusão a que se refere o parágrafo anterior, o interessado encerrará, por termo, a escrituração dos livros que mantiver, submetendo-os à autenticação do órgão competente do registro do comércio.

§ 3º As obrigações decorrentes deste Decreto serão imediatamente exigíveis do pequeno comerciante que perder esta qualidade, admitida, se for o caso, a reabertura de livros encerrados de acordo com o parágrafo anterior.

Art. 2º **A individuação da escrituração a que se refere o artigo 2º do Decreto-Lei nº 486, de 3 de março de 1969, compreende, como elemento integrante, a consignação expressa, no lançamento, das características principais dos documentos ou papéis que derem origem à própria escrituração.**

Art. 3º Nas localidades onde não houver contabilista legalmente habilitado, a escrituração ficará a cargo do comerciante ou de pessoa pelo mesmo designada.

§ 1º A designação de pessoa não habilitada profissionalmente não eximirá o comerciante da responsabilidade pela escrituração.

§ 2º Para efeito deste artigo, caberá aos Conselhos Regionais de Contabilidade informar aos órgãos de registro do comércio da existência ou não de profissional habilitado naquelas localidades.

Art. 4º **Só poderão ser usados, nos lançamentos, processos de reprodução que não prejudiquem a clareza e nitidez da escrituração, sem borrões, emendas ou rasuras.**

Art. 5º **Todo comerciante é obrigado a conservar em ordem os livros documentos e papéis relativos à escrituração, até a prescrição pertinente aos atos mercantis.**

Parágrafo único. O disposto neste artigo aplica-se ao pequeno comerciante no que se refere a documentos e papéis.

Art. 6º **Os livros deverão conter, respectivamente, na primeira e na última páginas, tipograficamente numeradas, os termos de abertura e de encerramento.**

§ 1º Do termo de abertura constará a finalidade a que se destina o livro, o número de ordem, o número de folhas, a firma individual ou o nome da sociedade a que pertence, o local da sede ou estabelecimento o número e data do arquivamento dos atos constitutivos no órgão de registro do comércio e o número de registro no Cadastro Geral de Contribuintes do Ministério da Fazenda.

§ 2º O termo de encerramento indicará o fim a que se destinou o livro, o número de ordem, o número de folhas e a respectiva firma individual ou sociedade mercantil.

Art. 7º Os termos de abertura e encerramento serão datados e assinados pelo comerciante ou por seu procurador e por contabilista legalmente habilitado.

Parágrafo único. Nas localidades em que não haja profissional habilitado, os termos de abertura e de encerramento serão assinados, apenas, pelo comerciante ou seu procurador.

Art. 8º **As fichas que substituírem os livros, para o caso de escrituração mecanizada, poderão ser contínuas, em forma de sanfonas, em blocos, com subdivisões numeradas mecânica ou tipograficamente por dobras, sendo vedado o destaque ou ruptura das mesmas.**

Parágrafo único. Quando o comerciante adotar as fichas a que se refere este artigo, os termos de abertura e de encerramento serão apostos, respectivamente, no anverso da primeira e no verso da última dobra de cada bloco que receberá número de ordem.

Art. 9º No caso de escrituração mecanizada por fichas soltas ou avulsas, estas serão numeradas tipograficamente, e os termos de abertura e de encerramento serão apostos na primeira e última fichas de cada conjunto e todas as demais serão obrigatoriamente autenticadas com o sinete do órgão de registro do comércio.

Art. 10. **Os lançamentos registrados nas fichas deverão satisfazer todos os requisitos e normas de escrituração exigidos com relação aos livros mercantis.**

Art. 11. Na escrituração por processos de fichas, o comerciante adotará livro próprio para inscrição do balanço, de balancetes e demonstrativos dos resultados do exercício social, o qual será autenticado no órgão de registro do comércio.

Art. 12. Efetuado o pagamento da taxa cobrada pelo órgão de registro do comércio, este procederá às autenticações previstas neste Decreto, por termo, do seguinte modo:

a) nos livros, o termo de autenticação será aposto na primeira página tipograficamente numerada e conterá declaração expressa da exatidão dos termos de abertura e de encerramento, bem como o número e a data da autenticação.

b) nas fichas, a autenticação será aposta no anverso da primeira dobra de cada bloco, ou na primeira ficha de cada conjunto, mediante lançamento do respectivo termo, com declaração expressa da exatidão dos termos de abertura e do encerramento, bem como o número e a data da autenticação.

Art. 13. Os órgãos de registro do comércio deverão possuir livro de registro das assinaturas dos autenticadores, para eventuais averiguações ou confronto, bem como controle do registro dos livros e das fichas devidamente legalizadas, inclusive dos que forem autenticados mediante delegação de competência.

Art. 14. Quando do encerramento ainda que temporário, das atividades de comerciante ou dos agentes auxiliares do comércio, dos armazéns gerais e dos trapiches e, consequentemente, de sua escrituração, será consignada a ocorrência mediante termo aposto na primeira folha ou ficha útil não escriturada, datado e assinado pelo comerciante ou seu procurador e pelo contabilista legalmente habilitado, ressalvado o disposto no artigo 3º deste Decreto e autenticado pelo órgão de registro do comércio.

Art. 15. Para os efeitos do artigo 9º do Decreto-Lei nº 486, de 3 de março de 1969, será aposto, após o último lançamento, o termo de transferência datado e assinado pelo comerciante ou por seu procurador e por contabilidade legalmente habilitado, ressalvado o disposto no artigo 3º deste Decreto, e autenticado pelo órgão de registro do comércio.

Parágrafo único. O termo de transferência conterá além de todos os requisitos exigidos para os termos de abertura, indicação da sucessora e o número e data de arquivamento no órgão de registro do comércio do instrumento de sucessão.

Art. 16. Estão sujeitos às normas deste Decreto todos os livros mercantis obrigatórios, bem como os de uso dos agentes auxiliares do comércio, armazéns gerais e trapiches.

Art. 17. O disposto neste Decreto não prejudicará exigências específicas referentes à escrituração de livros ou fichas, a que estejam submetidos quaisquer instituições ou estabelecimentos.

Art. 18. As disposições deste Decreto aplicam-se também às sucursais, filiais e agências instaladas no Brasil de sociedades mercantis, com sede no exterior.

Art. 19. Os casos omissos serão resolvidos pelo Departamento Nacional de Registro do Comércio, ouvidos, quando necessário, os órgãos dos Poderes Públicos Federais, que, por força de suas atribuições, tenham relação com a matéria.

Art. 20. O presente Decreto entrará em vigor na data de sua publicação, revogadas as disposições em contrário.

Brasília, 22 de maio de 1969; 148º da Independência e 81º da República.

A. Costa e Silva

Edmundo de Macedo Soares

Bibliografia

ACQUAVIVA, Marcus Cláudio. *Dicionário jurídico Acquaviva*. 3. ed. São Paulo: Rideel, 2009.

ALMEIDA, Amador Paes de. *Teoria e prática dos títulos de crédito*. 27. ed. São Paulo: Saraiva, 2008.

ALMEIDA, Marcelo Cavalcanti. *Curso básico de contabilidade*. 5. ed. São Paulo: Atlas, 2005.

ARAÚJO, Inaldo da Paixão Santos. *Introdução à contabilidade*. 3. ed. São Paulo: Saraiva, 2009.

BARROS, Sidney Ferro. *Contabilidade básica*. 3. ed. São Paulo: IOB, 2007.

BASSO, Irani Paulo. *Contabilidade geral básica*. 3. ed. Ijuí: Unijuí, 2005.

BORBA, José Edwaldo Tavares. *Direito societário*. 11. ed. Rio de Janeiro: Renovar, 2008.

CALDERELLI, Antonio. *Enciclopédia contábil brasileira*. São Paulo: Formar, 1967. 6 vol.

CARVALHO, Carlos de. *Estudos de contabilidade*. 15. ed. São Paulo: "LISA" Livros Irradiantes, 1966. 8 vol.

CASTRO, Adauto de Souza; D'AMORE, Domingos. *Contabilidade*. 7. ed. São Paulo: Saraiva, 1964. 8 vol.

_____; _____. *Prática de escritório e escrituração mercantil*. 2. ed. São Paulo: Saraiva, 1947.

_____; _____. *Sistema prático contábil*. São Paulo: Brasiliense, 1975. 4 vol.

CAVALCANTI, Leocádio. *Escrituração mercantil brasileira – "Sistema ELEBC"*. 4. ed. São Paulo: Livraria Fittipaldi Editora, 1930.

COELHO, Fábio Ulhoa. *Manual de direito comercial – direito de empresa*. 20. ed. São Paulo: Saraiva, 2008.

CRUZ, June Alisson Westarb et al. *Contabilidade introdutória descomplicada*. Curitiba: Juruá, 2008.

DINIZ, Maria Helena. *Curso de direito civil brasileiro*. 24. ed. São Paulo: Saraiva, 2007. vol. 1.

FABRETTI, Láudio Camargo. *Contabilidade tributária*. 10. ed. São Paulo: Atlas, 2007.

FERRARI, Ed Luiz. *Contabilidade geral*. 9. ed. Rio de Janeiro: Elsevier, 2009.

FERREIRA, Ricardo J. *Contabilidade básica*. 7. ed. Rio de Janeiro: Ed. Ferreira, 2009.

_____. *Contabilidade de custos*. 5. ed. Rio de Janeiro: Ed. Ferreira, 2009.

FRANCO, Hilário. *Contabilidade geral*. 23. ed. São Paulo: Atlas, 2006.

GARCEZ, Christianne. *Direito civil – parte geral*. Niterói: Impetus, 2003.

GOMES, Carlos Roberto. *Contabilidade básica*. 3. ed. São Paulo: Ed. Viena, 2008.

GOUVEIA, Nelson. *Contabilidade básica*. 2. ed. São Paulo: Harbra, 2001.

GRECO, Alvísio; AREND, Lauro; GÄRTNER, Günther. *Contabilidade – teoria e prática básicas*. 1. ed. São Paulo: Saraiva, 2006.

GUIMARÃES, Deocleciano Torrieri. *Dicionário técnico jurídico*. 12. ed. São Paulo: Rideel, 2009.

GUSMÃO, Mônica. *Direito empresarial*. Niterói: Impetus, 2003.

_____. _____. 4. ed. Niterói: Impetus, 2005.

HASTINGS, David F. *Bases da contabilidade – uma discussão introdutória*. São Paulo: Saraiva, 2007.

HOOG, Wilson Alberto Zappa. *Dicionário de direito empresarial*. 3. ed. Curitiba: Juruá, 2009.

IMBASSAHY, João. *Contabilidade geral*. Rio de Janeiro: Ed. Ferreira, 2008.

IUDÍCIBUS, Sérgio de; MARION, José Carlos; PEREIRA, Elias. *Dicionário de termos de contabilidade*. 2. ed. São Paulo: Atlas, 2003.

IUDÍCIBUS, Sérgio de; MARTINS, Eliseu; GELBCKE, Ernesto Rubens. *Manual de contabilidade das sociedades por ações – FIPECAFI*. 7. ed. São Paulo: Atlas, 2007.

IUDÍCIBUS, Sérgio de et al. *Contabilidade introdutória*. 10. ed. São Paulo: Atlas, 2007.

JUND, Sérgio. *Auditoria*. Rio de Janeiro: Elsevier, 2007.

KLAUSER, Ludwig J. M. *Custo industrial*. 2. ed. São Paulo: Atlas, 1964.

LAMY FILHO, Alfredo et al. *Direito das companhias*. 1. ed. Rio de Janeiro: Forense, 2009. vol. I e II.

LOUREIRO, Luiz Guilherme. *Curso completo de direito civil*. 2. ed. São Paulo: Método, 2009.

LUCENA, José Waldecy. *Das sociedades anônimas – comentários à lei*. Rio de Janeiro: Renovar, 2009. vol. I e II.

MADEIRA, Libânio. Notas de aula do Curso Gabarito. 2003 a 2005.

MARION, José Carlos. *O ensino da contabilidade*. 2. ed. São Paulo: Atlas, 2001.

MARTINS, Eliseu. *Contabilidade de custos*. 9. ed. São Paulo: Atlas, 2006.

MARTINS, Fran. *Títulos de crédito*. 14. ed. Rio de Janeiro: Forense, 2009.

MASCARENHAS, José C. S. *Tratado prático de escrituração mercantil*. São Paulo: Irmãos Mascarenhas Editores, 1930.

MORAES JÚNIOR, José Jayme. *Contabilidade geral*. Rio de Janeiro: Elsevier, 2009.

NEVES, Silvério das; VICECONTI, Paulo. *Contabilidade básica*. 13. ed. São Paulo: Frase, 2006.

_____; _____. *Contabilidade básica*. 14. ed. São Paulo: Frase, 2009.

_____; _____. *Contabilidade de custos*. 7. ed. São Paulo: Frase, 2003.

NIYAMA, Jorge Katsumi; SILVA, César Augusto Tibúrcio. *Teoria da contabilidade*. São Paulo: Atlas, 2008.

OLIVEIRA, Eversio Donizete de; BARBOSA, Magno Luiz. *Manual prático do protesto extrajudicial*. 2. ed. São Paulo: Lemos & Cruz, 2009.

OLIVEIRA, Gustavo Pedro de. *Contabilidade tributária*. 3. ed. São Paulo: Saraiva, 2009.

PINTO, Leonardo José Seixas. *Contabilidade introdutória*. São Paulo: Editora Fundo de Cultura, 2005.

RAMOS, André Luiz Santa Cruz. *Curso de direito empresarial*. 2. ed. Salvador: Jus Podivm, 2008.

REQUIÃO, Rubens. *Curso de direito comercial*. 28. ed. São Paulo: Saraiva, 2009. 2 vol.

RIBEIRO, Osni Moura. *Contabilidade básica*. São Paulo: Saraiva, 2005.

_____. *Contabilidade de custos*. São Paulo: Saraiva, 2009.

_____. *Contabilidade geral fácil*. 4. ed. São Paulo: Saraiva, 2002.

RODRIGUES, Silvio. *Direito civil*. 32. ed. São Paulo: Saraiva, 2002. vol. 1.

ROSA JÚNIOR, Luiz Emydio F. da. *Títulos de crédito*. 6. ed. Rio de Janeiro: Renovar, 2009.

SÁ, Antônio Lopes de. *A evolução da contabilidade*. 1. ed. São Paulo: Thomson IOB, 2006.

SÁ, Antônio Lopes de; SÁ, Ana Maria Lopes de. *Dicionário de contabilidade*. 11. ed. São Paulo: Atlas, 2009.

SALAZAR, José Nicolás Albuja; BENEDICTO, Gideon Carvalho de. *Contabilidade financeira*. São Paulo: Thomson, 2004.

SANTOS, Luiz Eduardo. *Notas de aula de contabilidade do curso Ponto dos Concursos*. 2009.

SCHIMIDT, Paulo; SANTOS, José Luiz dos. *História da contabilidade – foco na evolução das escolas do pensamento contábil*. São Paulo: Atlas, 2008.

SILVA, Antonio Carlos Ribeiro da; MARTINS, Wilson Thomé Sardinha. *História do pensamento contábil*. 1. ed. Curitiba: Juruá, 2006.

SILVA, De Plácido e. *Vocabulário jurídico*. 27. ed. Rio de Janeiro: Forense, 2006.

SZUSTER, Natan et al. *Contabilidade geral*. São Paulo: Atlas, 2007.

TEIXEIRA, Odelmir Bilhalva et al. *Teoria e prática do protesto*. 1. ed. Campinas: Russel Editores, 2009.

TENÓRIO, Igor; ALMEIDA, Carlos dos Santos. *Dicionário de direito tributário*. 4. ed. São Paulo: IOB Thomson, 2004.

VELTER, Francisco; MISSAGIA, Luiz Roberto. *Manual de contabilidade*. 5. ed. Rio de Janeiro: Campus/Elsevier, 2007.

VENOSA, Sílvio de Salvo. *Direito civil*. 3. ed. São Paulo: Atlas, 2003. vol. 1.

Sites Consultados na Internet:

www.acheiconcursos.com.br – Pesquisa de Provas para Concursos Públicos
www.cfc.org.br – Conselho Federal de Contabilidade
www.cvm.gov.br – Comissão de Valores Mobiliários
www.dnrc.gov.br – Departamento Nacional de Registro do Comércio
www.infoway21.com – Pesquisa de Provas para Concursos Públicos
www.pciconcursos.com.br – PCI Concursos (Pesquisa de Provas para Concursos Públicos)
www.planalto.gov.br – Planalto
www.pontodosconcursos.com.br – Curso Ponto dos Concursos
www.portaldecontabilidade.com.br – Portal de Contabilidade

Rua Alexandre Moura, 51
24210-200 – Gragoatá – Niterói – RJ
Telefax: (21) 2621-7007

www.impetus.com.br

Esta obra foi impressa em papel offset 75 gr/m².